This book
belongs to:
Das
Arthur

This text was packaged with an access code to the **Sag mal** Supersite.
A code can only be used once, is not transferable, and cannot be resold after it is used.
If the code is missing or used, visit **vistahigherlearning.com/store** to purchase a code.

SAG MAL

An Introduction to German Language and Culture

Christine Anton

Tobias Barske

Jane Grabowski

Megan McKinstry

VISTA®
HIGHER LEARNING

Boston, Massachusetts

Publisher: José A. Blanco

President: Janet Dracksdorf

Editorial Development: Judith Bach, Deborah Coffey, Aliza B. Krefetz, Thomas Kroy, Katie Van Adzin

Project Management: Maria Rosa Alcaraz, Cécile Engeln, Sharon Inglis

Technology Editorial: Egle Gutiérrez, Paola Ríos Schaaf

Design and Production Director: Marta Kimball

Senior Creative Designer, Print & Web/Interactive: Susan Prentiss

Production Manager: Oscar Díez

Design and Production Team: Liliana Bobadilla, María Eugenia Castaño, Michelle Groper, Mauricio Henao, Jhoany Jiménez, Fabián Darío Montoya, Erik Restrepo, Andrés Vanegas, Nick Ventullo

Printed in Canada.

Student Text ISBN-13: 978-1-61767-948-3
Instructor's Annotated Edition ISBN-13: 978-1-61767-950-6
Library of Congress Card Number: 20129485580

1 2 3 4 5 6 7 8 9 TC 17 16 15 14 13

Kontext   Fotoroman

Kultur

Strukturen

Weiter geht's

Table of Contents

	Kontext	Fotoroman

TO THE STUDENT

Welcome to **SAG MAL**, a brand-new introductory German program from Vista Higher Learning. In German, the expression **Sag mal** means something like, "Tell me...." It's a way to start a conversation, or to get someone's attention. We hope to do both in each section of **SAG MAL** as you learn German and explore the cultures of German-speaking regions.

The next several pages provide key information about the **SAG MAL** program:

Here are some of the features you will find in **SAG MAL**:

- A unique, easy-to-navigate design built around color-coded sections that appear on either one page or on two facing pages

- Abundant illustrations, photos, charts, graphs, diagrams, and other graphic elements, all created or selected to enhance your language-learning experience

- Practical, high-frequency vocabulary for use in real-life situations

- A focus on pronunciation, with ample opportunities for practice

- The **Fotoroman** video program, shot in Berlin, created for **SAG MAL**

- A rich, contemporary cultural presentation of everyday life of German speakers

- Clear, concise grammar explanations with realistic examples

- Many guided vocabulary and grammar activities to give you a solid foundation for communication

- An emphasis on communicative interactions in partner, small group, and whole class activities, and with your instructor

- A process approach to reading, listening, and writing skills that incorporates a variety of learning strategies

- Exciting integration of culture and multimedia through TV commercials and short films

- A full set of completely integrated print and technology ancillaries to make learning German easier

- Built-in correlation to the Student Activities Manual (Workbook, Lab Manual, and Video Manual), right down to the page numbers

SAG MAL is divided into twelve units. Each unit has two lessons, followed by an end-of-unit **Weiter geht's** section that includes a geography and cultural presentation; activities for reading, listening, and writing; and a list of active vocabulary. To familiarize yourself with the textbook's organization, features, and ancillary package, turn to page xii and read the **SAG MAL** at-a-glance section.

Kultur	Strukturen	Weiter geht's

Kontext   Fotoroman

Kultur

Strukturen

Weiter geht's

Kontext

Fotoroman

Kultur

Strukturen

Weiter geht's

UNIT OPENERS

outline the content and features of each unit.

Familie und Freunde

KAPITEL
3

LEKTION 3A	LEKTION 3B	WEITER GEHT'S
Kontext Seite 96-99 • Sabine Schmidts Familie • Final consonants	**Kontext** Seite 116-119 • Wie sind sie? • Consonant clusters	Seite 136-142 **Panorama: Die Vereinigten Staaten und Kanada** **Lesen:** Read an article about pets. **Hören:** Listen to a conversation between two friends. **Schreiben:** Write a letter to a friend. **Kapitel 3 Wortschatz**
Fotoroman Seite 100-101 • Ein Abend mit der Familie	**Fotoroman** Seite 120-121 • Unsere Mitbewohner	
Kultur Seite 102-103 • Eine deutsche Familie	**Kultur** Seite 122-123 • Auf unsere Freunde!	
Strukturen Seite 104-115 • 3A.1 Possessive adjectives • 3A.2 Descriptive adjectives and adjective agreement • 3A.3 Gern and nicht gern • Wiederholung • Zapping	**Strukturen** Seite 124-135 • 3B.1 Modals • 3B.2 Prepositions with the accusative • 3B.3 The imperative • Wiederholung	

Unit opener photos highlight scenes from the **Fotoroman** that illustrate the unit theme. They are snapshots of the characters that students will come to know throughout the program.

Content lists break down each unit into its two lessons and one **Weiter Geht's** section, giving you an at-a-glance summary of the vocabulary, grammar, cultural topics, and language skills covered in the unit.

Ⓢupersite

Supersite resources are available for every section of each unit at **vhlcentral.com.** Icons show you which textbook activities are also available online, and where additional practice activities are available. The description next to the Ⓢ icon indicates what additional resources are available for each section: videos, audio recordings, readings, presentations, and more!

Supersite features vary by access level. Visit **vistahigherlearning.com** to explore which Supersite level is right for you.

KONTEXT

presents and practices vocabulary in meaningful contexts.

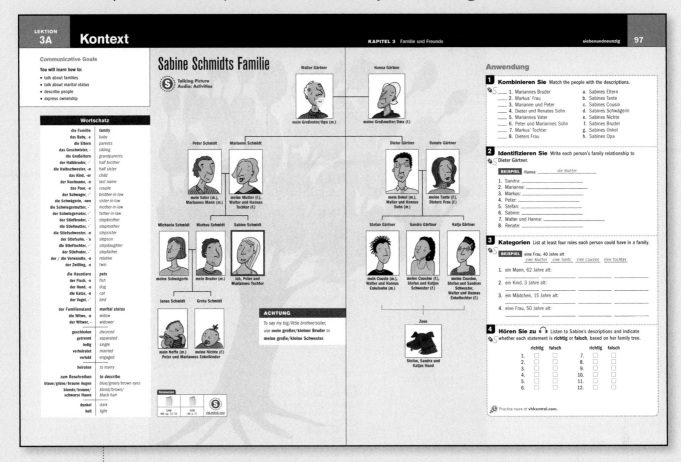

Communicative goals highlight the real-life tasks you will be able to carry out in German by the end of each lesson.

Illustrations introduce high-frequency vocabulary through expansive, full-color images.

Wortschatz sidebars call out important theme-related vocabulary in easy-to-reference German-English lists.

Ressourcen boxes let you know what print and technology ancillaries reinforce and expand on every section of every lesson.

Achtung boxes give you additional information about how and when to use certain vocabulary words or grammar structures.

Kontext always contains one audio activity that accompanies either the **Anwendung** or the **Kommunikation** practice activities. Anwendung follows a pedagogical sequence that starts with simpler, shorter, discrete recognition activities and builds toward longer, more complex production activities.

Supersite

- Audio recordings of all vocabulary items
- Audio for **Kontext** listening activity
- Talking Picture activity
- Textbook activities
- Additional online-only practice activities

Supersite features vary by access level. Visit **vistahigherlearning.com** to explore which Supersite level is right for you.

KONTEXT

practices vocabulary using communication activities.

Kommunikation activities make use of discourse-level prompts, allowing you to use the vocabulary creatively in interactions with a partner, a small group, or the entire class.

Icons provide on-the-spot visual cues for pair, small group, language recycling, listening-based, and worksheet-based or information gap activities.

For a legend explaining the icons used in the student text, see page xxvii.

Ⓢupersite

- Chat activities for conversational skill-building and oral practice

Supersite features vary by access level. Visit **vistahigherlearning.com** to explore which Supersite level is right for you.

AUSSPRACHE UND RECHTSCHREIBUNG

presents the rules of German pronunciation and spelling.

Explanations of German pronunciation and spelling are presented clearly, with abundant model words and phrases. The red highlighting feature focuses your attention on the target structure.

Practice pronunciation and spelling at the word- and sentence-levels. The final activity features illustrated sayings and proverbs that present the target structures in an entertaining cultural context.

The headset icon at the top of the page indicates that the explanation and activities are recorded for convenient use in or outside of class.

Supersite

- Audio recording of the **Aussprache und Rechtschreibung** presentation
- Record-and-compare activities

Supersite features vary by access level. Visit **vistahigherlearning.com** to explore which Supersite level is right for you.

FOTOROMAN

tells the story of a group of students living in Berlin.

Fotoroman is a versatile episodic video that can be assigned as homework, presented in class, or used as review. To learn more about the **Fotoroman** video, turn to page xxvi.

Conversations reinforce vocabulary from **Kontext**. They also preview structures from the upcoming **Strukturen** section in context.

Personen features the cast of recurring **Fotoroman** characters, including four college students: George, Sabite, Meline, and Hans.

Nützliche Ausdrücke calls out the most important words and expressions from the **Fotoroman** episode that have not been formally presented. This vocabulary is not tested. The blue numbers refer to the grammar structures presented in the lesson.

Übungen activities include comprehension questions, a communicative task, and a research-based task.

Ⓢupersite

- Streaming video for all 24 episodes of the **Fotoroman**
- End-of-video **Zusammenfassung** section where key vocabulary and grammar from the episode are called out
- Textbook activities

Supersite features vary by access level. Visit **vistahigherlearning.com** to explore which Supersite level is right for you.

KULTUR

explores cultural themes introduced in **KONTEXT.**

Im Fokus presents an in-depth reading about the lesson's cultural theme. Full-color photos bring to life important aspects of the topic, while charts support the main text with statistics and additional information.

Ein kleiner Tipp boxes provide helpful tips for reading and understanding German.

Porträt spotlights notable people, places, events, and products from the German-speaking world. This article is thematically linked to the lesson.

Deutsch im Alltag presents additional vocabulary related to the lesson theme, showcasing words and phrases used in everyday spoken German. This vocabulary is not tested.

Die deutschsprachige Welt focuses on the people, places, dialects, and traditions in regions where German is spoken. This short article is thematically linked to the lesson.

Im Internet boxes, with provocative questions and photos, direct you to the **SAG MAL** Supersite where you can continue to learn about the topics in **Kultur.**

Supersite

- **Kultur** reading
- **Im Internet** research activity expands on the lesson theme
- Textbook activities
- Additional online-only practice activities

Supersite features vary by access level. Visit **vistahigherlearning.com** to explore which Supersite level is right for you.

STRUKTUREN

presents German grammar in a graphic-intensive format.

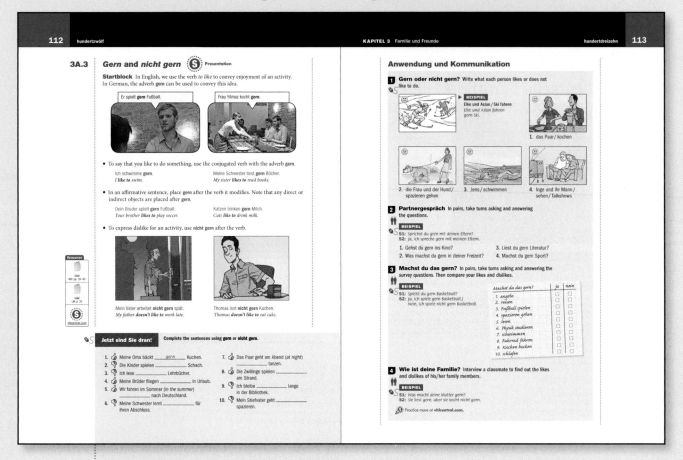

Format includes one to two pages of explanation for each grammar point, followed by one to two pages of activities. Two to three grammar points are featured in each lesson.

Startblock eases you into each grammar explanation, with definitions of grammatical terms and reminders about grammar concepts with which you are already familiar.

Photos from the **Fotoroman** consistently integrate the lesson's video episode with the grammar explanations.

Querverweis boxes call out information covered in earlier lessons or provide cross-references to related topics you will see in future units.

Achtung boxes clarify potential sources of confusion and provide supplementary information.

Jetzt sind Sie dran! is your first opportunity to practice the new grammar point.

Anwendung offers a wide range of guided activities that combine lesson vocabulary and previously learned material with the new grammar point.

Kommunikation activities provide opportunities for self-expression using the lesson grammar and vocabulary. These activities feature interaction with a partner, in small groups, or with the whole class.

(S)uper**site**

- Grammar presentations
- Textbook activities
- Additional online-only practice activities
- Chat activities for conversational skill-building and oral practice

Supersite features vary by access level. Visit **vistahigherlearning.com** to explore which Supersite level is right for you.

WIEDERHOLUNG

pulls the lesson together.

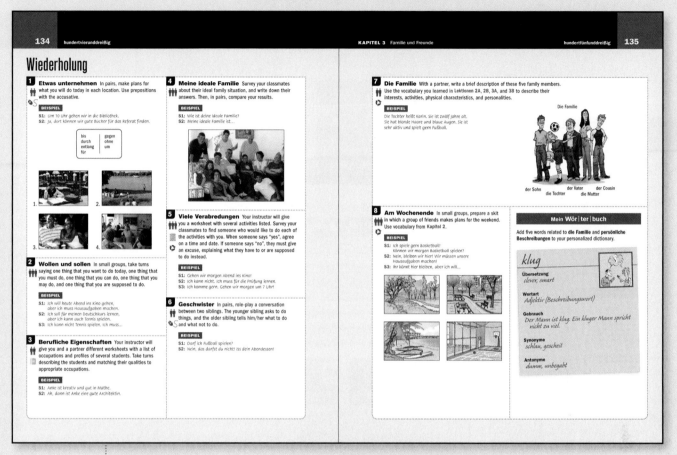

Wiederholung activities integrate the lesson's grammar points and vocabulary with previously learned vocabulary and structures, providing consistent, built-in review as you progress through the text.

Pair and group icons indicate communicative activities such as role play, games, personal questions, interviews, and surveys.

Information gap activities, identified by interlocking puzzle pieces, engage you and a partner in problem-solving situations.

Recycling icons call out the activities in which you will practice the lesson's grammar and vocabulary along with previously learned material.

Mein Wörterbuch in the B lesson of each unit offers the opportunity to increase your vocabulary and contextualize new words.

(S)uper**site**

- Chat activities for conversational skill-building and oral practice

Supersite features vary by access level. Visit **vistahigherlearning.com** to explore which Supersite level is right for you.

ZAPPING AND KURZFILM

feature TV clips and short-subject films.

Zapping presents TV commercials and public service announcements from the German-speaking world in Units 1 through 9. Post-viewing activities check comprehension.

Kurzfilm in Units 10, 11, and 12 features a short film from a contemporary German-speaking filmmaker.

Summary provides context for each film.

Vorbereitung pre-viewing activities set the stage for the short films and provide key information to facilitate comprehension.

Analysen post-viewing activities encourage you to explore the broader themes presented in each film.

⑤upersite

- Streaming video of the TV clip or short film with instructor-controlled subtitle options
- Textbook activities

WEITER GEHT'S

Panorama presents geographical, historical, and cultural information about the German-speaking world.

Panorama offers interesting facts about the featured city, region, or country.

Maps point out major geographical features and situate the featured region in the context of its immediate surroundings.

Readings explore different aspects of the featured region's culture, such as history, landmarks, fine art, literature, and insight into everyday life.

Unglaublich aber wahr! highlights an intriguing fact about the featured place, person, or thing.

Comprehension questions check your understanding of key ideas.

Ⓢupersite

- Interactive map with statistics and cultural notes
- **Im Internet** research activity
- Textbook activities
- Additional online-only practice activity

Supersite features vary by access level. Visit **vistahigherlearning.com** to explore which Supersite level is right for you.

WEITER GEHT'S

Lesen provides practice for reading skills in the context of the unit's theme.

Vor dem Lesen presents useful strategies and activities to help you improve your reading abilities.

Readings are tied to the lesson theme and recycle vocabulary and grammar you have learned. The selections in Units 1 through 9 are cultural texts. The selections in Units 10 through 12 are authentic literary texts.

Nach dem Lesen consists of post-reading activities that check your comprehension.

Supersite

- Audio-sync reading that highlights text as it is being read
- Textbook activities

Supersite features vary by access level. Visit **vistahigherlearning.com** to explore which Supersite level is right for you.

WEITER GEHT'S

Hören provides support for listening skills in the context
of the unit's theme.

Hören uses a recorded conversation or narration to develop your listening skills in German.

Strategien and **Vorbereitung** prepare you to listen to the audio recording.

Zuhören guides you through the recorded segment, and **Verständnis** checks your
understanding of what you heard.

Supersite

- Audio for **Hören** activities
- Textbook activities
- Additional online-only practice activity

Supersite features vary by access level. Visit **vistahigherlearning.com** to explore which Supersite level is right for you.

WEITER GEHT'S

Schreiben supports writing skills and offers writing practice in the context of the unit's theme.

Strategien provides useful preparation for the writing task presented in **Thema**.

Thema presents a writing topic and includes suggestions for approaching it. It also provides words and phrases that may be useful in writing about the topic.

ⓈSupersite

- Submit your writing assignment online using the composition engine

Supersite features vary by access level. Visit **vistahigherlearning.com** to explore which Supersite level is right for you.

WORTSCHATZ

summarizes the unit's active vocabulary.

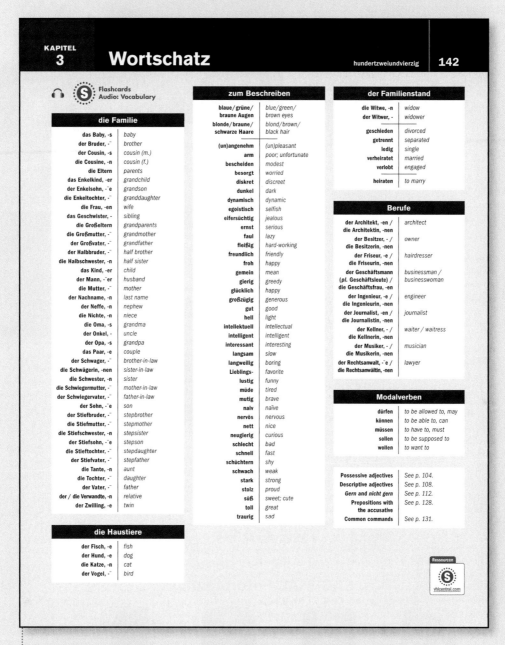

| KAPITEL 3 | Wortschatz | | hundertzweiundvierzig | 142 |

Flashcards
Audio: Vocabulary

die Familie

das Baby, -s	baby
der Bruder, -ˇ	brother
der Cousin, -s	cousin (m.)
die Cousine, -n	cousin (f.)
die Eltern	parents
das Enkelkind, -er	grandchild
der Enkelsohn, -ˇe	grandson
die Enkeltochter, -ˇ	granddaughter
die Frau, -en	wife
das Geschwister, -	sibling
die Großeltern	grandparents
die Großmutter, -ˇ	grandmother
der Großvater, -ˇ	grandfather
der Halbbruder, -ˇ	half brother
die Halbschwester, -n	half sister
das Kind, -er	child
der Mann, -ˇer	husband
die Mutter, -ˇ	mother
der Nachname, -n	last name
der Neffe, -n	nephew
die Nichte, -n	niece
die Oma, -s	grandma
der Onkel, -	uncle
der Opa, -s	grandpa
das Paar, -e	couple
der Schwager, -ˇ	brother-in-law
die Schwägerin, -nen	sister-in-law
die Schwester, -n	sister
die Schwiegermutter, -ˇ	mother-in-law
der Schwiegervater, -ˇ	father-in-law
der Sohn, -ˇe	son
der Stiefbruder, -ˇ	stepbrother
die Stiefmutter, -ˇ	stepmother
die Stiefschwester, -n	stepsister
der Stiefsohn, -ˇe	stepson
die Stieftochter, -ˇ	stepdaughter
der Stiefvater, -ˇ	stepfather
die Tante, -n	aunt
die Tochter, -ˇ	daughter
der Vater, -ˇ	father
der / die Verwandte, -n	relative
der Zwilling, -e	twin

die Haustiere

der Fisch, -e	fish
der Hund, -e	dog
die Katze, -n	cat
der Vogel, -ˇ	bird

zum Beschreiben

blaue/grüne/ braune Augen	blue/green/ brown eyes
blonde/braune/ schwarze Haare	blond/brown/ black hair
(un)angenehm	(un)pleasant
arm	poor; unfortunate
bescheiden	modest
besorgt	worried
diskret	discreet
dunkel	dark
dynamisch	dynamic
egoistisch	selfish
eifersüchtig	jealous
ernst	serious
faul	lazy
fleißig	hard-working
freundlich	friendly
froh	happy
gemein	mean
gierig	greedy
glücklich	happy
großzügig	generous
gut	good
hell	light
intellektuell	intellectual
intelligent	intelligent
interessant	interesting
langsam	slow
langweilig	boring
Lieblings-	favorite
lustig	funny
müde	tired
mutig	brave
naiv	naïve
nervös	nervous
nett	nice
neugierig	curious
schlecht	bad
schnell	fast
schüchtern	shy
schwach	weak
stark	strong
stolz	proud
süß	sweet; cute
toll	great
traurig	sad

der Familienstand

die Witwe, -n	widow
der Witwer, -	widower
geschieden	divorced
getrennt	separated
ledig	single
verheiratet	married
verlobt	engaged
heiraten	to marry

Berufe

der Architekt, -en / die Architektin, -nen	architect
der Besitzer, - / die Besitzerin, -nen	owner
der Friseur, -e / die Friseurin, -nen	hairdresser
der Geschäftsmann (pl. Geschäftsleute) / die Geschäftsfrau, -en	businessman / businesswoman
der Ingenieur, -e / die Ingenieurin, -nen	engineer
der Journalist, -en / die Journalistin, -nen	journalist
der Kellner, - / die Kellnerin, -nen	waiter / waitress
der Musiker, - / die Musikerin, -nen	musician
der Rechtsanwalt, -ˇe / die Rechtsanwältin, -nen	lawyer

Modalverben

dürfen	to be allowed to, may
können	to be able to, can
müssen	to have to, must
sollen	to be supposed to
wollen	to want to

Possessive adjectives	See p. 104.
Descriptive adjectives	See p. 108.
Gern and nicht gern	See p. 112.
Prepositions with the accusative	See p. 128.
Common commands	See p. 131.

Ressourcen

vhlcentral.com

Wortschatz presents the unit's active vocabulary in logical groupings, including notation of plural forms.

Ⓢupersite

- Audio recordings of all vocabulary items
- Vocabulary flashcards with audio

THE *FOTOROMAN* EPISODES

Fully integrated with your textbook, the **SAG MAL Fotoroman** contains 24 dramatic episodes—one for each lesson of the text. The episodes relate the adventures of four college students who are studying in Berlin.

The **Fotoroman** dialogues in the printed textbook lesson are an abbreviated version of the dramatic episode featured in the video. Therefore, each **Fotoroman** section can be used as preparation before you view the corresponding video episode, as post-viewing reinforcement, or as a stand-alone section.

As you watch the video, you will see the characters interact using the vocabulary and grammar you are studying. Their conversations incorporate new vocabulary and grammar with previously taught language. At the conclusion of each episode, the **Zusammenfassung** segment summarizes the key language functions and grammar points used in the episode.

THE CAST

Learn more about each of the characters you'll meet in
SAG MAL Fotoroman:

George

is from Milwaukee, Wisconsin. He is studying Architecture.

Hans

is from Straubing, in Bavaria. He studies Political Science and History.

Meline

is from Vienna. She is studying Business.

Sabite

is from Berlin. She studies Art.

ICONS AND *RESSOURCEN* BOXES

Icons

These icons in **SAG MAL** alert you to the type of activity or section involved.

Icons legend	
🎧 Listening activity/section	Ⓢ Content found on the Supersite: audio, video, and presentations
Activity on the Supersite	Information Gap activity
Pair activity	Worksheet activity
Group activity	♻ Recycling activity

- The Information Gap activities and Worksheet activities require handouts that your instructor will give you.
- The listening icon indicates that audio is available. You will see it in the **Kontext**, **Aussprache und Rechtschreibung**, **Hören**, and **Wortschatz** sections.
- The Supersite icon appears on pages for which there is online content, such as audio, video, or presentations.
- The recycling icon tells you that you will need to use vocabulary and/or grammar learned in previous lessons.

Ressourcen Boxes

Ressourcen boxes let you know exactly which print and technology ancillaries you can use to reinforce and expand on every section of each lesson in your textbook. They include page numbers, when applicable. For a description of the ancillaries, see page xxx.

Ressourcen boxes legend	
Workbook SAM WB: pp. 29–30	Video Manual SAM VM: pp. 219–220
Lab Manual SAM LM: p. 17	Ⓢ SAG MAL Supersite vhlcentral.com

Supersite

Each section of your textbook comes with activities on the **SAG MAL** Supersite, many of which are auto-graded with immediate feedback. Plus, the Supersite is iPad®-friendly, so it can be accessed on the go! Visit **vhlcentral.com** to explore the wealth of exciting resources.

KONTEXT
- Talking Picture for **Kontext** illustration followed by audio activities
- Additional activities for extra practice
- **Aussprache und Rechtschreibung** presentation followed by record-compare activities
- Textbook activities
- Chat activities for conversational skill-building and oral practice

FOTOROMAN
- Streaming video for all 24 episodes of the **Fotoroman** with instructor-controlled options for subtitles
- Textbook activities
- **Zusammenfassung** section where key vocabulary and grammar from the episode are called-out
- Additional activities for extra practice

KULTUR
- Culture reading
- Internet search activity
- Textbook activities
- Additional activities for extra practice

STRUKTUREN
- Grammar presentations
- Chat activities for conversational skill-building and oral practice
- **Zapping** streaming video of TV clip or short film
- Textbook activities
- Additional activities for extra practice

WEITER GEHT'S

Panorama
- Interactive map with statistics and cultural notes
- Additional activity for extra practice

Im Internet
- Internet search activity
- Textbook activity with auto-grading

Lesen
- Audio-sync reading
- Additional online-only practice activities
- Textbook activities

Hören
- Textbook activities
- Additional activities for extra practice

Schreiben
- Submit your writing assignment online

WORTSCHATZ
- Audio recordings of all vocabulary items
- Vocabulary flashcards with audio

Plus! Also found on the Supersite:

- All textbook and lab audio MP3 files
- Communication center for instructor notifications and feedback
- A single gradebook for all Supersite activities
- WebSAM online Workbook/Video Manual and Lab Manual
- **v̂Text** online, interactive student edition with access to Supersite activities, audio, and video

INTEGRATED TECHNOLOGY

 : virtual interactive text

This interactive text includes the complete Student Edition and integrated Supersite resources that can be accessed from any computer.

- Access all textbook activities with a mouse icon, audio, and video right from the vText—now you have a single platform for completing assignments and accessing resources

- Submit work online and have it flow directly into your instructor's gradebook

- Take notes or highlight important information right on the vText page

- Quickly search table of contents or browse by page number

- Print vocabulary and grammar pages for use as study guides

- Access on the go—now iPad® friendly

ANCILLARIES

- **Student Activities Manual (SAM)**

  The Student Activities Manual consists of three sections: the Workbook, the Video Manual, and the Lab Manual. The Workbook activities provide additional practice of the vocabulary and grammar for each textbook lesson. The Video Manual section includes activities for the **SAG MAL Fotoroman**, and the Lab Manual activities focus on building your listening comprehension, speaking, and pronunciation skills in German.

- **Lab Program MP3s**

  The Lab Program MP3 files, which are available on CD or online, contain the recordings needed to complete the activities in the Lab Manual.

- **Textbook MP3s**

  The Textbook MP3 files contain the recordings needed to complete the listening activities in **Kontext**, **Aussprache und Rechtschreibung**, **Hören**, and **Wortschatz** sections. The files are available on the **SAG MAL** Supersite.

- **FOTOROMAN DVD**

  The **Fotoroman** DVD, available for purchase, comes with optional German and English subtitles for every episode. All episodes are also available on the **SAG MAL** Supersite.

- **WebSAM**

  Completely integrated with the **SAG MAL** Supersite, the **WebSAM** provides access to the online Workbook, Video Manual, and Lab Manual activities with instant feedback and grading. The complete audio program is online and features record-submit functionality for select activities.

- **SAG MAL Supersite**

  Included with the purchase of your new student edition, the passcode to the Supersite (**vhlcentral.com**) gives you access to a wide variety of interactive activities for each section of every lesson of the student text, including: auto-graded activities for extra practice with vocabulary, grammar, video, and cultural content; reference tools; the **Zapping** TV commercials and short films; the **Fotoroman** episodic videos; the Textbook MP3 files, the Lab Program MP3 files, and more.

ACKNOWLEDGMENTS

On behalf of its authors and editors, Vista Higher Learning expresses its sincere appreciation to the instructors nationwide who reviewed materials from **SAG MAL**. Their input and suggestions were vitally helpful in forming and shaping the program in its final, published form.

We also extend a special thank you to the contributing writers of **SAG MAL** whose hard work was central to the publication.

REVIEWERS

Andreas Aebi
California Institute of Technology

Inge Baird
Anderson University

Julia Baker
Tennessee Technological University

John Beatty
Brooklyn College

Dr. E. Berroth
Southwestern University

Iris Bork-Goldfield
Wesleyan University

Cordula Brown
Seattle University

Anita Campitelli
University of North Carolina at Greensboro

Gisela Chappelle
College of the Redwoods

Siegfried Christoph
University of Wisconsin—Parkside

Albrecht Classen
University of Arizona

Richard DCamp
University of Wisconsin Oshkosh

Sandra Dillon
Idaho State University

Dr. David L. Dysart
Stetson University

Prof. Beate T. Engel-Doyle
Franciscan University of Steubenville

Angela Ferguson
Samford University

Sonja Fritzsche
Illinois Wesleyan University

Margarete Froelicher-Grundmann
Armstrong Atlantic University

Marion Gehlker
Yale University

Mary M. Gell
University of Michigan

Kathie Godfrey
Portland State University

Andrea Golato
University of Illinois at Urbana-Champaign

Beatrice Haase-Dubuis
Missouri Southern State University

Brenda Hansen
Bob Jones University

George E. Harding
Francis Mairon University

James W. Harrison
Southern Utah University

Deborah Horzen
University of Central Florida

Cornelius G. House
Purdue University Calumet

James Jones
Central Michigan University

Christa Keister
Lafayette College

REVIEWERS

Eric Klaus
Hobart and William Smith Colleges

Dr Seth Knox
Adrian College

Kathy Krause
University of Missouri–Kansas City

Doreen Krueger
Concordia University Wisconsin

Dr. Ute S. Lahaie
Gardner-Webb University

Stephen Della Lana
College of Charleston

Uta Larkey
Goucher College

Thomas Leek
University of Wisconsin–Stevens Point

Dr. William Lehman
Western Carolina University

Enno Lohmeyer
Case Western Reserve University

Barbara Merten-Brugger
University of Wisconsin

Jean-François Mondon
Minot State University

Dr. David E. Nagle
Oklahoma Baptist University

Vince Redder
Dakota Wesleyan University

Sunka Simon
Swarthmore College

Regina Smith
Grand Valley State University

Jane Sokolosky
Brown University

Maria Grazia Spina
University of Central Florida

Luke Springman
Bloomsburg University of Pennsylvania

Tim Straubel
Western Kentucky University

Dr. Amy Kepple Strawser
Otterbein University

Martin Sulzer-Reichel
University of Richmond

Theodore N. Thomas
Milligan College

Kevin Walton
Fort Lewis College

Carl Wiltse
Southern Methodist University

Lidia Zhigunova
Tulane University

Gesa Zinn
University of Minnesota–Duluth

Hallo! Wie geht's?

Communicative Goals

You will learn how to:

- greet people and say good-bye
- make introductions
- use polite expressions

Wortschatz

Begrüßung und Abschied	*hellos and good-byes*
Guten Morgen.	*Good morning.*
Guten Abend.	*Good evening.*
Gute Nacht.	*Good night.*
Bis dann.	*See you later.*
Bis gleich.	*See you soon.*
Bis morgen.	*See you tomorrow.*
Auf Wiedersehen.	*Good-bye.*
Schönen Tag noch!	*Have a nice day!*
Prima.	*Great.*
So lala.	*So-so.*
(Nicht) schlecht.	*(Not) bad.*
Mir geht's nicht (so) gut.	*I'm not (so) well.*
Höflichkeiten	*polite expressions*
Gern geschehen.	*My pleasure.*
Entschuldigung.	*Excuse me.*
Entschuldigen Sie.	*Excuse me. (form.)*
Es tut mir leid.	*I'm sorry.*
sich vorstellen	*introducing oneself*
Wie heißen Sie?	*What is your name? (form.)*
Schön dich/Sie kennen zu lernen.	*Nice to meet you. (inf./form.)*
Personen	*people*
die Frau	*woman*
der Freund / die Freundin	*friend (m./f.)*
der Junge	*boy*
das Mädchen	*girl*
der Mann	*man*
Herr	*Mr.*
Frau	*Mrs.; Ms.*
wo?	*where?*
hier	*here*
da/dort	*there*

Wie geht's?

S Talking Picture Audio: Activities

> **MICHAEL** Guten Tag, Herr Brenner, wie geht es Ihnen?
> **HERR BRENNER** Hallo, Michael! Es geht mir ziemlich gut. Und dir?
> **MICHAEL** Mir auch, danke.

> **PAUL** Vielen Dank!
> **JOHANNES** Bitte!

> **MARIA** Bis später, Lukas!
> **LUKAS** Tschüss, Maria. Bis bald!

> **CHRISTOPH** Guten Tag, Herr Arnold. Das ist Christina Schöller.
> **HERR ARNOLD** Guten Tag, Frau Schöller!
> **CHRISTINA** Freut mich.

ACHTUNG

There are formal and informal ways of saying *you* in German. Use **du** and its plural, **ihr**, in informal address; use **Sie** in formal situations.

MARKUS Guten Tag, ich heiße Markus. Und du? Wie heißt du?
ANNA Ich heiße Anna.
MARKUS Angenehm, Anna.

SOFIA Guten Tag, Katrin!
KATRIN Hallo, Sofia!
SOFIA Wie geht's?
KATRIN Mir geht's gut, danke! Und du, wie geht es dir? Alles klar?
SOFIA Sehr gut, danke!

Anwendung

1 **Ordnen Sie zu** Put these expressions into the correct categories.

Bitte!	die Frau	der Mann
Danke.	der Freund	Tschüss!
Entschuldigung.	Guten Tag.	Wie geht's?

Polite expressions	People	Hellos and good-byes
_____	_____	_____
_____	_____	_____
_____	_____	_____

2 **Minidialoge** Select the response that best completes each conversation.

1. —Guten Tag, Frau Meier!
   a. —Hallo, Frau Schneider! b. —Nicht schlecht.
2. —Danke, Sabine.
   a. —Bitte. b. —Bis bald!
3. —Auf Wiedersehen!
   a. —Prima. b. —Tschüss!
4. —Wie heißen Sie?
   a. —Ich heiße Paul. b. —Vielen Dank.
5. —Wie geht es Ihnen, Herr Huber?
   a. —Bis dann. b. —Danke, gut.
6. —Ich heiße Anka.
   a. —Freut mich. b. —Entschuldigung.
7. —Gute Nacht, Helga. Bis morgen dann.
   a. —Ja, bis dann. b. —Freut mich.
8. —Guten Tag, Herr Melchior. Das ist mein Freund.
   a. —Gern geschehen. b. —Angenehm.

3 **Was fehlt?** Complete each conversation with the appropriate word.

1. —_____ Dank!
   —_____ geschehen!
2. —Guten Morgen. Ich bin (*I am*) _____ Huber, Ihr (*your*) Deutschprofessor.
   —Guten _____, Herr Huber.
3. —Hallo, Steffi! _____ geht's?
   —_____ gut. Und dir?
4. —Auf _____, Frau Stein. Schönen Tag noch!
   —_____.

4 **Antworten Sie** Provide an appropriate response to each question or statement you hear.

1. _____ 4. _____
2. _____ 5. _____
3. _____ 6. _____

Practice more at **vhlcentral.com**.

Kommunikation

5 **Kurze Gespräche** 🎧 Listen to the conversations and decide whether each conversation is **förmlich** (*formal*) or **vertraut** (*informal*). Then, with a partner, discuss how you made your decisions.

	förmlich	vertraut
1.	☐	☐
2.	☐	☐
3.	☐	☐
4.	☐	☐
5.	☐	☐
6.	☐	☐

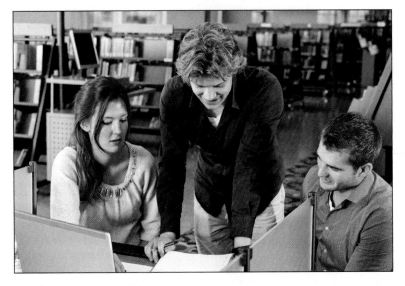

6 **Begrüßungen** In small groups, look at the illustrations, then act out a short dialogue in which the people greet each other, ask each other's names, and ask each other how they are. Pay attention to the use of **du** and **Sie**.

1. Professor Fink

2. Frau Sperber

3. Anja

4. Franz

7 **Stellen Sie sich vor** Your instructor will give you and a partner worksheets with descriptions of five people. Use the information from your worksheet to introduce yourself and talk about how you are. Role-play each of the five people on your worksheet.

> **BEISPIEL**
>
> **S1:** Hallo, ich heiße Martin. Und du?
> **S2:** Hallo, ich heiße Sandra. Wie geht's?
> **S1:** Ziemlich gut. Und dir?

8 **Sich kennen lernen** In groups of three, introduce yourself and ask your partners how they are. Then introduce your partners to the members of another group.

> **BEISPIEL**
>
> **S1:** Hallo, ich heiße Sina. Und wie heißt du?
> **S2:** Ich heiße Katja. Hallo, Sina.
> **S1:** Und wie geht's dir?
> **S2:** Prima, danke. Und du? Wie geht's dir?
> **S1:** Ziemlich gut. Katja, das hier ist Thomas.
> **S3:** Hallo, Katja. Schön dich kennen zu lernen.

Aussprache und Rechtschreibung

(S) Audio: Presentation
Record & Compare Activities

🎧 The German alphabet

The German alphabet is made up of the same 26 letters as the English alphabet. Although the alphabet is the same, many of the letters (**Buchstaben**) are pronounced differently.

Buchstabe	Beispiel	Buchstabe	Beispiel	Buchstabe	Beispiel
a (ah)	**Abend**	i (ih)	**Idee**	r (err)	**Regen**
b (beh)	**Butter**	j (yot)	**ja**	s (ess)	**singen**
c (tseh)	**Celsius,**	k (kah)	**Katze**	t (teh)	**tanzen**
	Café	l (ell)	**lesen**	u (ooh)	**Universität**
d (deh)	**danke**	m (emm)	**Mutter**	v (fau)	**Vogel, Vase**
e (eh)	**Elefant**	n (enn)	**Nase**	w (veh)	**Wasser**
f (eff)	**finden**	o (oh)	**Oper**	x (iks)	**Xylophon**
g (geh)	**gut**	p (peh)	**Papier**	y (üpsilon)	**Yacht, Typ**
h (hah)	**hallo**	q (koo)	**Quatsch**	z (tset)	**Zelt**

The symbol **ß** (**Eszett** or **scharfes S**) is used instead of a double **s** in certain words.
Eszett is never used at the beginning of a word. It is capitalized as **SS**.

ß (Eszett, scharfes S) **Straße** *(street)*

An **Umlaut** (¨) can be added to the vowels **a**, **o**, and **u**, changing their pronunciation.

a	**Apfel**	ä	(a-Umlaut)	**Äpfel**
o	**Ofen**	ö	(o-Umlaut)	**Öfen**
u	**Mutter**	ü	(u-Umlaut)	**Mütter**

In German, all nouns are capitalized, no matter where they appear in a sentence. When spelling aloud, say **großes a** for *capital a*, or **kleines a** for *lowercase a*. To ask how a word is spelled, say: **Wie schreibt man das?** (lit. *How does one write this?*)

1 **Sprechen Sie nach** Practice saying the German alphabet and sample words aloud.

2 **Buchstabieren Sie** Spell these words aloud in German.

1. hallo
2. Morgen
3. studieren
4. Explosion
5. typisch
6. Universität
7. Bäcker
8. Straße
9. Juwelen
10. Frühling
11. tanzen
12. Querflöte

3 **Sprichwörter** Practice reading these sayings aloud.

Wer A sagt, muss auch B sagen.[1]

Übung macht den Meister.[2]

[1] You have to finish what you've started. (lit. *Whoever says A must also say B.*)
[2] Practice makes perfect.

Ressourcen

SAM:
LM: p. 2

(S) vhlcentral.com

Fotoroman

Willkommen in Berlin! Video: *Fotoroman*

Meline und George kommen nach Berlin. Hier treffen sie Sabite und Hans.
Ist es eine freundliche Begrüßung (*friendly welcome*)?

MELINE (*am Telefon*) Lukas... ah, Kreuzberg, okay. Lukas...

SABITE Hallo?
GEORGE Hallo. Ich bin George. Wie heißt du?
SABITE Ich heiße Sabite. Nett dich kennen zu lernen.
GEORGE Nett dich kennen zu lernen, Sabite.

SABITE Alles in Ordnung?
GEORGE Hier sind die Schlüssel. Danke, vielen Dank.
SABITE Gern geschehen. Keine Ursache. Bis später.

GEORGE *Talk to you later.*
Auf Wiederhören.

HANS Entschuldigung. Was für ein Chaos! Hier ist die Bürste... und der Lippenstift. Und hier ist das Handy.
MELINE (*am Telefon*) Tschüss, Lukas.

HANS Ich heiße Hans. Schönen Tag!

1 **Richtig oder falsch?** Choose whether each statement is **richtig** (*true*) or **falsch** (*false*).

1. Sabite hilft (*helps*) Hans.
2. Meline ist am Flughafen (*airport*).
3. George hat (*has*) die Schlüssel.
4. Meline telefoniert mit (*calls*) Lukas.
5. George trifft (*meets*) Sabite.

6. Hans geht es ganz okay.
7. Meline geht nach (*is going to*) Kreuzberg.
8. Meline hat eine Bürste, einen Lippenstift und ein Handy.
9. Sabite geht es gut.
10. Hans sagt: „Willkommen in München."

PERSONEN   George   Hans   Meline   Sabite

MELINE Ich bin's, Meline.
SABITE Meline, hallo. Nett dich kennen zu lernen.
MELINE Freut mich. Wie geht es dir?
SABITE Mir geht es gut.

SABITE Oh, das ist George. Hallo, George. Das ist Meline. Meline, George.
GEORGE Hallo.
MELINE Nett dich kennen zu lernen.
GEORGE Freut mich.

HANS George?
GEORGE Ja!
HANS Hallo! Ich bin Hans. Willkommen in Deutschland. Nett dich kennen zu lernen. Wie geht's?
GEORGE Ganz okay.

GEORGE Das ist Sabite.
SABITE Hallo.
HANS Hi.

Nützliche Ausdrücke

- **Wie heißt du?**
  What's your name?
- **Nett dich kennen zu lernen.**
  Nice to meet you.
- **Ist jemand da?**
  Anyone there?
- **Gern geschehen.**
  My pleasure.
- **Keine Ursache.**
  Don't mention it.
- **Auf Wiederhören.**
  Talk to you later.
- **Entschuldigung.**
  Excuse me.
- **Was für ein Chaos!**
  What a mess!
- **der Lippenstift**
  lipstick
- **das Handy**
  cell phone
- **Freut mich.**
  It's a pleasure.
- **Willkommen in Deutschland.**
  Welcome to Germany.

1A.1
- **Hier ist die Bürste.**
  Here's the brush.

1A.2
- **Hier sind die Schlüssel.**
  Here are the keys.

1A.3
- **Ich bin George.**
  I'm George.

---

2 **Zum Besprechen** In groups of three, imagine that you are exchange students meeting for the first time. Greet each other, give your names, and be sure to include an appropriate goodbye. Be prepared to present your conversation to the class.

3 **Vertiefung** Germany's tallest structure is the television tower (**Fernsehturm**) in Berlin. Use the Internet to find its nicknames in German.

Ressourcen

SAM VM: p. 1   DVD Folge 1   vhlcentral.com

IM FOKUS

Hallo, Deutschland! Reading

SAYING "HELLO" CAN BE A COMPLEX social interaction. Should you shake hands? Kiss cheeks? Keep your distance? The answers depend on where you are, who you are, and who you're talking to.

In general, Germans shake hands more than Americans do, and eye contact is an important feature of this gesture. If you've just been introduced to someone, shake hands, look them in the eye, and say **Freut mich**. In a business setting, a handshake is more or less obligatory, but friends may or may not shake hands when greeting. As in North America, friends in Germany, Austria, and Switzerland can often be seen greeting each other with a hug or a kiss on the cheek.

Greetings vary depending on time of day, level of formality, and region. In formal situations, you can say **Guten Morgen** in the morning, **Guten Tag** from morning to late afternoon, and **Guten Abend** in the evening. In Bavaria or Austria, you are likely to hear **Grüß Gott°** at any time of day. **Hallo**, **Tag**, and **Grüß dich°** are all common informal greetings. In Bavaria, use **Servus°** to say hello or goodbye to friends.

Deciding between informal and polite forms of address requires some judgment. In general, use the familiar forms **du** and **ihr** with children, teenagers, family members, and fellow students. Use the polite form **Sie** with anyone else until they invite you to call them **du**. Always use **Sie** with people with whom you are not on a first-name basis. Address men as **Herr** and women as **Frau**, regardless of their marital status.

> **EIN KLEINER TIPP**
>
> As a rough guideline, use **Guten Morgen** until 10 a.m., **Guten Tag** until 6 p.m., and **Guten Abend** after 6 p.m.

Grüß Gott *Hello. (lit. Greet God)* **Grüß dich** *Hello. (lit. Greet you (inf.))* **Servus** *Hello; Good-bye (inf.)*

: Practice more at **vhlcentral.com.**

ÜBUNGEN

1 **Richtig oder falsch?** Indicate whether each statement is **richtig** (*true*) or **falsch** (*false*). Then, in pairs, correct any false statements.

1. **Hallo** is an appropriate greeting to use with friends.
2. When meeting someone new, shake hands and say **Freut mich**.
3. You should always use **Sie** with other students.
4. You should shake hands to greet business partners.
5. German friends often greet each other with a hug.
6. **Guten Abend** is an appropriate way to greet your boss in the morning.
7. You are more likely to hear **Grüß Gott** in Austria than in Berlin.
8. **Du** is used to address adults you don't know.
9. It is appropriate to address children with **du**.
10. When you are not sure whether to use **Sie** or **du**, you should follow the lead of the other person.

HA

Was geht ab?

Geht's dir gut?	*Are you all right? (inf.)*
Und dir?	*And you? (inf.)*
Geht es Ihnen gut?	*Are you all right? (form.)*
Und Ihnen?	*And you? (form.)*
So weit, so gut.	*So far, so good.*
Spitze!	*Great!*
Schön dich zu sehen.	*Nice to see you. (inf.)*
Schön Sie zu sehen.	*Nice to see you. (form.)*
Herzlich willkommen.	*Welcome.*
Was geht ab?	*What's up?*

Auf Wiedersehen, Goodbye

One characteristic feature of the German language is its wealth of regional differences. Many dialects have their own greetings, from **Moin Moin** along the North Sea Coast to Switzerland's **Grüezi mitenand**. But how do German speakers say good-bye?

- **Auf Wiedersehen** and **tschüss** are the most standard good-byes.
- The formal Swiss counterpart is **Uf Widerluege.**
- The informal **Mach's gut** is similar in meaning to *Take care.*
- In Baden-Württemberg and the Saarland, **Ade** is common.
- In Austria, **Pfiati** is often used among friends.

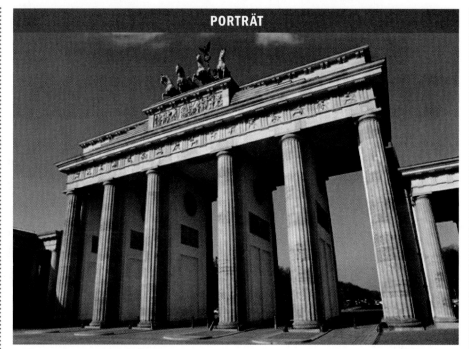

Das Brandenburger Tor°

On December 22, 1989, thousands cheered as West German Chancellor Helmut Kohl walked through the Brandenburg Gate to shake hands with East German Prime Minister Hans Modrow. It was the first time since the construction of the **Berliner Mauer°** in 1961 that East and West Germans had been permitted to pass through the gate.

Built in 1791, the **Brandenburger Tor** was one of fourteen toll gates that encircled the city. Over the next two centuries, the **Tor** withstood an invasion by Napoleon's soldiers, falling bombs in World War II, and the Cold War partition of East and West Germany. Today, the **Tor** is one of Berlin's most popular attractions, a symbol of German unity, and a monument to Berlin's tumultuous past.

Tor *Gate* **Berliner Mauer** *Berlin Wall*

IM INTERNET

Fashionably late isn't always fashionable. How do German and American manners differ when it comes to punctuality, greetings, and formality?

For more information on this **Kultur**, go to **vhlcentral.com**.

---

2 **Was haben Sie gelernt?** Answer the questions.

1. How would you say good-bye to a friend or fellow student in a German-speaking country? List three options.

2. What did Germans celebrate at the Brandenburg Gate in 1989?

3. Name some historical events that occurred near the Brandenburg Gate.

4. What does the Brandenburg Gate now symbolize?

3 **Sie sind dran** In pairs, practice meeting and greeting people in these situations.

1. It's 10 a.m. and you run into your German professor at the grocery store. What do you say?

2. Now you're purchasing your groceries. How do you say "hello" and "good-bye" to the cashier?

3. Just as you're leaving the store, you run into an old friend. Say "hi" and ask how your friend is doing.

Strukturen

1A.1 | **Gender, articles, and nouns** Presentation

Startblock Like English nouns, German nouns can be either singular or plural and may be preceded by a definite or indefinite article. Unlike English nouns, all German nouns have a gender. German nouns are always capitalized, regardless of where they appear in a sentence.

Was für **ein Chaos**!

Hier ist **die Bürste**. Hier ist **das Handy**.

Gender

- All German nouns have a gender: masculine, feminine, or neuter. While most nouns referring to males are masculine and most nouns referring to females are feminine, the gender of nouns representing objects and ideas need to be memorized.

MASCULINE	FEMININE	NEUTER
der **Mann**	die **Frau**	das **Buch**
the **man**	the **woman**	the **book**
der **Junge**	die **Blume**	das **Mädchen**
the **boy**	the **flower**	the **girl**

- Nouns ending with **-in** that refer to people are always feminine.

die Freund**in**	die Student**in**
the (**female**) friend	the (**female**) student
die Professor**in**	die Klassenkamerad**in**
the (**female**) professor	the (**female**) classmate

ACHTUNG

Other feminine noun endings include **-ei**, **-heit**, **-schaft**, **-ung**, and **-tät**.

Nouns ending with **-chen** are always neuter.

Definite and indefinite articles

- The definite article, equivalent to *the* in English, precedes a noun and indicates its gender. The masculine article is **der**, the feminine article is **die**, and the neuter article is **das**.

MASCULINE	FEMININE	NEUTER
der **Tisch**	die **Tür**	das **Fenster**
the *table*	the *door*	the *window*

QUERVERWEIS

You will learn more about forming plurals in **1A.2**.

- The definite article **die** is used with all plural nouns, regardless of gender.

	SINGULAR	PLURAL	
MASCULINE	**der** Tisch	**die** Tische	*the tables*
FEMININE	**die** Tür	**die** Türen	*the doors*
NEUTER	**das** Fenster	**die** Fenster	*the windows*

- The indefinite article **ein(e)** corresponds to *a* or *an* in English. It precedes the noun and matches its gender. Note that both masculine and neuter nouns take the form **ein**, while feminine nouns take **eine**.

MASCULINE	FEMININE	NEUTER
ein Tisch	**eine** Tür	**ein** Fenster
a table	*a door*	*a window*
ein Mann	**eine** Frau	**ein** Mädchen
a man	*a woman*	*a girl*

- There is no plural form of the indefinite article.

Er ist **ein Mann**. ▶ Sie sind **Männer**.
*He is **a man**.* *They are **men**.*

Compound nouns

- Compound words are very common in German. As in English, two or more simple nouns can be combined to form a compound noun.

die Nacht + das Hemd = **das Nachthemd**
night *shirt* *nightshirt*

Hier ist **der Lippenstift**.

- The gender and number of a compound noun is determined by the last noun in the compound.

das Haus + **die** Aufgabe = **die Hausaufgabe**
house *assignment* *homework*

die Nacht + **der** Tisch = **der Nachttisch**
night *table* *night table*

Jetzt sind Sie dran! Indicate whether each noun is **männlich** (*masculine*), **weiblich** (*feminine*), or **sächlich** (*neuter*).

1. der Mann ___*männlich*___
2. die Freundin _____
3. der Junge _____
4. das Hemd _____
5. die Tür _____
6. ein Freund _____

7. eine Frau _____
8. ein Mädchen _____
9. ein Tisch _____
10. eine Nacht _____
11. die Aufgabe _____
12. ein Buch _____

Anwendung

1 **Was fehlt?** Write the appropriate article.

der, die, das

1. _____ Fenster
2. _____ Tisch
3. _____ Student
4. _____ Nacht

ein, eine

5. _____ Frau
6. _____ Tür
7. _____ Mann
8. _____ Mädchen

2 **Ergänzen Sie** Write each noun in the appropriate column. Include the definite and indefinite article.

Buch	Haus
Frau	Hemd
Freund	Junge
Freundin	Studentin

masculine	feminine	neuter
der Mann; ein Mann		

3 **Bilden Sie Wörter** Write the appropriate definite article.

▶ **BEISPIEL**

das Haus + die Aufgabe =
die Hausaufgabe

1. die Kinder + der Garten
= _____ Kindergarten

2. der Schlaf (*sleep*) +
das Zimmer (*room*) =
_____ Schlafzimmer

3. das Telefon +
die Nummer =
_____ Telefonnummer

4. der Computer +
das Spiel (*game*) =
_____ Computerspiel

Practice more at **vhlcentral.com.**

Kommunikation

4 **Was ist das?** In pairs, take turns identifying each person or object. Provide both the definite and indefinite articles.

▼ **BEISPIEL**

S1: der Junge
S2: ein Junge

1.

2.

3.

4.

5.

6.

5 **Mehr Wörter** In pairs, take turns creating compound nouns using words from the list. Write down each compound noun with the appropriate article.

BEISPIEL

S1: der Brief (*letter*) | das Papier
S2: das Briefpapier

A	B
der Apfel (*apple*)	der Bär (*bear*)
das Eis (*ice*)	der Baum (*tree*)
die Hand	der Kuchen (*cake*)
das Haus	der Ring
die Kartoffel (*potato*)	der Schuh (*shoe*)
der Käse (*cheese*)	das Spiel (*game*)
der Schlüssel (*key*)	die Suppe
das Video	das Tier (*animal*)

6 **Rate was ich zeichne** In small groups, take turns drawing pictures of nouns you've learned so far, for your partners to guess. The person who guesses correctly is the next to draw. Don't forget the article!

1A.2 | Plurals Presentation

Startblock Plurals in German follow several patterns. These patterns can help you remember the plural form of each noun you learn.

- In German dictionaries and vocabulary lists, singular nouns are listed along with a notation that indicates how to form the plural. There are five main patterns for forming plural nouns.

notation	singular	plural
- -¨	das Fenster ⟶ die Fenster die Mutter (*mother*) ⟶ die Mütter
-e -¨e	der Freund ⟶ die Freunde der Stuhl (*chair*) ⟶ die Stühle
-er -¨er	das Kind (*child*) ⟶ die Kinder der Mann ⟶ die Männer
-n -en -nen	der Junge ⟶ die Jungen die Frau ⟶ die Frauen die Freundin ⟶ die Freundinnen
-s	der Park ⟶ die Parks

- Most masculine and neuter nouns form the plural by adding **-e** or **-er**. Plurals with the **-er** ending always add an **Umlaut** when the vowel in the singular form is **a**, **o**, or **u**.

  der Tag (*day*) ⟶ die Tag**e**   das Buch ⟶ die B**ü**ch**er**

- If the singular form of a noun ends in **-el**, **-en**, or **-er**, there is no additional plural ending, but an **Umlaut** is added to the stem vowel **a**, **o**, or **u**.

  der Apf**el** (*apple*) ⟶ die **Ä**pf**el**   das Zimm**er** (*room*) ⟶ die Zimm**er**

- For feminine nouns ending with **-in**, add **-nen** to form the plural.

  die Freund**in** ⟶ die Freund**innen**   die Student**in** ⟶ die Student**innen**

- For other feminine nouns, add **-n** if the singular form ends in **-e**, **-el**, or **-er**. Add **-en** if it does not. Note that feminine nouns with regular plural endings never add an **Umlaut**.

  die Blum**e** (*flower*) ⟶ die Blum**en**   die Frau ⟶ die Frau**en**

- The **-s** ending is added to most words borrowed from other languages and to nouns ending with vowels other than **e**.

  die DVD ⟶ die DVD**s**   das Auto ⟶ die Auto**s**

Jetzt sind Sie dran!   Give the plural form of each singular noun and vice versa.

Singular

1. das Café ___die Cafés___
2. die Bürste (*brush*) _____
3. der Vater (*father*) _____
4. die Frage (*question*) _____

Plural

5. die Wochentage (*weekdays*) ___der Wochentag___
6. die Universitäten _____
7. die Äpfel _____
8. die Studenten (*m.*) _____

Anwendung und Kommunikation

1 **Schreiben Sie** Write the plural form.

1. das Buch _____   6. das Auto _____
2. der Mann _____   7. der Junge _____
3. der Tag _____   8. die Tür _____
4. die Blume _____   9. das Kind _____
5. die Mutter _____   10. der Park _____

2 **Die Plurale** Complete each sentence with the plural form of the appropriate word.

> **BEISPIEL** Holiday Inn und Marriott sind _____*Hotels*_____.

Apfel	Computer	Hotel
Auto	Freund	Künstler (*artist*)
Blume	Freundin	Tag

1. BMW und Volkswagen sind _____.
2. Rosen und Tulpen (*tulips*) sind _____.
3. Dell, HP und Acer sind _____.
4. Granny Smith und Macintosh sind _____.
5. Eine Woche (*week*) hat sieben (*seven*) _____.
6. Anna, Monika und Emma sind _____.
7. Leonardo da Vinci und Paul Klee sind _____.
8. Lukas und Felix sind _____.

3 **Was ist das?** In pairs, take turns identifying each object, place, or person. Give both singular and plural forms.

> ▶ **BEISPIEL**
> **S1:** *die Blume*
> **S2:** *die Blumen*

1.
2.
3.
4.
5.
6.

 Practice more at **vhlcentral.com.**

1A.3 Subject pronouns, *sein*, and the nominative case

 Presentation

Lukas, **du bist**...

Ich bin George.

Subject pronouns

QUERVERWEIS

German speakers often use the third-person singular pronoun **man** where English speakers would say *one* or *you*.

You will learn more about the use of **man** in **7B.3**.

- In German, as in English, any noun can be replaced with an equivalent pronoun. A subject pronoun replaces a noun that functions as the subject of a sentence.

Maria ist nett. → **Sie** ist nett.
Maria is nice. → *She is nice.*

Der Junge ist groß. → **Er** ist groß.
The boy is tall. → *He is tall.*

subject pronouns		
	singular	**plural**
1st person	ich *I*	wir *we*
2nd person	du *you* (inf.) Sie *you* (form.)	ihr *you* (inf.) Sie *you* (form.)
3rd person	er *he/it* sie *she/it* es *it*	sie *they*

- The gender of a noun determines the gender of the pronoun that replaces it. German uses **er** for all masculine nouns, **sie** for all feminine nouns, and **es** for all neuter nouns.

Der Tisch ist klein. ▶ **Er** ist klein.
The table is small. ▶ *It's small.*

Das Buch ist neu. ▶ **Es** ist neu.
The book is new. ▶ *It's new.*

- The pronoun **Sie/sie** can mean *you, she, it,* or *they,* depending on context. Write **Sie** with a capital **S** to mean *you* in a formal context, and **sie** with a lowercase **s** to mean *she, it,* or *they.*

Sie ist Professorin und **sie** sind Studenten.
She is a professor, and they are students.

Woher kommen **Sie**?
Where are you from?

The verb *sein*

- **Sein** (*To be*) is an irregular verb: its conjugation does not follow a predictable pattern.

sein (*to be*)			
singular		**plural**	
ich **bin**	*I am*	wir **sind**	*we are*
du **bist**	*you are* (inf.)	ihr **seid**	*you are* (inf.)
Sie **sind**	*you are* (form.)	Sie **sind**	*you are* (form.)
er/sie/es **ist**	*he/she/it is*	sie **sind**	*they are*

Ich bin Amerikaner.
I'm American.

Sie ist Deutsche.
She's German.

Wir sind Freunde.
We are friends.

The nominative case

- German has four *cases* that indicate the function of each noun in a sentence. The case of a noun determines the form of the definite or indefinite article that precedes the noun, the form of any adjectives that modify the noun, and the form of the pronoun that can replace the noun.

German cases		
Nominativ	Der Professor ist alt.	*The professor is old.*
Akkusativ	Ich verstehe **den** Professor.	*I understand the professor.*
Dativ	Der Assistent zeigt **dem** Professor den neuen Computer.	*The assistant is showing the professor the new computer.*
Genitiv	Das ist der Assistent **des** Professors.	*This is the professor's assistant.*

- The grammatical subject of a sentence is always in the nominative case (**der Nominativ**). Subject pronouns are, by definition, nominative pronouns. The nominative case is also used for nouns that follow a form of **sein**, **werden** (*to become*), or **bleiben** (*to stay, to remain*).

Das ist **eine gute Idee**.
*That's **a good idea**.*

Wir bleiben **Freunde**.
*We're still **friends**.*

- The definite and indefinite articles you learned in **1A.1** are the forms used with nouns in the nominative case.

nominative articles				
	masculine	**feminine**	**neuter**	**plural**
definite	der Junge	die Frau	das Mädchen	die Jungen
indefinite	ein Junge	eine Frau	ein Mädchen	– Jungen

QUERVERWEIS

You will learn more about cases in **1B.1**, **3B.2**, **4B.1**, **4B.2**, and **8B.1**.

Ressourcen

SAM
WB: pp. 7–8

SAM
LM: p. 5

S
vhlcentral.com

Jetzt sind Sie dran! For each noun, write the correct subject pronoun. For each pronoun, write the appropriate form of *sein*.

1. der Apfel ___er___
2. das Haus _____
3. die Jungen _____

4. die Hausaufgabe _____
5. Brigitte und ich _____
6. die Studentin und du _____

7. wir ___sind___
8. ihr _____
9. du _____

10. Sie _____
11. ich _____
12. er _____

Anwendung

1 **Wählen Sie** Select the appropriate subject pronoun.

1. (Ihr / Wir) seid in Deutschland.
2. (Er / Ich) ist ein Freund.
3. (Du / Sie) sind sehr sympathisch!
4. (Ihr / Ich) seid Amerikaner.
5. (Wir / Ich) sind jung.
6. (Ich / Du) bin Studentin.
7. (Es / Du) bist zu Hause.
8. (Ihr / Sie) ist intelligent.

2 **Was fehlt?** Write the correct form of **sein**.

1. Mein Vater (*My father*) und meine Mutter _____ hier.
2. Ich _____ Student.
3. Herr Professor, Sie _____ Experte.
4. Petra und ich _____ zu Hause (*at home*).
5. Du _____ Lehrer (*teacher*).
6. Das Buch _____ sehr interessant.
7. Ihr _____ Schüler.
8. Das Fenster und die Tür _____ offen (*open*).

3 **Ergänzen Sie** Write the pronoun and the appropriate form of **sein**.

▶ **BEISPIEL**

Sie sind im (*at the*) Restaurant.

1. _____ Freundinnen.

2. _____ Deutschprofessor.

3. Mia, Tim und ich, _____ Studenten.

4. Sara, _____ allein (*alone*).

5. _____ müde (*tired*).

6. Jan und du, _____ Freunde.

4 **Bilden Sie Sätze** Write complete sentences using **sein**. Then, replace the subjects with subject pronouns, where possible.

BEISPIEL Samuel / Professor
Samuel ist Professor. Er ist Professor.

1. Alfred und ich / sympathisch
2. du / romantisch
3. es / ein gutes (*good*) Buch
4. Michael und du / in Deutschland
5. Danielle und Donna / aus Los Angeles
6. ich / Amerikaner
7. Sie / unfair, Frau Henke / !
8. das Haus / gigantisch

 Practice more at **vhlcentral.com**.

Kommunikation

5   **Beschreiben Sie** In pairs, take turns asking and answering questions about the illustrations.

> **BEISPIEL**
>
> **S1:** *Sind das Studentinnen?*
> **S2:** *Ja, das sind Studentinnen.*

WERKZEUG

Place the verb first when asking a yes-or-no question.

Ist/sind das...?
Ja/Nein, das ist/sind...
Bist du...?
Ja/Nein, ich bin...

1.

2.

3.

4.

5.

6.

6   **Fragen** In pairs, ask and answer questions using the prompts.

> **BEISPIEL**
>
> **S1:** *Bist du romantisch?*
> **S2:** *Ja, ich bin romantisch.*

A	B
ich	gut
du	in Deutschland
der Film	intelligent
wir	romantisch
Inge und du	Studenten
Sebastian und Katie	tolerant

7   **Freut mich!** In groups of three, role-play these situations. Each person should say something about him-/herself using a form of **sein**.

1. You are meeting your classmates for the first time. Introduce yourself and ask how each person is doing.

2. You and your friend are invited to a birthday party. Exchange greetings and introduce yourselves to other guests.

Wiederholung

1 **Memory-Spiel** With a partner, create a set of cards to play Memory, featuring ten nouns you learned in this lesson. For each noun you draw, create a matching card showing the word with the definite article. Shuffle the cards and place them face down. Take turns matching pictures and words.

2 **Freut mich!** In pairs, practice introducing yourselves in formal and informal situations.

3 **Galgenmännchen** In small groups, play Hangman using the vocabulary you learned in **Kontext 1A** and **Strukturen 1A.1** and **1A.2**. For nouns, include the definite article. Give your partners a hint about each word.

BEISPIEL

S1: Es ist eine Person. / Es ist ein Ding (*thing*). / Es ist ein Ausdruck (*expression*).
S2: Gibt es (*Is there*) ein S?

4 **Was ist das?** In pairs, take turns identifying the objects and people.

▶ BEISPIEL

S1: Was ist das?
S2: Das ist ein Auto.

1. _____   2. _____

3. _____   4. _____

5. _____   6. _____

5 **Bilderrätsel** Your instructor will give you and a partner two worksheets with different images and labels. Work together to form the compound words.

6 **Wie heißt du?** Your instructor will give you a worksheet. Ask your classmates to say their names and spell them for you. Don't forget to greet them, ask how they are, and say thank you!

BEISPIEL

S1: Guten Morgen!
S2: Hallo!
S1: Wie geht's?
S2: Es geht mir gut.
S1: Wie heißt du?
S2: Ich heiße Nadia.
S1: Wie schreibt man das?
S2: N-A-D-I-A.
S1: Wie ist dein Nachname (*last name*)?
S2: Mueller. M-U-E-L-L-E-R.
S1: Danke!

S · Video: TV Clip

Familien fahren° besser mit der Bahn

Deutsche Bahn (**DB**) is the German railway company, based in Berlin. The **Deutsche Bahn** offers a **Sparpreis** (*discount price*) for families. Children under age 15 ride free when accompanied by an adult and pay half-price fares when traveling alone. This advertisement presents the **Deutsche Bahn** as a convenient and comfortable transportation option for families, allowing parents and children to interact and enjoy themselves on the way to their destination.

Die Bahn macht mobil: www.bahn.de

Sag mal°, weißt du noch wie° die Beiden von vorne° aussehen°?

Warum fragst du mich?° Du kennst die° länger als° ich.

Jetzt mit Gratiseis° für Kinder.

fahren *ride* **Sag mal** *Say...* **weißt du...wie** *do you know how* **die...von vorne** *those two up front* **aussehen** *look* **Warum fragst du mich?** *Why are you asking me?* **Du kennst die** *You've known them* **länger als** *longer than* **Gratiseis** *free popsicle*

 Verständnis Circle the correct answers.

1. How much does the **DB** family package cost?
   a. 49 euro b. 60 euro c. 39 euro d. 55 euro
2. What do children riding the train receive?
   a. Bücher b. Äpfel c. Eis d. Blumen

 Diskussion Discuss the following questions with a partner.

1. What is train service like in your country? How do you think it compares with the services offered by the **Deutsche Bahn**?
2. Does this commercial make you want to travel by train in Germany? Why or why not?

In der Schule

Talking Picture
Audio: Activities

die Uhr, -en

der Rucksack, -̈e

der Bleistift, -e

das Fenster, -

der Schüler, -

das Buch, -̈er

die Schülerin, -nen

das Heft, -e

das Wörterbuch, -̈er

der Stift, -e

der Papierkorb, -̈e

das Blatt Papier, (pl. Blätter Papier)

Wortschatz

im Unterricht	*in class*
der Computer, -	computer
das Ergebnis, -se	result; score
das Foto, -s	photo
die Frage, -n	question
die Hausaufgabe, -n	homework
die Klasse, -n	class
der Kuli, -s	ball-point pen
das Lehrbuch, -̈er	(college/university) textbook
die Note, -n	grade (on an assignment)
die Notiz, -en	note
das Problem, -e	problem
die Prüfung, -en	test; exam
der Radiergummi, -s	eraser
die Sache, -n	thing
das Schulbuch, -̈er	(K–12) textbook
die Stunde, -n	lesson
der Taschenrechner, -	calculator
der Terminkalender, -	personal planner
der Tisch, -e	table; desk
die Tür, -en	door
das Zeugnis, -se	report card; grade report
Da ist/sind...	There is/are...
Ist/Sind hier...?	Is/Are there... here?
Hier ist/sind...	Here is/are...
Was ist das?	What is that?
Orte	*places*
das Klassenzimmer, -	classroom
die Schule, -n	school
die Universität, -en	university, college
die Bibliothek, -en	library
die Mensa, Mensen	(college/university) cafeteria
Personen	*people*
Wer ist das?	Who is it?
der Klassenkamerad, -en / die Klassenkameradin, -nen	classmate
der Professor, -en / die Professorin, -nen	professor
der Student, -en / die Studentin, -nen	(college/university) student

ACHTUNG

Don't confuse **Da ist...** (*There is...*) with **Das ist...** (*This is...*).

die Tafel, -n

DEUTSCHLAND

LIECHTENSTEIN

DIE SCHWEIZ   ÖSTERREICH

die Karte, -n

der Lehrer, -
(die Lehrerin, -nen f.)

der Schreibtisch, -e

der Stuhl, -̈e

Anwendung

1 **Was passt nicht?** Select the word that doesn't belong.

1. der Professor / das Problem / die Universität / die Studentin
2. das Fenster / das Schulbuch / die Notizen / das Heft
3. der Stift / der Bleistift / der Papierkorb / der Kuli
4. die Tafel / der Schreibtisch / der Stuhl / die Prüfung
5. die Tür / das Ergebnis / der Tisch / die Uhr
6. das Problem / der Radiergummi / die Frage / das Ergebnis

2 **Was ist das?** Label each item.

▶ **BEISPIEL** *der Bleistift*

1. _____   2. _____   3. _____

4. _____   5. _____   6. _____

3 **Ergänzen Sie** Select the words that best complete each sentence.

1. Christa ist...
   a. der Stuhl.   b. die Schülerin.   c. die Stunde.
2. Wer ist das? Das ist...
   a. der Bleistift.   b. der Taschenrechner.   c. der Professor.
3. Wo sind die Bücher? Sie sind...
   a. in der Bibliothek.   b. im Ergebnis.   c. im Papierkorb.
4. Frau Meier ist...
   a. die Lehrerin.   b. die Schülerin.   c. die Schule.
5. Im Klassenzimmer sind...
   a. Tische.   b. Noten.   c. Universitäten.
6. Das Quiz und der Test sind...
   a. Hausaufgaben.   b. Prüfungen.   c. Ergebnisse.

4 **Zuordnungen** 🎧 Write each word you hear in the correct category.

Orte	Personen
1. _____	5. _____
2. _____	6. _____
3. _____	7. _____
4. _____	8. _____

 Practice more at **vhlcentral.com**.

Kommunikation

5 **Was ist das?** In pairs, take turns pointing at items and people in your classroom and asking each other to identify them.

BEISPIEL

S1: Was ist das?
S2: Das ist ein Bleistift. Wer ist das?
S1: Das ist der Professor.

---

6 **Im Rucksack** List six items that are in your backpack. Then, work with a partner and compare lists.

In meinem (my) Rucksack ist/sind...

1. _____
2. _____
3. _____
4. _____
5. _____
6. _____

In _____s Rucksack ist/sind...

1. _____
2. _____
3. _____
4. _____
5. _____
6. _____

WERKZEUG

To say that something belongs to someone, add an **-s** to the person's name (**Marias Heft**; **Alfreds Buch**). Add an apostrophe if the name already ends in **-s** (**Thomas' Heft**; **Markus' Buch**).

---

7 **Ist da...?** In pairs, take turns asking each other questions about what you see in the illustration.

BEISPIEL

S1: Ist da ein Papierkorb?
S2: Nein. Da ist ein Bleistift. Ist da...?

8 **Ratespiel** Play Pictionary as a class.

- Take turns going to the board and drawing images representing words from the lesson vocabulary.
- The person drawing may not write any letters or numbers.
- The person who correctly identifies the drawing in German gets to go next.

Aussprache und Rechtschreibung

S Audio: Presentation
Record & Compare Activities

🎧 The vowels *a*, *e*, *i*, *o*, and *u*

Each German vowel may be pronounced with either a long or a short sound. A vowel
followed by **h** is always long. A double **oo**, **aa**, or **ee** also indicates a long vowel sound.
In some words, long **i** is spelled **ie**.

| **Fahne** | **wen** | **ihn** | **doof** | **Mut** | **diese** |

A vowel followed by two or more consonant sounds is usually short.

| **Pfanne** | **wenn** | **in** | **Sonne** | **Mutter** | **singst** |

When the German letter **e** appears in the unstressed syllable at the end of a word,
it is pronounced like the *e* in the English word *the*.

| **danke** | **Schule** | **Frage** | **Klasse** | **Dinge** | **Vase** |

In certain words, an **Umlaut** (¨) is added to the vowel **a**, **o**, or **u**, changing the pronunciation
of the vowel.

| **Bank** | **Bänke** | **schon** | **schön** | **Bruder** | **Brüder** |

1 **Sprechen Sie nach** Practice saying these words aloud.

1. Kahn / kann
2. beten / Betten
3. Robe / Robbe
4. Buch / Butter
5. den / denn
6. Saat / satt
7. Rogen / Roggen
8. Sack / Säcke
9. Wort / Wörter
10. Stuhl / Stühle
11. Hefte
12. Tage

2 **Artikulieren Sie** Practice saying these sentences aloud.

1. Der Mann kam ohne Kamm.
2. Wir essen Bienenstich und
   trinken Kaffee.
3. Am Sonntag und am Montag
   scheint die Sonne.
4. Das U-Boot ist unter Wasser.
5. Ich habe viele Freunde in der Schule.
6. Der Mantel mit den fünf Knöpfen
   ist schöner als die Mäntel mit
   einem Knopf.

3 **Sprichwörter** Practice reading these sayings aloud.

*Sag mir, mit wem du
gehst, und ich sage dir,
wer du bist.*[1]

*Der frühe Vogel fängt
den Wurm.*[2]

[1] Tell me who your friends are, and I will tell you who you are. [2] The early bird catches the worm.

Oh, George! Video: *Fotoroman*

George und Hans treffen (*meet*) Meline und Sabite im Biergarten.
Melines Handy klingelt...

SABITE Wer ist es?
MELINE Lukas.
SABITE Oh, dein Freund?
MELINE Ja. Nein. Ja.

MELINE Wir haben Probleme.

MELINE Hast du einen Freund?
SABITE Ja. Torsten. Er ist Student.
MELINE Hast du ein Bild?

GEORGE Sabite? Sabite, hallo.
SABITE Hallo.
HANS Hallo.
SABITE Was ist da drin?
GEORGE Lehrbücher! Wörterbuch... Hefte...
Stifte... Kalender.
HANS Hast du auch einen Computer?

KELLNERIN Bitte schön?
HANS Ein Wasser, bitte.
GEORGE Einen Kaffee und ein
Stück Strudel.

MELINE Ich habe keinen Freund mehr.
SABITE Wie geht's dir?
MELINE Mir geht es sehr gut.

ÜBUNGEN

1 **Richtig oder falsch?** Indicate whether each statement is **richtig** (*true*) or **falsch** (*false*).

1. George hat ein Wörterbuch.
2. Sabite hat ein Bild von (*of*) Torsten.
3. George will (*wants*) das Brandenburger Tor sehen (*to see*).
4. Im Bauhaus-Museum gibt es viele Bücher.
5. Meline telefoniert mit Lukas.

6. Die Kellnerin hat einen Freund.
7. Torsten ist Student.
8. Hans hat einen Stadtplan.
9. Die Kellnerin heißt Laura.
10. George bestellt (*orders*) einen Kaffee und ein Steak.

PERSONEN

 George Hans Meline Sabite Kellnerin

> **GEORGE** Ich habe eine Idee. Hast du einen Stadtplan?
> **HANS** Ja!
> **GEORGE** Was muss ich sehen in Berlin? Das Brandenburger Tor!
> **HANS** Checkpoint Charlie!

> **SABITE** Potsdamer Platz!
> **GEORGE** Marlene-Dietrich-Platz!
> **KELLNERIN** Das Bode-Museum. Und das Jüdische Museum!

> **HANS** Wie viele Kurse hast du belegt?
> **SABITE** Ah, vier.
> **MELINE** Bauhaus-Museum.
> **HANS** Ja!
> **MELINE** Im Bauhaus-Museum gibt es viele...
> **SABITE** Stühle! Viele Stühle. Und Tische.

> **GEORGE** Wie heißt sie?
> **SABITE** Ähm, Leyna? Oh, George.
> **HANS** Sie hat einen Freund?
> **GEORGE** Ja.

Nützliche Ausdrücke

- **Prost!**
  Cheers!
- **Wer ist es?**
  Who is it?
- **Hast du ein Bild?**
  Do you have a picture?
- **Was ist da drin?**
  What's in there?
- **Hast du auch einen Computer?**
  Do you have a computer, too?
- **die Kellnerin**
  waitress
- **Bitte schön?**
  May I take your order?; May I help you?
- **das Wasser**
  water
- **der Kaffee**
  coffee
- **das Stück Strudel**
  a piece of strudel
- **Ich habe keinen Freund mehr.**
  I don't have a boyfriend anymore.
- **die Idee**
  idea
- **der Stadtplan**
  city map
- **Was muss ich sehen in Berlin?**
  What do I have to see in Berlin?
- **Ist alles in Ordnung?**
  Is everything alright?
- **Wie heißt sie?**
  What's her name?

1B.1
- **Wir haben Probleme.**
  We have problems.

1B.2
- **Hast du einen Stadtplan?**
  Do you have a city map?

1B.3
- **—Wie viele Kurse hast du?**
  —How many classes are you taking?
- **—Vier.**
  —Four.

---

2 **Zum Besprechen** In groups of three, role-play a scene where two of you order food at a **Biergarten**. Here are some common items to order.

eine Cola	ein Stück Strudel
einen Kaffee	einen Tee
einen Saft (*juice*)	ein Wasser

3 **Vertiefung** The characters mention several important sites and museums in Berlin. Research these and other monuments and plan a day of sightseeing in Berlin to present to the class. Mention at least three sites that interest you and include their names in German.

Die Schulzeit Reading

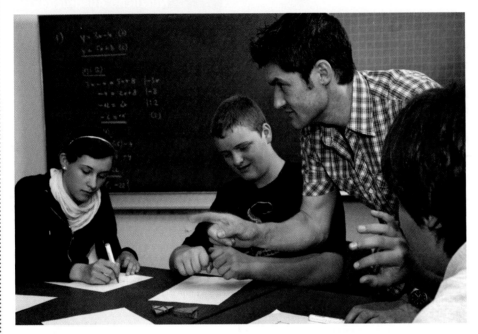

ALTHOUGH THE WORD AND THE concept were invented by **Friedrich Fröbel**, a teacher in 19th-century Germany, **Kindergarten** is not a part of today's German public school system. There are many privately-run **Kindergärten**, but attendance is not universal.

Public school for German children starts at age six, with **Grundschule°**. For the first four years, all **Grundschüler** attend school together. But after age ten, students are streamed into three different kinds of schools, usually as recommended by their teacher.

The most academically rigorous option is **Gymnasium**. **Gymnasium** lasts eight years, and graduates need to pass difficult exit exams to earn their **Abitur°**. The "**Abi**" gives students access to competitive internships and a university education.

A more vocationally-oriented option is **Hauptschule**. Students typically finish **Hauptschule** at age 15 or 16. They may then attend **Berufsfachschule°**, where they can train for a variety of professions, from mechanics to physical therapy.

The third option is **Realschule**, which has stricter academic requirements than **Hauptschule**. After graduation, students may seek further schooling that will lead them into careers like banking, IT, or social work.

This three-track system has been in use for decades, but in recent years it has come under serious criticism. The **Abitur** is associated with higher social status, and more and more families push to have their children admitted into **Gymnasium**. **Realschule** still generally leads to solid employment opportunities, but there is now a stigma attached to **Hauptschule**, which makes the job search more difficult for its graduates.

In some states, there is a fourth option for secondary school students: the **Gesamtschule°**. These comprehensive schools have no entrance requirements. They offer college preparatory classes for students who perform well, general education classes for students with average performance, and remedial courses for those who need additional support. **Gesamtschulen** were introduced in the 1970s with the hope of eliminating inequalities associated with the three-track system, but they have been slow to take root.

Grundschule *elementary school* **Abitur** *high school diploma* **Berufsfachschule** *vocational school* **Gesamtschule** *comprehensive school*

1 **Ergänzen Sie** Complete the statements.

1. _____ is not part of the German public school system.
2. _____ invented the word **Kindergarten**.
3. German elementary school is called _____.
4. Children normally begin school at age _____.
5. **Grundschule** lasts _____ years.
6. After age ten, students are streamed into three kinds of schools: **Gymnasium, Hauptschule**, and _____.
7. **Gymnasium** graduates receive a diploma called the _____.
8. Students who have earned their **Abitur** can attend _____.
9. After finishing _____, students may attend **Berufsfachschule**.
10. The _____ offers an alternative to the three-track system.

DEUTSCH IM ALLTAG

Die Schule

der Abschluss, -ˈe	*graduation*
die Pause, -n	*break, recess*
der Schulleiter, -	*(male) principal*
die Schulleiterin, -nen	*(female) principal*
bestehen	*to pass a test*
durchfallen	*to flunk; to fail*
schwänzen	*to cut class*
langweilig	*boring*

DIE DEUTSCHSPRACHIGE WELT

Ein süßer° Beginn

In German-speaking countries, the first day of school is a festive occasion. Excited **Erstklässler°** are presented with **Schultüten** by their parents on the morning of their first day of school. The **Schultüte** is a decorated paper cone, filled with candies, chocolates, school supplies, and other treats. With their unopened **Tüten** in hand, the **Erstklässler** set off for **Grundschule. Alles Gute für den ersten Schultag!°**

süßer *sweet* **Erstklässler** *first-graders* **Alles Gute für den ersten Schultag!** *Best wishes on your first day of school!*

Noten in Deutschland

Deutsche Noten:	1	2	3	4	5/6
US-Äquivalente:	A/A+	A-/B+	B/B-	C/D	D-/F

PORTRÄT

Der Schultag

The school day in Germany typically lasts from 7:30 or 8:00 in the morning until 1:00 in the afternoon, with a 15-20 minute mid-morning break, called the **Große° Pause**. Many schools do not have cafeterias, since students go home at lunch time. They then have the afternoon to do homework and participate in extracurricular activities. Students have only 6 weeks of summer vacation, but they get longer breaks during the school year, with 2 weeks off in the fall, 2 weeks for Christmas, and 2 weeks in the spring.

Große *Big*

EIN KLEINER TIPP

The German word for *one* is **eins**. A straight-A student is called **ein(e) Einser-Schüler(in)**.

IM INTERNET

Subjects: What subjects do students study at **Gymnasium**? What are **Pflichtfächer**? What are **Wahlfächer**?

For more information on this **Kultur**, go to **vhlcentral.com**.

---

2 **Richtig oder falsch?** Indicate whether each statement is **richtig** or **falsch**. Then, in pairs, correct the false statements.

1. Most German students eat lunch in their school cafeterias.
2. Students get a midmorning break called the **Große Pause**.
3. Students get 12 weeks of vacation every summer.
4. Children in their first year of school are called **Kindergärtner**.
5. The **Schultüte** is a test that elementary school students take on the first day.

3 **Die Schule: anders in Deutschland** In pairs, discuss the similarities and differences between school life in Germany or other German-speaking countries and in your country. What do you like best about each system? Why?

Ressourcen

S

vhlcentral.com

Strukturen

1B.1 Haben and the accusative case Presentation

Startblock To describe what someone or something has, use the irregular verb **haben** with the accusative case.

Haben

haben (to have)			
ich **habe**	I have	wir **haben**	we have
du **hast**	you have (inf.)	ihr **habt**	you have (inf.)
Sie **haben**	you have (form.)	Sie **haben**	you have (form.)
er/sie/es **hat**	he/she/it has	sie **haben**	they have

Ich **habe** ein Buch.
*I **have** a book.*

Petra **hat** eine Karte.
*Petra **has** a map.*

Wir **haben** eine Frage.
*We **have** a question.*

The accusative case

ACHTUNG

A direct object receives the action of a verb directly and answers the question *what?* or *whom?*

QUERVERWEIS

The accusative case is also used following certain prepositions. You will learn more about this usage in **3B.2**.

Ressourcen

SAM
WB: pp. 11–12

SAM
LM: p. 8

vhlcentral.com

- In **1A.3**, you learned that the function of a noun in a sentence determines its case, as well as the case of any article or adjective that modifies it. A noun that functions as a direct object is in the accusative case (**der Akkusativ**).

definite articles			
	masculine	**feminine**	**neuter**	**plural**
nominative	der Stuhl	die Tür	das Fenster	die Notizen
accusative	den Stuhl	die Tür	das Fenster	die Notizen

indefinite articles			
	masculine	**feminine**	**neuter**	**plural**
nominative	ein Stuhl	eine Tür	ein Fenster	– Notizen
accusative	einen Stuhl	eine Tür	ein Fenster	– Notizen

Der Lehrer hat **den Stift**.
*The teacher has **the pen**.*

Sie öffnet **die Tür**.
*She's opening **the door**.*

Ich kaufe **einen Schreibtisch**.
*I'm buying **a desk**.*

Wir haben hier **ein Problem**.
*We have **a problem** here.*

 Jetzt sind Sie dran! In the first column, complete the sentences using haben. In the second column, indicate whether each underlined phrase is in the **Nominativ (N)** or **Akkusativ (A)** case.

1. Wir ___*haben*___ die Bücher.

2. Ich _____ Fotos.

3. Herr Müller _____ ein Haus.

4. Ihr _____ morgen Schule.

5. Max und Julia _____ viele Hausaufgaben.

6. Lena _____ eine Theorie.

___N___ 7. Sie ist <u>eine Schülerin</u>.

_____ 8. David hat <u>eine Frage</u>.

_____ 9. Ich habe <u>ein Problem</u>.

_____ 10. Wir haben nur (*only*) <u>einen Stuhl</u>.

_____ 11. Ihr seid <u>Studenten</u>.

_____ 12. Ich esse (*eat*) <u>einen Apfel</u>.

Anwendung und Kommunikation

1 **Bilden Sie Sätze** Write complete sentences.

 BEISPIEL ich / haben / ein Radiergummi

Ich habe einen Radiergummi.

1. du / haben / ein Computer
2. ihr / haben / ein Taschenrechner
3. der Lehrer / haben / ein Buch
4. wir / haben / ein Problem
5. ich / haben / eine Frage
6. das Mädchen / haben / ein Freund

2 **Was haben wir?** Rewrite the sentences.

 BEISPIEL Das ist ein Computer. (Inge)

Inge hat einen Computer.

1. Das ist ein Rucksack. (Peter)
2. Das ist ein Kuli. (ich)
3. Das ist ein Schulbuch. (ihr)
4. Das sind Fotos. (du)
5. Das ist ein Wörterbuch. (Erik und Nina)
6. Das ist eine Karte. (wir)

3 **Was haben sie?** With a partner, take turns saying what each person has.

 ▶ **BEISPIEL**

Patrick hat Fotos.

Patrick

1. du

2. die Klassenkameraden

3. Bettina

4. ich

5. du und Abdel

6. wir

4 **Im Klassenzimmer** In groups, take turns discussing what items are in your classroom and what each of you has brought to class.

 BEISPIEL

S1: *Was haben wir hier?*
S2: *Wir haben Stühle und Bänke.*

S1: *Was hast du da?*
S2: *Ich habe ein Heft.*

 Practice more at **vhlcentral.com.**

1B.2

Word order Presentation

Startblock By changing the order of words in a sentence, you can shift emphasis or turn a statement into a yes-or-no question.

Statements

- In German, the verb is always the second element in a statement. The first element is often the subject, but it can also be a time expression or a prepositional phrase.

1ST	2ND	3RD
Ich	**habe**	heute Abend viele Hausaufgaben.

*I **have** a lot of homework tonight.*

Heute Abend	**habe**	ich viele Hausaufgaben.

*Tonight I **have** a lot of homework.*

- A direct or indirect object may be placed in first position, but this is a less common phrasing, used to place emphasis on the object. When the subject is not the first element in the sentence, it immediately follows the verb.

1ST	2ND	3RD
Viele Hausaufgaben	**habe**	ich heute Abend.

*I **have** a lot of homework tonight.*

Yes-or-no questions

- To turn a statement into a yes-or-no question, move the verb to the first position. Move the subject to the second position, since it must immediately follow the verb. Use **ja** (*yes*) or **nein** (*no*) to respond to this type of question.

STATEMENT	QUESTION
Die Professorin ist nett. *The professor is nice.*	▶ **Ist die Professorin** nett? *Is the professor nice?*
Jetzt habt ihr einen Computer. *Now you have a computer.*	▶ **Habt ihr jetzt** einen Computer? *Do you have a computer now?*
Die Schüler haben jetzt Unterricht. *The students have class now.*	▶ **Haben die Schüler** jetzt Unterricht? *Do the students have class now?*

QUERVERWEIS

You will learn how to form negative statements in **2B.3**.

Ressourcen

SAM
WB: pp. 13–14

SAM
LM: p. 9

vhlcentral.com

 Jetzt sind Sie dran!   **Turn each statement into a yes-or-no question.**

1. Ich habe ein Buch.
   _____

2. Ich bin Studentin.
   _____

3. Das sind Klassenkameraden.
   _____

4. Der Apfel ist schlecht (*bad*).
   _____

5. Wir haben viele Fotos.
   _____

6. Tobias und Jasmin haben Rucksäcke.
   _____

7. Er hat ein Handy (*cell phone*) und einen Taschenrechner.
   _____

8. Ich habe ein großes (*big*) Problem.
   _____

9. Das Wörterbuch ist gut.
   _____

10. Der Student hat Bücher.
   _____

Anwendung und Kommunikation

1 **Ein paar Fragen** Write out the questions.

BEISPIEL   Maria und Michael / haben / ein Computer

Haben Maria und Michael einen Computer?

1. du / haben / ein Heft
2. der Junge / haben / eine Uhr
3. die Lehrerin / eine Karte / haben
4. sein / du / Student
5. wir / Hausaufgaben / viele (*a lot*) / haben
6. das Buch / sein / schlecht

2 **Noch einmal** Rewrite each sentence twice, changing the order of the underlined elements.

BEISPIEL   Ich habe <u>heute</u> (*today*) <u>eine Prüfung</u>.

Heute habe ich eine Prüfung.
Eine Prüfung habe ich heute.

1. Stefan hat <u>heute Abend</u> <u>Deutschhausaufgaben</u>.
2. <u>Wilhelm und Uta</u> haben <u>ein Haus</u> <u>in Berlin</u>.
3. <u>Eine Freundin und ich</u> gehen (*are going*) <u>morgen</u> <u>zur Bäckerei</u> (*to the bakery*).
4. <u>Ich</u> bin <u>jetzt</u> (*now*) <u>in Berlin</u>.

3 **Wer hat was?** In pairs, take turns asking and answering questions.

BEISPIEL   Professor / Problem (nein / Frage)

S1: *Hat der Professor ein Problem?*
S2: *Nein, er hat eine Frage.*

1. Frau / Blatt Papier (nein / Foto)
2. Emil und ich / Bleistifte (ja)
3. Lehrerin / Terminkalender (ja)
4. Schüler / Buch (nein / Heft)

4 **Was ist los?** In groups, take turns asking and answering yes-or-no questions about the images.

BEISPIEL

S1: *Haben die Schüler Bücher?*
S2: *Ja, sie haben Bücher.*

 Practice more at **vhlcentral.com.**

1B.3 **Numbers** Presentation

Startblock As in English, numbers in German follow patterns. Memorizing the numbers from **1** to **20** will help you learn numbers **21** and above.

Sabite hat **vier** Kurse.

George ist **21** Jahre alt.

- Every number up to one million is written as a single word. Numbers from **13** to **19** follow a pattern similar to English, adding the ending **-zehn** to each single-digit number. Numbers from **21** to **99** repeat this pattern, adding **und** plus the number in the tens place to each single-digit number: [*ones*] + **und** + [*tens*].

$$25 = \textbf{fünf} + \textbf{und} + \text{zwanzig} \quad \blacktriangleright \quad \textbf{fünfund}\text{zwanzig}$$

ACHTUNG

Ask **Wie alt bist du?** when you want to know someone's age. Answer: **Ich bin [*number*]. / Ich bin [*number*] Jahre alt.**

numbers 0–99							
0	null	10	zehn	20	zwanzig	30	dreißig
1	eins	11	elf	21	einundzwanzig	31	einunddreißig
2	zwei	12	zwölf	22	zweiundzwanzig	40	vierzig
3	drei	13	dreizehn	23	dreiundzwanzig	45	fünfundvierzig
4	vier	14	vierzehn	24	vierundzwanzig	50	fünfzig
5	fünf	15	fünfzehn	25	fünfundzwanzig	60	sechzig
6	sechs	16	sechzehn	26	sechsundzwanzig	70	siebzig
7	sieben	17	siebzehn	27	siebenundzwanzig	80	achtzig
8	acht	18	achtzehn	28	achtundzwanzig	90	neunzig
9	neun	19	neunzehn	29	neunundzwanzig	99	neunundneunzig

- Note that the **s** in **eins** is dropped at the beginning of a compound word.

$$41 = \text{ein}\textbf{s} + \text{vierzig} \quad \blacktriangleright \quad \textbf{ein}\text{undvierzig} \qquad 81 = \text{ein}\textbf{s} + \text{achtzig} \quad \blacktriangleright \quad \textbf{ein}\text{undachtzig}$$

- Likewise, **sechs** and **sieben** are shortened when they precede the letter **z**.

  16 = **sech**zehn   **66** = sechsund**sech**zig
  17 = **sieb**zehn   **77** = siebenund**sieb**zig

- In German, decimals are indicated by a comma (**Komma**), not a period (**Punkt**). When giving a unit of measurement (length, currency, etc.), say the unit instead of **Komma**. Note that units of currency are usually written after the number.

  25,4 = fünfundzwanzig **Komma** vier   **0,5** = null **Komma** fünf
  4,99 € = vier **Euro** neunundneunzig   **10,18 m** = zehn **Meter** achtzehn

numbers 100 and higher			
100	(ein)hundert	**1.000**	(ein)tausend
101	hunderteins	**1.300**	tausenddreihundert
128	hundertachtundzwanzig	**5.000**	fünftausend
200	zweihundert	**10.000**	zehntausend
300	dreihundert	**50.000**	fünfzigtausend
400	vierhundert	**100.000**	hunderttausend
500	fünfhundert	**460.000**	vierhundertsechzigtausend
600	sechshundert	**1.000.000**	eine Million
700	siebenhundert	**1.050.000**	eine Million fünfzigtausend
800	achthundert	**7.000.000**	sieben Millionen
900	neunhundert	**1.000.000.000**	eine Milliarde

- Note that German uses a period where English typically uses a comma to separate thousands, millions, etc.

2.320.000	1.999,99 €	5.225,00 $
2,320,000	*€1,999.99*	*$5,225.00*

- Numbers in the millions and higher are written as separate words.

2.016.000
zwei Millionen sechzehntausend

1.000.050.000
eine Milliarde fünfzigtausend

Mathematical expressions

- Use these expressions to talk about math.

mathematical expressions					
+	**plus**	×	**mal**	=	**ist (gleich)**
–	**minus**	÷	**geteilt durch**	%	**Prozent**

6 + 7 = 13 → Sechs plus sieben ist dreizehn.
Six plus seven is thirteen.

8 – 2 = 6 → Acht minus zwei ist gleich sechs.
Eight minus two equals six.

3 · 3 = 9 → Drei mal drei ist gleich neun.
Three times three equals nine.

20 : 5 = 4 → Zwanzig geteilt durch fünf ist vier.
Twenty divided by five is four.

ACHTUNG

Note that German speakers typically use the symbol · to indicate multiplication and the symbol : to indicate division.

Ressourcen

SAM
WB: pp. 15–16

SAM
LM: p. 10

Ⓢ
vhlcentral.com

Jetzt sind Sie dran! Write each number or equation in words.

1. 37
   siebenunddreißig

2. 212

3. 49

4. 368

5. 24

6. 75

7. 1991

8. 587

9. 16 + 15 = 31

10. 97 – 17 = 80

11. 18 : 9 = 2

12. 12 · 3 = 36

Anwendung

1 **Zählen Sie** Fill in the missing number, then write the number in words.

 BEISPIEL 0, 5, 10, ___15___ , 20; ___fünfzehn___

1. 2, 4, _____, 8, 10; _____
2. 0, 10, 20, _____, 40; _____
3. 670, 671, 672, 673, _____; _____
4. 3.456, 3.457, 3.458, _____, 3.460; _____
5. 35, 40, 45, 50, _____; _____
6. 1.899.996, 1.899.997, 1.899.998, 1.899.999, _____; _____

2 **Beschreiben Sie** Write how many there are of each item.

 ▶ **BEISPIEL**

(860) Student
Da sind achthundertsechzig Studenten.

(5.937) Buch
1. _____

(16) Mädchen
2. _____

(217) Tisch
3. _____

(54) Auto
4. _____

(12) Stuhl
5. _____

(4) Studentin
6. _____

3 **Matheprofi** In pairs, take turns reading the equations out loud.

1. $67 + 4 = 71$
2. $16 + 28 = 44$
3. $91 - 6 = 85$
4. $45 - 7 = 38$
5. $24 : 4 = 6$
6. $989 : 43 = 23$
7. $58 \cdot 2 = 116$
8. $213 \cdot 3 = 639$

4 **Wie viele Einwohner?** In pairs, take turns reading the population of each city out loud.

BEISPIEL München: 1.330.440
München hat eine Million dreihundertdreißigtausendvierhundertvierzig Einwohner (inhabitants).

1. Berlin: 3.450.889
2. Gelsenkirchen: 259.744
3. Hamburg: 1.783.975
4. Dresden: 532.058
5. Stuttgart: 601.646

 Practice more at **vhlcentral.com**.

Kommunikation

5 **Wie viele?** In pairs, take inventory of these office supplies.

 BEISPIEL Kuli / 50

 S1: *Sind hier Kulis?*
S2: *Ja, hier sind fünfzig Kulis.*

1. Buch / 6.663
2. Heft / 258
3. Radiergummi / 42
4. Bleistift / 926

5. Uhr / 5
6. Karte / 3.170
7. Taschenrechner / 7.153
8. Rucksack / 67

6 **Wie viel kostet...?** In pairs, take turns asking about and saying the cost of each item.

 BEISPIEL

S1: *Wie viel (How much) kostet ein Computer?*
S2: *Er kostet eintausenddreihundertvierundzwanzig Euro siebzehn.*

Auto	Apfel
Haus	Blume
Tisch	Kuchen
Computer	Stuhl

7 **Wie viel ist...?** In pairs, discuss these exchange rates.

 BEISPIEL $120 = 83,44 €

 S1: *Wie viel sind hundertzwanzig Dollar in Euro?*
S2: *Das sind dreiundachtzig Euro vierundvierzig.*

1. $450 = 312,70 €
2. $573 = 452,08 CHF (Schweizer Franken)
3. 781,45 € = 86.074,17 ¥ (Yen)
4. $1.628,50 = £985,88 (Pfund Sterling)

5. 3.816 € = £3.321,67
6. 6.487,15 CHF = $8.222,89
7. $14.005,90 = 9.733,30 €
8. £251.029 = $414.884,04

8 **Ich habe mehr!** In small groups, take turns exaggerating the number of items you have at home.

 BEISPIEL

S1: *Ich habe sieben Handys (cellphones).*
S2: *Ich habe dreihundertfünfundneunzig Taschenrechner!*
S3: *OK, aber (but) ich habe neuntausendvierundzwanzig Stifte!*

Wiederholung

1 **Fragespiel** In pairs, play **20 Fragen** using the lesson vocabulary. Choose a person or object in the classroom. Your partner will ask yes-or-no questions to figure out the word you've chosen.

BEISPIEL

S1: Bist du eine Sache?
S2: Nein.
S1: Bist du eine Person?
S2: Ja.
S1: Hast du einen Schreibtisch?
S2: Ja.
S1: Bist du ein Lehrer?
S2: Genau (*Exactly*)!

2 **Mathespaß** Write two numbers between 1 and 100 on separate index cards. Then, in small groups, make a pile of everyone's cards, shuffle, and take turns drawing two cards from the pile. The person who draws must create a math problem using the numbers. The first person to answer the math problem correctly draws next.

BEISPIEL

S1: (*draws 55 and 5*) Fünfundfünfzig geteilt durch fünf.
S2: Fünfundfünfzig geteilt durch fünf ist elf.

$$55 : 5 =$$

3 **Ratespiel** In small groups, collect the items listed. One student leaves the group while the others distribute the items among themselves. The student then returns and tries to guess who has each item.

BEISPIEL

S1: Hast du den Radiergummi?
S2: Nein.
S1: Hat Megan den Radiergummi?
S2: Nein, Simon hat den Radiergummi.

der Bleistift	der Radiergummi
das Buch	der Rucksack
das Heft	der Taschenrechner
der Kuli	die Uhr

4 **Im Schreibwarenladen** In groups of three, make a shopping list of school supplies. Then, role-play a trip to the store to buy the items you need. Present your scene to the class.

BEISPIEL

S1: Guten Tag.
S2: Guten Tag. Wir brauchen (*need*) zwei Hefte und einen Bleistift, bitte.
S3: Wie viel (*How much*) kosten die Hefte?
S1: Sie kosten fünf Euro neunzig.

5 **Sieben Unterschiede** Your instructor will give you and your partner worksheets with different pictures of a classroom. Do not look at each other's pictures. Ask and answer questions to identify seven differences (**Unterschiede**) between the two pictures.

BEISPIEL

S1: Ich habe einen Computer. Hast du auch einen Computer?
S2: Nein. Ich habe einen Papierkorb. Hast du auch einen Papierkorb?
S1: Ich habe zwei Papierkörbe. Hast du fünf Schülerinnen?

6 **Leiterspiel** Your instructor will give you a game board. Play **Leiterspiel** (*Snakes and Ladders*) with your partners. Count the spaces aloud in German as you play.

7 Interview

Interview Interview as many classmates as possible to find out if these statements (Behauptung) apply to them. Write down their names.

BEISPIEL

S1: Hallo! Hast du eine Katze?
S2: Ja, ich habe eine Katze./
Nein, aber ich habe einen Hund.

Behauptung	Name
1. Ich habe eine Katze (*cat*).	Alexia
2. Ich bin 21 Jahre alt.	Markus
3. Ich habe ein Auto.	
4. Ich bin aus (*from*) New York.	
5. Ich bin im Dezember geboren (*was born*).	
6. Ich bin müde (*tired*).	
7. Ich habe ein Heft.	
8. Ich habe viele Hausaufgaben.	

8

Strategien

Throughout this text, you will be encouraged to keep a personalized dictionary, **Mein** (*My*) **Wörterbuch**. This is a place for you to record German words and expressions, together with cues that will help you remember their meanings and use them correctly. By associating words with images, examples of usage (**Gebrauch**) in context, synonyms (**Synonyme**), and antonyms (**Antonyme**), you will create entries that are relevant to you, and you will be better able to retain these new words.

Your personalized dictionary is also a convenient place to make a note of gender and plural forms. As your vocabulary expands, your personalized dictionary will become a meaningful record of your progress in learning German.

Mein Wör | ter | buch

Add five words to your personalized dictionary related to the themes **Begrüßung und Abschied** and **In der Schule**.

die Weißwandtafel, -n

Übersetzung (*translation*)
whiteboard

Wortart (*part of speech*)
ein Substantiv

Gebrauch
*Der Professor schreibt an (writes on)
die Weißwandtafel.*

Synonyme
die Tafel, -n

Antonyme
—

Panorama (S) Map

Die deutschsprachige Welt°

Länder° mit Deutsch als Amtssprache°

▶ Belgien

▶ Deutschland

▶ Italien (Region: Südtirol)

▶ Liechtenstein

▶ Luxemburg

▶ Österreich

▶ die Schweiz

Bevölkerung°

▶ **Belgien:** *10,8 Millionen Einwohner° (78.000 deutsche Muttersprachler°)*

▶ **Deutschland:** *81,8 Millionen Einwohner*

▶ **Italien:** *60,6 Millionen Einwohner (336.000 deutsche Muttersprachler)*

▶ **Liechtenstein:** *36.400 Einwohner*

▶ **Luxemburg:** *500.000 Einwohner (474.000 deutsche Muttersprachler)*

▶ **Österreich:** *8,2 Millionen Einwohner*

▶ **die Schweiz:** *7,8 Millionen Einwohner (4,9 Millionen deutsche Muttersprachler)*

QUELLE: das Haus der deutschen Sprache

Hauptstädte°

▶ **Belgien:** *Brüssel*

▶ **Deutschland:** *Berlin*

▶ **Liechtenstein:** *Vaduz*

▶ **Luxemburg:** *Luxemburg*

▶ **Österreich:** *Wien*

▶ **die Schweiz:** *Bern*

▶ **Südtirol (Italien):** *Bozen*

Wien, Österreichs Hauptstadt

Bern, Hauptstadt der Schweiz

Landesgrenzen
- ● Stadt
- ◉ Landeshauptstadt
- ✹ Hauptstadt

0 — 50 Meilen
0 — 50 Kilometer

Unglaublich, aber wahr!

Belgien hat drei offizielle Sprachen°: Französisch, Niederländisch und Deutsch. Die deutschsprachige Region ist im Osten Belgiens. Circa° 75.000 Menschen leben° hier. Viele Belgier sprechen mindestens° zwei Sprachen.

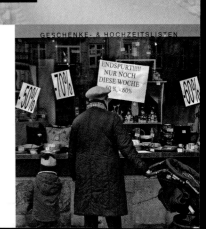

deutschsprachige Welt *German-speaking world* **Länder** *countries* **Amtssprache** *official language* **Bevölkerung** *population* **Einwohner** *inhabitants* **Muttersprachler** *native speakers* **Hauptstädte** *capitals* **Sprachen** *languages* **Circa** *Approximately* **leben** *live* **mindestens** *at least*

Österreich
Die Alpen

Die Alpen sind das höchste Gebirge° in Europa. Es ist circa 1.200 Kilometer lang, und 29% der Fläche° ist in Österreich. Deshalb heißt Österreich auch die „Alpenrepublik". In Österreich leben circa 4 Millionen Menschen° in den Alpen. Das sind 50% aller Österreicher. Der höchste Berg° in Österreich ist der Großglockner. Er ist 3.798 Meter hoch.

Deutschland
Die Berliner Mauer°

Vom 13. August 1961 bis 9. November 1989 ist die Berliner Mauer eine Grenze° zwischen° Ost- und Westdeutschland. Die Mauer umgibt° ganz Westberlin und kreiert eine Insel°. Sie ist das Symbol des Kalten Krieges°. Die Mauer ist 167,8 Kilometer lang. Sie ist zwischen 3,40 Meter und 4,20 Meter hoch. Rund um Westberlin stehen 302 Beobachtungstürme°.

Die Schweiz
Schokolade

Die Schweiz ist bekannt für Banken, Uhren, Messer° und natürlich° Schokolade. Die bekanntesten Schokoladenfirmen sind Lindt, Tobler, Sprüngli und Suchard. Suchard produziert Milka Schokolade. Vor allem die Schweizer essen Schokolade gern°. Pro Jahr isst° jeder Schweizer 11,7 Kilogramm Schokolade. Niemand° auf der Welt isst mehr Schokolade als° die Schweizer. In Deutschland isst man 11,4 Kilogramm Schokolade pro Person, in Österreich 7,9, und in den USA nur 5,2 Kilogramm.

Geschichte
Die Hanse

Die Deutsche Hanse ist eine Union von Kaufleuten°. Sie existiert zwischen Mitte des 12. Jahrhunderts° und Mitte des 17. Jahrhunderts. Bis zu 200 Städte im nördlichen Europa sind in der Union, wie zum Beispiel Zuidersee (heutiges° Holland), Hamburg, Bremen und Lübeck (heutiges Deutschland), Stockholm (heutiges Schweden), Danzig (heutiges Polen) und Riga (heutiges Lettland). Diese Städte liegen° vor allem an der Nordsee und der Ostsee°.

IM INTERNET

1. Machen Sie eine Liste mit den wichtigsten (*most important*) Städten in Deutschland, Österreich und der Schweiz.

2. Der 9. November 1989 ist das Ende der Berliner Mauer. Suchen Sie (*Look for*) Informationen über diesen Tag.

For more information on this **Panorama**, go to **vhlcentral.com**.

---

höchste Gebirge *highest mountain range* **Fläche** *area* **Menschen** *people* **Berg** *mountain* **Mauer** *Wall* **Grenze** *border* **zwischen** *between* **umgibt** *surrounds* **kreiert eine Insel** *creates an island* **des Kalten Krieges** *of the Cold War* **Beobachtungstürme** *watchtowers* **Messer** *knives* **natürlich** *of course* **essen... gern** *like to eat* **isst** *eats* **Niemand** *Nobody* **mehr... als** *more... than* **von Kaufleuten** *of merchants* **des 12. Jahrhunderts** *of the 12ᵗʰ century* **heutiges** *present-day* **liegen** *are located* **Ostsee** *Baltic Sea*

Was haben Sie gelernt? Complete the statements.

1. Belgien hat _____ offizielle Sprachen.
2. Die deutschsprachige Region ist im _____ Belgiens.
3. Ein anderer (*other*) Name für Österreich ist die _____.
4. Der _____ ist der höchste Berg in Österreich.
5. Die Berliner Mauer existierte von 1961 bis _____.
6. Die Berliner Mauer ist 167,8 _____ lang.
7. Die Schweizer Firma Suchard produziert _____ Schokolade.
8. Jeder _____ isst 11,7 Kilogramm Schokolade pro Jahr.
9. Die Hanse existiert im _____ Europa.
10. Bis zu _____ Städte sind in der Hanse.

 Practice more at **vhlcentral.com**.

Lesen Reading: Audio

Vor dem Lesen

Strategien

Recognizing cognates

Cognates are words in two or more languages that are similar in meaning and in spelling. Look for cognates to increase your comprehension when you read in German. However, watch out for false cognates. For example, you've already learned that in German, **Note** means *grade*, not *note*. Likewise, **bald** means *soon*, not *bald*, and **fast** means *almost*, not *fast*. Can you guess the meaning of these German words?

das Café	das Programm
der Doktor	das Restaurant
das Hotel	der Sommer
der Juli	das Telefon
das Museum	das Theater

Untersuchen Sie den Text

Look at this text. What kind of information does it present? Where do you usually find such information? Can you guess what this is?

Suchen Sie verwandte Wörter

Read the list of cognates in **Strategien** again. How many of them can you find in the reading? Do you see any additional cognates? Can you guess their English equivalents?

Raten Sie die Bedeutung

Besides using cognates and words you already know, you can also use context to guess the meaning of unfamiliar words. Find the following words in the reading and try to figure out what they mean. Compare your answers with a classmate's.

ägyptisch	Platz
Abakus	Straße

Adressbuch

Ägyptisches Museum

✉ **Residenzstraße 1**   📱 (089) 29 85 46
80333 München

Christian Hunner

✉ **Pfarrstraße 16**   📱 (089) 2 10 28 84
80667 München

Sparda-Bank

✉ **Arnulfstraße 15**   📱 (089) 5 51 42 – 4 00
80335 München

Heideck Apotheke°

✉ **Heideckstraße 31**   📱 (089) 1 57 52 52
80637 München

Il Galeone Ristorante Pizzeria

✉ **Hornsteinstraße 18**   📱 (089) 94 46 47 03
81679 München

Andreas Spitzauer

✉ **Appenzeller Straße 95**   📱 (089) 75 67 19
81475 München

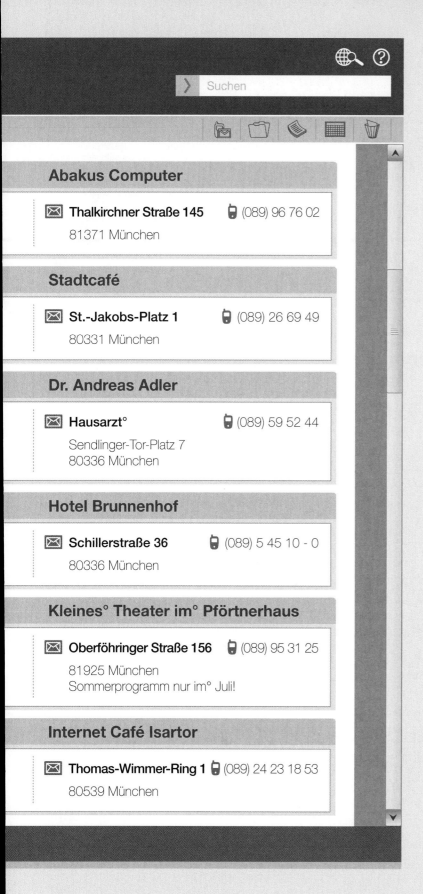

Abakus Computer

✉ **Thalkirchner Straße 145**   📱 (089) 96 76 02
   81371 München

Stadtcafé

✉ **St.-Jakobs-Platz 1**   📱 (089) 26 69 49
   80331 München

Dr. Andreas Adler

✉ **Hausarzt°**   📱 (089) 59 52 44
   Sendlinger-Tor-Platz 7
   80336 München

Hotel Brunnenhof

✉ **Schillerstraße 36**   📱 (089) 5 45 10 - 0
   80336 München

Kleines° Theater im° Pförtnerhaus

✉ **Oberföhringer Straße 156**   📱 (089) 95 31 25
   81925 München
   Sommerprogramm nur im° Juli!

Internet Café Isartor

✉ **Thomas-Wimmer-Ring 1** 📱 (089) 24 23 18 53
   80539 München

Apotheke *pharmacy* **Hausarzt** *family physician* **Kleines** *Small* **im** *in (the)* **nur im** *only in (the)*

Nach dem Lesen

🖱 **Wohin gehen sie?** Say where each of these people should go, based on the clues.

> **BEISPIEL** Lena loves to eat pasta but hates to cook.
> *Il Galeone Ristorante Pizzeria*

1. Frau Scholz needs to reserve some hotel rooms.

   _____

2. Christiane's computer is broken.

   _____

3. Herr Meier thinks he has the flu.

   _____

4. Nina would like to see some ancient Egyptian art.

   _____

5. Herr and Frau Hansel want to go somewhere for coffee or tea.

   _____

6. Andrea is meeting some friends for Italian food.

   _____

7. Frau Müller needs to buy some aspirin for her daughter.

   _____

8. Thomas wants to take his girlfriend to a play.

   _____

9. Herr Trüb needs to deposit his paycheck.

   _____

10. Sebastian's computer is broken, but he needs to send an e-mail.

   _____

🖱 **Unsere Einträge** In pairs, select three listings from the reading and use them as models to create similar listings in German that advertise places or services in your area.

> **BEISPIEL**
>
> *Stonydale Bank*
> *Hunter Straße 206*
> *50555 Stonydale*
> *Tel. (555) 337-0665*

Hören

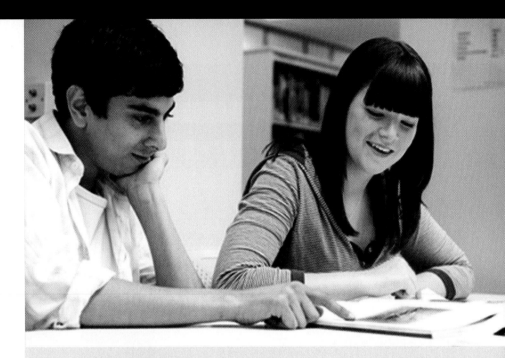

Vorbereitung

Where are the people in the photograph? What are they doing? Do you think they know each other? Why or why not? What do you think they are talking about?

Zuhören

As you listen, check the words you associate with Tanja and those you associate with Rainer.

Tanja	Rainer
___ der Taschenrechner	___ der Radiergummi
___ der Computer	___ die Hausaufgaben
___ das Blatt Papier	___ das Heft
___ zwei Bleistifte	___ das Problem
___ die Prüfung	___ die Karte

Verständnis

 Richtig oder falsch? Based on the conversation you heard, indicate whether each statement is **richtig** or **falsch**.

1. Rainer ist Deutschprofessor.
_____

2. Tanja geht es gut.
_____

3. Rainer braucht (*needs*) einen Taschenrechner.
_____

4. Tanja hat ein Problem mit den Hausaufgaben.
_____

5. Rainer hat einen Bleistift für Tanja.
_____

6. Tanja hat ein Blatt Papier für Rainer.
_____

7. Tanja hat zwei Bleistifte.
_____

8. Rainer hilft (*helps*) Tanja bei den Hausaufgaben.
_____

 Stellen Sie sich vor Introduce yourself in German to a classmate you do not know well.

- Greet your partner.
- Ask his or her name.
- Ask how he or she is doing.
- Introduce your partner to another student.
- Say good-bye.

Schreiben

Strategien

Writing in German

Writing can take many forms and serve many functions. You might write an e-mail to get in touch with someone, a blog entry to share your feelings or opinions, or an essay to persuade others to accept a point of view. Good writing requires time, thought, effort, and a lot of practice. Here are some tips to help you write more effectively in German.

DO

- Try to write your ideas in German.
- Decide what the purpose of your writing will be.
- Make an outline of your ideas.
- Use the grammar and vocabulary that you know.
- Use your textbook for examples of punctuation, style conventions, and expressions in German.
- Use your imagination and creativity to make your writing interesting.
- Put yourself in your reader's place to determine if your writing is interesting.

DON'T

- Translate your ideas from English to German.
- Simply repeat what is in the textbook or on a Web page.
- Use a bilingual dictionary until you have learned how to use it effectively.
- Use an online translator.

Thema

 Machen Sie eine Liste

A group of German-speaking students will be spending a year at your school. Put together a list of people and places that might be useful or interesting to them. Your list should include:

- Your name, address, phone number(s), and e-mail address
- The names of two or three other students in your German class, their addresses, phone numbers, and e-mail addresses
- Your German instructor's name, office phone number, and e-mail address
- The names, addresses, and phone numbers of three places near your school where students like to go (a bookstore, a café or restaurant, a movie theater, etc.)

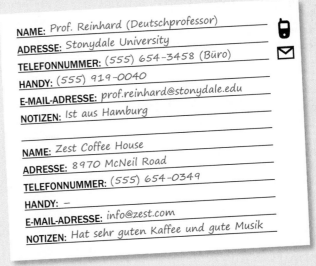

NAME: Prof. Reinhard (Deutschprofessor)
ADRESSE: Stonydale University
TELEFONNUMMER: (555) 654-3458 (Büro)
HANDY: (555) 919-0040
E-MAIL-ADRESSE: prof.reinhard@stonydale.edu
NOTIZEN: Ist aus Hamburg

NAME: Zest Coffee House
ADRESSE: 8970 McNeil Road
TELEFONNUMMER: (555) 654-0349
HANDY: –
E-MAIL-ADRESSE: info@zest.com
NOTIZEN: Hat sehr guten Kaffee und gute Musik

Flashcards
Audio: Vocabulary

Begrüßung und Abschied

Hallo./Guten Tag.	Hello.
Guten Morgen.	Good morning.
Guten Abend.	Good evening.
Gute Nacht.	Good night.
Bis bald./Bis gleich.	See you soon.
Bis dann./ Bis später.	See you later.
Bis morgen.	See you tomorrow.
Auf Wiedersehen.	Good-bye.
Schönen Tag noch!	Have a nice day!
Tschüss.	Bye.
Alles klar?	Is everything OK?
Wie geht's (dir)?	How are you? (inf.)
Wie geht es Ihnen?	How are you? (form.)
Prima.	Great.
Sehr gut.	Very well.
Ziemlich gut.	Fine.
Und dir/Ihnen?	And you?
Mir auch.	Me, too.
So lala.	So-so.
(Nicht) schlecht.	(Not) bad.
Mir geht's (sehr) gut.	I'm (very) well.
Mir geht's nicht (so) gut.	I'm not (so) well.

Höflichkeiten

Danke.	Thank you.
Vielen Dank.	Thank you very much.
Bitte.	Please./ You're welcome.
Gern geschehen.	My pleasure.
Entschuldigung.	Excuse me.
Entschuldigen Sie.	Excuse me. (form.)
Es tut mir leid.	I'm sorry.

Orte

die Schule, -n	school
die Universität, -en	university, college
die Bibliothek, -en	library
die Mensa, Mensen	(college/university) cafeteria
wo?	where?
hier	here
da / dort	there
ja	yes
nein	no

im Unterricht

das Blatt Papier, (*pl.* Blätter Papier)	sheet of paper
der Bleistift, -e	pencil
das Buch, -̈er	book
der Computer, -	computer
das Ergebnis, -se	result; score
das Fenster, -	window
das Foto, -s	photo
die Frage, -n	question
die Hausaufgabe, -n	homework
das Heft, -e	notebook
die Karte, -n	map
die Klasse, -n	class
das Klassenzimmer, -	classroom
der Kuli, -s	ball-point pen
das Lehrbuch, -̈er	(college/university) textbook
die Note, -n	grade (on an assignment)
die Notiz, -en	note
der Papierkorb, -̈e	wastebasket
das Problem, -e	problem
die Prüfung, -en	test; exam
der Radiergummi, -s	eraser
der Rucksack, -̈e	backpack
der Schreibtisch, -e	desk
die Sache, -n	thing
das Schulbuch, -̈er	(K-12) textbook
der Stift, -e	pen
der Stuhl, -̈e	chair
die Stunde, -n	lesson
die Tafel, -n	(black)board
der Taschenrechner, -	calculator
der Terminkalender, -	personal planner
der Tisch, -e	table; desk
die Tür, -en	door
die Uhr, -en	clock
das Wörterbuch, -̈er	dictionary
das Zeugnis, -se	report card; grade report
Da ist/sind...	There is/are...
Ist/Sind hier...?	Is/Are there... here?
Hier ist/sind...	Here is/are...
Was ist das?	What is that?

sich vorstellen

Wie heißt du?	What is your name? (inf.)
Wie heißen Sie?	What is your name? (form.)
Und du/Sie?	And you? (inf./form.)
Das ist.../ Das sind...	This is.../ These are...
Ich heiße...	My name is...
Freut mich./ Angenehm.	Pleased to meet you.
Schön dich/Sie kennen zu lernen.	Nice to meet you. (inf./form.)

Personen

die Frau, -en	woman
der Freund, -e / die Freundin, -nen	friend
der Junge, -n	boy
der Klassenkamerad, -en /die Klassenkameradin, -nen	classmate
der Lehrer, - / die Lehrerin, -nen	teacher
das Mädchen, -	girl
der Mann, -̈er	man
der Professor, -en / die Professorin, -nen	professor
der Schüler, - / die Schülerin, -nen	(K-12) student
der Student, -en / die Studentin, -nen	(college/university) student
Herr	Mr.
Frau	Mrs.; Ms.
Wer ist das?	Who is it?

Subject pronouns	See p. 16.
sein	See p. 17.
Nominative articles	See p. 17.
haben	See p. 30.
Accusative articles	See p. 30.
Numbers and math expressions	See pp. 34–35.

LEKTION 2A	LEKTION 2B	WEITER GEHT'S

Kontext

Communicative Goals

You will learn how to:
- talk about classes
- ask questions
- tell time

An der Universität

Talking Picture
Audio: Activities

Wortschatz

das Studium	*studies*
der Abschluss, -¨e/ das Diplom, -e	*degree*
das Abschlusszeugnis, -se/ das Diplom, -e	*diploma*
der Dozent, -en / die Dozentin, -nen	*college/university instructor*
das Fach, -¨er	*subject*
das Seminar, -e	*seminar*
das Stipendium, -en	*scholarship*
die Veranstaltung, -en	*class*
die Vorlesung, -en	*lecture*
belegen	*to take (a class)*
gehen	*to go*
lernen	*to study; to learn*
studieren	*to study; to major in*
Orte	***places***
das Café, -s	*café*
der Hörsaal, Hörsäle	*lecture hall*
der Seminarraum, -räume	*college classroom*
die Sporthalle, -n	*gym*
zum Beschreiben	***to describe***
einfach	*easy*
nützlich	*useful*
nutzlos	*useless*
schwierig	*difficult*
der Stundenplan	*schedule*
der Montag, -e	*Monday*
der Dienstag, -e	*Tuesday*
der Mittwoch, -e	*Wednesday*
der Donnerstag, -e	*Thursday*
der Freitag, -e	*Friday*
der Samstag, -e	*Saturday*
der Sonntag, -e	*Sunday*
die Woche, -n	*week*
das Wochenende, -n	*weekend*
montags/dienstags/ mittwochs	*on Mondays/Tuesdays/ Wednesdays*
morgens	*in the morning*
nachmittags	*in the afternoon*
abends	*in the evening*

die Biologie

die Architektur

Ich studiere Physik (f.) und Chemie (f.).

Was studierst du?

die Kunst

$E=MC^2$

die Mathematik

die Informatik

C++

$x = 2+z$ $3(x+z)$ $(a-b)$

Ressourcen

SAM
WB: pp. 17–18

SAM
LM: p. 11

vhlcentral.com

die Psychologie

die Fremdsprachen
(f., pl.)

die Wirtschaft

die Geschichte

die Naturwissenschaften (f., pl.)

Anwendung

1 **Was passt zusammen?** Match related words in the two columns.

____ 1. der Computer	a. die Fremdsprache
____ 2. die Vorlesung	b. die Sporthalle
____ 3. die Biologie	c. der Hörsaal
____ 4. das Diplom	d. die Naturwissenschaft
____ 5. Montag, Dienstag, Mittwoch...	e. der Abschluss
____ 6. Deutsch	f. die Informatik
____ 7. Sigmund Freud	g. die Psychologie
____ 8. der Basketball	h. die Woche

2 **Das Unileben** Listen to the conversation between Hannah and Mehmet and indicate which classes each of them is taking this semester.

Veranstaltungen	Mehmet	Hannah
Mathematik		
Physik		
Chemie		
Geschichte		
Literatur		
Kunst		
Psychologie		
Medizin		
Informatik		

3 **Ergänzen Sie** Complete the sentences. Use each word once.

abends	Naturwissenschaften
Dozentin	Seminarraum
Fremdsprachen	Stipendium
Hörsaal	Wirtschaft

1. Die Vorlesung von Professor Huber ist im _____ C.
2. Chemie, Physik und Biologie sind _____.
3. Das Seminar in Literatur hat eine nette (nice) _____.
4. Für ein Studium in _____ muss man (one must) gut in Mathematik sein.
5. Spanisch, Italienisch und Chinesisch sind _____.
6. Wir haben eine Veranstaltung in diesem (this) _____.
7. Eva hat ein _____ und studiert in England.
8. _____ sind viele Studenten in der Bibliothek und machen (do) Hausaufgaben.

Practice more at **vhlcentral.com**.

Kommunikation

4 **Auf dem Campus** Write a caption for each picture. Include one sentence saying what the students are studying and one sentence giving your opinion of the course. In pairs, take turns reading your sentences out of order. Your partner must decide which picture each sentence refers to.

▶ **BEISPIEL** Markus

studiert Informatik.
Informatik ist schwierig.

1. Daniela _____
_____

Freud, österreichischer Psychologe...

2. Björn _____
_____

3. Anna _____
_____

4. Sie (*pl.*) _____
_____

---

5 **Ihr Studium** Indicate whether each statement is **richtig** or **falsch**, in your opinion. Then, compare your answers with a classmate's.

BEISPIEL

S1: *Chemie ist nützlich. Richtig oder falsch?*
S2: *Falsch. Chemie ist nutzlos.*

	richtig	falsch
1. Mathematik ist schwierig.	☐	☐
2. Fremdsprachen sind einfach.	☐	☐
3. Literatur ist interessant.	☐	☐
4. Ein Abschluss in Psychologie ist nutzlos.	☐	☐
5. Prüfungen in Geschichte sind einfach.	☐	☐

6 **Eine Umfrage zum Studium** Your instructor will give you a worksheet. Keep a record of your classmates' answers to share with the class.

BEISPIEL

S1: *Ist Mathematik einfach oder (*or*) schwierig?*
S2: *Mathematik ist schwierig aber (*but*) nützlich.*

7 **Ein Stundenplan** Your instructor will give you and a partner different worksheets. In pairs, take turns asking each other questions to fill in the missing information on your worksheets.

BEISPIEL

S1: *Hat Sarah montags Chemie?*
S2: *Nein, sie hat mittwochs Chemie.*
S1: *Hat sie nachmittags Mathematik?*
S2: *Ja, sie hat nachmittags Mathematik.*
S1: *Hat sie...?*

Aussprache und Rechtschreibung

 Audio: Presentation
Record & Compare Activities

🎧 Consonant sounds

Although most German consonants sound very similar to their English counterparts, there are five letters that represent different sounds than they do in English: **g**, **j**, **v**, **w**, and initial **c**, which will be discussed in **Lektion 6B**.

The German letter **g** has three different pronunciations. At the end of a syllable or before a **t**, it is pronounced like the *k* in the English word *keep*. In the suffix **-ig**, the **g** is pronounced like the German **ch**. Otherwise, **g** is pronounced like the *g* in the English word *garden*.

| **Tag** | **belegt** | **schwierig** | **gehen** | **fragen** |

The German letter **j** is pronounced very similarly to the letter *y* in the English word *young*. However, in a small number of loanwords from other languages, **j** may be pronounced like the *j* in *job* or the *g* in *mirage*.

| **jung** | **Januar** | **ja** | **jobben** | **Journal** |

The German letter **v** is pronounced like the *f* in the English word *fable*. In a few loanwords from other languages, **v** is pronounced like the *v* in the English word *vase*.

| **vier** | **Vorlesung** | **Vase** | **Universität** | **Volleyball** |

The German letter **w** is pronounced like the *v* in the English word *vote*.

| **wissen** | **Mittwoch** | **Wirtschaft** | **Wort** | **Schwester** |

1 **Sprechen Sie nach** Practice saying these words aloud.

1. Garten	4. Jahr	7. Vater	10. Wasser
2. Essig	5. Journalist	8. verstehen	11. zwischen
3. Weg	6. joggen	9. Violine	12. weil

2 **Artikulieren Sie** Practice saying these sentences aloud.

1. Wir wollen wissen, wie wir das wissen sollen.
2. In vier Wochen wird Veronikas Vater wieder in seiner Villa wohnen.
3. Gestern war Gregors zwanzigster Geburtstag.
4. Jeden Tag soll ich Gemüse und Grünzeug wie Salat essen.
5. Meine Schwester studiert Jura an der Universität Jena.
6. Viele Studenten jobben, um das Studium zu finanzieren.

Was ich nicht weiß, macht mich nicht heiß.[2]

3 **Sprichwörter** Practice reading these sayings aloud.

Es ist nicht alles Gold, was glänzt.[1]

Ressourcen

SAM
LM: p. 12

vhlcentral.com

Checkpoint Charlie Video: *Fotoroman*

George und Hans reden über (*talk about*) das Studium und über
Meline und Sabite. Ist Hans in Sabite verliebt (*in love*)?

1

GEORGE Woher kommst du?
HANS Ich komme aus Straubing. Das ist
in Bayern.
GEORGE Wie viele Menschen leben dort?
HANS Hmm... etwa 100.000.

2

HANS Woher kommst du?
GEORGE Milwaukee, Wisconsin.
HANS Wie viel Uhr ist es dort?
GEORGE Wie viel Uhr ist es hier?
HANS Es ist Viertel vor zwei.
GEORGE Der Zeitunterschied ist sieben
Stunden. Also Viertel vor sieben morgens.

3

HANS Alles in Ordnung?
GEORGE Ich studiere Architektur, belege
Kurse in Städtebau, Physik, Mathematik
und Philosophie!

4

HANS Und du belegst einen Deutschkurs,
nicht wahr? Studieren ist nicht leicht.
George, du bist ein Mitbewohner und Freund.
Ich helfe dir.
GEORGE Wann?
HANS Morgens. Um 5.00 Uhr!

5

GEORGE Hey! Wir sind da!
HANS Check...
GEORGE ...point Charlie.

GEORGE Sabite kommt aus Prenzlauer
Berg. Und Meline?
HANS Was ist mit Meline?
GEORGE Woher kommt sie?
HANS Wien.

6

---

1 **Wer ist das?** Which character does each statement describe: George,
Meline, Sabite, or Hans?

1. Er hält ein Referat über Architektur und Kunst.
2. Sie kommt aus Wien.
3. Er belegt einen Deutschkurs.
4. Er kommt aus Straubing.
5. Er studiert Architektur.

6. Er ist Hans' Mitbewohner und Freund.
7. Sie liest Bücher über Kunst und Mode.
8. Sie kommt aus Prenzlauer Berg.
9. Er kommt aus Milwaukee.
10. Er will George helfen (*wants to help George*).

PERSONEN

George   Hans

HANS Sabite ist ganz anders. Sie liest Bücher über Kunst und Mode.
GEORGE Mode ist nutzlos. Ich halte am 20. Oktober ein Referat über Architektur und Kunst in Berlin. Sabite hilft mir.
HANS Was?
GEORGE Sabite studiert Kunst. Ich halte bald das Referat. Sie hilft mir.

GEORGE Alles in Ordnung, Hans?
HANS Ja, alles klar. Lernst du Philosophie mit Meline?
GEORGE Wo liegt das Problem?
HANS Was?
GEORGE Hans, findest du Sabite...

HANS Sabite ist nur eine Freundin.
GEORGE Okay.
HANS Also, ähm... hat Sabite einen Freund? Nein?
GEORGE Ich glaube nicht, dass sie einen hat.

HANS Du und Sabite, ihr seid nicht...?
GEORGE Nein!
HANS Okay.
GEORGE Okay.

Nützliche Ausdrücke

- **etwa**
  about
- **Wie viel Uhr ist es dort?**
  What time is it there?
- **der Zeitunterschied**
  time difference
- **Und du belegst einen Deutschkurs, nicht wahr?**
  And you're taking a German class, aren't you?
- **Was ist mit Meline?**
  What's with Meline?
- **ein Referat halten**
  to give a presentation
- **Alles klar!**
  All right!
- **Wo liegt das Problem?**
  Where's the problem?
- **Sabite ist nur eine Freundin.**
  Sabite's just a friend.
- **Ich glaube nicht, dass sie einen hat.**
  I don't think she has one.

2A.1
- **Sabite studiert Kunst.**
  Sabite is studying art.

2A.2
- **Woher kommst du?**
  Where are you from?

2A.3
- **Es ist Viertel vor zwei.**
  It's a quarter to two.

---

2 **Zum Besprechen** In this episode, the characters talk about their classes. With a partner, discuss your schedule and course load.

3 **Vertiefung** George and Hans visit Checkpoint Charlie on their walk in Berlin. Find out more about this well-known landmark. What is its significance? What streets are nearby? What does "Charlie" refer to?

Ressourcen

SAM VM: p. 3   DVD Folge 3   vhlcentral.com

Uni-Zeit, Büffel-Zeit° Reading

MOST UNIVERSITIES IN GERMANY are funded by the government. Historically, university education has been free for all students. However, some states have begun charging a tuition fee, usually 500 Euros per semester.

These new fees, along with recent changes to the structure of undergraduate and postgraduate education, have met with resistance from some students. There have been student protests in response to the introduction of tuition fees, as well as issues like overcrowding in lecture halls, and education reform in general. Some students complain that, as a result of the transition from 4- to 6-year **Diplom** and **Magister°** degrees to 3-year **Bachelor** degrees, the original curriculum has simply been compressed into a shorter time frame. Many students also object to the shift toward a heavier workload with more frequent testing.

The unpopularity of these changes may have contributed to an increase in the number of private universities established in Germany. The percentage of students who study at private universities remains very small, but it is gradually increasing. Tuition is quite expensive in comparison to the public university fees, but class size is smaller, and students have more contact with professors. In addition, for people interested in preparing for the international job market, many courses at private universities are offered in English.

Statistische Informationen zum Thema Studium	
Neue Studenten pro Jahr°	ca. 1.000.000
Studenten, die nach dem° Bachelor weiter studieren°	78%
Bachelor-Studenten, die zum Studieren ins Ausland gehen°	15%
Bachelor-Absolventen°, die 1,5 Jahre nach dem Abschluss Arbeit° haben	ca. 97%
Deutsche Studenten, die 2006 in Studentenwohnheimen° wohnen°	ca. 11,3%

QUELLE: Der Tagesspiegel

Uni-Zeit, Büffel-Zeit *University time, cramming time* **Diplom, Magister** *degrees available before the education reform* **pro Jahr** *per year* **die nach dem** *who after the* **weiter studieren** *continue their studies* **ins Ausland gehen** *go abroad* **Absolventen** *graduates* **Arbeit** *work* **Studentenwohnheimen** *dormitories* **wohnen** *live*

1 **Richtig oder falsch?** Indicate whether each statement is **richtig** or **falsch**. Then, in pairs, correct the false statements.

1. The majority of universities in Germany are public.

2. German universities have always charged tuition fees.

3. Students in Germany have accepted reforms in education wholeheartedly.

4. It takes more time to earn a **Bachelor**'s degree than it did to earn the **Magister** or the **Diplom**.

5. Students now have a lighter workload with fewer tests.

6. A small percentage of students study at private universities.

7. Private and public universities charge the same tuition fees.

8. The majority of German students leave school after completing their Bachelor degree.

9. Most German students study abroad.

10. In Germany, most students live in dormitories.

 Practice more at **vhlcentral.com**.

DEUTSCH IM ALLTAG

Die Uni

der Besserwisser, -	*know-it-all*
der Mitbewohner, - / die Mitbewohnerin, -nen	*roommate*
das Referat, -e	*presentation*
das Schwarze Brett	*bulletin board*
das Studentenwohnheim, -e	*dormitory*
die Studiengebühr, -en	*tuition fee*
büffeln	*to cram (for a test)*

DIE DEUTSCHSPRACHIGE WELT

Der Bologna-Prozess

Bologna, 1999: Bildungsminister° aus der Europäischen Union kommen in Bologna in Italien zusammen°: Wie soll Bildung° in Europa aussehen°? Die Bildungssysteme von Land zu Land sind zu verschieden°. Sie brauchen° international einheitliche° Abschlüsse. Das Resultat ist die Bologna-Erklärung°; 29 Länder unterschreiben° sie. In Europa müssen° Universitäten die Hochschulbildung° standardisieren. Für Deutschland bedeutet° das: Bachelor- und Master-Abschlüsse ersetzen° die Abschlüsse Magister und Diplom.

Bildungsminister *secretaries of education* **zusammen** *together* **Bildung** *education* **soll... aussehen** *should look like* **zu verschieden** *too different* **brauchen** *need* **einheitliche** *standardized* **Erklärung** *declaration* **unterschreiben** *sign* **müssen** *must* **Hochschulbildung** *higher education* **bedeutet** *means* **ersetzen** *replace*

PORTRÄT

Uni Basel

Universität Basel (gegründet° 1460): Viele brillante Wissenschaftler° belegen hier Vorlesungen und machen ihren° Abschluss in Medizin, Philosophie oder Psychologie. Der exzentrische Paracelsus (1493–1541) ist hier Professor für Medizin. Auch Holbein (1497–1543), Jung (1875–1961) und Hesse (1877–1962) leben° in Basel. Aber der berühmteste° Professor hier ist der Philosoph Friedrich Nietzsche (1844–1900).

Heute ist die Universität in Basel voller Leben° und sehr modern. 12.000 Studenten sind hier, viele studieren Biowissenschaften°. Andere° lernen Literatur, Wirtschaft oder Mathematik – für 700 Schweizer Franken im Semester.

gegründet *founded* **Wissenschaftler** *scientists* **machen ihren** *make their* **leben** *live* **berühmteste** *most famous* **voller Leben** *bustling life* **Biowissenschaften** *life sciences* **Andere** *Others*

IM INTERNET

⊘Ṡ **Österreichische Universitäten.** Wie ist das Studium in Österreich? Ist es mit dem (*with the*) deutschem System vergleichbar (*comparable*)?

For more information on this **Kultur**, go to **vhlcentral.com**.

---

2 **Ergänzen Sie** Ergänzen Sie die Sätze.

⊘Ṡ 1. Nach der Bologna-Erklärung müssen viele Länder in Europa ihre (*their*) Hochschulbildung _____.

2. Der Bachelor und der Master sind zwei neue _____ an deutschen Universitäten.

3. Heute lernen Studenten in Basel _____, Literatur, Wirtschaft oder Mathematik.

4. Der berühmteste Professor der Universität Basel ist _____.

3 **Studentenleben hier und da** In pairs, discuss the similarities and differences between student life in German-speaking countries and in the United States. Would you like to study in a German-speaking country? Which system do you think is best? Give reasons for your answers.

2A.1 | **Regular verbs** Presentation

Startblock Most German verbs follow predictable conjugation patterns in which a set of endings is added to the verb stem.

QUERVERWEIS

In **Kapitel 1**, you learned the irregular verbs **sein** and **haben**. You will learn more about irregular verbs in **2B.1**.

Ich **studiere** Architektur.

Lernst du Philosophie mit Meline?

ACHTUNG

Depending on the context, **sie studiert** can be translated as *she studies, she is studying,* or *she does study.*

- To form the present tense of a regular verb, drop the **-en** or **-n** ending from the infinitive and add **-e, -st, -t,** or **-en/-n** to the stem.

	studieren (*to study*)		wandern (*to hike*)	
ich	studiere	*I study*	wandere	*I hike*
du	studierst	*you study*	wanderst	*you hike*
Sie	studieren	*you study*	wandern	*you hike*
er/sie/es	studiert	*he/she studies*	wandert	*he/she hikes*
wir	studieren	*we study*	wandern	*we hike*
ihr	studiert	*you study*	wandert	*you hike*
Sie	studieren	*you study*	wandern	*you hike*
sie	studieren	*they study*	wandern	*they hike*

Studierst du Physik?
Are you studying physics?

Sie wandern im Sommer.
They go hiking in the summer.

- Regular verbs whose stems end in **-d** or **-t** add an **e** before the endings **-st** or **-t** for ease of pronunciation.

arbeiten (*to work*)			
ich arbeite	*I work*	wir arbeiten	*we work*
du arbeitest	*you work*	ihr arbeitet	*you work*
Sie arbeiten	*you work*	Sie arbeiten	*you work*
er/sie/es arbeitet	*he/she/it works*	sie arbeiten	*they work*

QUERVERWEIS

As in English, the simple present can sometimes be used to talk about a future action. You will learn more about this usage in **2B.2**.

Lena **arbeitet** in der Bibliothek.
Lena works in the library.

Findest du Mathematik interessant?
Do you find math interesting?

Wartet ihr auf eure Freunde?
Are you waiting for your friends?

Diese Zeitschrift **kostet** zu viel.
That magazine costs too much.

- Verbs whose stems end in **-gn** or **-fn** also add an **-e** before the endings **-st** and **-t**.

Es regnet morgen.
It's going to rain tomorrow.

Öffnest du das Fenster?
Are you opening the window?

- If a verb stem ends in **-s**, **-ß**, **-x**, or **-z**, the **-s** is dropped from the second person singular ending.

heißen (*to be named*)				
ich heiße	*I am named*		wir heißen	*we are named*
du heißt	*you are named*		ihr heißt	*you are named*
Sie heißen	*you are named*		Sie heißen	*you are named*
er/sie/es heißt	*he/she/it is named*		sie heißen	*they are named*

Du heißt Jonas, nicht wahr?
Your name is Jonas, right?

Mein Hund **heißt** Fritz.
My dog's name is Fritz.

Martin **reist** oft in die Schweiz.
Martin often travels to Switzerland.

Ihr **grüßt** den Professor nicht?
You're not going to greet the professor?

common regular verbs (present tense)			
antworten	*to answer*	lernen	*to learn; to study*
bauen	*to build*	lieben	*to love*
bedeuten	*to mean*	machen	*to do; to make*
begrüßen	*to greet*	meinen	*to mean; to think*
belegen	*to take (a class)*	öffnen	*to open*
brauchen	*to need*	regnen	*to rain*
bringen	*to bring*	reisen	*to travel*
finden	*to find*	sagen	*to say*
fragen	*to ask*	spielen	*to play*
gehen	*to go*	suchen	*to look for*
hören	*to hear; to listen to*	träumen	*to dream*
kaufen	*to buy*	verstehen	*to understand*
kommen	*to come*	warten	*to wait*
korrigieren	*to correct*	wiederholen	*to repeat*
kosten	*to cost*	wohnen	*to live (somewhere)*

Kaufst du Kaffee im Supermarkt?
Do you buy coffee at the supermarket?

Was **bedeutet** das auf Englisch?
What does that mean in English?

Ich **lerne** Deutsch.
I'm learning German.

Wir **belegen** Biologie.
We're taking Biology.

ACHTUNG

Note that the 2nd-person singular informal (**du**), 3rd-person singular (**er/sie/es**), and 2nd-person plural informal (**ihr**) forms of **heißen** are identical.

QUERVERWEIS

Some verbs, such as **bringen**, **finden**, and **gehen**, are regular in the present tense and irregular in the past tense.

You will learn more about past tense forms in **5A.1**, **5B.1**, and **6A.1**.

Ressourcen

SAM
WB: pp. 19–20

SAM
LM: p. 13

Ⓢ

vhlcentral.com

Jetzt sind Sie dran! Write the appropriate form of the verb.

1. Wir ___lernen___ (lernen) Deutsch.
2. Der Student _____ (wiederholen) den Satz (*sentence*).
3. Ich _____ (warten) auf den Bus.
4. Die Lehrerin _____ (korrigieren) die Prüfungen.
5. Du _____ (belegen) viele (*a lot of*) Veranstaltungen.
6. Das Universitätsstudium _____ (kosten) sehr viel.
7. Ihr _____ (verstehen) Mathematik.
8. Wir _____ (brauchen) viel Papier und viele Bleistifte für den Unterricht.
9. Anja und Thomas _____ (begrüßen) den Dozenten.
10. Ich _____ (kaufen) eine Tasse Kaffee in der Mensa.
11. Wir _____ (machen) nachmittags Hausaufgaben.
12. Du _____ (öffnen) die Tür.

Anwendung

1 Wählen Sie Select the verb that best completes each sentence.

1. Astrid und Dominik (wohnen / bedeuten) in Berlin.
2. Marion (träumt / korrigiert) von (*about*) einem Haus in Italien.
3. Ich (baue / studiere) Informatik und Mathematik.
4. Wir (belegen / grüßen) sehr viele Vorlesungen. *class*
5. Du (wanderst / lernst) gern in der Bibliothek. *Library*
6. Ihr (macht / kauft) nachmittags Hausaufgaben.
7. Sie (wiederholen / kosten) sehr viel, Professor Meier!
8. Du (sagst / reist) im Sommer nach (*to*) Spanien und Italien.

2 Ergänzen Sie Complete the conversation with the correct verb forms.

GISA Hallo, Fritz! Wie ist dein (*your*) Deutschseminar?

FRITZ Ach, es (1) _____ (gehen) ganz gut (*pretty well*), aber ich (2) _____ (verstehen) den Lehrer nicht. Und du? Wie ist dein Informatikseminar?

GISA Ich (3) _____ (lieben) Informatik! Wir (4) _____ (bauen) heute einen Computer.

FRITZ Vielleicht (*Maybe*) (5) _____ (belegen) ich nächstes Semester auch Informatik. (6) _____ (Machen) du viele Hausaufgaben?

GISA Ja, leider (*unfortunately*) (7) _____ (lernen) ich immer (*always*) samstags und sonntags.

FRITZ Oje. Samstags und sonntags (8) _____ (spielen) Max und ich Computerspiele.

3 Schreiben Sie Write complete sentences using the cues.

1. ich / kaufen / einen Apfel
2. Jürgen / brauchen / das Handy (*cell phone*)
3. du / arbeiten / freitags und samstags
4. Kurt / suchen / das Deutschbuch
5. Josef und ich / spielen / in der Sporthalle / Fußball (*soccer*)
6. ihr / lernen / in der Bibliothek
7. Lara / reisen / nach (*to*) Afrika
8. Hans und Jana / warten / auf (*for*) den Bus

mich *wir*

Kommunikation

mir

4 **Was fehlt?** With a partner, say what each person is doing.

▶ **BEISPIEL**

Du _hörst_ Musik.

1. Herr Becker _Sitzt_   2. Wir _spielt_ Tennis.

3. Ihr_____ in
der Bibliothek.

4. Ich _Kaufe_ ein
neues Fahrrad.

5. Heinrich _trefft_
den Mann.
Begrüßt

6. Hans _ist mit_
seine Freundin.

5 **Bilden Sie Sätze** In pairs, use items from each column to create six sentences. You may use some items more than once.

BEISPIEL *Ich höre Musik.*

A	B	C
ich	hören	Deutsch
du	lernen	Hausaufgaben
Alena	lieben	Kunst
Anna und ich	machen	Musik
ihr	spielen	Naturwissenschaft
die Studenten	verstehen	Tennis

6 **Persönliche Fragen** In pairs, take turns asking and answering the questions.

1. Welche (*Which*) Veranstaltungen belegst du?
2. Welche Fremdsprachen lernst du?
3. Welche Veranstaltungen machen Spaß (*are fun*)?

4. Was machst du morgens?
5. Was machst du nachmittags?
6. Was machst du abends?

7 **Gespräch** In pairs, fill in Student 2's half of the dialogue in **Teil** (*part*) **A**. Then continue the conversation with your partner using the cues in **Teil B**.

Teil A

S1: Hallo! Studierst du hier an der Uni?
S2: …
S1: Ich auch! Was studierst du?
S2: …
S1: Ich verstehe Wirtschaft nicht (*not*).
Wirtschaft ist nützlich, aber schwierig.
S2: …
S1: Montags und mittwochs habe ich
Geschichte. Und du?
S2: …

Teil B

das Diplom	Psychologie
lernen	sonntags
Literatur	spielen
machen	das Stipendium
nachmittags	wohnen

2A.2 | Interrogative words Presentation

Startblock Interrogative words, also called question words, are used to ask for information.

Wie viele Menschen leben dort?

Was ist mit Meline?

interrogatives			
wann?	*when?*	wie?	*how?*
warum?	*why?*	wie viel?	*how much?*
was?	*what?*	wie viele?	*how many?*
welcher/welche/welches?	*which?*	wo?	*where?*
wen?	*whom?*	woher?	*where (from)?*
wer?	*who?*	wohin?	*where (to)?*

- To ask an information question (one that cannot be answered with **ja** or **nein**), begin the question with an interrogative word.

  Wann beginnen wir?   **Warum** machst du das?   **Wer** ist Frau Schultz?
  When do we start?   *Why are you doing that?*   *Who is Mrs. Schultz?*

- The form of **welcher** depends on the gender and number of the noun it modifies. Its three forms (**welcher/welche/welches**) have the same endings as the masculine, feminine/plural, and neuter forms of the definite article (**der/die/das**).

  Welche Professorin lehrt Mathematik?   **Welcher Student** belegt Mathematik?
  Which professor teaches mathematics?   *Which student is taking math?*

- Like **welcher**, **wie viel** and **wie viele** function like adjectives. Use **wie viel** with a singular noun and **wie viele** with a plural noun.

  Wie viel Zeit haben wir?   **Wie viele** Bücher kauft er?
  How much time do we have?   *How many books is he buying?*

 Jetzt sind Sie dran! Select the appropriate interrogative for each question.

1. (Woher / Wer) kommst du?
2. (Wohin / Wann) haben wir Deutsch?
3. (Was / Wohin) reisen wir?
4. (Wer / Wo) braucht ein Blatt Papier?
5. (Wen / Warum) lernst du so viel?
6. (Warum / Wo) wohnst du?

7. (Welche / Woher) Seminare sind einfach?
8. (Was / Wie viele) machst du samstags?
9. (Wie / Wann) heißt der Dozent?
10. (Wie viele / Wie viel) kostet das Telefon?
11. (Wie viele / Wann) Hausaufgaben haben wir?
12. (Wer / Wen) liebst du?

Anwendung und Kommunikation

1 **Ergänzen Sie** Complete each sentence with an appropriate interrogative word.

1. _____ spielen wir Tennis?
2. _____ kommt die Dozentin?
3. _____ kaufst du für das Studium?
4. _____ brauchst du einen Computer?
5. _____ lernst du?
6. _____ alt bist du?
7. _____ Spiele (*games*) spielst du gern?
8. _____ Zeit haben wir abends?

2 **Schreiben Sie** Write questions using the cues. Pay attention to word order.

1. der / Hörsaal / wo / ist
2. wie / Deutschvorlesung / ist / die
3. gehen / wann / wir / in die Bibliothek
4. wer / braucht / Kuli / einen
5. kauft / was / Patrick / in der Mensa
6. wohin / die / gehen / nachmittags / Studenten
7. welches / macht / Seminar / Spaß (*fun*)
8. nichts (*nothing*) / warum / verstehe / ich

3 **Fragen Sie** In pairs, write a question for each response.

BEISPIEL Ich lerne Geschichte <u>in der Bibliothek</u>.
Wo lernst du Geschichte?

1. Karl hat <u>montags, mittwochs und freitags</u> Vorlesungen.
2. In der Universitätsbibliothek sind <u>3.726</u> Bücher.
3. <u>Kunst, Philosophie und Psychologie</u> machen viel Spaß.
4. Das Essen in der Mensa kostet nur <u>3,50 €</u>.
5. Ich brauche das Buch *Die Traumdeutung* von Sigmund Freud für die Psychologievorlesung.
6. Ich komme <u>aus (*from*) der Schweiz</u>.
7. <u>Der Dozent</u> wiederholt die Frage.
8. Anna liebt <u>den netten (*nice*) Paul</u>.

4 **Interview** Prepare six questions about college life using interrogative words. Then, survey your classmates.

 Practice more at **vhlcentral.com.**

2A.3

Talking about time and dates Presentation

Startblock Like English, German uses cardinal numbers (*one, two, three*) to tell time and ordinal numbers (*first, second, third*) to give dates.

Telling time

- To ask *What time is it?*, say **Wie spät ist es?** or **Wie viel Uhr ist es?**. To answer, say **Es ist** + [*hour*] + **Uhr** + [*minutes*].

Es ist ein Uhr./
Es ist eins.

Es ist zwei Uhr./
Es ist zwei.

Es ist zwölf Uhr./
Es ist Mittag/Mitternacht.

- Use **vor** and **nach** to indicate minutes before and after the hour. Use **Viertel vor** for *quarter to* and **Viertel nach** for *quarter past*. In these constructions, omit the word **Uhr**.

Es ist **Viertel vor** elf./
Es ist zehn Uhr fünfundvierzig.

Es ist **zwanzig nach** vier./
Es ist vier Uhr zwanzig.

- Use **halb** to mean *half an hour before*. Note that it is not equivalent to the English phrase *half past*.

Es ist **halb zehn**.
Es ist neun Uhr dreißig.

Es ist **halb sieben**.
Es ist sechs Uhr dreißig.

- Use the 24-hour clock when talking about train schedules, movie listings, and official timetables. Do not use the expressions **Viertel vor**, **Viertel nach**, or **halb** with the 24-hour clock.

20.30 Uhr = zwanzig Uhr dreißig	**18.45 Uhr = achtzehn Uhr fünfundvierzig**
8:30 p.m.	*6:45 p.m.*

- To specify the time at which an event or activity will take place, use **um** + [*time*].

  —**Um wie viel Uhr** beginnt der Film?
  —*What time* does the movie start?

  —**Um** sechzehn Uhr zehn.
  —*At four-ten p.m.*

Ordinal numbers

- The ordinal numbers (**die Ordinalzahlen**) from 1st to 19th are formed, with a few exceptions, by adding **-te** to the corresponding cardinal numbers. To form all other ordinals, add **-ste** to the cardinal forms. Use a period to indicate the abbreviated form of an ordinal number.

ordinal numbers

1.	erste	*first*	7.	siebte	*seventh*	19.	neunzehnte	*nineteenth*
2.	zweite	*second*	8.	achte	*eighth*	20.	zwanzigste	*twentieth*
3.	dritte	*third*	9.	neunte	*ninth*	31.	einunddreißigste	*thirty-first*
4.	vierte	*fourth*	10.	zehnte	*tenth*	55.	fünfundfünfzigste	*fifty-fifth*
5.	fünfte	*fifth*	11.	elfte	*eleventh*	100.	hundertste	*hundredth*
6.	sechste	*sixth*	12.	zwölfte	*twelfth*	1000.	tausendste	*thousandth*

der **erste** Dozent
*the **first** instructor*

die **zweite** Vorlesung
*the **second** lecture*

das **dritte** Fach
*the **third** subject*

Dates

die Monate (*months*)			
Januar	April	Juli	Oktober
Februar	Mai	August	November
März	Juni	September	Dezember

Januar ist der erste Monat.
January is the first month.

Dezember ist der zwölfte Monat.
December is the twelfth month.

- Answer the question **Der Wievielte ist heute?** (*What is the date today?*) with **Heute ist der** + [*ordinal number* (+ *month*)].

  Heute ist **der erste Mai**.
  *Today is **May first**.*

  Heute ist **der einunddreißigste**.
  *Today is **the thirty-first**.*

  23. März 2010 ⟶ **23.3.2010**
  March 23rd, 2010 ⟶ *3/23/2010*

  7. Oktober 2014 ⟶ **7.10.2014**
  October 7th, 2014 ⟶ *10/7/2014*

- To specify the day on which an event or activity takes place, use **am** before the date, and add **-n** to the ordinal number. Note that an ordinal number is indicated by putting a period after the number.

  Wer hat **am 7. (siebten) Juli** Geburtstag?
  *Whose birthday is **on July 7th**?*

  Am 1. (ersten) Januar beginnt das neue Jahr.
  *The new year begins **on January 1st**.*

- The pattern **am** + [*time expression*] is also used with days of the week.

  am Montag
  on Monday

  am Dienstag
  on Tuesday

  am Wochenende
  on the weekend

- Like English, German uses cardinal numbers to refer to a particular year.

  1895 = achtzehnhundertfünfundneunzig   **2016 = zweitausendsechzehn**

ACHTUNG

To form the accusative of ordinal numbers, add **-n** before masculine nouns. The feminine and neuter forms do not change.

Du trinkst deinen zweiten Kaffee.
You're having your second coffee.

Ich antworte auf die dritte Frage.
I'm answering the third question.

In writing, the day also comes before the month. Note that an ordinal number is indicated by putting a period after the number.

Ressourcen

SAM
WB: pp. 23–24

SAM
LM: p. 15

vhlcentral.com

Jetzt sind Sie dran!

A. Select the correct time.

1. **7:15 a.m.** Es ist (Viertel nach / Viertel vor) sieben.
2. **2:00 p.m.** Es ist zwei Uhr (morgens / nachmittags).
3. **10:30 a.m.** Es ist (halb zehn / halb elf) vormittags.
4. **12:00 p.m.** Es ist (Mittag/Mitternacht).
5. **7:55 a.m.** Es ist (acht/sieben) Uhr fünfundfünfzig.
6. **8:37 p.m.** Es ist (zwanzig Uhr / achtzehn Uhr) siebenunddreißig.

B. Write the correct date.

7. **14. Februar** Heute ist der ___vierzehnte___ Februar.
8. **28. Dezember** Heute ist der _____ Dezember.
9. **3. Juli** Heute ist der _____ Juli.
10. **30. Mai** Heute ist der _____ Mai.
11. **11. Oktober** Heute ist der _____ Oktober.
12. **7. August** Heute ist der _____ August.

Anwendung

1 **Wählen Sie** Select the sentence that refers to the time shown.

1. Es ist zwei Uhr./ Es ist drei Uhr.

2. Es ist Viertel vor eins./ Es ist zwölf Uhr vierzig.

3. Es ist fünf Uhr zwanzig./ Es ist zehn vor drei.

4. Es ist zwei Uhr fünfundvierzig./ Es ist Viertel vor zwei.

2 **Wie spät ist es?** Write the time shown on each clock.

▶ **BEISPIEL**

Es ist ein Uhr.

1. _____   2. _____   3. _____   4. _____

5. _____   6. _____   7. _____   8. _____

WERKZEUG

Heiligabend
Christmas Eve

Neujahrstag
New Year's Day

Heilige Drei Könige
Three Kings Day

Walpurgisnacht
Walpurgis Night
(Spring Festival)

das Augsburger Friedensfest
Augsburg Peace Festival

der Tag der deutschen Einheit
Day of German Unity

Martinstag *The Feast of St. Martin*

Weihnachten *Christmas*

Silvester *New Year's Eve*

3 **Welcher Tag ist es?** Complete each sentence by writing out the date indicated.

BEISPIEL Heiligabend ist am (24.) *vierundzwanzigsten* Dezember.

1. Neujahrstag ist am (1.) _____ Januar.
2. Heilige Drei Könige ist am (6.) _____ Januar.
3. Valentinstag ist am (14.) _____ Februar.
4. St.-Patricks-Tag ist am (17.) _____ März.
5. Walpurgisnacht ist am (30.) _____ April.
6. Das Augsburger Friedensfest ist am (8.) _____ August.
7. Der Tag der deutschen Einheit ist am (3.) _____ Oktober.
8. Martinstag ist am (11.) _____ November.
9. Weihnachten ist am (25.) _____ Dezember.
10. Silvester ist am (31.) _____ Dezember.

 Practice more at **vhlcentral.com.**

Kommunikation

4 **Um wie viel Uhr...?** In pairs, look at the class schedule. Take turns asking and answering questions about the start times of classes.

> **BEISPIEL**
>
> **S1:** Wann und um wie viel Uhr ist Literatur?
> **S2:** Literatur ist dienstags und donnerstags um halb neun.

	Montag	Dienstag	Mittwoch	Donnerstag	Freitag
8.30		Literatur		Literatur	Chemie
9.25	Biologie	Biologie	Biologie		Chemie
10.20		Kunst		Kunst	
11.15	Informatik		Informatik		Informatik
12.10	Mathematik	Deutsch	Deutsch	Deutsch	Mathematik

5 **Der Wievielte ist heute?** In pairs, take turns pointing at different dates on the calendar and having your partner tell you the date.

> **BEISPIEL**
>
> **S1:** Der Wievielte ist heute?
> **S2:** Heute ist der dritte Oktober.

Oktober						
Sonntag	Montag	Dienstag	Mittwoch	Donnerstag	Freitag	Samstag
		1	2	3	4	5
6	7	8	9	10	11	12
13	14	15	16	17	18	19
20	21	22	23	24	25	26
27	28	29	30	31		

6 **Geburtstage** Ask your classmates when their birthdays are. Find out whose birthday is closest to yours.

> **BEISPIEL**
>
> **S1:** Wann ist dein Geburtstag (*your birthday*)?
> **S2:** Mein Geburtstag ist am siebten Dezember.
> Und wann ist dein Geburtstag?
> **S1:** Mein Geburtstag ist am neunten Oktober.

7 **Partnerinterview** In pairs, take turns asking and answering the questions.

> **BEISPIEL**
>
> **S1:** Wann hast du Deutschvorlesung?
> **S2:** Montags, mittwochs und freitags um Viertel nach elf. Und du?

1. Welcher Tag ist heute?
2. Wann hast du Geburtstag?
3. Wann ist dein Lieblingsfeiertag (*favorite holiday*)?
4. Wie spät ist es?
5. Um wie viel Uhr ist die Deutschvorlesung vorbei (*over*)?
6. Wann hast du Veranstaltung?

Wiederholung

1 Graffiti
In small groups, take turns drawing items from the lesson vocabulary and guessing what they are.

BEISPIEL

S1: Ist das ein Diplom?
S2: Nein!
S3: Ist das ein Stipendium?
S2: Ja, richtig!

2 Verabredungen
Take turns asking and answering questions using the cues and the images.

BEISPIEL

S1: Wohin reist du im Sommer?
S2: Ich reise nach Spanien.

reisen

1. gehen   2. lernen   3. kosten

4. kaufen   5. hören   6. begrüßen

3 Feiertage und Feste
Ask your classmates on what day these holidays fall. Add three additional holidays.

BEISPIEL Weihnachten (*Christmas*)

S1: Wann ist Weihnachten?
S2: Weihnachten ist am 25. Dezember.

- Boxing-Tag (*day after Christmas*)
- amerikanischer Unabhängigkeitstag (*Independence Day*)
- amerikanischer Tag der Arbeit (*Labor Day*)
- Columbus-Tag
- Halloween
- Veteranentag
- amerikanisches Erntedankfest (*Thanksgiving*)

4 Zeitzonen
In pairs, take turns telling your partner what time it is in each North American city and asking what time it is in a German-speaking country.

BEISPIEL

S1: In Pittsburgh ist es fünfzehn Uhr zwölf. Wie viel Uhr ist es in Österreich?
S2: In Österreich ist es einundzwanzig Uhr zwölf. In Calgary ist es halb vier. Wie viel Uhr ist es in Deutschland?

Uhrzeit in...	Uhrzeit in Deutschland / in Österreich / in der Schweiz
Pittsburgh, PA: 15.12	+ 6 Stunden (*hours*)
Calgary, AB: 3.30	+ 8 Stunden
Fairbanks, AK: 22.54	+ 11 Stunden
Ft. Stockton, TX: 11.45	+ 7 Stunden
Hope, BC: 15.28	+ 9 Stunden
London, ON: 3.09	+ 6 Stunden
Needles, CA: 12.30	+ 9 Stunden
Tifton, FL: 21.36	+ 6 Stunden
Winnipeg, MB: 20.15	+ 7 Stunden

5 Ein Rennen
Your instructor will give you a worksheet. Talk with your classmates to figure out the starting lineup of a race.

BEISPIEL

S1: Der Wievielte bist du im Rennen?
S2: Ich bin der 14.
S1: (*write*) Klaus ist der Vierzehnte.

6 Wann hast du...?
You and your partner each have two schedules. One shows your activities. The other shows a partial list of your partner's activities, with one activity missing each day. Ask and answer questions to complete both schedules.

BEISPIEL

S1: Was machst du am Sonntag um 5.30 Uhr abends?
S2: Ich treffe Markus. Und was machst du am Donnerstag um 7 Uhr morgens?
S1: Ich habe Yoga.

Video: TV Clip

TU Berlin

The **Technische Universität Berlin**, or **TU Berlin**, is a modern-looking institution with a long and impressive history. Founded in 1879, the **TU** is one of the biggest technical universities in Germany, and the only one in Berlin to offer an engineering degree (**Ingenieur-Abschluss**). The TU also has a larger percentage of international students (**Studenten aus dem Ausland**) than any other German university.

Vier Unis hat die Stadt zu bieten°. Die TU ist die zweitälteste°.

Nach vorn° präsentiert sie sich modern und sachlich°.

„Wir haben die Ideen° für die Zukunft°" heißt der Leitspruch°.

zu bieten *to offer* **zweitälteste** *second oldest* **Nach vorn** *From the front* **sachlich** *functional* **Ideen** *ideas* **Zukunft** *future* **Leitspruch** *motto*

 Verständnis Circle the correct answers.

1. What percentage of **TU** students come from abroad?
   a. 5   b. 10   c. 20   d. 30
2. Which of the following is *not* one of the key subjects (**Schwerpunkte**) offered by the **TU**?
   a. Mathematik   b. Architektur   c. Physik   d. Chemie

 Diskussion Discuss the following questions with a partner.

1. In what ways is the **TU Berlin** similar to your school? How is it different?
2. Would you like to study at the **TU Berlin**? Why or why not?

Communicative Goals

You will learn how to:

- talk about sports
- talk about leisure activities

Sport und Freizeit

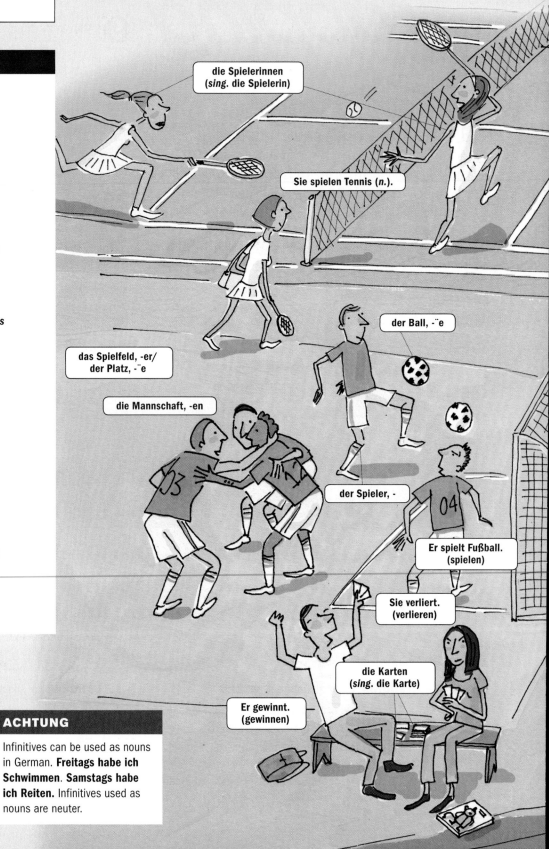

Talking Picture Audio: Activities

Wortschatz

Sportarten	*sports*
(der) (American) Football	*football*
(das) Golf	*golf*
(das) Hockey	*hockey*
(der) Volleyball	*volleyball*
das Schwimmbad, -̈er	*swimming pool*
das Spiel, -e	*game*
der Sport	*sports*
das Stadion, Stadien	*stadium*
Fahrrad fahren (fährt)	*to ride a bicycle*
Ski fahren	*to ski*
schwimmen	*to swim*
üben/trainieren	*to practice*
Freizeitaktivitäten	*leisure activities*
der Berg, -e	*mountain*
das Camping	*camping*
das Fahrrad, -̈er	*bicycle*
die Freizeit	*free time*
das Hobby, -s	*hobby*
der Park, -s	*park*
der Strand, -̈e	*beach*
der Wald, -̈er	*forest*
angeln gehen	*to go fishing*
essen gehen	*to eat out*
spazieren gehen	*to go for a walk*
klettern	*to (rock) climb*
kochen	*to cook*
reiten	*to ride (a horse)*
schreiben	*to write*
singen	*to sing*
tanzen	*to dance*
wandern	*to hike*

Image labels:
- die Spielerinnen (*sing.* die Spielerin)
- Sie spielen Tennis (*n.*).
- das Spielfeld, -er/ der Platz, -̈e
- der Ball, -̈e
- die Mannschaft, -en
- der Spieler, -
- Er spielt Fußball. (spielen)
- Sie verliert. (verlieren)
- die Karten (*sing.* die Karte)
- Er gewinnt. (gewinnen)

ACHTUNG

Infinitives can be used as nouns in German. **Freitags habe ich Schwimmen. Samstags habe ich Reiten.** Infinitives used as nouns are neuter.

ACHTUNG

Don't use an article when talking about a sport. **Stefan spielt Baseball.** Do use an article when talking about a ball as a piece of equipment. **Ingo kauft einen Baseball.**

Basketball (*m.*)

der Basketball

Sie spielen Schach (*n.*).

Baseball (*m.*)

Leichtathletik (*f.*)

Anwendung

1 **Was passt nicht?** Indicate the word that doesn't belong.

1. a. Basketball
   b. Schach
   c. Golf
   d. Tennis
2. a. der Strand
   b. der Spieler
   c. das Stadion
   d. der Platz
3. a. reiten
   b. schwimmen
   c. singen
   d. klettern
4. a. der Rucksack
   b. das Camping
   c. der Berg
   d. das Spielfeld
5. a. spazieren gehen
   b. kochen
   c. wandern
   d. reiten
6. a. die Freizeit
   b. die Schule
   c. die Aktivität
   d. das Hobby

2 **Ergänzen Sie** Complete the sentences with words from the list.

> kochen | Ski fahren | Spielfeld | Strände | Tennisspielerinnen

1. Serena und Venus Williams sind _____.
2. In den Alpen kann man im Winter _____.
3. In der Schule *Le Cordon Bleu* lernt man _____.
4. In einem Fußballspiel sind 22 Spieler auf dem _____.
5. In Florida gibt es schöne (*beautiful*) _____.

3 **Zuordnungen** Write the activity that describes each picture.

▶ **BEISPIEL**
  ins Fußballstadion gehen

1. _____

2. _____   3. _____   4. _____

4 **Das Wochenende** 🎧 Listen to the conversation between Lukas, Max, and Michaela, and indicate who will be doing each activity.

	Lukas	Max	Michaela
1. Tennis spielen			
2. kochen			
3. lernen			
4. tanzen			
5. klettern			
6. Videospiele spielen			

Practice more at **vhlcentral.com**.

Kommunikation

5 **Berühmte Sportler** In pairs, match the athletes with the descriptions.

BEISPIEL

S1: Er spielt Fußball und kommt aus England.
S2: Es ist David Beckham.

_____ 1. Er kommt aus der Schweiz und spielt Tennis.
_____ 2. Er spielt Basketball.
_____ 3. Er fährt in der Formel 1.
_____ 4. Sie ist eine Tennisspielerin aus Deutschland.
_____ 5. Er schwimmt und hat viele olympische Medaillen (*medals*).
_____ 6. Er ist der berühmteste (*most famous*) Baseball-Spieler der Geschichte.
_____ 7. Sie ist eine Skifahrerin aus Amerika.
_____ 8. Er spielt Golf.

a. Lindsay Vonn
b. Steffi Graf
c. Babe Ruth
d. Roger Federer
e. Michael Schumacher
f. Michael Phelps
g. Tiger Woods
h. LeBron James

6 **Was machst du?** Your instructor will give you a worksheet with information about activities. Ask your classmates what they do in their free time.

BEISPIEL Volleyball spielen

S1: Spielst du Volleyball?
S2: Ja. Ich spiele Volleyball./Nein.

EIN KLEINER TIPP

The verb **fahren** is irregular in the **du** and **er/sie/es** forms of the present tense. Its stem vowel changes from **a** to **ä**.
Ex.: **ich fahre Fahrrad**, but **du fährst Fahrrad**, **er/sie/es fährt Fahrrad**.

Fahrrad fahren	reiten	Fußball spielen
Ski fahren	schwimmen	Schach spielen
angeln gehen	singen	tanzen
spazieren gehen	Baseball spielen	Tennis trainieren
klettern	Basketball spielen	wandern

7 **Machst du das gern?** In pairs, take turns telling each other whether you like or dislike each activity.

BEISPIEL

S1: Ich schwimme gern (*like swimming*). Und du?
S2: Ich schwimme nicht gern (*don't like swimming*).

1. Ich spiele (nicht) gern Schach.
2. Ich koche (nicht) gern.
3. Ich wandere (nicht) gern.
4. Ich gehe (nicht) gern spazieren.
5. Ich klettere (nicht) gern.
6. Ich spiele (nicht) gern Karten.
7. Ich tanze (nicht) gern.
8. Ich trainiere (nicht) gern Leichtathletik (*track and field*).

8 **Charade spielen** Play charades in groups of four. Take turns acting out activities from the lesson vocabulary. The person who guesses the activity goes next.

BEISPIEL

S1: Ist es Baseball?
S2: Nein.
S3: Ist es Tennis?
S2: Ja, es ist Tennis!

Aussprache und Rechtschreibung

(S) Audio: Presentation
Record & Compare Activities

🎧 Diphthongs: *au, ei/ai, eu/äu*

When one vowel sound glides into another vowel sound in the same syllable, the complex sound produced is called a diphthong. In German, this complex sound is said quickly and is not drawn out as it is in English. There are three diphthongs in German: **au**, **ei/ai**, and **eu/äu**.

| faul | aus | Leine | Mais | neun | täuschen |

The German diphthong written **au** begins with the vowel sound of the *o* in the English word *pod* and ends with a sound similar to the *oo* in the English word *loose*.

| auf | Frau | Bauch | Haus | auch |

The German diphthong written as **ei** or **ai** is pronounced very similarly to the *i* in the English word *time*. Remember that the German **ie** is not a diphthong, but simply a way of writing the long **i** sound, as in the word **sieben**.

| Freitag | Zeit | Mai | Eis | schreiben |

The German diphthong written as **eu** or **äu** is pronounced very similarly to the *oi* in the English word *coin*.

| Zeugnis | Freund | Häuser | Europa | Deutsch |

1 **Sprechen Sie nach** Practice saying these words aloud.

1. laufen
2. Kaufhaus
3. Rauch
4. Maus
5. mein
6. Wein
7. Mainz
8. reiten
9. treu
10. freuen
11. Leute
12. läuft

2 **Artikulieren Sie** Practice saying these sentences aloud.

1. Die Mäuse laufen einfach im Zimmer herum.
2. Tausende Leute gehen an uns vorbei.
3. Am Freitag habe ich leider keine Zeit.
4. Paul macht eine Europareise mit Freunden.
5. Meine Frau kauft ein neues Haus außerhalb von Mainz.
6. Für den Sauerbraten brauchen wir Rotweinessig.

3 **Sprichwörter** Practice reading these sayings aloud.

Schuster, bleib bei deinen Leisten.[1]

Einem geschenkten Gaul schaut man nicht ins Maul.[2]

[1] Stick with what you know. (lit. Cobbler, stick with your shoe stretchers.)
[2] Don't look a gift horse in the mouth.

Ressourcen

SAM
LM: p. 17

(S) vhlcentral.com

Ein Picknick im Park Video: *Fotoroman*

George und Meline treffen Sabite und Torsten im Park. Sie sprechen über Sport und ihre Hobbys. Kommt Meline Torsten zu nahe (*too close*)?

TORSTEN Das Fußballspiel beginnt um halb acht.
SABITE Es ist Viertel nach sechs. Niemand ist hier. George kommt von der Uni.

TORSTEN Spielt er Fußball?
SABITE Er spielt Baseball in der Freizeit. Er ist in einer Uni-Mannschaft.
TORSTEN Hat Meline Hobbys?
SABITE Sie fährt Ski und spielt Tennis. Sie gewinnt alles.

GEORGE Oh, vielen Dank! Wo sind Hans und Meline?
SABITE Meline kommt aus der Bibliothek. Hans hat eine Vorlesung.
GEORGE Studierst du auch, Torsten?
TORSTEN Ja. Ich studiere Chemie und Biologie.

MELINE Ich bringe Dessert!
GEORGE Sabite, ich glaube, Hans...
MELINE Hans. Hallo, Torsten, nett dich kennen zu lernen.
TORSTEN Gleichfalls, Meline.

MELINE Du studierst Medizin?
TORSTEN Biologie.
MELINE Fährst du Ski?
TORSTEN Nee, meine Familie fährt nicht Ski. Aber ich wandere und klettere.

MELINE Ich komme aus Wien. Alle fahren Ski in den österreichischen Alpen. Wir haben viele Sportarten: Skifahren, Klettern, Fahrradfahren, Golf und Tennis. Spielst du auch Tennis?
SABITE Äh, Meline?
MELINE Hmmm?
SABITE Gehen wir spazieren.

1 **Ergänzen Sie** Choose the words that best complete the sentences.

1. Torsten und Sabite sind (im Park / im Café).
2. George kommt (aus dem Stadion / von der Uni).
3. Meline fährt Ski und spielt (Golf / Tennis).
4. Torsten studiert Chemie und (Biologie / Physik).
5. Meline bringt (Kaffee / Dessert).
6. Alle fahren (Ski / Bob) in den österreichischen Alpen.

7. Sabite ist eifersüchtig auf (*jealous of*) (Meline / Torsten).
8. Meline trennt keine (Klassenkameraden / Paare).
9. (Frau Yilmaz / Herr Yilmaz) macht morgen Sauerbraten.
10. Hans weiß nicht, dass Sabite einen (Mitbewohner / Freund) hat.

PERSONEN

Torsten

Sabite

George

Meline

7

SABITE Meline. Wir sind Mitbewohnerinnen. Freundinnen.
MELINE Und?
SABITE „Spielst du auch Tennis?"

8

MELINE Sabite. Keine Sorge. Ich trenne keine Paare.
SABITE Es ist okay, ich verstehe.

9

SABITE George, Meline, meine Mutter macht morgen Sauerbraten. Kommt ihr zum Abendessen?
MELINE Oh, danke, Sabite. Wir kommen.
TORSTEN Frau Yilmaz ist eine gute Köchin.
GEORGE Wow, vielen Dank. Und Hans?
SABITE Ich frage ihn.

10

MELINE Hans weiß nicht, dass Sabite einen Freund hat, oder?
GEORGE Er hat keine Ahnung.

Nützliche Ausdrücke

- **Niemand ist hier.**
  Nobody's here.
- **die Uni-Mannschaft**
  varsity team
- **Sie gewinnt alles.**
  She wins at everything.
- **glauben**
  to believe
- **aber**
  but
- **Alle fahren Ski in den österreichischen Alpen.**
  Everyone in the Austrian Alps skis.
- **Gehen wir spazieren.**
  Let's go for a walk.
- **Keine Sorge.**
  Don't worry.
- **das Abendessen**
  dinner
- **der Koch / die Köchin**
  cook
- **Hans weiß nicht, dass Sabite einen Freund hat, oder?**
  Hans doesn't know Sabite has a boyfriend, does he?
- **Er hat keine Ahnung.**
  He doesn't have a clue.

2B.1
- **Meine Familie fährt nicht Ski.**
  My family doesn't ski.

2B.2
- **Meine Mutter macht morgen Sauerbraten.**
  My mother is making sauerbraten tomorrow.

2B.3
- **Ich trenne keine Paare.**
  I wouldn't break up a couple.

2 **Zum Besprechen** In this episode, the characters talk about their favorite sports and pastimes. Interview your classmates to find out who shares your interests. Who likes the same sports? Who has the same hobbies?

3 **Vertiefung** Fußball (*soccer*) is one of the most popular sports in Germany. What is the name of the German national soccer league? Find the names of four prominent German soccer teams. Which team won last year's championship?

Ressourcen

SAM
VM: pp. 4

DVD
Folge 4

vhlcentral.com

IM FOKUS

Skifahren im Blut °

Ⓢ Reading

IN ALPINE VILLAGES, LEARNING TO SKI is like learning to walk. Almost everyone does it, starting at a very young age. The beginner slopes are full of preschool-aged children taking their first lessons. Skiing courses were required in Austrian schools until 1995, and many schools in Bavaria and Austria still offer **Skiwoche°**, a chaperoned week-long ski-trip, as part of their curriculum.

Many of the world's best skiers come from German-speaking countries.

Olympic gold medalist Maria Riesch grew up at the base of the **Zugspitze**, the highest peak in Germany, and began skiing when she was three years old. In 2011, Riesch won the World Cup overall title for best female skier. Austrian Hermann Maier, nicknamed the "Herminator," was told at age 15 that he would never succeed as a professional skier. Maier went on to become a two-time **Olympiasieger°** and a three-time **Weltmeister°**.

While the Alpine skiing tradition remains strong, environmental and economic sustainability have become major concerns. Ski tourism has had a serious impact on the ecology of the Alpine regions. With rising temperatures due to climate change, lack of snow is also becoming an issue. Snowmaking is expensive and uses vast amounts of water. And, while large ski resorts continue to draw visitors from all over the world, skiing is becoming less affordable for locals, with some smaller ski areas struggling to remain in business.

Österreich: Ski-Paradies	
Jährliche Anzahl an° Skitouristen	15,4 Millionen (2010)
Jährliche Einnahmen° durch Skifahren	mehr als° 11 Milliarden Euro (2010)
Arbeitsplätze° im Skitourismus	276.000
Pistenfläche°	25.400 Hektar (254 km²)
Alpine Skiweltmeisterschaft 2011: Medaillen für Österreich	8 (4 Gold, 3 Silber, 1 Bronze)

QUELLE: Trend Wirtschaftsmagazin

Blut blood **Skiwoche** ski week **Olympiasieger** Olympic gold medalist **Weltmeister** world champion **Jährliche Anzahl an** Annual number of **Einnahmen** revenue **mehr als** more than **Arbeitsplätze** jobs **Pistenfläche** skiable area

1 **Ergänzen Sie** Complete the statements.

1. Austrian schools had mandatory ski classes until _____.
2. In Bavaria and Austria, many school classes travel to the mountains for _____.
3. _____ started skiing at age 3.
4. Riesch grew up at the base of the _____.
5. In 2011, Riesch won the _____ title for best female skier.

6. Hermann Maier's nickname is the _____.
7. Maier is an **Olympiasieger** and a three-time _____.
8. _____ uses excessive quantities of water.
9. Ski tourism accounts for _____ jobs in Austria.
10. Austria won _____ medals in the 2011 Alpine Skiing World Championships.

 Practice more at **vhlcentral.com**.

DEUTSCH IM ALLTAG

Mehr Freizeit

der Fan, -s	fan
die Meisterschaft, -en	championship
das Tor, -e	goal (in soccer, etc.)
faulenzen	to relax; to be lazy
joggen	to jog
lesen	to read
fit	in good shape
sportlich	athletic
Los!	Start!; Go!

DIE DEUTSCHSPRACHIGE WELT

Die Deutschen und das Fahrrad

In Deutschland hat man im Schnitt° 6 Stunden und 34 Minuten Freizeit am Tag. Populäre Hobbys der Deutschen sind Videospiele, Lesen und natürlich° Sport. Die Deutschen sind leidenschaftliche° Fahrradfahrer. Kilometerlange Radwege° durchkreuzen° das Land, wie etwa° die Romantische Straße° in Bayern: sie führt an Schlössern° und vielseitigen Landschaften° vorbei°.

im Schnitt on average **natürlich** of course
leidenschaftliche passionate **Radwege** bike trails
durchkreuzen cross **wie etwa** such as **Straße** road
Schlössern castles **vielseitigen Landschaften** varied
landscapes **führt an... vorbei** leads past

PORTRÄT

Toooooor!

Der talentierte und populäre Fußballer **Mesut Özil** spielt international für Deutschland. Am 23. Juni 2010 spielt die deutsche Fußballnationalmannschaft in Johannesburg gegen° Ghana. Es gibt nur° ein Tor im Spiel. Es ist für Deutschland, und es ist von Özil. Dafür wird° er „Man of the Match". Er bekommt° auch die Auszeichnung° „2010 World Cup Most Assists". Özil ist Deutscher mit türkischer Abstammung° und kommt aus Gelsenkirchen. Er ist Moslem; er betet vor jedem° Spiel. Man sagt, die Familie Özil ist ein gutes Beispiel für erfolgreiche° Integration von Ausländern° in Deutschland. Aber Özil spielt nicht nur° für deutsche Mannschaften. Seit° 2010 spielt er in Spanien, für Real Madrid.

gegen against **nur** only **wird** becomes **bekommt** receives
Auszeichnung award **mit türkischer Abstammung** of
Turkish descent **betet vor jedem** prays before every
erfolgreiche successful **Ausländern** foreigners
nicht nur not only **Seit** Since

IM INTERNET

Wandern: Was sind beliebte Wanderwege° in der Schweiz?

beliebte Wanderwege popular hiking trails

For more information on this **Kultur**, go to **vhlcentral.com**.

---

2 **Richtig oder falsch?** In pairs, correct the false statements.

	richtig	falsch
1. On average, Germans have more than six hours of leisure time per day.	☐	☐
2. Biking is a popular sport in Germany.	☐	☐
3. Mesut Özil won the 2010 World Cup award for most goals.	☐	☐
4. Mesut Özil grew up in Turkey.	☐	☐

3 **Bekannte Sportler** In pairs, take turns role-playing famous athletes who play each of the sports listed. Your partner must guess who you are.

BEISPIEL

S1: Ich spiele Fußball in Los Angeles.
S2: Bist du David Beckham?

1. Golf
2. Baseball
3. Schwimmen
4. Tennis
5. Basketball
6. Fußball

Ressourcen

vhlcentral.com

Strukturen

2B.1 Stem-changing verbs Presentation

QUERVERWEIS

See **2A.1** to review the present-tense conjugations of regular verbs.

ACHTUNG

The formal **Sie** forms are the same as the plural **sie** forms for all verbs. Starting in this lesson, **Sie** and **sie** (*pl.*) forms will be listed together in verb tables.

Startblock Certain irregular verbs follow predictable patterns of spelling changes in their present-tense conjugations. These verbs use the regular endings, but have changes to their stem vowels in the **du** and **er/sie/es** forms. Most stem-changing verbs follow one of four patterns in the present tense.

- a ⟶ ä

schlafen (*to sleep*)				
ich schlafe	*I sleep*		wir schlafen	*we sleep*
du schläfst	*you sleep*		ihr schlaft	*you sleep*
er/sie/es schläft	*he/she/it sleeps*		Sie/sie schlafen	*you/they sleep*

Schläfst du jede Nacht acht Stunden?
Do you sleep eight hours every night?

Sie **schlafen** im Studentenwohnheim.
They sleep in the dormitory.

- au ⟶ äu

laufen (*to run*)				
ich laufe	*I run*		wir laufen	*we run*
du läufst	*you run*		ihr lauft	*you run*
er/sie/es läuft	*he/she/it runs*		Sie/sie laufen	*you/they run*

Mehmet **läuft** am Strand.
Mehmet runs on the beach.

Sie **laufen** über das Spielfeld.
They're running across the field.

- e ⟶ i

	essen (*to eat*)		sprechen (*to speak*)	
ich	esse	*I eat*	spreche	*I speak*
du	isst	*you eat*	sprichst	*you speak*
er/sie/es	isst	*he/she/it eats*	spricht	*he/she/it speaks*
wir	essen	*we eat*	sprechen	*we speak*
ihr	esst	*you eat*	sprecht	*you speak*
Sie/sie	essen	*you/they eat*	sprechen	*you/they speak*

Wir **essen** in der Mensa.
We're eating in the cafeteria.

Sprichst du Englisch?
Do you speak English?

ACHTUNG

Remember: when the verb stem ends in -**s**, drop the -**s** from the second-person singular ending.

- Besides an e ⟶ i vowel change, **nehmen** (*to take*) and **werden** (*to become*) have additional changes in the **du** and **er/sie/es** forms.

	nehmen (*to take*)		werden (*to become*)	
ich	nehme	*I take*	werde	*I become*
du	nimmst	*you take*	wirst	*you become*
er/sie/es	nimmt	*he/she/it takes*	wird	*he/she/it becomes*
wir	nehmen	*we take*	werden	*we become*
ihr	nehmt	*you take*	werdet	*you become*
Sie/sie	nehmen	*you/they take*	werden	*you/they become*

Du **nimmst** jeden Tag den Bus.
You take the bus every day.

Ein Anfänger **wird** mit der Zeit Experte.
A beginner becomes an expert over time.

- e ⟶ ie

	lesen (*to read*)		sehen (*to see*)	
ich	lese	*I read*	sehe	*I see*
du	liest	*you read*	siehst	*you see*
er/sie/es	liest	*he/she/it reads*	sieht	*he/she/it sees*
wir	lesen	*we read*	sehen	*we see*
ihr	lest	*you read*	seht	*you see*
Sie/sie	lesen	*you/they read*	sehen	*you/they see*

Du **liest** viele Bücher.
*You **read** a lot of books.*

Seht ihr die Spieler?
*Do you **see** the players?*

- This table summarizes some common verbs with stem changes in the present tense. When a verb with a present-tense stem change is presented in this text, it will be listed with its third-person singular form: **lesen (liest)**.

common stem-changing verbs (present tense)			
a ⟶ ä		**e ⟶ i**	
backen	*to bake*	brechen	*to break*
braten	*to fry*	essen	*to eat*
fahren	*to go*	geben	*to give*
fallen	*to fall*	helfen	*to help*
fangen	*to catch*	nehmen	*to take*
lassen	*to let, to allow*	sprechen	*to speak*
schlafen	*to sleep*	treffen	*to hit; to meet*
tragen	*to carry; to wear*	vergessen	*to forget*
waschen	*to wash*	werden	*to become*
		werfen	*to throw*
au ⟶ äu		**e ⟶ ie**	
laufen	*to run*	empfehlen	*to recommend*
		lesen	*to read*
		sehen	*to see*
		stehlen	*to steal*

Fährst du nach Berlin?
*Are you **going** to Berlin?*

Es **gibt** dort ein sehr gutes Café.
*There **is** a very good café there.*

ACHTUNG

The verb **geben** is used in certain idiomatic expressions, such as **Es gibt** (*There is/There are*). Idiomatic expressions do not translate literally to English.

Ressourcen

SAM
WB: pp. 27–28

SAM
LM: p. 18

vhlcentral.com

Jetzt sind Sie dran! Write the appropriate form of the verb.

1. Ich _____esse_____ (essen) viel Gemüse (*vegetables*).
2. Du _____ (helfen) deiner (*your*) Mutter.
3. Wir _____ (geben) dem Lehrer einen Apfel.
4. Peter _____ (nehmen) ein Taxi.
5. Ihr _____ (fahren) mit dem Fahrrad zur Uni.
6. Sie (*form.*) _____ (backen) eine Torte.

7. Anna _____ (werden) Informatikprofessorin.
8. Du _____ (lesen) viele Bücher.
9. Er _____ (schlafen) bis 8 Uhr morgens.
10. Ihr _____ (sprechen) Deutsch.
11. Die Kinder _____ (sehen) einen Film.
12. Du _____ (vergessen) immer die Hausaufgaben.

Anwendung

1 **Wählen Sie** Select the verb that best completes each sentence.

1. Hannah (schläft / isst) viele Äpfel.
2. Ich (lese / backe) einen Schokoladenkuchen.
3. Du (fährst / triffst) einen Porsche.
4. Wir (helfen / waschen) den Hund in der Badewanne (*bathtub*).
5. Alena und Wolfgang (treffen / sprechen) Deutsch, Englisch und Polnisch.
6. Ihr (lauft / bratet) 8 Kilometer jeden (*every*) Tag.
7. Roland (liest / wird) viele Bücher.
8. Du (gibst / triffst) deine (*your*) Freunde im Café.

2 **Schreiben Sie** Write complete sentences using the cues.

1. der Kellner (*waiter*) / empfehlen / den Sauerbraten und das Schnitzel
2. ich / helfen / meiner Mutter beim Kochen
3. du / fahren / das Auto am Wochenende
4. wir / treffen / Katrina und Paul im Restaurant
5. Angela / lesen / morgens die Zeitung (*newspaper*)
6. du / sprechen / Deutsch in der Vorlesung
7. eines Tages (*someday*) / werden / ich / Architekt, Pilot oder Astronaut
8. Peter / stehlen / einen Apfel / für seinen Bruder (*his brother*)

3 **Was machen die Personen?** Complete the sentences.

▶ **BEISPIEL**

Peter ___läuft___ gern im Park.

1. Sie _____ in der Hängematte.

2. Tobi _____ sein Auto.

3. Anja _____ nach Mallorca.

4. Hans _____ Märchen (*fairy tales*).

5. Er _____ eine Bratwurst.

6. Ingrid _____ Rolf im Museum.

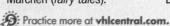 Practice more at **vhlcentral.com.**

Kommunikation

4 **Bilden Sie Sätze** In pairs, create six logical sentences with items from each column. Some items may be used more than once.

> **BEISPIEL** *Du empfiehlst den Käsekuchen.*

A	B	C
ich	empfehlen	Fußball im Stadion
du	lesen	Goethes *Faust*
Nina	sehen	den Käsekuchen (*cheesecake*)
Elsa und ich	spielen	23 Jahre alt
Bianca und du	sprechen	viele Sprachen
Olivia und Markus	werden	ein Theaterstück (*play*)

5 **Wer macht was?** Use the cues to ask your classmates whether they participate in these activities.

> **BEISPIEL**
>
> **S1:** *Spielst du Fußball im Stadion?*
> **S2:** *Nein, aber (but) ich laufe im Park. Läufst du im Park oder am Strand?*

in der Bibliothek	im Park	im Stadion
in der Diskothek	im Schwimmbad	am Strand
zu Hause (*at home*)	am See (*lake*)	im Wald

6 **Wie bitte?** Adele is talking to her mother on the phone. You hear only Adele's side of the conversation. In pairs, reconstruct her mother's questions.

 > **BEISPIEL** Ich fahre am Wochenende nach Hause (*home*).
>
> *Wann fährst du nach Hause?*

1. Ich kaufe Äpfel und Käse (*cheese*).
2. Ich esse gewöhnlich (*usually*) um 7 Uhr abends.
3. Ja, ich koche viel.
4. Ich sehe Matthias jeden Tag im Café.

5. Ja, wir sprechen jeden Tag Deutsch.
6. Matthias und ich reisen im Sommer nach Österreich.
7. Matthias kommt aus Bad Tölz.
8. Ja, ich spiele immer noch (*still*) Tennis.

7 **Im Park** In pairs, write a paragraph that describes the activities of the people shown. You may want to give the people names.

> **BEISPIEL**
>
> **S1:** *Die Frauen gehen im Park spazieren.*
> **S2:** *Die Kinder reiten im Park.*

2B.2

Present tense used as future Presentation

Startblock In German, as in English, you can use the present tense with certain time expressions to talk about the future.

Heute Abend spielen wir Fußball.

Morgen macht meine Mutter Sauerbraten.

- The adverbs **heute** (*today*), **morgen** (*tomorrow*), and **übermorgen** (*the day after tomorrow*) are commonly used with the present tense to express future ideas. Use them with these time expressions to specify the time of day at which a future action will occur.

common time expressions			
Morgen	*morning*	Nachmittag	*afternoon*
Vormittag	*midmorning*	Abend	*evening*
Mittag	*noon*	Nacht	*night*

Morgen gehen wir einkaufen.
Tomorrow we're going shopping.

Heute Nachmittag gehe ich schwimmen.
This afternoon I'm going swimming.

- Use **am** with **Morgen, Vormittag, Mittag, Nachmittag, Abend, Wochenende**, or the days of the week to specify when something will occur. When both the day of the week and the time of day are specified, they form a compound noun: **Dienstagmittag, Mittwochabend**.

Am Sonntag gehen wir angeln.
*We're going fishing **on Sunday**.*

Am Freitagnachmittag gehe ich zum Arzt.
*I'm going to the doctor's **Friday afternoon**.*

- Use **im** with months and seasons (**Frühling, Sommer, Herbst, Winter**).

Im Februar fahre ich Ski.
*I'm going skiing **in February**.*

Im Frühling gehe ich wandern.
*I'm going hiking **this spring**.*

- The adjective **nächste** (*next*) can be used with time-related nouns such as days of the week, seasons, and months. In this usage, it takes accusative endings.

nächsten Sommer
next summer

nächste Woche
next week

nächstes Jahr
next year

Jetzt sind Sie dran!   Select the appropriate word or phrase.

1. Wir fahren (nächstes / nächste) Woche nach Polen.
2. (Am / Im) Montagvormittag gehe ich spazieren.
3. (Heute Abend / Abend) spielt ihr Karten.
4. Ursula fährt (am / im) Februar Ski.
5. Wir wandern (nächsten / nächstes) Freitag im Wald.
6. (Morgen Nachmittag / Nachmittag) fahre ich Fahrrad.
7. Wir gehen (Nacht / übermorgen) klettern.
8. (Nächsten / Nächstes) Wochenende spielst du Tennis.

Anwendung und Kommunikation

 1 **Entscheiden Sie** Select the appropriate time expression.

 1. Die nächste Prüfung ist (Nachmittag / übermorgen).

2. Ich fahre (im / am) März in Urlaub.

3. Spielst du (am / im) Abend Hockey?

4. Peter und Bettina fahren (nächstes / nächste) Wochenende in die Berge.

5. Gehst du (Nachmittag / heute Nachmittag) klettern?

6. (Nächstes / Nächsten) Sommer fahren wir an den Strand.

 2 **Bilden Sie Sätze** Write sentences using the cues.

1. ich / gehen / heute Nachmittag / angeln

2. übermorgen / spielen / Roland / Baseball

3. nächstes Jahr / fahren / Anja / an den Strand

4. Patrick / treffen / Bianca / am Abend

5. am Sonntagabend / kochen / wir / Abendessen (*dinner*)

6. du / fahren / im Winter / in den Alpen / Ski

3 **Gemischtes** In pairs, use items from each column to make up sentences describing what each person is going to do.

BEISPIEL

Wir sehen heute Abend einen Film.

A	B	C	D
ich	Fahrrad fahren	am Freitag	für einen Marathonlauf
du	gehen	heute Nacht	im Park
Angelika	spazieren gehen	im Dezember	nach Österreich
wir	reisen	im Frühling	Freunde im Restaurant
ihr	trainieren	morgen Nachmittag	in die Disko
Otto und Gabi	treffen	nächstes Jahr	in den Bergen

4 **Fernsehen** In pairs, decide which TV programs you want to watch, and take turns asking each other when they will be on.

BEISPIEL

S1: *Wann kommt Sport Aktuell?*
S2: *Sport Aktuell kommt morgen Abend / Mittwochabend.*

	Dienstag (heute)	Mittwoch	Donnerstag
10.00 Uhr	Reisen macht Spaß	Lindenstraße	Türkisch für Anfänger
15.00 Uhr	Otto live!	Das Supertalent	Die Sendung mit der Maus
19.00 Uhr	Formel 1	Kultur und Kunst	Deutschland sucht den Superstar
23.00 Uhr	Bauer sucht Frau	Sport Aktuell	Familien im Brennpunkt

 Practice more at **vhlcentral.com.**

2B.3 | Negation (S) Presentation

Startblock In 1B.2, you learned to make affirmative statements and ask yes-or-no questions. To negate a statement or ask a negative question, use **nicht** or **kein**.

Nein, meine Familie fährt **nicht** Ski.

Ich trenne **keine** Paare.

Nicht

- In negative statements or questions, place **nicht** after the subject, conjugated verb, direct object, and definite time expressions, but before other sentence elements.

Ich gehe heute in die Sporthalle.
I'm going to the gym today.
▶ Ich gehe heute **nicht** in die Sporthalle.
*I'm **not** going to the gym today.*

Brauchst du den Fußball?
Do you need the soccer ball?
▶ Brauchst du den Fußball **nicht**?
*Do**n't** you need the soccer ball?*

Die Spieler sind hier.
The players are here.
▶ Die Spieler sind **nicht** hier.
*The players are **not** here.*

Kein

- **Kein** is the negative form of the indefinite article **ein**. Use **kein** to negate a noun preceded by an indefinite article or by no article.

—Spielen Sie Tennis?
—*Do you play tennis?*
▶ —Nein, wir spielen **kein** Tennis.
—*No, we **don't** play tennis.*

—Hat er ein Hobby?
—*Does he have a hobby?*
▶ —Nein, er hat **keine** Hobbys.
—*No, he has **no** hobbies.*

Hans weiß **nicht**?

Er hat **keine** Ahnung.

- **Kein** follows the same patterns of gender and case endings as **ein**. Note that, unlike **ein**, **kein** has a plural form.

kein	masculine	feminine	neuter	plural
nominative	kein Ball	keine Freizeit	kein Spiel	keine Karten
accusative	keinen Ball	keine Freizeit	kein Spiel	keine Karten

—Hast du **einen** Fußball?
—*Do you have **a** soccer ball?*

▶ —Nein, ich habe **keinen** Fußball.
—*No, I don't have **a** soccer ball.*

—Ist das **ein** Stadion?
—*Is that **a** stadium?*

▶ —Nein, das ist **kein** Stadion.
—*No, that's **not a** stadium.*

—Sind das Basketballspieler?
—*Are those guys basketball players?*

▶ —Nein, das sind **keine** Basketballspieler.
—*No, those are**n't** basketball players.*

Doch

- The conjunction **doch** has no exact equivalent in English. Use it to contradict a negative question or statement.

—Ich habe **keine** Freunde.
—*I don't have **any** friends.*

▶ —**Doch**, du hast viele Freunde!
—***No**, you have lots of friends!*

—Gehst du **nicht** zum Strand?
—*Are**n't** you going to the beach?*

▶ —**Doch**, ich gehe zum Strand.
—***Yes**, I'm going to the beach.*

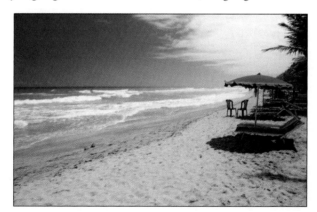

Ressourcen

SAM
WB: pp. 31–32

SAM
LM: p. 20

Ⓢ
vhlcentral.com

Jetzt sind Sie dran! Complete the sentences with the appropriate form of **nicht** or **kein.**

1. Der Volleyballspieler ist ___*nicht*___ sehr fit.
2. Stefan hat _____ Fußball.
3. Wir machen die Hausaufgaben _____.
4. Übermorgen habe ich _____ Vorlesung.
5. Uwe trainiert _____ und verliert das Spiel.
6. Leider (*Unfortunately*) habe ich _____ Foto.

7. Bernhard spielt viel Fußball, aber er gewinnt _____ Spiele.
8. Du schwimmst _____ im See (*lake*).
9. Wir sehen den Film _____.
10. Ihr habt _____ Freizeit.
11. Am Donnerstag fahren wir _____ in die Berge.
12. Es gibt _____ Stadion in der Stadt.

Anwendung

1 **Verneinen Sie** Negate the sentences using **nicht**.

1. Wir haben die Karten.
2. Ich vergesse die Hausaufgaben.
3. Wir reiten am Wochenende.
4. Ich spiele Schach mit Katrina und Wilfried.

5. Du tanzt in der Disko.
6. Ihr verliert das Volleyballspiel.
7. Thomas und Brigitte schwimmen am Nachmittag.
8. Am Sonntag gehen wir angeln.

2 **Antworten Sie** Answer the questions using **kein**.

BEISPIEL

S1: *Hast du Hobbys?*
S2: *Nein, ich habe keine Hobbys.*

1. Hat Peter ein schnelles (*fast*) Fahrrad?
2. Habt ihr Freizeit?
3. Sind das Spielerinnen?
4. Ist Berlin ein Land (*country*)?
5. Ist Alexandra eine Hockeyspielerin?

6. Hast du einen Basketball?
7. Gibt es ein Stadion in der Stadt?
8. Spielst du Volleyball?
9. Ist Salzburg ein Berg?
10. Haben Sie Karten?

3 **Was fehlt?** Complete the conversation with **nicht**, **kein**, or **doch**.

KARIN Hallo, Alina! Geht's dir gut? Warst (*Were*) du (1) _____ beim Training?

ALINA Gestern (*Yesterday*)? (2) _____! Aber heute Abend komme ich (3) _____.

KARIN Schade (*That's too bad*)! Warum (4) _____?

ALINA Ich habe (5) _____ Fußballschuhe (*soccer shoes*). Die alten (*old*) Fußballschuhe sind zu klein (*too small*).

KARIN Wo kaufst du Schuhe? Nicht bei (*at*) Galeria Kaufhof, oder?

ALINA (6) _____, die Schuhe dort finde ich schön.

Kommunikation

4 **Partnerinterview** In pairs, take turns asking each other the questions. Contradict your partner's questions using **nicht**, **kein**, or **doch**.

S1: Hast du einen Basketball?
S2: Nein, ich habe keinen Basketball.
S1: Tanzt du nicht am Wochenende?
S2: Doch, ich tanze am Wochenende.

1. Spielst du Hockey?
2. Wanderst du in den Bergen (*in the mountains*)?
3. Fährst du im Dezember an den (*to the*) Strand?
4. Hast du kein Fahrrad?

5. Trainierst du für einen Marathonlauf?
6. Hast du nicht viele (*a lot of*) Hausaufgaben?
7. Schwimmst du im Schwimmbad?
8. Bist du ein guter Tennisspieler?

5 **Das stimmt nicht!** In pairs, take turns making false statements about the photos. Correct your partner's false statements by negating them, then supply the correct answer.

BEISPIEL

S1: Die Frau fährt Auto.
S2: Nein, sie fährt nicht Auto. Sie fährt Fahrrad.

1.

2.

3.

4.

5.

6.

6 **Ich habe es schlecht** In pairs, take turns coming up with exaggerations using **nicht** and **kein**. Contradict your partner's exaggerations using **doch**.

BEISPIEL

S1: Wir haben keine Freizeit!
S2: Doch, wir haben viele Freizeit!

7 **Trauriger Jörn** In small groups, explain why Jörn is sad, using negative statements.

BEISPIEL

S1: Jörn hat keine Freunde.
S2: Er studiert nächstes Jahr nicht an der Universität.

Wiederholung

1 **Gute Freunde** In pairs, look at the information provided about each person. Decide which of them are friends, based on their interests.

BEISPIEL Heidi fährt Ski und Florian fährt auch Ski. Heidi und Florian sind Freunde.

2 **Begriffe raten** In small groups, take turns drawing pictures based on words or phrases you learned in **Lektionen 2A** and **2B**. The first person to guess the word or phrase draws next.

BEISPIEL

S1: Spielt er Schach?
S2: Nein.
S3: Spielt er Karten?
S2: Ja, richtig!

3 **Viele Fragen** Start a conversation with a classmate using the questions as prompts. Ask follow-up questions using time expressions.

BEISPIEL

S1: Machst du deine (your) Hausaufgaben?
S2: Ja, ich mache immer (always) meine Hausaufgaben.
S1: Hast du Hausaufgaben in Geschichte?
S2: Nein, ich habe heute keine Hausaufgaben in Geschichte.

1. Liest du viele Bücher?
2. Reist du im Winter nach Kanada?
3. Sprichst du Deutsch?
4. Verstehst du Mathematik?
5. Machst du viel Sport?
6. Spielst du Schach?
7. Isst du in der Mensa?
8. Fährst du viel Fahrrad?

4 **Terminkalender** Your instructor will give you and your partner different worksheets showing schedules. Take turns asking and answering questions to find out the missing information.

BEISPIEL

S1: Wann gehst du ins Stadion?
S2: Nächsten Montag um halb fünf nachmittags.

5 **Vermischtes** Use the cues to form questions. Then, in pairs, take turns asking and answering the questions.

BEISPIEL

S1: Hast du heute Abend Freizeit?
S2: Nein, ich habe heute Abend keine Freizeit.

1. angeln gehen / du / am Sonntag
2. Tennis spielen / du / samstags
3. gehen / du / oft / in die Sporthalle
4. Tennisschuhe / haben / keine / du
5. du / reiten / am Wochenende
6. du / schlafen / bis spät (late) / sonntags
7. für die Prüfung / lernen / nicht / du
8. du / nicht / aus Tennessee / sein

6 **Schiffe versenken** Your instructor will give you and your partner each a worksheet. Take turns asking questions to find each other's battleships.

BEISPIEL

S1: Liest Otto ein Buch?
S2: Treffer (Hit)! Er liest ein Buch./ Nein, kein Treffer. Er liest nicht.

	lesen	arbeiten
Otto		
Lukas und Maria		🚢

7 **Marias Leben** In pairs, take turns asking and answering questions about Maria's activities.

Dienstag, 9.15
S1: Was macht Maria am Dienstag um Viertel nach neun morgens?
S2: Am Dienstag um Viertel nach neun morgens macht Maria Hausaufgaben.

1. morgen, 10.30

2. heute, 12.00

3. Samstag, 14.00

4. heute Nachmittag, 14.25

5. nächsten Montag, 17.45

6. Freitag, 23.15

8 **Minigeschichte** In small groups, make up a story about the people in the picture. Be as detailed as possible. You may want to give the people names.

S1: Es ist Samstag und viele Leute sind im Park.
S2: Markus und David spielen nicht mehr Basketball. Sie gehen nach Hause (home).

fit	trainieren
gewinnen	treffen
sportlich	verlieren

Mein Wör│ter│buch

Add five words related to the themes **an der Universität** and **Sport und Freizeit** to your personalized dictionary.

die Klausur, -en

Übersetzung
exam

Wortart
das Substantiv

Gebrauch
Ich muss viel lernen, denn morgen habe ich eine Klausur.

Synonyme
die Prüfung, das Examen, der Test

Antonyme
—

Weiter geht's

Panorama Map

Berlin

Die Stadt in Zahlen

▶ **Fläche:** *892 km² (Quadratkilometer)*

▶ **Einwohner° der Stadt Berlin:** *3.443.570*

▶ **Ausländer° in Berlin:** *474.959 (aus 195 Ländern)*

▶ **Touristen (2008):** *7.905.145*

▶ **Fastfood:** *Döner Kebap, erfunden° 1961 von Mehmet Aygün in Berlin; etwa 1.600 Verkaufsstellen° Currywurst (70 Millionen pro Jahr), erfunden 1949 von Herta Heuwer in Berlin; etwa 200 Verkaufsstellen*

▶ **Touristenattraktionen:** *das Brandenburger Tor, der Reichstag, die Gedächtniskirche, der Gendarmenmarkt, der Alexanderplatz, das Holocaust-Mahnmal, die Museumsinsel, der Potsdamer Platz, das Nikolaiviertel.*

QUELLE: Berlin - offizielles Hauptstadtportal

Berühmte Berliner

▶ **Friedrich II. (Friedrich der Große),** *König von Preußen° (1712–1786)*

▶ **Alexander von Humboldt,** *Naturforscher° (1769–1859)*

▶ **Gustav Langenscheidt,** *Deutschlehrer und Verlagsbuchhändler° (1832–1895)*

▶ **Berthold Brecht,** *Dramatiker° (1898–1956)*

▶ **Marlene Dietrich,** *Schauspielerin° und Sängerin° (1901–1992)*

▶ **Thomas „Icke" Häßler,** *Fußballspieler (1966–)*

▶ **Franziska van Almsick,** *Schwimmerin (1978–)*

das Brandenburger Tor

der Alexanderplatz

die Museumsinsel

die Gedächtniskirche

Einwohner *inhabitants* Ausländer *foreigners* **erfunden** *invented*
Verkaufsstellen *points of sale* König von Preußen *King of Prussia*
Naturforscher *naturalist* Verlagsbuchhändler *publisher*
Dramatiker *playwright* Schauspielerin *actress* Sängerin *singer*
Weltkrieg *World War* in Trümmern *in ruins* Gebäude zerstört *buildings destroyed* Wohnungen *apartments* Krankenhäuser *hospitals* beschädigt *damaged*

Unglaublich aber wahr!

Am 2. Mai 1945 endet der 2. Weltkrieg° in Berlin. 28.5 km² der Stadt liegen in Trümmern°. Im Zentrum sind etwa 50% der Gebäude zerstört°. Etwa 600.000 Wohnungen° sind komplett zerstört. Die Infrastruktur der Stadt, Straßen, Schulen und Krankenhäuser° sind schwer beschädigt°. In Berlin leben noch 2,8 Millionen Menschen, vor dem Krieg sind es 4,3 Millionen.

Symbol
Der Berliner Bär°

Seit 1280 hat Berlin ein offizielles Wappentier°, den Berliner Bären. Jedes Jahr feiern die Berliner am 22. März den Tag des Berliner Bären. Im Jahr 2001 bemalten° Künstler circa 350 Bärenskulpturen. Diese Bären, oder „Buddy Bären", sind alle individuell bemalt. Sie sind so groß wie echte° Bären. Man kann sie in ganz Berlin finden. Es gibt über 1.000 Buddy Bären in der Welt.

Sport
Olympische Spiele 1936

Die Olympischen Sommerspiele 1936 finden vom 1. bis 16. August 1936 in Berlin statt°. 3.961 Athleten aus 49 Nationen nehmen an den Spielen teil° – ein neuer Rekord. Der bekannteste° Sportler dieser Spiele ist der amerikanische Leichtathlet Jesse Owens. Er gewinnt vier Goldmedaillen. Der erfolgreichste° deutsche Athlet ist der Kunstturner° Konrad Frey mit drei Goldmedaillen, einer Silbermedaille und zwei Bronzemedaillen. Die Nationalsozialisten missbrauchen° die Spiele als Propaganda.

Architektur
Der Reichstag°

Zwischen 1884 und 1894 errichtet der Architekt Paul Wallot den Reichstag. Er ist das wichtigste° Gebäude der deutschen Politik: bis 1918 trifft sich hier der Reichstag des Deutschen Kaiserreichs°, danach das Parlament der Weimarer Republik, und seit 1999 der Deutsche Bundestag. 1933 ist der legendäre Reichstagsbrand°. Heute besuchen Touristen oft die Glaskuppel. Sie ist 23,5 Meter hoch°, 38 Meter breit° und 1.200 Tonnen schwer°. Im Sommer 1995 verhüllen° die Künstler Christo und Jeanne-Claude den Reichstag komplett. 5 Millionen Besucher° kommen nach Berlin, um den Reichstag zu sehen.

Kultur
Karneval der Kulturen

Berlin ist eine internationale Stadt mit mehr als 450.000 Menschen aus 195 Ländern. Seit 1996 gibt es jedes Jahr ein Fest, um die Internationalität und Kulturenvielfalt° Berlins zu feiern: den Karneval der Kulturen. Es gibt einen großen Umzug° mit 4.700 Teilnehmern und ein viertägiges Straßenfest mit mehr als 800 Künstlern – Musik, Tanz, Performance – aus über 70 Ländern. 2011 besuchen 1,35 Millionen Menschen das Event in Berlin-Kreuzberg. 750.000 sehen den Umzug. An den vier Tagen kann man viele kulinarische und handwerkliche° Sachen genießen°.

IM INTERNET

1. Suchen Sie Informationen über Marlene Dietrich. Wann beginnt ihre (*her*) Karriere? Suchen Sie die drei bekanntesten Filme.

2. Was ist die Museumsinsel? Suchen Sie Informationen über mindestens (*at least*) drei Museen der Museumsinsel.

3. Suchen Sie Beispiele für „Ostalgie" (*nostalgia for the East*).

For more information on this **Panorama**, go to **vhlcentral.com**.

Bär *bear* **Wappentier** *heraldic animal* **bemalten** *painted* **echte** *real* **finden... statt** *take place* **nehmen... teil** *participate* **bekannteste** *most well-known* **erfolgreichste** *most successful* **Kunstturner** *gymnast* **missbrauchen** *misuse* **Reichstag** *parliament building* **wichtigste** *most important* **des Deutschen Kaiserreichs** *of the German empire* **Reichstagsbrand** *Reichstag fire* **hoch** *high* **breit** *wide* **schwer** *heavy* **verhüllen** *cover with fabric* **Besucher** *visitors* **Kulturenvielfalt** *cultural diversity* **Umzug** *parade* **handwerkliche** *crafts* **genießen** *enjoy*

Was haben Sie gelernt? Complete the sentences.

1. Die Fläche Berlins ist _____ Quadratkilometer.

2. Nach dem 2. Weltkrieg sind _____ Wohnungen in Berlin zerstört.

3. Seit _____ ist der Bär das Wappentier Berlins.

4. In Berlin gibt es etwa 350 von Künstlern bemalte _____ .

5. Der erfolgreichste deutsche Athlet bei den Olympischen Spielen 1936 ist _____ .

6. An den Olympischen Spielen 1936 nehmen 3.961 _____ teil.

7. Paul Wallot errichtet den Reichstag zwischen _____ und 1894.

8. Im Sommer 1995 kommen 5 Millionen _____ nach Berlin, um den Reichstag zu sehen.

9. Der Karneval der Kulturen dauert (*lasts*) _____ Tage.

10. Besucher sehen Künstler – Musiker, Tänzer, etc. – aus über _____ Ländern beim Karneval der Kulturen.

 Practice more at **vhlcentral.com**.

Lesen Reading: Audio

Vor dem Lesen

Strategien

Predicting content through formats

Recognizing the format of a text can help you to predict its content. For example, invitations, greeting cards, and classified ads follow easily identifiable formats, which usually give you a general idea of the information they contain. Look at the text and identify it based on its format.

Uhrzeit	Montag	Dienstag	Mittwoch	Donnerstag	Freitag
7.55	Deutsch	Französisch	Biologie	Religion	Mathe
8.40	Englisch	Musik	Geschichte	Physik	Mathe
9.40	Sport	Geschichte	Mathe	Französisch	Englisch
10.25	Sport	Mathe	Englisch	Französisch	Chemie
11.25	Religion	Physik	Erdkunde	Erdkunde	Musik
12.10	Sozialkunde	Chemie	Deutsch	Deutsch	Bio

If you guessed that this is a page from a student's weekly planner, you are correct. You can now infer that it contains information about a student's weekly schedule, including days, times, classes, and activities.

Texte verstehen

Briefly look at the document. What is its format? What kind of information is given? How is it organized? What are the visual components? What types of documents usually contain these elements?

Verwandte Wörter

You have already learned that you can use cognates, as well as format, to help you predict the content of a document. With a classmate, make a list of all the cognates you find in the reading selection. Based on these cognates and the format of the document, can you guess what this document is and what it is for?

Karlswald-Universität
Studienkolleg Mittelhessen

4 Stunden pro Tag (Montag–Freitag)
2 Tutorien pro Woche

Kurse

- Grundstufe: Anfänger°
- Stufe 1: Einführung° I
- Stufe 2: Einführung II
- Stufe 3: fortgeschritten° I
- Stufe 4: fortgeschritten II
- Stufe 5/6: Vorbereitung° auf die DSH-Prüfung

Kosten

- Einstufungstest: 50 Euro
- Stufe 1, 2, 3 und 4: 410 Euro pro Kurs
- Stufe 5/6: 620 Euro

Unterbringung°

- In Studentenwohnheimen
- In Privatwohnungen

Studienkolleg Mittelhessen
Friedrichstraße 3 | D-35032 Marburg

ausländische *foreign* **die... wollen** *who want* **Anfänger** *beginner* **Einführung** *introduction*
fortgeschritten *advanced* **Vorbereitung** *preparation* **Unterbringung** *accommodations*

Die Deutschkurse an der Karlswald-Universität: Deutschtraining für ausländische° Studenten, die in Karlswald studieren wollen°.

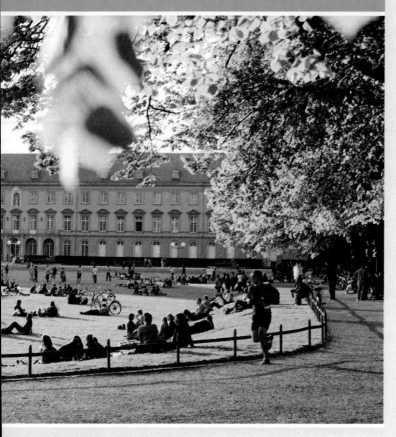

Stufe 1–4 vom 3. Januar bis 14. Februar
Stufe 5/6 vom 3. Januar bis 22. März

Große Auswahl° zusätzlicher Aktivitäten:

- Tagesausflüge° zu Städten der Region (Frankfurt, Eisenach, Heidelberg)
- Besuche von Sehenswürdigkeiten° (Elisabethkirche, Marburger Schloss)
- Besuche von Kulturveranstaltungen° (Theaterproduktionen, Konzerte)
- Sport und andere Aktivitäten

Intensives Training in Hörverständnis°, Leseverständnis und Textproduktion.

Tel.: (06421) 28 23 651 - Fax.: (06421) 28 23 652
www.uni-karlswald.de/studienkolleg

Auswahl *selection* **Tagesausflüge** *day trips* **Sehenswürdigkeiten** *places of interest*
Kulturveranstaltungen *cultural events* **Hörverständnis** *listening comprehension*

Nach dem Lesen

 Antworten Sie Select the option that best completes the statement.

1. Das ist eine Broschüre für...
   a. ein deutsches Gymnasium.
   b. ein Institut für Deutschkurse.
   c. Studenten, die Englisch lernen wollen.

2. Studenten, die kein Deutsch sprechen, nehmen den Kurs...
   a. Grundstufe.   b. Stufe 3.   c. Stufe 5/6.

3. Jeden (*Every*) Tag haben Studenten in einem Kurs...
   a. 4 Stunden Deutschunterricht.
   b. 4 Stunden Tutorien.
   c. 2 Stunden Deutschunterricht.

4. Der Test am Ende der Stufe 5/6...
   a. ist intensives Training.
   b. hat kein Hörverständnis.
   c. heißt DSH-Prüfung.

5. Studenten wohnen...
   a. bei deutschen Familien.
   b. im Studentenwohnheim.
   c. in Frankfurt.

6. An Wochenenden besuchen Studenten...
   a. Studentenheime und Privatwohnungen.
   b. Frankfurt und andere Städte.
   c. die Universität.

7. Kurse kosten...
   a. 50 Euro.
   b. 1.030 Euro.
   c. 410 oder 620 Euro.

8. Die Kurse der Stufe 1, 2, 3 und 4 dauern...
   a. 4 Wochen.   b. 6 Wochen.   c. 11 Wochen.

Richtig oder falsch Mark the appropriate box.

	richtig	falsch
1. Das Studienkolleg Mittelhessen ist für deutsche Studenten.	☐	☐
2. Die Deutschkurse sind 5 Stunden jeden Tag.	☐	☐
3. Es gibt Tagesausflüge nach Frankfurt, Eisenach und Heidelberg.	☐	☐
4. Das Studienkolleg ist in der Friedrichstraße 3, D-35032 Marburg.	☐	☐

Hören

Vorbereitung

Based on the photograph, who do you think Julian and Anni are? Where are they? Do they know each other well? Where are they going this morning? What are they talking about?

Zuhören

Listen to the conversation and list any cognates you hear. Listen again and complete the highlighted portions of Julian's schedule.

4. April   Montag

9.30	*Kaffee mit Ingrid in der Cafeteria*	14.30	
10.00		15.00	*lernen mit Klaus*
10.30		15.30	
11.00		16.00	
11.30		16.30	
12.00	*Mittagessen mit Karl in der Mensa*	17.00	
12.30		17.30	
13.00		18.00	
13.30		18.30	
14.00		19.00	*Konzert im Kulturladen*

Verständnis

Richtig oder falsch? Indicate whether each sentence is **richtig** or **falsch**. Then, in pairs, correct any false statements.

1. Anni studiert jeden (*every*) Morgen in der Bibliothek.

2. Julian und Anni studieren Architektur.

3. Um 9.30 Uhr trinkt Julian mit Ingrid Kaffee.

4. Anni hat um 2 Uhr eine Vorlesung.

5. Anni findet englische Literatur interessant.

6. Anni und Julian haben langweilige Professoren.

7. Julian und Anni gehen am Nachmittag Fußball spielen.

8. Julian geht am Abend in ein Konzert.

Pläne In pairs, discuss your plans for this weekend, including where and when you will do each activity.

Schreiben

Strategien

Brainstorming

Brainstorming can help you generate ideas on a specific topic. Before you begin writing, you should spend 10–15 minutes brainstorming, jotting down any ideas about the topic that occur to you. Whenever possible, try to write down your ideas in German. Express your ideas in single words or phrases, and jot them down in any order. While brainstorming, do not worry about whether your ideas are good or bad. Selecting and organizing ideas should be the second stage of your writing. The more ideas you write down while you are brainstorming, the more options you will have to choose from later on, when you start to organize your ideas.

Hobbys...
- reiten
- angeln gehen
- Tennis spielen
- kochen
- tanzen
- Camping
- schwimmen
- Fahrrad fahren

Thema

 Eine persönliche Beschreibung

Write a description of yourself to post on a Web site in order to find a German-speaking e-pal. Your description should include:

- your name and where you are from.
- your birthday.
- the name of your university and where it is located.
- the courses you are currently taking and your opinion of each one.
- your hobbies and pastimes.
- any other information you would like to include.

Hallo!

Ich heiße Markus Schneider und ich komme aus Köln. Ich studiere Physik an der Technischen Universität in Berlin. Ich fahre Ski, spiele Tennis und fahre Fahrrad...

Flashcards
Audio: Vocabulary

das Studium

der Abschluss, -ˉe/ das Diplom, -e	degree
das Abschlusszeugnis, -se/ das Diplom, -e	diploma
der Dozent, -en / die Dozentin, -nen	college/university instructor
das Fach, -ˉer	subject
das Seminar, -e	seminar
das Stipendium, -en	scholarship
die Veranstaltung, -en	class
die Vorlesung, -en	lecture

(die) Architektur	architecture
(die) Biologie	biology
(die) Chemie	chemistry
(die) Fremdsprache, -n	foreign language
(die) Geschichte	history
(die) Informatik	computer science
(die) Kunst, -ˉe	art
(die) Literatur	literature
(die) Mathematik	math
(die) Medizin	medicine
(die) Naturwissenschaft, -en	science
(die) Physik	physics
(die) Psychologie	psychology
(die) Wirtschaft	business

belegen	to take (a class)
gehen	to go
lernen	to study; to learn
studieren	to study; to major in

Orte

das Café, -s	café
der Hörsaal, Hörsäle	lecture hall
der Seminarraum, -räume	(college/university) classroom
die Sporthalle, -n	gym

der Stundenplan

der Montag, -e	Monday
der Dienstag, -e	Tuesday
der Mittwoch, -e	Wednesday
der Donnerstag, -e	Thursday
der Freitag, -e	Friday
der Samstag, -e	Saturday
der Sonntag, -e	Sunday
die Woche, -n	week
das Wochenende, -n	weekend

morgens	in the morning
nachmittags	in the afternoon
abends	in the evening
montags	on Mondays
dienstags	on Tuesdays
mittwochs	on Wednesdays
donnerstags	on Thursdays
freitags	on Fridays
samstags	on Saturdays
sonntags	on Sundays

Sportarten

(der) Baseball	baseball
(der) Basketball	basketball
(der) (American) Football	football
(der) Fußball	soccer
(das) Golf	golf
(das) Hockey	hockey
(die) Leichtathletik	track and field
(das) Tennis	tennis
(der) Volleyball	volleyball

der Ball, -ˉe	ball
die Mannschaft, -en	team
das Schwimmbad, -ˉer	swimming pool
das Spiel, -e	game
der Spieler, - / die Spielerin, -nen	player
das Spielfeld, -er/ der Platz, -ˉe	field, court
der Sport	sports
das Stadion, Stadien	stadium

Fahrrad fahren	to ride a bicycle
Ski fahren	to ski
gewinnen	to win
schwimmen	to swim
spielen	to play
üben/trainieren	to practice
verlieren	to lose

zum Beschreiben

einfach	easy
nützlich	useful
nutzlos	useless
schwierig	difficult

Freizeit

der Berg, -e	mountain
das Camping	camping
das Fahrrad, -ˉer	bicycle
die Freizeit	free time
die Freizeitaktivität, -en	leisure activity
das Hobby, -s	hobby
die Karte, -n	card
der Park, -s	park
das Schach	chess
der Strand, -ˉe	beach
der Wald, -ˉer	forest

angeln gehen	to go fishing
essen gehen	to eat out
spazieren gehen	to go for a walk
klettern	to (rock) climb
kochen	to cook
reiten	to ride a horse
schreiben	to write
singen	to sing
tanzen	to dance
wandern	to hike

Regular verbs	See pp. 56–57.
Interrogative words	See p. 60.
Telling time	See p. 62.
Ordinal numbers and dates	See p. 63.
Stem-changing verbs	See pp. 76–77.
Common time expressions	See p. 80.
Negative words	See pp. 82–83.

Ressourcen

S

vhlcentral.com

Familie und Freunde

Communicative Goals

You will learn how to:

- talk about families
- talk about marital status
- describe people
- express ownership

Wortschatz

die Familie	*family*
das Baby, -s	baby
die Eltern	parents
das Geschwister, -	sibling
die Großeltern	grandparents
der Halbbruder, -¨	half brother
die Halbschwester, -n	half sister
das Kind, -er	child
der Nachname, -n	last name
das Paar, -e	couple
der Schwager, -¨	brother-in-law
die Schwägerin, -nen	sister-in-law
die Schwiegermutter, -¨	mother-in-law
der Schwiegervater, -¨	father-in-law
der Stiefbruder, -¨	stepbrother
die Stiefmutter, -¨	stepmother
die Stiefschwester, -n	stepsister
der Stiefsohn, -¨e	stepson
die Stieftochter, -¨	stepdaughter
der Stiefvater, -¨	stepfather
der / die Verwandte, -n	relative
der Zwilling, -e	twin
die Haustiere	*pets*
der Fisch, -e	fish
der Hund, -e	dog
die Katze, -n	cat
der Vogel, -¨	bird
der Familienstand	*marital status*
die Witwe, -n	widow
der Witwer, -	widower
geschieden	divorced
getrennt	separated
ledig	single
verheiratet	married
verlobt	engaged
heiraten	to marry
zum Beschreiben	*to describe*
blaue/grüne/braune Augen	blue/green/brown eyes
blonde/braune/ schwarze Haare	blond/brown/ black hair
dunkel	dark
hell	light

Sabine Schmidts Familie

**Talking Picture
Audio: Activities**

*älteste = oldest
ältester*

*jüngste
jüngster > youngest*

Walter Gärtner

mein Großvater/Opa (m.)

Peter Schmidt   **Marianne Schmidt**

**mein Vater (m.),
Mariannes Mann (m.)**   **meine Mutter (f.),
Walter und Hannas
Tochter (f.)**

Michaela Schmidt   **Markus Schmidt**   **Sabine Schmidt**

meine Schwägerin   **mein Bruder (m.)**   **ich, Peter und
Mariannes Tochter**

Jonas Schmidt   **Greta Schmidt**

**mein Neffe (m.)   meine Nichte (f.)
Peter und Mariannes Enkelkinder**

ACHTUNG

To say *my big/little brother/sister,* use **mein großer/kleiner Bruder** or **meine große/kleine Schwester**.

Ressourcen

SAM
WB: pp. 33–34

SAM
LM: p. 21

vhlcentral.com

Hanna Gärtner

meine Großmutter/Oma (*f.*)

Dieter Gärtner   **Renate Gärtner**

mein Onkel (*m.*),   meine Tante (*f.*),
Walter und Hannas   Dieters Frau (*f.*)
Sohn (*m.*)

Stefan Gärtner   **Sandra Gärtner**   **Katja Gärtner**

mein Cousin (*m.*),   meine Cousine (*f.*),   meine Cousine,
Walter und Hannas   Stefan und Katjas   Stefan und Sandras
Enkelsohn (*m.*)   Schwester (*f.*)   Schwester,
                                    Walter und Hannas
                                    Enkeltochter (*f.*)

Zeus

Stefan, Sandra und
Katjas Hund

Anwendung

1   **Kombinieren Sie** Match the people with the descriptions.

____ 1. Mariannes Bruder   a. Sabines Eltern
____ 2. Markus' Frau   b. Sabines Tante
____ 3. Marianne und Peter   c. Sabines Cousin
____ 4. Dieter und Renates Sohn   d. Sabines Schwägerin
____ 5. Mariannes Vater   e. Sabines Nichte
____ 6. Peter und Mariannes Sohn   f. Sabines Bruder
____ 7. Markus' Tochter   g. Sabines Onkel
____ 8. Dieters Frau   h. Sabines Opa

2   **Identifizieren Sie** Write each person's family relationship to Dieter Gärtner.

BEISPIEL   Hanna: _____ *die Mutter* _____

1. Sandra: _____
2. Marianne: _____
3. Markus: _____
4. Peter: _____
5. Stefan: _____
6. Sabine: _____
7. Walter und Hanna: _____
8. Renate: _____

3   **Kategorien** List at least four roles each person could have in a family.

BEISPIEL   eine Frau, 40 Jahre alt
          eine Mutter   *eine Tante*   *eine Cousine*   *eine Tochter*

1. ein Mann, 62 Jahre alt:
   _____   _____   _____   _____

2. ein Kind, 3 Jahre alt:
   _____   _____   _____   _____

3. ein Mädchen, 15 Jahre alt:
   _____   _____   _____   _____

4. eine Frau, 50 Jahre alt:
   _____   _____   _____   _____

4   **Hören Sie zu** 🎧 Listen to Sabine's descriptions and indicate whether each statement is **richtig** or **falsch**, based on her family tree.

	richtig	falsch		richtig	falsch
1.	☐	☐	7.	☐	☐
2.	☐	☐	8.	☐	☐
3.	☐	☐	9.	☐	☐
4.	☐	☐	10.	☐	☐
5.	☐	☐	11.	☐	☐
6.	☐	☐	12.	☐	☐

 Practice more at **vhlcentral.com**.

Kommunikation

5 **Beschreibungen** Use words from the list to describe the images. Compare your answers with a classmate's, and correct each other's work.

> Enkelkinder | Großeltern | Neffe | Sohn | verheiratet | verlobt | Zwillinge

▶ **BEISPIEL**

Das Paar ist verlobt.

1.

2.

3.

4.

5.

6.

---

6 **Brieffreunde** Read Eva's letter. Then, in pairs, take turns answering the questions.

Liebe Andrea,

du möchtest wissen (would like to know), wie groß meine Familie ist? Also, ich habe eine große Schwester Nicole und einen kleinen Halbbruder Peter. Und wir haben einen Hund, Cäsar, und Miezi, unsere kleine Katze.

Nicole studiert Sportmedizin in Heidelberg. Peter ist fünf und geht in den Kindergarten.

Meine Familie ist sehr sportlich. Mein Stiefvater spielt Golf, meine Mutter und Nicole spielen Tennis, Peter spielt Fußball und ich mache Ballett.

Und wie groß ist deine Familie?

Liebe Grüße
deine Eva

1. Wie viele Personen wohnen mit Eva zusammen (*together*)?
2. Hat sie auch Haustiere?
3. Wie alt ist Peter?
4. Was macht Evas Familie in der Freizeit?
5. Ist Ihre (*your, form.*) Familie auch so wie (*like*) Evas?

---

7 **Wer bin ich?** Your instructor will give you a worksheet with statements about family relationships. Use the cues to ask your classmates about their families.

BEISPIEL Ich habe zwei Schwestern.

S1: Hast du zwei Schwestern?
S2: Ja, ich habe zwei Schwestern.
(*You write his/her name.*)
OR
S2: Nein, ich habe keine Schwestern.
(*You ask another classmate.*)

---

8 **Das Wetter ist schön!** Use the vocabulary you learned in **Kapitel 2** to talk with a classmate about what your family members enjoy doing.

BEISPIEL

S1: Mein Bruder spielt Tennis. Was macht dein Bruder?
S2: Mein Bruder liest Bücher.

Aussprache und Rechtschreibung

**Audio: Presentation
Record & Compare Activities**

🎧 Final consonants

The German consonants **b**, **d**, and **g** generally sound quite similar to their English counterparts.

Ball	Bruder	Dezember	bringen	Golf

However, when **b** appears at the end of a word or syllable, or before a **t**, it is pronounced like a **p**.

ab	habt	gelb	Staub	liebt

When **d** appears at the end of a word or syllable, it is pronounced like a **t**. The **-dt** letter combination is also pronounced **t**.

Geld	Hund	Stadt	sind	Fahrrad

When **g** appears at the end of a word or before a **t**, it is pronounced like a **k**. In standard German, **-ig** at the end of a word is pronounced like the German **ch**. For more about the **ch** sound, see **Lektion 6A**.

klug	bringt	Tag	sagt	zwanzig

1 **Sprechen Sie aus** Practice saying these words aloud.

1. Bank
2. sieben
3. Laub
4. lobt
5. danken
6. Boden
7. Abend
8. gehen
9. Junge
10. Berg
11. fragt
12. schwierig

2 **Artikulieren Sie** Practice saying these sentences aloud.

1. Der Dieb klaut ein Fahrrad.
2. Der Besucher fragt Manfred ruhig um Rat.
3. Bernds Geschwister sind freundlich und großzügig.
4. Viele Diebe klauen viele Fahrräder.
5. Ingrids böser Bruder ist gierig und gemein.
6. Jörg sitzt im Zug und singt ein Lied.

3 **Sprichwörter** Practice reading these sayings aloud.

Kindermund tut Wahrheit kund.[1]

Geld regiert die Welt.[2]

[1] Out of the mouths of babes. (lit. The mouths of children make known the truth.)
[2] Money rules the world.

Ressourcen

SAM
LM: p. 22

vhlcentral.com

Ein Abend mit der Familie Video: *Fotoroman*

Die Freunde essen bei Familie Yilmaz. Alle wissen (*know*), Torsten ist Sabites Freund. Alle, nur einer nicht.

ANKE Hallo! Willkommen, ich bin Sabites Mutter.
GEORGE Freut mich sehr, Sie kennen zu lernen, Frau Yilmaz. Ich bin George Bachman.

SABITE George, das ist meine jüngere Schwester, Zeynep.
GEORGE Hallo, Zeynep, nett dich kennen zu lernen.
SABITE Und das ist unser Vater.
GEORGE Herr Yilmaz, freut mich.

ANKE Das sind die Patatesli Sigara Böregi von Faiks Großmutter.
MELINE Herr Yilmaz, Ihre Familie kommt aus der Türkei?
FAIK Ja. Ich komme aus Ankara. Ich habe dort Cousins und einen Onkel. Haben Sie Geschwister?
MELINE Ich habe drei ältere Schwestern. Eine ist verheiratet, eine ist getrennt, eine ist verlobt. Ich habe auch eine Nichte, sie heißt Ava und ist 12.

GEORGE Meine Eltern sind geschieden. Meine Urgroßeltern kommen aus Heidelberg.
TORSTEN Mein Onkel lebt in Heidelberg. Er ist Professor. Es ist eine schöne Stadt.

SABITE Hallo, Hans.
HANS Tut mir leid, dass ich zu spät komme.

HANS Hallo!
SABITE Hans, das sind meine Eltern, Anke und Faik.
HANS Guten Abend, Herr Yilmaz. Guten Abend, Frau Yilmaz. Für Sie.
ANKE Danke.
HANS Sehr erfreut.

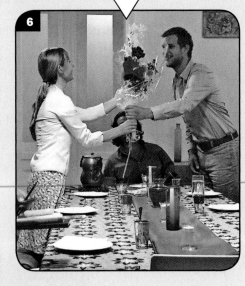

ÜBUNGEN

1 Richtig oder falsch? Indicate whether each statement is **richtig** or **falsch**.

1. Als Nachtisch (*dessert*) gibt es Berliner.
2. Meline hat zwei ältere Schwestern.
3. Melines Nichte heißt Ava.
4. Faik kommt aus Ankara.
5. Es gibt Sauerbraten bei Familie Yilmaz.
6. Georges Eltern sind verheiratet.
7. Torstens Onkel lebt in München.
8. Georges Urgroßeltern kommen aus Berlin.
9. Hans' Familie kommt aus Bayern.
10. Max ist 18 und spielt Basketball.

PERSONEN

Anke

Faik

George

Hans

Meline

Sabite

Torsten

Zeynep

HANS Bist du ihr Bruder?
TORSTEN Nein, Sabite ist meine Freundin. Ich bin Torsten. Nett dich kennen zu lernen.
HANS Freut mich.
MELINE Börek?
HANS Nein danke.

MELINE Frau Yilmaz, Ihr Sauerbraten ist köstlich.
ANKE Danke, Meline. Hans? Alles in Ordnung? Du isst nichts.
HANS Hmm? Ja, danke.

FAIK Hans, Ihre Familie kommt aus Bayern?
HANS Ja.
TORSTEN Ich habe eine Tante in München. Hast du Geschwister, Hans?
HANS Mein Bruder, Max, ist 18. Er ist sportlich und spielt gern Fußball.
MELINE Hat er eine Freundin?

SABITE Hans, alles in Ordnung?
MELINE Sabite!
SABITE Was?
MELINE Hans.
SABITE Was ist mit Hans? Oh. Ooooh.
ANKE Wir haben Strudel!

Nützliche Ausdrücke

- **Freut mich sehr, Sie kennen zu lernen.**
  Pleased to meet you.

- **Das ist meine jüngere Schwester.**
  This is my younger sister.

- **die Türkei**
  Turkey

- **Haben Sie Geschwister?**
  Do you have any siblings?

- **die Urgroßeltern**
  great-grandparents

- **Tut mir leid, dass ich zu spät komme.**
  Sorry for being late.

- **der Sauerbraten**
  marinated beef

- **Ihr Sauerbraten ist köstlich.**
  Your sauerbraten is delicious.

- **Alles in Ordnung?**
  Everything OK?

- **einladen**
  to invite

- **das Abendessen**
  dinner

3A.1
- **Das is unser Vater.**
  This is our father.

3A.2
- **Es ist eine schöne Stadt.**
  It's a beautiful city.

3A.3
- **Er ist sportlich und spielt gern Fußball.**
  He's athletic and likes to play soccer.

2 **Zum Besprechen** Draw your family tree. Include your parents, siblings, aunts, uncles, and grandparents. Then "introduce" your family to a classmate.

3 **Erweiterung** Boreks are a popular Turkish snack with many varieties. In pairs, research another popular Turkish dish, and share your findings with the class.

IM FOKUS

Eine deutsche Familie Reading

HANS UND PETRA SIND EIN deutsches Ehepaar mit zwei Kindern. Sie haben zwei Söhne, Finn und Lukas. Finn ist 11 Jahre alt und in der 5. Klasse. Lukas ist zwei Jahre älter als Finn und geht schon° in die 7. Klasse. Die Familie hat eine große Wohnung° und einen schönen Garten vor dem Haus. Hans arbeitet den ganzen Tag in einem Büro°. Petra arbeitet als Krankenschwester°, aber sie ist nachmittags immer zu Hause, wenn Finn und Lukas um eins von der Schule nach Hause kommen. Abends spielen sie zusammen Fußball im Park oder fahren Fahrrad am Rhein.

In der Familie macht auch Hans Hausarbeit°, aber Petra kocht und putzt° trotzdem mehr. Die Familie fährt einmal im Jahr gemeinsam° in den Urlaub°.

Sind Hans und Petra also eine „typisch" deutsche Familie? Das Leben in Deutschland ist vielfältiger geworden°. In der Wohnung links neben Hans und Petra lebt eine Einwandererfamilie°, rechts von ihnen lebt ein allein erziehender° Vater mit seiner Tochter. Was ist also „typisch" für die deutsche Familie von heute? Vielleicht einfach Zusammenhalt° und Liebe.

schon *already* **Wohnung** *apartment* **Büro** *office* **Krankenschwester** *nurse* **Hausarbeit** *housework* **putzt** *cleans* **gemeinsam** *together* **Urlaub** *vacation* **ist vielfältiger geworden** *has become more diverse* **Einwandererfamilie** *family of immigrants* **allein erziehender** *single parent* **Zusammenhalt** *sticking together* **Mit wem** *With whom* **sonstige** *miscellaneous*

Mit wem° die Deutschen leben (%)				
	Eltern	allein	Partner	allein mit Kind	sonstige°
18–24	63,5	15,9	15,8	1,4	3,4
25–29	19,8	25,2	48,6	3,1	3,3
30–34	6,8	20,1	66,9	4,5	1,7
35–44	3,3	14,9	74,1	6,3	1,4
45–54	1,3	13,6	78,8	5,0	1,4
55–64	0,3	16,9	79,4	2,2	1,3
65–74	0,1	25,0	70,8	2,1	2,1
75–79	0	41,8	52,0	2,2	3,9
80+	0	58,7	30,1	2,5	3,4

QUELLE: Bundesministerium

ÜBUNGEN

1 Ergänzen Sie Complete the statements.

1. Hans' Frau heißt _Petra_.

2. Ihre (*Their*) _Söhne_ heißen Finn und Lukas.

3. Am Tag arbeitet _____ im Büro.

4. Petra _____ als Krankenschwester.

5. Am Vormittag (*In the morning*) sind Finn und Lukas in der _Schule_.

6. Am Abend (*In the evening*) spielen Hans, Finn, Lukas und Petra Fußball oder _fahren_ am Rhein.
   Fahrrad

7. Hans macht in der Familie auch _Hausarbeit_

8. Die Familie fährt gemeinsam in den _Urlaub_

9. In Deutschland leben die meisten (*most*) 18- bis 24-Jährigen mit ihren (*their*) _____.

10. Die meisten Deutschen, die älter als (*older than*) 80 Jahre sind, leben _____.

 Practice more at **vhlcentral.com**.

DEUTSCH IM ALLTAG

Die Familie

die Ehe	marriage
das Einzelkind	only child
die Hochzeit	wedding
die Mama	mom
der erste/zweite Mann	first/second husband
der Papa	dad
die Urgroßmutter	great-grandmother
der Urgroßvater	great-grandfather
der / die Verlobte	fiancé(e)
adoptieren	to adopt

DIE DEUTSCHSPRACHIGE WELT

Die Liebe

Ein Kuss° ist nicht nur° ein Kuss. In den meisten Teilen° Deutschlands sagt man „Kuss". Aber es gibt andere Möglichkeiten°, „Kuss" in der deutschsprachigen Welt zu sagen. **In der Schweiz/In Liechtenstein** sagt man „Müntschi". **In Österreich/In Bayern** ist ein Kuss ein „Bussi" oder ein „Busserl". **Auf Kölsch** (der Dialekt von Köln) ist das ein „Bütz".

Und wie sagt man „Ich liebe dich"? Ein paar° Varianten:
In Bayern/In Österreich sagt man „I mog di".
In der Schweiz geht das so: „I liäbä di".
Und die Berliner sagen „Ick liebe Dir".

Kuss kiss **nur** only **meisten Teilen** major parts
Möglichkeiten possibilities **Ein paar** A couple of

PORTRÄT

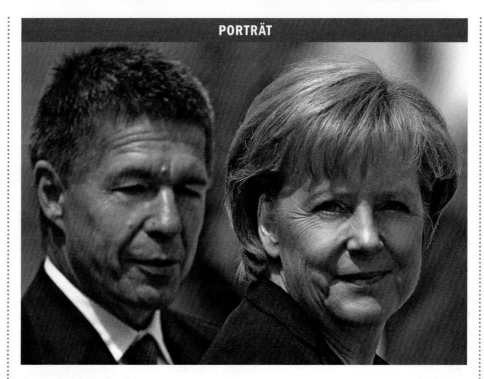

Angela Merkel

Seit November 2005 hat Deutschland eine Bundeskanzlerin°: **Angela Merkel**. Viele Deutsche finden Merkel pragmatisch und solide, und im Magazin Forbes steht, sie ist eine der mächtigsten° Frauen der Welt. Die CDU°-Politikerin hat keine Kinder, aber sie hat einen wichtigen Unterstützer°, ihren Mann, Joachim Sauer. Sauer ist Professor für Chemie an der Humboldt-Universität in Berlin. Er hält sich am liebsten von den Medien fern°, aber wenn die mächtigsten Politiker der Welt zusammen essen, ist Sauer oft dabei, neben Michelle Obama und Carla Bruni. Und wer wäscht im Hause Sauer-Merkel die Wäsche°? Beide!

Bundeskanzlerin female chancellor **eine der mächtigsten** one of the most powerful **CDU** Christian Democratic Union **Unterstützer** supporter **hält sich am liebsten von den Medien fern** prefers to stay away from the media **wäscht... die Wäsche** does the laundry

IM INTERNET

 Scheidung (*Divorce*): Eine Epidemie in den deutschsprachigen Ländern?

For more information on this **Kultur**, go to vhlcentral.com.

---

2 **Richtig oder falsch?** Indicate whether each statement is **richtig** or **falsch**. Then, in pairs, correct the false statements.

1. Der Dialekt, den man in Köln spricht, heißt „Bayerisch".

2. „I liäbä di" ist die schweizerische Art (*Swiss way*), „Ich liebe dich" zu sagen.

3. Angela Merkel ist 2005 geboren (*was born*). Falsch

4. Joachim Sauer ist mit Angela Merkel verheiratet.

5. Joachim Sauer ist der deutsche Bundespräsident.

3 **Sie sind dran** In pairs, use vocabulary from **Deutsch im Alltag** to write six sentences describing a famous American family. Then share the description with your classmates.

Ressourcen

vhlcentral.com

3A.1 Possessive adjectives Presentation

Startblock In both English and German, possessive adjectives indicate ownership or belonging.

Sabite ist **meine** Freundin.

Herr Yilmaz, **Ihre** Familie kommt aus der Türkei?

QUERVERWEIS

In **Kontext 3A**, you learned some possessive adjectives used with family vocabulary: **mein Großvater**, **meine Mutter**, **meine Eltern**.

- In **1A.1**, you learned about indefinite articles. Possessive adjectives are also referred to as **ein**-words since they take the same endings as the indefinite article **ein**. Each personal pronoun has a corresponding possessive adjective.

personal pronouns and possessive adjectives		
personal pronouns	**possessive adjectives**	
ich	mein	*my*
du	dein	*your (sing., inf.)*
er	sein	*his*
sie	ihr	*her*
es	sein	*its*
wir	unser	*our*
ihr	euer	*your (pl., inf.)*
Sie	Ihr	*your (sing./pl., form.)*
sie	ihr	*their*

Meine Schwester ist 16 Jahre alt.
My sister is 16 years old.

Wo ist **dein** Vater?
*Where is **your** father?*

- Possessive adjectives always precede the nouns they modify.

meine Mutter	**deine** Mutter	**unsere** Mutter	**seine** Mutter
my mother	*your mother*	*our mother*	*his mother*

Meine Schwester ist sehr sportlich.
My sister is very athletic.

- Like other **ein**-words, their endings change according to the gender, case, and number of the object possessed.

deine Mutter	**dein** Vater	**dein** Kind	**deine** Kinder
your mother	*your father*	*your child*	*your children*

Mein Großvater liebt **seine** Enkelkinder.
*My grandfather loves **his** grandchildren.*

106 #4
read pp.108 – 109

- Like other **ein**-words, possessive adjectives have no added endings before singular masculine or neuter nouns in the nominative, or before singular neuter nouns in the accusative.

nominative and accusative of *ein*-words				
	masculine	**feminine**	**neuter**	**plural**
nominative	**ein** Vater **unser** Vater	**eine** Mutter **unsere** Mutter	**ein** Kind **unser** Kind	**keine** Brüder **unsere** Brüder
accusative	**einen** Vater **unseren** Vater	**eine** Mutter **unsere** Mutter	**ein** Kind **unser** Kind	**keine** Brüder **unsere** Brüder

Ihr Kind ist 3 Jahre alt.
Her child is 3 years old.

Tobias liebt **seinen** Bruder.
Tobias loves his brother.

- The formal possessive adjective **Ihr** corresponds to the formal personal pronoun **Sie**. The possessive adjective **ihr** can mean either *her* or *their*, depending on context.

Wo sind **Ihre** Eltern?
Where are your parents?

Rolf und Heike kochen für **ihre** Kinder.
Rolf and Heike cook for their children.

Christa kocht für **ihre** Enkelkinder.
Christa cooks for her grandchildren.

- The possessive adjective **euer** drops the second **e** when an ending is added. The possessive adjective **unser** may drop the **e** in the stem when an ending is added, but this form is rare.

euer Enkelsohn
your grandson

eure Familie
your family

unser Sohn
our son

uns(e)re Tochter
our daughter

 Jetzt sind Sie dran!   Write the correct forms of the possessive adjectives.

Nominativ	**Akkusativ**	**Nominativ**	**Akkusativ**
mein	**mein**	**unser**	**unser**
1. _meine_ Idee	5. *meinen* Bruder	9. *unser* Fahrrad	13. *unsere* Verwandten
dein	**dein**	**euer**	**euer**
2. *deine* Eltern	6. *deine* Frage	10. *euer* Mannschaft	14. *eueren* Sohn
sein	**sein**	**ihr**	**ihr**
3. *sein* Wörterbuch	7. *seine* Familie	11. *Ihr* Nachname	15. *Ihre* Hunde
ihr	**ihr**	**ihr**	**ihr**
4. *ihre* Familienstand	8. *ihr* Kind	12. *ihre* Hausaufgaben	16. *ihr* Problem

Anwendung

1 **Wählen Sie** Select the appropriate form of the possessive adjective.

1. (Mein / Meine) Eltern essen Kuchen (*cake*).

2. (Unser / Unsere) Sohn spielt gut Fußball.

3. Markus und Sabine lieben (ihren / ihre) Eltern.

4. Andrea liebt (euren / euer) Hund.

5. Hat (dein / deinen) Bruder einen Sohn?

6. Sind (Ihr / Ihre) Großeltern reich (*rich*)?

7. Ich lese (mein / meine) Bücher nicht.

8. Mein Vater und (sein / seinen) Freund spielen Schach.

2 **Ergänzen Sie** Complete the sentences with possessive adjectives.

1. _____ (*Our*) Großvater trinkt Kaffee.

2. Ja, und er fährt _____ (*his*) Fahrrad.

3. _____ (*My*) Schwägerin hat lange, lockige Haare.

4. Siehst du _____ (*my*) Schwester?

5. Wie heißt _____ (*your*) Freundin?

6. Sie und _____ (*her*) Tochter heißen beide (*both*) Gertrud.

7. _____ (*Her*) Katze heißt Polly.

8. Kinder, wo sind _____ (*your, pl.*) Eltern?

3 **Schreiben Sie** Write a sentence about each item saying whose it is.

▶ **BEISPIEL**
*Das sind
meine Notizbücher.*

ich

1. du

2. er

3. wir

4. sie

5. Sie

6. ihr

4 **Antworten Sie** Answer the questions with complete sentences.

1. Wo wohnt Ihre Familie?

2. Wie heißt Ihre Mutter?

3. Wie ist ihr Nachname?

4. Wie alt ist Ihr Vater?

5. Was ist sein Lieblingssport (*favorite sport*)?

6. Spielen Ihre Großeltern Schach?

7. Wie heißt Ihr bester Freund / Ihre beste Freundin?

8. Was ist sein/ihr Lieblingsbuch (*favorite book*)?

:🔅: Practice more at **vhlcentral.com.**

Kommunikation

5 **Meine Familie** Use the cues to form questions. Then interview your classmates about their family members.

> **BEISPIEL**
>
> **S1:** *Spricht deine Mutter Deutsch?*
> **S2:** *Ja, meine Mutter spricht Deutsch.*
> **S3:** *Nein, meine Mutter spricht kein Deutsch.*

1. Bruder / spielen / Fußball
2. Vater / haben / ein Hund
3. Eltern / lesen / Bücher
4. Großmutter / spielen / Tennis
5. Schwester / haben / grüne Augen
6. Onkel und Tante / fahren / Ski
7. Verwandte / schreiben / Briefe (*letters*)
8. Familie / sein / groß

6 **Familie und Freunde** Tell a partner about your family and friends.

> **BEISPIEL**
>
> **S1:** *Meine Mutter hat zwei Haustiere. Ihre Katze heißt Muffin und ihr Hund heißt Sam.*
> **S2:** *Mein Vater ist Lehrer. Er ist vierzig Jahre alt und hat zwei Brüder.*

1. Meine Mutter hat...
2. Mein Vater ist...
3. Meine Eltern haben...
4. Meine Familie wohnt...
5. Am Samstag gehen meine Freunde...
6. Mein bester Freund studiert...

7 **Ich sehe etwas** Tell the class what you see using a possessive adjective. Then, repeat what the people before you said they saw.

> **BEISPIEL**
>
> **S1:** *Ich sehe meinen Fußball.*
> **S2:** *Ich sehe mein Buch und Stefan sieht seinen Fußball.*
> **S3:** *Ich sehe meine Fotos, Maria sieht ihr Buch und Stefan sieht seinen Fußball.*

8 **Familienporträt** In small groups, take turns describing your family. Use possessive pronouns in the nominative and accusative case. After everyone has spoken, take turns describing your partners' families to the rest of the class.

> **BEISPIEL**
>
> **S1:** *Das ist Inga. Ihre Mutter hat grüne Augen und braune Haare.*
> **S2:** *Das ist Michael. Seine Mutter ist Lehrerin.*

3A.2 | Descriptive adjectives and adjective agreement

 Presentation

Startblock Adjectives can describe people, places, or things. Here are some adjectives commonly used to describe people and their physical attributes.

physical description			
alt	*old*	hübsch	*pretty*
blond	*blond*	jung	*young*
braunhaarig/brünett	*brown-haired/brunette*	klein	*small; short (stature)*
dick/fett	*fat*	kurz	*short (hair)*
dunkelhaarig	*dark-haired*	lang	*long (hair)*
dünn	*thin*	lockig	*curly*
glatt	*straight (hair)*	rothaarig	*red-headed*
groß	*big; tall*	schlank	*slim*
großartig	*terrific*	schön	*pretty; beautiful*
gut aussehend	*handsome*	schwarzhaarig	*black-haired*
hässlich	*ugly*	sportlich	*athletic*

- Use an adjective with no added endings after the verbs **sein**, **werden**, and **bleiben** (*to remain*).

    Mein Bruder ist **klein**.
    *My brother is **short**.*

    Seine Mutter bleibt **sportlich**.
    *His mother stays **in shape**.*

    Deine Schwester wird **groß**.
    *Your sister is getting **tall**.*

- When you use an adjective before a noun, you need to include an adjective ending.

    Meine **großen** Schwestern spielen Fußball.
    *My **big** sisters play soccer.*

    Das ist eine **hübsche** Katze.
    *That's a **pretty** cat.*

- Adjective endings depend on the case, number, and gender of the noun they modify, and whether they are preceded by a **der**-word, an **ein**-word, or neither.

    Sie lieben ihren **jungen** Sohn.
    *They love their **young** son.*

    Das **kleine** Baby hat **blaue** Augen.
    *The **little** baby has **blue** eyes.*

- Adjectives after a **der**-word have these endings.

QUERVERWEIS

For more about **der**-words, see **8B.2**.

after *der*-words				
	masculine	**feminine**	**neuter**	**plural**
nominative	der **große** Bruder	die **blonde** Schwester	das **junge** Kind	die **alten** Großeltern
accusative	den **großen** Bruder	die **blonde** Schwester	das **junge** Kind	die **alten** Großeltern

Der **alte** Mann dort ist mein Opa.
*The **old** man over there is my grandpa.*

Ich liebe die **hübschen** Häuser in dieser Straße.
*I love the **pretty** houses on this street.*

Die **große** Frau ist meine Tante.
*The **tall** woman is my aunt.*

Irene sucht ihren **kleinen** Cousin.
*Irene is looking for her **little** cousin.*

- Adjectives preceded by an **ein**-word have these endings.

after *ein*-words				
	masculine	**feminine**	**neuter**	**plural**
nominative	ein **großer** Bruder	eine **blonde** Schwester	ein **junges** Kind	meine **alten** Großeltern
accusative	einen **großen** Bruder	eine **blonde** Schwester	ein **junges** Kind	meine **alten** Großeltern

Mein **großer** Bruder ist ein **guter** Golfspieler.
*My **big** brother is a **good** golf player.*

Herr Wirth hat eine **sportliche** Tochter.
*Mr. Wirth has an **athletic** daughter.*

Ein **teuerer** Ring ist nicht immer schön.
*An **expensive** ring isn't always beautiful.*

Seine Großmutter hat einen **schönen** Vogel.
*His grandmother has a **beautiful** bird.*

- Unpreceded adjectives have these endings.

unpreceded				
	masculine	**feminine**	**neuter**	**plural**
nominative	**roter** Wein	**dicke** Milch	**altes** Brot	**große** Fische
accusative	**roten** Wein	**dicke** Milch	**altes** Brot	**große** Fische

Kleine Kinder brauchen **gute** Eltern.
***Small** children need **good** parents.*

Mein Vater hat **braune** Augen.
*My father has **brown** eyes.*

Altes Brot schmeckt nicht so gut.
***Old** bread doesn't taste so good.*

Unsere Geschwister haben **lockige** Haare.
*Our siblings have **curly** hair.*

- If multiple adjectives precede the same noun, they all take the same ending.

Ist das **kleine, rothaarige** Mädchen deine Schwester?
*Is the **little, red-headed** girl your sister?*

Sie hat einen **großen, gut aussehenden** Bruder.
*She has a **tall, good-looking** brother.*

- Some adjectives ending in -er or -el, such as **teuer** (*expensive*) and **dunkel**, drop the **e** in the stem when an ending is added. Dropping the **e** in **teuer** is optional.

Das ist ein **teu(e)res** Buch.
*That is an **expensive** book.*

Das ist ein **dunkles** Foto.
*That's a **dark** photo.*

 Jetzt sind Sie dran!   **Write the nominative or accusative form of the adjectives.**

Nominativ

1. der ___schlanke___ (schlank) Vater
2. ein _____ (verheiratet) Mann
3. die _____ (groß) Familie
4. eine _____ (alt) Schwägerin
5. das _____ (verlobt) Paar
6. die _____ (sportlich) Enkelkinder

Akkusativ

7. einen _____ (jung) Vater
8. die _____ (ledig) Verwandten
9. einen _____ (dünn) Hund
10. ein _____ (hübsch) Mädchen
11. den _____ (klein) Sohn
12. das _____ (blond) Kind

Anwendung

1 **Kombinieren Sie** Match each adjective with its opposite.

_____ 1. hässlich   a. jung

_____ 2. kurz   b. dick

_____ 3. blond   c. klein

_____ 4. alt   d. schön

_____ 5. groß   e. schwarzhaarig

_____ 6. dünn   f. lang

_____ 7. lockig   g. glatt

2 **Was fehlt?** Complete the sentences.

1. Ich habe einen _____ (groß) Bruder.

2. Mein _____ (groß) Bruder spielt Fußball.

3. Er hat einen _____ (klein) Hund.

4. Der _____ (klein) Hund hat sehr _____ (kurz) Beine (_legs_).

5. Seine _____ (kurz) Beine sind auch sehr _____ (dünn).

6. Hast du auch so einen _____ (klein), _____ (schön) Hund?

3 **Ergänzen Sie** Select the adjective that best completes each sentence.

> **BEISPIEL** Martin arbeitet nicht viel.
> Er ist ein _____fauler_____ (verantwortlicher, sportlicher, fauler) Junge.

1. Der Vater fährt viel Fahrrad und Ski. Er ist ein _____ (sportlicher, fauler, blonder) Mann.

2. Deine Schwester hat schöne Haare. Sie ist ein _____ (großes, fettes, hübsches) Mädchen.

3. Die Mutter hat keine lockigen Haare, sondern (_but rather_) _____ (kleine, lange, glatte) Haare.

4. Meine Eltern sind nicht mehr zusammen (_together_). Ich habe _____ (verheiratete, kurze, geschiedene) Eltern.

5. Die Enkeltochter ist 2 Jahre alt. Sie ist ein _____ (junges, hässliches, dickes) Kind.

6. Die Großeltern sind 80 Jahre alt. Die _____ (hübschen, alten, kleinen) Großeltern spielen Schach am Wochenende.

4 **Schreiben Sie** Replace the underlined words with the words in parentheses and make any necessary changes.

> **BEISPIEL** Der kleine Junge ist traurig. (die Mädchen)
> _Die kleinen Mädchen sind traurig._

1. Die rothaarige Tochter spielt Fußball. (der Sohn)

2. Ihr Großvater liest das alte Buch. (ein Buch)

3. Der fette, dunkelhaarige Onkel sieht den ganzen Tag fern. (mein Onkel)

4. Das fleißige Enkelkind studiert Mathematik. (die Enkelkinder)

5. Der Lehrer gibt ihr (_her_) interessante Hausaufgaben. (ein Buch)

Practice more at **vhlcentral.com.**

Kommunikation

5 **Die Familie Müller** In pairs, take turns describing the members of the Müller family.

   BEISPIEL

Moritz ist alt und klein.

Michael

Petra

Inez

Rex

Alexander

Moritz

6 **Ein guter Freund** Interview a classmate to learn about one of his/her friends. Use the questions below and add three more of your own.

- Wie heißt er/sie?
- Wie alt ist er/sie?
- Wie groß ist er/sie?
- Welche Eigenschaften (*characteristics*) hat er/sie?
- Ist er ein guter Student? / Ist sie eine gute Studentin?

7 **Raten Sie** Choose a famous person. In small groups, take turns asking yes-or-no questions to determine the identity of each person.

▶ BEISPIEL

S1: Ist sie eine Frau?
S2: Ja.
S3: Hat sie blaue Augen?
S2: Nein.

8 **Beschreiben Sie** In small groups, role-play this situation: you and your friends have new jobs. Describe your new co-workers to each other.

BEISPIEL

Mein Boss ist ein großer Mann. Er hat kurze schwarze Haare...

- Wie alt ist er/sie?
- Wie ist sein/ihr Familienstand?
- Hat er/sie Kinder?
- Macht er/sie Sport?
- Hat er/sie Haustiere?
- Woher kommt er/sie?

3A.3   *Gern* and *nicht gern* Presentation

Startblock In English, we use the verb *to like* to convey enjoyment of an activity. In German, the adverb **gern** can be used to convey this idea.

Er spielt **gern** Fußball.

Frau Yilmaz kocht **gern**.

- To say that you like to do something, use the conjugated verb with the adverb **gern**.

  Ich schwimme **gern**.
  I like to swim.

  Meine Schwester liest **gern** Bücher.
  My sister likes to read books.

- In an affirmative sentence, place **gern** after the verb it modifies. Note that any direct or indirect objects are placed after **gern**.

  Dein Bruder spielt **gern** Fußball.
  Your brother likes to play soccer.

  Katzen trinken **gern** Milch.
  Cats like to drink milk.

- To express dislike for an activity, use **nicht gern** after the verb.

Mein Vater arbeitet **nicht gern** spät.
My father doesn't like to work late.

Thomas isst **nicht gern** Kuchen.
Thomas doesn't like to eat cake.

Jetzt sind Sie dran!   **Complete the sentences using gern or nicht gern.**

1. 👍 Meine Oma bäckt _____*gern*_____ Kuchen.
2. 👎 Die Kinder spielen _____ Schach.
3. 👎 Ich lese _____ Lehrbücher.
4. 👍 Meine Brüder fliegen _____ in Urlaub.
5. 👍 Wir fahren im Sommer (*in the summer*) _____ nach Deutschland.
6. 👎 Meine Schwester lernt _____ für ihren Abschluss.
7. 👍 Das Paar geht am Abend (*at night*) _____ tanzen.
8. 👍 Die Zwillinge spielen _____ am Strand.
9. 👎 Ich bleibe _____ lange in der Bibliothek.
10. 👎 Mein Stiefvater geht _____ spazieren.

Anwendung und Kommunikation

1 **Gern oder nicht gern?** Write what each person likes or does not like to do.

 ▶ **BEISPIEL**

Elke und Aslan / Ski fahren
Elke und Aslan fahren gern Ski.

1. das Paar / kochen

2. die Frau und der Hund / spazieren gehen

3. Jens / schwimmen

4. Inge und ihr Mann / sehen / Talkshows

2 **Partnergespräch** In pairs, take turns asking and answering the questions.

BEISPIEL

S1: *Sprichst du gern mit deinen Eltern?*
S2: *Ja, ich spreche gern mit meinen Eltern.*

1. Gehst du gern ins Kino?
2. Was machst du gern in deiner Freizeit?
3. Liest du gern Literatur?
4. Machst du gern Sport?

3 **Machst du das gern?** In pairs, take turns asking and answering the survey questions. Then compare your likes and dislikes.

BEISPIEL

S1: *Spielst du gern Basketball?*
S2: *Ja, ich spiele gern Basketball./*
Nein, ich spiele nicht gern Basketball.

Machst du das gern?	*ja*	*nein*
1. angeln	☐	☐
2. reisen	☐	☐
3. Fußball spielen	☐	☐
4. spazieren gehen	☐	☐
5. lesen	☐	☐
6. Physik studieren	☐	☐
7. schwimmen	☐	☐
8. Fahrrad fahren	☐	☐
9. Kuchen backen	☐	☐
10. schlafen	☐	☐

4 **Wie ist deine Familie?** Interview a classmate to find out the likes and dislikes of his/her family members.

BEISPIEL

S1: *Was macht deine Mutter gern?*
S2: *Sie liest gern, aber sie kocht nicht gern.*

 Practice more at **vhlcentral.com**.

Wiederholung

1 Wer ist wer? In pairs, take turns choosing a person from the list and giving clues to help your partner guess which person you've chosen.

BEISPIEL

S1: *Mein Vater ist ihr Mann. Meine Schwester ist ihre Tochter. Wer ist sie?*
S2: *Sie ist deine Mutter.*

Bruder	Schwester
Cousin	Schwiegermutter
Enkeltochter	Sohn
Großvater	Tante
Schwager	Vater

2 Saras Familie In pairs, say what each person in Sara's family is like and what he or she likes to do. Use vocabulary from **Kontext 2B**.

▶ **BEISPIEL**

S1: *Wie ist Saras Bruder?*
S2: *Ihr Bruder ist groß. Er spielt gern Tennis.*

Bruder

1. Cousin   2. Neffe   3. Tante

4. Onkel   5. Großvater   6. Schwägerin

3 Familien-Bingo Your instructor will give you a worksheet with instructions to play Family Bingo. Get eight signatures.

BEISPIEL

S1: *Paula, hast du einen großen Bruder?*
S2: *Ja, mein Bruder Stefan ist sehr groß.*
S3: *Toll! Bitte unterschreibe (sign) hier!*

4 Verschiedene Menschen In small groups, take turns picking someone in the illustration and describing him/her. The next person repeats the description and adds to it. Keep going around the group, trying to add as many details as possible.

BEISPIEL

S1: *Die Frau heißt Fatima. Sie ist hübsch.*
S2: *Die Frau heißt Fatima. Sie ist hübsch und liest gern.*
S3: *Die Frau heißt Fatima. Sie ist hübsch und liest gern. Morgen geht sie spazieren.*

Daniel   Fatima   Annika

Murat und Lara

Yusuf und Tobias

Uta und Alexander

Emil und Eva

5 Zwei Familien Your instructor will give you and your partner each a picture of a family. Ask questions to find the six differences between the two pictures.

BEISPIEL

S1: *Ist die Mutter blond?*
S2: *Nein. Die Mutter ist nicht blond. Sie hat braune Haare.*

6 Stammbaum Create an illustrated family tree, and share it with a classmate. Tell your partner about each of your family members, including their names, how they are related to you, what they are like, and what they like or don't like to do.

BEISPIEL

S1: *Das ist meine Schwester. Sie heißt Steffi. Sie ist sehr sportlich.*
S2: *Fährt Steffi gern Fahrrad?*

S Video: TV Clip

Volkswagen

Volkswagen (VW) is one of the world's largest automobile manufacturers. The company's headquarters are located in Wolfsburg, Lower Saxony. The name Volkswagen means *car for the people*. Volkswagen cars were initially designed and produced under the Third Reich. However, in post-war Germany, Volkswagen became an important symbol of West Germany's economic recovery. Today, the company also owns Audi, Bentley, Bugatti, and Lamborghini, among others.

Aus Liebe zum Automobil

„Hey! Schickes Auto!"

Kleiner Familienausflug° zum Strand°?

Mit Mutti und den Kleinen?

Familienausflug *family excursion* **zum Strand** *to the beach*

 Verständnis Answer the questions in German.

1. How do the two young men describe the VW Sharan?
2. Who are the members of the older man's family?

 Diskussion In pairs, discuss the answers to these questions.

1. Does your family have a family car? If so, how is it similar to or different from the VW Sharan?
2. What is the message of the commercial? Do you think the commercial is effective in conveying that message? Explain.

Communicative Goals

You will learn how to:

- describe people
- express an attitude about an action
- give instructions

Wortschatz

persönliche Beschreibungen	*personal descriptions*
(un)angenehm	*(un)pleasant*
arm	*poor; unfortunate*
bescheiden	*modest*
dynamisch	*dynamic*
egoistisch	*selfish*
ernst	*serious*
freundlich	*friendly*
gemein	*mean*
gierig	*greedy*
großzügig	*generous*
gut	*good*
intellektuell	*intellectual*
intelligent	*intelligent*
interessant	*interesting*
langsam	*slow*
langweilig	*boring*
Lieblings-	*favorite*
mutig	*brave*
naiv	*naïve*
nervös	*nervous*
nett	*nice*
neugierig	*curious*
schlecht	*bad*
schüchtern	*shy*
schwach	*weak*
stolz	*proud*
toll	*great*
Berufe	***professions***
der Architekt, -en / die Architektin, -nen	*architect*
der Geschäftsmann (*pl.* Geschäftsleute) / die Geschäftsfrau, -en	*businessman / businesswoman*
der Ingenieur, -e / die Ingenieurin, -nen	*engineer*
der Journalist, -en / die Journalistin, -nen	*journalist*
der Rechtsanwalt, ¨e / die Rechtsanwältin, -nen	*lawyer*

Ressourcen

SAM WB: pp. 41–42

SAM LM: p. 26

vhlcentral.com

Wie sind sie?

Talking Picture Audio: Activities

Er ist stark.

der Kellner, - (die Kellnerin, -nen)

Er ist schnell.

Sie sind faul.

Er ist fleißig.

der Besitzer, - (die Besitzerin, -nen)

diskret

müde

eifersüchtig

Sie ist besorgt.

Er ist traurig.

ACHTUNG

Note that the plural of **der Geschäftsmann** is **die Geschäftsleute**; **die Leute** means *people*.

Sie ist süß.

Sie sind glücklich/froh.

Er ist lustig.

die Friseurin, -nen
(der Friseur, -e)

der Musiker, -
(die Musikerin, -nen)

Anwendung

1 Kombinieren Sie Match these famous people with their professions.

_____ 1. Warren Buffett
_____ 2. Rudolf Diesel
_____ 3. Walter Gropius
_____ 4. Barbara Walters
_____ 5. Ludwig van Beethoven
_____ 6. Gloria Allred

a. Architekt
b. Rechtsanwältin
c. Musiker
d. Geschäftsmann
e. Journalistin
f. Ingenieur

2 Ergänzen Sie Complete each sentence with the opposite adjective.

1. Meine Familie ist nicht <u>langweilig</u>, sie ist _____.
2. Meine Eltern sind nicht <u>traurig</u>, sie sind _____.
3. Meine Schwester ist nicht <u>gierig</u>, sie ist _____.
4. Mein Vater ist nicht <u>langsam</u>, er ist _____.
5. Meine Großeltern sind nicht <u>schwach</u>, sie sind _____.
6. Meine Cousine ist nicht <u>fleißig</u>, sie ist _____.
7. Meine Tante ist nicht <u>stolz</u>, sie ist _____.
8. Unser Hund Wotan ist nicht <u>gemein</u>, er ist _____.

3 Was fehlt? Select the word that best completes each sentence.

dynamisch	gierig	mutig	stark
faul	großzügig	nervös	stolz
fleißig	intelligent	neugierig	traurig

1. Eine Person, die _____ ist, arbeitet viel und schnell.
2. Eine Person, die _____ ist, hat einen hohen IQ.
3. Eine Person, die _____ ist, hat viel Stress.
4. Eine Person, die _____ ist, gibt viel Geld (_money_).
5. Eine Person, die _____ ist, macht nie Hausaufgaben.
6. Eine Person, die _____ ist, hat viel Energie.
7. Eine Person, die _____ ist, hat keine Angst.
8. Eine Person, die _____ ist, will immer alles wissen.

4 Hören Sie zu You will hear descriptions of three people. Listen carefully and indicate whether the statements are **richtig** or **falsch**.

	richtig	falsch
1. Florian ist Journalist.	☐	☐
2. Stefanie hat zwei Kinder.	☐	☐
3. Franz' Hund heißt Argus.	☐	☐
4. Stefanies Mann findet seinen Beruf langweilig.	☐	☐
5. Florian ist ein angenehmer Chef (_boss_).	☐	☐
6. Stefanie und Klaus sind reich (_rich_).	☐	☐
7. Florians Auto ist sehr (_very_) alt.	☐	☐
8. Franz ist ein stolzer Opa.	☐	☐

Practice more at **vhlcentral.com**.

Kommunikation

 5 **Berufe** In pairs, take turns replying to the questions based on the images.

 ▶ **BEISPIEL**

S1: *Ist Karl Musiker?*
S2: *Nein, er ist Kellner.*

1. Ist Helga Ingenieurin?

2. Ist Ulrich Architekt?

3. Sind Markus, Jan und Tobias Rechtsanwälte?

4. Ist Birgit Kellnerin?

5. Ist Stefan Friseur?

6. Ist Claudia Musikerin?

6 **Partnersuche** Read Georg's personal ad and discuss with a partner whether Maria or Jessica would be a better match for him. Be ready to defend your opinion to the class.

Georg, 32 Jahre ✉ ▣ ☺ ⊞

Hallo! Ich heiße Georg, ich bin 32 Jahre alt, 182 cm groß, schlank, dunkelhaarig und habe braune Augen. Ich bin ein netter Mann, optimistisch und dynamisch. Ich habe viele Hobbys, spiele Fußball, Tennis und Handball, sehe gern Filme und koche auch gern und gut. Ich bin geschieden und habe eine kleine Tochter. Meine ideale Partnerin ist zwischen 26 und 32 Jahre alt, nicht zu klein (ca. 168 cm), blond, schlank, aktiv und sportlich. Sie muss gern essen und sie muss Kinder gern haben! Wenn du das bist, dann schicke mir eine E-Mail an nettergeorg@gvz.de.

Maria
23 Jahre
groß (182 cm)
lustig
schüchtern
aktiv

Jessica
28 Jahre
klein (165 cm)
sportlich
tolerant
schlank

7 **Wunschpartner** Now it's your turn to write a personal ad. Using Georg's ad as a model, describe yourself and your ideal girlfriend or boyfriend. Include details such as profession, age, physical characteristics, and personality. In groups, take turns reading the ads and guessing who wrote them.

EIN KLEINER TIPP

Use these words to help you complete this activity.

ich suche *I am looking for*
ich liebe *I love*
ich hasse *I hate*

8 **Klatsch und Tratsch** Heike is catching up with her cousin Lisa, who is a real **Klatschbase** (*gossip*). With a partner, write a conversation between Heike and Lisa in which Lisa gives her opinion of the guests at a recent family wedding. Use vocabulary you learned in **Lektion 3A**.

BEISPIEL

S1: *Wie ist Peters Frau?*
S2: *Sie ist hübsch und sehr schlank, aber eine unangenehme Person und ein bisschen langweilig. Sie ist Journalistin, also der intellektuelle Typ.*

Aussprache und Rechtschreibung ⓢ Audio: Presentation
Record & Compare Activities

🎧 Consonant clusters

Some German consonant combinations are not common in English. In the clusters **gn**, **kn**, **pf**, and **ps**, both consonants are pronounced. Do not add a vowel sound between these consonants when you pronounce them.

Gnom	Knödel	Pferd	Napf	psychisch

The German **ng** is always pronounced like the English *ng* in *singer*, never like the consonant combination in *finger*, regardless of where it appears in a word.

Ring	fangen	jung	Prüfungen	entlang

Some German letters represent the sound of a consonant cluster. The letter **x** is pronounced like the consonant combination **ks**. The letter **z** and the consonant combinations **tz** and **ts** are pronounced like the *ts* in the English word *hats*. The letter combination **qu** is pronounced *kv*.

extra	Zahn	Qualität	sitzt	Äquator

🔊ⓢ **1** Sprechen Sie nach Practice saying these words aloud.

1. Gnade *Grace*
2. knicken *bend*
3. Pfeil *Arrow*
4. Topf
5. Pseudonym
6. lang
7. bringen
8. Examen
9. Zoo
10. Mozart
11. Quatsch *Nonsense*
12. Aquarell *water-color Painting.*

🔊ⓢ **2** Artikulieren Sie Practice saying these sentences aloud.

1. Die Katze streckt sich und legt den Kopf in den Nacken.
2. Felix fängt eine Qualle aus dem Ozean.
3. Der Zoowärter zähmt ein quergestreiftes Zebra.
4. Herr Quast brät Knödel in der Pfanne.
5. Der Gefangene bittet Xerxes um Gnade.
6. Das Taxi fährt kreuz und quer durch die Schweiz.

🔊ⓢ **3** Sprichwörter Practice reading these sayings aloud.

Pferde lassen sich zum Wasser bringen, aber nicht zum Trinken zwingen.[1]

Nachts sind alle Katzen grau.[2]

[1] You can lead a horse to water, but you can't make it drink.

[2] At night, all cats are grey.

Unsere Mitbewohner Video: *Fotoroman*

George trifft Meline im Museum und Hans trifft Sabite am Brandenburger Tor.
Sie reden über ihre Mitbewohner. Oder über mehr?

GEORGE Hallo, Meline. Wer ist das?
MELINE Fritz Sommer. Langweilig. George, du sollst nicht immer alles so ernst nehmen.
GEORGE Du bist lustig.
MELINE Und du bist süß, mein kleiner amerikanischer Freund.

HANS Hallo, Sabite!
SABITE Hallo, Hans! Wie geht's? Oh, sei nicht traurig. Du bist nett und großzügig. Können wir Freunde sein?

MELINE Oh, armer Hans!
GEORGE Sei nicht gemein, Meline.
MELINE Bin ich nicht. Sabite ist künstlerisch, lebhaft und verrückt.

MELINE Hans ist intellektuell, aber naiv.
GEORGE Ihn als Mitbewohner zu haben, ist langweilig. Er liest und sieht fern bis um zwei Uhr früh. Ich habe morgens Uni.
MELINE Kann er nicht ohne Fernsehen lernen?
GEORGE Nein, das kann er nicht.

GEORGE Ist Sabite eine gute Mitbewohnerin?
MELINE Sabite ist eine liebenswürdige und bescheidene Person. Ihre Kunst ist hässlich und schlecht!

SABITE Ich bin so stolz auf dich, Hans. Du bist ein echter Freund. Danke, dass du mir hilfst.
HANS Keine Ursache.
SABITE Meline ist gemein.
HANS Meline ist unangenehm.

1 **Wer ist das?** Which character does each statement describe: George, Meline, Sabite, or Hans?

1. Er ist besorgt um seine Noten.
2. Sie hat schöne Augen.
3. Ihre Kunst ist hässlich und schlecht.
4. Jungen finden sie geheimnisvoll und faszinierend.
5. Er ist nett und großzügig.
6. Er ist ein echter Freund.
7. Er ist ein netter Typ.
8. Sie ist künstlerisch, lebhaft und verrückt.
9. Er ist süß.
10. Er ist intellektuell, aber naiv.

PERSONEN George Hans Meline Sabite

SABITE Ich möchte, dass sie einen neuen Freund hat.
HANS Bist du eifersüchtig?
SABITE Was?
HANS Sie ist lebhaft und hübsch. Sie hat sehr schöne Augen. Jungen finden sie geheimnisvoll und faszinierend.

SABITE Ist George ein guter Mitbewohner?
HANS Er ist ein netter Typ. Er ist besorgt um seine Noten. Ich sehe nachts fern und lese und er lernt bis zwei Uhr morgens.

SABITE Findest du sie hübsch?
HANS Wen?
SABITE Meline.
HANS Ich weiß nicht.

GEORGE Meline, Sabite meint es ernst mit Torsten. Du darfst nicht...
MELINE Ich finde nicht, dass sie gut zusammenpassen. Aber mach dir keine Sorgen. Ich kann sie nicht auseinanderbringen. Sie machen bald Schluss, auch ohne meine Hilfe.

Nützliche Ausdrücke

- **etwas ernst nehmen**
  to take something seriously
- **Du bist lustig.**
  You should talk. (lit. You're funny.)
- **Ihn als Mitbewohner zu haben, ist langweilig.**
  Having him as a roommate is boring.
- **Sei nicht traurig.**
  Don't be sad.
- **Danke, dass du mir hilfst.**
  Thanks for helping me.
- **Keine Ursache.**
  You're welcome.
- **Ich möchte, dass sie einen neuen Freund hat.**
  I want her to get a new boyfriend.
- **Jungen finden sie geheimnisvoll und faszinierend.**
  Boys find her mysterious and fascinating.
- **besorgt sein um**
  to be worried about
- **Du darfst nicht...**
  You mustn't...
- **Ich finde nicht, dass sie gut zusammenpassen.**
  I don't think they're a good match.
- **Schluss machen**
  to break up

3B.1
- **Ich kann sie nicht auseinanderbringen.**
  I can't break them up.

3B.2
- **Er ist besorgt um seine Noten.**
  He's worried about his grades.

3B.3
- **Mach dir keine Sorgen.**
  Don't worry.

2 **Zum Besprechen** In pairs, write a brief description of a well-known person in your school or community, using as many descriptive adjectives as you can. Do not mention his/her name. Be prepared to read your description to the class, who will guess this person's identity.

freundlich	intellektuell	schüchtern
glücklich	lustig	traurig
großzügig	mutig	...

3 **Vertiefung** Research a famous German person and present him/her to the class. Use adjectives to describe his/her physical appearance and personality. Be prepared to share your description with your classmates.

Auf unsere Freunde!° Reading

IN DIESER° FACEBOOK-ZEIT HABEN wir alle viele „Freunde". Was ist also ein Kumpel°, mit dem Sie hin und wieder auf Partys gehen, und was ist ein echter° Freund? Deutsche sagen nicht so schnell „Freund" wie Amerikaner. In Deutschland ist es etwas Besonderes° ein „Freund" zu sein.

Wirklich gute Freunde hat man in Deutschland wahrscheinlich höchstens° vier oder fünf. Ein echter Freund zu sein bedeutet°, dass man sich sehr gut und vielleicht auch schon sehr lange kennt°. Die meisten Leute in Deutschland sagen, dass sie ihre Freunde schon aus der Schule oder aus der Kinderzeit kennen. Nur

weil man einmal zusammen Kaffee getrunken hat°, ist man noch lange kein Freund.

In der Gruppe kennen sich alle mehr oder weniger gut. Trotzdem° nennen sich die Leute in einer Gruppe „Kumpel", nicht „Freunde". Die anderen Leute, die man kennt, nennt man meistens „Bekannte".

Es gibt also drei Gruppen von Menschen um eine Person: Die meisten Menschen sind Bekannte. Die größere Gruppe sind die Kumpel. Und nur eine sehr kleine Gruppe sind richtige Freunde. Aber mit diesen Freunden kann man alles teilen°. Also: Auf Freunde!

Auf unsere Freunde! *Here's to our friends!* **dieser** *this* **Kumpel** *buddy* **echter** *real* **etwas Besonderes** *something special* **wahrscheinlich höchstens** *probably at most* **bedeutet** *means* **sich... kennt** *know each other* **getrunken hat** *has drunk* **Trotzdem** *Nevertheless* **teilen** *share*

1 Ergänzen Sie Complete the statements.

1. In Deutschland sagt man nicht so schnell _____ zu einer neuen Person.

2. Viele Deutsche kennen ihre Freunde aus der _____ und aus der Kinderzeit.

3. Gute _____ nennt man in Deutschland nur vier oder fünf Personen.

4. _____ gehen relativ locker (*loose*) mit dem Wort „Freund" um.

5. In _____ ist ein Freund jemand, den (*whom*) man sehr gut kennt.

6. Einen echten Freund kennt man sehr gut und oft auch sehr _____.

7. Es gibt _____ Gruppen von Menschen um eine Person.

8. In einer _____ sind alle gute Kumpel.

9. Die meisten Menschen, die man kennt, nennt man _____.

10. Die Gruppe der Freunde ist eine sehr _____ Gruppe.

 Practice more at **vhlcentral.com**.

DEUTSCH IM ALLTAG

Wie wir Menschen sind

aufrichtig	*sincere*
besserwisserisch	*know-it-all (adj.)*
eingebildet	*arrogant*
geduldig	*patient*
geizig	*stingy*
liebevoll	*loving*
locker	*easy-going*
oberflächlich	*superficial*
ruhig	*calm*
weise	*wise*
zuverlässig	*reliable*

DIE DEUTSCHSPRACHIGE WELT

Es wird geheiratet!°

Wie wünscht° man dem neuen Paar ein frohes Eheleben? In **Bayern**, **Österreich** und **in der Schweiz** ist das **Brautstehlen°** eine lustige Tradition. Freunde stehlen die Braut und bringen sie von Gaststätte° zu Gaststätte. Der Bräutigam° muss sie finden... und alle Getränke bezahlen°! Die **Deutschen** und die **Österreicher** tragen den Ring meistens an der rechten° Hand. Aber **in der Schweiz** trägt man ihn an der linken° Hand. Das ist dem Herzen näher°.

Es wird geheiratet! *Someone's getting married!* **wünscht** *wishes* **Brautstehlen** *stealing of the bride* **Gaststätte** *restaurant* **Bräutigam** *groom* **Getränke bezahlen** *pay for the drinks* **rechten** *right* **linken** *left* **dem Herzen näher** *closer to the heart*

PORTRÄT

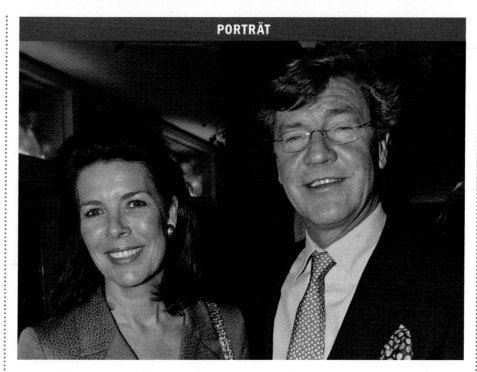

Ernst August von Hannover

Deutschland hat noch echte Prinzen. **Ernst August**, der Prinz von Hannover, ist einer. Sein Urgroßvater war Kaiser° Wilhelm II., und er ist auch ein Nachkomme° von Georg III. von England. Der Prinz ist 1954 geboren. 1999 hat er seine zweite° Frau geheiratet – Prinzessin **Caroline von Monaco**. Sieben Monate später ist eine kleine Prinzessin, Alexandra, das dritte° Kind des Prinzen, geboren. Die Familie lebt in Hannover und Monaco. Aber auch das Leben eines Prinzen ist nicht immer perfekt. Ernst August hasst° die Paparazzi und hatte° schon ein paar gewalttätige Auseinandersetzungen° mit Kameraleuten. So heißt er in Deutschland auch „Prügelprinz°".

Kaiser *emperor* **Nachkomme** *descendant* **zweite** *second* **dritte** *third* **hasst** *hates* **hatte** *had* **gewalttätige Auseinandersetzungen** *violent disputes* **Prügelprinz** *punching prince*

IM INTERNET

Sind die Hochzeitsbräuche (*wedding traditions*) anders (*different*) in Deutschland als in den USA?

For more information on this **Kultur**, go to **vhlcentral.com**.

---

2 **Richtig oder falsch?** Indicate whether each statement is **richtig** or **falsch**. Then, in pairs, correct the false statements.

1. In Österreich ist es Tradition, den Bräutigam zu stehlen.

2. In Deutschland trägt man den Ehering an der rechten Hand.

3. Prinz Ernst August ist der Sohn von Kaiser Wilhelm II.

4. Prinz Ernst August mag (*likes*) die Paparazzi.

5. Alexandra ist die Tochter von Prinzessin Caroline von Monaco und Prinz Ernst August von Hannover.

3 **Wie sind sie?** In pairs, describe each person in the photo on p. 122. How old do you think they are? What do you think their personalities are like? Are they friends or just classmates?

3B.1 | Modals Ⓢ Presentation

Startblock In both English and German, modal verbs modify the meaning of another verb.

Könnenwir Freunde sein?

Oh, George, du **darfst** nicht so ernst sein.

- Modals express an attitude towards an action, such as permission, obligation, ability, desire, or necessity. *May*, *can*, and *must* are examples of English modals.

modals	
dürfen	*to be allowed to, may*
können	*to be able to, can*
müssen	*to have to, must*
sollen	*to be supposed to*
wollen	*to want to*

- Except for **sollen**, all of the German modals are irregular in their present tense singular forms.

modals in the present tense					
	dürfen	**können**	**müssen**	**sollen**	**wollen**
ich	darf	kann	muss	soll	will
du	darfst	kannst	musst	sollst	willst
er/sie/es	darf	kann	muss	soll	will
wir	dürfen	können	müssen	sollen	wollen
ihr	dürft	könnt	müsst	sollt	wollt
Sie/sie	dürfen	können	müssen	sollen	wollen

- When you use a modal to modify the meaning of another verb, put the conjugated form of the modal in second position. Put the infinitive of the other verb at the end of the sentence.

Ich **muss** Französisch **lernen**.
*I **have to study** French.*

Ich **will** Französisch **lernen**.
*I **want to learn** French.*

- To form a yes-or-no question, move the modal verb to the beginning of the sentence, while the verb it modifies remains at the end.

Willst du Wasser **trinken**?
*Do you **want to drink** water?*

Könnt ihr eurer Mutter **helfen**?
*Can you **help** your mother?*

- **Dürfen** expresses permission.

Mama, **darf** ich heute Nachmittag
  schwimmen gehen?
*Mom, **may** I go swimming this afternoon?*

Nein, Lina, du **darfst** heute nicht
  schwimmen gehen.
*No, Lina, you **may** not go swimming today.*

- **Können** expresses ability.

Peter **kann** Ski fahren.
*Peter **can** ski.*

Kannst du Fahrrad fahren?
Can you ride a bicycle?

- **Müssen** expresses obligation.

Anita und Markus **müssen** viel lernen.
*Anita and Markus **have to** study a lot.*

Muss Maria Spanisch lernen?
*Does Maria **have to** learn Spanish?*

- **Sollen** conveys the expectation that a task be completed (*to be supposed to*). Note that, unlike the English *should* or *ought*, **sollen** implies an expectation that comes from someone other than the subject.

Du **sollst** das Buch lesen.
*You **are supposed to** read the book.*

Soll ich nach Hause gehen?
*Am I **supposed to** go home?*

- **Wollen** expresses desire.

Sie **wollen** Musikerinnen werden.
*They **want to** become musicians.*

Willst du eine Katze haben?
*Do you **want to** get a cat?*

Ressourcen

SAM
WB: pp. 43–44

SAM
LM: p. 28

vhlcentral.com

 Jetzt sind Sie dran!   **Complete the sentences.**

1. Die Lehrerin ___*soll*___ (sollen) den Kindern mit den Hausaufgaben helfen.

2. Ihr _____ (sollen) eure Hausaufgaben nicht vergessen.

3. Was _____ (sollen) wir heute machen?

4. Der tolle Musiker _____ (können) Geige (*violin*) spielen.

5. Ich _____ (können) meinen Rucksack nicht finden.

6. _____ (Können) du nach Deutschland reisen?

7. Du _____ (müssen) deine Oma morgen besuchen (*visit*).

8. Ein Geschäftsmann _____ (müssen) sehr fleißig sein.

9. Wir _____ (müssen) das Matheproblem an die Tafel (*on the board*) schreiben.

10. Nur der nette Friseur _____ (dürfen) mir die Haare schneiden (*to cut my hair*).

11. Die Rechtsanwälte _____ (dürfen) in der Bibliothek lesen.

12. Du _____ (dürfen) nicht in das Klassenzimmer gehen.

13. Ich _____ (wollen) Architektin werden.

14. Die Kinder _____ (wollen) Fremdsprachen studieren.

15. _____ (Wollen) ihr Schloss (*castle*) Neuschwanstein sehen?

Anwendung

1 **Entscheiden Sie** Select the correct form of the modal.

1. Ich (sollen / soll) Gitarre spielen.
2. Wir (dürfen / darf) am Nachmittag ein Eis (*ice cream*) essen.
3. (Willst / Wollt) du in die Bibliothek gehen?
4. Ihr (musst / müsst) morgen Abend eure Großeltern anrufen (*call*).
5. Bettina (kann / können) ihre Cousine nicht finden.
6. Rolf und Carsten (kann / können) samstags lange schlafen.

2 **Ergänzen Sie** Complete the sentences.

1. Die Kellner _____ (sollen) das Essen bringen.
2. Du _____ (können) Deutsch lernen.
3. Wir _____ (müssen) einen Beruf finden.
4. Ihr _____ (dürfen) mit dem Besitzer sprechen.
5. Ich _____ (wollen) Journalist werden.

3 **Schreiben Sie** Rewrite the sentences using the cues.

> **BEISPIEL** Ulrike ist Musikerin. (wollen)
> *Ulrike will Musikerin sein.*

1. Ingenieure lösen (*solve*) viele Probleme. (müssen)
2. Der Journalist reist nach Deutschland. (dürfen)
3. Die Geschäftsfrau und der Geschäftsmann verdienen (*earn*) viel Geld. (sollen)
4. Meine Tante und ich tanzen Walzer. (können)
5. Ich werde Friseurin. (wollen)

4 **Fragen Sie** Use the cues to form questions about the images.

> **BEISPIEL**
> ich / schwimmen
> gehen / dürfen
>
> *Darf ich schwimmen gehen?*

1. ich / ein Stück Kuchen essen / können

2. du / jetzt studieren / müssen

3. Erika / Fußball spielen / wollen

4. wir / Musik hören / dürfen

5. Thomas / Musiker werden / wollen

6. ihr / viele Bücher lesen / müssen

 Practice more at **vhlcentral.com.**

Kommunikation

5 **Viele Wünsche** In pairs, take turns saying what each person wants to do. Then, imagine what they must or should do to achieve that goal.

BEISPIEL mein Bruder / nach Deutschland fahren

S1: *Mein Bruder will nach Deutschland fahren.*
S2: *Er soll Deutsch lernen.*

1. meine Freundin / Architektin werden
2. ich / das Fußballspiel gewinnen
3. wir / einen Hund haben
4. mein Vater / ein Stück Kuchen bestellen
5. meine Schwester / ein gutes Zeugnis bekommen (*get*)
6. mein Onkel / kurze Haare haben

6 **Berufe** With a partner, offer advice to help these people get the jobs they want.

BEISPIEL Muqadessa und Maria / Ingenieurinnen

S1: *Muqadessa und Maria wollen Ingenieurinnen werden.*
S2: *Sie sollen viel studieren.*

1. Edmund und Hakan / Rechtsanwälte
2. Knut und Heidi / Musiker
3. Eren / Architekt
4. Grete und Damla / Geschäftsfrauen

7 **Einladungen** In small groups, take turns inviting each other to take part in these activities. If you turn down an invitation, explain what you want to do, should do, or must do instead, and suggest a different activity.

▶ **BEISPIEL**

S1: *Willst du Tennis spielen?*
S2: *Ich kann nicht. Ich muss Hausaufgaben machen. Aber wir können morgen ins Kino gehen.*

1.

2.

3.

4.

5.

6.

3B.2 | **Prepositions with the accusative** Presentation

Startblock In **1B.1**, you learned the accusative endings for definite and indefinite articles. You also learned that the direct object in German always takes the accusative case. In addition, the objects of certain prepositions are always in the accusative case.

Das Trinkgeld ist **für den Kellner**.
*The tip is **for the waiter**.*

Der Fuchs läuft **durch die Wälder**.
*The fox is running **through the woods**.*

- Prepositions and prepositional phrases describe time, manner, and place, and answer the questions *when, how,* and *where.*

um 8 Uhr
***at** 8 o'clock*

ohne das Buch
***without** the book*

gegen die Wand
***against** the wall*

- These are some common accusative prepositions.

prepositions with the accusative					
bis	*until, to*	für	*for*	ohne	*without*
durch	*through*	gegen	*against*	um	*around; at (time)*

Der Besitzer kommt **durch die Tür**.
*The owner is coming **through the door**.*

Was hast du **gegen meinen Freund**?
*What do you have **against my boyfriend**?*

- The prepositions **durch**, **für**, and **um**, when followed by the neuter definite article **das**, may be contracted to **durchs**, **fürs**, and **ums**. These contractions are frequently used in speech and are acceptable in writing.

Das Geschenk ist **fürs** Baby.
*The gift is **for the** baby.*

Die Kinder laufen **ums** Haus.
*The kids are running **around** the house.*

- The accusative preposition **bis** is frequently used with time expressions. When **bis** comes before a proper noun, such as **Samstag** or **März**, no article is necessary.

Ich bin **bis April** in Deutschland.
*I'm in Germany **until April**.*

Wir bleiben **bis nächsten Monat** in Köln.
*We are staying in Cologne **until next month**.*

- **Pro** (*Per*) is also an accusative preposition. The object it precedes takes no article.

Der Kellner verdient 300 Euro **pro Woche**.
*The waiter earns 300 euros **per week**.*

Das Auto fährt 230 Kilometer **pro Stunde**.
*The car goes 230 kilometers **per hour**.*

- The accusative is also used with objects that precede **entlang**.

Wir gehen **den Fluss entlang**.
*We are going **down the river**.*

Ich fahre **die Straße entlang**.
*I'm driving **along the road**.*

Ressourcen

SAM
WB: pp. 45–46

SAM
LM: p. 29

vhlcentral.com

 | **Jetzt sind Sie dran!** | Select the preposition that best completes each sentence.

1. Die Frau geht (ohne / pro) ihren Mann einkaufen.
2. Der Hund läuft (durch / gegen) den Park.
3. Die Mutter braucht ein Geschenk (um / für) ihre Tochter.
4. Die Besitzer haben etwas (gegen / ohne) die Musik.
5. Die Kellnerin geht (durch / um) den Tisch.

6. Die Friseurin verdient 30 € (für / pro) Haarschnitt (*haircut*).
7. Ich gehe den Fluss (*river*) (entlang / bis).
8. Die Journalisten arbeiten (gegen / bis) um Mitternacht (*midnight*).

Anwendung und Kommunikation

1 **Wählen Sie** Select the correct preposition.

1. (Durch / Um) 8 Uhr muss ich in die Bibliothek gehen.

2. Der kleine Junge schießt (*kicks*) den Ball (gegen / ohne) die Tür.

3. (Ohne / Entlang) meine Schwester gehe ich nicht auf die Party.

4. Das Auto fährt die Straße (um / entlang).

5. Svenja kauft einen Kaffee (für / gegen) ihre Mutter.

6. Mein Onkel spielt (durch / bis) 6 Uhr Fußball.

2 **Was fehlt?** Complete the paragraph using the appropriate prepositions.

Herr Becker braucht ein Geschenk (*gift*) (1) _____ seine Tochter. Sie hat alles und ist (2) _____ teure Geschenke. Er geht in eine Buchhandlung (*bookstore*). Alles auf dem (*on the*) Tisch kostet (3) _____ Buch nur (*only*) 5 Euro. Er geht (4) _____ den Park nach Hause. (5) _____ 8 Uhr gibt er eine kleine Party für seine Tochter.

3 **Umfrage** In pairs, take turns asking and answering the questions.

BEISPIEL

S1: *Um wie viel Uhr fährst du zur Uni?*
S2: *Ich fahre um 8 Uhr zur Uni.*

1. Um wie viel Uhr beginnt dein Unterricht?

2. Wie viele Stunden (*hours*) schläfst du pro Nacht?

3. Für wen kaufst du gern Geschenke?

4. Ohne was kannst du nicht leben (*live*)?

5. Gegen welche Mannschaften spielst du gern?

4 **Die Geburtstagsfeier** In small groups, write four sentences describing the illustration. Use at least four prepositions with the accusative.

 Practice more at **vhlcentral.com**.

3B.3 | **The imperative** Presentation

Startblock Imperatives are used to express commands, requests, suggestions, directions, and instructions.

Sei nicht traurig.

Mach dir keine Sorgen!

- The imperative forms are based on the present-tense conjugation patterns of **du**, **wir**, **ihr**, and **Sie**.

the *Imperativ* conjugation	
Indikativ	**Imperativ**
du kaufst	kauf(e)
ihr kauft	kauft
Sie kaufen	kaufen Sie
wir kaufen	kaufen wir

Mach deine Hausaufgaben!   **Backen wir** einen Kuchen!
Do your homework!   *Let's bake a cake!*

- To form an informal singular command, drop the **-st** from the present-tense **du** form of the verb. As in English, omit the subject pronoun with the second-person imperative.

Antworte auf die Frage!   **Schreib** deinen Eltern einen Brief.
Answer the question!   *Write your parents a letter.*

- Verbs with an **a** to **ä** vowel change do not retain this change in the imperative. However, **e** to **ie** and **e** to **i** changes are retained in the imperative for **du**.

Fahr langsam!   **Lies** das Buch.   **Nimm** den Bleistift.
Drive slowly!   *Read the book.*   *Take the pencil.*

- The informal plural **ihr** command is identical to the present-tense form, without the pronoun.

Esst das Gemüse, Kinder!   **Lernt** für die Prüfung.
Eat the vegetables, kids!   *Study for the exam.*

- For formal commands, keep the subject **Sie** and invert the subject/verb word order of the present tense. Remember that the singular and plural forms are identical.

Probieren Sie den Kuchen!   **Geben Sie** mir den Radiergummi.
Try the cake!   *Give me the eraser.*

- The first person plural command is equivalent to the English *Let's....* As with **Sie**, invert the subject/verb order of the present tense for **wir**.

Essen wir den Kuchen.   **Gehen wir** spazieren.
Let's eat the cake.   *Let's go for a walk.*

- In a negative command, **nicht** or **kein** follows the imperative form.

  Fahren Sie nicht so schnell!
  Don't drive so fast!

  Arbeite nicht so langsam!
  Don't work so slowly!

  Hör keine laute Musik!
  Don't listen to loud music!

  Macht kein Theater!
  Don't make a fuss!

QUERVERWEIS

See **2B.3** to review the use of **nicht** and **kein**.

- Use **bitte** to soften a command and make it polite. **Bitte** can be placed almost anywhere in a sentence, as long as it doesn't separate the verb from the subject pronoun **wir** or **Sie**.

  Öffnen Sie **bitte** Ihren Rucksack.
  *Open your backpack, **please**.*

  Geh nach Hause, **bitte**.
  *Go home, **please**.*

- The modals **können** and **wollen** are often used instead of the imperative for polite requests.

  Können Sie mir helfen?
  Can you help me?

  Wollen wir gehen?
  Shall we go?

- The verb **sein** has irregular imperative forms.

  Sei lieb!
  Be good! (sing., inf.)

  Seid diskret!
  Be discreet! (pl., inf.)

  Seien Sie mutig!
  Be brave! (form.)

  Seien wir realistisch.
  Let's be realistic.

- Here are some common commands and instructions found on German labels, signs, and in everyday situations. Notice that in some cases, a command is conveyed without using the imperative.

common commands	
Drücken.	*Push.*
Ziehen.	*Pull.*
Bring mir...	*Bring me...*
Langsam fahren.	*Slow down.*
Warte.	*Wait.*
Sprechen Sie bitte langsamer.	*Please speak more slowly.*
Türen schließen.	*Keep doors closed.*
Rauchen verboten.	*No smoking.*
Betreten des Rasens verboten.	*Keep off the grass.*
Keine Zufahrt.	*Do not enter.*
Parkverbot.	*No parking.*

Jetzt sind Sie dran! Select the correct imperative form to complete each sentence.

1. Herr Professor Braun, (sprecht / sprechen Sie) bitte langsamer.
2. Anna und Michael, (bringen Sie / bringt) euren Rucksack mit.
3. Patrick, (vergiss / vergessen wir) deine Hausaufgaben nicht!
4. Kinder, (seid / sei) bescheiden und nett!
5. Wir haben morgen eine Prüfung. (Gehen wir / Geht) in die Bibliothek.
6. Roland, (fahrt / fahr) nicht so schnell!
7. Herr und Frau Schmidt, (erklärt / erklären Sie) das Problem.
8. Wir haben Hunger. (Essen wir / Iss) ein Stück Brot.

Anwendung

1 **Wählen Sie** Select the correct imperative form.

1. Andrea, (spiel / spielt) Tennis mit Klaus!
2. (Gehen wir / Wir gehen) durch den Park!
3. Liebe Schüler, bitte (lies / lest) den Text auf Seite 27.
4. Herr Gärtner, (bleiben Sie / bleib) bitte heute bis 8 Uhr.
5. (Seien Sie / Sei) doch nicht böse, Frau Kampmann.
6. Marius, bitte (kommt / komm) um 6 Uhr nach Hause.

2 **Was fehlt?** Complete the sentences using the imperative.

BEISPIEL _____Komm_____ (du, kommen)!

1. Herr Schneider, _Wiederholen Sie_ (Sie, wiederholen) bitte.
2. Marie und Lukas, _____esst_____ (ihr, essen) euer Gemüse (_vegetables_)!
3. Felix, _____sei_____ (du, sein) nicht gemein!
4. Frau Fischer und Herr Wagner, _essen Sie_ (Sie, essen) ein Stück Kuchen.
5. Paul und Else, _Macht_ (ihr, machen) bitte nicht so viel Krach (_noise_)!
6. _Sprechen wir_ (wir, sprechen) nur Deutsch!

3 **Schreiben Sie** Tell these people not to do what they are doing.

BEISPIEL Christa ist eifersüchtig.
Sei nicht eifersüchtig, Christa!

Schreiben Sie ... nicht

1. Herr Becker ist gierig.
2. Sie studieren Informatik.
3. Lukas spielt schlechte Musik.
4. Frau Weber kauft hässliche Sachen.
5. Maximilian und Luca schreiben an die Wand.
6. Wir bleiben den ganzen Tag an der Universität.
7. Heike telefoniert 4 Stunden pro Tag.
8. Otto und Emma essen den Kuchen.

4 **Konjugieren Sie** Write a command for each image using the cues.

tanzen

1. wir

2. Julia

3. Kinder / eure Bücher

4. Frau Schulze / eine Tasse Tee

5. wir

6. Greta / ein Bonbon (_candy_)

 Practice more at **vhlcentral.com**.

Kommunikation

5 **Befehlen Sie** In small groups, write eight sentences using **sollen**. Then, trade lists with another group and convert their sentences into commands.

> **BEISPIEL**
>
> **S1:** Du sollst deine Hausaufgaben machen.
> **S2:** Mach deine Hausaufgaben.

6 **Guter Rat** In pairs, use the imperative to give advice to each person or group.

> **BEISPIEL** deine Professorin
> Sagen Sie das bitte noch einmal!

1. deine Klassenkameraden
2. deine beste Freundin
3. deine Eltern
4. dein Bruder
5. dein Friseur
6. deine Katze

7 **Ein paar Ratschläge** In pairs, list ten pieces of advice that you would give to a new German exchange student at your school. Use the affirmative and negative forms of the imperative.

> **BEISPIEL**
>
> **S1:** Sei fleißig, aber nicht zu ernst!
> **S2:** Vergiss nicht deine Hausaufgaben!

8 **Simon sagt** In groups of five, play Simon Says ("**Simon sagt**"). One student gives commands using the **du**, **Sie**, **ihr**, and **wir** forms. The group members must perform the activity only if the speaker says "**Simon sagt**". The first person to make a mistake becomes the new leader.

> **BEISPIEL**
>
> **S1:** Simon sagt: „Tanzen wir!"
> OR
> **S1:** Laura und Michael, geht in die Ecke (corner)!

essen	schlafen
fahren	schreiben
hören	sprechen

Wiederholung

1 **Etwas unternehmen** In pairs, make plans for what you will do today in each location. Use prepositions with the accusative.

BEISPIEL

S1: *Um 10 Uhr gehen wir in die Bibliothek.*
S2: *Ja, dort können wir gute Bücher für das Referat finden.*

bis	gegen
durch	ohne
entlang	um
für	

1.

2.

3.

4.

2 **Wollen und sollen** In small groups, take turns saying one thing that you want to do today, one thing that you must do, one thing that you can do, one thing that you may do, and one thing that you are supposed to do.

BEISPIEL

S1: *Ich will heute Abend ins Kino gehen, aber ich muss Hausaufgaben machen.*
S2: *Ich soll für meinen Deutschkurs lernen, aber ich kann auch Tennis spielen.*
S3: *Ich kann nicht Tennis spielen. Ich muss...*

3 **Berufliche Eigenschaften** Your instructor will give you and a partner different worksheets with a list of occupations and profiles of several students. Take turns describing the students and matching their qualities to appropriate occupations.

BEISPIEL

S1: *Anke ist kreativ und gut in Mathe.*
S2: *Ah, dann ist Anke eine gute Architektin.*

4 **Meine ideale Familie** Survey your classmates about their ideal family situation, and write down their answers. Then, in pairs, compare your results.

BEISPIEL

S1: *Wie ist deine ideale Familie?*
S2: *Meine ideale Familie ist...*

5 **Viele Verabredungen** Your instructor will give you a worksheet with several activities listed. Survey your classmates to find someone who would like to do each of the activities with you. When someone says "yes", agree on a time and date. If someone says "no", they must give an excuse, explaining what they have to or are supposed to do instead.

BEISPIEL

S1: *Gehen wir morgen Abend ins Kino!*
S2: *Ich kann nicht. Ich muss für die Prüfung lernen.*
S3: *Ich komme gern. Gehen wir morgen um 7 Uhr!*

6 **Geschwister** In pairs, role-play a conversation between two siblings. The younger sibling asks to do things, and the older sibling tells him/her what to do and what not to do.

BEISPIEL

S1: *Darf ich Fußball spielen?*
S2: *Nein, das darfst du nicht! Iss dein Abendessen!*

7 **Die Familie** With a partner, write a brief description of these five family members. Use the vocabulary you learned in **Lektionen 2A, 2B, 3A,** and **3B** to describe their interests, activities, physical characteristics, and personalities.

BEISPIEL

Die Tochter heißt Karin. Sie ist zwölf Jahre alt. Sie hat blonde Haare und blaue Augen. Sie ist sehr aktiv und spielt gern Fußball.

Die Familie

der Sohn   der Vater   der Cousin
die Tochter   die Mutter

8 **Am Wochenende** In small groups, prepare a skit in which a group of friends makes plans for the weekend. Use vocabulary from **Kapitel 2.**

BEISPIEL

S1: *Ich spiele gern Basketball! Können wir morgen Basketball spielen?*
S2: *Nein, bleiben wir hier! Wir müssen unsere Hausaufgaben machen!*
S3: *Ihr könnt hier bleiben, aber ich will...*

Mein Wör|ter|buch

Add five words related to **die Familie** and **persönliche Beschreibungen** to your personalized dictionary.

klug

Übersetzung
clever, smart

Wortart
Adjektiv (Beschreibungswort)

Gebrauch
Der Mann ist klug. Ein kluger Mann spricht nicht zu viel.

Synonyme
schlau, gescheit

Antonyme
dumm, unbegabt

Weiter geht's

Panorama Map

Die Vereinigten Staaten und Kanada

Anteil der Amerikaner mit deutschen Wurzeln: 17% (51 Millionen)

- ▶ **Kalifornien:** 3.517.470
- ▶ **Pennsylvania:** 3.491.269
- ▶ **Ohio:** 3.231.788
- ▶ **Illinois:** 2.668.955
- ▶ **Texas:** 2.542.996
- ▶ **Wisconsin:** 2.455.980
- ▶ **Michigan:** 2.271.091
- ▶ **Florida:** 2.270.456
- ▶ **New York:** 2.231.309
- ▶ **Minnesota:** 1.949.346
- ▶ **Indiana:** 1.629.766
- ▶ **Missouri:** 1.576.813

QUELLE: U.S. Census 2000

Anteil der Kanadier mit deutschen Wurzeln: 10% (3 Millionen)

- ▶ **Toronto:** 220.135
- ▶ **Vancouver:** 187.410
- ▶ **Winnipeg:** 109.355
- ▶ **Kitchener:** 93.325
- ▶ **Montreal:** 83.850

QUELLE: Canadian Census 2006

Die ersten deutschen Siedler in Kanada kommen zwischen 1750 und 1753 nach Nova Scotia. Die meisten von ihnen° sind Bauern und Kaufleute°. Zwischen 1919 und 1939 kommen fast 100.000 Deutsche nach Kanada. Auch von ihnen sind die meisten Bauern. Sie alle bringen ihre Familien mit und starten ein neues Leben in Nordamerika.

Berühmte Deutschamerikaner und Deutschkanadier

- ▶ **Levi Strauss,** *Unternehmer° (1829–1902)*
- ▶ **Frederick Louis Maytag I,** *Unternehmer (1857–1937)*
- ▶ **Dwight D. Eisenhower,** *Fünf-Sterne General und US-Präsident (1890–1969)*
- ▶ **Lou Gehrig,** *Baseballspieler (1903–1941)*
- ▶ **Henry Kissinger,** *Politiker (1923–)*
- ▶ **Almuth Lütkenhaus,** *Künstlerin° (1930–1996)*
- ▶ **Dany Heatley,** *Eishockeyspieler (1981–)*
- ▶ **Justin Bieber,** *Sänger° (1994–)*

meisten von ihnen *most of them* Kaufleute *tradespeople*
Unternehmer *entrepreneur* Künstlerin *artist* Sänger *singer*
verlässt *leaves* Flöten *flutes* Immobilien *real estate*
Fellhandel *fur trade* reichste *richest*

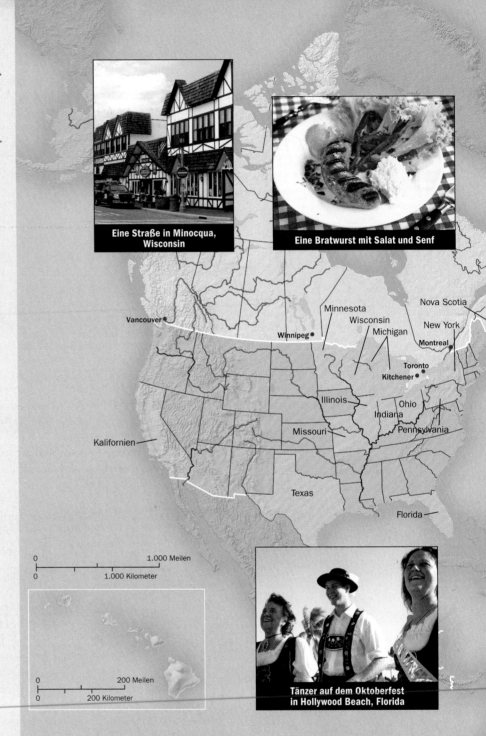

Eine Straße in Minocqua, Wisconsin

Eine Bratwurst mit Salat und Senf

Tänzer auf dem Oktoberfest in Hollywood Beach, Florida

Unglaublich, aber wahr!

1784 verlässt° **John Jacob Astor** (1763–1848) das Dorf Walldorf in Deutschland mit $25 und 7 Flöten° in Richtung USA. Durch Immobilien°- und Fellhandel° wird er reich und ist zur Zeit seines Todes der reichste° Mann Amerikas. Sein Vermögen beträgt ungefähr $20 Millionen.

Menschen

Sandra Bullock

Sandra Bullock wurde 1964 in Arlington, Virginia geboren°. Ihre Mutter ist Helga D. Meyer, eine deutsche Opernsängerin. Deshalb verbringt° Bullock, die neben Englisch fließend° Deutsch spricht, auch die ersten 12 Jahre ihres Lebens in der deutschen Stadt Fürth, bevor sie mit ihrer Familie in die USA zieht. Ihre erfolgreiche Karriere beinhaltet Filme wie *Speed*, *Während du schliefst* und *Blind Side – Die große Chance*, für den sie einen Oscar als beste Hauptdarstellerin° erhält.

Geschichte

Deutsche in Texas

1848 gibt es in Deutschland und vielen anderen europäischen Ländern (Frankreich, Dänemark, Österreich) Revolutionen und Aufstände° auf Grund von sozialen und wirtschaftlichen° Problemen. Nach der Mairevolution verlassen° viele Revolutionäre Deutschland und gehen in die USA. Sie leben in Städten wie zum Beispiel New Braunfels und Fredericksburg in Texas. Diesen deutschen Einfluss° kann man heute hier immer noch sehen. Unter anderem gibt es in Texas eine Form des Deutschen, die man Texas-Deutsch nennt.

Essen

Hamburger

Der Hamburger – ein Sandwich aus einer Frikadelle° in einer Semmel° mit einem Salatblatt und einer Scheibe Tomate – hat etwas mit der Stadt Hamburg zu tun. Als deutsche Immigranten und Matrosen° Ende des 18. Jahrhunderts nach New York kommen, bekommen Sie hier „Steak im Hamburger Stil". Diese Steaks damals hatten mit heutigen Hamburgern außer dem Namen noch nicht viel zu tun. Erst mit der Erfindung des Fleischwolfs° im 19. Jahrhunderts werden aus Steaks im Hamburger Stil die heutigen Hamburger.

Feiern

German Fest

Das German Fest in Milwaukee ist das größte „deutsche" Event Nordamerikas. Seit 1981 feiern die Menschen hier am letzten Juliwochenende Kultur deutschsprachiger° Länder und Regionen wie Österreich, Deutschland, Liechtenstein, Südtirol und der Schweiz. Besucher° tragen teilweise Dirndl und Lederhosen, hören traditionelle Blaskapellen° oder moderne Popmusik und bekommen Informationen über ihre deutsche Abstammung°. Im Jahr 2010 essen die Besucher unter anderem 20.000 Bratwürste, 9.000 Knödel°, 200 Spanferkel° und 15.000 Stück Strudel.

IM INTERNET

1. Welche anderen Gerichte (*dishes*) haben ihren Ursprung (*origin*) in deutschsprachigen Ländern? *[handwritten: Pretzel weinersnitz]*

2. Suchen Sie ein Rezept für ein deutsch-amerikanisches (oder österreichisch-amerikanisches) Gericht.

3. Suchen Sie Informationen über eine berühmte deutsch-amerikanische Person.

For more information on this **Panorama**, go to **vhlcentral.com**.

---

wurde... geboren *was born* **verbringt** *spends (time)* **fließend** *fluent* **Hauptdarstellerin** *lead actress* **Aufstände** *uprisings*
wirtschaftlichen *economic* **verlassen** *leave* **Einfluss** *influence* **Frikadelle** *meatball* **Semmel** *bun* **Matrosen** *sailors*
Erfindung des Fleischwolfs *invention of the meat grinder* **deutschsprachiger** *German-speaking* **Besucher** *Visitors*
Blaskapellen *brass bands* **Abstammung** *descent* **Knödel** *dumplings* **Spanferkel** *suckling pigs*

 Was haben Sie gelernt? Complete the sentences.

1. Die meisten Amerikaner mit deutschen Wurzeln leben in _____.

2. Ungefähr _____ der amerikanischen Bevölkerung haben deutsche Wurzeln.

3. John Astor verlässt 1784 Deutschland mit _____ und 7 Flöten.

4. Eine Schauspielerin, die fließend Deutsch spricht, ist _____.

5. Sandra Bullock wohnt in Fürth, bis sie _____ alt ist.

6. Zwei deutsche Städte in Texas sind _____.

7. Hamburger haben ihren Namen von der deutschen Stadt _____.

8. Die Besucher essen jedes Jahr 200 Spanferkel und 20.000 Bratwürste auf dem _____.

9. Beim *German Fest* sehen _____ viele Facetten deutschsprachiger Kultur.

 Practice more at **vhlcentral.com**.

Lesen Reading: Audio

Vor dem Lesen

Die beliebtesten° Haustiere

In Deutschland gibt es Haustiere in mehr als° 12 Millionen Haushalten.

Katzen	**16,5%** der Haushalte
Hunde	**13,3%** der Haushalte
Nagetiere°	**6,4%** der Haushalte
Vögel	**4,9%** der Haushalte
Aquarien°	**4,4%** der Haushalte

Auch in Österreich und der Schweiz sind Katzen und Hunde die beliebtesten Haustiere.

beliebtesten *most popular* **mehr als** *more than*
Nagetiere *rodents* **Aquarien** *fish tanks*

Texte verstehen Take a quick look at the visual elements of the article in order to generate a list of ideas about its content. Then compare your list with a classmate's. What elements did you both notice? What aspects did your partner notice that didn't catch your eye? Discuss your lists and make any changes needed to produce a final list of ideas.

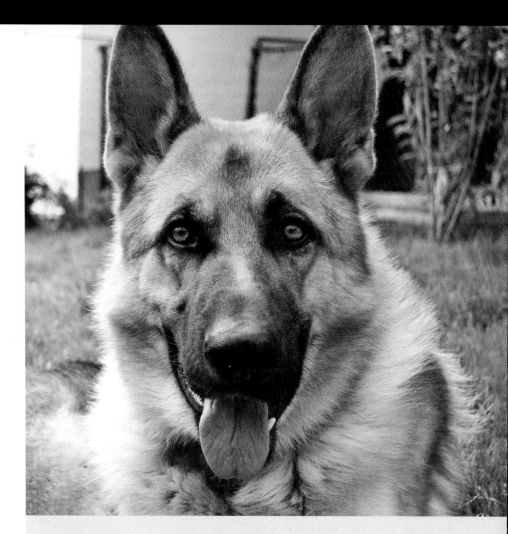

Hunde und Katzen

Für viele Deutsche, Österreicher und Schweizer sind Haustiere sehr wichtig. Allerdings gibt es in diesen Ländern weit weniger vierbeinige Freunde° als in anderen europäischen Ländern. Zum Beispiel hat in Deutschland nur etwa jeder Vierte ein Haustier.

Welche Tiere findet man bei Deutschen, Österreichern und Schweizern am häufigsten°? Oft hört man, der Hund ist des Deutschen bester Freund. Statistiken zeigen allerdings, dass nicht Hunde, sondern Katzen das Haustier Nummer 1 im deutschsprachigen Raum sind. Hunde stehen nur an Nummer 2. Außerdem geht

vierbeinige Freunde *four-legged friends* **am häufigsten** *most frequently* der allgemeine° Trend hin zu mehr° Katzen und weniger° Hunden. Andere beliebte Tiere sind Nagetiere wie Kaninchen° und Hamster. Vögel singen immer weniger in deutschsprachigen Haushalten°.

Haustiere sind oft ein wichtiger Teil° der Familie. Kinder lernen durch sie, soziale Kontakte zu pflegen°. Großstadtkinder, die mit einem Hund leben, haben später° oft weniger Probleme mit Kriminalität. Vor allem bei Singles sind Katzen beliebt, da sie alleine sein können, aber auch eine Art Partnerersatz sind.

Wer hat welches Haustier?

Status	Katzen	Hunde	Fische	Vögel
Ledig	23%	18%	7%	5%
Verheiratet	18%	18%	6%	5%
Frauen	17%	18%	7%	5%
Männer	17%	18%	6%	5%

allgemeine *general* **mehr** *more* **weniger** *fewer* **Kaninchen** *bunnies* **Haushalten** *households*
ein wichtiger Teil *an important part* **pflegen** *to cultivate* **später** *later*

Nach dem Lesen

Richtig oder falsch? Indicate whether each statement is **richtig** or **falsch**.

	richtig	falsch
1. Fast jede Familie in Deutschland hat ein Haustier.	☐	☐
2. Katzen sind das Haustier Nummer 1.	☐	☐
3. Der Trend in den nächsten Jahren geht zu mehr Hunden.	☐	☐
4. Immer weniger Menschen haben Vögel.	☐	☐
5. Großstadtkinder mit Hunden haben mehr Probleme.	☐	☐
6. Viele Ledige haben Katzen als Haustiere.	☐	☐

Wählen Sie Select the correct response according to the article.

1. Wie viel Prozent der Deutschen besitzen ein Haustier?
   a. 10%–20%   b. 20%–30%   c. 30%–40%

2. Welche Haustiere werden immer beliebter?
   a. Katzen   b. Vögel   c. Hunde

3. Welches Tier passt in die Kategorie Nagetiere?
   a. Vögel   b. Hunde   c. Hamster

4. Welches Haustier besitzen die meisten Deutschen?
   a. Hunde   b. Fische   c. Katzen

5. Welche Bevölkerungsgruppe hat die meisten Haustiere?
   a. Frauen   b. Ledige   c. Verheiratete

Meine Haustiere With a partner, talk about the pets you or your family and friends have. Use the verb **haben** and possessive adjectives.

BEISPIEL

S1: *Hast du eine Katze?*
S2: *Nein, ich habe nur einen Fisch, aber mein Onkel hat zwei Katzen...*

Hören

Vorbereitung

Based on the photograph, where do you think Irine and Stefanie are? What do you think they are talking about?

Zuhören

Now you are going to hear Irine and Stefanie's conversation. Write **C** next to adjectives that describe Irine's boyfriend, Christoph. Write **J** next to adjectives that describe Stefanie's boyfriend, Jürgen. Some adjectives will not be used.

_____ großzügig	_____ langweilig
_____ hübsch	_____ angenehm
_____ süß	_____ egoistisch
_____ sportlich	_____ langsam
_____ großartig	_____ toll
_____ ernst	_____ faul

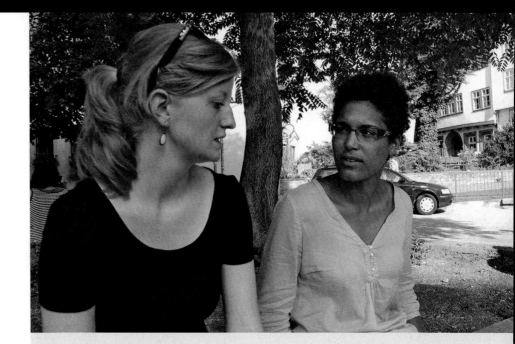

Verständnis

Wer ist das? Write the name of the person described by each statement.

1. Sie hat ein Problem mit ihrem Freund.

   _____

2. Videospiele sind sein Hobby.

   _____

3. Er ist großzügig und süß.

   _____

4. Sie ist sehr glücklich mit ihrem Freund.

   _____

5. Sie wird bald heiraten.

   _____

6. Er ist der perfekte Freund.

   _____

Richtig oder falsch? Indicate whether each statement is **richtig** or **falsch**. Correct the false statements.

1. Christoph ist ein großzügiger und großartiger Mann.

   _____

2. Irine hat kein Glück mit Männern.

   _____

3. Stefanie ist mit Jürgen verlobt.

   _____

4. Irine kann mit ihrem Freund nichts machen.

   _____

5. Christoph ist sehr interessant.

   _____

6. Stefanie kann Irine mit ihrem Männerproblem helfen.

   _____

Schreiben

Strategien

Using idea maps

How do you organize ideas for a first draft? Often, the organization of ideas represents the most challenging part of the writing process. Idea maps are useful for organizing information. Here is an example of an idea map you could use when writing.

IDEA MAP

Thema

 Briefe schreiben

A German friend you met online wants to know about your family. Using the verbs and grammar structures you learned in this unit, write a brief description of your family or an imaginary family, including:

- Names and relationships
- Physical characteristics
- Hobbies and interests

Here are some useful expressions for writing a letter or e-mail in German:

Salutations	
Lieber Stefan,	Dear Stefan,
Liebe Karin,	Dear Karin,

Asking for a response	
Ich hoffe, bald von dir zu hören.	I hope to hear from you soon.
Erzähl, was es Neues bei dir gibt.	Let me know what's new with you.

Closings	
Bis bald!/Tschüss!	So long!
Mach's gut!	All the best!
Mit freundlichen Grüßen	Yours sincerely
Hochachtungsvoll	Respectfully

Flashcards
Audio: Vocabulary

die Familie

das Baby, -s	baby
der Bruder, -¨	brother
der Cousin, -s	cousin (m.)
die Cousine, -n	cousin (f.)
die Eltern	parents
das Enkelkind, -er	grandchild
der Enkelsohn, -¨e	grandson
die Enkeltochter, -¨	granddaughter
die Frau, -en	wife
das Geschwister, -	sibling
die Großeltern	grandparents
die Großmutter, -¨	grandmother
der Großvater, -¨	grandfather
der Halbbruder, -¨	half brother
die Halbschwester, -n	half sister
das Kind, -er	child
der Mann, -¨er	husband
die Mutter, -¨	mother
der Nachname, -n	last name
der Neffe, -n	nephew
die Nichte, -n	niece
die Oma, -s	grandma
der Onkel, -	uncle
der Opa, -s	grandpa
das Paar, -e	couple
der Schwager, -¨	brother-in-law
die Schwägerin, -nen	sister-in-law
die Schwester, -n	sister
die Schwiegermutter, -¨	mother-in-law
der Schwiegervater, -¨	father-in-law
der Sohn, -¨e	son
der Stiefbruder, -¨	stepbrother
die Stiefmutter, -¨	stepmother
die Stiefschwester, -n	stepsister
der Stiefsohn, -¨e	stepson
die Stieftochter, -¨	stepdaughter
der Stiefvater, -¨	stepfather
die Tante, -n	aunt
die Tochter, -¨	daughter
der Vater, -¨	father
der / die Verwandte, -n	relative
der Zwilling, -e	twin

die Haustiere

der Fisch, -e	fish
der Hund, -e	dog
die Katze, -n	cat
der Vogel, -¨	bird

zum Beschreiben

blaue/grüne/ braune Augen	blue/green/ brown eyes
blonde/braune/ schwarze Haare	blond/brown/ black hair
(un)angenehm	(un)pleasant
arm	poor; unfortunate
bescheiden	modest
besorgt	worried
diskret	discreet
dunkel	dark
dynamisch	dynamic
egoistisch	selfish
eifersüchtig	jealous
ernst	serious
faul	lazy
fleißig	hard-working
freundlich	friendly
froh	happy
gemein	mean
gierig	greedy
glücklich	happy
großzügig	generous
gut	good
hell	light
intellektuell	intellectual
intelligent	intelligent
interessant	interesting
langsam	slow
langweilig	boring
Lieblings-	favorite
lustig	funny
müde	tired
mutig	brave
naiv	naïve
nervös	nervous
nett	nice
neugierig	curious
schlecht	bad
schnell	fast
schüchtern	shy
schwach	weak
stark	strong
stolz	proud
süß	sweet; cute
toll	great
traurig	sad

der Familienstand

die Witwe, -n	widow
der Witwer, -	widower
geschieden	divorced
getrennt	separated
ledig	single
verheiratet	married
verlobt	engaged
heiraten	to marry

Berufe

der Architekt, -en / die Architektin, -nen	architect
der Besitzer, - / die Besitzerin, -nen	owner
der Friseur, -e / die Friseurin, -nen	hairdresser
der Geschäftsmann (pl. Geschäftsleute) / die Geschäftsfrau, -en	businessman / businesswoman
der Ingenieur, -e / die Ingenieurin, -nen	engineer
der Journalist, -en / die Journalistin, -nen	journalist
der Kellner, - / die Kellnerin, -nen	waiter / waitress
der Musiker, - / die Musikerin, -nen	musician
der Rechtsanwalt, -¨e / die Rechtsanwältin, -nen	lawyer

Modalverben

dürfen	to be allowed to, may
können	to be able to, can
müssen	to have to, must
sollen	to be supposed to
wollen	to want to

Possessive adjectives	See p. 104.
Descriptive adjectives	See p. 108.
Gern and *nicht gern*	See p. 112.
Prepositions with the accusative	See p. 128.
Common commands	See p. 131.

See p. 104.
See p. 108.
See p. 112.
See p. 128.
See p. 131.

Ressourcen

vhlcentral.com

Ressourcen

SAM
WB: pp. 49–50

SAM
LM: p. 31

vhlcentral.com

Communicative Goals

You will learn how to:

- talk about food
- talk about grocery shopping

Lebensmittel

Talking Picture
Audio: Activities

vocabulary

Wortschatz	
Geschäfte	***stores***
die Bäckerei, -en	*bakery*
die Eisdiele, -n	*ice cream shop*
das Feinkostgeschäft, -e	*delicatessen*
das Fischgeschäft, -e	*fish store*
die Konditorei, -en	*pastry shop*
das Lebensmittelgeschäft, -e	*grocery store*
der Markt, -̈e	*market*
die Metzgerei, -en	*butcher shop*
der Supermarkt, -̈e	*supermarket*
Essen	***food***
das Brot, -e	*bread*
das Brötchen, -	*roll*
die Butter	*butter*
der Joghurt, -s	*yogurt*
der Käse, -	*cheese*
das Öl, -e	*oil*
das Olivenöl, -e	*olive oil*
die Pasta	*pasta*
der Reis	*rice*
Fleisch und Fisch	***meat and fish***
die Garnele, -n	*shrimp*
das Hähnchen, -	*chicken*
die Meeresfrüchte (*pl.*)	*seafood*
das Rindfleisch	*beef*
der Schinken, -	*ham*
das Schweinefleisch	*pork*
der Thunfisch	*tuna*
das Würstchen, -	*sausage*
Obst und Gemüse	***fruits and vegetables***
die Ananas, -	*pineapple*
die Artischocke, -n	*artichoke*
die Himbeere, -n	*raspberry*
die Melone, -n	*melon*
die Traube, -n	*grape*

die Orange, -n

die Birne, -n

die Erdbeere, -n

Obst

der Pfirsich, -e

die Banane, -n

der Apfel, -̈-

die Kartoffel, -n

Gemüse

die Zwiebel, -n

die rote Paprika
(*pl.* die roten Paprika)

die Karotte, -n

die Aubergine, -n

die grüne Bohne
(*pl.* die grünen Bohnen)

der Knoblauch

der Pilz, -e

die Tomate, -n

ACHTUNG

Note that **der Salat** can refer to either *salad* or *lettuce*. A head of lettuce is **ein Salatkopf** (*m.*).

die Marmelade, -n

der Kuchen, -

die grüne Paprika
(*pl.* die grünen Paprika)

der Salat, -e

das Ei, -er

Anwendung

1 **Was passt zusammen?** Welche Wörter in Liste 1 passen zu (*match*) den Wörtern in Liste 2?

Liste 1	Liste 2
____ 1. die Paprika	a. der Fisch
____ 2. das Rindfleisch	b. das Fleisch
____ 3. die Banane	c. das Obst
____ 4. der Thunfisch	d. das Gemüse
____ 5. die Orange	
____ 6. das Würstchen	
____ 7. der Salat	
____ 8. die Garnele	

2 **Lebensmittel** Schreiben Sie die Namen der Lebensmittel unter die Fotos.

▶ **BEISPIEL** *die Tomaten*

1. _____

2. _____ 3. _____ 4. _____ 5. _____

3 **Was essen Sie gern?** Schreiben Sie die Namen der Lebensmittel, die (*that*) Sie gern, nicht so gern und nicht gern essen.

	gern	nicht so gern	nicht gern
1.	_____	_____	_____
2.	_____	_____	_____
3.	_____	_____	_____

4 **Samstag ist Markttag** 🎧 Hören Sie die Dialoge an und entscheiden Sie (*decide*), welche Sätze (*sentences*) **richtig** oder **falsch** sind.

	richtig	falsch
1. Annika geht zum Supermarkt einkaufen (*to shop*).	☐	☐
2. Sie kauft Garnelen und Thunfisch.	☐	☐
3. Thunfisch ist heute im Angebot (*on sale*).	☐	☐
4. Ein Kilo Garnelen kostet 8,30 €.	☐	☐
5. Am Obststand kauft Annika nur Äpfel und Bananen.	☐	☐
6. Annika macht einen Salat.	☐	☐

Practice more at **vhlcentral.com.**

Kommunikation

Torte = tart

5 Was kann man hier kaufen?
Nennen Sie (*Name*) drei Lebensmittel, die (*which*) Sie in den Geschäften kaufen können. Vergleichen Sie (*Compare*) die Antworten mit einem Partner / einer Partnerin.

▶ **BEISPIEL**

in der Eisdiele
das Vanilleeis
der Kaffee
die Cola

1. beim Bäcker

Man kann brot kaufen
brotchen
Torte

2. in der Metzgerei

_____

_____

_____

3. auf dem Markt

_____

_____

_____

4. im Supermarkt

Mann kann Pasta kaufen
Mann kann Ei kaufen

5. im Fischgeschäft

_____

_____

_____

6 Kochen mit Freunden
Sie und Ihre Freunde wollen am Abend zusammen (*together*) kochen. Diskutieren Sie, was Sie alles brauchen und wer was kaufen soll (*who will buy what*).

BEISPIEL

S1: Wer bringt Obst und Gemüse?
S2: Ich bringe Salat. Thomas, bringst du das Obst?
S3: Ja, ich kann Trauben und Birnen bringen.

7 Geschäftsbesitzer
Sie sind Geschäftsbesitzer (*shop owner*) und Ihre Mitstudenten müssen erraten (*guess*), was man bei Ihnen kaufen kann und welches Geschäft Sie haben.

BEISPIEL

S1: Verkaufen Sie (*Do you sell*) Bananen?
S2: Nein.
S3: Verkaufen Sie Wurst?
S2: Ja.
S1: Haben Sie eine Metzgerei?

8 Essen und trinken
Fragen Sie Ihre Mitstudenten, was sie gern oder nicht gern essen und trinken. Finden Sie mindestens (*at least*) eine Person, die denselben Geschmack (*the same taste*) hat wie Sie.

BEISPIEL

S1: Ich esse gern Brot und Nutella am Morgen. Isst du auch Nutella?
S2: Nein, ich esse nicht gern Nutella.
S3: Ich esse gern Brot und Nutella. Und ich trinke morgens Kaffee. Du auch?

Aussprache und Rechtschreibung

S Audio: Presentation
Record & Compare Activities

🎧 The German *s*, *z*, and *c*

The *s* sound in German is represented by **s**, **ss**, or **ß**. At the end of a word, **s**, **ss**, and **ß** are pronounced like the *s* in the English word *yes*. Before a vowel, **s** is pronounced like the *s* in the English word *please*.

Reis	Professor	weiß	Supermarkt	Käse

The German **z** is pronounced like the *ts* in the English word *bats*, whether it appears at the beginning, middle, or end of a word. The combination **tz** is also pronounced *ts*. The ending -**tion** is always pronounced -*tsion*.

Pilze	Zwiebel	Platz	Besitzer	Kaution

Only in loan words does the letter **c** appear directly before a vowel. Before **e** or **i**, the letter **c** is usually pronounced *ts*. Before other vowels, it is usually pronounced like the *c* in *cat*. The letter combination **ck** is pronounced like the *ck* in the English word *packer*.

Cent	Celsius	Computer	backen	Bäckerei

1 **Sprechen Sie nach** Wiederholen Sie die Wörter, die Sie hören.

1. lassen
2. lasen
3. weißer
4. weiser
5. sinnlos
6. seitens
7. selbst
8. Zeile
9. Katzen
10. letztes
11. Campingplatz
12. Fleck

2 **Artikulieren Sie** Wiederholen Sie die Sätze, die Sie hören.

1. Der Musiker geht am Samstag zum Friseur.
2. Es geht uns sehr gut.
3. Die Zwillinge essen eine Pizza mit Pilzen, Zwiebeln und Tomaten.
4. Jetzt ist es Zeit in den Zoo zu gehen.
5. Der Clown sitzt im Café und spielt Computerspiele.
6. Ich esse nur eine Portion Eis.

3 **Sprichwörter** Wiederholen Sie die Sprichwörter, die Sie hören.

Aus den Augen, aus dem Sinn.[1]

Gegensätze ziehen sich an.[2]

[1] Out of sight, out of mind. [2] Opposites attract.

Ressourcen

SAM
LM: p. 32

S vhlcentral.com

Fotoroman

Börek für alle Video: *Fotoroman*

George und Hans treffen Meline und Sabite im Supermarkt. George hat eine
Idee: Er macht Börek für seine Freunde. Aber kann George kochen?

1

GEORGE Was möchtest du heute essen?
HANS Hmmm. Ich esse gerne Fleisch.
Rindfleisch, Schweinefleisch und Wurst...
GEORGE Los! Auf zur Fleischtheke!
HANS Ja!

2

SABITE Ich esse gern Tofu mit Pilzen
und Erdbeeren.
HANS Erdbeeren und was?
SABITE Pilze. Mit Tofu.

3

GEORGE Sabite, welche Zutaten kommen
in die Börek von deiner Mutter? Wir können
sie kochen.
SABITE Hmm. Lass mich überlegen. Kartoffeln,
Blätterteig, Zwiebeln. Kartoffeln kochen,
Zwiebeln braten, Teig aufrollen. Backen.

4

GEORGE Ich mache heute Abend Börek!
SABITE Wir bringen Käse und Brot mit. Wann
sollen wir kommen?
GEORGE Kommt um halb sieben vorbei.
SABITE Perfekt.
MELINE Was ist perfekt?

5

MELINE Müssen wir mit Hans und
George essen?
SABITE Ach, Meline, sei nett.

HANS Muss Meline mit uns essen? Sie ist
extrem unangenehm. Ich finde, das ist
eine ausgesprochen schlechte Idee.
GEORGE Meline ist lustig. Du magst
sie bestimmt.
HANS Das glaube ich kaum.
GEORGE Sie mag dich bestimmt.

6

1 **Ergänzen Sie** Ergänzen Sie die Sätze mit den richtigen Informationen.

1. Hans isst gern Schweinefleisch und (Rindfleisch / Tofu).
2. Sabite mag Tofu mit Pilzen und (Wurst / Erdbeeren).
3. In die Börek von Frau Yilmaz kommen (Pilze / Zwiebeln).
4. Man muss die Zwiebeln (waschen / braten).
5. Meline und Sabite sollen um (zehn nach sieben / halb sieben)
bei Hans und George sein.

6. Sie bringen (Käse und Brot / Käse und Wurst) mit.
7. Hans findet die Idee ausgesprochen (schlecht / gut).
8. In den Börek fehlt (*is missing*) (Blätterteig / Schafskäse).
9. Sabite ruft morgen (ihre Mutter / ihre Oma) an.
10. Hans und George haben noch (Milch und Äpfel / Joghurt
und Bananen).

PERSONEN George Hans Meline Sabite

GEORGE Tada! Prost!
HANS Prost!

SABITE George! Was...
GEORGE Ich weiß es nicht!

SABITE Wo ist der Schafskäse? Er gibt ihnen
erst noch den Geschmack.
GEORGE Schafskäse? Wieso...
SABITE Oh, nein. Oh, George, es tut mir
leid! Ich rufe morgen meine Mutter an und
schreibe es dann auf.

GEORGE Es ist schon okay. Der Butterkäse und
das Brot liegen dort.
MELINE Ich brate Eier und Kartoffeln.
HANS Gute Idee. Wir haben hier oben noch
Joghurt und Bananen.
SABITE Hier stehen noch Butter und
Marmelade für das Brot!

Nützliche Ausdrücke

- **die Wurst**
  cold cuts
- **Los! Auf zur Fleischtheke!**
  Let's go! To the butcher's counter!
- **die Zutat**
  ingredient
- **der Blätterteig**
  phyllo dough
- **aufrollen**
  roll up
- **Kommt um halb sieben vorbei!**
  Come over at half past seven!
- **Brauchen wir noch etwas?**
  Do we need anything else?
- **Ich finde, das ist eine ausgesprochen schlechte Idee.**
  I think it's an extremely bad idea.
- **der Schafskäse**
  Feta cheese
- **Es tut mir leid!**
  I'm sorry!

4A.1
- **Du magst sie bestimmt.**
  You really will like her.

4A.2
- **Ich mache heute Abend Börek!**
  I'm making boreks tonight!

4A.3
- **Ich rufe morgen meine Mutter an und schreibe es dann auf.**
  I'll call my mother tomorrow, and I'll write it down.

---

2 **Zum Besprechen** Sie und ein Freund möchten heute Abend Ihre Klassenkameraden zum Essen einladen (*invite*). Schreiben Sie mit einem Partner einen Dialog. Was wollen Sie servieren? Welche Zutaten brauchen Sie? Wo kaufen Sie ein? Wie kochen Sie das Essen?

3 **Vertiefung** Suchen Sie bekannte Lebensmittelhersteller (*food brands*) in Deutschland, wie Knorr, Maggi oder Haribo. Finden Sie drei bekannte Produkte. Präsentieren Sie der Klasse Ihre Resultate.

Ressourcen

SAM VM: p. 7 | DVD Folge 7 | vhlcentral.com

Kultur

Der Wiener Naschmarkt Reading

IN DEUTSCHLAND, ÖSTERREICH und der Schweiz hat fast jede Stadt° einen Marktplatz°. Er ist normalerweise im Zentrum der Stadt.

Stände am Naschmarkt	
Lebensmittel	31
Gastronomie°	27
Obst und Gemüse	20
Fleischwaren	9
Backwaren°	8
Fisch	5
Blumen	2
Milchprodukte	2
Wein	1
Bier	1
Sonstiges°	1

QUELLE: Edition moKKa

Große Städte haben oft mehr als einen Marktplatz. Berühmte° Marktplätze sind der Viktualienmarkt in München, der Alexanderplatz in Berlin, der Helvetiaplatz in Zürich und der Naschmarkt in Wien.

Der Naschmarkt ist einer der 26 Märkte in Wien. Er existiert seit über° 80 Jahren und liegt° sehr zentral. Viele Stände° auf dem Naschmarkt sind Montag bis Samstag zwischen° 9 Uhr und 21 Uhr offen. Vor allem° samstagmorgens bei gutem Wetter° findet man alte und junge Menschen an den Ständen. Die Atmosphäre ist lebendig°: Menschen unterhalten sich° und Kunden handeln mit den Verkäufern°.

Märkte wie der Wiener Naschmarkt haben auch viele verschiedene° Waren: Es gibt Käse, Fleisch, Wurst, Obst und Gemüse. Natürlich gibt es auch Milchprodukte wie Käse und Joghurt. Außerdem° kann man Blumen oder Seife° kaufen. Der Markt ist auch sehr international mit italienischen, griechischen, türkischen und asiatischen Ständen.

fast jede Stadt *almost every city* **Marktplatz** *market square* **Berühmte** *Famous* **existiert seit über** *has existed for more than* **liegt** *is located* **Viele Stände** *Many stands* **zwischen** *between* **Vor allem** *Especially* **bei gutem Wetter** *when the weather is nice* **lebendig** *lively* **unterhalten sich** *chat* **Kunden handeln mit den Verkäufern** *buyers negotiate with the vendors* **verschiedene** *different* **Außerdem** *In addition* **Seife** *soap* **Gastronomie** *prepared foods* **Backwaren** *baked goods* **Sonstiges** *Other*

1 **Der Wiener Naschmarkt** Ergänzen Sie die Sätze.

1. Jede Stadt in Deutschland, _____ und der Schweiz hat einen Marktplatz.

2. Der Marktplatz ist normalerweise im _____ der Stadt.

3. Ein berühmter Marktplatz in Berlin heißt _____.

4. In Wien gibt es _____ Märkte.

5. Der Naschmarkt existiert seit über _____ Jahren.

6. Viele Stände sind zwischen 9 und _____ Uhr offen.

7. Die Atmosphäre auf dem Naschmarkt ist _____.

8. Der Naschmarkt ist sehr international mit italienischen, griechischen, _____ und asiatischen Waren.

9. An fünf Ständen kann man _____ kaufen.

10. Auf dem Naschmarkt gibt es _____ Obst- und Gemüsestände.

Practice more at **vhlcentral.com.**

DEUTSCH IM ALLTAG

Auf dem Markt

Ich hätte gern...	*I would like...*
ein Dutzend Eier	*a dozen eggs*
ein Pfund Kartoffeln	*a pound of potatoes*
100 Gramm Käse	*100 grams of cheese*
Das macht 3,80 €.	*That's € 3.80.*
Sonst noch etwas?	*Anything else?*
Was wünschen Sie?	*What would you like?*
Wie viel kostet das?	*How much is that?*

DIE DEUTSCHSPRACHIGE WELT

Das ist eine Tomate, oder?

Deutsche und Österreicher sprechen Deutsch, aber es gibt verschiedene Vokabeln. Deutsche sagen „Tomate". Was sagen Österreicher? Hier ist eine kurze Liste mit Essensvokabeln:

In Deutschland	In Österreich
die Aprikose°	die Marille
grüne Bohnen	Fisolen
das Brötchen	die Semmel
das Hackfleisch°	das Faschierte
die Kartoffel	der Erdapfel
der Meerrettich°	der Kren
der Quark°	der Topfen
die Sahne°	der Obers
die Tomate	der Paradeiser

Aprikose *apricot* **Hackfleisch** *ground meat* **Meerrettich** *horseradish* **Quark** *curd cheese* **Sahne** *cream*

PORTRÄT

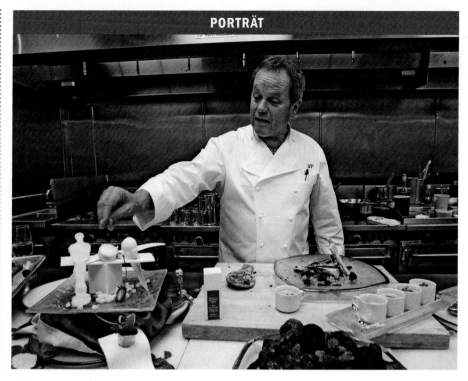

Wolfgang Puck

Wolfgang Puck ist ein österreichischer Koch°. Er lebt und arbeitet in den USA, hat aber auch Restaurants in Japan. Er ist sehr erfolgreich°: Der Umsatz° seiner Firmen ist mehr als 100 Millionen Dollar pro Jahr. In den USA hat er mehr als 70 Restaurants: Bistros, Cafés und Gourmetrestaurants. Ein sehr berühmtes und sehr teures° Restaurant ist das Spago in Beverly Hills. Das Essen in seinen Restaurants ist nicht nur amerikanisch. In fast jedem Restaurant kann man neben amerikanischen Burgern auch Wiener Schnitzel° und Kärntner Kasnudeln° bestellen.

Koch *chef* **erfolgreich** *successful* **Umsatz** *total revenue* **teures** *expensive*
Wiener Schnitzel *Viennese schnitzel* **Kärntner Kasnudeln** *South Austrian cheese noodles*

IM INTERNET

Wie viele Christkindlmärkte gibt es in Österreich? Wo sind sie? Welche Christkindlmärkte sind sehr berühmt?

For more information on this **Kultur**, *go to* **vhlcentral.com**.

---

2 **Richtig oder falsch?** Korrigieren Sie die falschen Aussagen (*statements*) mit einem Partner / einer Partnerin.

1. Das Brötchen heißt Semmel in Österreich.
2. Eine Tomate heißt Marille in Österreich.
3. Wolfgang Puck ist ein deutscher Koch.
4. Wolfgang Puck hat Restaurants nur in Amerika.
5. In fast jedem Restaurant von Wolfgang Puck kann man Wiener Schnitzel bestellen.

3 **Ein Gespräch auf dem Naschmarkt** Spielen Sie ein Gespräch zwischen einem Kunden (*customer*) und einem Verkäufer auf dem Naschmarkt. Integrieren Sie die folgenden Informationen: Grüße, zwei Produkte, Preise, Bezahlung (*payment*), Abschiede.

BEISPIEL

S1: *Guten Tag.*
S2: *Grüß Gott. Kann ich Ihnen helfen?*
S1: *Ja. Ich hätte gerne...*

Ressourcen

S

vhlcentral.com

Strukturen

4A.1

The modal *mögen* Presentation

Startblock In **3A.3**, you learned to express likes and dislikes using **gern** and **nicht gern**. Another way of expressing liking is with the modal **mögen**.

Hey! Ich **mag** das! Danke.

Meline ist lustig. Du **magst** sie bestimmt.

- Like all the modal verbs, **mögen** is irregular in the singular.

mögen (*to like*)			
ich mag	*I like*	wir mögen	*we like*
du magst	*you like*	ihr mögt	*you like*
er/sie/es mag	*he/she/it likes*	Sie/sie mögen	*you/they like*

- While most modals modify another verb, **mögen** almost always appears on its own.

Die Kinder **mögen** diesen Joghurt.
*The kids **like** this yogurt.*

Magst du Zwiebeln und Knoblauch?
*Do you **like** onions and garlic?*

- **Möchten** is the subjunctive form of **mögen**. Use **möchten** for polite requests and to say what you *would like* to have or do. **Möchten** may be followed by either a verb or a noun.

möchten			
ich möchte	*I would like*	wir möchten	*we would like*
du möchtest	*you would like*	ihr möchtet	*you would like*
er/sie/es möchte	*he/she/it would like*	Sie/sie möchten	*you/they would like*

Wir **möchten** Fußball spielen.
*We **would like** to play soccer.*

Möchten Sie Kaffee oder Tee?
***Would** you **like** coffee or tea?*

Jetzt sind Sie dran! Ergänzen Sie die Lücken mit den richtigen Formen der Modalverben **mögen** oder **möchten**.

1. Die Kinder __mögen__ (mögen) Schokolade.
2. Ich _____ (mögen) Joghurt und Käse.
3. Julia _____ (möchten) in die Konditorei gehen.
4. _____ (Möchten) du Pasta oder Reis?
5. Anne _____ (mögen) Auberginen nicht.
6. _____ (Möchten) Sie einen Tisch beim Fenster?
7. Ihr _____ (möchten) zur Bäckerei gehen.

8. _____ (Mögen) du Meeresfrüchte nicht?
9. Ich _____ (möchten) kein Fleisch essen.
10. Hans und Mark _____ (mögen) Bananen zum Frühstück.
11. _____ (Mögen) ihr Garnelen?
12. Wir _____ (möchten) ein Stück (*piece of*) Kuchen.

Anwendung und Kommunikation

1 **Ergänzen Sie** Ergänzen Sie die Sätze mit der richtigen Form von **mögen**.

> **BEISPIEL** Hans ___*mag*___ Fußball.

1. Meine Schwester _____ Schokolade.
2. Meine Eltern _____ die Komponisten Mozart und Haydn.
3. Ich _____ russische Literatur.
4. Mein Mann und ich _____ Filme mit Robert De Niro.
5. Unser Hund _____ unsere Katzen nicht.
6. Und du, du _____ deine Hausaufgaben nicht!

2 **Pläne für das Wochenende** Ergänzen Sie die Sätze mit der richtigen Form von **möchten** und mit Wörtern aus der Liste.

am Wochenende Fußball spielen	schlafen
ins Restaurant gehen	tanzen
auf Hochzeitsreise (*honeymoon*) gehen	Tennis spielen

▶ **BEISPIEL**

Ben und Christian

möchten am Wochenende Fußball spielen.

1. Elias und Petra

_____

2. Karin, du   3. Professor Klein   4. Holger und du, ihr   5. Marie und ich, wir

_____.   _____.   _____.   _____.

3 **Was magst du?** Fragen Sie Ihren Partner / Ihre Partnerin, was er/sie (nicht) mag. Fragen Sie auch nach den anderen Personen in seiner/ihrer Familie.

BEISPIEL

S1: *Magst du Thunfisch?*
S2: *Nein, aber ich mag Käse.*
S1: *Und dein Bruder? Mag er Thunfisch?*
S2: *Nein, aber er mag Würstchen.*

 Practice more at **vhlcentral.com**.

4A.2 Adverbs Presentation

Startblock In German, as in English, adverbs are words or phrases that modify a verb, an adjective, or another adverb. Adverbs describe *when*, *how*, or *where* an action takes place.

Ich gehe **wirklich gern** einkaufen.

Ich mache **heute Abend** Börek!

QUERVERWEIS

See **1B.2** to review basic word order in German.

———

See **2A.3** to review other adverbs related to time and date.

- An adverb usually comes immediately before the adjective or adverb it modifies. Adverbs that frequently modify adjectives or other adverbs include **fast** (*almost*), **nur** (*only*), **sehr** (*very*), **so** (*so*), **wirklich** (*really*), and **zu** (*too*).

  Der Kuchen ist **fast** fertig.
  *The cake is **almost** ready.*

  Du isst **viel zu** schnell.
  *You eat **much too** quickly.*

- When an adverb modifies a verb, it generally comes immediately after the verb it modifies. Adverbs of time or place can also come directly before the verb.

  Ich esse **täglich** Gemüse.
  *I eat vegetables **every day**.*

  Morgens trinken wir **immer** Kaffee.
  *We **always** drink coffee **in the morning**.*

- Here are some common adverbs of time, manner, and place.

adverbs					
Wann?		**Wie?**		**Wo?**	
immer	*always*	allein	*alone*	da/dort	*there*
jetzt	*now*	bestimmt	*definitely*	drüben	*over there*
nie	*never*	leider	*unfortunately*	hier	*here*
oft	*often*	vielleicht	*maybe*	überall	*everywhere*
selten	*rarely*	zusammen	*together*	woanders	*somewhere else*

ACHTUNG

In English, you can turn an adjective into an adverb by adding the ending *-ly*.

In German, you can turn an adjective into an adverb by placing it after the verb you want to modify:

Peter ist ein gesunder Junge.
Peter is a healthy boy.

Peter isst sehr gesund.
Peter eats very healthily.

- Adverbs of time indicate *when* or *how frequently* an event occurs and answer the questions **wann?** and **wie oft?** (*how often?*).

  Wir kaufen **morgen** einen Kuchen.
  *We're getting a cake **tomorrow**.*

  Ich esse **selten** Kuchen.
  *I **rarely** eat cake.*

- If there is more than one time expression in a sentence, general time references are placed before adverbs of specific time.

  Die Bäckerei öffnet **am Sonntag um 9 Uhr**.
  *The bakery opens at **9 o'clock on Sunday**.*

  Samstag morgens um 11 Uhr frühstücke mit meinem Vater.
  *I have breakfast with my father **every Saturday morning at 11 o'clock**.*

- Adverbs of manner indicate *how* an action is done. They answer the question **wie?**

  Ich mache das **allein**.
  *I'm doing this **by myself**.*

  Du spielst **wirklich gut** Tennis.
  *You play tennis **really well**.*

- Adverbs of place describe locations or directions and answer the questions **wo?**, **wohin?**, and **woher?**

  Woher kommst du?
  *Where are you **from**?*

  Ich komme **aus Deutschland**.
  *I'm **from Germany**.*

  Wo bleibt ihr?
  Where are you staying?

  Wir bleiben **zu Hause**.
  *We're staying **at home**.*

- When there is more than one adverbial expression in a sentence, adverbs of time come first, followed by adverbs of manner, then adverbs of place.

  Papa kauft **heute in der Konditorei** eine Geburtstagstorte.
  *Dad is getting a birthday cake **today at the pastry shop**.*

  Wir fahren **zusammen zum Supermarkt**.
  *We're going **to the supermarket together**.*

  Heute Abend esse ich **vielleicht im Restaurant**.
  ***Maybe** I'll eat **at a restaurant tonight**.*

  Sie essen **morgen Abend bestimmt woanders**.
  *They are **definitely** eating **somewhere else tomorrow night**.*

- In **2B.3** you learned how to negate sentences with **nicht**. In sentences with adverbial expressions, the negation **nicht** usually *precedes* general expressions of time, manner, and place, but *follows* adverbs of specific time.

  Wir kaufen Fleisch **nicht oft** im Supermarkt.
  *We don't **often** buy meat at the supermarket.*

  Ich möchte **am Montag nicht** in die Schule gehen.
  *I don't want to go to school **on Monday**.*

Ressourcen

SAM
WB: pp. 53–54

SAM
LM: p. 34

(S)

vhlcentral.com

Jetzt sind Sie dran! Geben Sie an (*Indicate*), ob die Adverbien die Zeit (*time*), die Art und Weise (*manner*) oder den Ort beschreiben.

1. Wir kochen heute Abend <u>zusammen</u>. Art und Weise
2. Marina ist <u>immer</u> besorgt. _____
3. Die Eltern trinken <u>gern</u> Rotwein. _____
4. Das Lebensmittelgeschäft ist <u>dort drüben</u>. _____
5. Meine Schwester isst <u>nie</u> Obst und Gemüse. _____
6. Ihr trinkt <u>selten</u> Kaffee. _____

7. Du machst deine Hausaufgaben <u>allein</u>. _____
8. Ich fahre <u>schnell</u> zur Universität. _____
9. Petra hat <u>jetzt</u> keine Zeit. _____
10. Ich esse <u>oft</u> Käse und Brot. _____
11. Kann man Auberginen <u>überall</u> kaufen? _____
12. Wir bleiben <u>hier</u> in Berlin. _____

Anwendung

1 **Wählen Sie** Wählen Sie (*Choose*) das adverbiale Element, das am besten passt.

> **BEISPIEL** Ich gehe (die ganze Nacht / im Restaurant / morgens) in den Unterricht.

1. Yusuf macht (in der Bibliothek / im Fitnessstudio / in der Bäckerei) Hausaufgaben.
2. Wir möchten später (selten / beim Bäcker / im Park) picknicken.
3. Efe geht (im Hörsaal / im Supermarkt / im Café) einkaufen (*to shop*).
4. Das Restaurant ist (oft / überall / zusammen) voll (*crowded*).
5. Der Schinken ist (jetzt / fast / wirklich) salzig.
6. Thomas isst (dort / selten / allein) Fleisch.
7. Der Kuchen schmeckt (abends / am Wochenende / sehr) lecker (*delicious*).
8. Zum Mittagessen gehen wir (leider / in der Mensa / nie) essen.

2 **Alltagsleben auf dem Campus** Setzen Sie das Adverb an die richtige Stelle.

> **BEISPIEL** Wir essen um 6 Uhr. (immer)
> *Wir essen immer um 6 Uhr.*

1. David vergisst immer seine Hausaufgaben. (fast)
   _____
2. Ich gehe nach (*after*) meinem Deutschkurs einkaufen. (oft)
   _____
3. Paula geht nachmittags spazieren. (auf dem Campus)
   _____
4. Die Studenten essen in der Mensa. (nicht gern)
   _____
5. Ihr lernt in der Bibliothek. (abends)
   _____
6. Du gehst freitags tanzen. (im Club)
   _____
7. Die Professorin korrigiert die Prüfungen. (am Sonntag)
   _____
8. Julius fährt nach Hause (*home*). (am Wochenende)
   _____

3 **Was machen diese Leute?** Bilden Sie Sätze mit zwei Adverbien. Setzen Sie die Wörter in die richtige Reihenfolge (*order*).

Subjekt	Objekt	Verb	Adverbien	
ich	das Auto	backen	gern	selten
du	die Hausaufgaben	fahren	jetzt	im Sommer
mein Vater	den Hund	kaufen	nächstes Jahr	überall
wir	einen Kuchen	machen	nie	um 9 Uhr
du und Dieter	einen Obstsalat	wandern	oft	am Wochenende
meine Freunde	einen Snack	waschen	schnell	zusammen

 Practice more at **vhlcentral.com.**

Kommunikation

4 **Wie und warum?** Was machen die Personen, wie machen Sie das und warum?
Erfinden Sie (*Make up*) ein kurzes Szenario. Benutzen Sie jedes der folgenden
Adverbien nur einmal (*once*): allein, langsam, oft, selten, vielleicht, zusammen.

▶ **BEISPIEL**

S1: Wie geht er?
S2: Er geht schnell. Wohin geht er?
S3: Er geht vielleicht nach Hause.

1._____

2._____   3._____   4._____   5._____

5 **Partnergespräch** Stellen Sie Ihrem Partner / Ihrer Partnerin Fragen.

 BEISPIEL

S1: Wann machst du Hausaufgaben?
S2: Ich mache morgens Hausaufgaben.

1. Wann lernst du?
2. Wann sind deine Kurse?
3. Wie oft gehst du in die Mensa?

4. Wann machst du deine Mittagspause?
5. Wie oft gehst du tanzen?
6. Wie oft fährst du zu den Großeltern?

6 **Meine Mitstudenten** Finden Sie für jede Aktivität eine Person aus
Ihrer Veranstaltung.

BEISPIEL

S1: Isst du oft Fisch?
S2: Nein, ich esse nicht oft Fisch.
S3: Und du?

- oft / Fisch essen
- gut / Gitarre spielen
  jeden Tag / in der Sporthalle trainieren
- selten / Gemüse essen
- gern / am Wochenende tanzen gehen
- oft / Schokomilch trinken
- nie / samstags zu Hause bleiben
  immer / Eier zum Frühstück essen
- gut / kochen können

4A.3 | **Separable and inseparable prefix verbs** Presentation

Startblock In German, many verbs have a prefix in their infinitive form.

Ich gehe wirklich gern **einkaufen**.

Lass mich **überlegen**.

- A verb with a prefix has the same conjugations as its base form, but the added prefix changes the meaning.

  Sucht ihr eure Eltern?
  *Are you **looking for** your parents?*

  Besucht ihr eure Verwandten?
  *Do you **visit** your relatives?*

- Some prefixes are always attached to the verb and others can be separated from it.

  Jakob **verkauft** sein Fahrrad.
  *Jakob **is selling** his bike.*

  Ich **kaufe** im Supermarkt **ein**.
  *I **shop** at the supermarket.*

- Here are some of the most common separable and inseparable prefix verbs.

QUERVERWEIS

See **2B.1** to review the present tense of irregular verbs like **fangen** and **schlafen**.

———

The verb **vorstellen** is often used reflexively. You will learn more about reflexive verbs in **9A.1** and **9A.2**.

verbs with separable prefixes	
anfangen	*to begin*
ankommen	*to arrive*
anrufen	*to call*
aufstehen	*to get up*
ausgehen	*to go out*
einkaufen	*to shop*
einschlafen	*to fall asleep*
mitbringen	*to bring along*
mitkommen	*to come along*
vorbereiten	*to prepare*
vorstellen	*to introduce*
zuschauen	*to watch*
zurückkommen	*to come back*

verbs with inseparable prefixes	
bestellen	*to order*
besuchen	*to visit*
bezahlen	*to pay (for)*
erklären	*to explain*
verkaufen	*to sell*
überlegen	*to think over*
wiederholen	*to repeat*

ACHTUNG

When speaking, place the stress on the prefix of a separable prefix verb: **anrufen**, **einschlafen**. The prefix of an inseparable prefix verb is never stressed: **verkaufen**, **wiederholen**.

- Separable prefixes are generally prepositions (**an, aus, mit**) or other parts of speech that carry meaning and can stand alone. In contrast, most inseparable prefixes (**be-, er-, ver-**) have no independent meaning and never stand alone.

  Heute Abend **gehen** wir zusammen **aus**.
  *Tonight we're **going out** together.*

  Ich **bestelle** die Pasta mit Garnelen.
  *I'm **ordering** the pasta with shrimp.*

  Stefan **steht** jeden Morgen um 6 Uhr **auf**.
  *Stefan **gets up** at 6 o'clock every morning.*

  Ihr **verkauft** euer Auto?
  *You're **selling** your car?*

- When using a separable prefix verb in the present tense or the imperative, move the prefix to the end of the sentence or clause.

Wir **kaufen** auf dem Markt **ein**.
*We're **shopping** at the market.*

Kommst du **zurück**?
*Are you **coming back**?*

Bitte **stellen** Sie die Frau **vor**.
*Please **introduce** the woman.*

Ruf deine Eltern **an**!
***Call** your parents!*

Wir **bringen** Käse und Brot **mit**.

Wir **laden** Meline und Sabite zu uns zu Börek **ein**?

- To make the sentence negative, add **nicht** immediately before the separable prefix.

Ich komme **nicht** zurück.
*I'm **not** coming back.*

Ruf deine Eltern **nicht** an!
***Don't** call your parents!*

- When using a modal with a separable prefix verb, move the infinitive of the separable prefix verb to the end of the sentence.

Die Mädchen **möchten** morgen Abend **ausgehen**.
*The girls **want to go out** tomorrow night.*

Ich **muss** mit meinen Hausaufgaben **anfangen**.
*I **need to start** my homework.*

- The prefix of an inseparable prefix verb always remains attached to the beginning of the verb.

Ich **bezahle** die Lebensmittel.
*I'll **pay for** the groceries.*

Wiederholen Sie den Satz.
***Repeat** the sentence.*

Ressourcen

SAM
WB: pp. 55–56

SAM
LM: p. 35

Ⓢ
vhlcentral.com

Jetzt sind Sie dran! **Schreiben Sie die richtige Form des Verbs in Klammern.**

1. Ich _wiederhole_ den Satz. (wiederholen)
2. Wir _____ unsere Freunde _____. (anrufen)
3. Erwin und Marta _____ ihr Haus. (verkaufen)
4. Du musst heute Abend noch _____. (einkaufen)
5. Der Student _____ seine Eltern _____. (vorstellen)

6. _____ wir am Wochenende _____? (ausgehen)
7. Papa _____ gern Nachtisch (*dessert*). (bestellen)
8. Ich _____ die Rechnung (*bill*). (bezahlen)
9. Kannst du Brot _____? (mitbringen)
10. Wir _____ unsere Verwandten in Salzburg. (besuchen)

Anwendung

1 **Befehle** Geben Sie Befehle (*commands*) in der **Sie**-Form.

 BEISPIEL

aufstehen
Stehen Sie auf.

- 1. anrufen
- 2. einkaufen
- 3. bezahlen
- 4. zuschauen
- 5. nicht mitkommen

- 6. überlegen
- 7. anfangen
- 8. nicht einschlafen
- 9. zurückkommen
- 10. nicht ausgehen

2 **Fragen** Formulieren Sie die Fragen um und verwenden Sie (*use*) dabei die angegebenen (*indicated*) Modalverben.

BEISPIEL

Kommst du mit? (können)
Kannst du mitkommen?

1. Gehst du aus? (wollen)
2. Kaufen wir ein? (sollen)
3. Kommt Birgit mit? (müssen)

4. Fangt ihr an? (möchten)
5. Schläfst du ein? (dürfen)
6. Schaut Nils zu? (können)

3 **Was machen diese Personen?** Schreiben Sie zu jedem (*each*) Foto einen Satz und benutzen Sie (*use*) Präfixverben.

> Freunde anrufen
> heute Abend ausgehen
> die Bücher bezahlen
> einkaufen
>
> einschlafen
> die Grammatik erklären
> euren Hund mitbringen

 ▶ **BEISPIEL**

Herr Schröder
Herr Schröder erklärt die Grammatik.

ich
1._____

Jana und Lina
2._____

Emma und
ihre Freunde
3._____

Stefanie
4._____

Frau Neumann und
ihre Tochter
5._____

ihr
6._____

Kommunikation

4 **Mein Tag** Füllen Sie einen Terminkalender mit Ihren Informationen aus und diskutieren Sie dann mit Ihrem Partner / Ihrer Partnerin, was Sie den ganzen Tag (*all day*) so machen.

BEISPIEL

S1: *Ich stehe um 8 Uhr auf. Und du?*
S2: *Ich stehe um 8.30 Uhr auf. Meine erste Veranstaltung fängt um 10 Uhr an. Und deine?*

8.00	*Ich stehe auf.*
9.00	
10.00	
11.00	
12.00	
13.00	
14.00	
15.00	

5 **Wer ist das?** Wählen Sie eine Person und schreiben Sie zwei Dinge auf, die diese (*this*) Person macht. Ihre Mitstudenten müssen raten (*guess*), wer es ist.

BEISPIEL

S1: *Sie kommt um 8 Uhr zur Uni.*
Sie erklärt uns (to us) die Hausaufgaben.
S2: *Ist es die Professorin?*

anfangen	ausgehen	einkaufen	mitkommen
ankommen	besuchen	erklären	vorbereiten
anrufen	bezahlen	mitbringen	zurückkommen

6 **Ein Picknick machen** Sie und Ihre Freunde planen ein Picknick. Diskutieren Sie, wer was kauft, wer was mitbringt und was Sie alles machen müssen.

BEISPIEL

S1: *Sollen wir viele Freunde anrufen?*
S2: *Ja, und wir müssen auch viel Essen mitbringen.*
S3: *Ich bringe Wurst und Käse mit!*

Wiederholung

1 Was magst du? Fragen Sie einen Partner / eine Partnerin, was er/sie mag oder nicht mag.

S1: *Magst du Hähnchen mit Reis?*
S2: *Ja, ich mag Hähnchen mit Reis. Und du?*
S1: *Nein, ich mag Hähnchen mit Reis nicht. Magst du…?*

Würstchen mit Brot	Schweinefleisch mit Kartoffeln
Thunfisch mit Zwiebeln	Auberginen mit Tomaten
Pasta mit Pilzen	Schinken mit Brot
Hähnchen mit Reis	Pasta mit Käse
Garnelen mit Tomaten	Rindfleisch mit Salat

2 Das Wochenende Sagen Sie, was die Personen am Wochenende machen möchten. Wechseln Sie sich (*Take turns*) mit einem Partner / einer Partnerin ab.

▶

S1: *Was möchte Klara am Wochenende machen?*
S2: *Klara möchte am Wochenende gern lesen.*

Klara

1. Petra und Klaus

2. Paul, Manfred, Andrea und Monika

3. Inge

4. Robert

3 Was isst du? Fragen Sie Ihre Mitstudenten, wie oft, wie und wo sie diese Lebensmittel essen.

S1: *Wie oft isst du Eier in der Mensa?*
S2: *Ich esse selten Eier in der Mensa.*

4 Was machen sie? Ein Student / Eine Studentin spielt eine Aktion. Die anderen Studenten raten (*guess*) die Aktion. Benutzen Sie vollständige (*complete*) Sätze.

S1: *Fährst du Fahrrad?*
S2: *Nein.*
S1: *Reitest du ein Pferd (horse)?*
S2: *Ja.*

aufstehen	im Restaurant	einschlafen
ausgehen	bestellen	Fahrrad fahren
einen Kuchen	einen Freund	ein Pferd reiten
backen	besuchen	Volleyball spielen

5 Wann kaufst du ein? Sie bekommen eine Tabelle von Ihrem Professor / Ihrer Professorin. Fragen Sie einen Partner / eine Partnerin, wann die Personen die Aktivitäten machen.

S1: *Wann geht Alex Lebensmittel einkaufen?*
S2: *Alex geht am Samstag Lebensmittel einkaufen.*

6 Der Wochenplan Entscheiden Sie (*Decide*), was Sie diese Woche machen wollen. Suchen Sie andere Studenten in der Gruppe, die das Gleiche machen wollen und finden Sie eine Zeit, wann sie das machen können.

S1: *Willst du diese Woche einkaufen gehen?*
S2: *Ja, ich will diese Woche einkaufen gehen.*
S1: *Können wir zusammen einkaufen gehen?*
S2: *Ja, gern.*
S1: *Hast du am Mittwoch Zeit?*
S2: *Nein, am Mittwoch habe ich keine Zeit. Hast du am Donnerstag Zeit?*
S1: *Ja, am Donnerstag habe ich Zeit. Um wie viel Uhr…*

S Video: TV Clip

Yello Strom

Die Firma Yello Strom ist eine deutsche Stromfirma°. In Deutschland können Kunden° zwischen verschiedenen° Stromfirmen wählen. Kundenservice° ist deshalb aber auch ein wichtiger Aspekt für das Gewinnen neuer Kunden. Yello Strom ist eine kreative Firma mit neuen Ideen. Kundenservice ist sehr wichtig für diese Firma. In diesem Werbeclip zeigt° die Firma, dass Kunden bei Yello Strom nur mit echten Menschen reden!

Auf dem Wochenmarkt°

„Sie haben drei gelbe° Bananen gewählt°."

„Guter Service geht anders°."

Stromfirma *electric company* **Kunden** *customers* **verschiedenen** *different* **Kundenservice** *customer service* **zeigt** *shows* **Wochenmarkt** *farmer's market* **gelbe** *yellow* **gewählt** *selected* **anders** *differently*

 Verständnis Beantworten Sie die Fragen mit den Informationen aus dem Video.

1. Was möchte die Frau auf dem Markt?
   Sie möchte drei _____.

2. Was versteht der Verkäufer?
   Er versteht drei _____.

 Diskussion Diskutieren Sie die folgenden Fragen mit einem Partner / einer Partnerin.

1. Wie finden Sie Telefonmenüs? Funktionieren sie gut? Sind sie praktisch oder frustrierend?

2. Finden Sie die Werbung (*commercial*) lustig? Warum, oder warum nicht?

Communicative Goals

You will learn how to:

- talk about food and meals
- describe flavors

Im Restaurant

Talking Picture Audio: Activities

Wortschatz

im Restaurant	*at the restaurant*
die Beilage, -n	*side dish*
das Besteck	*silverware*
die Flasche, -n	*bottle*
der erste/zweite Gang	*first/second course*
die Hauptspeise, -n	*main course*
die Nachspeise, -n	*dessert*
die Rechnung, -en	*check*
die Tasse, -n	*cup*
das Trinkgeld	*tip*
die Vorspeise, -n	*appetizer*
Mahlzeiten	***meals***
das Abendessen	*dinner*
das Frühstück	*breakfast*
das Mittagessen	*lunch*
der Snack, -s	*snack*
Getränke	***drinks***
das Bier	*beer*
der Kaffee	*coffee*
die Milch	*milk*
das Mineralwasser	*sparkling water*
der Saft, -¨e	*juice*
der Tee	*tea*
das stille Wasser	*still water*
der Wein	*wine*
Essen beschreiben	***talking about food***
der Geschmack, -¨e	*flavor; taste*
fade	*bland*
lecker	*delicious*
leicht	*light*
salzig	*salty*
scharf	*spicy*
schwer	*rich, heavy*
süß	*sweet*
Ausdrücke	***expressions***
Ich hätte gern(e)...	*I would like...*
auf Diät sein	*to be on a diet*
hausgemacht	*homemade*

der Koch, -¨e
(die Köchin, -nen f.)

Die Suppe schmeckt gut.
(schmecken)

der Kellner, -
(die Kellnerin, -nen f.)

die Gabel, -n

die Speisekarte, -n

die Serviette, -n

der Teller, -

das Messer, -

die Tischdecke, -n

ACHTUNG

When ordering two or more glasses of something, use the singular **Glas**, not the plural **Gläser**.
Zwei Glas Wasser, bitte!

Sie bestellen.
(bestellen)

Speisekarte

das Salz

das Glas, -¨er

der Pfeffer

der Esslöffel, -

der Teelöffel, -

Anwendung

1 **Was passt nicht?** Welches Wort passt nicht zu den anderen?

1. a. die Gabel
   b. das Messer
   c. die Serviette
   d. der Löffel
2. a. die Milch
   b. der Saft
   c. der Kaffee
   d. das Salz

3. a. die Speisekarte
   b. die Flasche
   c. die Tasse
   d. das Glas
4. a. salzig
   b. stolz *proud/ pride*
   c. scharf
   d. süß

5. a. die Kellnerin
   b. die Köchin
   c. der Saft
   d. der Koch
6. a. das Mittagessen
   b. die Beilage
   c. das Abendessen
   d. das Frühstück

2 **Wie schmeckt's?** Beschreiben Sie (*Describe*) den Geschmack der Lebensmittel.

 ▶ **BEISPIEL** Die Bratwurst ist
_____scharf_____.

1. Der Saft ist
_____.

2. Die Suppe ist
_____.

3. Der Salat ist
_____.

4. Der Käse ist
_____.

5. Das Brot ist
_____.

6. Der Kuchen ist
_____.

3 **Was bestellen wir?** Hören Sie den Dialog an und markieren Sie, was Rolf, Anja und Murat bestellen.

Essen	Rolf	Anja	Murat
1. Steak	☐	☐	☐
2. Cola	☐	☐	☐
3. Meeresfrüchtesalat	☐	☐	☐
4. stilles Wasser	☐	☐	☐
5. gemischter Salat	☐	☐	☐
6. Brot	☐	☐	☐
7. Mineralwasser	☐	☐	☐
8. Rindfleisch	☐	☐	☐

Practice more at **vhlcentral.com**.

Kommunikation

4 **Verschiedene Mahlzeiten** Fragen Sie Ihren Partner / Ihre Partnerin, welche
Mahlzeiten auf den Fotos zu sehen sind. Wechseln Sie sich ab (*Take turns*).

▶ **BEISPIEL**

das Frühstück
S1: Ist das das Frühstück?
S2: Nein, das ist
das Abendessen.

1. die Vorspeise _____

2. die Hauptspeise _____

3. die Nachspeise _____

4. das Abendessen _____

5. ein Snack _____

6. das Mittagessen _____

5 **Wo möchten wir heute Abend essen?** Sie möchten heute Abend ins
Restaurant essen gehen. Lesen Sie die Speisekarte und überlegen Sie, was Sie zu
jedem (*for each*) Gang bestellen wollen.

BEISPIEL

S1: Ich möchte gern den
Tomatensalat mit
Mozzarella als
ersten Gang.
S2: Ich auch! Und als zweiten
Gang bestelle ich das
Hähnchen mit Reis.
S3: Wollt ihr auch
Getränke bestellen?

Speisekarte

Vorspeisen
Tagessuppe
Chef-Salat mit Schinken, Käse und Ei
Bauern-Salat mit Schafskäse, Zwiebeln
  und Oliven
Tomatensalat mit Mozzarella

Beilagen
Kartoffelsalat
Karottensalat
Grüner Salat
Kartoffelpuffer
Sauerkraut

Nachspeisen
Apfelkuchen
Bananen mit Schokolade
hausgemachter Joghurt mit
  Himbeermarmalade
Obstsalat

Hauptspeisen
Würstchen mit Brötchen
Thunfisch mit Salat
Hähnchen mit Reis
Rindfleisch mit Pommes frites
Schweinefleisch mit Kartoffeln
Pasta mit Garnelen
Pasta mit Käse

Getränke
stilles Wasser   Milch
Mineralwasser   Kaffee
Orangensaft   Tee

6 **Stress im Restaurant!** Sie sind im Restaurant und
der Kellner bringt Ihre Speisen. Aber auf dem Tisch gibt es
kein Besteck, kein Brot, keine Getränke, kein Salz und so
weiter. Sagen Sie dem Kellner, was er noch alles bringen soll.

BEISPIEL

S1: Kann ich bitte auch Gabel und Messer haben?
S2: Und bitte zwei Glas Wasser!
S3: Natürlich. Sofort (*Right away*). Möchten sie noch
etwas (*anything else*)?

7 **Wie ist das Restaurant?** Wie sind die
Restaurants „Zum Grünen Baum" und „Zur Stadtmauer"?
Fragen Sie Ihren Partner / Ihre Partnerin, und ergänzen
Sie die fehlenden (*missing*) Informationen.

BEISPIEL

S1: Was für ein Restaurant ist „Zur Stadtmauer"?
S2: Es ist ein vegetarisches Bistro. Und was für ein
Restaurant ist „Zum Grünen Baum"?
S1: Es hat deutsche Küche (*cuisine*). Welche Vorspeisen kann
man in dem Bistro haben?

Aussprache und Rechtschreibung

Audio: Presentation
Record & Compare Activities

The German *s* in combination with other letters

The letter combination **sch** is pronounced like the *sh* in the English word *fish*.

Fisch	Schinken	Geschäft	Fleisch	Schule

When an **s** appears at the beginning of a word in front of the letter **p** or **t**, it is also pronounced like the *sh* in *fish*. A prefix added to the word will not change the pronunciation of the **s**. However, if the **sp** or **st** letter combination occurs in the middle or at the end of a word, the **s** is pronounced like the *s* in the English word *restore*.

Speise	stoppen	versprechen	Aspirin	Fenster

In a few words borrowed from other languages, **sh** and **ch** are also pronounced like the *sh* in *fish*.

Chauffeur	Cashewnuss	Shampoo	Champignon	charmant

At the beginning of a word, the letter combination **tsch** is pronounced like the *ch* in *chat*. In the middle or at the end of a word, **tsch** is pronounced like the *tch* in *catch*.

tschüss	Tschad	Tschechien	Rutsch	Klatschbase

1 **Sprechen Sie nach** Wiederholen Sie die Wörter, die Sie hören.

1. Schaft
2. waschen
3. Sport
4. Strudel
5. aufstehen
6. Kasten
7. Aspekt
8. Putsch
9. platschen
10. Kutscher

2 **Artikulieren Sie** Wiederholen Sie die Sätze, die Sie hören.

1. Im Lebensmittelgeschäft kaufst du Schinken und Fisch.
2. In der Schule schwimmen alle Schüler im Schwimmbad.
3. Studenten spielen gern Videospiele.
4. Auf der Speisekarte steht Käsespätzle.
5. Der Tscheche sagt nicht mal tschüss.
6. Ich wünsche dir einen guten Rutsch ins neue Jahr!

3 **Sprichwörter** Wiederholen Sie die Sprichwörter, die Sie hören.

Reden ist Silber;
Schweigen ist Gold.[2]

Besser spät als nie.[1]

[1] Better late than never. [2] Talk is silver; silence is golden.

Fotoroman

Die Rechnung, bitte! Video: *Fotoroman*

Torsten und Sabite sind bei einem romantischen Abendessen in einem
schönen Restaurant. Aber es bleibt nicht so romantisch...

KELLNER Wir bieten eine leckere hausgemachte
Pilzsuppe an. Nicht zu schwer.
SABITE Davon nehme ich einen Teller,
bitte. Und als zweiten Gang nehme ich
die Rindsrouladen.
KELLNER Sehr gerne. Und für Sie, mein Herr?
TORSTEN Als Vorspeise nehme ich den Salat
und als Hauptspeise das Wiener Schnitzel,
mit Salzkartoffeln, bitte.
KELLNER Ausgezeichnet.

SABITE Sie haben sehr gutes Essen in
diesem Restaurant.
TORSTEN Ja. Meine ältere Schwester empfiehlt
es guten Freunden wärmstens.

KELLNER Möchten Sie gerne noch
einen Nachtisch?
MELINE Ach, ich muss auf meine Figur achten!
KELLNER Oh, nein, Sie sind doch extrem...
LORENZO Wir nehmen ein Stück Schwarzwälder
Kirschtorte. Zwei Gabeln.
MELINE Und zwei Kaffee bitte.

SABITE Hallo!
MELINE Sabite! Hallo! Sabite, das ist Lorenzo.
Lorenzo, das ist meine Mitbewohnerin, Sabite.
LORENZO Ciao.

LORENZO Ich komme aus Milano.
MELINE Lorenzo ist geschäftlich in
Berlin. Er arbeitet im Bereich
internationale Finanzen.
LORENZO Bist du auch Studentin?
SABITE Ja, ich studiere Kunst.

SABITE Ich liebe die Kunst von Kandinsky
und Klee. Aber Italien hat die Meister...
Michelangelo... Da Vinci...
LORENZO Ja. Du musst sie mal aus der
Nähe sehen.
SABITE Ich hoffe, sie eines Tages sehen
zu können. Mein Vater kommt aus
der Türkei. Ich möchte dort gern ein
Semester lang studieren.

1 **Richtig oder falsch?** Entscheiden Sie, ob die folgenden Sätze
richtig oder **falsch** sind.

1. Sabite nimmt die Pilzsuppe und die Roulade.

2. Torsten bestellt ein Schnitzel mit Salzkartoffeln.

3. Torstens Schwester empfiehlt ihren Freunden das Restaurant.

4. Meline und Lorenzo bestellen zwei Stück Schwarzwälder Kirschtorte.

5. Lorenzo kommt aus Italien.

6. Er studiert Kunst.

7. Sabite mag die Kunst von Klee und Picasso.

8. Sie möchte ein Jahr in der Türkei studieren.

9. Sie möchte Istanbul kennen lernen.

10. Sabite findet Torsten egoistisch.

PERSONEN

 Torsten

 Sabite

 Meline

 Lorenzo

 Kellner

7

SABITE Torsten, ist alles in Ordnung?

TORSTEN Türkei? Du möchtest in der Türkei studieren?

SABITE Ich möchte Istanbul kennen lernen.

8

SABITE Hör auf. Noch studiert niemand in der Türkei. Entschuldige bitte.

TORSTEN Sabite!

9

SABITE Torsten ist... ist... ist so egoistisch!

10

TORSTEN Frauen. Und du bist also nicht Lukas?

LORENZO Die Rechnung, bitte!

Nützliche Ausdrücke

- **anbieten**
  to offer

- **Davon nehme ich einen Teller, bitte.**
  I would like a bowl of that, please.

- **die Rindsroulade**
  beef roulade

- **die Salzkartoffeln**
  boiled potatoes

- **Ich muss auf meine Figur achten.**
  I have to watch my weight.

- **die Schwarzwälder Kirschtorte**
  Black Forest cake

- **Er ist geschäftlich in Berlin.**
  He's in Berlin on business.

- **Er arbeitet im Bereich internationale Finanzen.**
  He works in international finance.

- **Ich hoffe, sie eines Tages sehen zu können.**
  I hope to see them someday.

- **ein Semester lang**
  for one semester

- **Hör auf!**
  Cut it out!

- **Noch studiert niemand in der Türkei.**
  No one's studying in Turkey today.

4B.1
- **Meine ältere Schwester empfiehlt es guten Freunden wärmstens.**
  My older sister highly recommends it to her close friends.

4B.2
- **Du musst sie mal aus der Nähe sehen.**
  You should see them up close.

2 **Zum Besprechen** Wählen Sie zu dritt ein Gericht aus Deutschland, Österreich oder der Schweiz und machen Sie eine Liste mit Zutaten. Präsentieren Sie der Klasse dann die Liste. Ihre Klassenkameraden müssen das Gericht erraten (*guess*).

3 **Vertiefung** In den USA ist Wiener Schnitzel vielleicht das berühmteste (*most famous*) Gericht aus den deutschsprachigen Ländern. Wissen Sie, woher es kommt? Kennen Sie andere Gerichte, die den Namen von Städten haben?

Ressourcen

SAM
VM: p. 8

DVD
Folge 8

vhlcentral.com

Wiener Kaffeehäuser Reading

Typische Cafépreise	
Kleiner Schwarzer	2,80 €
Kleiner Brauner	2,90 €
Melange	3,90 €
Großer Schwarzer	4,20 €
Großer Brauner	4,30 €
Einspänner	4,90 €
Kapuziner	4,90 €
Pharisäer	6,60 €

QUELLE: Café Korb in Wien

KAFFEEHÄUSER IN ÖSTERREICH HABEN eine lange Tradition. Kaffeehäuser gibt es seit dem 18. Jahrhundert. In Wien findet man heute mindestens° 1.100 Kaffeehäuser. Typischerweise serviert ein Kellner einen Kaffee auf einem silbernen Tablett° mit einem Löffel, einem Glas Wasser und einem Keks. In den Kaffeehäusern trinkt man aber auch andere Getränke wie Kakao, Wasser und Wein. Zum Kaffee isst man oft Apfelstrudel, Gugelhupf oder Sachertorte°. Oft besuchen Gäste° ein Kaffeehaus, bestellen einen Kaffee und bleiben viele Stunden. Hier diskutieren Gäste auch über Politik, Sport und andere Themen.

Wiener Kaffeehäuser haben spezielle Vokabeln: Sahne° heißt Obers. Ein kleiner oder großer Brauner ist ein Kaffee serviert mit Obers in einer kleinen Schale°. Eine Melange ist halb° Kaffee und halb geschäumte° Milch. Ein Kapuziner ist ein kleiner Mokka (ein Schwarzer oder Espresso pur) mit wenig Milch.

Es gibt auch andere Cafés in Wien. In einer Espresso-Bar trinkt man vor allem° Espresso und Cappuccino wie in Italien. In Stehcafés trinken Gäste Kaffee sehr schnell oder nehmen den Kaffee mit. Café-Konditoreien sind nicht nur Cafés. In der Konditorei kaufen Kunden hausgemachte Kuchen und Süßigkeiten°. Die neueste Version eines Cafés ist der amerikanische Import Starbucks. Hier findet man vor allem jüngere Österreicher.

mindestens *at least* **Tablett** *tray* **Apfelstrudel, Gugelhupf oder Sachertorte** *types of baked goods* **Gäste** *guests* **Sahne** *cream* **Schale** *dish* **halb** *half* **geschäumte** *foamed* **vor allem** *above all* **Süßigkeiten** *sweets*

1 **Wiener Kaffeehäuser** Ergänzen Sie die Sätze.

1. Wiener Kaffeehäuser haben eine _____ Tradition.

2. In Wien findet man mehr als _____ Kaffeehäuser.

3. Auf einem Tablett serviert der Kellner den Kaffee, einen Löffel, ein _____ und einen Keks.

4. Gäste bleiben oft _____ Stunden.

5. Neben Kaffee kann man auch _____, Wasser oder Wein trinken.

6. Typisches Essen in Kaffeehäusern sind _____, Gugelhupf und Sachertorte.

7. Ein Melange ist halb Kaffee und halb _____.

8. In Wien gibt es auch Espresso-Bars, _____ und Café-Konditoreien.

9. In einer Espresso-Bar trinken Gäste Kaffee wie in _____.

10. Ein Kapuziner im Café Korb kostet _____.

Practice more at **vhlcentral.com.**

Am Tisch

Die Rechnung, bitte!	*Check, please!*
Die Speisekarte, bitte!	*The menu, please!*
Guten Appetit!	*Enjoy your meal!*
Noch einen Wunsch?	*Anything else?*
Herr Ober!	*Waiter!*
Prost!	*Cheers!*
Zum Wohl!	*Cheers!*

Ausländische Spezialitäten

In Deutschland besteht die Bevölkerung° ungefähr zu 9% aus° Ausländern°, in der Schweiz sind es fast 20%. Die Ausländer kommen aus vielen Ländern wie Italien, Griechenland°, der Türkei, Nordafrika und dem ehemaligen° Jugoslawien. Deshalb° ist die Restaurantszene in Deutschland, Österreich und der Schweiz auch sehr international. In jeder° Stadt gibt es Restaurants mit italienischen, griechischen und verschiedenen° asiatischen Speisen. Vor allem in Großstädten ist die Auswahl° sehr groß. Die populärsten Restaurants sind definitiv italienisch, aber man findet auch sehr viele asiatische Restaurants.

Bevölkerung *population* **besteht... aus** *consists of* **Ausländern** *foreigners* **Griechenland** *Greece* **ehemaligen** *former* **Deshalb** *Therefore* **jeder** *every* **verschiedenen** *various* **Auswahl** *selection*

Figlmüller

Das Figlmüller ist ein sehr altes Restaurant in Wien. Es ist „die Heimat° des Schnitzels", ein Paradies für Schnitzelfans. Man findet das Restaurant in der Wollzeile im Zentrum Wiens. Das Restaurant existiert seit über 100 Jahren und ist berühmt° für seine Schnitzel, ein Stück Schweinefleisch mit Semmelbröselhülle°. Die Schnitzel sind ziemlich° groß, dünn und sehr knusprig°. Dazu gibt es österreichische Weine. Bier und Kaffee gibt es hier nicht. Auch Süßspeisen finden Gäste nicht auf der Speisekarte. Aber Schnitzel sind hier sehr wichtig. Alle Ober servieren die Schnitzel in einem schwarzen Smoking°!

Heimat *home* **berühmt** *famous* **Semmelbröselhülle** *bread crumb crust* **ziemlich** *relatively* **knusprig** *crisp* **Smoking** *tuxedo*

IM INTERNET

Suchen Sie Informationen über die Mensa an der Universität Wien. Was können Studenten essen? Was können Studenten trinken? Wie viel kostet das Essen?

For more information on this **Kultur**, go to **vhlcentral.com**.

---

2 **Richtig oder falsch?** Korrigieren Sie die falschen Aussagen mit einem Partner / einer Partnerin.

1. In deutschsprachigen Ländern gibt es viele internationale Restaurants.
2. Die beliebtesten internationalen Restaurants sind italienisch.
3. Das Restaurant Figlmüller ist ein sehr altes Restaurant in Wien.
4. Das Restaurant Figlmüller hat eine Spezialität: Apfelstrudel.

3 **Eine Speisekarte** Schreiben Sie eine Speisekarte für ein Restaurant in Deutschland, Österreich oder der Schweiz. Geben Sie die Preise für die Speisen und die Getränke an.

BEISPIEL *Restaurant „Zur Post"*

Hauptspeisen		Nachspeisen	
Schweinebraten	*6,90 €*	*Obstsalat*	*3,10 €*
Pizza Marinara	*5,50 €*	*Tiramisu*	*3,50 €*

Ressourcen

vhlcentral.com

4B.1

The dative Presentation

Startblock In 1B.1, you learned that the direct object of a verb is always in the accusative case. When a verb has an indirect object, it is always in the dative case.

QUERVERWEIS

See **1A.3** and **1B.1** to review the use of the nominative and accusative case.

You will learn more about verbs that take dative objects in **5A.3**

- An object in the dative case indicates *to whom* or *for whom* an action is performed.

Ich bringe **dem Lehrer** einen Apfel.
*I'm bringing **the teacher** an apple.*

Zeig **der Professorin** deine Arbeit.
*Show your work **to the professor**.*

- Note that certain verbs in German always take a dative object, even though their English equivalents normally take a direct object.

Wir helfen **den Kindern**.
*We're helping (giving help to) **the kids**.*

Sie dankt **dem Kellner**.
*She's thanking (giving thanks to) **the waiter**.*

- The forms of the definite and indefinite articles that accompany dative nouns differ from the forms in the nominative or accusative case.

definite articles	masculine	feminine	neuter	plural
nominative	**der** Kellner	**die** Kellnerin	**das** Kind	**die** Kinder
accusative	**den** Kellner	**die** Kellnerin	**das** Kind	**die** Kinder
dative	**dem** Kellner	**der** Kellnerin	**dem** Kind	**den** Kindern

indefinite articles	masculine	feminine	neuter	plural
nominative	**ein** Kellner	**eine** Kellnerin	**ein** Kind	**keine** Kinder
accusative	**einen** Kellner	**eine** Kellnerin	**ein** Kind	**keine** Kinder
dative	**einem** Kellner	**einer** Kellnerin	**einem** Kind	**keinen** Kindern

Der Kellner bringt **der Frau** einen Salat.
*The waiter is bringing **the woman** a salad.*

Peter empfiehlt **einem Freund** das Restaurant.
*Peter recommends the restaurant **to a friend**.*

QUERVERWEIS

See **3A.1** to review the use of possessive adjectives.

- The endings for possessive adjectives are the same as the endings for the indefinite articles.

possessive adjectives	masculine	feminine	neuter	plural
nominative	**mein** Koch	**meine** Köchin	**mein** Kind	**meine** Kinder
accusative	**meinen** Koch	**meine** Köchin	**mein** Kind	**meine** Kinder
dative	**meinem** Koch	**meiner** Köchin	**meinem** Kind	**meinen** Kindern

Der Kellner bringt **meiner Frau** einen Salat.
*The waiter is bringing **my wife** a salad.*

Peter empfiehlt **seinen Freunden** das Restaurant.
*Peter recommends the restaurant **to his friends**.*

- When using plural nouns in the dative case, add **-n** to any noun whose plural form does not already end in **-n** or **-s**.

nominative plural	dative plural
die Teller	den Tellern
die Esslöffel	den Esslöffeln
die Kaffees	den Kaffees
die Rechnungen	den Rechnungen

- In the dative case, an adjective preceded by an **ein**-word or a **der**-word always ends in **-en**.

Anna kauft **dem kleinen** Jungen ein Eis.
*Anna is buying an ice cream for **the little** boy.*

Ich gebe **meiner kleinen** Schwester eine Banane.
*I'm giving **my little** sister a banana.*

- Adjectives in the dative that are not preceded by an article have endings similar to the definite article endings.

unpreceded adjective endings				
	masculine	**feminine**	**neuter**	**plural**
nominative	süßer Kuchen	süße Melone	süßes Getränk	süße Äpfel
accusative	süßen Kuchen	süße Melone	süßes Getränk	süße Äpfel
dative	süßem Kuchen	süßer Melone	süßem Getränk	süßen Äpfeln

Ich biete **guten** Freund**en** immer gutes Essen an.
*I always serve good food to **good** friends.*

Die Lehrerin hilft **neuen** Studenten gern.
*The teacher likes to help **new** students.*

- Use the dative question word **wem** to ask *to whom?*

nominative	accusative	dative
wer?	**wen?**	**wem?**

Wem gibst du das Geschenk?
To whom are you giving the present?

Ich gebe **meiner Mutter** das Geschenk.
*I'm giving the present **to my mother**.*

Wem gehört diese Tasse?
Who does this cup belong to?

Sie gehört meinem Opa.
*It belongs to **my grandpa**.*

QUERVERWEIS

See **3A.2** to review adjective agreement in the nominative and accusative case.

See **2A.2** to review question words.

ACHTUNG

In sentences with both direct and indirect objects, the dative object comes before the accusative object.

Ressourcen

SAM
WB: pp. 59–60

SAM
LM: p. 38

vhlcentral.com

Jetzt sind Sie dran!	**Ergänzen Sie die Sätze mit der richtigen Form im Dativ.**

1. Mama dankt ___dem Kellner___ (der Kellner).
2. Die Kellnerin empfiehlt _____ (meine Brüder) die Vorspeise.
3. _____ (Wer) bringst du die Flasche Wein?
4. Ich gebe _____ (die Kellnerin) ein Trinkgeld.
5. Der gute Student hilft _____ (schlechte Studenten) oft.
6. Du gibst _____ (ein schönes Mädchen) rote Rosen.

7. Der Koch gibt _____ (die Köchin) das Salz.
8. _____ (Wer) soll ich das Besteck geben?
9. Kannst du _____ (meine Mutter) eine Nachspeise empfehlen?
10. Ich zeige (*show*) _____ (mein Freund) die Rechnung.
11. Die Kinder helfen _____ (ihre Eltern) gern.
12. Der Junge gibt _____ (die alten Hunde) Würstchen.

Anwendung

1 **Wählen Sie** Wählen Sie den richtigen Artikel.

1. Ich gebe (dem / der) Professorin die Hausaufgaben.

2. Moritz gibt (seiner / seinem) Mutter ein Parfüm.

3. Die Professorin hilft (ihren / ihrem) Studenten mit der Grammatik.

4. Der Mann bringt (dem / der) Kind ein Glas Milch.

5. Die Großmutter bäckt (ihrem / ihrer) Enkelkind einen Kuchen.

6. Der Vater öffnet (seinem / seiner) Tochter die Tür.

7. Ich schreibe (dem / der) Präsidenten eine E-Mail.

8. Sie kauft (ihrem / ihrer) Enkelkind einen Hund.

2 **Pluralformen** Geben Sie die richtigen Pluralformen im Dativ an.

1. dem alten Hund: _____

2. seiner lieben Tante: _____

3. der netten Katze: _____

4. einem neugierigen Journalisten: _____

5. dem kleinen Mädchen: _____

6. keiner stolzen Frau: _____

7. dem mutigen Kind: _____

8. ihrem großen Neffen: _____

9. meinem faulen Bruder: _____

3 **Ergänzen Sie** Ergänzen Sie die Sätze mit den richtigen Substantivformen im Dativ.

> **BEISPIEL** deine Freundin: Kaufst du _deiner Freundin_ einen CD-Player?

1. meine Partnerin: Ich zeige _____ die Hausaufgaben.

2. ihr Mann: Sie gibt _____ einen Kuss.

3. die Freunde: Er macht _____ ein leckeres Essen.

4. unser Opa: Ich schreibe _____ einen langen Brief (*letter*).

5. die alte Frau: Er bringt _____ ein Mineralwasser.

6. die Kellnerin: Der Koch gibt _____ eine Tasse Tee.

4 **Nettigkeiten** Bilden Sie Sätze.

> **BEISPIEL** sie / ihre Eltern / ein Geschenk (*gift*) / geben
> *Sie geben ihren Eltern ein Geschenk.*

1. die Frau / ihre Mutter / ein Kuchen / geben

2. ich / der Hund / sein Essen / vorbereiten

3. der Schüler / die Lehrerin / eine Postkarte / schreiben

4. er / seine Tochter / eine Vorspeise / bestellen

5. die Köchin / das Kind / ein Brötchen / geben

6. meine Frau / die Oma / eine Beilage / mitbringen

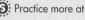 Practice more at **vhlcentral.com**.

Kommunikation

5 **Was für ein Chaos!** Ihr Haus ist ein volles Chaos. Fragen Sie Ihren Partner / Ihre Partnerin, wem die Sachen gehören (*belong*), die im Haus herumliegen.

> **BEISPIEL**
>
> **S1:** *Wem gehört der Pullover?*
> **S2:** *Er gehört meiner Schwester.*

meine Eltern	die Köchin
eine Freundin	meine Schwester
der Kellner	ein Student

1.   2.   3.

4.   5.   6.

6 **Geschenke** Machen Sie eine Liste mit Geschenken (*gifts*) für Ihre Familie und Freunde und erzählen Sie Ihrem Partner / Ihrer Partnerin, was Sie wem schenken (*give as a gift*).

BEISPIEL meine Tante

S1: *Ich schenke meiner Tante ein Buch. Was schenkst du deiner Oma?*
S2: *Ich schenke meiner Oma einen kleinen Vogel!*

1. Mutter/Vater
2. Großeltern
3. Lehrer/Lehrerin
4. Cousin/Cousine

5. Onkel/Tante
6. bester Freund/beste Freundin
7. Hund/Katze
8. Klassenkameraden (*pl.*)

7 **Wem tust du einen Gefallen?** Beantworten Sie die Fragen von Ihrem Partner / Ihrer Partnerin.

BEISPIEL

S1: *Wem schenkst du Geschenke?*
S2: *Ich schenke meinen Geschwistern Geschenke. Und du?*

1. Wem schreibst du Postkarten im Sommer?
2. Wem kochst du ein Essen?
3. Wem kaufst du ein Buch?

4. Wem hilfst du bei den Hausaufgaben?
5. Wem stellst du deine Eltern vor?
6. Wem bäckst du einen Kuchen?

4B.2

Prepositions with the dative Presentation

Startblock Certain prepositions are always followed by an object in the dative case.

Mein Vater kommt **aus der Türkei**.

Ich glaube, es ist alles okay **mit den beiden**.

QUERVERWEIS

See **3B.2** to review prepositions that take an object in the accusative case.

- Most dative prepositional phrases provide information about time and location.

prepositions with the dative			
aus	*from*	nach	*after; to*
außer	*except for*	seit	*since; for*
bei	*at; near; with*	von	*from*
mit	*with*	zu	*to; for; at*

ACHTUNG

The prepositions **nach** and **zu** are also used in the set expressions **nach Hause** (*home*) and **zu Hause** (*at home*). **Ich gehe jetzt nach Hause. Er bleibt immer zu Hause.**

Willst du **bei meinen Eltern** essen?
*Do you want to eat **at my parents' house**?*

Zum Geburtstag bekomme ich Geschenke.
*I get presents **on my birthday**.*

- Use **nach** before the names of countries or cities. Use **zu** with people, businesses, or other locations.

Wir fliegen morgen **nach Berlin**.
*We're flying **to Berlin** tomorrow.*

Gehst du **zur Bäckerei**?
*Are you going **to the bakery**?*

- The preposition **seit** is used with time expressions to indicate *since when* or *for how long* something has been taking place.

Seit wann wohnst du in Berlin?
***Since when** have you been living in Berlin?*

Ich wohne **seit einem Jahr** in Berlin.
*I've been living in Berlin **for one year**.*

Ressourcen

SAM
WB: pp. 61–62

SAM
LM: p. 39

vhlcentral.com

- The prepositions **bei**, **von**, and **zu** can combine with the definite article **dem** to form contractions. The preposition **zu** also forms a contraction with the definite article **der**.

bei + dem = **beim**	zu + dem = **zum**
von + dem = **vom**	zu + der = **zur**

Wir kaufen oft **beim** Supermarkt ein.
*We often shop **at the** supermarket.*

Ich esse immer Eier **zum** Frühstück.
*I always have eggs **for** breakfast.*

Jetzt sind Sie dran! Wählen Sie die passenden Präpositionen.

1. Der beste Tisch ist (aus dem / beim) Fenster.
2. Wann fährst du (zum / mit dem) Supermarkt?
3. (Vom / Außer dem) Restaurant ist nichts geöffnet.
4. Deine Familie kommt (mit / aus) den USA.

5. (Seit / Außer) Freitag habe ich Ferien (*vacation*).
6. Tinas Freund fährt (nach der / zur) Universität.
7. Ich wohne (zu / bei) meinen Eltern.
8. Wir essen Pizza (mit / bei) Besteck.

Anwendung und Kommunikation

1 **Wählen Sie** Wählen Sie die passenden Präpositionen.

BEISPIEL Wir wohnen (seit/ um) fünf Jahren hier.

1. Jürgen kommt (mit/ aus) Hamburg.
2. Er studiert (bei/ seit) sechs Semestern an der Uni Heidelberg.
3. Er wohnt (mit/ von) drei Freunden zusammen in einer großen Wohnung.
4. Alle drei Monate fährt er (nach/ zu) Hause zu seinen Eltern.
5. Seine Mutter ist immer extrem glücklich, wenn ihr Sohn (nach/ zu) Hause ist.
6. Bei schönem Wetter (*weather*) spielt er dann (aus/ mit) seinem Vater Tennis.
7. (Außer/ Aus) seinen Eltern besucht er auch seine Großeltern.
8. Jürgen hat nächste Woche Geburtstag und er bekommt (nach/ von) seinem Opa ein neues Auto.

2 **Wer ist das?** Setzen Sie die fehlenden Dativpräpositionen ein.

Christoph Waltz kommt (1) _____ Österreich. Seine Großmutter arbeitet als junge Frau als Schauspielerin (*actress*) (2) _____ einem Theater und (3) _____ dieser Großmutter hat er sein Talent. In Europa ist Waltz (4) _____ vielen Jahren als ein großartiger Schauspieler berühmt. Den größten Erfolg (*success*) aber hat er erst 2009 als brutaler SS-Offizier in *Inglourious Basterds*, ein Film (5) _____ Quentin Tarantino. Waltz wohnt (6) _____ seiner Freundin in Hollywood und auch in London und Berlin.

3 **Seit wann?** Seit wann macht Ihr Partner / Ihre Partnerin die folgenden Aktivitäten?

BEISPIEL heute Veranstaltung haben

S1: *Seit wann hast du heute Veranstaltung?*
S2: *Ich habe seit 10 Uhr Veranstaltung. Und du?*

1. hier studieren
2. Deutsch lernen
3. Kaffee trinken
4. einen Computer haben
5. ein Handy haben
6. Auto fahren

4 **Wolfgangs Fotoalbum** Wer sind die Personen auf den Fotos? Was machen Sie? Woher kommen Sie? Wo wohnen Sie?

▶ **BEISPIEL**

S1: Das ist Wolfgangs Opa. Er kommt aus Deutschland.
S2: Aber da ist er in Frankreich (*France*), nicht wahr?
S3: Ja, ja. Er reist sehr oft nach Frankreich.

1.
2.
3.
4.

 Practice more at **vhlcentral.com**.

Wiederholung

1 Ankes Familie hat Durst
Ankes Familie ist in einem Restaurant. Was bringt der Kellner den Familienmitgliedern (*family members*) zu trinken?

BEISPIEL die Schwester

S1: Was bringt der Kellner Ankes Schwester?
S2: Er bringt ihrer Schwester ein Glas Milch.

| der Kaffee | das Mineralwasser | das stille Wasser |
| die Milch | der Orangensaft | der Tee |

1. der Onkel
2. die Eltern
3. der Bruder
4. die Oma
5. die Tante
6. der Opa

2 Der Koch
Fragen Sie den Koch, was er den Personen zum Essen macht. Wechseln Sie sich ab.

▶ **BEISPIEL**

S1: Herr Müller, was machen Sie dem Musiker zum Frühstück?
S2: Ich mache dem Musiker ein Schinkenbrot.

der Musiker / das Frühstück

1. die Journalistin / das Abendessen
2. die Architektin / das Mittagessen

3. die Friseurin / das Frühstück
4. der Geschäftsmann / der Snack

5. die Dozentin / das Abendessen
6. der Ingenieur / das Mittagessen

3 Wie schmeckt's?
Sagen Sie einem Partner / einer Partnerin, was die Personen essen und wie sie es finden.

▶ **BEISPIEL**

S1: Wie findet die Frau die Erdbeeren?
S2: Sie sind der Frau zu süß.

| fade | lecker | leicht | salzig | scharf | süß |

1. der Mann
2. die Frau
3. das Mädchen

4. die Studenten
5. der Junge
6. die Kinder

4 Chaos im Restaurant
Sie sind Kellner / Kellnerin im Restaurant. Was sollen Sie den Gästen bringen? Fragen Sie Ihren Partner / Ihre Partnerin.

BEISPIEL

S1: Was braucht der junge Mann?
S2: Bring dem jungen Mann eine Serviette.
S1: Was braucht die alte Frau?
S2: Bring der alten Frau eine Gabel.

5 Was machen Sie?
Sie bekommen von Ihrem Professor / Ihrer Professorin eine Liste mit diversen Aktivitäten. Suchen Sie Klassenkameraden, die diese Aktivitäten machen.

BEISPIEL

S1: Machst du bei einer Lerngruppe mit (*join*)?
S2: Ja, ich mache bei einer Lerngruppe mit.
OR
S1: Wohnst du bei deinen Eltern?
S2: Nein, ich wohne nicht bei meinen Eltern.

6 **Wie lange?** Finden Sie vier Dinge heraus, die Ihr Partner / Ihre Partnerin gern macht. Fragen Sie ihn/sie, seit wann er/sie das schon macht.

BEISPIEL

S1: *Was spielst du gern?*
S2: *Ich spiele gern Tennis.*
S1: *Seit wann spielst du Tennis?*
S2: *Seit drei Jahren.*

7 **Interview** Führen Sie ein Interview mit einem Partner / einer Partnerin. Wenn eine Person fertig ist, tauschen Sie (*exchange*) Rollen.

BEISPIEL

S1: *Bei wem wohnst du im Sommer?*
S2: *Ich wohne bei meinen Eltern.*

1. Hast du einen Job?
2. Seit wann arbeitest du in diesem (*this*) Job?
3. Was machst du in deinem Job?
4. Mit wem arbeitest du?
5. Bei wem wohnst du im Sommer?
6. Wen triffst du nach der Arbeit?

8 **Poetische Präpositionen** Schreiben Sie mit einem Partner / einer Partnerin ein Gedicht aus fünf Sätzen. Außer der letzten Zeile (*line*) soll jede Zeile mit einer Dativ- oder Akkusativpräposition beginnen.

BEISPIEL

Mit dem Ball spiele ich.
Bei dem Metzger kaufen wir ein.
Durch die Stadt läuft die Mutter.
Außer Anton isst die Familie.
Der Hund schläft ein.

Mein Wör|ter|buch

Schreiben Sie noch fünf weitere Wörter in Ihr persönliches Wörterbuch zu den Themen **Lebensmittel** und **im Restaurant**.

der Mais, -

Übersetzung
corn

Wortart
ein Substantiv

Gebrauch
Aus Mais kann man Popcorn machen.

Synonyme
——

Antonyme
——

Panorama (S) Map

Österreich

Österreich in Zahlen

▶ **Fläche°:** *83.855 km² (Quadratkilometer) (60% der Fläche sind gebirgig°)*

▶ **Bevölkerung:** *8,3 Millionen Menschen*

▶ **9 Bundesländer°:** *Burgenland, Kärnten, Niederösterreich, Oberösterreich, Salzburg, Steiermark, Tirol, Vorarlberg, Wien*

▶ **Städte:** *Wien (1,6 Mio. Einwohner), Graz (253.000), Linz (189.000), Salzburg (147.000) und Innsbruck (118.000)*

▶ **Berge°:** *der Großglockner (3.798 m), die Wildspitze (3.768 m)*

▶ **Flüsse°:** *die Donau, der Inn*

▶ **Währung°:** *der Euro (€) (seit 2002)*

▶ **Wichtige Industriezweige°:** *Banken, Tourismus*

▶ **Touristenattraktionen:** *Bergsport, Salzburger Festspiele°, Spanische Hofreitschule°, Wintertourismus*

Touristen können in Städten wie Wien und Salzburg viel Kultur genießen° oder in den Alpen Berg- und Wintersport betreiben. Für Firmen ist Österreich interessant, weil die Unternehmenssteuer° sehr niedrig° ist.

QUELLE: Österreichische Botschaft, Washington

Berühmte Österreicher

▶ **Maria Theresia,** *Kaiserin° (1717–1780)*

▶ **Wolfgang Amadeus Mozart,** *Komponist (1756–1791)*

▶ **Sigmund Freud,** *Neurologe (1856–1939)*

▶ **Gustav Klimt,** *Künstler° (1862–1918)*

▶ **Lise Meitner,** *Physikerin (1878–1968)*

▶ **Friedensreich Hundertwasser,** *Architekt (1928–2000)*

▶ **Elfriede Jelinek,** *Autorin (1946–)*

▶ **Falco,** *Musiker (1957–1998)*

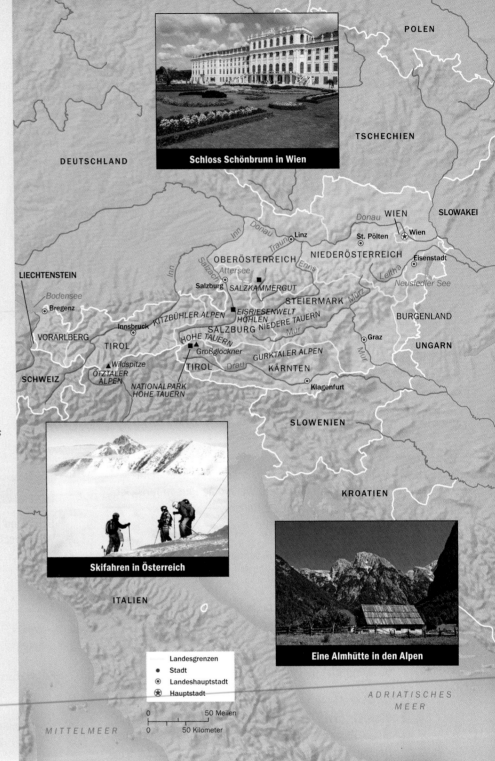

Schloss Schönbrunn in Wien

Skifahren in Österreich

Eine Almhütte in den Alpen

Landesgrenzen
● Stadt
◉ Landeshauptstadt
✶ Hauptstadt

0   50 Meilen
0   50 Kilometer

Fläche *surface area* **gebirgig** *mountainous* **Bundesländer** *states* **Berge** *mountains* **Flüsse** *rivers* **Währung** *currency* **Wichtige Industriezweige** *Important industries* **Festspiele** *festivals* **Hofreitschule** *Riding School* **genießen** *enjoy* **Unternehmenssteuer** *business tax* **niedrig** *low* **Kaiserin** *empress* **Künstler** *artist* **Pfefferminzbonbons** *peppermintcandies* **Geschmacksrichtung** *flavor* **jedem** *every* **Lakritz** *licorice* **Köpfe** *heads* **Spendern** *dispensers*

Unglaublich, aber wahr!

Der Österreicher Eduard Haas III. fängt 1927 an, Pfefferminzbonbons° mit dem Namen PEZ zu verkaufen. Der Name PEZ kommt von der ersten Geschmacksrichtung°, PfeffErminZ. PEZ gibt es heute mit jedem° Geschmack, sogar Chlorophyll und Lakritz°! Seit 1952 gibt es lustige Köpfe° auf den Spendern° wie Mickey Mouse und Donald Duck.

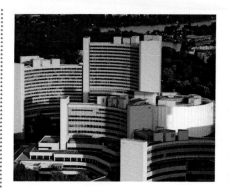

Politik
Internationale Institutionen in Wien

Politisch ist Österreich ein neutrales Land. Es ist Mitglied° in der Europäischen Union, aber nicht in der NATO. Seit 1979 ist Wien einer von vier Hauptsitzen° der Vereinten Nationen°. Die anderen Hauptsitze sind New York, Genf und Nairobi. Andere internationale Organisationen in Wien sind die IAEA (Internationale Organisation für Atomenergie) und die OPEC.

Sport
Olympische Spiele

Olympische Spiele und Österreich bedeuten vor allem° Olympische Winterspiele und alpiner Skisport. 1964 und 1976 treffen sich° Sportler aus aller Welt zu den Olympischen Winterspielen in Innsbruck. Erfolgreiche° österreichische Olympioniken° sind Felix Gottwald (nordischer Kombinierer°) mit drei Gold-, einer Silber- und drei Bronzemedaillen. Der Skispringer° Thomas Morgenstern und der Skifahrer Toni Sailer gewinnen jeweils° drei Goldmedaillen. In alpinen Skidisziplinen gewinnen Österreicher mehr Medaillen als jedes andere Land der Welt (31 Gold-, 35 Silber- und 39 Bronzemedaillen).

Musik
Familie von Trapp in Amerika

Viele kennen° die Familie von Trapp aus dem Film *The Sound of Music*. Aber was passiert° mit der Familie nach der Emigration? 1939 emigriert die Familie mit nur vier Dollar in der Tasche° nach Amerika. Die von Trapps machen als „Trapp Family" Singers Karriere und kaufen 1942 eine Farm in Stowe, Vermont. Auch heute kann man die Farm als Gasthaus° besuchen — und man kann mit den von Trapps Weihnachten° feiern.

Architektur
Friedensreich Hundertwasser

Hundertwasser ist ein kontroverser österreichischer Architekt und Künstler. Er beginnt in den 50er Jahren in Österreich als Künstler mit revolutionären Ideen. Die Beziehung° zwischen Mensch und Natur ist ein zentrales Thema in seiner Kunst. Heute kann man seine Häuser in der ganzen Welt finden: in Magdeburg und Essen (Deutschland), in Napa Valley (USA), in Tel Aviv (Israel) und in Kawakawa (Neuseeland). Das Hundertwasserhaus in Wien ist dabei ein Touristenmagnet und auch die Müllverbrennungsanlage° Spittelau ist sehr berühmt.

IM INTERNET

1. Wer sind die besten österreichischen Frauen bei Olympischen Spielen?

2. Was bedeuten dem Architekten Hundertwasser die Ideen Fensterrecht, Baummieter und Spiralhaus?

For more information on this **Panorama**, go to **vhlcentral.com**.

Mitglied *member* **Hauptsitzen** *head offices* **Vereinten Nationen** *United Nations* **vor allem** *especially* **treffen sich** *meet*
Erfolgreiche *Successful* **Olympioniken** *Olympic champions* **nordischer Kombinierer** *Nordic combined skier*
Skispringer *ski jumper* **jeweils** *each* **kennen** *know* **passiert** *happens* **Tasche** *pocket* **Gasthaus** *inn*
Weihnachten *Christmas* **Beziehung** *relationship* **Müllverbrennungsanlage** *waste incineration plant*

Was haben Sie gelernt? Ergänzen Sie die Sätze.

1. Der Name _____ kommt von Pfefferminz.

2. Seit _____ gibt es lustige Köpfe auf den PEZ-Spendern.

3. Offiziell ist Österreich ein _____ Land.

4. Wien ist seit _____ einer von vier Hauptsitzen der Vereinten Nationen.

5. 1939 emigriert die Familie _____ nach Amerika.

6. Die Familie von Trapp kauft 1942 eine Farm in _____ in Vermont.

7. 1964 und _____ sind die Olympischen Winterspiele in Innsbruck.

8. In alpinen Skidisziplinen gewinnen die Österreicher _____ Medaillen als jedes andere Land.

9. Hundertwasser ist ein kontroverser österreichischer _____ und Künstler.

10. Hundertwassers Häuser kann man in Österreich, Deutschland, den USA, Israel und _____ finden.

Practice more at **vhlcentral.com**.

Lesen Reading: Audio

Vor dem Lesen

Textart Was für ein Text ist das? Erklären
Sie Ihre Antwort einem Partner / einer Partnerin.

ein E-Mail	ein Blogeintrag
eine Werbeanzeige	(blog entry)
(ad)	ein Memo
eine Einkaufsliste	ein Brief

Auf einen Blick Sehen Sie sich mit
einem Partner / einer Partnerin den Text an.

A. Finden Sie drei Aktivitäten, die im Text genannt
werden (are mentioned).

_____

_____

_____

B. Welche Lehnwörter (loan words) und Kognate
können Sie im Text finden? Diskutieren Sie
Ihre Antworten.

_____   _____

_____   _____

_____   _____

---

http://www.die-ersten-monate-in-graz.com

über mich   Hauptseite   Fotos   Kontakt

Die ersten Monate in Graz

Besuch!   12. Oktober

Das Kunsthaus

Am Freitag besuchen mich meine Freunde
Holger, Klaus und Sepp für ein Wochenende
in Graz. Super! Vier Jahre lang haben wir
zusammen in Wien studiert. Jetzt sehen wir uns
nur selten. Klaus wohnt in Linz, Holger arbeitet
in Wien und Sepp studiert immer noch°. Alle
können bei mir schlafen. Ich habe ein
Gästezimmer° und zwei Sofas im Wohnzimmer°.
Das funktioniert prima! Schlafen—nicht an
diesem Wochenende! Am Freitag geht's erstmal
in die Hopfenlaube, eine tolle Konzerthalle, für
eine Jamsession. Da ist die Musik immer toll°
und wir können über die guten alten Zeiten°
reden. Am Samstag geht's dann ins Café
Schwalbennest frühstücken. Nach der langen
Nacht ist ein guter Brunch extrem wichtig°.
Das Café ist ganz in der Nähe° von meiner
Wohnung°. Anschließend° gehen wir bei
schönem Wetter° eine Runde im Volksgarten
Inlineskates fahren. Der Volksgarten ist total

---

immer noch still **Gästezimmer** guest bedroom **Wohnzimmer** living room **toll** great
guten alten Zeiten good old times **wichtig** important **in der Nähe** near to
Wohnung apartment **Anschließend** Afterwards **bei schönem Wetter** in nice weather

· Suche

Archiv

▶ Prüfungsstress ☹
▶ Glücklich°!
▶ Die Uni
▶ Es ist schon
  wieder° Montag...
▶ September
▶ August
▶ Juli
▶ Juni
▶ Mai
▶ April
▶ März

schön und sehr zentral gelegen°. Später können wir auch noch die Treppen° zum Grazer Schlossberg hochklettern°. Vom Uhrturm kann man die ganze Stadt super sehen inklusive der wunderschönen Innenstadt. Und was machen wir bei Regen°? Dann können wir das Kunsthaus Graz besuchen. Dort gibt es immer moderne Ausstellungen°. Ich freue mich schon auf° das Wochenende und auf meine alten Freunde.

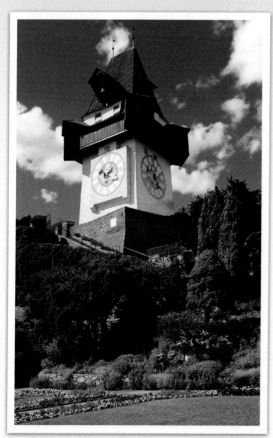

Der Uhrturm

zentral gelegen *centrally located* Treppen *stairs* hochklettern *to climb up*
Regen *rain* Ausstellungen *exhibits* freue mich auf *look forward to*
Glücklich *Happy* schon wieder *once again*

Nach dem Lesen

Das richtige Wort Ergänzen Sie die Aussagen (*statements*) mit den richtigen Informationen.

1. Am Freitag besuchen drei Freunde die Stadt _____ für ein Wochenende.

2. Am _____ gehen die Freunde in die Hopfenlaube.

3. Am Samstag essen die Freunde _____ im Café Schwalbennest.

4. Anschließend gehen sie Inlineskates fahren im _____.

5. Später können sie die _____ zum Grazer Schlossberg hochklettern.

6. Bei Regen besuchen sie _____.

Informationen Schreiben Sie die richtigen Antworten. Schreiben Sie ganze Sätze.

> **BEISPIEL** Wo wohnt Holger?
> *Holger wohnt in Wien.*

1. Wer besucht Graz am Wochenende?

   _____

2. Warum wollen die Freunde in die Hopfenlaube gehen?

   _____

3. Wann frühstücken die Freunde im Café Schwalbennest?

   _____

4. Was machen die Freunde im Volksgarten?

   _____

5. Was kann man vom Uhrturm sehen?

   _____

6. Was kann man im Kunsthaus Graz sehen?

   _____

Ihre Heimatstadt Stellen Sie einem Partner / einer Partnerin Fragen: Was kann oder soll man in Ihrer Heimatstadt (*hometown*) machen?

> **BEISPIEL**
> **S1:** *Was muss man in deiner Heimatstadt sehen?*
> **S2:** *In meiner Heimatstadt muss man das Kunstmuseum sehen.*
> **S1:** *Wo kann man gut essen?*

Hören

Vorbereitung

Schauen Sie sich das Foto an. Wer ist auf dem Foto? Wo sind sie? Was machen sie?

Zuhören

Hören Sie sich den Podcast mit Andrea und der Reporterin an. Lesen Sie dann die Liste. Hören Sie sich den Podcast ein zweites Mal an und markieren Sie die Zutaten (*ingredients*), die Sie hören.

Pfifferlinge (*chanterelles*)	Mehl (*flour*)
Kartoffel	Zwiebeln
Steinpilz (*porcini*)	Salz
Sahne (*cream*)	Pfeffer
Tomaten	Butter
Speck (*bacon*)	Petersilie (*parsley*)
Knoblauch	Pasta

Verständnis

 Eine Zusammenfassung Ergänzen Sie die Zusammenfassung (*summary*) von dem Podcast mit Wörtern von der Liste.

alles	die Pfifferlinge	eine Reporterin
findet	frische Pilze	salzig
lecker	einen Podcast	schmeckt
Pfeffer	probieren	Zwiebeln

1. Wir hören _____ mit der Köchin Andrea.
2. In der Küche sind Andrea und _____.
3. Laut (*According to*) Andrea kann man im Moment auf dem Markt _____ kaufen und sie kocht heute Pfifferlinge.
4. Pfifferlinge sind sehr _____.
5. Sie passen gut zu Speck — er ist sehr _____.
6. Man braucht auch Sahne und _____.
7. Erst putzt (*cleans*) Andrea _____.
8. Dann brät (*fries*) sie _____ in der Pfanne.
9. Am Ende kommen noch Salz, _____ und Petersilie dazu.
10. Die Reporterin _____ das Gericht (*dish*) lecker!

Und Sie? Erstellen Sie (*Prepare*) mit einem Partner / einer Partnerin ein Rezept für eine Pizza. Welche Zutaten (*ingredients*) sollen auf die Pizza?

BEISPIEL

S1: *Was soll alles auf die Pizza?*
S2: *Pilze, Zwiebeln, Tomaten…*

Schreiben

Strategien

Adding details

How can you make your writing more informative or more interesting? You can add details by answering the "W" questions: Who? What? When? Where? Why? The answers to these questions will provide useful information that can be incorporated into your writing. Here are some useful question words that you have already learned.

Wer?	Wo?
Was?	Warum?
Wann?	Wie?

Compare these two statements.

„Ich muss einkaufen gehen.“

„Nach der Schule muss ich Eier kaufen. Mit den Eiern kann ich eine leckere Omelette kochen.“

While both statements give the same basic information (the writer needs to go shopping), the details provided in the second statement are much more informative.

Thema

Grüße nach Salzburg

Sie entschließen sich (*decide*), ein Jahr in Österreich zu verbringen (*spend*) und bei einer Familie zu leben. Schreiben Sie eine Karte an Ihre Gastfamilie (*host family*). Sagen Sie der Familie, was Sie gern sehen wollen und was Sie machen wollen. Schreiben Sie fünf Sätze. Nennen Sie (*Give*) Details. Beantworten Sie (*Answer*) dabei Fragen mit **wer?**, **was?**, **wo?**, **wie?** und **wann?**

Liebe Gastfamilie, bald kann ich in Salzburg mit euch (*you*) den Uhrturm besuchen...

Flashcards
Audio: Vocabulary

Geschäfte

die Bäckerei, -en	bakery
die Eisdiele, -n	ice cream shop
das Feinkostgeschäft, -e	delicatessen
das Fischgeschäft, -e	fish store
die Konditorei, -en	pastry shop
das Lebensmittelgeschäft, -e	grocery store
der Markt, -¨e	market
die Metzgerei, -en	butcher shop
der Supermarkt, -¨e	supermarket

Essen

das Brot, -e	bread
das Brötchen, -	roll
die Butter	butter
das Ei, -er	egg
der Joghurt, -s	yogurt
der Käse, -	cheese
der Kuchen, -	cake; pie
die Marmelade, -n	jam
das Öl, -e	oil
das Olivenöl, -e	olive oil
die Pasta	pasta
der Reis	rice

Fleisch und Fisch

die Garnele, -n	shrimp
das Hähnchen, -	chicken
die Meeresfrüchte (pl.)	seafood
das Rindfleisch	beef
der Schinken, -	ham
das Schweinefleisch	pork
der Thunfisch	tuna
das Würstchen, -	sausage

Mahlzeiten

das Abendessen	dinner
das Frühstück	breakfast
das Mittagessen	lunch
der Snack, -s	snack

Obst und Gemüse

die Ananas, -	pineapple
der Apfel, -¨	apple
die Artischocke, -n	artichoke
die Aubergine, -n	eggplant
die Banane, -n	banana
die Birne, -n	pear
die grüne Bohne (pl. die grünen Bohnen)	green bean
die Erdbeere, -n	strawberry
die Himbeere, -n	raspberry
die Karotte, -n	carrot
die Kartoffel, -n	potato
der Knoblauch	garlic
die Melone, -n	melon
die Orange, -n	orange
die grüne Paprika (pl. die grünen Paprika)	green pepper
die rote Paprika (pl. die roten Paprika)	red pepper
der Pfirsich, -e	peach
der Pilz, -e	mushroom
der Salat, -e	lettuce; salad
die Tomate, -n	tomato
die Traube, -n	grape
die Zwiebel, -n	onion

Getränke

das Bier	beer
der Kaffee	coffee
die Milch	milk
das Mineralwasser	sparkling water
der Saft, -¨e	juice
der Tee	tea
das stille Wasser	still water
der Wein	wine

Essen beschreiben

der Geschmack, -¨e	flavor; taste
fade	bland
lecker	delicious
leicht	light
salzig	salty
scharf	spicy
schwer	rich, heavy
süß	sweet

im Restaurant

die Beilage, -n	side dish
das Besteck	silverware
der Esslöffel, -	soup spoon
die Flasche, -n	bottle
die Gabel, -n	fork
der erste/zweite Gang, -¨	first/second course
das Glas, -¨er	glass
die Hauptspeise, -n	main course
der Kellner, - / die Kellnerin, -nen	waiter / waitress
der Koch, -¨e / die Köchin, -nen	cook
das Messer, -	knife
die Nachspeise, -n	dessert
der Pfeffer	pepper
die Rechnung, -en	check
das Salz	salt
die Serviette, -n	napkin
die Speisekarte, -n	menu
die Suppe, -n	soup
die Tasse, -n	cup
der Teelöffel, -	teaspoon
der Teller, -	plate
die Tischdecke, -n	tablecloth
das Trinkgeld	tip
die Vorspeise, -n	appetizer
bestellen	to order
schmecken	to taste

Ausdrücke

Ich hätte gern(e)... / Ich möchte	I would like...
auf Diät sein	to be on a diet
hausgemacht	homemade
mögen	to like

Adverbs	See p. 154.
Separable and inseparable prefix verbs	See p. 158.
Dative articles and possessive adjectives	See pp. 172–173.
Dative prepositions	See p. 176.

Feiern

Communicative Goals

You will learn how to:

- talk about celebrations
- talk about life events

Feste feiern

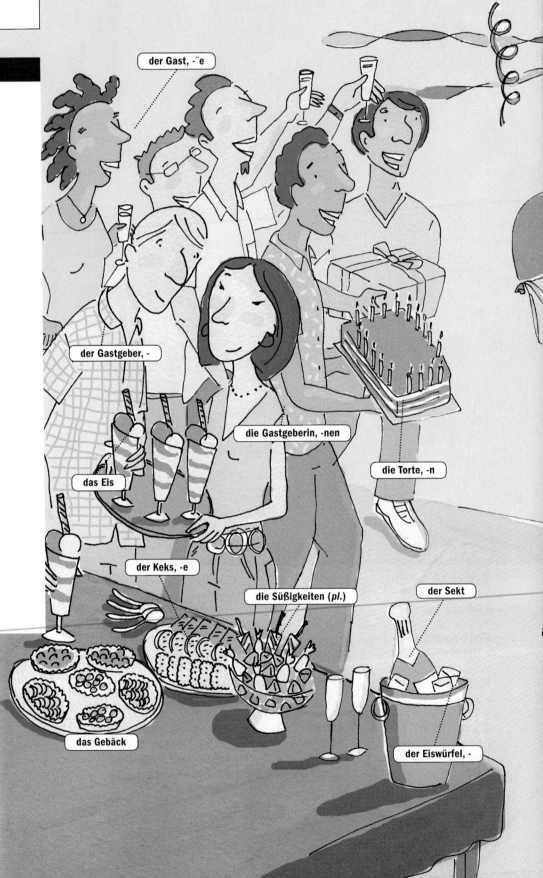

S Talking Picture
Audio: Activities

Wortschatz

Feste	*celebrations*
der Feiertag, -e	*holiday*
die Karte, -n	*card*
die Party, -s	*party*
anstoßen (stößt... an)	*to toast*
bekommen	*to receive*
einladen (lädt... ein)	*to invite*
feiern	*to celebrate*
eine Party geben	*to throw a party*
(keinen) Spaß haben	*(not) to have fun*
lächeln	*to smile*
lachen	*to laugh*
schenken	*to give (a gift)*
überraschen	*to surprise*
Herzlichen Glückwunsch!	*Congratulations!*
besondere Anlässe	***special occasions***
die Ehe, -n	*marriage*
der/die Frischvermählte, -n	*newlywed*
die Geburt, -en	*birth*
der Geburtstag, -e	*birthday*
die Hochzeit, -en	*wedding*
der Jahrestag, -e	*anniversary*
(das) Silvester	*New Year's Eve*
(das) Weihnachten	*Christmas*
in Rente gehen	*to retire*
einen Abschluss machen	*to graduate*
Ausdrücke	***expressions***
die Freundschaft, -en	*friendship*
das Glück	*happiness*
der Kuss, -̈e	*kiss*
die Liebe	*love*

der Gast, -̈e

der Gastgeber, -

die Gastgeberin, -nen

die Torte, -n

das Eis

der Keks, -e

die Süßigkeiten (*pl.*)

der Sekt

das Gebäck

der Eiswürfel, -

Ressourcen

SAM
WB: pp. 63–64

SAM
LM: p. 40

S vhlcentral.com

Herzlichen Glückwunsch zum Geburtstag, Hans!

der Ballon, -e

die Überraschung, -en

das Geschenk, -e

ACHTUNG

Use the preposition **zu** to say
on Christmas or *on New Year's Eve*:
**Zu Silvester feiern wir bei
meinem Bruder.**

Anwendung

1 Was passt zusammen? Welche Wörter in der linken Spalte (*column*) passen am besten zu den Wörtern in der rechten Spalte?

<u>B</u> 1. der Geburtstag   a. der Kuchen
<u>D</u> 2. der Gast   b. die Karte
<u>E</u> 3. die Ehe   c. das Silvester
<u>A</u> 4. die Torte   d. die Gastgeberin
<u>C</u> 5. das Weihnachten   e. die Liebe
<u>E</u> 6. der Kuss   f. die Frischvermählten

2 Feste und Feiertage Ergänzen Sie die Sätze.

1. An nationalen _____ müssen die meisten Leute (*most people*) nicht arbeiten.
2. An Halloween kommen Kinder an die Haustür und man gibt ihnen _____.
3. An Weihnachten legt man die _____ unter einen Tannenbaum (*Christmas tree*).
4. An Silvester stößt man um Mitternacht mit _____ an.
5. Nach 25 Ehejahren feiert man die silberne (*silver*) _____.
6. In Deutschland geht man normalerweise mit 67 Jahren in _____.

3 Eine Party für Max 🎧 Hören Sie den Dialog an und markieren Sie dann die richtigen Aussagen.

	richtig	falsch
1. Max hat nächsten Monat Geburtstag.	☐	☐
2. Max braucht ein bisschen Spaß.	☐	☐
3. Max plant seine Geburtstagsparty selbst.	☐	☐
4. Max spielt in der Basketballmannschaft.	☐	☐
5. Zum Geburtstag kommen zehn Personen.	☐	☐
6. Die Party ist bei Emil.	☐	☐
7. Die Freunde kaufen das Geschenk zusammen.	☐	☐
8. Zum Geburtstag bekommt Max einen Baseball.	☐	☐

4 Satzsalat Bilden Sie Sätze mit den diversen Elementen.

BEISPIEL *Die Eltern bereiten eine Geburtstagsparty vor.*

die Eltern	anstoßen	die Kinder
die Gäste	bekommen	eine Geburtstagsparty
der Gastgeber	einladen	eine Geburtstagstorte
das Geburtstagskind	mitbringen	ein Geschenk
die Verwandten	vorbereiten	mit einem Getränk

1. _____   3. _____
2. _____   4. _____

🔎 Practice more at **vhlcentral.com.**

Kommunikation

5 **Besondere Anlässe** Was feiern die Personen auf den Bildern? Bilden Sie (*Create*) mit Ihrem Partner / Ihrer Partnerin zusammen einen Satz zu jedem Bild.

Matthias

▶ **BEISPIEL**

Matthias hat heute Geburtstag.

1. Lena

2. Kerstin und Simon

3. Frau Hartmann

4. Andreas und seine Freunde

5. Herr Aydin

6. Martin

6 **Eine Einladung** Lesen Sie Kiaras Einladung an ihre Verwandten und beantworten Sie mit Ihrem Partner / Ihrer Partnerin die Fragen zum Text.

Von:	Kiara Gökda
An:	Familie Özer; Familie Celik; Murat Gökda; Familie Gökda; Ela Cengiz; Kenan Cengiz; Alik Aymaz; Familie Yilmaz
Betreff:	Feier für meine Eltern

Hallo an alle,

im Mai feiern unsere Eltern ihre silberne Hochzeit. 25 Jahre – unglaublich! Mein Bruder Murat und ich planen eine Feier für sie am Samstag, dem 5. Mai, im Restaurant „Zum Alten Markt" hier in München. Unsere Idee ist, dass wir alle, wir beide und ihr, ihnen eine Reise (*trip*) nach Marokko schenken. Die Reise ist für eine Woche und kostet 520 Euro pro Person.

Wir hoffen, ihr könnt kommen und macht bei dem Geschenk mit.

Kiara

1. Warum schreibt Kiara die E-Mail?
2. Wie lange sind die Eltern verheiratet?
3. Was wollen sie den Eltern schenken?
4. Von wem ist das Geschenk?
5. Wie viel Geld braucht Kiara für das Geschenk?
6. Wann und wo ist die Feier?

7 **Sieben Unterschiede** Finden Sie die sieben kleinen Unterschiede auf den Bildern, die Sie von Ihrem Professor / Ihrer Professorin bekommen.

BEISPIEL

S1: *Auf meinem Bild sind fünf Personen. Wie viele Personen sind auf deinem Bild?*
S2: *Auf meinem Bild sind sechs Personen.*

8 **Feiern wir!** Sie planen eine Party für nächstes Wochenende. Beraten Sie (*Discuss*), wo Sie die Party machen wollen, wen Sie einladen, was Sie alles brauchen, wer Essen macht, wer die Getränke kauft, welche Musik Sie hören möchten und so weiter.

BEISPIEL

S1: *Bei wem wollen wir die Party machen?*
S2: *Bei Hanna? Sie wohnt bei den Eltern, und ihr Haus ist ziemlich groß. Und wen wollen wir einladen?*
S3: *Wir können unsere Freunde vom Basketball einladen.*

Aussprache und Rechtschreibung

Ⓢ Audio: Presentation
Record & Compare Activities

🎧 The consonantal *r*

> To pronounce the German consonant **r**, start by placing the tip of your tongue against your lower front teeth. Then, raise the back of your tongue toward the roof of your mouth. Let air flow from the back of your throat over your tongue creating a soft vibrating sound from the roof of your mouth.
>
> **Rock** **rot** **Brille** **Freund** **Jahrestag**
>
> ....
>
> Note that the consonant **r** sound always precedes a vowel.
>
> **Orange** **frisch** **fahren** **Rucksack** **Paprika**
>
> ....
>
> When the German **r** comes at the end of a word or a syllable, it sounds more like a vowel than a consonant. This *vocalic* **r** sound will be discussed in **Lektion 9A**.

1 **Sprechen Sie nach** Wiederholen Sie die Wörter, die Sie hören.

1. Rente
2. rosa
3. reden
4. Schrank
5. schreiben
6. sprechen
7. Sprudel
8. Straße
9. gestreift
10. frisch
11. Bruder
12. tragen
13. grau
14. Haare
15. Amerika
16. studieren

2 **Artikulieren Sie** Wiederholen Sie die Sätze, die Sie hören.

1. Veronika trägt einen roten Rock.
2. Mein Bruder schreibt einen Brief.
3. Rolf reist mit Rucksack nach Rosenheim.
4. Regensburg und Bayreuth liegen in Bayern.
5. Warum fahren Sie nicht am Freitag?
6. Marie und Robert sprechen Russisch.
7. Drei Krokodile fressen frische Frösche.
8. Im Restaurant bestellt die Frau Roggenbrot mit Radieschen.

3 **Sprichwörter** Wiederholen Sie die Sprichwörter, die Sie hören.

Rede, so lernst du reden.[1]

Der Krug geht so lange zum Brunnen, bis er bricht.[2]

[1] You learn how to do something by doing it. (lit. Speak, if you want to learn how to speak.)
[2] If you overdo it, you'll wear yourself out. (lit. The pitcher goes to the well until it breaks.)

Ressourcen

SAM
LM: p. 41

Ⓢ vhlcentral.com

Fotoroman

Frohes neues Jahr! Video: *Fotoroman*

Meline und Sabite wollen Silvester feiern, aber Torsten und Lorenzo haben andere Pläne.
Da klingelt es plötzlich an der Tür...

1

SABITE Torsten! Es ist Silvester! Aber es sind Weihnachtsferien! Die Uni fängt erst wieder in zwei Wochen an. Warte mal.

5

MELINE Sind Hans und George schon aus Bayern zurück? Wo ist Lorenzo?
SABITE Er ist nicht da! Es wird langsam spät.
MELINE Voicemail.
SABITE Nur die Ruhe, Meline.
MELINE Lorenzo!

2

MELINE Niemand lernt an Silvester. Man geht auf Partys und hat Spaß. Du hast eine wunderschöne Freundin, Torsten. Verlange nicht von ihr, das neue Jahr ohne dich zu beginnen. Bist du ihr immer noch böse?

3

SABITE Torsten? Dir auch ein frohes neues Jahr!

GEORGE UND HANS Frohes neues Jahr!!!!
GEORGE Wir haben die Party einfach zu euch gebracht!
HANS George hat das Licht in eurer Wohnung gesehen.
GEORGE Hans hat Meline schreien gehört.
MELINE Ich habe nicht geschrien.
HANS Wo ist Lorenzo?
MELINE Ha, ha, ha, Hans. Wo ist denn deine neue Freundin?

4

MELINE Lorenzo ist in der Stadt. Wir gehen später am Abend essen und danach gehen wir zu einer Party am Brandenburger Tor.
SABITE Schön, dass du Silvester mit ihm feierst.
MELINE Wir haben Spaß zusammen. Wieso kommst du nicht mit uns mit? Es sind bestimmt eine Million Leute da.
SABITE Ich mag keine Menschenmassen. Danke für die Einladung.

6

1 **Richtig oder falsch?** Entscheiden Sie, ob die folgenden Sätze richtig oder falsch sind.

1. Torsten will Silvester lernen.
2. Lorenzo ist in der Stadt.
3. Meline und Lorenzo wollen ins Kino gehen.
4. Es sind eine Million Leute am Fernsehturm.
5. George und Hans haben Licht in der Wohnung gesehen.

6. Hans hat Meline singen gehört.
7. George und Hans sind auf einer Party in Kreuzberg gewesen.
8. Meline möchte, dass Hans und George zurück zur Party gehen.
9. Hans hat Kekse gebacken.
10. George möchte mit seinen Freunden anstoßen.

PERSONEN

George   Hans   Meline   Sabite

HANS Gut, dann gehen wir eben zurück zur Party in Kreuzberg.
SABITE Ah, ah! Geht nicht. Ich bin so froh, dass ihr hier seid. Frohes neues Jahr, Hans, George.
MELINE Bitte geht nicht. Ich habe Sekt.

HANS Ich habe einen Stollen für uns gebacken.
SABITE Oh, sieht lecker aus. Bitte schön.
HANS Danke. Hier, reich mal rüber.
MELINE Oh, Hans, er schmeckt genau wie der von meiner Mutter!

MELINE Es ist Mitternacht! Frohes neues Jahr!

GEORGE Ich möchte gern mit euch anstoßen, meine neuen Freunde. *Happy New Year!*
SABITE *Mutlu yillar.*

Nützliche Ausdrücke

- **Silvester**
  New Year's Eve
- **die Weihnachtsferien**
  winter break
- **Die Uni fängt erst wieder in zwei Wochen an.**
  Classes don't begin for two weeks.
- **wunderschön**
  gorgeous
- **Bist du ihr immer noch böse?**
  Are you still mad at her?
- **Frohes neues Jahr!**
  Happy New Year!
- **die Menschenmassen**
  crowds
- **Nur die Ruhe!**
  Relax!
- **Hans hat Meline schreien gehört.**
  Hans heard Meline yelling.
- **Reich mal rüber!**
  Hand it over!

5A.1

- **Ich habe einen Stollen für uns gebacken.**
  I baked a stollen for us.

5A.2

- **Verlange nicht von ihr, das neue Jahr ohne dich zu beginnen.**
  Don't make her start the new year without you.

5A.3

- **Schön, dass du Silvester mit ihm feierst.**
  It's great that you're celebrating New Year's with him.

---

2 **Zum Besprechen** Planen Sie zu dritt eine Silvesterparty. Machen Sie eine Einkaufsliste und eine Gästeliste. Soll die Party ein Motto (*theme*) haben? Müssen sich die Gäste verkleiden (*wear costumes*)?

3 **Vertiefung** Finden Sie heraus (*Find out*), warum der letzte Tag im Jahr in der deutschsprachigen Welt **Silvester** heißt. Woher kommt der Name? Seit wann heißt der Tag so?

Ressourcen

SAM
VM: p. 9

DVD
Folge 9

vhlcentral.com

Das Oktoberfest Reading

AM 12. OKTOBER 1810 HEIRATET KRONprinz Ludwig (der spätere König Ludwig I. von Bayern) Prinzessin Therese. Vor den Toren Münchens° feiern Menschen

Das Oktoberfest	
Erstes Oktoberfest:	1810
Ort:	Theresienwiese
Fläche:	0,42 km² (Quadratkilometer)
Besucher:	mehr als 6 Millionen Gäste
Festzelte:	14 große und 15 kleine
Schweinswürste:	119.302 Paar
Schweinshaxen°:	69.293
Abfall°:	678 Tonnen
Verlorene Gegenstände°:	260 Brillen° und 200 Handys

QUELLE: offizielles Stadtportal für München

aus ganz Bayern die königliche Hochzeit auf einem Feld. Dieses Feld heißt heute noch Theresienwiese. Viele Menschen nennen es einfach die Wiesn, ein Wort aus der bayerischen Umgangssprache°. 1810 kann man Pferderennen° auf der Theresienwiese sehen und in den nächsten Jahren wiederholt man diese Pferderennen. Das ist der Anfang des Oktoberfests.

Im Jahr 1818 gibt es das erste Karussell° beim Oktoberfest. Heute findet man neben Karussells und Festzelten° auch Willenborgs Riesenrad° und einen Flohzirkus° für Kinder. In den nächsten Jahren beginnt das Oktoberfest aus Wettergründen° bereits im

September. Traditionell ist der erste Tag immer der erste Samstag nach dem 15. September. Der Oberbürgermeister° Münchens zapft° das erste Bierfass° an und sagt dann: „O'zapft is!" Das ist Bayerisch und bedeutet „Es ist angezapft!" Der letzte Tag ist der erste Sonntag im Oktober. In über 200 Jahren findet das Oktoberfest 24-mal wegen° Cholera oder Kriegen° nicht statt°.

den Toren Münchens the gates of Munich **bayerischen Umgangssprache** Bavarian vernacular **Pferderennen** horse races **Karussell** merry-go-round **Festzelten** pavilions **Riesenrad** Ferris wheel **Flohzirkus** flea circus **aus Wettergründen** due to weather concerns **Oberbürgermeister** mayor **zapft... an** taps **Bierfass** beer barrel **wegen** due to **Kriegen** wars **findet... statt** takes place **Schweinshaxen** pork knuckles **Abfall** garbage **Verlorene Gegenstände** Lost items **Brillen** eyeglasses

1 **Richtig oder falsch?** Sind die Aussagen **richtig** oder **falsch?** Korrigieren Sie die falschen Aussagen mit einem Partner / einer Partnerin.

1. Das erste Oktoberfest findet 1815 statt.

2. Die Menschen feiern die Hochzeit von Kronprinz Ludwig und Prinzessin Therese in Nürnberg.

3. In der bayerischen Umgangssprache heißt die Theresienwiese „Wiesn".

4. Das erste Karussell gibt es 1815.

5. Für Kinder gibt es heute auch einen Flohzirkus.

6. Der erste Tag des Oktoberfests ist immer der erste Sonntag nach dem 15. September.

7. Der Münchener Oberbürgermeister zapft das erste Bierfass an.

8. In über 200 Jahren findet das Oktoberfest 20-mal nicht statt.

9. Mehr als 10 Millionen Gäste besuchen das Oktoberfest jedes Jahr.

10. Zu den verlorenen Gegenständen gehören 260 Brillen und 200 Handys.

 Practice more at **vhlcentral.com**.

Herzlichen Glückwunsch

Alles Gute zum Geburtstag!	*Happy birthday!*
Ein gutes neues Jahr!	*Happy New Year!*
Frohe Ostern!	*Happy Easter!*
Frohe Weihnachten!	*Merry Christmas!*
Gute Besserung!	*Get well!*
Hals- und Beinbruch!	*Break a leg!*
Viel Glück!	*Good luck!*

Weihnachten

Am 6. Dezember besucht Sankt Nikolaus Kinder in vielen Gegenden° Deutschlands, Österreichs und der Schweiz. Brave° Kinder bekommen Schokolade, Nüsse° und andere Süßigkeiten. Manchmal bringt der Sankt Nikolaus einen Partner mit. Diese zweite Person heißt Krampus im Süden und Knecht Ruprecht im Norden. Er soll böse° Kinder erschrecken°.

Die Weihnachtsfeiertage sind der 25. und 26. Dezember. Geschenke bekommen Kinder aber schon am 24. Dezember, dem Heiligen Abend. Das Christkind, ein blonder Engel°, bringt Geschenke, und Familien öffnen sie am gleichen Abend.

in vielen Gegenden *in many areas* **Brave** *Well-behaved* **Nüsse** *nuts* **böse** *naughty* **erschrecken** *scare* **Engel** *angel*

Die Sternsinger

Vor allem in Bayern und Österreich sind die Sternsinger ein sehr bekanntes Brauchtum°. Drei Kinder oder junge Leute verkleiden sich° als die Heiligen Drei Könige° Caspar, Melchior und Balthasar. Sie gehen zwischen dem 27. Dezember und dem 6. Januar, dem Tag des Dreikönigsfestes, von Haus zu Haus. Sie singen Lieder in den Häusern, sprechen ein Gebet° und sagen ein Gedicht° auf. Dann schreiben sie mit Kreide° einen Segen° über° die Haustür. In Deutschland sammeln° die Sternsinger seit dem 16. Jahrhundert Geld für wohltätige Zwecke°, vor allem für Kinder in Not°. Die Aktion Dreikönigssingen ist weltweit° die größte organisierte Hilfsaktion von Kindern für Kinder. Alleine im Jahr 2005 sammeln die Sternsinger 47 Millionen Euro.

Brauchtum *tradition* **verkleiden sich** *dress up* **Könige** *kings* **Gebet** *prayer* **Gedicht** *poem* **Kreide** *chalk* **Segen** *blessing* **über** *over* **sammeln** *collect* **wohltätige Zwecke** *charitable purposes* **in Not** *in need* **weltweit** *worldwide*

IM INTERNET

Welche anderen Feste und Festivals werden in Deutschland, Österreich und der Schweiz gefeiert?

For more information on this **Kultur**, go to **vhlcentral.com**.

---

2 **Was fehlt?** Ergänzen Sie die Sätze.

1. Sankt Nikolaus besucht Kinder am _____.

2. Brave Kinder bekommen _____, Nüsse und andere Süßigkeiten.

3. Weihnachtsgeschenke bringt in Deutschland, Österreich und der Schweiz _____.

4. Zwischen dem 27. Dezember und dem _____ gehen Sternsinger von Haus zu Haus.

3 **Wie feiern Sie zu Hause?** Wählen Sie mit einem Partner / einer Partnerin einen Feiertag in Ihrem Land. Was feiert man an diesem Tag, wie feiert man den Tag, wann feiert man und welche regionalen Variationen gibt es? Präsentieren Sie Ihre Beschreibung den Klassenkameraden. Die Mitstudenten müssen den Feiertag erraten (*guess*).

Ressourcen

S

vhlcentral.com

Strukturen

The *Perfekt* (Part 1) Presentation

Startblock In English, there are several ways of talking about events in the past: *I ate, I have eaten, I was eating.* In German, all of these meanings can be expressed with the **Perfekt** tense.

QUERVERWEIS

In **6A.1** and **6B.1**, you will learn about the **Präteritum**, a past tense used mainly in writing.

Wir **haben** die Party einfach zu euch **gebracht**.

Ich **habe** einen Stollen für uns **gebacken**.

The *Perfekt* tense

QUERVERWEIS

Most verbs form the **Perfekt** with **haben**. You will learn about forming the **Perfekt** with **sein** in **5B.1**.

- To form the **Perfekt**, use a present tense form of **haben** or **sein** with the *past participle* of the verb that expresses the action.

  Ich **habe** zu viel Kuchen **gegessen**.
  I ate too much cake.

  Wir **haben** den Kindern Geschenke **gekauft**.
  We bought the kids presents.

Forming past participles

- German verbs can be grouped into three main categories, based on the way their past participles are formed.

  Ich **habe** eine Torte **gemacht**.
  I made a cake.

  Wir **haben** Kekse **gegessen**.
  We ate cookies.

  Er **hat** eine CD **gebrannt**.
  He burned a CD.

ACHTUNG

The **-et** ending is added to verb stems ending in **-d**, **-t**, or a consonant cluster, to make pronunciation easier: **Es hat geregnet**.

- Most German verbs are *weak*. Form the past participle of a weak verb by adding **ge-** before the verb stem and **-t** or **-et** after the stem.

common weak verbs			
infinitive	past participle	infinitive	past participle
arbeiten	gearbeitet	lernen	gelernt
feiern	gefeiert	öffnen	geöffnet
hören	gehört	sagen	gesagt
kaufen	gekauft	spielen	gespielt
lachen	gelacht	tanzen	getanzt

Haben Sie eine Flasche Sekt **gekauft**?
Did you buy a bottle of champagne?

Ich **habe** mit den Gästen **geredet**.
I chatted with the guests.

- Verbs ending in **-ieren** are almost always weak. Their past participles end in **-t**, but omit the **ge-** prefix.

  Der Lehrer **hat** die Hausaufgaben **korrigiert**.
  The teacher corrected the homework.

  Wie lange **habt** ihr in Deutschland **studiert**?
  How long did you study in Germany?

- To form the past participle of a *strong* verb, add **ge-** before the verb stem and **-en** after. Strong verbs may be regular or irregular in the present, but verbs that have a stem change in the present tense are almost always strong verbs in the **Perfekt**.

  Wir **haben** unsere Freunde **gesehen**.   Ich **habe** meinen Eltern **geholfen**.
  *We **saw** our friends.*   *I **helped** my parents.*

- Note that many strong verbs have a stem change in the past participle.

common strong verbs			
infinitive	past participle	infinitive	past participle
essen	gegessen	schlafen	geschlafen
finden	gefunden	schreiben	geschrieben
geben	gegeben	sprechen	gesprochen
heißen	geheißen	tragen	getragen
helfen	geholfen	treffen	getroffen
lesen	gelesen	trinken	getrunken
nehmen	genommen	waschen	gewaschen

Habt Ihr den Bus nach Hause **genommen**?   Sie **hat** viele Bücher **geschrieben**.
***Did** you **take** the bus home?*   *She's **written** a lot of books.*

- There is a small group of verbs called *mixed* verbs. The past participles of mixed verbs have a **ge-** prefix and end in **-t** like weak verbs, but they have irregular stems like many strong verbs.

common mixed verbs	
infinitive	past participle
brennen (*to burn*)	gebrannt
bringen	gebracht
denken	gedacht
nennen (*to name*)	genannt
rennen (*to run*)	gerannt

Habt ihr an die Hochzeit **gedacht**?   Sie **haben** ihr Kind Elisabeth **genannt**.
***Were** you **thinking** about the wedding?*   *They **named** their child Elisabeth.*

ACHTUNG

You cannot tell which category a verb belongs to by looking at the infinitive. You must learn the past participle of a verb along with its present tense forms.

QUERVERWEIS

See **Appendix A** for a complete list of past participles for all strong and mixed verbs taught in this book.

Ressourcen

SAM
WB: pp. 65–66

SAM
LM: p. 42

vhlcentral.com

Jetzt sind Sie dran!   Ergänzen Sie die Sätze mit den richtigen Formen der Hilfsverben und der Partizipien.

1. Wir ___haben___ Monikas Geburtstag ___gefeiert___. (feiern)
2. Die Kinder _____ viel Milch _____. (trinken)
3. Unsere Freunde _____ viel Spaß _____. (haben)
4. Jens _____ mit seinen Geschenken _____. (spielen)
5. Ich _____ am Montag _____. (arbeiten)
6. Peter _____ vier Jahre an der Uni _____. (studieren)

7. Die Gäste _____ dem Geburtstagskind viele Geschenke _____. (geben)
8. _____ ihr die Bücher _____? (lesen)
9. _____ du an die Pläne _____? (denken)
10. Wir _____ sehr viel _____. (lachen)
11. _____ ihr Süßigkeiten _____? (essen)
12. Meine Freundin _____ einen Hund _____. (adoptieren)

Anwendung

1 **Was passt zusammen?** Welche Verben in Spalte 1 entsprechen
(*match*) den Partizipien in Spalte 2?

_C_ 1. essen   a. gebracht

_F_ 2. finden   b. geholfen

_B_ 3. helfen   c. gegessen

_E_ 4. schreiben   d. genommen

_A_ 5. bringen   e. geschrieben

_D_ 6. nehmen   f. gefunden

2 **Das Perfekt** Setzen Sie die Verben ins Perfekt.

> **BEISPIEL** tanzen (ich)
> *ich habe getanzt*

1. kaufen (du)   5. hören (ihr)

2. lernen (wir)   6. regnen (es)

3. feiern (er)   7. kochen (sie, *sing.*)

4. arbeiten (Sie)   8. denken (ich)

3 **Was haben sie gemacht?** Ergänzen Sie die Sätze mit der richtigen
Form von **haben** und dem passenden Partizip.

1. Ich _____ einen neuen Rucksack _____. (kaufen)

2. Julius _____ seine Freunde _____. (treffen)

3. _____ ihr das Fußballspiel mit Paul _____? (diskutieren)

4. Der Koch _____ die Zwiebeln _____. (waschen)

5. _____ du gestern mit deinem Bruder _____? (sprechen)

6. Petra _____ ihre Tochter zum Friseur _____. (bringen)

7. Kiara _____ eine Party _____. (geben)

8. Professor Schulz, _____ Sie meine Arbeit _____? (korrigieren)

4 **Am Wochenende** Was haben diese Personen am Wochenende
gemacht? Schreiben Sie zu jedem Foto einen Satz im Perfekt.

▶ **BEISPIEL**

meine Eltern und ich
*Meine Eltern und
ich haben Karten
gespielt.*

1. Herr Peters   2. Erik und Rolf

3. Jessica   4. Dana   5. Hasan   6. Sara und Max

Practice more at **vhlcentral.com.**

Kommunikation

5 **Letzten Sommer** Fragen Sie Ihren Partner / Ihre Partnerin, was er/sie letzten Sommer gemacht hat.

1. Hast du viel geschlafen?
2. Hast du viel gegessen?
3. Hast du gearbeitet? Wo?
4. Hast du Deutsch gelernt?

5. Hast du Sport gemacht?
6. Hast du oft Freunde getroffen?
7. Hast du etwas gekauft? Was?
8. Hast du viele Filme gesehen? Welche?

6 **Auf Dieters Geburtstagsparty** Sehen Sie mit einem Partner / einer Partnerin das Bild (*picture*) an. Was haben die Personen auf Dieters Geburtstagsparty gemacht?

> **BEISPIEL**
>
> **S1:** *Jutta hat Karaoke gesungen.*
> **S2:** *Ja, und ihre Freunde haben viel gelacht.*

7 **Im Deutschkurs** Fragen Sie Ihre Klassenkameraden, was gestern (*yesterday*) im Deutschkurs passiert ist (*happened*). Vergleichen Sie die Antworten in Ihrer Gruppe.

> **BEISPIEL**
>
> **S1:** *Habt ihr gelesen?*
> **S2:** *Ja, wir haben gelesen.*
> **S3:** *Wer hat gelacht?*
> **S1:** *Rolf hat gelacht!*

antworten	schlafen
diskutieren	schreiben
essen	singen
lachen	spielen
lernen	sprechen
lesen	trinken

8 **Meine Großeltern** Erzählen Sie den Studenten/Studentinnen in Ihrer Gruppe, was Ihre Großeltern gemacht haben, als sie jünger waren (*when they were younger*).

> **BEISPIEL**
>
> **S1:** *Mein Großvater hat immer viele Geschenke für seine Kinder gekauft.*
> **S2:** *Meine Großmutter hat jeden Tag Kuchen oder Kekse gebacken.*
> **S3:** *Meine Großeltern haben beide (both) oft Karten gespielt.*

5A.2

QUERVERWEIS

See **Lektion 1A.3** to review the nominative pronouns.

Accusative pronouns

Startblock Just as nouns in the nominative case can be replaced by nominative pronouns, nouns in the accusative case can be replaced by accusative pronouns.

personal pronouns					
	nominative			**accusative**	
singular	ich	*I*		**mich**	*me*
	du	*you* (inf.)		**dich**	*you* (inf.)
	Sie	*you* (form.)		**Sie**	*you* (form.)
	er/sie/es	*he/she/it*		**ihn/sie/es**	*him/her/it*
plural	wir	*we*		**uns**	*us*
	ihr	*you* (inf.)		**euch**	*you* (inf.)
	Sie	*you* (form.)		**Sie**	*you* (form.)
	sie	*they*		**sie**	*them*

Wer hat **die Torte** gebacken?   Ich habe **sie** gebacken.
*Who baked **the cake**?*   *I baked **it**.*

- You learned in **1B.1** that direct objects are always in the accusative case. An accusative pronoun replaces a noun that functions as a direct object.

  Er hat **mich** überrascht.   Hast du **ihn** geküsst?
  *He surprised **me**.*   *Did you kiss **him**?*

- In **3B.2**, you learned that certain prepositions are always followed by the accusative. A pronoun that follows an accusative preposition must be in the accusative case.

  Wir haben eine Überraschung **für dich**.   Ihr fahrt **ohne mich** zur Hochzeit.
  *We have a surprise **for you**.*   *You're going to the wedding **without me**.*

- In simple sentences, accusative pronouns go directly after the conjugated verb. If the sentence has a modal verb, the accusative pronoun goes after the conjugated modal verb.

  Ich sehe **euch** jeden Tag.   Ich muss **es** heute machen.
  *I see **you** every day.*   *I have to do **it** today.*

- In the **Perfekt**, place the accusative pronoun directly after the conjugated helping verb.

  Sie haben **uns** zur Party eingeladen.   Wir haben **sie** mit einer Torte überrascht.
  *They invited **us** to the party.*   *We surprised **them** with a cake.*

- In sentences with inverted word order, such as yes-or-no questions, place the accusative pronoun after the subject.

  Siehst du **sie** oft?   Morgen rufe ich **dich** an.
  *Do you see **her** often?*   *I'll call **you** tomorrow.*

Ressourcen

SAM
WB: pp. 67-68

SAM
LM: p. 43

vhlcentral.com

 Jetzt sind Sie dran!   **Wählen Sie die richtigen Pronomen.**

1. Das Buch? Du sollst (es)/ ihn) lesen.
2. Die Ballons? Siehst du (sie / uns) nicht?
3. Ihr müsst ohne (uns / euch) ins Kino gehen.
4. Ich finde Peter süß und habe (uns / ihn) geküsst.
5. Anne und dich? Wir finden (euch / sie) nett.
6. Sonja, warte! Ich habe eine Karte für (dich / ihn).
7. Die große Liebe? Gibt es (uns / sie)?
8. Uta, liebst du (mich / dich)?

Anwendung und Kommunikation

1 **Bei meinen Eltern** Ersetzen Sie (*Substitute*) die unterstrichenen
Wörter mit Akkusativpronomen.

> **BEISPIEL** Ich sehe Peter.
> *Ich sehe ihn.*

1. Ich rufe <u>meinen Freund</u> an.

2. Mein Freund besucht <u>mich und
   meine Familie</u>.

3. Mein Bruder kocht <u>das Essen</u>
   für uns.

4. Mein Vater isst <u>die Suppe</u> gern.

5. Meine Schwester kauft <u>die Erdbeeren</u>
   auf dem Markt.

6. Mein Freund sagt: „Ich besuche <u>dich
   und deine Eltern</u> gern."

2 **Sätze bilden** Bilden Sie logische Sätze mit den angegebenen Wörtern.
Ersetzen Sie die Wörter in Klammern (*parentheses*) mit Akkusativpronomen.

> ▶ **BEISPIEL** (die Erdbeeren) essen wollen
> *Ich will sie essen.*

1. (das Buch)
   lesen müssen

2. (Lisa) einladen
   wollen

3. (der Film) sehen
   möchten

4. (das Auto)
   kaufen sollen

5. (Hausaufgaben)
   machen müssen

3 **Die Überraschungsparty** Ihr Partner / Ihre Partnerin fragt Sie über
die Party am Samstag bei Max. Beantworten Sie die Fragen und benutzen
Sie Akkusativpronomen.

> **BEISPIEL** **S1:** *Ruft ihr Emil und Martina an?*
> **S2:** *Ja, wir rufen sie an.*

1. Ist es eine Party für Max?

2. Lädst du Erik ein?

3. Kommt Erik ohne seine Freundin?

4. Hast du das Geschenk
   schon gekauft?

5. Bringst du deine CDs mit?

6. Soll ich den Salat schon vorher
   (*beforehand*) machen?

7. Können wir dort laute Musik hören?

8. Überraschen wir Max?

4 **Der Computer** Erstellen Sie ein Gespräch mit den angegebenen
Wörtern. Benutzen Sie Akkusativpronomen.

> **BEISPIEL** der Computer
> **S1:** *Meine Eltern haben ihn für mich gekauft.*
> **S2:** *Ohne ihn kann ich nicht lernen.*
> **S3:** *Ich finde ihn schlecht.*

das Eis	das Geschenk
der Gastgeber	die Karten
der Geburtstag	die Kekse

Practice more at **vhlcentral.com**.

5A.3 | Dative pronouns   Presentation

Startblock In **5A.2**, you learned that you can replace nouns in the accusative case with accusative pronouns. Use dative pronouns in place of dative nouns to indicate *to whom* or *for whom* an action is done.

ACHTUNG

Be careful when deciding whether the pronoun you need is a direct or an indirect object.

Ich sehe ihn.
[direct object]

Ich gebe ihm das Buch.
[indirect object]

- You learned in **4B.1** that indirect objects are always in the dative case. When the indirect object is a pronoun rather than a noun, use a dative pronoun.

personal pronouns			
	nominative	**accusative**	**dative**
singular	ich	mich	mir
	du	dich	dir
	Sie	Sie	Ihnen
	er/sie/es	ihn/sie/es	ihm/ihr/ihm
plural	wir	uns	uns
	ihr	euch	euch
	Sie	Sie	Ihnen
	sie	sie	ihnen

Musst du **ihr** eine E-Mail schreiben?
*Do you have to write **her** an e-mail?*

Wir wollen **euch** die Stadt zeigen.
*We want to show **you** the city.*

ACHTUNG

In **4B.2**, you learned that certain prepositions are always followed by the dative case. If a dative preposition is followed by a pronoun, use a dative pronoun: **mit mir, von ihnen, bei uns**

- In German, some verbs always take an object in the dative case.

danken	*to thank*	glauben	*to believe*
folgen	*to follow*	gratulieren	*to congratulate*
gefallen (gefällt)	*to please*	helfen	*to help*
gehören	*to belong (to)*	passen	*to fit*

Das gefällt **mir** sehr gut.
I like that a lot.

Ich glaube **dir** nicht.
*I don't believe **you**.*

- When one object is a noun and the other is a pronoun, place the pronoun first.

Gib **mir** einen Kuss!
*Give **me** a kiss!*

Zeig **es** dem Lehrer!
*Show **it** to the teacher!*

Ressourcen

SAM
WB: pp. 69–70

SAM
LM: p. 44

vhlcentral.com

- When a sentence has both a direct and an indirect object and both are pronouns, place the dative pronoun after the accusative pronoun.

Ich habe **dem Kind das Geschenk** gegeben.
*I gave **the present** to **the child**.*

Ich habe **es ihm** gegeben.
*I gave **it** to **him**.*

 Jetzt sind Sie dran!   Wählen Sie den richtigen Fall (*case*) für die unterstrichenen Wörter: Nominativ (N), Akkusativ (A), oder Dativ (D).

__D__ 1. Er hat <u>ihr</u> eine Blume gegeben.

____ 2. <u>Wir</u> bringen Wein und Käse zur Party mit.

____ 3. Hast du <u>sie</u> zu Weihnachten besucht?

____ 4. Kannst du <u>mir</u> beim Backen helfen?

____ 5. Ich danke <u>euch</u> für die Fotos von der Hochzeit.

____ 6. Vielleicht glaubt <u>seine Mutter</u> ihm nicht.

____ 7. Gabi besucht <u>dich</u> am Wochenende, nicht?

____ 8. Das Geschenk ist von <u>ihr</u>.

Anwendung und Kommunikation

1 **Meine Tante Marie** Ersetzen Sie die Dativobjekte mit Dativpronomen.

BEISPIEL Sie hat mit <u>meiner Mutter</u> telefoniert.
Sie hat mit ihr telefoniert.

1. Ich habe viel von <u>meiner Tante Marie</u> gelernt. *ihm.*
2. Ich habe oft bei <u>Tante Marie und Onkel Hans</u> geschlafen. *innen.*
3. Sie haben immer mit <u>mir und meinem Bruder</u> gespielt. *uns*
4. Mein Onkel hat <u>meinem Bruder</u> oft geholfen. *ihm*
5. „Tante Marie, kann ich bei <u>dir und Onkel Hans</u> wohnen?" *euch*

2 **Wählen Sie** Wählen Sie in jedem Satz das richtige Pronomen.

1. Wir haben (<u>ihr</u> / sie) das Geschenk gegeben.
2. Gehören (<u>euch</u> / ihn) die Karten?
3. Hast du (<u>ihn</u> / ihm) zum Geburtstag gratuliert?
4. Haben die Gäste mit (<u>sie</u> / ihnen) angestoßen?
5. Wer hat außer (dir / <u>dich</u>) Kuchen gegessen?
6. Und das Baby? Habt ihr (ihm / es) auch gesehen?
7. Wann feiert ihr die Hochzeit? Feiert ihr (sie / ihr) im Sommer?
8. Lädst du (mich / mir) auch ein?

3 **Alles Gute zum Geburtstag!** Erzählen Sie Ihrem Partner / Ihrer
Partnerin, was Sie diesen Personen zum Geburtstag schenken.

BEISPIEL

Ihre Mutter

S1: *Was schenkst du deiner Mutter zum Geburtstag?*
S2: *Ich schenke ihr einen kleinen Hund! Und deiner Mutter?*
S1: *Meine Mutter mag Hunde nicht. Ich schenke ihr einen Computer.*

1. Ihr Bruder	4. Ihre Katze
2. Ihre Großeltern	5. Ihr Vater
3. Ihre Schwester	6. Ihr Professor / Ihre Professorin

4 **Danke schön!** Erfinden Sie mit Ihren Klassenkameraden eine
Geschichte (*story*) über die Personen auf dem Bild.

BEISPIEL

S1: *Die junge Frau ruft ihre Schwester an.*
S2: *Sie dankt ihr für das Geburtstagsgeschenk.*
S3: *Nein! Sie gratuliert ihr zu ihrem Abschluss...*

anrufen	einladen	gratulieren (zu)
antworten (auf)	gefallen	helfen
danken (für)	gehören	kaufen
einkaufen	glauben	schreiben

Wiederholung

1 Auf der Party Wer hat dieses Essen gemacht und diese Geschenke gekauft?

 BEISPIEL

S1: Wer hat den Apfelsaft gekauft?
S2: Anja hat ihn gekauft.

backen	kaufen
bringen	machen
gehören	schenken

2 Was isst du gern? Was isst Ihr Partner / Ihre Partnerin gern? Benutzen Sie die Wörter aus der Liste.

 BEISPIEL

S1: Isst du gern Garnelen?
S2: Nein, ich esse sie nicht gern.

Auberginen	Pilze
Eis	Schinken
Gebäck	Schweinefleisch
Kekse	Süßigkeiten
Knoblauch	Torten
Meeresfrüchte	Trauben
Pfirsiche	Würstchen

3 Hast du...? Wer hat in Ihrer Klasse diese Aktivitäten gemacht? Schreiben Sie die Namen der Klassenkameraden auf. Fragen Sie dann weiter nach mehr Informationen.

BEISPIEL

S1: Hast du zu viel gegessen? Wann?
S2: Ich habe an Thanksgiving zu viel gegessen.

4 Geschenke Was haben Sie und Ihr Partner / Ihre Partnerin Freunden und Familie zum Geburtstag oder zu Weihnachten geschenkt?

 BEISPIEL

S1: Was hast du deiner Mutter zum Geburtstag geschenkt?
S2: Ich habe ihr einen schönen Terminkalender geschenkt.

5 Lara auf der Party Sie und Ihr Partner / Ihre Partnerin bekommen unterschiedliche Blätter mit Bildern von einer Party. Beschreiben Sie mit Ihrem Partner / Ihrer Partnerin Laras Aktivitäten.

BEISPIEL

S1: Erst hat Lara mit einem Mann gesprochen.
S2: Dann hat sie gesungen.

6 Und Sie? Was haben Sie auf der letzten Party gemacht? Was haben die anderen in der Gruppe gemacht?

BEISPIEL

S1: Auf der Party am Freitagabend habe ich getanzt. Und du? Hast du auf der letzten Party getanzt?
S2: Nein, ich habe nicht getanzt. Aber ich habe auf der Party am Samstagabend Musik gehört. Das mache ich gern.

Geschenke kaufen
essen
(keinen) Spaß haben
Musik hören
kochen
lachen
mit Freunden reden
tanzen

S Video: TV Clip

Shopping in München

Die Leopoldstraße und die Maximilianstraße sind zwei
wichtige Straßen in München. Hier kaufen Münchner und
Touristen ein und genießen die Stadt. Die Leopoldstraße
beginnt am Siegestor. Hier kann man bummeln°,
einkaufen, in Straßencafés sitzen und Kunst bewundern°.
Die Maximilianstraße ist eine sehr elegante und luxuriöse
Straße. Hier kann man einen einzigartigen° Architekturstil
und elegante Geschäfte sehen. Neben internationalen
Modeläden° kann man auch das Kaffeehaus
Dallmayr besuchen.

**In der Leopoldstraße gibt es bekannte°
Modeketten° und kleine Boutiquen.**

**Auch für Kunstliebhaber° hat die
Leopoldstraße einiges zu bieten°.**

**Alle internationale Topmarken° gibt es in
der Maximilianstraße.**

bummeln *stroll* **bewundern** *admire* **einzigartigen** *unique* **Modeläden** *fashion stores* **bekannte** *well-known* **Modeketten** *chain stores* **Kunstliebhaber** *art-lovers*
bieten *offer* **Topmarken** *top brands*

 Verständnis Beantworten Sie die Fragen mit den
Informationen aus dem Video.

1. Was kann man in beiden Straßen machen?
   a. das Siegestor sehen   b. Kaffee trinken
   c. Weißwurst essen
2. Was beschreibt nur die Leopoldstraße?
   a. Luxuslabels   b. 3,6 km lang   c. Juweliere

 Diskussion Diskutieren Sie die folgenden Fragen mit
einem Partner / einer Partnerin.

1. In welcher der zwei Münchner Straßen möchten Sie am
   liebsten ein paar Stunden verbringen und warum? Was
   möchten Sie dort machen?
2. Gibt es in Ihrer Stadt oder Ihrem Land Straßen wie die
   Leopoldstraße oder die Maximilianstraße? Wie sind sie
   ähnlich (*similar*) oder anders (*different*)?

Communicative Goals

You will learn how to:

- describe clothing
- talk about shopping

Kleidung Ⓢ Talking Picture Audio: Activities

Wortschatz	
Kleidung	*clothing*
die Bluse, -n	*blouse*
die Brille, -n	*glasses*
der Handschuh, -e	*glove*
die Jeans, -	*jeans*
der Mantel, -¨	*coat*
der Pullover, -	*sweater*
die Socke, -n	*sock*
der Stiefel, -	*boot*
das Sweatshirt, -s	*sweatshirt*
das Trägerhemd, -en	*tank top*
das T-Shirt, -s	*T-shirt*
die Unterwäsche	*underwear*
Einkaufen	*shopping*
die Baumwolle	*cotton*
die Farbe, -n	*color*
die Kleidergröße, -n	*size*
das Leder	*leather*
die Seide	*silk*
der Verkäufer, - / die Verkäuferin, -nen	*salesperson*
die Wolle	*wool*
im Angebot	*on sale*
dunkel	*dark*
einfarbig	*solid colored*
eng	*tight*
gestreift	*striped*
hell	*bright; light*
kurzärmlig	*short-sleeved*
langärmlig	*long-sleeved*
weit	*loose; big*
anziehen (zieht... an)	*to put on*

ACHTUNG

You can add the prefix **hell** (*light*) or **dunkel** (*dark*) to any color word, to form a compound adjective: **dunkelbraun**, **hellblau**.

der Hut, -¨e

der Badeanzug, -¨e

Er ist teuer.

die Krawatte, -n

der Gürtel, -

das Kleid, -er

das Hemd, -en

die kurze Hose (*pl.* die kurzen Hosen)

die Turnschuhe (*m., pl.*)

Er trägt einen Anzug (*pl.* -¨e). (tragen)

die Handtasche, -n

gelb   grün   lila   rosa   grau

orange   schwarz

blau

rot   braun   weiß

die Sonnenbrille, -n

die Mütze, -n

die Halskette, -n

der Schal, -s

Es ist billig.

die Jacke, -n

der Rock, -̈e

die Hose, -n

der Schuh, -e

Anwendung

1 **Was passt nicht?** Welches Wort passt nicht zu den anderen?

BEISPIEL lila, grün, (hell)

1. die Unterwäsche, der Mantel, die Jacke
2. teuer, billig, langärmlig
3. das Leder, die Seide, die Farbe
4. die Schuhe, die Halsketten, die Stiefel
5. die Verkäuferin, die Mütze, der Schal
6. das Kleid, der Rock, die Krawatte

2 **Farben bezeichnen** Nennen Sie die Farben von den Dingen, die Sie auf den Fotos sehen.

1. _____

2. _____

3. _____

4. _____

5. _____

6. _____

3 **Semesterferien** 🎧 Manfred plant eine kurze Reise (*trip*) in die Schweizer Alpen. Hören Sie an, was Manfred sagt, und markieren Sie am Ende die Kleidungsstücke, die er noch vor (*before*) der Reise kaufen will.

	ja	nein			ja	nein
1. einen Pullover	☐	☐		5. eine Lederjacke	☐	☐
2. Skistiefel	☐	☐		6. eine Skihose	☐	☐
3. eine Jeans	☐	☐		7. eine Skijacke	☐	☐
4. ein Hemd	☐	☐		8. einen Mantel	☐	☐

4 **Passende Kleidungsstücke** Welche Kleidungsstücke trägt man in diesen Situationen?

1. Hasan trägt am Strand seine _____.
2. Zum Wandern in den Alpen soll man _____ tragen.
3. Im Winter trägt Alexandra ihren _____ und ihren Pullover.
4. Zum Schwimmen trägt Lena ihren _____.
5. Für ihren Abschlussball kauft Elke ein schönes _____.

 Practice more at **vhlcentral.com**.

Kommunikation

5 **Was tragen die Leute?** Beschreiben Sie mit Ihrem Partner / Ihrer Partnerin die Kleidungsstücke von den Personen auf den Fotos.

▶ **BEISPIEL**
Die Tennisspielerin trägt ein weißes Trägerhemd und einen weißen Tennisrock.

die Tennisspielerin

1. Thomas

2. der Geschäftsmann

3. die Studentin   4. die Kinder

5. Frau Walter   6. Herr Huber

6 **Sieben Unterschiede** Finden Sie die sieben kleinen Unterschiede auf den Bildern, die Sie von Ihrem Professor / Ihrer Professorin bekommen.

BEISPIEL
S1: *Trägt die Person auf deinem Bild (picture) eine Jeans?*
S2: *Nein, sie trägt einen Rock.*

7 **Wir gehen auf eine Party!** Carla lädt Ihren Deutschkurs zu einer Party ein. Diskutieren Sie mit Ihren Klassenkameraden was für eine Party es wird und was Sie für die Fete anziehen wollen.

BEISPIEL
S1: *Carlas Fete ist morgen Abend. Ich weiß nicht was ich anziehen soll. Vielleicht meine enge, schwarze Jeans und ein schwarzes T-Shirt.*
S2: *Hmm, ganz in schwarz? Ich bringe auch einen Badeanzug mit. Sie hat ein Schwimmbad im Garten.*
S3: *Soll ich dann auch einen Hut und eine Sonnenbrille mitnehmen?*

8 **Im Kaufhaus** Schreiben Sie in kleinen Gruppen einen Dialog im Kaufhaus. Diskutieren Sie mit dem Verkäufer / der Verkäuferin über die Kleider, die Sie brauchen, aus welchem Material sie sein sollen, für welchen Anlass Sie einkaufen und so weiter.

BEISPIEL
S1: *Guten Tag. Kann ich Ihnen helfen?*
S2: *Ja, ich brauche für eine Hochzeitsfeier ein passendes Kleid.*
S3: *Und ich brauche einen Anzug. Schwarz oder dunkelgrau.*

> ein baumwollenes Nachthemd
> ein dunkelblaues Abendkleid
> gute Wanderschuhe
> einen rot gestreiften Badeanzug
> eine flexible Skibrille
> traditionelle Lederhosen
> warme Stiefel
> weiße Tenniskleidung

Aussprache und Rechtschreibung 🅢 Audio: Presentation Record & Compare Activities

🎧 The letter combination *ch* (Part 1)

The letter combination **ch** has two distinct pronunciations, which depend on its placement within a word. To pronounce **ch** after the vowels **a**, **o**, **u**, and **au**, start by pressing the tip of your tongue against your lower front teeth and raising the back of the tongue to the roof of the mouth. Then blow out air through the small space between the back of the tongue and the roof of the mouth.

Nachname	Tochter	Buch	brauchen	acht

In loanwords, **ch** may appear at the beginning of a word. In these words, the **ch** is sometimes pronounced like the *k* in the English word *king*. It may also be pronounced like the *sh* in the English word *ship*.

Chaos	Chor	Christ	Chance	Chef

1 **Sprechen Sie nach** Wiederholen Sie die Wörter, die Sie hören.

1. lachen
2. nach
3. auch
4. gesprochen
5. geflochten
6. brauchen
7. fluchen
8. Tuch
9. flache

2 **Artikulieren Sie** Wiederholen Sie die Sätze, die Sie hören.

1. Wir haben schon wieder Krach mit den Nachbarn.
2. Christians Tochter macht die Nachspeise.
3. Die Kinder waren nass bis auf die Knochen.
4. Hast du Bauchweh?
5. Der Schüler sucht ein Buch über Fremdsprachen.
6. Jochen kocht eine Suppe mit Lauch.

Vorgetan und nachgedacht hat manchem großes Leid gebracht.[2]

3 **Sprichwörter** Wiederholen Sie die Sprichwörter, die Sie hören.

Wo Rauch ist, da ist auch Feuer.[1]

[1] Where there's smoke, there's fire. [2] Look before you leap. *(lit. Doing before thinking has brought great suffering to many.)*

Sehr attraktiv, George! Ⓢ Video: *Fotoroman*

Meline findet Georges Stil nicht sehr attraktiv. Kann sie ihm helfen, attraktive Kleidung zu finden?

GEORGE Hallo, Meline.
MELINE Hallo, George.
GEORGE Wer ist das gewesen?
MELINE Esteban Aurelio Gómez de la Garza. Kommt aus Madrid. Langweilig.
GEORGE Hast du seit Silvester mit Lorenzo gesprochen?
MELINE Lorenzo ist unhöflich gewesen. Ich habe ihn gelöscht.

GEORGE Ich gehe zur Kaiser-Wilhelm-Gedächtnis-Kirche. Möchtest du gern mitkommen?
MELINE Ja.

GEORGE Franz Schwechten hat das Originalbauwerk entworfen.
MELINE Im neuromanischen Baustil.
GEORGE Du weißt viel über Architektur.
MELINE Ich kann lesen. Das steht hier alles. Dort ist eine Tafel!

MELINE George, lass es bleiben. Komm. Ich weiß, wie ich dir helfen kann.
GEORGE Mir mit was helfen?
MELINE George, du bist nicht in den USA. Männer in Europa tragen keine Jeans und Turnschuhe. Schau.

GEORGE Woher hast du gewusst, dass das passiert?
MELINE Du kennst deine Architektur. Und ich kenne die Menschen. Gehen wir.

MELINE Wie sieht's aus da drin, George? George?
GEORGE Okay?
MELINE Komm, lass mich mal sehen!

1 **Ergänzen Sie** Ergänzen Sie die Sätze mit den richtigen Informationen.

1. Esteban Aurelio Gómez de la Garza kommt aus (<u>Madrid</u> / Barcelona).

2. George möchte zur (Berliner Mauer / <u>Kaiser-Wilhelm-Gedächtnis-Kirche</u>) gehen.

3. (Franz Beckenbauer / <u>Franz Schwechten</u>) hat das Originalbauwerk entworfen.

4. George weiß viel über (Kleidung / <u>Architektur</u>).

5. Meline kann George mit seiner (<u>Kleidung</u> / Hausaufgabe) helfen.

6. Männer in Europa tragen keine (<u>Jeans und Turnschuhe</u> / Seidenkrawatten).

7. Meline findet die Kleidung im Geschäft zu (<u>teuer</u> / hässlich).

8. George empfiehlt (*recommends*) Meline einen Freund aus einem anderen (Land / Beruf).

9. Mit dem Hut und der (Sonnenbrille / Jacke) sieht George sehr europäisch aus.

10. Meline hat eine schöne (Halskette / Handtasche) gesehen.

PERSONEN

George   Meline

7

> **MELINE** Dieser Pullover ist zu eng. Die Hosen sind zu lang. Du musst ein gestreiftes Hemd unter dem Pullover anziehen, kein einfarbiges. Was meinst du?
> **GEORGE** Mir gefallen die Stiefel?
> **MELINE** Das ist alles falsch. Zu teuer, zu teuer. Diese sind ein Schnäppchen. Wo ist der Verkäufer?
> **GEORGE** Warum bin ich in diesen Laden gekommen? Ich sehe lächerlich aus.

8

> **MELINE** Blau? Nein. Schwarz? Nein. Grün? Nein. Okay. Zieh dieses Hemd... und diese Hose an... mit... dieser Seidenkrawatte. Komm schon! Wir haben nicht den ganzen Tag Zeit.

9

> **GEORGE** Wie wäre es du denn mal mit einer Person aus einem anderen Beruf?
> **MELINE** Wie Architektur?
> **GEORGE** Ähmm... nein. Literatur oder Philosophie. Informatik oder Geschichte? Wie Hans.

10

> **MELINE** Sehr attraktiv, George. Setz diese Sonnenbrille auf. Hut. So sieht ein europäischer Mann aus.
> **GEORGE** Hast du gehört, was ich gesagt habe?
> **MELINE** Zieh schnell deine Jeans wieder an. Ich habe eine Handtasche gesehen. Die muss ich unbedingt kaufen. Hans. Also wirklich.

Nützliche Ausdrücke

- **die Kirche**
  church
- **Franz Schwechten hat das Originalbauwerk entworfen.**
  Franz Schwechten designed the original structure.
- **Im neuromanischen Baustil.**
  In the neo-Romanesque style.
- **die Tafel**
  plaque
- **George, lass es bleiben.**
  George, don't even try.
- **Mir mit was helfen?**
  Help me with what?
- **Woher hast du gewusst, dass das passiert?**
  How did you know that was going to happen?
- **Wie sieht's aus da drin, George?**
  How's it going in there, George?
- **lächerlich**
  ridiculous
- **Wir haben nicht den ganzen Tag Zeit.**
  We don't have all day.
- **unbedingt**
  at all costs

5B.1
- **Wer ist das gewesen?**
  Who was that?

5B.2
- **Du weißt viel über Architektur.**
  You know a lot about architecture.
- **Und ich kenne die Menschen.**
  And I know people.

5B.3
- **George, du bist nicht in den USA.**
  George, you're not in the U.S.
- **Warum bin ich in diesen Laden gekommen?**
  Why did I come into this store?

2 **Zum Besprechen** Bilden Sie Gruppen zu dritt und diskutieren Sie: Welche Beziehung (*relationship*) haben Sie zur Mode? Ist sie Ihnen wichtig? Was ist Ihre Lieblingskleidung?

3 **Vertiefung** Suchen Sie einen bekannten Designer oder eine bekannte Designerin aus Deutschland, Österreich, der Schweiz oder Liechtenstein und finden Sie Informationen zu ihm/ihr im Internet. Geben Sie vor Ihrer Klasse eine kurze Präsentation.

Ressourcen

SAM
VM: p. 10

DVD
Folge 10

vhlcentral.com

Deutsche Modewelt° Ⓢ Reading

FRANKREICH UND ITALIEN SIND klassische Modeländer. Aber in Deutschland entwirft° und produziert man auch viel Mode und Kleidung.

Ähnlich wie° in Frankreich und Italien gibt es berühmte Modedesigner: Karl Lagerfeld, Wolfgang Joop und Jil Sander sind internationale Stars. Deutsche Marken° wie Hugo Boss, Bogner und Escada sind weltweit° bekannt.

Mode spielt in Deutschland eine große Rolle für die Wirtschaft. Deutschland gehört heute zu den führenden° Mode-Exporteuren. Jedes Jahr importieren deutsche Firmen aber auch Kleidung im Wert von 23,9 Milliarden Euro nach Deutschland: Deutschland ist einer der größten internationalen Kleiderimporteure. Im Bereich° der Sportmode sind deutsche Firmen wie Adidas und Puma überall

bekannt. Diese beiden Firmen haben ihren Hauptsitz° in Herzogenaurach, einer kleinen Stadt in Bayern. In Berlin findet man das größte Warenhaus° auf dem europäischen Kontinent: das Kaufhaus des Westens (KaDeWe), mit rund 60.000 m² Verkaufsfläche°. Die wichtigsten Modestädte in Deutschland sind Berlin und Düsseldorf. Auch München wird für Mode immer wichtiger.

Deutschland ist ein Magnet für Modeexperten aus der ganzen Welt. In Düsseldorf findet jedes Jahr zweimal die CPD (Collections Premieren Düsseldorf) statt°, die größte Modemesse° weltweit. In Köln kann man bis 2002 jährlich die Herren-Mode-Woche/Inter-Jeans besuchen, wo rund 1.600 Aussteller° aus 50 Ländern neue Kleider und Accessoires für Herren präsentieren. Die IMOTA (Internationale Modetage) findet in Berlin statt. Hier findet man viele junge Modeschöpfer°.

Kleidergrößen

Frauenkleider		Männerhosen	
Deutschland	USA	Deutschland	USA (Bundweite/Länge in Zoll°)
30	2	44	30/32
32	4	46	32/32
34	6	48	33/32
36	8	50	34/32
38	10	52	36/34
40	12	54	38/34
42	14	56	40/34
44	16		

Modewelt *world of fashion* **entwirft** *designs* **Ähnlich wie** *Similar to* **Marken** *brands* **weltweit** *worldwide* **führenden** *leading* **Bereich** *area* **Hauptsitz** *headquarters* **Warenhaus** *department store* **Verkaufsfläche** *sales floor* **findet... statt** *takes place* **Modemesse** *fashion trade fair* **Aussteller** *exhibitors* **Modeschöpfer** *fashion designers* **Zoll** *inches*

1 **Richtig oder falsch?** Sind die Aussagen **richtig** oder **falsch**? Korrigieren Sie die falschen Sätze.

1. Frankreich und Italien sind die klassischen Modeländer.

2. Mode spielt in Deutschland keine große Rolle.

3. Karl Lagerfeld und Jil Sander sind internationale Modestars.

4. Deutschland ist ein großer Mode-Exporteur.

5. Puma und Adidas sind Sportmodefirmen aus Bayern.

6. Das größte Warenhaus auf dem europäischen Kontinent ist in Frankreich.

7. In Deutschland gibt es viele internationale Modemessen.

8. Die Herren-Mode-Woche/Inter-Jeans konnte (*could*) man bis 2002 jährlich in Berlin besuchen.

9. Die IMOTA ist die größte Modemesse der Welt.

10. Hugo Boss und Joop sind bekannte deutsche Modemarken.

Modevokabeln

der letzte Schrei	the latest thing
der Stil	style
angesagt	trendy
ausgefallen	offbeat
elegant	elegant
gut gekleidet	well-dressed
modisch	fashionable
schlecht gekleidet	badly dressed

Die Tracht

Das Wort „Tracht" bezeichnet° oft traditionelle oder historische Kleidung. In der Alpenregion, genauer gesagt° in Bayern und in Österreich, bezieht sich° das Wort heute auf Lederhosen für Männer und Dirndl für Frauen. Männer tragen neben° Lederhosen, Hosenträger°, Haferlschuhe° und Bundhosenstrümpfe°. Frauen in Dirndl tragen eine weiße Bluse mit Puffärmeln° und ein Kropfband°. Ursprünglich° waren Lederhosen und Dirndl Arbeitskleidung, aber heute sieht man sie bei Umzügen° wie dem Oktoberfest.

bezeichnet *denotes* **genauer gesagt** *more precisely* **bezieht sich** *refers to* **neben** *in addition to* **Hosenträger** *suspenders* **Haferlschuhe** *brogue shoes* **Bundhosenstrümpfe** *long socks* **Puffärmeln** *puffed sleeves* **Kropfband** *choker* **Ursprünglich** *originally* **Umzügen** *parades*

Rudolf Moshammer

Rudolf Moshammer war ein bekannter bayerischer Modedesigner. International war er nicht so bekannt wie Karl Lagerfeld oder Jil Sander. Aber namhafte Kunden° wie zum Beispiel Arnold Schwarzenegger, Siegfried und Roy, José Carreras und Carl XVI. Gustaf von Schweden kauften seine Mode. Moshammer verkaufte seine Designs in der Münchner Boutique Carneval de Venise, einem Geschäft an der Maximilianstraße im Herzen Münchens. Neben seiner Mode war Moshammer berühmt für seine Yorkshire-Hündin Daisy, seine aufwendige° schwarze Frisur° mit zwei Locken im Gesicht° und sein soziales Engagement für Obdachlose°. Im Januar 2005 wurde Moshammer in seiner Münchner Villa ermordet°.

namhafte Kunden *famous customers* **aufwendige** *lavish* **Frisur** *hairstyle* **Gesicht** *face* **Obdachlose** *homeless people* **wurde... ermordet** *was murdered*

IM INTERNET

 Suchen Sie Namen bekannter Designer in Deutschland, Österreich und der Schweiz.

For more information on this **Kultur**, go to **vhlcentral.com**.

---

2 **Mode in Bayern** Ergänzen Sie die Sätze.

1. Eine Tracht ist traditionelle und historische _____.
2. Ursprünglich waren _____ und Dirndl Arbeitskleidung.
3. Arnold Schwarzenegger und José Carreras waren zwei namhafte _____ von Rudolf Moshammer.
4. Rudolf Moshammers Boutique war in _____.
5. Moshammers Yorkshire-Hündin heißt _____.

3 **Campusmode** Diskutieren Sie mit einem Partner / einer Partnerin, was Studenten auf dem Campus tragen: Gibt es eine Campusmode? Tragen Sie diese Kleidung auch gern? Welche Kleidung sollen Studenten tragen?

BEISPIEL

S1: *Viele Studenten tragen gern Jeans mit Sweatshirt zum Frühstück. Wie findest du das?*

S2: *Ich finde es gut. Es kann am Morgen kalt (cold) sein.*

Ressourcen

vhlcentral.com

5B.1 | ## The *Perfekt* (Part 2) Presentation

Startblock In **5A.1**, you learned that most verbs form the **Perfekt** with **haben**. However, certain types of verbs form the **Perfekt** with **sein**.

Wer **ist** das **gewesen**?

Sie **ist** vor sechs Monaten von Köln nach Berlin **gezogen**.

The *Perfekt* with *sein*

QUERVERWEIS

See **1B.1** to review the function of direct objects.

- Only a few verbs form the **Perfekt** with **sein**. They are all verbs that indicate a change of condition or location. These verbs never take a direct object.

  Die Pflanzen **sind** schnell **gewachsen**.
  *The plants **grew** quickly.*

  Wir **sind** zusammen nach Innsbruck **gefahren**.
  *We **drove** to Innsbruck together.*

  Peter **ist** krank **gewesen**.
  *Peter **got** sick.*

  Ich **bin** vom Fahrrad **gefallen**.
  *I **fell** off my bike.*

- To form the **Perfekt** tense of a verb with **sein**, use a conjugated form of **sein** plus the past participle of the verb that expresses the action.

  Amira **ist** schon nach Hause **gegangen**.
  *Amira already **went** home.*

  Sie **sind** gestern Abend **gekommen**.
  *They **came** last night.*

  Mein Opa **ist** gestern nach München **gefahren**.
  *My grandpa **went** to Munich yesterday.*

  Letzten Sommer **sind** wir nach Italien **gereist**.
  *Last summer we **traveled** to Italy.*

- Both **sein** and **bleiben** are conjugated with **sein** in the **Perfekt**. Note that the past participle of **sein** is **gewesen**.

  Ich **bin** in der Bibliothek **geblieben**.
  *I **stayed** in the library.*

  Vor zwei Jahren **bin** ich in Istanbul **gewesen**.
  *Two years ago I **was** in Istanbul.*

- Here is a list of common verbs that take **sein** in the **Perfekt**. Note that most are strong verbs.

		verbs that form the *Perfekt* with *sein*		
infinitive	past participle		infinitive	past participle
bleiben	geblieben		reisen	gereist
fahren	gefahren		sein	gewesen
fallen	gefallen		steigen (*to climb*)	gestiegen
gehen	gegangen		sterben (*to die*)	gestorben
kommen	gekommen		wachsen (*to grow*)	gewachsen
laufen	gelaufen		wandern	gewandert
passieren (*to happen*)	passiert		werden	geworden

Word order in the *Perfekt*

- In **1B.2**, you learned that the conjugated verb is always in second position in a statement and in first position in a yes-or-no question. In the **Perfekt**, the conjugated form of **haben** or **sein** is always in second position for statements and first in yes-or-no questions.

Hast du seit Silvester mit Lorenzo **gesprochen**?

Lorenzo **ist** unhöflich **gewesen**.

Die roten Schuhe **haben** nicht viel **gekostet**.
*The red shoes **didn't cost** very much.*

Seid ihr im Sommer viel **gereist**?
*Did you **travel** a lot over the summer?*

QUERVERWEIS

See **1B.2** and **2A.2** to review word order in simple sentences.

- In statements and questions, always place the past participle at the end of the sentence or clause.

Ich **habe** gestern ein neues Kleid **gekauft**.
*I **bought** a new dress yesterday.*

Wo **hast** du die tollen Stiefel **gekauft**?
*Where **did** you **buy** those awesome boots?*

Ressourcen

SAM
WB: pp. 73–74

SAM
LM: pp. 47

Ⓢ
vhlcentral.com

Jetzt sind Sie dran! **Wählen Sie das passende Hilfsverb.**

1. Wir (sind / haben) den ganzen Abend bei unseren Eltern gewesen.
2. Ich (bin / habe) nicht lange auf der Party geblieben.
3. (Ist / Hat) Peter eine teure Sonnenbrille gekauft?
4. Leider (ist / hat) Jürgens Katze letzte Woche gestorben.
5. Wann (seid / habt) ihr nach Italien gereist?
6. Ich (bin / habe) einen schicken Rock aus Seide getragen.
7. (Bist / Hast) du die Kleider gewaschen?
8. Michael (ist / hat) zum Kaufhof gefahren.
9. Meine Eltern (sind / haben) mir Handschuhe geschenkt.
10. Leider (ist / hat) mein Bleistift ins Wasser gefallen.
11. Ihr (seid / habt) nicht viel gelaufen.
12. (Bist / Hast) du ohne Brille ins Kino (*to the movies*) gegangen?

Anwendung

1 Perfektformen Ergänzen Sie die Sätze mit den richtigen Formen von **sein** und den Partizipien.

1. Ich _____ am Samstag zu Susanne _____. (gehen)

2. Meine Mutter _____ fünf Kilometer _____. (laufen)

3. Die Wintermonate _____ sehr warm _____. (sein)

4. Wann _____ Sigmund Freud _____? (sterben)

5. Jens und Kai, ihr _____ zu spät _____. (kommen)

6. Zu Silvester _____ wir zu Hause _____. (bleiben)

7. _____ du letzten Sommer durch Europa _____? (reisen)

8. Professor Schmidt, wann _____ Sie nach Hause _____? (fahren)

2 Letzten Juli Beschreiben Sie, was diese Personen letzten Juli gemacht haben.

nach Nürnberg fahren	am (*on the*) Strand laufen
von einem Stuhl fallen	nach Europa reisen
nach Hause kommen	braun (*tan*) werden

▶ **BEISPIEL** Mein Bruder Max
ist am Strand gelaufen.

1. Anja
_____.

2. Mein Neffe Emil   3. Professor Aydin   4. Frau Weber   5. Meine Cousine Ela
_____.   _____.   _____.   _____.

3 In letzter Zeit Bilden Sie Sätze im Perfekt. Benutzen Sie **sein** als Hilfsverb.

BEISPIEL meine Oma / kommen / zu meiner Abschlussfeier
Meine Oma ist zu meiner Abschlussfeier gekommen.

1. fahren / du / nach Hause

2. meine Eltern und ich / reisen / im Januar / nach Österreich

3. mein Freund / bleiben / bei seinen Eltern / in Berlin

4. ich / werden / nach der Party / sehr müde

5. dein Baby / wachsen / so schnell

6. gehen / ihr / auf die Hochzeit / von Nils und Karin

 Practice more at **vhlcentral.com**.

Kommunikation

4 **Bilden Sie Sätze** Stellen Sie Ihrem Partner / Ihrer Partnerin sechs logische Fragen zu der Party von gestern Abend (*last night*). Benutzen Sie das Perfekt und verwenden Sie Wörter aus jeder Spalte.

BEISPIEL

S1: *Seid ihr mit Sonja gegangen?*
S2: *Ja, wir sind zusammen gegangen!*

A	B	C
ich	bleiben	mit dem Auto
du	fahren	nicht
Sonja	gehen	ihre neuen Schuhe
es	kommen	bei Thomas
ihr	passieren	mit Sonja
Olivia und Markus	sein	warm
was?	tragen	zu spät

5 **Historische Personen** Erraten Sie mit Ihrer Gruppe, was jede von diesen historischen Personen in ihrem Leben gemacht hat.

BEISPIEL George Washington
Er ist Präsident von Amerika gewesen.

fallen	laufen	sein
gehen	reisen	spielen
helfen	schreiben	werden

1. Julia Child / Kochbücher
2. Babe Ruth / Baseball
3. Angela Merkel / Kanzlerin von Deutschland
4. Humpty Dumpty / die Mauer
5. Mutter Teresa / arme Leute
6. Marco Polo / nach China

6 **Semesterferien** Fragen Sie Ihren Partner / Ihre Partnerin, was er/sie in den Semesterferien (*semester break*) gemacht hat.

BEISPIEL

S1: *Bist du in den Semesterferien gereist?*
S2: *Nein, ich bin hier geblieben. Ich habe in einer Pizzeria gearbeitet. Und du?*
S1: *Meine Familie und ich sind nach Deutschland gefahren.*

arbeiten	spazieren gehen
bleiben	kommen
fahren	reisen
einkaufen gehen	sein
schwimmen gehen	wandern

7 **Als Kind** Machen Sie mit einem Partner / einer Partnerin ein Interview über Ihre Kindheit (*childhood*). Wenn Sie fertig sind, tauschen Sie die Rollen.

BEISPIEL gern zur Schule gehen

S1: *Bist du gern zur Schule gegangen?*
S2: *Ja, ich bin gern zur Schule gegangen. Aber meine Hausaufgaben habe ich nicht immer gern gemacht!*

1. ein guter Schüler / eine gute Schülerin sein
2. nach der Schule mit den anderen (*other*) Kindern spielen
3. oft zu spät zur Schule kommen
4. Fahrrad fahren
5. im Sommer mit den Eltern reisen
6. gern auf Klassenfahrten (*field trips*) gehen
7. am Wochenende zu Hause bleiben
8. einen Hund oder eine Katze haben

5B.2   *Wissen* and *kennen* Presentation

Startblock In German, the verbs **wissen** and **kennen** are used to express different types of knowledge.

Du **weißt** viel über Architektur.

Ich **kenne** die Menschen.

QUERVERWEIS

The verb **wissen** is often used with dependent clauses. You will learn about dependent clauses in **10A.3**.

- Use **wissen** to express the idea of *knowing a fact* or piece of information. **Wissen** is irregular in its present-tense singular forms.

wissen (*to know information*)			
ich weiß	*I know*	wir wissen	*we know*
du weißt	*you know*	ihr wisst	*you know*
er/sie/es weiß	*he/she/it knows*	Sie/sie wissen	*you/they know*

Michael **weiß** die Antwort nicht.   **Weißt** du, wo mein Badeanzug ist?
*Michael doesn't **know** the answer.*   *Do you **know** where my bathing suit is?*

QUERVERWEIS

To review the formation of mixed verbs, see **5A.1**.

- Use **kennen** to express the idea of *being familiar with* someone or something. **Kennen** always takes a direct object, usually a person or place. It is regular in the present tense.

kennen (*to know, to be familiar with*)			
ich kenne	*I know*	wir kennen	*we know*
du kennst	*you know*	ihr kennt	*you know*
er/sie/es kennt	*he/she/it knows*	Sie/sie kennen	*you/they know*

Ich **kenne** viele Leute.   Du **kennst** Sabine schon seit zwei Jahren.
*I **know** a lot of people.*   *You've **known** Sabine for two years.*

- In the **Perfekt**, both **kennen** and **wissen** are mixed verbs; their past participles end in -**t**, but their stems are irregular.

Jan **hat** Mehmet **gekannt**.   Mein Opa **hat** viel über Kunst **gewusst**.
*Jan **knew** Mehmet.*   *My grandpa **knew** a lot about art.*

Ressourcen

SAM
WB: pp. 75–76

SAM
LM: p. 48

vhlcentral.com

Jetzt sind Sie dran!   **Wählen Sie das richtige Verb.**

1. Ich (weiß / kenne) nicht, wo du wohnst.
2. Wir (wissen / kennen) die Musik von Mozart.
3. (Wisst / Kennt) ihr die neue Studentin?
4. Roland (weiß / kennt) nicht, wo seine Brille ist.
5. Robert (weiß / kennt), wo das Geschäft ist.
6. Du (weißt / kennst) die Antwort nicht.
7. Ich habe ihn nicht gut (gewusst / gekannt).
8. Ich habe nicht (gewusst / gekannt), wie alt die Uni ist.

Anwendung und Kommunikation

1 **Wissen und kennen** Ergänzen Sie die richtigen Formen von **kennen** und **wissen**.

Präsens	Perfekt
1. sie (*sing.*) _____ (kennen)	7. Sie _____ (wissen)
2. ihr _____ (wissen)	8. du _____ (kennen)
3. wir _____ (kennen)	9. ihr _____ (kennen)
4. du _____ (wissen)	10. er _____ (wissen)
5. er _____ (wissen)	11. ich _____ (kennen)
6. ich _____ (kennen)	12. wir _____ (wissen)

2 **Wissen oder kennen?** Wählen Sie das passende Verb und ergänzen Sie die Sätze mit den richtigen Formen von **wissen** oder **kennen**.

1. _____ du die Telefonnummer von Marion?

2. Wir _____ ihren Freund, aber wir _____ nicht viel über ihn.

3. _____ ihr, wie lange sie bei ihren Eltern bleibt?

4. Meine Freundin _____ Berlin sehr gut.

5. _____ ihr euch schon (*already*) letztes Semester _____? (Perfekt)

6. Einstein _____ sehr viel über Physik _____! (Perfekt)

3 **Die Stadt und der Campus** Fragen Sie Ihren Partner / Ihre Partnerin, was und wen er/sie von der Stadt (*city*) und dem Campus weiß und kennt.

BEISPIEL

S1: *Kennst du ein schönes Café?*
S2: *Ja, ich kenne ein sehr schönes Café!*
S1: *Weißt du, wo ein billiges Schuhgeschäft ist?*
S2: *Nein, das weiß ich nicht.*

> unsere Stadt
> wo der Supermarkt ist
> ein gutes und nicht so teures Restaurant
> wo deine Klassenkameraden wohnen
> einen guten Friseur
> wann die Vorlesung anfängt

4 **Ihre Klassenkameraden** Finden Sie ein paar interessante Informationen über die Personen in Ihrer Gruppe.

BEISPIEL

S1: *Wo wohnst du?*
S2: *Ich wohne in Campbell Hall.*
S1: *Kennst du Professor Schmidt?*
S2: *Nein, ich kenne ihn nicht.*

Name: Caroline	
Ich weiß:	1. ihren Namen. (Caroline)
	2. , wo sie wohnt. (Campbell Hall)
	3. , was ihr Lieblingssport ist. (Sie spielt Hockey.)
Ich kenne:	4. ihre Freundin Katia.
	5. ihren Freund Jeffrey. (Sie spielen Tennis zusammen.)
	6. ihr Lieblingsrestaurant. (Blue Moon)

 Practice more at **vhlcentral.com.**

5B.3 | Two-way prepositions Presentation

Startblock In **3B.2** and **4B.2**, you learned that certain prepositions are always followed by the accusative case, while others are always followed by the dative case. A small number of prepositions can be followed by either the dative or the accusative, depending on the situation.

Was machst du **in diesem Teil** der Stadt?

Warum bin ich **in diesen Laden** gekommen?

- Prepositions that can be followed by either the dative or the accusative are called *two-way prepositions.*

two-way prepositions			
an	*at, on*	über	*above, over*
auf	*on, on top of*	unter	*under*
hinter	*behind*	vor	*in front of*
in	*in, into*	zwischen	*between*
neben	*next to*		

Ich trage ein T-Shirt **unter dem Pullover**. *I'm wearing a T-shirt **under my sweater**.*

Stell deine Schuhe nicht **auf den Tisch**! *Don't put your shoes **on the table**!*

ACHTUNG

Remember that dative prepositions *always* take a dative object, even if the verb in the sentence indicates movement: **Ich fahre mit meinem Onkel**.

- Whether you choose a dative or an accusative object to follow a two-way preposition depends on the meaning of the sentence. If the verb indicates *movement toward* a destination, use an object in the accusative.

Ich **fahre** das Auto **in die Garage**. *I'm driving the car **into the garage**.*

Der Hund **geht in die Küche**. *The dog **is going into the kitchen**.*

- If the verb does *not* indicate movement toward a destination, use an object in the dative case.

Warum **bist** du heute **auf dem** Kurfürstendamm?

Er **arbeitet im Bereich** internationale Finanzen.

Das Auto **ist in der Garage**. *The car **is in the garage**.*

Der Hund **isst in der Küche**. *The dog **eats in the kitchen**.*

- When you use a two-way preposition with a pronoun, make sure to select a pronoun in the appropriate case.

    Ich sitze **neben dem alten Mann**.   Ich sitze **neben ihm**.
    *I'm sitting **next to the old man**.*   *I'm sitting **next to him**.*

    Er hat den Teller **vor seinen Sohn** gestellt.   Er hat den Teller **vor ihn** gestellt.
    *He put the plate **in front of his son**.*   *He put the plate **in front of him**.*

- Here are some common contractions of two-way prepositions and definite articles.

    | an | + | das | → | **ans** |
    | auf | + | das | → | **aufs** |
    | in | + | das | → | **ins** |
    | an | + | dem | → | **am** |
    | in | + | dem | → | **im** |

- The question **wohin?** (*where to?*) asks about movement. When you answer this question with a two-way preposition, always use an object in the accusative case.

    Wohin fahren wir morgen?   Wir fahren morgen **in die Stadt**.
    Where are we going tomorrow?   *We're going **to the city** tomorrow.*

    Wohin gehen die Leute?   Sie gehen **ins Konzert**.
    Where are the people going?   *They're going **to the concert**.*

- The question **wo?** (*where?*) asks about location. When you answer this question with a two-way preposition, always use an object in the dative case.

    Wo ist mein Schal?   Dein Schal liegt **auf dem Tisch**.
    Where is my scarf?   *Your scarf is lying **on the table**.*

    Wo hängt das Bild?   Es hängt **an der Wand**.
    Where is the picture hanging?   *It's hanging **on the wall**.*

- The following verbs can be used with two-way prepositions to show location or to describe a destination.

wo?		wohin?	
hängen	to hang, to be hanging	hängen	to hang (something)
liegen	to lie	legen	to lay (down)
sitzen	to sit	setzen	to set (down)
stehen	to stand	stellen	to put (down)

QUERVERWEIS

To review the forms of dative and accusative pronouns, see **5A.2** and **5A.3**.

See **3B.2** to review contractions with accusative prepositions. See **4B.2** to review contractions with dative prepositions.

Jetzt sind Sie dran!   **Wählen Sie den richtigen Artikel.**

1. Wir wohnen über (einer / eine) Bäckerei.
2. Die warme Jacke hängt an (die / der) Tür.
3. Ich lege den gestreiften Hut auf (den / dem) Tisch.
4. Aha! Unter (den / dem) Tisch liegt meine Mütze.
5. Die Verkäuferin hängt das kurzärmlige Kleid zwischen (die / den) langärmligen Kleider und die Blusen.
6. Matthias trägt selten ein Sweatshirt über (sein / seinem) T-shirt.

7. Die Kinder schlafen immer mit (ihre / ihren) Socken.
8. Der Hund ist hinter (das / dem) Auto gelaufen.
9. Frau Vögele braucht Unterwäsche und geht in (ein / einem) Geschäft.
10. Die Katze sitzt gern auf (meine / meiner) Jacke.
11. Seid ihr am Montag wieder in (ein / einem) Konzert gegangen?
12. Wir füttern (*feed*) den Hund neben (den / dem) Tisch.

Anwendung

1 **Präpositionen** Ergänzen Sie die Sätze mit den richtigen Artikeln oder Pronomen.

1. Können wir zwei Tage bei (du / dir) bleiben?

2. Hast du dein Fahrrad hinter (das / dem) Haus gestellt?

3. Warum ist Aisha gegen (unserem / unser) Geschenk gewesen?

4. Die neue Bäckerei ist zwischen (die / der) Metzgerei und (den / dem) Supermarkt.

5. Ich bin in (meinem / mein) Auto gefahren.

6. Sophia und Hans reiten jeden (*every*) Morgen durch (den / dem) Park.

7. Der Hund liegt gern neben (sie / ihnen).

8. Kommt ihr mit (ihm / ihn) zurück?

2 **Wo macht man das?** Schreiben Sie zu jedem Foto, wo man diese Aktivitäten machen kann.

| die Berge | ein altes Haus | das Restaurant |
| die Bibliothek | der Park | das Stadion |

▶ **BEISPIEL** lesen
in der Bibliothek

1. Fußball spielen

2. essen

3. Ski fahren

4. spazieren gehen

5. wohnen

3 **Überraschung beim Abendessen** Bilden Sie Sätze.

BEISPIEL das Trinkgeld / liegen / auf / der Tisch
Das Trinkgeld liegt auf dem Tisch.

1. der Pizzaservice / bringen / die Pizza / an / die Haustür

2. die Großmutter / stellen / Teller und Gläser / auf / der Tisch

3. die Kinder / sitzen / zwischen / die Eltern

4. die kleine Lisa / setzen / ihre neue Barbie / neben / ihr großer Bruder

5. die leckere Pizza / sein / schon (*already*) / auf / der Tisch

6. eine kleine Maus / laufen / über / die Teller

7. der Vater / bringen / schnell / die Katze / in / das Zimmer

8. was / finden / die Familie / später / unter / der Tisch

 Practice more at **vhlcentral.com.**

Kommunikation

4 **Auf und um den Campus** Beantworten Sie abwechselnd
(*alternating*) die Fragen von Ihrem Partner / Ihrer Partnerin.

BEISPIEL

S1: *Wohin hast du deinen Rucksack gelegt?*
S2: *Ich habe ihn unter den Tisch gelegt.*

1. Wohin können wir zum Kaffee trinken gehen?
2. Wo lernen die Studenten Fremdsprachen?
3. Wohin gehen die Studenten zum Mittagessen?
4. Wo kann ich ein leckeres Eis kaufen?
5. Wohin sollen die Studenten ihre Autos stellen?
6. Wo wanderst du gern?

5 **Wohin gehst du?** Fragen Sie die Studenten / die Studentinnen in Ihrer
Gruppe, wohin sie gehen, um (*in order*) diese Aktivitäten zu (*to*) machen.

BEISPIEL frühstücken

S1: *Du willst frühstücken. Wohin gehst du?*
S2: *Ich gehe in die Mensa.*
S3: *Ich gehe ins Café.*
S4: *Ich frühstücke in meinem Zimmer (room).*

1. Deutsch lernen
2. Basketball spielen
3. ein Fußballspiel sehen
4. schwimmen

5. Lebensmittel kaufen
6. Silvester feiern
7. Spaß haben
8. mit Freunden zum Essen ausgehen

6 **Hier auf dem Campus** Sarah ist neu an Ihrer Uni. Erfinden Sie mit
Ihrem Partner / Ihrer Partnerin zusammen sechs Ratschläge (*pieces of
advice*) für sie. Sie können auch andere Verben benutzen.

BEISPIEL Die Mensa is nicht sehr gut. (essen)
Iss nicht in der Mensa. Geh ins Café!

1. Das Café ist leider teuer. (bestellen)
2. Dein Zimmer ist sehr warm. (öffnen)
3. Der Deutschkurs ist nicht einfach. (lernen)

4. Parken ist ein Problem. (stellen)
5. Der Park ist abends sehr dunkel. (laufen)

7 **Was passiert alles im Restaurant?** Erfinden Sie eine Geschichte
(*story*) mit den Studenten / die Studentinnen in Ihrer Gruppe über die
Personen auf dem Bild. Benutzen Sie Präpositionen.

BEISPIEL

S1: *Die junge Frau ist mit ihrem Mann
ins Restaurant gekommen.*
S2: *Sie sitzt am Tisch neben ihrem Mann.*
S3: *Ein Kellner stellt einen Teller auf
den Tisch...*

Wiederholung

1 Kleidung zu jedem Anlass

Beschreiben Sie mit einem Partner / einer Partnerin, was Thomas und Anja zu jedem (*each*) Anlass (*occasion*) tragen.

BEISPIEL

S1: Was trägt Thomas zur Geburtstagsfeier im Restaurant?
S2: Zur Geburtstagsfeier im Restaurant trägt er eine grüne Hose und ein oranges T-shirt. Und was trägt Anja?

> im Regen (*rain*)
> im Rockkonzert
> in den Bergen, zum Ski fahren
> ins Schwimmbad
> zur Geburtstagsfeier im Restaurant
> zur Sporthalle

2 Wissen oder kennen

Ihr Professor / Ihre Professorin gibt Ihnen ein Blatt mit einigen Fragen und Fakten. Finden Sie eine Person, die die Antwort weiß.

BEISPIEL

S1: Wer weiß, wie der längste Fluss (*river*) Österreichs heißt?
S2: Ich weiß es. Das ist die Donau.

3 Zwei Eichhörnchen

Sie und ein Partner / eine Partnerin bekommen zwei verschiedene Blätter. Beschreiben Sie die Route von den Eichhörnchen (*squirrels*) durch das Klassenzimmer.

BEISPIEL

S1: Das Eichhörnchen läuft durch die Tür neben dem Lehrer ins Zimmer.
S2: Dann steht es auf dem Tisch...

4 Elkes Großeltern

Erzählen Sie mit einem Partner / einer Partnerin von Elkes Großeltern. Benutzen Sie die angegebenen Daten und erfinden Sie (*invent*) weitere (*additional*) Informationen.

BEISPIEL

S1: Elkes Großeltern sind 1967 auf die Uni gegangen.
S2: Im Deutschseminar hat die Oma den Opa gesehen.
S1: Sie hat gedacht: „Er ist der Mann für mich!"

1967	1973	1975	1976	2012
Die Oma sieht den Opa im Deutschseminar.	Oma und Opa machen den Abschluss.	Oma und Opa heiraten.	Die Frischvermählten reisen nach Indien.	Beide gehen in Rente.

5 Unsere Woche

Schreiben Sie auf, was Sie in der letzten Woche gemacht haben. Fragen Sie Ihren Partner / Ihre Partnerin, was er/sie gemacht hat.

BEISPIEL

S1: Am Montag bin ich in die Bibliothek gegangen. Und du, Monika, was hast du gemacht?
S2: Ich bin auf meinem Zimmer geblieben.

	meine Woche	
	ich	mein Partner / meine Partnerin
Montag	Ich bin in die Bibliothek gegangen.	Monika ist auf ihrem Zimmer geblieben.
Dienstag		
Mittwoch		
Donnerstag		
Freitag		
Samstag		
Sonntag		

6 Kennst du diese Person?

Beschreiben Sie eine bekannte Person. Die Gruppe soll erraten, wer das ist.

BEISPIEL

S1: Er hat 2011 einen Oscar gewonnen. Kennt ihr ihn?
S2: Ja, ich kenne ihn. Das ist Colin Firth.

7 **Im Kleidergeschäft** Spielen Sie mit einem Partner / einer Partnerin die Rollen von Verkäufer / Verkäuferin und Kunden / Kundin (*customer*) im Kleidergeschäft. Der Kunde / Die Kundin sucht Kleider für einen besonderen Anlass. Gebrauchen Sie Wörter aus der Liste.

BEISPIEL

S1: *Kann ich Ihnen helfen?*
S2: *Ja, bitte. Ich suche ein schönes Hemd für eine Party.*

danken	kaufen
glauben	kennen
helfen	passen

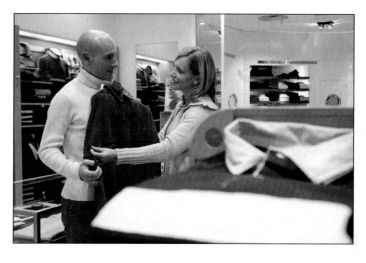

8 **Das Klassenzimmer** Beschreiben Sie, wo die Gegenstände (*objects*) und Personen in Ihrem Klassenzimmer sind.

BEISPIEL

S1: *Vor der Tafel steht der Professor.*
S2: *Unter dem Tisch...*

Mein Wör|ter|buch

Schreiben Sie noch fünf weitere Wörter in Ihr persönliches Wörterbuch zu den Themen **Feste feiern** und **Kleidung**.

der Bademantel, -¨

Übersetzung
bathrobe

Wortart
ein Substantiv

Gebrauch
Stefanie zieht ihren Bademantel an und geht ins Badezimmer.

Synonyme
Morgenmantel

Antonyme
—

Weiter geht's

Panorama Map

Bayern

Bayern in Zahlen

▶ **Fläche:** *70.551 km² (größtes deutsches Bundesland)*

▶ **Bevölkerung:** *12,5 Millionen Menschen (zweite Stelle° hinter Nordrhein-Westfalen)*

▶ **Religion:** *römisch-katholisch 55,1 %, evangelisch-lutherisch 20,8%*

▶ **Städte:** *München (1,3 Mio. Einwohner), Nürnberg (503.000), Augsburg (270.000), Würzburg (135.000) und Regensburg (132.000)*

▶ **Berge:** *die Zugspitze (2.962 m) (höchster Berg Deutschlands), Hochfrottspitze (2.649 m), Großer Arber (1.455 m)*

▶ **Niedrigster Punkt:** *Kahl am Main (100 m)*

▶ **Flüsse:** *die Donau, der Inn*

▶ **Wichtige Industriezweige:** *Automobil, IT, Medien und Verlage°, Tourismus*

▶ **Touristenattraktionen:** *Befreiungshalle (Kelheim), Fuggerei (Augsburg), Marienplatz (München), Schloss Neuschwanstein (Füssen), Steinerne Brücke (Regensburg), Walhalla (Donaustauf) Touristen können in Städten wie München, Augsburg und Regensburg viel Kultur genießen. In den Alpen oder dem Bayerischen Wald können sie Berg- und Wintersport treiben. Wirtschaftlich entwickelt sich° Bayern in den letzten Jahrzehnten von einem Agrar- zu einem Technologieland.*

QUELLE: Bayerisches Landesportal

Berühmte Bayern

▶ **Adam Ries,** *Mathematiker (1492/93–1559)*

▶ **Levi Strauss,** *Erfinder° der Jeans (1829–1902)*

▶ **Elizabeth „Sisi",** *Kaiserin° von Österreich und Ungarn (1837–1898)*

▶ **Ludwig II.,** *König von Bayern (1845–1886)*

▶ **Lena Christ,** *Autorin (1881–1920)*

▶ **Franz Josef Strauß,** *Politiker (1915–1988)*

▶ **Dirk Nowitzki,** *Basketballspieler (1978–)*

▶ **Magdalena Neuener,** *Biathletin (1987–)*

Stelle *position* **Verlage** *publishing companies* **entwickelt sich** *evolves* **Erfinder** *inventor* **Kaiserin** *empress* **Weltkulturerbe** *World Heritage Site* **herrscht** *exists* **Dialektpfleger** *dialect conservator* **Ortseingängen** *city limit* **Verbotsschilder** *ban signs*

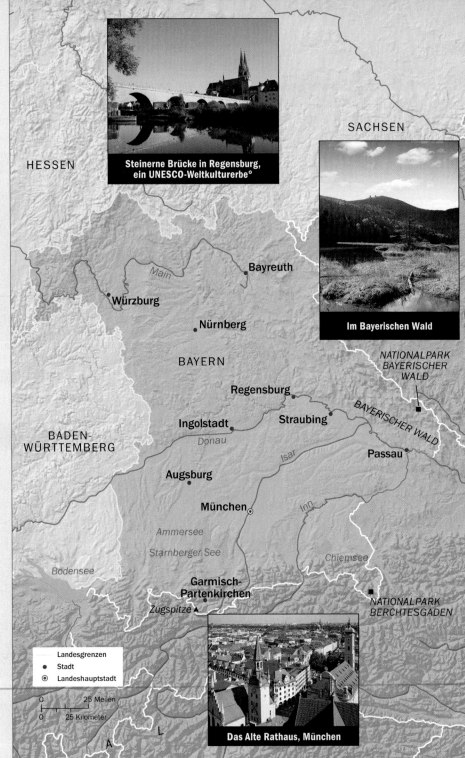

HESSEN

SACHSEN

Steinerne Brücke in Regensburg, ein UNESCO-Weltkulturerbe°

Im Bayerischen Wald

Bayreuth

Würzburg

Nürnberg

BAYERN

Main

NATIONALPARK BAYERISCHER WALD

Regensburg

Ingolstadt

Straubing

BAYERISCHER WALD

BADEN-WÜRTTEMBERG

Donau

Isar

Passau

Augsburg

München

Inn

Ammersee

Starnberger See

Chiemsee

Bodensee

Garmisch-Partenkirchen

Zugspitze ▲

NATIONALPARK BERCHTESGADEN

Landesgrenzen
● Stadt
◉ Landeshauptstadt

0 ___ 25 Meilen
0 ___ 25 Kilometer

Das Alte Rathaus, München

Unglaublich, aber wahr!

„Auf Wiedersehen" heißt im bayerischen Dialekt „Servus". In Norddeutschland kann man „Tschüss" (oder „Tschüß") sagen. In dem bayerischen Dorf Gotzing herrscht° ein Tschüss-Verbot oder eine „Tschüss-freie Zone". Hans Triebel, ein Dialektpfleger°, installiert deshalb an den Ortseingängen° „Tschüss"-Verbotsschilder°.

"Tschüß" freie Zone

Kunst

Bayreuther Festspiele

Die Bayreuther Festspiele heißen auch Richard-Wagner-Festspiele. Sie finden jedes Jahr in der Stadt Bayreuth im Festspielhaus auf dem Grünen Hügel statt. Die Werke von Richard Wagner, einem berühmten deutschen Komponisten°, kann man während diesem weltberühmten Event seit 1876 sehen. Bei den ersten Festspielen inszeniert Richard Wagner seine Oper° „Der Ring des Nibelungen". Jedes Jahr besuchen 58.000 Zuschauer eine von dreißig Aufführungen° in Bayreuth. Allerdings versuchen° jedes Jahr 500.000 Menschen Karten zu kaufen. Deshalb dauert es bis zu zehn Jahre, bis man eine Karte bekommt.

Städte

Die sieben Hügel° von Bamberg

Bamberg ist eine Stadt in Franken, einer Region in Bayern. Seit 1993 ist sie ein UNESCO-Weltkulturerbe wegen des größten unversehrt erhaltenen° historischen Stadtzentrums in Deutschland. Genauso wie° Rom ist Bamberg auf sieben Hügeln gebaut. Deshalb trägt es auch den Namen „das Fränkische Rom". Die sieben Hügel Bambergs sind der Altenburger Berg, der Domberg, der Michaelsberg, der Abtsberg, der Jakobsberg, der Kaulberg und der Stephansberg. Auf dem Domberg kann man den mächtigen°, viertürmigen Dom° aus dem Jahre 1215 finden.

Industrie

Audi

Die Autofirma Audi hat ihren Hauptsitz° in Ingolstadt, Oberbayern. Neben VW, Porsche, BMW und Opel ist Audi einer der wichtigsten Autoproduzenten Deutschlands. Audi baut besonders sportliche Autos. Die Audi-Quattro-Modelle zum Beispiel gibt es seit 1980. Diese Modelle haben permanenten Vierradantrieb°. Im Autosport haben Audis das Rennen „24 Stunden von Le Mans" zehn Mal gewonnen. 2010 arbeiten 50.000 Mitarbeiter bei Audi. Die Firma macht 35 Milliarden € Umsatz° und baut 1,15 Millionen Autos.

Architektur

Die Schlösser° von Ludwig II.

Ludwig II. ist der bekannteste König Bayerns. Er ist in erster Linie für seine Schlösser weltberühmt. Neben dem bekanntesten Schloss, Schloss Neuschwanstein, ist er auch für das Königshaus am Schachen und Schloss Linderhof verantwortlich°. Auf der Herreninsel im Chiemsee steht der Anfang von Schloss Herrenchiemsee. Dieses Schloss ist aber nicht fertig gebaut. Ludwigs Schlossbauten sind wegen neuer Technologien wichtig°: Stahlbau° und elektrisches Licht° sind integriert. Die Schlösser sind heute die bedeutendsten touristischen Attraktionen Bayerns.

Komponisten *composer* **Oper** *opera* **Aufführungen** *performances* **versuchen** *try* **Hügel** *hills* **unversehrt erhaltenen** *preserved undamaged* **Genauso wie** *Just like* **mächtigen** *mighty* **viertürmigen Dom** *cathedral with four towers* **Hauptsitz** *headquarters* **Vierradantrieb** *four-wheel drive* **Umsatz** *sales* **Schlösser** *castles* **verantwortlich** *responsible* **wichtig** *important* **Stahlbau** *steel construction* **Licht** *light*

IM INTERNET

 1. Wie viele Touristen besuchen jedes Jahr die Schlösser Ludwigs II.? Wo sind die Schlösser?

2. Was bedeutet der Name *Audi*? Warum gibt es vier Ringe im Unternehmenslogo (*company logo*) von Audi?

For more information on this **Panorama**, go to **vhlcentral.com**.

Was haben Sie gelernt? Ergänzen Sie die Sätze.

1. „Auf Wiedersehen" heißt im bayerischen Dialekt „_____".

2. In Gotzing, einem Dorf in Bayern, darf man nicht _____ sagen.

3. Bei den ersten Bayreuther Festspielen inszeniert _____ „Der Ring des Nibelungen".

4. Jedes Jahr versuchen _____ Menschen Karten für die Bayreuther Festspiele zu kaufen.

5. Seit _____ ist Bamberg ein UNESCO-Weltkulturerbe.

6. Genauso wie Rom ist Bamberg auf _____ Hügeln gebaut.

7. Der Hauptsitz der Firma Audi ist in _____.

8. Audis haben _____ das Rennen „24 Stunden von Le Mans" gewonnen.

9. Das bekannteste Schloss von König Ludwig II. ist _____.

10. Ludwigs Schlossbauten integrieren neue Technologien wie Stahlbau und _____.

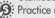 Practice more at **vhlcentral.com**.

Lesen Reading: Audio

Vor dem Lesen

Strategien
Skimming
Skimming involves quickly reading through a document to absorb its general meaning. This allows you to understand the main ideas without having to read word for word. When you skim a text, look at its title and subtitles and read the first sentence of each paragraph.

Untersuchen Sie den Text Lesen Sie den Text schnell. Was ist der Titel des Texts? Wie viele Teile hat der Text? Wie heißen die Teile? Sehen Sie sich jetzt die Fotos an. Was ist das Thema des Texts?

Lehnwörter 👥 Sehen Sie sich mit einem Partner / einer Partnerin den Text an und machen Sie eine Liste mit englischen Lehnwörtern (*loanwords*) und Kognaten.

Suchen 👥 Sehen Sie sich mit einem Partner / einer Partnerin den Text an. Stehen die Informationen im Text oder nicht? Markieren Sie **ja** oder **nein**.

	ja	nein
1. wo Deutsche Kleider kaufen	☐	☐
2. das Internet	☐	☐
3. Modenschauen	☐	☐
4. Designer	☐	☐
5. Warenhäuser	☐	☐
6. Boutiquen	☐	☐
7. Modeketten	☐	☐
8. Flohmärkte	☐	☐

Deutschland heute

Hauptseite   Politik   Wirtschaft

WO KAUFEN DEUTSCHE JETZT BEKLEIDUNG?

In den letzten Jahren gibt es einen neuen Trend: Deutsche kaufen ihre Kleider immer öfter im Internet. Neben dem Web besuchen Deutsche weiterhin° traditionelle Geschäfte wie Warenhäuser° und Kleidergeschäfte. Nur noch wenige° Deutsche finden ihre Kleidung auf Flohmärkten°.

INTERNET, DAS GROSSE GESCHÄFT

Im Jahr 2011 haben fast fünfzehn Millionen Deutsche Bekleidung und Accessoires im Web gekauft. Vor allem Frauen kaufen hier gerne ein: dreiundvierzig Prozent aller Frauen haben Mode per Internet gekauft. Bei den Männern sind es dagegen° nur siebzehn Prozent.

WARENHÄUSER WERDEN IMMER WENIGER

Warenhäuser wie Karstadt und Galeria Kaufhof sind immer noch eine Alternative für den Kleiderkauf. In den letzten Jahren haben Warenhäuser aber immer größere wirtschaftliche Probleme und viele Warenhäuser schließen°. Alleine im Jahr 2009 hat Kaufhof acht Warenhäuser in Deutschland geschlossen und dieser Trend geht weiter°.

| Kultur | Sport | Gesundheit |

MODEKETTEN° HABEN ERFOLG°

Kleidergeschäfte wie H&M, Zara, Esprit und Orsay kann man heute in allen großen deutschen Städten finden. Diese Ketten sind bei jungen Menschen besonders beliebt. H&M ist der Marktführer° in Deutschland, aber alle Modeketten haben gemeinsam°, dass sie mehr und mehr Internetpräsenz haben.

AUF DEM FLOHMARKT

Es gibt immer noch eine kleine Gruppe Deutscher, die am Samstagmorgen früh aufsteht°, um Flohmärkte zu besuchen. Hier kann man gebrauchte° Kleidung günstig° kaufen. Es gibt sie in jeder Stadt besonders im Sommer. Vor allem coole Klamotten° aus den 60er und 70er Jahren findet man hier für wenig Geld.

weiterhin *still* **Warenhäuser** *department stores* **wenige** *few*
Flohmärkten *flea markets* **dagegen** *in contrast* **schließen** *close*
geht weiter *continues* **Modeketten** *Fashion chains* **Erfolg** *success*
Marktführer *market leader* **gemeinsam** *in common* **aufsteht** *gets up*
gebrauchte *used* **günstig** *inexpensive* **Klamotten** *clothes (colloquial)*

Nach dem Lesen

Was fehlt? Ergänzen Sie die Sätze.

1. Deutsche kaufen Kleider vor allem _____, in Warenhäusern und in Kleidergeschäften.
2. Fast _____ Deutsche haben 2011 Kleidung im Internet gekauft.
3. Mehr _____ als Männer kaufen Kleider im Internet.
4. Kaufhof hat 2009 _____ Warenhäuser geschlossen.
5. Der Marktführer der Modeketten in Deutschland ist _____.
6. Flohmärkte gibt es besonders im _____.

Richtig oder falsch? Sind die Aussagen **richtig** oder **falsch**? Korrigieren Sie mit einem Partner / einer Partnerin die falschen Sätze.

	richtig	falsch
1. Deutsche kaufen Mode immer öfter im Internet.	☐	☐
2. 17 Prozent aller Frauen haben Mode im Internet gekauft.	☐	☐
3. Karstadt und Galeria Kaufhof sind deutsche Warenhäuser.	☐	☐
4. Junge Menschen kaufen nicht gern bei H&M ein.	☐	☐
5. Alle Modeketten verkaufen Kleidung auch im Internet.	☐	☐
6. Auf dem Flohmarkt ist Kleidung teuer.	☐	☐

Was tragen Sie? Diskutieren Sie in einer Gruppe: Was tragen Sie gern zu verschiedenen Anlässen (*occasions*) (in der Schule, bei einer Party, zu Hause)? Wo kaufen Sie Ihre Kleider?

BEISPIEL

S1: Zu Hause trage ich gerne Jeans und T-Shirts.
S2: Wo kaufst du deine Jeans?
S1: Meine Jeans kaufe ich im Internet.
S3: Ich trage im Sommer gern Kleider.

Hören

Strategien

Listening for key words

By listening for key words (**Schlüsselwörter**) or phrases, you can identify the subject and main ideas of what you hear, as well as some of the details.

 To practice this strategy, you will listen to a short radio spot. Jot down the key words that help you identify the subject of the radio spot and its main ideas.

Vorbereitung

Schauen Sie sich das Foto an. Wer ist in dem Foto? Wo sind sie? Was machen sie?

Zuhören

Hören Sie sich an, wie Marion Scholz ihre neue Mode beschreibt. Lesen Sie dann die Liste. Hören Sie sich die Beschreibung ein zweites Mal an. Welche Kleidungsartikel tragen die Models?

1. ___ Mütze
2. ___ Anzug
3. ___ Hemd
4. ___ Kleid
5. ___ Stiefel
6. ___ Jacke
7. ___ Rock
8. ___ Gürtel
9. ___ Bluse
10. ___ Hut
11. ___ Badehose
12. ___ Socken

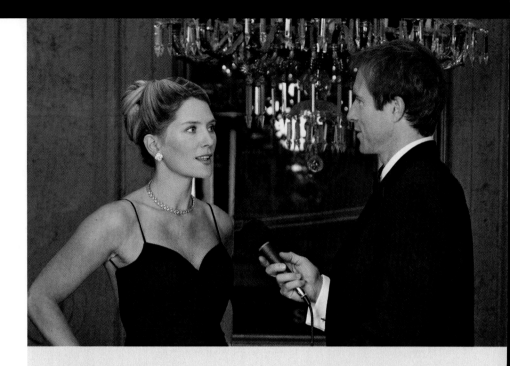

Verständnis

Lücken Ergänzen Sie die Sätze mit den richtigen Informationen.

braun Handtasche	hellblau kurz	lange orange	Sandalen schwarz	Seide weiten

1. Robert trägt einen _____ Anzug.
2. Die Farbe des Anzugs ist _____.
3. Die Sandalen sind _____.
4. Elizabeth trägt ein Kleid aus _____.
5. Am Arm trägt sie eine _____.
6. Ihre _____ sind braun.
7. Carolas Hose und T-Shirt sind _____.
8. Ihre Hose und ihr T-Shirt sind _____ und gelb.
9. Thomas trägt _____ Socken zu seiner kurzen Hose.
10. Die Kleidung von Wilfried ist _____.

Ein Star, ein Fest Wählen Sie einen Star und einen besonderen Anlass (*occasion*). Was trägt der Star zu diesem Anlass? Beschreiben Sie den Star einem Partner / einer Partnerin.

Schreiben

The dictionary is a useful tool that can provide valuable information about vocabulary. However, in order to use the dictionary correctly, you must understand the elements of each entry.

If you glance at an English-German dictionary, you will notice that its format is similar to that of an English dictionary. Most words are listed with several different definitions, organized by part of speech. The most frequently used meanings are usually listed first.

To find the best word for your needs, refer to the abbreviations and explanatory notes that appear next to each entry. For example, imagine that you are writing about fashion. You want to write *The man is wearing a suit*, but you don't know the German word for *suit*. In the dictionary, you might find an entry like this one:

> **suit** *n.* 1. der Anzug, Anzüge; (*woman's*) das Kostüm, -e 2. der Prozess, -e (*Jur*); 3. die Farbe, -n (*Cards*)

The abbreviation key at the front of the dictionary says that *n.* corresponds to **Substantiv** (*noun*). The second translation is **der Prozess** followed by the abbreviation *Jur*, indicating that it's a law term, and thus that **der Prozess** is a *law suit*. The third word is **die Farbe**, followed by the word *Cards*, indicating that **die Farbe** is a *suit* in a card game. Since **der Anzug** is listed first, you can assume that this is the main translation of the word. The first definition also specifies the difference between a suit for a man, **der Anzug**, and a suit for a woman, **das Kostüm**. Since the other two meanings do not apply to clothing, these details tell you that **der Anzug** is the best choice for your needs.

Thema

 Beschreiben Sie

Sehen Sie sich das Bild an. Beschreiben Sie dann in einem Absatz (*paragraph*) den Mann oder die Frau für einen Artikel in einem Modejournal.

Beschreiben Sie das Aussehen (*look*) im Detail. Aus welchem Material sind die Kleider? Wie sind die Kleider geschnitten (*cut*)? Welche Muster (*patterns*) und Farben haben die Kleider? Wo kann man diese Kleider tragen? Sagen Sie auch etwas über den Designer und wo man die Kleider kaufen kann. Am Ende schreiben Sie Ihre Meinung über die Kleidung. Geben Sie dem Artikel einen Titel.

Bevor Sie den Artikel schreiben, machen Sie sich Notizen. Suchen Sie Vokabeln, die Sie brauchen, in einem Wörterbuch.

- Material
- Schnitt
- Muster
- Farben
- Wo kann man es tragen?
- Wo kann man es kaufen?

Neueste Mode

Lederjacken sind wieder in. Dieser Mann trägt eine schwarze Lederjacke mit einem weißen Trägerhemd. Der Schnitt ist…

Flashcards
Audio: Vocabulary

Feste

der Ballon, -e	balloon
der Feiertag, -e	holiday
der Gast, -̈e	guest
der Gastgeber, - /	host / hostess
die Gastgeberin, -nen	
das Geschenk, -e	gift
die Karte, -n	card
die Party, -s	party
die Überraschung, -en	surprise
anstoßen (stößt... an)	to toast
bekommen	to receive
einladen (lädt... ein)	to invite
feiern	to celebrate
eine Party geben	to throw a party
(keinen) Spaß haben	(not) to have fun
lächeln	to smile
lachen	to laugh
schenken	to give (a gift)
überraschen	to surprise
Herzlichen Glückwunsch!	Congratulations!

Essen und Trinken

das Eis	ice cream
der Eiswürfel, -	ice cube
das Gebäck	pastries; baked goods
der Keks, -e	cookie
der Sekt	champagne
die Süßigkeiten (pl.)	candy
die Torte, -n	cake

besondere Anlässe

die Ehe, -n	marriage
der / die Frischvermählte, -n	newlywed
die Geburt, -en	birth
der Geburtstag, -e	birthday
die Hochzeit, -en	wedding
der Jahrestag, -e	anniversary
(das) Silvester	New Year's Eve
(das) Weihnachten	Christmas
in Rente gehen	to retire
einen Abschluss machen	to graduate

Ausdrücke

die Freundschaft, -en	friendship
das Glück	happiness
der Kuss, -̈e	kiss
die Liebe	love

Kleidung

der Anzug, -̈e	suit
der Badeanzug, -̈e	bathing suit
die Bluse, -n	blouse
die Brille, -n	glasses
der Gürtel, -	belt
die Halskette, -n	necklace
der Handschuh, -e	glove
die Handtasche, -n	purse
das Hemd, -en	shirt
die Hose, -n	pants
die kurze Hose (pl. die kurzen Hosen)	shorts
der Hut, -̈e	hat
die Jacke, -n	jacket
die Jeans, -	jeans
das Kleid, -er	dress
die Krawatte, -n	tie
der Mantel, -̈	coat
die Mütze, -n	cap
der Pullover, -	sweater
der Rock, -̈e	skirt
der Schal, -s	scarf
der Schuh, -e	shoe
die Socke, -n	sock
die Sonnenbrille, -n	sunglasses
der Stiefel, -	boot
das Sweatshirt, -s	sweatshirt
das Trägerhemd, -en	tank top
das T-Shirt, -s	T-shirt
der Turnschuh, -e	sneakers
die Unterwäsche	underwear

Einkaufen

die Baumwolle	cotton
die Farbe, -n	color
die Kleidergröße, -n	size
das Leder	leather
die Seide	silk
der Verkäufer, - / die Verkäuferin, -nen	salesperson
die Wolle	wool
im Angebot	on sale
billig	cheap
dunkel	dark
einfarbig	solid colored
eng	tight
gestreift	striped
hell	bright; light
kurzärmlig	short-sleeved
langärmlig	long-sleeved
teuer	expensive
weit	loose; big
anziehen (zieht... an)	to put on
tragen (trägt)	to wear

Farben

blau	blue
braun	brown
gelb	yellow
grau	gray
grün	green
lila	purple
orange	orange
rosa	pink
rot	red
schwarz	black
weiß	white

Past participles with *haben*	See pp. 196–197.
Accusative pronouns	See p. 200.
Dative pronouns	See p. 202.
Past participles with *sein*	See p. 215.
Wissen and *kennen*	See p. 218.
Two-way prepositions	See p. 220.

Ressourcen
vhlcentral.com

Trautes Heim

Communicative Goals

You will learn how to:

- describe your home
- talk about living arrangements

Wortschatz

Zimmer	*rooms*
das Arbeitszimmer, -	*home office*
der Dachboden, -¨	*attic*
das Erdgeschoss, -e	*ground floor*
das Esszimmer, -	*dining room*
die Küche, -n	*kitchen*
der erste/zweite Stock	*second/third floor*
das Zimmer, -	*room*
Möbel	*furniture*
das Bild, -er	*picture*
das Möbelstück, -e	*piece of furniture*
der Nachttisch, -e	*night table*
der Schrank, -¨e	*cabinet; closet*
die Schublade, -n	*drawer*
die Treppe, -n	*stairway*
Orte	*places*
das Haus, -¨er	*house*
die Wohnung, -en	*apartment*
draußen	*outside*
nach rechts/links	*to the right/left*
Ausdrücke	*expressions*
mieten	*to rent*
umziehen (zieht... um)	*to move*
wohnen	*to live*

ACHTUNG

Note that **mieten** means to rent *from* someone, while **vermieten** means to rent *to* someone. **Ich miete eine kleine Wohnung in der Stadt. Die Familie vermietet ein Zimmer in ihrem Haus.**

Zu Hause

S Talking Picture
Audio: Activities

der Vorhang, -¨e

der Balkon, -e

der Spiegel, -

die Toilette, -n

das Badezimmer, -

das Poster, -

der Flur, -e

die Badewanne, -n

das Sofa, -s

der Teppich, -e

der Sessel, -

die Blume, -n

die Vase, -n

das Wohnzimmer, -

der Keller, -

die Pflanze, -n

das Bücherregal, -e

die Wand, -̈e

die Lampe, -n

das Bett, -en

die Kommode, -n

das Schlafzimmer, -

der Boden, -̈

die Garage, -n

Anwendung

1 **Paare finden** Welche Objekte assoziieren Sie mit den Zimmern in einem Haus?

_____ 1. die Küche   a. das Bücherregal

_____ 2. das Wohnzimmer   b. das Sofa

_____ 3. das Esszimmer   c. das Auto

_____ 4. die Garage   d. die Lebensmittel

_____ 5. das Badezimmer   e. die Kommode

_____ 6. das Schlafzimmer   f. der Esstisch

_____ 7. der Balkon   g. die Blumen

_____ 8. das Arbeitszimmer   h. die Toilette

2 **Bilder beschriften** Wie heißen die verschiedenen Bereiche (*parts*) von einem Haus?

1. _____   4. _____

2. _____   5. _____

3. _____   6. _____

3 **Wählen Sie** 🎧 Hören Sie die Definitionen und wählen Sie das Wort, das am besten passt.

1. Flur / Küche

2. Wand / Vorhang

3. Badezimmer / Wohnzimmer

4. Garage / Dachboden

5. Rucksack / Vase

6. Poster / Kommode

7. Haus / Esszimmer

8. Bücherregal / Lampe

Practice more at **vhlcentral.com**.

Kommunikation

4 Wo ich wohne

Arbeiten Sie mit einem Partner / einer Partnerin. Benutzen Sie die Wörter aus den drei Spalten und beschreiben Sie Ihr Zimmer, Ihre Wohnung oder Ihr Haus.

BEISPIEL

S1: *Meine Wohnung ist ziemlich groß und hat einen kleinen Balkon.*
S2: *Mein Zimmer ist klein. Aber alle meine Möbel sind neu.*

A	B	C
mein Haus mein Zimmer (im Wohnheim (*dorm*)) meine Wohnung	ist (nicht) hat (kein)	Badezimmer Balkon Fenster Garage Küche Schlafzimmer Schreibtisch groß/klein alt/neu modern/unmodern

5 Janas Haus

Claudia besucht Jana in ihrem neuen Haus. Bringen Sie den Dialog in eine logische Reihenfolge (*order*). Wenn Sie fertig sind, vergleichen Sie Ihr Haus / Ihre Wohnung mit Janas Haus.

_____ **JANA** Sechs Zimmer. Das hier ist das Wohnzimmer und dann hier links die Küche und das Esszimmer.

_____ **CLAUDIA** Jana, dein neues Haus ist wirklich schön.

_____ **JANA** Ja, aber so oft kochen wir nicht! So, und hier rechts geht der Flur zu den drei Schlafzimmern und den zwei Badezimmern. Es hat nur den einen Stock.

_____ **CLAUDIA** Das stimmt. Wie viele Zimmer hat es?

_____ **CLAUDIA** Ihr braucht ja auch nicht noch mehr Zimmer. Also, ich muss sagen, da habt ihr wirklich einen tollen Fang (*catch*) mit dem Haus gemacht.

_____ **JANA** Danke schön. Es ist ziemlich groß, und die alte Wohnung in der Stadt ist zu klein geworden für uns seit dem Baby.

_____ **CLAUDIA** Die Küche ist auch super. Da kann dein Mann leckere Mahlzeiten kochen.

6 Mein Zimmer

Beschreiben Sie zwei Mitstudenten Ihr Zimmer.

BEISPIEL

S1: *In meinem Zimmer habe ich ein Bett und einen Schreibtisch.*
S2: *Ich habe auch ein Bett, aber ich habe keinen Schreibtisch.*
S3: *Ich habe in meinem Zimmer einen roten Teppich...*

7 Beim Umziehen

Arbeiten Sie mit einem Partner / einer Partnerin. Ihr Professor / Ihre Professorin gibt Ihnen zwei verschiedene Blätter mit dem Grundriss (*floor plan*) von Ihrer neuen Wohnung. Sagen Sie Ihrem Partner / Ihrer Partnerin, was Sie alles mitgebracht haben. Er/Sie wird Ihnen sagen, in welche Zimmer Sie die Sachen stellen sollen.

BEISPIEL

S1: *Ich habe Balkonpflanzen mitgebracht.*
S2: *Stell sie auf den Balkon. Er ist rechts von der Küche. Ich habe...*

Aussprache und Rechtschreibung

S Audio: Presentation
Record & Compare Activities

🎧 The letter combination *ch* (Part 2)

To pronounce the soft **ch** after the vowel sounds **i/ie**, **e**, **ä**, **ö**, **ü**, or **ei**, start by placing the tip of your tongue behind your lower teeth. Then pronounce the *h* sound while breathing out forcefully.

| Chemie | rechts | Teppich | Küche | leicht |

Use the same soft **ch** sound when pronouncing the **g** in the suffix **-ig** at the end of a word. However, when there is an adjective ending after the **-ig**, the **g** is pronounced like the hard *g* in the word *garden*. In the combination **-iglich**, the **g** is pronounced like the *k* in the word *kind*. The soft **ch** is also used in the suffix **-lich**, whether or not there is an ending after it.

| dreckig | schmutzig | billige | königlich | freundlichen |

When **ch** appears before an **s**, the letter combination is pronounced like the *x* in the word *fox*. Do not confuse **chs** with the combination **sch**, which is pronounced like the *sh* in the word *shade*.

| sechs | wachsen | schlafen | waschen | Dachs |

When **ch** appears at the beginning of loanwords, its pronunciation varies.

| Charakter | Chip | Chef | Charterflug | Chronik |

S **1** **Sprechen Sie nach** Wiederholen Sie die Wörter, die Sie hören.

1. Bücher	4. zwanzig	7. höchste	10. Chaos
2. freundlich	5. braunhaarige	8. Achsel	11. checken
3. China	6. lediglich	9. Ochse	12. Charme

S **2** **Artikulieren Sie** Wiederholen Sie die Sätze, die Sie hören.

1. Die königliche Köchin schläft wieder in der Küche.
2. Mein neugieriger Nachbar will täglich mit mir sprechen.
3. Den Rechtsanwalt finden wir freundlich und zuverlässig.
4. Der Chef schickt mich nächstes Jahr nach China.
5. Der Dachs hat einen schlechten Charakter.

S **3** **Sprichwörter** Wiederholen Sie die Sprichwörter, die Sie hören.

Liebe deinen Nächsten wie dich selbst.[1]

Jedem Tierchen sein Pläsierchen.[2]

[1] Love thy neighbor as thyself.
[2] To each his/her own. (lit. For every creature its own pleasure.)

Besuch von Max

 Video: Fotoroman

Hans' kleiner Bruder Max kommt ihn in Berlin besuchen. Meline ist froh, Max kennen zu lernen. Zu froh, in den Augen von Hans.

GEORGE Max!

MAX Hallo, George!

GEORGE Schön, dich wiederzusehen! Wie viele Nächte schläfst du auf unserem Sofa?

MAX Zwei. Ich bin übers Wochenende in Berlin. Doch bis Sonntagabend muss ich wieder in Straubing sein.

HANS Warum lernst du eigentlich nicht an deinem Schreibtisch in deinem Zimmer?

GEORGE Es ist bequemer im Wohnzimmer, denn die Küche ist gleich nebenan. Und es ist schön hell hier.

HANS Da ist was dran.

MAX Wir gehen in den Biergarten. Komm doch mit.

MAX Wir bleiben bestimmt lange dort.

GEORGE Nach dieser Lektion komme ich herunter.

HANS Alles klar! Okay! Servus!

MAX Das tut mir leid.

MELINE Es ist schon okay. Kein Problem.

HANS Meline, das ist mein kleiner Bruder Max.

MELINE Hallo.

MAX Wir gehen in den Biergarten. Komm doch mit uns.

MELINE Ich muss nur noch schnell die Lebensmittel in die Küche bringen.

MELINE Max, ich kann das Regalbrett nicht erreichen. Kannst du mir das dort oben hinstellen?

MAX Deine Wohnung gefällt mir.

MELINE Ja. Die Lampen und Vorhänge gehören Sabite. Und die ganzen Gemälde.

MAX Du bist aus Wien?

MELINE Ja. Hast du das an meinem Akzent erkannt?

MAX Ja. Als Hans zu Weihnachten nach Hause kam, sprach er übrigens von dir.

MELINE Wirklich? Was hat er gesagt?

 Wer ist das? Welche Person(en) beschreiben die folgenden Sätze: George, Hans, Max, Meline oder Sabite?

1. Er/Sie ist übers Wochenende in Berlin.

2. Er/Sie lernt im Wohnzimmer, denn die Küche ist gleich nebenan.

3. Sie wollen in den Biergarten gehen.

4. Nach einer Lektion kommt er/sie herunter.

5. Er/Sie muss Lebensmittel in die Küche bringen.

6. Die Wohnung gefällt ihm/ihr.

7. Ihm/Ihr gehören die Vorhänge, die Lampen und die Gemälde.

8. Weihnachten sprach er/sie von Meline.

9. Er/Sie war satt und konnte nicht schlafen.

10. Er/Sie überlegt, ob (whether) Hans und Max wirklich Brüder sind.

PERSONEN

George   Hans   Meline   Max

GEORGE Wir hatten Heiligabend ein riesiges Essen.
HANS Es war drei Uhr früh, am Weihnachtsmorgen.
GEORGE Ich war ja noch total satt und konnte nicht einschlafen.
HANS Es war ja noch total dunkel im Haus.

GEORGE Ich ging den Gang hinunter und hörte ein Geräusch.
HANS Max, meine Familie und ich, wir schliefen in unseren Zimmern.
GEORGE Ich ging in die Küche, und am Herd stand ihr Großvater.
HANS Opa Otto bereitete die Weihnachtsgans zu. George überraschte ihn und... „Ja! Wo kommst du denn her?"

GEORGE Sie war köstlich! Wo ist Sabite heute Abend?
MELINE Mit Torsten weg.
GEORGE Sind sie immer noch zusammen?
MELINE Ja, aber es ist schwierig seit den Feiertagen.

MELINE Ich mag Torsten, aber man sagt an Silvester keine Verabredung ab.
HANS So wie Lorenzo?
MELINE Wer?
HANS Na, Lorenzo. Der Italiener.
MELINE Seid ihr wirklich Brüder?

Nützliche Ausdrücke

- **Doch bis Sonntagabend muss ich wieder in Straubing sein.**
  But by Sunday evening I have to be back in Straubing.

- **Da ist was dran.**
  You have a point there.

- **Servus!**
  So long!

- **Ich kann das Regalbrett nicht erreichen.**
  I can't reach the shelf.

- **Kannst du mir das dort oben hinstellen?**
  Can you put this up there for me?

- **das Gemälde**
  painting

- **Hast du das an meinem Akzent erkannt?**
  Could you tell from my accent?

- **riesig**   **satt**
  huge   *full (of food)*

- **das Geräusch**   **der Herd**
  noise   *stove*

- **Opa Otto bereitete die Weihnachtsgans zu.**
  Grandpa Otto was preparing the Christmas goose.

6A.1
- **Als Hans zu Weihnachten nach Hause kam, sprach er übrigens von dir.**
  When Hans was home for Christmas, he talked about you, by the way.

6A.2
- **Nach dieser Lektion komme ich herunter.**
  After this lesson, I'll come down.

6A.3
- **Es ist bequemer im Wohnzimmer, denn die Küche ist gleich nebenan.**
  The living room is more convenient, because it's right next to the kitchen.

2 **Zum Besprechen** George trifft Opa Otto an Heiligabend in der Küche. Schreiben Sie zu zweit einen Dialog von mindestens 10 Zeilen (*lines*) zwischen George und Opa Otto. Präsentieren Sie Ihren Dialog der Klasse.

3 **Vertiefung** Suchen Sie im Internet Informationen über die Weihnachtsgans. Woher kommt diese Tradition? In welchen Ländern isst man Weihnachtsgans? Was isst man als Beilage? Schreiben Sie einen kurzen Absatz mit Ihren Ergebnissen.

Ressourcen

SAM
VM: p. 11

DVD
Folge 11

vhlcentral.com

IM FOKUS

Fribourg Reading

FRIBOURG LIEGT GENAU AN DER Grenze° zwischen deutschsprachiger und französischsprachiger Schweiz. Die Saane fließt° durch die Stadt und trennt sie in zwei Teile°. Im westlichen Teil spricht man Französisch und im östlichen Teil Deutsch. Etwa 63% der Bevölkerung spricht Französisch und 21% spricht Deutsch. Studenten können hier in beiden Sprachen studieren und machen einen großen Teil der über 40.000 Einwohner aus. Die Stadt ist sehr alt und existiert bereits seit 1157. Damals war Fribourg noch deutschsprachig.

Die Architektur Fribourgs bietet° Beispiele vieler historischer Epochen. Die Altstadt im Zentrum bildet eines der größten geschlossenen Ortsbilder° des mittelalterlichen° Europa. Die St.-Niklaus-Kathedrale, gebaut zwischen 1283 und 1490, ist das Symbol Fribourgs. Es ist ein Beispiel gotischer Architektur. Die Stadt hat über 200 gotische Gebäude. Den Renaissancestil kann man im Ratzéhof sehen, gebaut zwischen 1581 und 1585. Heute ist dieses Gebäude die Heimat° des Museums für Kunst und Geschichte. Neben den vielen alten Teilen der Stadt kann man auch neue Gebäude finden wie zum Beispiel die Universität (1889) oder die Villenviertel° im Gembachquartier. Viele Villen sind Jugendstil-Bauten°. Bekannt sind in Fribourg auch die alten Brücken° und seine zwölf historischen Brunnen°.

Wohnen in der Schweiz
Wohnungen: 4,1 Millionen (2010)
durchschnittliche° Größe: zwischen 70 und 79 m² (2010)
durchschnittlicher Kaufpreis für Wohnungen
• Sitten: SFr (Schweizer Franken) 515.000 (2009)
• Zürich: SFr 1,34 Millionen (2009)
• durchschnittlicher Mietpreis: SFr 1.116 (2003)
• Mieteranteil°: 58% (2000)
QUELLEN: Schweizerisches Bundesamt für Statistik

Grenze *border* **fließt** *flows* **Teile** *parts* **bietet** *offers* **geschlossenen Ortsbilder** *complete townscapes* **mittelalterlichen** *medieval* **Heimat** *home* **Villenviertel** *mansion district* **Jugendstil-Bauten** *Art Nouveau buildings* **Brücken** *bridges* **Brunnen** *wells* **durchschnittliche** *average* **Mieteranteil** *percentage of renters*

1 **Richtig oder falsch?** Sind die Aussagen richtig oder falsch? Korrigieren Sie die falschen Aussagen mit einem Partner / einer Partnerin.

1. Fribourg liegt an der Grenze zwischen der Schweiz und Frankreich.

2. Mehr als 60% der Bevölkerung spricht Französisch.

3. In Fribourg kann man auf Deutsch oder Französisch studieren.

4. Das Symbol Fribourgs ist der Ratzéhof.

5. Der Ratzéhof ist im gotischen Stil gebaut.

6. Brücken gibt es in Fribourg nicht.

7. Eine durchschnittliche Wohnung in Zürich kostet SFr 515.000.

8. Die teuersten Wohnungen in der Schweiz sind in Zürich.

Studentenzimmer

der Gemeinschaftsraum	common room
die Kaution	security deposit
die Miete	rent
die Nebenkosten	additional charges
die Wohngemeinschaft (WG)	apartment share
(un)möbliert	(un)furnished
Zimmer frei	vacancy

Chalets

Chalets sind ein Häusertyp. Es ist ursprünglich ein französisches Wort und bedeutet Sennhütte°. Man kann diese Häuser im Alpenbereich allgemein, insbesondere° aber in der Schweiz finden. Früher haben Hirten° in Chalets gewohnt. Traditionell sind sie aus Holz° gebaut. In den Schweizer Gemeinden° Lenk, Grindelwald, Saanen und Zermatt darf man nur Chalets bauen. Bausünden° wie moderne Architektur will man so in den Alpen verhindern°. Heute nennt man oft auch Ferienhäuser° aus Holz Chalets. Sie müssen nicht in einer Bergregion stehen, und man findet sie überall auf der Welt.

Sennhütte herdsman's hut **insbesondere** especially
Hirten shepherds **Holz** wood **Gemeinden** townships
Bausünden architectural eyesores **verhindern** prevent
Ferienhäuser vacation homes

César Ritz

César Ritz war ein berühmter Schweizer Hotelier. Er wurde am 23. Februar 1850 als dreizehntes Kind einer armen Familie in Niederwald im Goms geboren. Die Schule beendete er nicht. Anfangs arbeitete er als Schuhputzer°, Träger° und Kellner in verschiedenen Hotels. Im Rigi-Kulm-Hotel in der Schweiz wurde er schließlich° Hoteldirektor. 1888 heiratete er die Hotelierstochter Marie-Louise Beck. Er hatte großen Erfolg als Direktor und eröffnete° 1898 das Grandhotel Le Ritz in Paris, 1906 das Hotel Ritz in London und 1910 das Hotel Ritz in Madrid. Alle Hotels gelten° als absolute Luxushotels. Wegen seines großen Erfolgs nannte König Edward VII. César Ritz den „König der Hoteliers und Hotelier der Könige".

Schuhputzer shoeshine boy **Träger** porter **schließlich** eventually **eröffnete** opened **gelten** count

IM INTERNET

Finden Sie ein Zimmer zum Mieten in einer deutsch-sprachigen Stadt. Wie groß ist es? Wie viel kostet es? Was ist im Preis inbegriffen (*included*)?

For more information on this **Kultur**, go to **vhlcentral.com**.

---

2 **Was fehlt?** Ergänzen Sie die Sätze.

1. Chalets sind ein Schweizer_____.
2. In den Schweizer Alpen sind Chalets aus _____ gebaut.
3. In Lenk und Grindelwald, darf man nur _____ bauen.
4. César Ritz ist ein berühmter _____ Hotelier.
5. Er ist das _____ Kind seiner Eltern.
6. Die Ritz-Hotels in Paris und London sind absolute _____.

3 **Eine gute Wohnung** Diskutieren Sie mit einem Partner / einer Partnerin über die Wohnung, in der Sie wohnen möchten. Reden Sie über Größe, Preis, und Lage (*location*).

Ressourcen

vhlcentral.com

6A.1

QUERVERWEIS

The **Präteritum** appears most often in writing. You will learn more about the uses of the **Präteritum** in **6B.1**.

ACHTUNG

The **ich** form and the **er/sie/es** form are always identical in the **Präteritum**.

The *Präteritum* Presentation

Startblock In **5A.1**, you learned to use the **Perfekt** to talk about past events. Another tense, the **Präteritum**, is also used to refer to past events.

- To form the **Präteritum** of weak verbs, add -**te**, -**test**, -**ten**, or -**tet** to the infinitive stem. Add an -**e** before these endings if the stem ends in -**d**, -**t**, or a consonant cluster.

Präteritum of weak verbs			
	sagen	**wohnen**	**arbeiten**
ich	sagte	wohnte	arbeitete
du	sagtest	wohntest	arbeitetest
er/sie/es	sagte	wohnte	arbeitete
wir	sagten	wohnten	arbeiteten
ihr	sagtet	wohntet	arbeitetet
Sie/sie	sagten	wohnten	arbeiteten

Die Kinder **spielten** in ihren Zimmern.
*The children **played** in their rooms.*

Ich **mietete** eine kleine Wohnung.
*I **rented** a small apartment.*

- Modal verbs have the same endings as weak verbs in the **Präteritum**. If the modal stem has an **Umlaut**, the **Umlaut** is dropped.

sollen		**dürfen**	
ich sollte	wir sollten	ich durfte	wir durften
du solltest	ihr solltet	du durftest	ihr durftet
er/sie/es sollte	Sie/sie sollten	er/sie/es durfte	Sie/sie durften

Warum **wolltet** ihr einen neuen Teppich kaufen?
*Why **did** you **want** to buy a new rug?*

Bianca **musste** ihre Großeltern besuchen.
*Bianca **had** to visit her grandparents.*

QUERVERWEIS

See **4A.1** to review the uses of **mögen**.

———

See **5A.1** to review mixed verbs in the **Perfekt**.

- The modal **mögen** has an additional stem change in the **Präteritum**. Be careful not to confuse the **Präteritum** form **mochte** with the polite form **möchte**.

Anna **möchte** eine neue Lampe für ihr Schlafzimmer.
*Anna **would like** a new lamp for her bedroom.*

Als Junge **mochte** Peter das Zimmer auf dem Dachboden.
*As a boy, Peter **liked** the room in the attic.*

- The **Präteritum** stem of a mixed verb is the same as the stem of its past participle.

Perfekt and *Präteritum* of mixed verbs		
Infinitiv	**Perfekt**	**Präteritum**
bringen	er hat gebracht	er brachte
denken	er hat gedacht	er dachte
kennen	er hat gekannt	er kannte
wissen	er hat gewusst	er wusste

Wir **brachten** die Tischlampe ins Arbeitszimmer.
*We **brought** the desk lamp into the office.*

Wusste Daniel Emmas Adresse?
***Did** Daniel **know** Emma's address?*

- Strong verbs in the **Präteritum** have irregular stems and add different endings from those of weak verbs.

beginnen	gefallen	liegen
ich begann	ich gefiel	ich lag
du begannst	du gefielst	du lagst
er/sie/es begann	er/sie/es gefiel	er/sie/es lag
wir begannen	wir gefielen	wir lagen
ihr begannt	ihr gefielt	ihr lagt
Sie/sie begannen	Sie/sie gefielen	Sie/sie lagen

irregular verb stems in the *Präteritum*					
bleiben	blieb	helfen	half	sehen	sah
essen	aß	kommen	kam	sprechen	sprach
fahren	fuhr	lesen	las	sterben	starb
finden	fand	nehmen	nahm	tragen	trug
geben	gab	schlafen	schlief	trinken	trank
gehen	ging	schreiben	schrieb	verstehen	verstand

Wir **blieben** gestern zu Hause.
We stayed home yesterday.

Er **sah** mir in die Augen.
He looked me in the eyes.

Ich **aß** ein kleines Stück Kuchen.
I ate a little piece of cake.

Sie **fuhren** nach Frankfurt.
They drove to Frankfurt.

- The verbs **sein**, **haben**, and **werden** do not follow the pattern of other irregular verbs.

sein	haben	werden
ich war	ich hatte	ich wurde
du warst	du hattest	du wurdest
er/sie/es war	er/sie/es hatte	er/sie/es wurde
wir waren	wir hatten	wir wurden
ihr wart	ihr hattet	ihr wurdet
Sie/sie waren	Sie/sie hatten	Sie/sie wurden

Es **wurde** schnell dunkel.
It got dark quickly.

Als Kinder **hatten** wir viele Haustiere.
We had a lot of pets when we were kids.

ACHTUNG

Note that unlike weak and mixed verbs, strong verbs do not add a **-t-** before their **Präteritum** endings. Also note that the **ich** and **er/sie/es** forms do not add endings.

QUERVERWEIS

See **Appendix A** for a complete list of strong verbs and their **Präteritum** forms.

Ressourcen

SAM
WB: pp. 81–82

SAM
LM: p. 52

vhlcentral.com

Jetzt sind Sie dran!   Ergänzen Sie die Sätze mit den richtigen Formen der Verben im Präteritum.

1. Wir _machten_ (machen) zusammen unsere Hausaufgaben.
2. Die alten Möbel _____ (sein) hässlich.
3. Mein Bruder _____ (wollen) ein Motorrad zu Weihnachten.
4. Das Mathebuch _____ (liegen) auf dem Schreibtisch.
5. _____ (Haben) ihr als Kinder einen Hund?
6. Wolfgang _____ (trinken) Tee zum Frühstück.
7. In der 8. Klasse _____ (schreiben) wir jede Woche eine Prüfung.
8. Jan _____ (kaufen) die Bluse für seine Freundin.
9. _____ (Müssen) du am Donnerstag lange arbeiten?
10. Unsere Eltern _____ (fahren) ohne uns in die Türkei.
11. Gestern _____ (geben) es Knödel in der Mensa.
12. Ich _____ (finden) diese Präsentation interessant.

Anwendung

1 **Zeitformen** Wählen Sie für jeden Satz die richtige Zeitform (*tense*).

	Präsens	Perfekt	Präteritum
1. Er ist nach Berlin gereist.	☐	☐	☐
2. Sie arbeitete mit seiner Freundin.	☐	☐	☐
3. Mietet ihr ein Haus am Strand?	☐	☐	☐
4. Hast du schon zu Abend gegessen?	☐	☐	☐
5. Sie hatten viel Spaß auf der Party.	☐	☐	☐
6. Wir kaufen die Möbel bei Ikea.	☐	☐	☐
7. Wie fandest du den Film?	☐	☐	☐
8. Ich konnte gestern nicht kommen.	☐	☐	☐

2 **Sätze umformen** Formen Sie die Sätze vom **Präsens** ins **Präteritum** um.

> **BEISPIEL** Der Fußballspieler geht nach Europa.
> *Der Fußballspieler ging nach Europa.*

1. Die Studentin wohnt bei ihren Eltern.

2. Seid ihr verheiratet?

3. Ich bringe ihnen eine Zimmerpflanze.

4. Die Kinder bauen Legohäuser.

5. Du gibst ihr ein Hochzeitsgeschenk.

6. Das Haus hat keinen Keller.

7. Wir ziehen nach Hamburg um.

8. Sie bleiben eine Woche in Paris.

3 **Der gestrige Tag** Erzählen Sie, was gestern alles passierte. Benutzen Sie das Präteritum.

> **BEISPIEL** ich / wollen / ins Feinkostgeschäft gehen
> *Ich wollte ins Feinkostgeschäft gehen.*

1. die Kinder / dürfen / auf die Geburtstagsfeier gehen

2. wir / müssen / neue Möbel für das Wohnzimmer kaufen

3. Papa / sollen / seine Hemden in die Schublade legen

4. du / wollen / Blumen für den Balkon kaufen

5. ihr / können / leider nicht lange bei uns bleiben

6. Sabine / mögen / die Gemüsesuppe nicht

4 **Ein Märchen** Ergänzen Sie die Sätze mit den richtigen Präteritumsformen.

Es (1) _____ (sein) einmal ein kleines Mädchen. Ihr Name war Aschenputtel. Ihre Mutter (2) _____ (sterben), als sie jung war. Ihr Vater (3) _____ (finden) bald eine neue Frau. Seine neue Frau (4) _____ (haben) zwei hässliche Töchter. Die Stiefschwestern und die Stiefmutter (5) _____ (mögen) Aschenputtel nicht. Aschenputtel (6) _____ (müssen) den Boden wischen, die Wäsche waschen und alle Betten machen. Die bösen Stiefschwestern (7) _____ (tragen) selber schöne Kleider, aber sie (8) _____ (geben) Aschenputtel dreckige Lumpen (*rags*). Eines Tages (*One day*) (9) _____ (besuchen) Aschenputtel das Grab (*grave*) ihrer Mutter. Sie (10) _____ (sprechen) über ihr Unglück (*misfortune*)...

Practice more at **vhlcentral.com**.

Kommunikation

5 **Meine Familie** Schreiben Sie eine Geschichte (*story*) über Ihre Familie und Ihre Kindheit (*childhood*). Benutzen Sie das Präteritum. Vergleichen Sie Ihre Geschichte mit der Geschichte eines Partners / einer Partnerin.

▶ **BEISPIEL**

Meine Familie wohnte in New York. Mein Vater war Musiker. Er arbeitete auch in einer Bibliothek. Wir gingen oft am Wochenende zu meinen Großeltern...

6 **Das Leben vor hundert Jahren** Wie war das Leben vor hundert Jahren? Arbeiten Sie mit einem Partner / einer Partnerin und bilden Sie logische Sätze mit Wörtern aus jeder Spalte.

BEISPIEL

S1: *Jungen konnten allein in den Wald gehen.*
S2: *Frauen konnten nicht an einer Universität studieren.*

Frauen	dürfen	im Garten schlafen
Hunde	können	nicht so viele Prüfungen korrigieren
Jungen	müssen	an einer Universität studieren
Kinder	sollen	allein in den Wald gehen
Mädchen	wollen	viel arbeiten
Männer		in einem großen Kaufhaus einkaufen
Professoren		Brot backen
Studenten		mit dem Auto fahren

7 **Mein schönster Tag** Erzählen Sie Ihrem Partner / Ihrer Partnerin von dem schönsten (*nicest*) Tag in Ihrem Leben. Benutzen Sie das Präteritum.

BEISPIEL

S1: *Es war ein Samstag. Das Wetter war schön und ich hatte keine Hausaufgaben. Ich ging in die Stadt...*
S2: *Mein schönster Tag war mein 16. Geburtstag. Meine Eltern hatten ein großes Geschenk für mich und es stand vor der Haustür...*

8 **Was für ein trauriger Tag** Gestern war ein sehr trauriger Tag für Erik. Schreiben Sie mit zwei Mitstudenten zusammen eine Geschichte über Eriks Tag. Benutzen Sie das Präteritum.

▶ **BEISPIEL**

Erik ging in die Küche. Er fand ein Blatt Papier. Es war von seiner Freundin...

6A.2 | *Da-, wo-, hin-,* and *her-* compounds   **Presentation**

Startblock In German, personal pronouns following a preposition can only refer to people. Special forms are used when the object of the preposition refers to a thing or an idea.

Als Hans zu Weihnachten nach Hause kam, sprach er übrigens **von dir**.

Davon nehme ich einen Teller, bitte.

QUERVERWEIS

See **3B.2** to review accusative prepositions, **4B.2** to review dative prepositions, and **5B.3** to review two-way prepositions.

Many German verbs are used idiomatically with certain prepositions. You will learn more about these verbs in **7A.2**.

See **4B.1** to review the use of **wen** and **wem**.

- In **5A.2** and **5A.3**, you learned to use personal pronouns to refer to the object of a preposition. When the object is a thing or an idea, use a **da**-compound instead.

  Kennst du Alex? Wir sind am Samstag **mit ihm** essen gegangen.
  Do you know Alex? We went out to eat ***with him*** *on Saturday.*

  Wo ist der Teddybär? Das Baby will **damit** spielen.
  Where's the teddy bear? The baby wants to play ***with it***.

- Form a **da**-compound by adding **da**- to a preposition. If the preposition begins with a vowel, insert an -**r**- after **da**-.

common **da**-compounds	
dafür davon davor	daran darauf darin

  Wo ist der Bus? Wir warten seit einer halben Stunde **darauf**.
  Where's the bus? We've been waiting ***for it*** *for half an hour.*

  —Hat Max dir ein Geschenk gegeben?
  —Ja, und ich habe ihm **dafür** gedankt.
  Did Max give you a present?
  —Yes, and I thanked him ***for it***.

- German speakers often drop the -**a**- in **da**-compounds that begin with **dar**-.

  Wer ist da **drin**?
  Who's ***in there***?

  Denk mal **drüber** nach.
  Think it ***over***.

- Use **wen** or **wem** to ask about the object of a preposition when it refers to a person. When you ask about a thing or idea, use a **wo**-compound.

  Mit wem seid ihr ins Restaurant gegangen?
  Who did you go to the restaurant ***with***?

  Womit spielen die Kinder?
  What are the children playing ***with***?

ACHTUNG

Note that **warten auf** (*to wait for*), **denken an** (*to think about*), and **sprechen über** (*to talk about*) always take accusative objects.

- Form a **wo**-compound by combining **wo(r)**- with a preposition.

common **wo**-compounds	
wofür wovon wovor	woran worauf worin

  Wofür braucht sie den Spiegel?
  What *does she need the mirror* ***for***?

  Woran denkst du jetzt?
  What *are you thinking* ***about*** *now?*

  Worüber sprecht ihr?
  What *are you talking* ***about***?

- In **5B.3**, you learned to use the question word **wohin** to ask *where to*? Use the question word **woher** to ask *from where*?

  Wohin soll ich den Spiegel hängen?
  Where should I hang the mirror?

  Woher hast du diese Möbel bekommen?
  Where did you get this furniture?

QUERVERWEIS

See **5B.3** to review the difference between **wo** and **wohin**.

- In conversation, **hin** and **her** can be separated from **wo**, moving to the end of the sentence.

  Wo gehst du jetzt **hin**?
  *Where are you going **to** now?*

  Wo kommst du **her**?
  *Where are you **from**?*

ACHTUNG

The phrase **hin und her** means *back and forth*:
Warum laufen die Kinder hin und her?

- Use the adverb **dahin** or **daher** to replace a prepositional phrase expressing motion.

  Reist ihr **in die Schweiz**?
  *Are you going **to Switzerland**?*

  Ja, wir reisen **dahin**.
  *Yes, we're going **there**.*

- **Hin** or **her** can also be combined with the prefix of a separable prefix verb, to indicate motion. Note that **hin** generally indicates motion *away* from the speaker, while **her** indicates motion *toward* the speaker.

  Birgit **geht** die Treppe **hinauf**.
  *Birgit **is going up** the stairs.*

  Paul **kommt** die Treppe **herunter**.
  *Paul **is coming down** the stairs.*

  Komm **herein** oder geh **hinaus**!
  *Either come **in** or go **out**!*

  Rapunzel, lass dein Haar **herunter**!
  *Rapunzel, let **down** your hair!*

- Compound prefixes like **herauf-**, **herein-**, **herunter-**, or **heraus-** are often shortened in spoken German to **rauf-**, **rein-**, **runter-**, **raus-**, and so on.

  Lässt du mich bitte ins Badezimmer **rein**?
  *Will you please **let** me **into** the bathroom?*

  Papa soll die alte Kommode in den Keller **runterbringen**.
  *Dad is supposed to **bring** the old dresser **down** to the basement.*

Ressourcen

SAM
WB: pp. 83–84

SAM
LM: p. 53

Ⓢ
vhlcentral.com

Jetzt sind Sie dran!   **Wählen Sie die richtigen Formen.**

1. (Woher / Wohin) kommt der Spruch (*saying*): Zeit ist Geld?
2. (Womit / Mit wem) hast du auf der Party getanzt?
3. (Womit / Mit wem) sollen wir die Pflanzen gießen (*water*)?
4. Hast du Herrn Schulz gesehen? Ich denke oft (an ihn / daran).
5. (Wohin / Woher) soll ich die Lampe stellen?
6. (Wofür / Für wen) brauchst du so viele Bleistifte?

7. Dorle ist wirklich unangenehm. Ich will nicht (damit / mit ihr) sprechen.
8. So eine schöne Vase! Wir danken euch sehr (für sie / dafür).
9. Die neue Wohnung ist wunderschön! Paul und Torsten haben viel (über sie / darüber) geredet.
10. (Woher / Wohin) bekomme ich das Geld für die Miete?

Anwendung

1 **Ersetzen Sie** Ersetzen Sie die Satzteile mit den entsprechenden **wo-** oder **da-**Komposita.

1. **wo-**: vor dem Kaufhaus _____
2. **wo-**: unter dem Teppich _____
3. **da-**: über das Buch _____
4. **da-**: gegen die Wand _____
5. **wo-**: aus Baumwolle _____
6. **da-**: für das Geschenk _____
7. **wo-**: mit dem Fahrrad _____
8. **da-**: hinter der Schule _____

2 **Wählen Sie** Wählen Sie die passenden Präposition + Pronomen-Verbindungen oder die passenden **da-**Komposita.

1. Mias Cousinen wohnen in Wels. Letzten Sommer hat sie (bei ihnen / dabei) gewohnt.
2. Laura gab mir ein Geburtstagsgeschenk und ich dankte ihr (für es / dafür).
3. Frank ist gegen diese Idee und seine Freunde sind auch alle (gegen ihn / dagegen).
4. Meine große Schwester hat mir immer bei den Hausaufgaben geholfen. Ich habe sie jeden Tag (*every day*) (mit ihr / damit) zusammen gemacht.
5. Simon spricht selten über Politik. Seine Freundin diskutiert aber gern (über sie / darüber).

3 **Ergänzen Sie** Ergänzen Sie die Sätze mit den passenden Wörtern. Bilden Sie Kombinationen mit **hin** oder **her**.

▶ **BEISPIEL**
Stefanie _geht_ die Treppe _hinauf_ (hinaufgehen).

1. Der Junge _____ den Baum (*tree*) _____ (hinaufklettern).

2. Der Kellner _____ mit der Speisekarte _____ (herauskommen).

3. Herr Scholz _____ in die Metzgerei _____ (hineingehen).

4. Die Blätter (*leaves*) _____ von den Bäumen _____ (herunterfallen).

4 **Fragen bilden** Was sind die Fragen zu den Antworten?

 BEISPIEL Zur Schule fahre ich mit dem Bus.
Womit fährst du zur Schule?

1. Lukas geht mit seiner Schwester ins Theater.
2. Stefanie ist gegen die Gartentür gefahren.
3. Das neue Sofa ist aus Leder gemacht.
4. Die Vorlesung war über Neurobiologie.

 Practice more at **vhlcentral.com**.

Kommunikation

5 **Hin oder her?** Entscheiden Sie mit Ihrem Partner / Ihrer Partnerin, welches Verb zu jedem Bild passt und beantworten Sie die Fragen.

> herauskommen I hinausgehen I hineingehen I hinfallen I hinstellen

▶ **BEISPIEL** Was macht der Kellner?
Er stellt das Essen hin.

1. Was ist der Frau passiert?

2. Papa kommt gerade von der Arbeit. Was macht er?

3. Was will das Kind machen?

4. Herr und Frau Koch waren im Konzert. Was machen sie jetzt?

6 **So bin ich** Stellen Sie Ihrem Partner / Ihrer Partnerin die Fragen.

BEISPIEL Worüber lachst du oft?
Ich lache oft über meine Katze. Sie ist immer so lustig.

1. Woher kommt deine Familie?

3. Wohin gehst du gern?

2. Worüber sprichst du gern?

4. An wen denkst du oft?

7 **Mein bester Freund** Wie ist der beste Freund / die beste Freundin von Ihrem Partner / Ihrer Partnerin? Stellen Sie Fragen und benutzen Sie **wo**-Komposita oder Präposition + **wen**/**wem**.

BEISPIEL sehr viel wissen / über

S1: *Worüber weiß dein bester Freund sehr viel?*
S2: *Er weiß sehr viel über Rockmusik.*

1. oft denken / an

3. gern ausgehen / mit

2. selten Probleme haben / mit

4. mit dir sprechen / über

8 **Mein Zimmer** Beschreiben Sie Ihr Zimmer. Benutzen Sie **da**-Komposita. Ihr Partner / Ihre Partnerin versucht dann, eine Skizze (*sketch*) von Ihrem Zimmer zu machen. Dann tauschen Sie die Rollen.

BEISPIEL *Da ist mein Bett. Darauf liegt eine Bettdecke von meiner Oma, und darüber hängt ein Poster. Mein Nachttisch steht neben dem Bett. Darauf liegt...*

in der Ecke (*in the corner*)	zwischen	hängen	über	hinter
links davon	stehen	auf	unter	vor
rechts davon	liegen	in	neben	

6A.3 | Coordinating conjunctions Presentation

Startblock Use coordinating conjunctions to combine two related sentences, words, or phrases into a single sentence.

Ich ging in die Küche, **und** am Herd stand ihr Großvater.

Es ist bequemer hier, **denn** die Küche ist gleich nebenan.

- The most common coordinating conjunctions are **aber** (*but*), **denn** (*for, because*), **oder** (*or*), **sondern** (*but rather/instead*), and **und** (*and*).

  Ich habe eine Wohnung mit großer Küche gemietet, **denn** ich koche gern.
  *I rented an apartment with a big kitchen, **because** I like to cook.*

  Lola braucht einen Schrank **oder** eine Kommode für ihre Kleider.
  *Lola needs a closet **or** a dresser for her clothes.*

- Both **aber** and **sondern** correspond to the English word *but*. **Sondern** is used after a negated clause and indicates that the two ideas being coordinated are mutually exclusive.

  Erik hat ein großes Sofa, **aber** er sitzt gern auf dem Boden.
  *Erik has a big sofa, **but** he likes to sit on the floor.*

  Meine Wohnung ist nicht im Erdgeschoss, **sondern** im ersten Stock.
  *My apartment is not on the ground floor, **but rather** on the second floor.*

- When two clauses are connected by a coordinating conjunction, both follow normal subject-verb word order. Always use a comma before **aber, denn,** and **sondern.**

  Die Katze sitzt auf dem Balkon **und der Hund liegt** auf dem Teppich.
  *The cat is sitting on the balcony **and the dog is lying** on the carpet.*

  Ihr esst immer im Esszimmer, **aber wir essen** gern in der Küche.
  *You always eat in the dining room, **but we** like to **eat** in the kitchen.*

 Jetzt sind Sie dran! **Wählen Sie die passende Konjunktion.**

1. Seine Schwester hat einen braunen Sessel (und / sondern) ein blaues Sofa im Wohnzimmer.
2. Im Keller ist es nicht warm, (sondern / aber) kalt.
3. Wir haben ein Haus mit einer großen Garage gekauft, (und / denn) wir haben zwei Autos.
4. Ich liebe Schokolade, (denn / aber) ich bin leider auf Diät.
5. Sabine kauft gern Pflanzen für ihr Arbeitszimmer, (aber / denn) sie liebt die Natur.
6. Die Kinder wollen spielen, (sondern / aber) sie müssen zuerst (*first*) ihre Hausaufgaben machen.
7. Wohnst du in einem Haus (oder / sondern) mietest du eine Wohnung?
8. Auf meinem Schreibtisch habe ich eine Lampe (und / denn) ein hübsches Bild von meiner Freundin.
9. Ich parke mein Auto nicht auf der Straße (*street*), (sondern / aber) in der Garage.
10. Zieht ihr im Januar (denn / oder) im Februar um?

Anwendung und Kommunikation

1 **Aber oder sondern?** Ergänzen Sie die Sätze mit **aber** oder **sondern**.

1. Klaus ist intelligent, _____ nicht sehr dynamisch.

2. Er und seine Frau wohnen in Deutschland, _____ sie kommen aus den USA.

3. Kerstin studiert nicht mehr an der Universität, _____ arbeitet jetzt als Architektin.

4. Sie wollten letztes Jahr in ein neues Haus umziehen, _____ es war zu teuer.

5. Ihre Kinder sind nicht in der Schule, _____ im Kindergarten.

2 **Was und warum** Bilden Sie logische Sätze aus Spalte A und B und verbinden Sie sie mit **aber, oder, denn, und** oder **sondern**.

BEISPIEL

Ich arbeitete gerne mit Claudia, denn sie war zuverlässig (*dependable*).

A	B
Ich arbeitete immer gerne mit Claudia.	Sie fanden dort einen billigen Kleiderschrank.
Sie waren beim Möbelhaus Fischer.	Sie war zuverlässig.
Hannes wollte das gestreifte Hemd kaufen.	Er wollte nicht im Erdgeschoss wohnen.
Sie kauften kein zweites Auto.	Sie kauften ein Fahrrad.
Er wollte ein Zimmer bei einer Familie mieten.	Es war zu eng.
Ich bin heute Abend zu Hause geblieben.	Ich war sehr müde.

3 **Karen und ihre Familie** Erfinden Sie einen passenden Satz zu jedem Bild, und benutzen Sie dabei die angegebenen Konjunktionen.

▶ **BEISPIEL** sondern

Karen hat keinen Hund, sondern eine Katze.

1. oder   2. und

3. und   4. oder

 Practice more at **vhlcentral.com**.

Wiederholung

1 **Umzug** Lena reist viel. Sprechen Sie mit einem Partner / einer Partner darüber, wo Lena war und was sie machte.

> **BEISPIEL** München / Oktoberfest besuchen
>
> **S1:** In München besuchte Lena das Oktoberfest.
> **S2:** In Berlin...

1. Berlin / das Brandenburger Tor sehen
2. Hamburg / ein Konzert hören
3. Düsseldorf / in der Königsallee wohnen
4. Köln / ein Fahrrad kaufen
5. Heidelberg / Chemie studieren

2 **Eine laute Party** Sie sind auf einer Party, aber die Musik ist sehr laut, und Sie können nicht gut hören. Fragen Sie Ihren Partner / Ihre Partnerin, was er/sie gesagt hat.

> **BEISPIEL** Am Montag / ins Musikgeschäft gehen möchten
>
> **S1:** Am Montag möchte ich ins Musikgeschäft gehen.
> **S2:** Wie bitte? Wohin möchtest du gehen?

1. am Dienstag / in der Mensa essen wollen
2. im Sommer / nach Österreich reisen möchten
3. am Freitag / im Schwimmbad schwimmen können
4. am Wochenende / für die Physikprüfung lernen sollen
5. nächste Woche / einen Essay über München schreiben müssen
6. morgen Abend / mit den Eltern im Restaurant essen können
7. morgen Nachmittag / lange in der Bibliothek bleiben müssen
8. im Winter / in den Alpen Ski fahren wollen

3 **Sieben Unterschiede** Sie und Ihr Partner / Ihre Partnerin bekommen zwei Blätter mit verschiedenen Bildern. Vergleichen Sie die Bilder, und machen Sie eine Liste mit den sieben Unterschieden auf den Bildern.

> **BEISPIEL**
>
> **S1:** Es gibt nur ein Bett und eine Lampe rechts daneben, vor dem Fenster.
> **S2:** Ich habe auch ein Bett, aber ich habe keine Lampe, ...

4 **Im Stadtzentrum** Erzählen Sie Ihrem Partner / Ihrer Partnerin, was Sie am Dienstag im Stadtzentrum machten. Wählen Sie ein Wort aus jeder Spalte und bilden Sie logische Sätze.

> **BEISPIEL**
>
> **S1:** Am Dienstag lasen wir Bücher in der Bibliothek.
> **S2:** An der Uni sprach ich mit...

A	B	C
Bücher	mit Freunden	essen
Meeresfrüchte	Kaffee	fahren
an der Uni	Kleider	finden
im Café	Steak	kaufen
im Modegeschäft	auf dem Markt	kommen
im Restaurant „Tivoli"	durch die Stadt	lesen
mit dem Fahrrad	in der Bibliothek	spazieren
langsam	in die Stadt	sprechen
spät	nach Hause	trinken

5 **Gern machen** Fragen Sie Ihre Klassenkameraden, ob Sie die Aktivitäten in der Liste gern machen. Finden Sie eine Person für jede Aktivität.

> **BEISPIEL**
>
> **S1:** Fährst du gern mit dem Fahrrad?
> **S2:** Ja, ich fahre gern damit.

6 **Das Wochenende** Erzählen Sie Ihrem Partner / Ihrer Partnerin sechs Aktivitäten, die Sie am Wochenende machten. Sagen Sie auch, warum Sie das machten. Hören Sie auch, was Ihr Partner / Ihre Partnerin machte.

> **BEISPIEL**
>
> **S1:** Am Samstagmorgen war ich drei Stunden in der Bibliothek, denn ich musste einen Essay für mein Literaturseminar schreiben.
> **S2:** Am Samstagmorgen war ich nicht in der Bibliothek, sondern ich sollte mit meiner Mannschaft Fußball spielen...

Hausarbeit

Das Schweizer Fernsehen° produziert deutschsprachige Fernsehsendungen für das Schweizer Publikum. Die Sendung „Tagesschau" ist das Programm, das täglich die meisten Zuschauer hat. Die folgende TV Reportage aus der Tagesschau berichtet, wie viel Hausarbeit Schweizer Männer heute zu Hause machen. Die Reportage basiert auf einer Studie der Schweizer Regierung°. Die Arbeit, die Männer und Frauen zu Hause machen, ist unterschiedlich° und orientiert sich am Geschlecht°.

Immer mehr Frauen mit Kindern sind berufstätig°.

Väter mit kleinen Kindern helfen mehr im Haushalt.

Dass beide Geschlechter zu Hause gleich viel° arbeiten, davon sind wir noch weit weg°.

Fernsehen *television* **Regierung** *government* **unterschiedlich** *different* **Geschlecht** *gender* **berufstätig** *working* **gleich viel** *the same amount* **weit weg** *far away*

 Verständnis Beantworten Sie die Fragen mit den Informationen aus dem Video.

1. Laut (*according to*) des Videos, welche Aktivität machen normalerweise die Männer zu Hause?
   a. Putzen   b. Gartenarbeit   c. Bügeln
2. Welche Aktivität machen Frauen *und* Männer?
   a. Aufräumen   b. Waschen   c. Kochen

 Diskussion. Diskutieren Sie die folgenden Fragen mit einem Partner / einer Partnerin.

1. Wer macht was in Ihrem Haushalt? Arbeiten die Männer und die Frauen in Ihre Familie gleich viel zu Hause?
2. Rollenspiel. Schreiben Sie eine kurze Szene über ein berufstätiges Paar. Die beiden Partner streiten sich darüber (*argue about*), wie die Hausarbeit aufgeteilt sein soll.

Communicative Goals

You will learn how to:

- talk about household chores
- talk about appliances

Hausarbeit

S Talking Picture
Audio: Activities

Wortschatz

die Hausarbeit	*housework*
den Tisch decken	*to set the table*
staubsaugen	*to vacuum*
Wäsche waschen	*to do laundry*
Haushaltsartikel	***household items***
die Decke, -n	*blanket*
der Herd, -e	*stove*
die Kaffeemaschine, -n	*coffeemaker*
die Pfanne, -n	*pan*
die Spülmaschine, -n	*dishwasher*
der Staubsauger, -	*vacuum cleaner*
der Toaster, -	*toaster*
der Wäschetrockner, -	*dryer*
die Waschmaschine, -n	*washing machine*
zum Beschreiben	***to describe***
dreckig	*filthy*
ordentlich	*tidy*
sauber	*clean*
schmutzig	*dirty*
Es ist ein Saustall!	*It's a pigsty!*
Verben	***verbs***
aufräumen (räumt... auf)	*to clean up*
putzen	*to clean*
waschen	*to wash*
wischen	*to wipe; to mop*

ACHTUNG

German speakers often shorten a compound when the context is clear:
Anja wirft die Wäsche in den Trockner.
But: **Der Wäschetrockner ist kaputt.**

die Mikrowelle, -n

das Kissen, -

Sie macht das Bett. (machen)

die Spüle

Er spült Geschirr (*n.*). (spülen)

der Topf, -̈e

die Laken (*sing.* das Laken)

der Gefrierschrank, -̈e

die Bettdecke, -n

der Ofen, -̈-

Sie fegt. (fegen)

der Kühlschrank, -̈e

der Besen, -

die Wäsche

Anwendung

Er bringt den Müll raus. (rausbringen)

das Bügeleisen, -

das Bügelbrett, -er

Er bügelt. (bügeln)

1 **Was passt nicht?** Welches Wort passt nicht zu den anderen?

BEISPIEL Topf, Pfanne, Ofen, Müll

1. Glas, Besteck, Besen, Teller
2. schmutzig, sauber, unordentlich, dreckig
3. Blume, Kissen, Decke, Laken
4. spülen, kochen, bügeln, mieten
5. Pfanne, Brille, Schüssel, Topf
6. putzen, aufstehen, wischen, aufräumen
7. Mikrowelle, Toaster, Bügeleisen, Ofen
8. Serviette, Spiegel, Badewanne, Toilette

2 **Vergleiche** Ergänzen Sie die Analogien mit einem Wort aus der Liste.

faul	staubsaugen
fegen	schmutzig
Gefrierschrank	Spülmaschine
Laken	Teppich

1. Hose ⟶ Waschmaschine // Messer ⟶ _____
2. Bügeleisen ⟶ bügeln // Besen ⟶ _____
3. weiß ⟶ schwarz // sauber ⟶ _____
4. Wäsche ⟶ waschen // Teppich ⟶ _____
5. Mantel ⟶ Kleid // Decke ⟶ _____
6. Ofen ⟶ Herd // Kühlschrank ⟶ _____

3 **Ergänzen Sie** Ergänzen Sie die Sätze mit dem richtigen Wort.

1. In der Küche ist das pure Chaos! Wir müssen sie wirklich heute noch (dreckig / sauber) machen.
2. Ich spüle das Geschirr und du (fegst / bügelst) die Hemden.
3. Wir können die Kleider nicht waschen. Die (Spülmaschine / Waschmaschine) ist kaputt.
4. Die Lasagne bäckt schon seit zwei Stunden im (Ofen / Topf), aber sie braucht nur 50 Minuten. Weißt du das?
5. Die Sonne brennt heute richtig! Gib bitte den (Pflanzen / Decken) auf dem Balkon mehr Wasser.
6. Der Hund stinkt! Du musst ihn sofort (*immediately*) in der (Pfanne / Badewanne) waschen!

4 **Der Besuch** 🎧 Im Haus von Familie Fuchs ist es noch ein bisschen unordentlich. Hören Sie zu und markieren Sie, welche Hausarbeiten Frau Fuchs den Familienmitgliedern gibt.

_____ 1. Claudia
_____ 2. Erik
_____ 3. Frau Fuchs
_____ 4. Lukas
_____ 5. Nina
_____ 6. Peter

a. Bad putzen
b. Betten machen
c. Geschirr spülen
d. Hund waschen
e. Müll rausbringen
f. staubsaugen

Practice more at **vhlcentral.com**.

Kommunikation

5 **Räumen wir auf!** Die Wohnung ist mal wieder ein Saustall! Diskutieren Sie mit zwei Mitstudenten, welche Hausarbeiten jeder von Ihnen heute noch macht. Machen Sie dann auch einen Wochenplan, worin steht, wer in der Woche was machen muss, damit (*so that*) die Wohnung sauber bleibt.

BEISPIEL

S1: *Wer spült das Geschirr?*
S2: *Ich spüle das Geschirr. Und wer...?*

6 **Hausarbeiten** Besprechen Sie mit Ihrem Partner / Ihrer Partnerin, wer in Ihrer Familie die angegebenen (*indicated*) Hausarbeiten macht.

BEISPIEL

Betten machen
S1: *Bei uns in der Familie macht meine Mutter die Betten.*
S2: *Ich mache mein Bett jeden Morgen.*

1. Geschirr spülen
2. Kleider bügeln
3. Müll rausbringen
4. Staub wischen
5. Toilette putzen
6. Wäsche waschen

7 **Angelikas Tag** Arbeiten Sie mit einem Partner / einer Partnerin. Ihr Professor / Ihre Professorin gibt Ihnen zwei verschiedene Blätter mit Informationen über Angelikas gestrigen Tag. Erzählen Sie, was Angelika alles machen wollte. Schreiben Sie dann einen kurzen Absatz über Angelikas Tag gestern.

BEISPIEL

S1: *Angelika wollte gestern ihre Wäsche waschen.*
S2: *Ja, aber sie konnte die Waschmaschine und den Trockner nicht anmachen (turn on).*

8 **Mein Traumhaus** Beschreiben Sie Ihrem Partner / Ihrer Partnerin Ihr Traumhaus: wo ist es, wie groß ist es, wie viele Stockwerke und Zimmer hat es, welche Möbel und Haushaltsartikel haben Sie, und wer macht die diversen Hausarbeiten?

BEISPIEL

S1: *Mein Traumhaus ist am Strand und es hat fünf Schlafzimmer, vier Badezimmer, ein Studierzimmer und auch eine große Garage für drei Autos. Im Garten ist ein Schwimmbad und ein zweites, kleines Haus für meine acht Hunde.*
S2: *Mein Traumhaus ist in der Stadt. Es hat...*

Aussprache und Rechtschreibung Audio: Presentation Record & Compare Activities

The German *k* sound

The German **k** is pronounced like the *k* in the English word *kind*. At the end of a syllable, this sound may be written as **ck**.

Kaffee	Laken	Decke	Frack	Kreide

In a few loanwords, the **c** at the beginning of a word is pronounced like a **k**. In other loanwords, the initial **c** may be pronounced similarly to the *ts* in *cats* or the *c* in *cello*.

Computer	Caravan	Couch	Celsius	Cello

When the consonant combination **kn** appears at the beginning of a word, both letters are pronounced. In the combination **nk**, the sound is very similar to the *nk* in the English word *thank*.

Knie	knusprig	Knödel	danken	Schrank

Remember that the **ch** sound and the **k/ck** sound are pronounced differently.

dich	dick	Bach	Back

1 **Sprechen Sie nach** Wiederholen Sie die Wörter, die Sie hören.

1. Keller
2. Keramik
3. Stock
4. Container
5. Cola
6. Celsius
7. knackig
8. Knallfrosch
9. Bank
10. Hockey
11. lach
12. Lack

2 **Artikulieren Sie** Wiederholen Sie die Sätze, die Sie hören.

1. In der Küche bäckt man Kekse.
2. Deine Kleider hängen im Kleiderschrank.
3. In Frankfurt essen glückliche Kinder knackige Bockwürste.
4. Mein Lieblingsmöbelstück ist diese knallrote Couch.
5. Wir kaufen das Cabriolet in Köln.
6. Kann Klaus Knödel kochen?

3 **Sprichwörter** Wiederholen Sie die Sprichwörter, die Sie hören.

Klappern gehört zum Handwerk.[1]

Kommt Zeit, kommt Rat.[2]

[1] Talking it up is part of the trade. (lit. *Rattling is part of the trade.*)
[2] We'll figure it out with time. (lit. *With time comes counsel.*)

Ressourcen

SAM
LM: p. 56

vhlcentral.com

Ich putze gern! Video: *Fotoroman*

Meline und Sabite wollen die Wohnung aufräumen, doch plötzlich hat Meline
eine wichtige Verabredung. Muss Sabite jetzt alleine putzen?

MELINE Super. Ich treffe dich dann dort in
einer halben Stunde.
SABITE Wohin gehst du?
MELINE Meine Freundin Beatrice besucht ihre
Großmutter in Wilmersdorf und sie haben
mich zum Tee zu sich eingeladen.
SABITE Wir haben darüber gesprochen, die
Wohnung zu putzen. Sie ist ein Saustall.

MELINE Das können wir doch später machen.
SABITE Meline, seit wir hier eingezogen sind,
hast du nicht ein Mal bei der Hausarbeit
geholfen. Du hast kein Geschirr gewaschen,
den Boden nicht gefegt und auch die Möbel
nicht abgestaubt.

MELINE Beatrice und ich sind schon sehr
lange Freundinnen und ihre Großmutter ist
sehr alt. Man kann doch Staubsaugen nicht
mit der Zeit vergleichen, die man mit der
Familie verbringt.
SABITE Warte. Nimm den Abfall mit raus.

GEORGE Danke. Geht's dir gut?
SABITE Oh, mir geht es gut! Meline und ich
hatten vor, heute die Wohnung aufzuräumen,
aber sie hat sich aus dem Staub gemacht.
GEORGE Ich helfe dir.

GEORGE Ich wusste nicht, dass Mädchen
so...
SABITE Unordentlich sein können?
GEORGE Letzte Woche sah es hier tadellos
aus. Was ist passiert?
SABITE Es ist so stressig an der Uni. Wir
haben keine Zeit zum Putzen. Und Meline
macht keine Hausarbeiten.

SABITE Das kann ich von dir nicht
verlangen. Es ist schmutzig hier drin.
GEORGE Ich hatte als Kind ein Zimmer
mit meinem Bruder zusammen. Er war
superfaul. Ich habe die Betten gemacht
und die Wäsche gewaschen.

1 **Richtig oder falsch?** Entscheiden Sie, ob die folgenden Sätze
richtig oder falsch sind.

1. Meline besucht eine Freundin in Wilmersdorf.

2. Sabite und Meline wollten die Wohnung putzen.

3. Meline hilft oft bei der Hausarbeit.

4. Meline muss den Abfall mit rausnehmen.

5. Sabite ist glücklich darüber, dass Meline nicht hilft.

6. George hatte als Kind ein Zimmer allein.

7. Er hat die Betten gemacht und die Wäsche gewaschen.

8. Sabite und Meline haben keine Zeit zum Putzen.

9. George und Sabite haben Melines Wäsche gefaltet.

10. Meline muss ihre Bluse bügeln.

PERSONEN

George   Meline   Sabite

> **SABITE** Vielen Dank für deine Hilfe, George.
> **GEORGE** Ich putze gern. Aber sag das bitte nicht Hans.
> **MELINE** Oh, George. Ich dachte, dass du Torsten bist. Beatrices Großmutter hat einen Mandelkuchen gebacken. Das wird euch aufheitern.

> **SABITE** Wir haben die Böden gefegt, das Geschirr gewaschen, den Herd geputzt, Staub gesaugt und abgestaubt.
> **GEORGE** Wir haben die Töpfe und Pfannen weggeräumt und eklige Dinge aus dem Kühlschrank und dem Spülbecken entfernt.

> **SABITE** Deine Wäsche haben wir *nicht* gefaltet.

> **MELINE** Ach, dieses Kleid möchte ich heute Abend anziehen. Jetzt muss ich bügeln.
> **SABITE** Oh, Meline, da du gerade am Bügeln bist... Danke!

Nützliche Ausdrücke

- **Sie haben mich zum Tee zu sich eingeladen.**
  They invited me over for tea.

- **einziehen**
  to move in

- **nicht ein Mal**
  not even once

- **Man kann doch Staubsaugen nicht mit der Zeit vergleichen, die man mit der Familie verbringt.**
  You can't compare vacuuming to spending time with family.

- **Sie hat sich aus dem Staub gemacht.**
  She ran away.

- **tadellos**   - **der Mandelkuchen**
  spotless   *almond cake*

- **aufheitern**   - **eklig**
  to cheer up   *disgusting*

- **Da du gerade am Bügeln bist...**
  Since you're ironing...

6B.1

- **Ich habe die Betten gemacht und die Wäsche gewaschen.**
  I made the beds and did the laundry.

- **Ich hatte als Kind ein Zimmer mit meinem Bruder zusammen.**
  I shared a bedroom with my brother when I was a kid.

6B.2

- **Wir haben die Töpfe und Pfannen weggeräumt und eklige Dinge aus dem Kühlschrank und dem Spülbecken entfernt.**
  We put away all the pots and pans, and got rid of disgusting things from the refrigerator and the kitchen sink.

2 **Zum Besprechen** Stellen Sie sich vor (*Imagine*), Ihre Wohnung ist so ein „Saustall" wie die von Sabite und Meline. Machen Sie zu dritt einen Plan, um die Wohnung aufzuräumen. Wer macht was? Arbeiten Sie zusammen oder alleine? Was machen Sie zuerst?

3 **Vertiefung** Sabites Professor hat das Gedicht „Kenner und Enthusiast" von Goethe zitiert, um ihr Kunstprojekt zu kommentieren. Suchen Sie das Gedicht im Internet. Finden Sie heraus, wie die Strophe (*stanza*) weitergeht.

Ressourcen | SAM VM: p. 12 | DVD Folge 12 | vhlcentral.com

Haushaltsgeräte°   Reading

EINIGE WICHTIGE HAUSHALTSGERÄTE wurden von Technikern deutschsprachiger Länder erfunden°.

Thermoskannen

In einer Thermoskanne bleiben Getränke länger warm. Der Chemnitzer Professor Adolf Ferdinand Weinhold entdeckte° 1881 ein Prinzip, damit Glasgefäße° weniger Wärme verlieren. Reinhold Burger, ein anderer Deutscher, forschte° in Deutschland an einer Nutzung° dieses Prinzips.

1903 registrierte er sein Patent. Die Flaschen hatten eine Silberbeschichtung° und ein schützendes Metallgehäuse°. 1909 verkaufte Burger sein Patent an die Charlottenburger Thermos AG. Deshalb heißen diese Flaschen heute Thermosflaschen. Die erste Serienproduktion fand 1920 statt.

Kaffeefilter

Für das Kaffeekochen braucht man Kaffeefilter. Ein sehr bekannter Name bei Kaffeefiltern ist Melitta. Der Firmenname geht zurück auf Melitta Bentz aus Dresden. 1908 revolutionierte sie das Kaffeekochen. Sie verwendete° ein Stück Filterpapier und einen durchlöchterten Messingtopf°. Damit filterte sie den bitteren Kaffeesatz°. Aus dieser Idee entstand das Kaffeefiltern mit Kaffeefilter und Filterpapier. Das Patent erhielt Melitta Bentz am 20. Juni 1908 vom Kaiserlichen Patentamt in Berlin.

Nähmaschinen°

Eine Nähmaschine ist eine Maschine für die Kleiderproduktion. Die erste Nähmaschinenfirma, Bernina International AG, wurde von Karl Friedrich Gegauf gegründet°. Gegauf wusste, dass Nähen kompliziert und arbeitsaufwendig° sein kann. 1893 erfand er die erste Hohlsaum°-Nähmaschine der Welt. Damit konnte man 100 Stiche pro Minute nähen. 1885 zerstörte ein Großbrand° die Werkstatt der Gebrüder Gegauf komplett; lediglich der Prototyp der Hohlsaum-Nähmaschine konnte gerettet werden°. Heute ist Bernina eine sehr erfolgreiche Firma in der Schweiz.

Haushaltsgerätehersteller in Deutschland	
Bauknecht: Küchengeräte	1.917 Mitarbeiter in Deutschland
Bosch/Siemens: Haushaltsgeräte	14.196 Mitarbeiter in Deutschland
Liebherr: Kühlschränke und Gefriertruhen°	1.775 Mitarbeiter in Deutschland
Miele: Elektro-Haushaltsgeräte	11.000 Mitarbeiter in Deutschland
Rowenta: Küchen- und Haushaltsgeräte	1.100 Mitarbeiter in Deutschland

QUELLE: Statistisches Bundesamt Deutschland

Haushaltsgeräte appliances **wurden... erfunden** were invented **entdeckte** discovered **Glasgefäße** glass containers **forschte** researched **Nutzung** use **Silberbeschichtung** silver coating **schützendes Metallgehäuse** protective metal casing **verwendete** used **durchlöchterten Messingtopf** perforated brass pot **Kaffeesatz** coffee grounds **Nähmaschinen** sewing machines **wurde... gegründet** was founded **arbeitsaufwendig** labor-intensive **Hohlsaum** hemstitch seam **Großbrand** large fire **gerettet werden** be saved **Gefriertruhen** freezers

ÜBUNGEN

1 **Richtig oder falsch?** Sind die Aussagen richtig oder falsch? Korrigieren Sie die falschen Aussagen mit einem Partner / einer Partnerin.

1. In Thermoskannen bleiben Getränke länger warm.
2. Adolf Ferdinand Weinhold registrierte 1903 ein Patent für Thermoskannen.
3. Melitta ist ein bekannter Name bei Kaffeefiltern.
4. 1904 revolutionierte Melitta Bentz das Kaffeekochen.
5. Melitta Bentz kommt aus Österreich.
6. Karl Friedrich Gegauf erfand in der Schweiz eine Nähmaschine.
7. Seine Nähmaschine nähte 50 Stiche pro Minute.
8. Der Prototyp der Hohlsaum-Nähmaschine wurde 1885 von einem Großbrand zerstört.
9. Miele produziert Elektro-Haushaltsgeräte und hat in Deutschland 11.000 Mitarbeiter.
10. Rowenta produziert nur Küchengeräte.

 Practice more at **vhlcentral.com**.

DEUTSCH IM ALLTAG

Materialien

die Fliesen (*pl.*)	*tiles*
der Granit	*granite*
das Holz	*wood*
die Keramik	*ceramic*
der Kunststoff	*plastic*
das Leder	*leather*
der Marmor	*marble*
der Stahl	*steel*

DIE DEUTSCHSPRACHIGE WELT

Fachleute Hauswirtschaft°

Ein offizieller Beruf in der Schweiz ist Fachmann/Fachfrau Hauswirtschaft. Personen mit diesem Beruf sind Experten für Hausarbeit. Das Berufsziel°: Menschen fühlen sich in ihrer Wohnung wohl°. Deshalb putzen sie Zimmer schnell, gründlich° und umweltschonend°. Bei Schäden° in Zimmern reparieren sie diese Schäden. Fachleute Hauswirtschaft arbeiten in Heimen°, Krankenhäusern°, Hotels und Restaurants. Die Ausbildung° dauert drei Jahre. Man muss in einem Betrieb° arbeiten, jede Woche einen Tag in die Schule gehen und am Ende Prüfungen machen.

Fachleute Hauswirtschaft *home economics specialists* **Berufsziel** *professional aim* **fühlen sich... wohl** *feel comfortable* **gründlich** *thoroughly* **umweltschonend** *environmentally friendly* **Schäden** *damages* **Heimen** *(nursing) homes* **Krankenhäusern** *hospitals* **Ausbildung** *training* **Betrieb** *firm*

PORTRÄT

Johanna Spyri

Johanna Spyri (1827-1901), geborene Heusser, war eine sehr erfolgreiche° Schweizer Autorin. Sie war das vierte von sechs Kindern. Bis sie 25 Jahre alt war, unterrichtete sie ihre jüngeren Geschwister und half ihrer Mutter im Haushalt. 1852 heiratete sie den Rechtsberater Johann Bernhard Spyri. Ihr Mann war nicht oft zu Hause und Johanna Spyri mochte Hausarbeit nicht. Deshalb animierte° sie ein Freund, der Pastor Cornelius Rudolph Vietor, zum Schreiben. 1871 veröffentlichte° sie ihre erste Geschichte „Ein Blatt auf Vrony's Grab". Es war ein großer Erfolg. Später schrieb sie ihr berühmtestes Buch „Heidis Lehr- und Wanderjahre" über das Waisenmädchen° Heidi. Es ist ein Roman° über die romantische Idylle der Schweizer Alpen. Dieser Roman alleine existiert in mehr als 50 Sprachen. Insgesammt schrieb Spyri 31 Bücher, 27 Erzählbände° und 48 Erzählungen°.

erfolgreich *successful* **animierte** *encouraged* **veröffentlichte** *published* **Waisenmädchen** *orphan girl* **Roman** *novel* **Erzählbände** *anthologies* **Erzählungen** *stories*

IM INTERNET

Suchen Sie Stellenangebote als Fachmann/frau Hauswirtschaft in der Schweiz. Was muss man machen? Schreiben Sie Beispiele auf.

For more information on this **Kultur**, go to **vhlcentral.com**.

---

2 **Was fehlt?** Ergänzen Sie die Sätze.

1. Ein Fachmann / Eine Fachfrau Hauswirtschaft ist ein Experte für _____.
2. Fachleute Hauswirtschaft reparieren _____ in Zimmern.
3. Die Ausbildung für Fachleute Hauswirtschaft dauert _____.
4. Johanna Spyri fing mit dem Schreiben an, denn sie mochte _____ nicht.
5. Das bekannteste Buch Spyris ist über das Waisenmädchen _____.
6. Dieses Buch existiert in mehr als 50 _____.

3 **Ihre Traumküche** Diskutieren Sie mit einem Partner / einer Partnerin Ihre Traumküche. Welche Geräte sind in der Küche? Aus welchen Materialien ist die Küche? Ist die Traumküche klein, groß, hell, etc.? Wie sieht die Küche Ihres Partners aus?

Ressourcen

vhlcentral.com

6B.1 | *Perfekt* versus *Präteritum* Presentation

Startblock You have learned to use both the **Perfekt** and the **Präteritum** to talk about past events. However, these two tenses are not used interchangeably.

Ich **habe** es nicht **verstanden**, aber es **hat** mir **gefallen**.

„Da **warf** ich in ein Eckchen mich, die Eingeweide **brannten.**"

QUERVERWEIS

See **5A.1** and **5B.1** to review the formation of the **Perfekt**.

See **6A.1** to review the formation of the **Präteritum**.

- The **Perfekt** tense is most often used in conversation and in informal writing, such as e-mails, blog entries, personal letters, or diaries.

  Habt ihr den Tisch **gedeckt**?
  *Did you **set** the table?*

  Nein, aber wir **haben** den Boden **gewischt**.
  *No, but we **mopped** the floor.*

- The **Präteritum** is generally used in formal or literary writing, such as novels or newspaper articles, or in other formal contexts, such as news reports or speeches. It is sometimes called the *narrative past*, since it is often used to narrate a series of related past events.

  Es **war** einmal eine junge Frau mit dem Namen Aschenputtel.
  *Once upon a time, there **was** a young woman named Cinderella.*

  Jeden Tag **fegte** sie den Boden, **machte** sie die Betten und **spülte** sie das Geschirr.
  *Every day, she **swept** the floors, **made** the beds, and **washed** the dishes.*

- A few specific verbs are commonly used in the **Präteritum**, even in informal contexts. In conversation, most Germans use the **Präteritum** of **sein**, **haben**, and modal verbs, rather than the **Perfekt**.

  Hattet ihr am Mittwoch keine Hausaufgaben?
  *Didn't you **have** any homework on Wednesday?*

  Meine alte Wohnung **war** ein Saustall.
  *My old apartment **was** a pigsty.*

  Die Kinder **wollten** das Gemüse nicht essen.
  *The kids **didn't want** to eat their vegetables.*

  Solltet ihr gestern nicht staubsaugen?
  *Weren't you **supposed** to vacuum yesterday?*

QUERVERWEIS

You will learn more about **als** and other subordinating conjunctions in **8A.1** and **10A.1**.

- The **Präteritum** is also preferred by most speakers after the subordinating conjunction **als**.

  Als wir Kinder **waren**, haben wir viel Hausarbeit gemacht.
  When we **were** kids, we did a lot of housework.*

  Als ich die Garage **aufräumte**, habe ich viele alte Bücher gefunden.
  When I **cleaned up** the garage, I found lots of old books.*

- German verbs are usually listed in dictionaries and vocabulary lists by their *principal parts* (**Stammformen**): the infinitive, the third-person singular form of the **Präteritum**, and the past participle. For verbs with stem changes in the **Präsens**, the third-person singular form is given in parentheses. For completely regular verbs, only the infinitive is listed.

  geben (gibt)
  to give (gives)

  gab
  gave

  gegeben
  given

- Knowing the principal parts of a verb allows you to produce all of its conjugations in any tense. Here are the principal parts of some of the verbs you've learned so far.

infinitive	*Präteritum*	past participle
bringen	brachte	gebracht
denken	dachte	gedacht
essen (isst)	aß	gegessen
helfen (hilft)	half	geholfen
laufen (läuft)	lief	ist gelaufen
nehmen (nimmt)	nahm	genommen
schlafen (schläft)	schlief	geschlafen
sehen (sieht)	sah	gesehen
sitzen	saß	gesessen
verstehen	verstand	verstanden
waschen (wäscht)	wusch	gewaschen
wissen (weiß)	wusste	gewusst

Er **nahm** einen Besen und **gab** seiner
Schwester den Staubsauger.
*He **took** a broom and **gave** his sister
the vacuum cleaner.*

Ich **habe** nur einen Keks **genommen** und
habe Peter die anderen **gegeben**.
*I only **took** one cookie and **gave** the rest
to Peter.*

QUERVERWEIS

See **Appendix A** for
a complete list of
strong verbs with their
principal parts.

Ressourcen

SAM
WB: pp. 89–90

SAM
LM: p. 57

(S)
vhlcentral.com

Jetzt sind Sie dran!   Wählen Sie die richtige Zeitform (*tense*) für die folgenden Sätze.

1. Es war einmal ein Mädchen mit dem Namen Rapunzel.
   (Perfekt / Präteritum)

2. Jeden Tag saß sie allein in ihrem Turm (*tower*).
   (Perfekt / Präteritum)

3. Donnerstags wusch ich die Wäsche.
   (Perfekt / Präteritum)

4. Was hast du an der Universität studiert?
   (Perfekt / Präteritum)

5. Meine Eltern haben ein Haus in München gemietet.
   (Perfekt / Präteritum)

6. Sie wollten schon immer in Bayern wohnen.
   (Perfekt / Präteritum)

7. Hast du schon den Balkon gefegt?
   (Perfekt / Präteritum)

8. Heute Morgen war die Mikrowelle noch sauber.
   (Perfekt / Präteritum)

9. In meiner alten Wohnung hatte ich eine
   Spülmaschine. (Perfekt / Präteritum)

10. Die ganze Familie hat Bernd bei seinem Umzug
    geholfen. (Perfekt / Präteritum)

11. In seiner neuen Wohnung konnte er sehr gut
    schlafen. (Perfekt / Präteritum)

12. Sie ist gar nicht teuer. Er hat wirklich Glück gehabt.
    (Perfekt / Präteritum)

Anwendung

1 **Perfekt oder Präteritum?** Welche Zeitform benutzt man gewöhnlich (*generally*) in diesen Situationen?

▶ **BEISPIEL** Perfekt

1. _____

2. _____   3. _____   4. _____

2 **Ergänzen Sie** Ergänzen Sie die Tabelle mit den fehlenden Informationen.

	Infinitiv	Präteritum	Perfekt
1.		durfte	
2.			ist gegangen
3.	fahren		
4.		nahm	
5.			ist gekommen
6.	sehen		
7.			hat gebracht
8.	mögen		

3 **Ein kurzes Gespräch** Ergänzen Sie die Sätze mit den fehlenden Verbformen im Perfekt oder im Präteritum.

BEISPIEL **SUSI** Was __hast__ du gestern Abend (*last night*) _gemacht_? (*machen*)

ANDREA Ich (1) _____ in die Bibliothek gehen, aber Michael (2) _____ mit mir spazieren gehen. Es (3) _____ langweilig. (sollen, wollen, sein)

SUSI Ach ja? (4) _____ er nicht eine Verabredung (*date*) mit Mira? (haben)

ANDREA Mira (5) _____ nicht, denn ihre Eltern (6) _____ zum Abendessen (7) _____. (können, kommen)

SUSI Haha! Das (8) _____ sie bestimmt toll (9) _____. (finden)

ANDREA Das weiß ich nicht. Ich (10) _____ heute nicht mit ihr (11) _____. (sprechen)

Practice more at **vhlcentral.com.**

Kommunikation

4 **Ein bisschen Geschichte** Erraten Sie zusammen mit Ihrem Partner / Ihrer Partnerin, welches Ereignis (*event*) zu welchem historischen Datum passt.

BEISPIEL

S1: Was ist im Jahr 2005 passiert?
S2: 2005 ist Angela Merkel als erste Frau Bundeskanzlerin von Deutschland geworden.

Historisches Datum	Ereignis
____ 1. 1295	a. Die Berliner Mauer fiel.
____ 2. 1492	b. Marco Polo brachte chinesische Nudeln nach Italien.
____ 3. 1824	c. Ludwig van Beethoven komponierte seine 9. Sinfonie.
____ 4. 1918	d. Christoph Kolumbus reiste nach Amerika.
____ 5. 1989	e. Deutschland verlor den Ersten Weltkrieg (*World War*).
____ 6. 2005	f. Angela Merkel wurde als erste Frau Bundeskanzlerin von Deutschland.

5 **Julians Kalender** Erzählen Sie zusammen mit Ihrem Partner / Ihrer Partnerin, was Julian im April alles gemacht hat. Benutzen Sie das Perfekt und/oder Präteritum.

BEISPIEL

S1: Am 6. April hat er einen Film gesehen.
S2: Und am 7. April war er beim Friseur.

MO	DI	MI	**APRIL** DO	FR	SA	SO
					1	Basketballspiel 2
3	Geschenk kaufen 4	5	Film „Sophie Scholl" 6	Friseur 7	8	9
10	Mama Geburtstag 11	12	13	14	Party bei Tom 15	16
17	18	Coldplay-Konzert 19	20	21	22	Essen mit Lara 23
24	25	26	Deutsch-test 27	28	29	30

6 **Ein Märchen** Schreiben Sie mit Ihrem Partner / Ihrer Partnerin das Märchen zu Ende. Sie dürfen auch Ihr eigenes Märchen erfinden (*make up*). Schreiben Sie sechs bis acht Sätze im Präteritum.

1. Es war einmal ein junges Mädchen. Sie hatte einen gemeinen Stiefbruder. Eines Tages...

2. Es waren einmal ein Hund, eine Katze, ein Hamster und ein Vogel. Sie wohnten alle bei einer alten Frau. Eines Tages...

3. Es war einmal ein kleiner Hund. Er wohnte allein im Wald und wollte so gern eine Familie haben. Eines Tages...

6B.2 | **Separable and inseparable prefix verbs in the *Perfekt*** **Presentation**

Startblock In **4A.3** you learned about separable and inseparable prefix verbs in the present tense. In the **Perfekt**, the past participles of verbs with prefixes are formed slightly differently than those of other verbs.

Du **hast** den Boden nicht gefegt und auch die Möbel nicht **abgestaubt**.

Wir **haben** die Töpfe **weggeräumt** und eklige Dinge aus dem Kühlschrank **entfernt**.

- Verbs with prefixes can be either strong, weak, or mixed.

Ihr **habt** das Zimmer	Wir **haben** Kuchen	Sie **sind** nach Berlin
aufgeräumt.	**mitgebracht**.	**umgezogen**.
*You **cleaned up** the room.*	*We **brought** cake.*	*They **moved** to Berlin.*

- To form the past participle of a separable prefix verb, add the separable prefix to the past participle of the root verb, before the **-ge-** prefix.

infinitive	participle	infinitive	participle
anrufen	**an**gerufen	rausbringen	**raus**gebracht
aufräumen	**auf**geräumt	umtauschen	**um**getauscht
ausgehen	(ist) **aus**gegangen	umziehen	(ist) **um**gezogen
einkaufen	**ein**gekauft	vorstellen	**vor**gestellt
mitbringen	**mit**gebracht	wegräumen	**weg**geräumt

Sie **haben** mich zum Tee zu sich **eingeladen**.

Wir **haben** das Geschirr
weggeräumt.
*We **put away** the dishes.*

Wir **haben** Staub gesaugt und **abgestaubt**.

Ich **habe** den kaputten Staubsauger
umgetauscht.
*I **exchanged** the broken vacuum cleaner.*

- The past participles of inseparable prefix verbs are formed like those of separable prefix verbs, but without the -ge- prefix.

infinitive	participle	infinitive	participle
bedeuten	**be**deutet	erklären	erklärt
beginnen	**be**gonnen	gehören	gehört
besuchen	**be**sucht	verkaufen	verkauft
bezahlen	**be**zahlt	verschmutzen	verschmutzt
entdecken	**ent**deckt	verstehen	verstanden

Herr Koch **hat** uns einen neuen
Gefrierschrank **verkauft**.
*Mr. Koch **sold** us a new freezer.*

Sarahs Bruder **hat** uns einmal **besucht**.
*Sarah's brother **came to visit** us once.*

Der Vermieter **hat** das Loch in der Wand
entdeckt.
*The landlord **discovered** the hole in the wall.*

Ich **habe** die Frage nicht **verstanden**.
*I **didn't understand** the question.*

- Remember that the prefixes of inseparable prefix verbs are never stressed, while the prefixes of separable prefix verbs are always stressed.

Wie viel hast du für den
Toaster be**zahlt**?
How much did you pay for the toaster?

Wir haben viele
Gäste **ein**geladen.
We invited a lot of guests.

- Most separable and inseparable prefix verbs are conjugated with **haben**. However, prefixed verbs that indicate a change in condition or location and do not take a direct object are conjugated with **sein**.

Der Hund **hat** den sauberen
Boden **verschmutzt**.
*The dog **got** the clean floor **dirty**.*

Du **hast** den dreckigen Teppich **rausgebracht**.
*You **took out** the dirty rug.*

Wir **sind** mit unseren Großeltern in die
Schweiz **mitgefahren**.
*We **went** to Switzerland with our grandparents.*

Wolfgang **ist** gestern Abend **ausgegangen**.
*Wolfgang **went out** last night.*

- Since prefixes change the meaning of a verb, in some cases a prefixed verb is conjugated with **sein**, while its base form is conjugated with **haben**.

Sie **sind** vor einem Jahr **umgezogen**.
*They **moved** a year ago.*

Die Hunde **haben** den Schlitten **gezogen**.
*The dogs **pulled** the sled.*

QUERVERWEIS

See **5B.1** to review the formation of the **Perfekt** with **sein**.

Ressourcen

SAM
WB: pp. 91–92

SAM
LM: p. 58

Ⓢ
vhlcentral.com

Jetzt sind Sie dran! **Ergänzen Sie die Sätze mit den richtigen Formen der Verben im Perfekt.**

1. Peter _____ *hat* _____ den Müll nicht *rausgebracht*. (rausbringen)
2. Liebe Kinder, _____ ihr eure Zimmer schon _____? (aufräumen)
3. Frau Schulz _____ den Wäschetrockner _____. (verkaufen)
4. Dieter _____ seine Freundin _____. (anrufen)
5. Anke, _____ ich dir meinen neuen Freund _____? (vorstellen)
6. Mama _____ eine schöne Vase zu Weihnachten _____. (bekommen)

7. Du _____ den Ring in der Waschmaschine _____. (entdeckt)
8. Ich _____ mit meinem Freund _____. (ausgehen)
9. Wir _____ eine Kaffeemaschine im Internet _____. (bestellen)
10. Wie viel _____ ihr für den Wäschetrockner _____? (bezahlen)
11. Martha, _____ du das Geschirr _____? (wegräumen)
12. Ich _____ meinen Schlüssel (*key*) zu Hause_____. (vergessen)

Anwendung

1 **Perfektformen** Formen Sie die Sätze vom Präsens ins Perfekt um.

BEISPIEL Er ruft seine Schwester an.
Er hat seine Schwester angerufen.

1. Mein Bruder kommt mit.
2. Ich stelle meine Eltern vor.
3. Georg kommt in Zürich an.
4. Du besuchst das Museum.
5. Wir bringen ein Geschenk mit.
6. Sara vergisst ihre Handtasche.
7. Der Professor wiederholt die Grammatik.
8. Ihr schaut bei dem Fußballmatch zu.

2 **Letzten Freitag** Was haben diese Leute letzten Freitag gemacht?
Bilden Sie Sätze im Perfekt.

▶ **BEISPIEL** Paula / ihre Schwester anrufen
Paula hat ihre Schwester angerufen.

1. Karin / nicht früh aufstehen

2. Moritz / sein Fahrrad verkaufen
3. Herr Huber / neue Schuhe anziehen
4. Ali / sein Zimmer aufräumen
5. Marion und ihre Freundin / ausgehen

3 **Das war früher anders** Sarah ist heutzutage (*nowadays*) sehr fleißig und nett, aber das war nicht immer so. Erzählen Sie, was Sarah alles gemacht hat, als sie jünger war.

BEISPIEL Heutzutage ruft sie ihre Mutter oft an.
Früher (Before) hat sie ihre Mutter niemals (never) angerufen.

1. Heutzutage steht sie immer früh auf.
2. Heutzutage kauft sie zweimal (*twice*) pro Woche ein.
3. Heutzutage bereitet sie jeden (*every*) Tag Essen vor.
4. Heutzutage bringt sie jeden Abend den Müll raus.
5. Heutzutage geht sie nur einmal (*once*) pro Woche aus.
6. Heutzutage schläft sie immer früh ein.

4 **Was ist passiert?** Was hat Georg letztes Wochenende in Zürich gemacht? Schreiben Sie acht Sätze im Perfekt.

BEISPIEL *Georg ist am Flughafen (airport) in Zürich angekommen.*

ankommen	ausgehen	bezahlen	mitkommen
anrufen	bekommen	einkaufen	vergessen
aufstehen	besuchen	mitbringen	zurückkommen

 Practice more at **vhlcentral.com**.

Kommunikation

5   **Kindheitserinnerungen** Stellen Sie Ihrem Partner / Ihrer Partnerin acht logische Fragen über seine/ihre Kindheit. Benutzen Sie das Perfekt und verwenden Sie Wörter aus jeder Spalte. Sie dürfen auch andere Elemente hinzufügen (*add*).

> **BEISPIEL**
>
> **S1:** *Wie oft hast du dein Zimmer aufgeräumt?*
> **S2:** *Ich habe es einmal in der Woche aufgeräumt.*

A	B	C
Mit wem?	einmal in der Woche	aufhängen
Wen?	immer sehr spät	aufräumen
Wann?	in ein neues Haus	aufstehen
Was?	Poster von Rockstars	ausgehen
Wie oft?	deine Verwandten	bekommen
Wer?	mit Freunden	besuchen
deine Eltern	immer dein Zimmer	einschlafen
deine Geschwister	im Unterricht	umziehen
du	zum Geburtstag	vorbereiten

6   **Nicht nur Hausarbeiten** Was haben diese Personen am Wochenende gemacht? Schreiben Sie mit Ihrem Partner / Ihrer Partnerin zu jedem Bild einen Satz im Perfekt.

> ▶ **BEISPIEL**   Greta und Jan
> *Greta und Jan sind ausgegangen.*

1. Martin

2. Holger   **3.** Klaus und Max   **4.** Frau Lange   **5.** Yusuf

7   **Die neugierige Oma** Ihre Oma will wissen, was Sie dieses Semester schon alles gemacht haben. Spielen Sie mit Ihrem Partner / Ihrer Partnerin einen Dialog und benutzen Sie die Perfektformen.

> **BEISPIEL**
>
> Kaffee trinken
> **S1:** *Hast du viel Kaffee getrunken?*
> **S2:** *Ja, Oma, ich habe viel Kaffee getrunken.*

oft die Eltern anrufen	immer das Bett machen
früh aufstehen	die Badewanne putzen
oft ausgehen	den Müll rausbringen
oft Freunde einladen	die Hausaufgaben vorbereiten
fleißig lernen	die Kleider waschen

8   **Die Haushaltsführung** Schreiben Sie zu zweit einen Dialog. Ein Hotelbesitzer / Eine Hotelbesitzerin spricht mit einem Fachmann / einer Fachfrau Hauswirtschaft über die Haushaltsführung (*housekeeping*).

> **BEISPIEL**   **S1:** *Haben Sie den Dachboden aufgeräumt?*
> **S2:** *Ja, ich habe ihn aufgeräumt und habe auch die Wäsche gewaschen.*

Wiederholung

1 Hausarbeit Fragen Sie Ihren Partner / Ihre Partnerin, was für Hausarbeit er/sie diese Woche gemacht hat.

BEISPIEL

S1: Hast du diese Woche den Boden gewischt?
S2: Ja, ich habe den Boden gewischt. Du auch?

Kleider bügeln	den Müll rausbringen
den Tisch decken	Geschirr spülen
die Küche fegen	staubsaugen
das Bett machen	Wäsche waschen
Hausarbeit machen	den Boden wischen

2 Eine Umfrage Sie bekommen von Ihrem Professor / Ihrer Professorin eine Liste mit Aktivitäten. Fragen Sie Ihre Klassenkameraden, ob sie die Aktivitäten letzten Monat gemacht haben. Finden Sie mindestens (at least) eine Person für jede Aktivität.

BEISPIEL

S1: Hast du letzten Monat die Eltern angerufen?
S2: Ja, ich habe sie angerufen.

3 Die neue Küche Machen Sie zu dritt ein Rollenspiel. Eine Person spielt einen Hausbesitzer / eine Hausbesitzerin. Die anderen zwei spielen Lieferanten (delivery people) von Haushaltgeräten. Die Lieferanten fragen, wohin sie die Geräte stellen sollen.

BEISPIEL

S1: Wohin sollen wir die Waschmaschine stellen?
S2: Stellen Sie sie links neben die Tür.
S3: Und die Kaffeemaschine?

der Gefrierschrank	die Mikrowelle
der Herd	der Ofen
die Kaffeemaschine	die Spülmaschine
der Kühlschrank	der Wäschetrockner

4 Alexandras Tag Sie und Ihr Partner / Ihre Partnerin bekommen zwei verschiedene Blätter mit Alexandras Aktivitäten. Ergänzen Sie Alexandras Tageslauf. Schreiben Sie dann eine Erzählung darüber.

BEISPIEL

S1: Um halb fünf ist Alexandra im Park gelaufen.
S2: Danach, um fünf Uhr...

5 Ein Luxushotel Erstellen Sie (Create) mit einem Partner / einer Partnerin einen Text für die Website von einem Luxushotel in der Schweiz. Beschreiben Sie das Hotel, die Zimmer und Aktivitäten im Hotel und in der Gegend (area).

BEISPIEL

6 Die Mitbewohner Schreiben Sie mit Ihrem Partner / Ihrer Partnerin eine Geschichte (story) über zwei Mitbewohner. Ein Mitbewohner ist sehr fleißig, aber der andere ist ganz anders (completely different). Benutzen Sie das Präteritum.

BEISPIEL

Es waren einmal zwei Mitbewohner, Dieter und Fabian. Dieter war sehr fleißig. Er lernte viel, machte jeden Abend seine Hausaufgaben, und machte jedes Wochenende die Hausarbeit. Aber Fabian...

7 **Ein Festessen** Die Studenten im Studentenwohnheim (*dormitory*) wollen Gäste zum Essen einladen. Besprechen Sie mit zwei Partnern/Partnerinnen die Vorbereitungen für den Abend. Schreiben Sie auf, wer was macht.

> **BEISPIEL**
>
> **S1:** Zuerst müssen wir das Wohnzimmer putzen. Wer will staubsaugen?
> **S2:** Ich kann staubsaugen. Und du? Kannst du…

8 **Was ist passiert?** Fragen Sie Ihren Partner / Ihre Partnerin, was er/sie letzte Woche gemacht hat. Schreiben Sie dann einen Bericht (*report*) über seine/ihre Aktivitäten. Benutzen Sie das Präteritum.

> **BEISPIEL**
>
> **S1:** Hast du letzte Woche den Boden gefegt?
> **S2:** Nein, aber ich habe mein Bett gemacht.
> **S1:** (*Schreibt*) Sie fegte den Boden nicht, aber sie machte ihr Bett.

9 **Eine Lebensgeschichte** Wählen Sie eine berühmte Person, und schreiben Sie mit einem Partner / einer Partnerin eine kurze Biographie über diese Person. Sie dürfen auch eine Person erfinden (*invent*).

> **BEISPIEL**
>
> Brad Pitt (1963–)
>
> Mit zwei musste er mit seiner Familie nach Springfield Missouri umziehen, denn sein Vater hatte da einen Job. Im Gymnasium hat er…

Mein Wör|ter|buch

Schreiben Sie noch fünf weitere Wörter in Ihr persönliches Wörterbuch zu den Themen **zu Hause** und **Hausarbeit**.

der Staub

Übersetzung
dust

Wortart
Substantiv

Gebrauch
Ich putze mein Zimmer, denn es liegt zu viel Staub unterm Bett.

Synonyme
——

Antonyme
——

Weiter geht's

Panorama Map

Die Schweiz und Liechtenstein

Die Schweiz in Zahlen

▶ **Fläche:** *41,285 km²*

▶ **Offizielle Sprachen:** *Deutsch (63,7%), Französisch (20,4%), Italienisch (6,5%), Rätoromanisch° (0,5%)*

▶ **Bevölkerung:** *7,8 Millionen*

▶ **Religion:** *römisch-katholisch 41%, evangelisch 40%*

▶ **Hauptstadt:** *Bern*

▶ **Städte:** *Zürich (390.000 Einwohner), Genf (192.000), Basel (170.000) und Bern (133.000)*

▶ **Berge:** *Hohe Dufourspitze (4.634 m), Dom (4.545 m), Matterhorn (4.478 m)*

▶ **Flüsse:** *der Rhein, die Aare, die Rhone*

▶ **Wichtige Industriezweige:** *Uhrenindustrie°, Maschinenbau, Banken und Versicherungen°*

▶ **Touristenattraktionen:** *St.-Gotthard-Pass, Burgen von Bellinzona, Schweizerischer Nationalpark, Jungfraujoch bei Grindelwald.*

QUELLE: Offizielles Informationsportal der Schweiz

Liechtenstein in Zahlen

▶ **Offizieller Name:** *Fürstentum° Liechtenstein*

▶ **Fläche:** *160 km²*

▶ **Bevölkerung:** *36.149*

▶ **Religion:** *römisch-katholisch 78%, evangelisch 11%*

▶ **Hauptstadt:** *Vaduz (5.207 Einwohner)*

▶ **Berge:** *Vorderer Grauspitz (2.599 m), Naafkopf (2.570 m)*

▶ **Niedrigster Punkt:** *Ruggeller Riet (430 m)*

▶ **Flüsse:** *der Rhein, die Samina*

▶ **Wichtige Industriezweige:** *Maschinenbau, Nahrungsmittel°*

▶ **Touristenattraktionen:** *Schloss Vaduz, Kathedrale St. Florin, Kunstmuseum Liechtenstein.*

QUELLE: Portal des Fürstentums Liechtenstein

Rätoromanisch *Romansch* **Uhrenindustrie** *clock and watch industry*
Versicherungen *insurance companies* **Fürstentum** *principality*
Nahrungsmittel *food products* **Kriminalitätsrate** *crime rate* **niedrig** *low*
Gefängnissen *prisons* **Häftlinge** *inmates* **Haftstrafen** *sentences*

Schloss Vaduz in Liechtenstein

Zürich

Alphörner

Unglaublich, aber wahr!

In Liechtenstein ist die Kriminalitätsrate° extrem niedrig°. In den Gefängnissen° sitzen nur wenige Häftlinge°. Die Kollaboration zwischen Liechtenstein, Österreich und der Schweiz ist sehr eng. Zum Beispiel kommen alle Liechtensteiner Häftlinge mit Haftstrafen° über zwei Jahren in österreichische Gefängnisse.

Politik

Fürstentum Liechtenstein

Liechtenstein ist ein Binnenland° in Mitteleuropa. Es liegt in den Alpen zwischen Österreich und der Schweiz. Unabhängig° ist das Land seit 1806. Liechtenstein ist ein Fürstentum. Fürst Hans-Adam II. von und zu Liechtenstein ist das Staatsoberhaupt°, aber Klaus Tschütscher ist seit 2009 der demokratisch gewählte Regierungschef°. Das Land hat keine Armee. Liechtenstein ist das kleinste deutschsprachige Land. Allerdings ist Deutsch nur in Liechtenstein die alleinige Amts- und Landessprache°.

Industrie

Präzisionszeitmessgeräte°

In der Schweiz gibt es eine sehr lange Tradition für die Produktion von Präzisionszeitmessgeräten. Ein Beispiel ist das Marinechronometer. Auf einem Schiff° kann man mit diesem Gerät Längengrade bestimmen° und es für astronomische Ortsbestimmungen benutzen. Der Schweizer Uhrmacher° Louis Berthoud (1753–1813) stellte ein Präzisions-Taschenchronometer her°, das Alexander von Humboldt 1799 auf seinen Schiffsreisen testete. Heute müssen Chronometer extrem exakt sein. Nur eine Organisation weltweit, das unabhängige Schweizer Observatorium *Contrôle officiel suisse des chronomètres* (COSC) darf die Präzision von Chronometern prüfen° und zertifizieren.

Menschen

Roger Federer

Roger Federer ist ein Schweizer Tennisspieler. Viele Experten halten° ihn für den besten Tennisspieler aller Zeiten. Er gewann 17 Grand-Slam-Turniere (Australian Open, French Open, Wimbledon, US Open) und stand 237 Wochen lang auf Platz 1 der Tennisweltrangliste. Er ist einer von sieben Spielern, die in ihrer Karriere alle Grand-Slam-Turniere gewannen. 2008 gewann er zusammen mit Stanislas Wawrinka in Beijing eine olympische Goldmedaille im Doppel. In den Jahren 2005–2008 war er Weltsportler des Jahres.

Kultur

Vier Amtssprachen

In der Schweiz gibt es vier offizielle Sprachen: Deutsch, Französisch, Italienisch und Rätoromanisch. Kantone haben aber meistens nur eine Amtssprache. Im Westen, an der Grenze zu Frankreich, dominiert Französisch und im Südosten, an der Grenze zu Italien, Italienisch. Im Norden, Zentrum und Osten dominiert Deutsch. Nur im Kanton Graubünden gibt es drei Amtssprachen: Deutsch, Rätoromanisch und Italienisch. Die meisten Schweizer sprechen nur eine Sprache als Muttersprache. Dafür lernen viele Schweizer mindestens eine weitere° Sprache. Einige sind auch dreisprachig.

IM INTERNET

1. Suchen Sie Informationen über andere berühmte Schweizer Sportler. Welchen Sport machen sie? Was haben sie gewonnen?

2. Suchen Sie weitere Informationen über Schweizer Uhren: Was können Sie über die Uhrenproduktion in der Schweiz finden? Was sind bekannte Marken? Warum sind sie bekannt?

For more information on this **Panorama**, go to **vhlcentral.com**.

Binnenland *land-locked country*   **unabhängig** *independent*   **Staatsoberhaupt** *head of state*   **Regierungschef** *head of government*   **Amts- und Landessprache** *official and national language*   **halten** *consider*   **weitere** *more*   **Präzisionszeitmessgeräte** *precision time measuring instruments*   **Schiff** *ship*   **Längengrade bestimmen** *determine longitude*   **Uhrmacher** *watchmaker*   **stellte... her** *produced*   **prüfen** *test*

Was haben Sie gelernt? Ergänzen Sie die Sätze.

1. In Liechtenstein ist die Kriminalitätsrate extrem _____.

2. Ein Häftling mit über zwei Jahren Haft sitzt in _____ im Gefängnis.

3. Liechtenstein liegt zwischen Österreich und _____.

4. Liechtenstein hat ein Staatsoberhaupt sowie einen _____.

5. Roger Federer stand _____ Wochen lang an der Spitze der Tennisweltrangliste.

6. In den Jahren 2005–2008 war Federer _____ des Jahres.

7. Die vier Amtssprachen der Schweiz sind Deutsch, _____, Italienisch und Rätoromanisch.

8. Die meisten Schweizer sprechen eine Sprache als _____.

9. Alexander von Humboldt testete _____ ein Schweizer Präzisions-Taschenchronometer auf seinen Schiffsreisen.

10. Nur eine _____ weltweit darf Chronometer prüfen.

 Practice more at **vhlcentral.com**.

Lesen Reading: Audio

Vor dem Lesen

Strategien

Recognizing word families

Recognizing related words can help you guess the meaning of words in context. Using this strategy will improve your reading comprehension and enrich your German vocabulary.

Text untersuchen

Suchen Sie im Text ein anderes Wort aus der gleichen Wortfamilie.

BEISPIEL

Wohnung _Zweizimmerwohnung_

1. Möbel _____
2. Küche _____
3. Monat _____
4. Garage _____
5. Miete _____
6. Wohnung _____
7. Internet _____
8. Bett _____

Präfixe

Suchen Sie mit einem Partner / einer Partnerin im Text ein neues Verb für jede Wortfamilie.

1. mieten _vermieten_ untermieten
2. kaufen verkaufen _____
3. fangen _____ verfangen
4. _____ aufstehen verstehen
5. lassen _____ entlassen
6. _____ anbieten verbieten

IEN +41 56 5559990 SCHWEIZER IMMOBILIEN +41 56 5559990 SCHWEIZE

Wohnung im historischen Fribourg

SIE SUCHEN eine kuschelige° Wohnung für zwei? Sie möchten das Leben in der historischen Innenstadt Fribourgs nicht verlassen°? Dann ist diese Zweizimmerwohnung ideal!

Die Schlafzimmer sind mit Einbauschränken ausgestattet°. Die Wohnung hat eine moderne Einbauküche mit Gasherd und Backofen. Sie bietet ein modernes Bad, ein großes Wohn- und Esszimmer mit direktem Zugang° zur Küche. Einkaufen können Sie natürlich bequem° in einem Umkreis von fünf Minuten. Sie haben ein Auto? Kein Problem! Sie können Ihr Auto für monatlich SFr 75 auf einen Parkplatz in der Tiefgarage stellen. Zu vermieten ab Juli für SFr 1.100 Kaltmiete.

SIE SUCHEN FÜR IHRE FAMILIE ein neues Zuhause im Kanton Tessin? Ihnen gefällt die Kombination von Kultur und Natur? Sie lieben traditionelle Architektur, viel Holz und warmes Wetter? Dann ist dieses Einfamilienhaus perfekt!

Das Chalet liegt direkt am Lago Maggiore in der Nähe° von Locarno. Es ist als typisches Chalet mit Holzfassaden gebaut. Für eine Familie bieten° Esszimmer, Wohnzimmer, zwei Badezimmer plus drei Schlafzimmer viel Platz. Die Küche mit Einbauküche und Frühstücksecke° ist familienfreundlich. Im Keller stehen Waschmaschine und Trockner. Im Garten können Kinder spielen, Hunde herumlaufen und Eltern Grillpartys feiern. Das Haus liegt fünf Minuten entfernt von Locarnos Innenstadt und in 20 Minuten ist man in den Bergen. Zu vermieten ab August. Die Miete beträgt monatlich SFr 2.000 ohne Nebenkosten°.

Hochmoderne Luxuswohnung in Zürich

SIE LEBEN ALLEIN? Nur das Beste ist gut genug? Sie arbeiten in Zürich bei einer Bank oder einer Versicherung? Dann ist diese Luxuswohnung genau das Richtige! Top gestylte, neu renovierte Zweizimmerwohnung in der Nähe des Züricher Bankenviertels ab sofort zu vermieten. Moderne Möblierung. Nur das Beste! Küche mit Espressomaschine und Mikrowelle vorhanden. Im Wohnzimmer stehen ein Fernseher und eine Bar. Internetanschluss in allen Zimmern. Die wöchentliche Apartmentreinigung und das Wechseln° der Bettwäsche sind im Mietpreis inklusive. Mietverträge° können sofort anfangen. Die Miete beträgt SFr 2.100 pro Monat.

Chalet im Tessin

Nach dem Lesen

Was fehlt? Ergänzen Sie die Sätze.

1. Die Wohnung in Fribourg hat eine Einbauküche mit _____.
2. Im _____ gibt es Einbauschränke.
3. Die Miete für die Wohnung in Fribourg kostet _____ inklusive Parkplatz.
4. _____ liegt im Tessin.
5. Im Chalet stehen im Keller _____.
6. Beim Chalet können Kinder _____ spielen.
7. In der Wohnung in Zürich stehen _____ im Wohnzimmer.
8. Die Miete der Züricher Wohnung beträgt _____ pro Monat.

Richtig oder falsch Sind die Sätze richtig oder falsch? Korrigieren Sie die falschen Sätze.

	richtig	falsch
1. Die Wohnung in Fribourg ist ideal für eine Familie.	☐	☐
2. Einkaufen ist in der Nähe der Fribourger Wohnung sehr schwierig.	☐	☐
3. Das Chalet ist ein sehr modernes Haus.	☐	☐
4. Die Tessiner Wohnung hat viel Platz.	☐	☐
5. Natur und Stadtleben sind dem Chalet sehr nah.	☐	☐
6. Die Züricher Zweizimmerwohnung ist altmodisch (old-fashioned).	☐	☐
7. In allen Zimmern der Züricher Wohnung ist ein Internetanschluss.	☐	☐
8. Die Wohnung in Zürich reinigt (cleans) man jede Woche.	☐	☐

Die beste Wohnung Diskutieren Sie in einer kleinen Gruppe: Welche ist die beste Wohnung?

BEISPIEL

S1: Die Zweizimmerwohnung in Zürich ist klein, aber sie liegt in der Innenstadt. Man braucht kein Auto.
S2: Leider ist sie auch sehr teuer! Ich mag das Haus im Tessin.
S3: Ja, es ist ideal für eine Familie!

---

kuschelig *cozy* verlassen *leave* mit Einbauschränken ausgestattet *equipped with built-in cabinets* Zugang *access* bequem *conveniently* in der Nähe *in the vicinity* bieten *offer* Frühstücksecke *breakfast nook* Nebenkosten *additional charges* Wechseln *changing* Mietverträge *rental agreements*

Hören

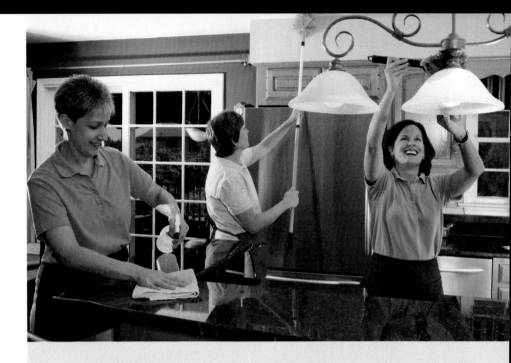

Strategien

Using background knowledge

If you know the topic being discussed, using knowledge you already have about the topic can help you to predict the kind of information you might hear.

 To help you practice this strategy, you will listen to a commercial for a cleaning product. Before you listen, jot down some key words related to the topic of cleaning that you might expect to hear in the commercial.

Vorbereitung

Sehen Sie sich das Foto an. Wer sind die Menschen auf dem Foto? Was machen sie? Könnte das eine Werbung (*advertisement*) sein?

Zuhören

Hören Sie der Sprecherin der Firma *Zauber bis sauber* zu. Hören Sie die Werbung ein zweites Mal und wählen Sie die Dienstleistungen (*services*), die die Firma anbietet (*offers*).

1. staubsaugen
2. Wäsche waschen
3. bügeln
4. die Spülmaschine ausräumen (*unload*)
5. Teppiche ausklopfen (*beat*)
6. Gardinen waschen
7. Böden (*floors*) putzen
8. Fenster putzen

Verständnis

Was fehlt? Welche Wörter oder Ausdrücke fehlen?

Anfang	Fenster	putzen
arbeiten	kostenloses	Reinigungsfirma
Bad	Kühlschränke	sauber
erstellen	neu	schnell

1. Die Sprecherin arbeitet für eine Reinigungsfirma (*cleaning company*) namens Zauber (*Magic*) bis _____.
2. Manche Kunden (*clients*) _____ viel.
3. Andere Kunden _____ überhaupt nicht gern.
4. Die Reinigungsfirma ist Experte für Küche, _____ und Wohnzimmer.
5. Sie reinigen _____, Gefriertruhen und Herde.
6. Die Leute der Reinigungsfirma sind _____ und gründlich (*thorough*).
7. Die Zimmer sehen am Ende immer wie _____ aus.
8. Am _____ kommt die Firma für einen Besichtigungstermin.
9. Die Reinigungsfirma gibt Kunden ein _____ Angebot (*offer*).
10. Der Werbung nach (*According to the ad*) muss man Zauber bis sauber als _____ wählen.

Die Reinigungsfirma Machen Sie mit zwei Mitstudenten eine Werbung für ein neues Produkt oder eine Dienstleistung.

BEISPIEL

S1: Mit *Sauberküche* können Sie Ihre Küche einfach reinigen!
S2: Sie brauchen keine anderen Produkte! Mit *Sauberküche* können Sie putzen, waschen, wischen...

Schreiben

Strategien

Reporting on an interview

When you transcribe a conversation in German, you should pay careful attention to format and punctuation. You can indicate a dialogue format by including the names of the speakers, or by using a dash (**der Gedankenstrich**) to indicate a new speaker. Compare these two formats.

MONIKA Sabine, was hast du gestern Abend gemacht?
SABINE Ich war zu Hause.
MONIKA Oh, schade! Wolltest du nicht zu Davids Party?
SABINE Ja, aber ich musste noch putzen.

—Hallo, Jörg!
—Hallo, Steffi!
—Wie geht's?
—Gut. Und dir?

Whichever format you choose, your interview should begin with a brief introduction of the person you're interviewing, answering the six W-questions (**Wer?**, **Was?**, **Wann?**, **Wo?**, **Warum?**, and **Wie?**) about the topic of the interview.

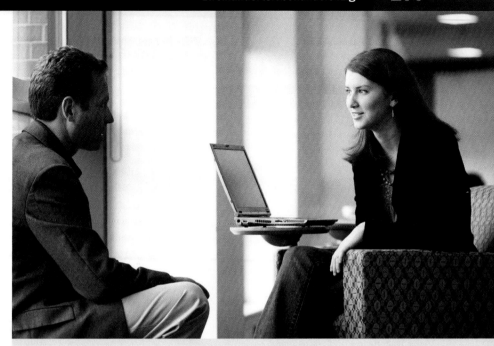

Thema

Schreiben Sie ein Interview

Anton Krüger ist Architekt. Er hat ein neues Buch über energiesparendes (*energy-efficient*) Wohnen für jede Einkommensgruppe (*income bracket*) geschrieben. Diese Woche gibt er an der Universität einen Vortrag (*lecture*). Sie arbeiten für die Studentenzeitung (*student newspaper*) und interviewen Herrn Krüger.

- Schreiben Sie zuerst 2–3 Sätze über der Autor.

- Schreiben Sie ein erfundenes Gespräch (etwa 10–12 Zeilen) zwischen Ihnen und Anton Krüger. Geben Sie mit einem Gedankenstrich oder mit dem Namen der Person an, wer spricht.

BEISPIEL

Anton Krügers Buch kann man in Buchläden und im Internet kaufen. Er hielt diese Woche einen Vortrag…

Journalist Guten Tag Herr Krüger. Herzlichen Glückwunsch! Ihr neues Buch ist ein großer Erfolg.

Krüger Vielen Dank!

Journalist Unsere Leser interessiert: Warum haben Sie dieses Buch geschrieben?

Flashcards
Audio: Vocabulary

Zimmer

das Arbeitszimmer, -	home office
das Badezimmer, -	bathroom
der Balkon, - e	balcony
der Dachboden, -¨	attic
das Erdgeschoss, -e	ground floor
das Esszimmer, -	dining room
der Flur, -e	hall
die Garage, -n	garage
der Keller, -	cellar
die Küche, -n	kitchen
das Schlafzimmer, -	bedroom
der erste/ zweite Stock	second/third floor
die Toilette, -n	toilet
das Wohnzimmer, -	living room
das Zimmer, -	room

Möbel

die Badewanne, -n	bathtub
das Bett, -en	bed
das Bild, -er	picture
die Blume, -n	flower
der Boden, -¨	floor
das Bücherregal, -e	bookshelf
die Kommode, -n	dresser
die Lampe, -n	lamp
das Möbelstück, -e	piece of furniture
der Nachttisch, -e	night table
die Pflanze, -n	plant
das Poster, -	poster
der Schrank, -¨e	cabinet; closet
die Schublade, -n	drawer
der Sessel, -	armchair
das Sofa, -s	sofa
der Spiegel, -	mirror
der Teppich, -e	rug
die Treppe, -n	stairway
die Vase, -n	vase
der Vorhang, -¨e	curtain
die Wand, -¨e	wall

Orte

das Haus, -¨er	house
die Wohnung, -en	apartment
draußen	outside
nach rechts/links	to the right/left

die Hausarbeit

den Tisch decken	to set the table
das Bett machen	to make the bed
den Müll rausbringen	to take out the trash
Geschirr (n.) spülen	to do the dishes
staubsaugen	to vacuum
Wäsche waschen	to do laundry

Haushaltsartikel

der Besen, -	broom
die Bettdecke, - n	duvet
das Bügelbrett, -er	ironing board
das Bügeleisen, -	iron
die Decke, -n	blanket
der Gefrierschrank, -¨e	freezer
der Herd, -e	stove
die Kaffeemaschine, -n	coffeemaker
das Kissen, -	pillow
der Kühlschrank, -¨e	refrigerator
das Laken, -	sheet
die Mikrowelle, -n	microwave
der Ofen, -¨	oven
die Pfanne, -n	pan
die Spüle, -n	kitchen sink
die Spülmaschine, -n	dishwasher
der Staubsauger, -	vacuum cleaner
der Toaster, -	toaster
der Topf, -¨e	pot
die Wäsche	laundry
der Wäschetrockner, -	dryer
die Waschmaschine, -n	washing machine

zum Beschreiben

dreckig	filthy
ordentlich	tidy
sauber	clean
schmutzig	dirty
Es ist ein Saustall!	It's a pigsty!

Verben

aufräumen (räumt... auf)	to clean up
bügeln	to iron
fegen	to sweep
mieten	to rent
putzen	to clean
umziehen (zieht... um)	to move
waschen	to wash
wischen	to wipe; to mop
wohnen	to live

The *Präteritum*	See pp. 242–243.
Da-, *wo-*, *hin-*, and *her-* compounds	See pp. 246–247.
Coordinating conjunctions	See p. 250.
Principal parts of verbs	See p. 263.
Perfekt of verbs with prefixes	See pp. 266–267.

Urlaub und Ferien

Communicative Goals

You will learn how to:

- discuss the weather and seasons
- talk about the months of the year

Jahreszeiten

(S) Talking Picture
Audio: Activities

Wortschatz

das Datum	*date*
das Jahr, -e	*year*
die Jahreszeit, -en	*season*
der Monat, -e	*month*
der Tag, -e	*day*
die Woche, -n	*week*
Wann hast du Geburtstag?	*When is your birthday?*
Am 23. Mai.	*May 23rd.*
das Wetter	***weather***
Wie ist das Wetter?	*What's the weather like?*
Es ist schön draußen.	*It's nice out.*
Das Wetter ist gut/ schlecht.	*The weather is nice/bad.*
Das Wetter ist furchtbar.	*The weather is awful.*
Wie warm/kalt ist es?	*How warm/cold is it?*
Es sind 18 Grad draußen.	*It's 18 degrees out.*
der Blitz, -e	*lightning*
der Donner, -	*thunder*
der Hagel	*hail*
der Nebel, -	*fog; mist*
der Regen	*rain*
der Schnee	*snow*
der Sturm, -̈e	*storm*
die Wolke, -n	*cloud*

ACHTUNG

You have already learned to ask **Der Wievielte ist heute?** to find out the date. You can also use the question **Was ist heute?** to ask about the date or the day of the week.

Es schneit. (schneien)

Es ist kalt.

der Winter: Dezember, Januar, Februar

Es ist sonnig.

Sommerfest

Es ist heiß.

– Welcher Tag ist heute?
– Der 15. August.

der Sommer: Juni, Juli, August

Ressourcen

SAM
WB: pp. 93–94

SAM
LM: p. 59

(S)
vhlcentral.com

Es regnet. (regnen)

der Regenschirm, -e

der Regenmantel, -¨

der Frühling: März, April, Mai

Es ist wolkig.

Es ist kühl.

Es ist windig.

der Herbst: September, Oktober, November

Anwendung

1 **Ergänzen Sie** Ergänzen Sie die Sätze.

regnet	warm
schneit	windig
Sturm	wolkig

BEISPIEL **Nürnberg: 25°C** In Nürnberg ist es sehr warm und _sonnig_

1. **Wien: 8°C** In Wien ist es kühl und _____.
2. **Genf: 17°C** In Genf ist es _____.
3. **Konstanz: 32°C** In Konstanz kommt am Abend ein _____.
4. **Innsbruck -5°C** In Innsbruck ist es kalt und es _____.
5. **Basel: 12°C** In Basel ist es wolkig und es _____.
6. **Hamburg: 21°C** In Hamburg ist es windig aber _____.

2 **Wählen Sie** Entscheiden Sie, welche Aussage zu welchem Bild passt.

a. Es ist heute wieder furchtbar heiß!
b. Wenn es regnet, braucht man einen Regenschirm.
c. Es kommt ein starker Sturm!
d. Auf dicke Wolken folgt schlechtes Wetter.

1. ___

2. ___   3. ___   4. ___

3 **Der Wetterbericht** 🎧 Hören Sie den Wetterbericht (*weather report*) an und entscheiden Sie danach, ob (*whether*) die Aussagen richtig oder falsch sind.

	richtig	falsch
1. Der Wetterbericht ist für die ganze Woche.	☐	☐
2. Am Freitag beginnt der Winter.	☐	☐
3. Im Norden ist es sonnig.	☐	☐
4. Die Wetterfront im Norden kommt aus Skandinavien.	☐	☐
5. In Stuttgart schneit es am Freitag.	☐	☐
6. Ein Orkan (*hurricane*) bringt Regen nach Bayern.	☐	☐

Practice more at **vhlcentral.com**.

Kommunikation

4 Vom Wetter und den Jahreszeiten Arbeiten Sie mit einem Partner / einer Partnerin und bringen Sie die Sätze in jedem Dialog in eine logische Reihenfolge (*order*).

Dialog 1	**Dialog 2**
____ Schön. Die Sonne scheint und es ist ziemlich warm für die Jahreszeit.	____ April? Da ist es noch kühl und Schnee gibt es auch oft.
____ Es regnet oft und die Sonne kommt selten durch die Wolkendecke hervor.	____ Der Monat von meinem Geburtstag. Der April.
____ Paul, wie ist das Wetter heute in Köln?	____ Was ist dein Lieblingsmonat?
____ Ja? Wie ist das typische Herbstwetter?	____ Ja, aber die Natur ist grün, die Vögel singen, alles beginnt neu.

5 Gute Ratschläge Schreiben Sie mit einem Partner / einer Partnerin eine E-Mail an eine Studentin in Deutschland. Sie will ab Herbst an Ihrer Universität studieren und möchte etwas über das Wetter und passende (*appropriate*) Kleidung wissen.

BEISPIEL

Wetter und Kleidung

Von: Anna Webber [anna.webber@students.uni.edu]
An: Jasmin Peters [peterchen@gigglepost.de]
Datum: 26. Juni
Betreff: Wetter und Kleidung

Hallo Jasmin,
wie geht es dir? Wie läuft es mit deinen Prüfungen?
Du hast geschrieben, du möchtest wissen, wie das Wetter hier in Atlanta ist und welche Kleidung du mitbringen sollst. Du kommst im August an und da ist es hier einfach nur heiß und extrem schwül (*humid*)! Ab Mitte September...

6 Geburtstage Fragen Sie acht Personen in der Gruppe, wann sie Geburtstag haben, und schreiben Sie das Datum auf.

BEISPIEL

S1: *Wann hast du Geburtstag?*
S2: *Mein Geburtstag ist am achten April.*

7 Ein Wetterbericht Schreiben Sie mit einem Partner / einer Partnerin einen Wetterbericht (*weather report*).

- Sagen Sie, welches Datum und welche Jahreszeit es ist.
- Berichten Sie über das Wetter für die nächsten sieben Tage.
- Illustrieren Sie Ihren Wetterbericht mit Hilfe von einem Poster.
- Sagen Sie, was man an den einzelnen (*individual*) Tagen machen kann oder soll.

Der Wetterbericht für Juli: Hamburg

Mittwoch, der 14. Juli	Donnerstag, der 15. Juli	Freitag, der 16. Juli
25°C	**32°C**	**30°C**
sonnig	sehr wolkig	stürmisch

Heute ist Mittwoch, der 14. Juli. Der Sommer zeigt seine schöne Seite. Die Sonne scheint den ganzen Tag und es ist das perfekte Wetter für das Schwimmbad...

Aussprache und Rechtschreibung

Audio: Presentation
Record & Compare Activities

🎧 Long and short vowels

German vowels can be either long or short. Long vowels are longer in duration and typically occur before a single consonant, before the letter **h**, or when the vowel is doubled. Short vowels are shorter in duration and usually occur before two consonants.

Meter	mehr	Meer	Messer	melden

The long **a** is pronounced like the *a* in the English word *calm*, but with the mouth wide open. The short **a** sounds almost like the long **a**, but it is held for a shorter period of time and pronounced with the mouth more closed.

mahnen	Mann	lasen	lassen

The long **e** sounds like the *a* in the English word *late*. The short **e** sounds like the *e* in *pet*. The long **i** may be written as **i** or **ie**. It is pronounced like the *e* in *be*. The short **i** is pronounced like the *i* in *mitt*.

wen	wenn	Visum	fliegen	Zimmer

The long **o** is pronounced like the *o* in *hope*, but with the lips firmly rounded. The short **o** is pronounced like the *o* in *moth*, but with the lips rounded. The long **u** is pronounced like the *u* in *tuna*, but with the lips firmly rounded. The short **u** is pronounced like the *u* in *put*, but with the lips rounded.

Zoo	Zoll	Flug	Hund

1 **Sprechen Sie nach** Wiederholen Sie die Wörter, die Sie hören.

1. Haken / hacken
2. den / denn
3. Bienen / binnen
4. Sohn / Sonne
5. buchen / Bucht

6. Nase / nass
7. fehl / Fell
8. Miete / Mitte
9. wohne / Wonne
10. Humor / Hummer

11. Wagen / Wangen
12. Zehner / Zentner
13. Linie / Linde
14. Lot / Lotto
15. Mus / muss

2 **Artikulieren Sie** Wiederholen Sie die Sätze, die Sie hören.

1. Viele machen im Sommer Urlaub am Strand.
2. Wolf und Monika wollen den ganzen Tag in der Sonne liegen.
3. Sabine und Michael schwimmen lieber im Meer.
4. Alle sieben Studenten übernachten in einer Jugendherberge.
5. Hast du den Flug schon gebucht?
6. Wenn das Wetter schlecht ist, gehen wir ins Museum.

Ende gut, alles gut.[2]

3 **Sprichwörter** Wiederholen Sie die Sprichwörter, die Sie hören.

Liebe geht durch den Magen.[1]

Montag   Dienstag

[1] The way to the heart is through the stomach.
(lit. *Love goes through the stomach.*)
[2] All's well that ends well.

Ressourcen

SAM
LM: p. 60

vhlcentral.com

Fotoroman

Berlin von oben Video: *Fotoroman*

Sabites Kunst gefällt Meline nicht, aber sie sind trotzdem Freundinnen. George und Hans sprechen über ihre Nachbarinnen und wollen hoch hinaus.

SABITE Meline! Hallo.
MELINE Hallo.
SABITE Wie findest du es? Gut, es gefällt dir nicht.
MELINE Wie bitte?
SABITE Ich weiß, dass dir meine Kunst nicht gefällt. Ich mag VWL auch nicht, aber wir sind dennoch Freundinnen.

GEORGE Es ist schön draußen. Ich liebe diese Jahreszeit. Es ist kalt, aber nicht zu windig.
HANS Wie ist das Wetter gerade in Wisconsin?
GEORGE Milwaukee liegt am Lake Michigan. Er beeinflusst das Klima. Ich habe gestern mit meiner Mutter gesprochen. Dort liegen etwa zwei Fuß Schnee, etwa 60 cm.

HANS Wie ist das Wetter im Sommer?
GEORGE Im August ist es heiß und feucht. Es regnet, donnert und hagelt. Ich mag alle vier Jahreszeiten, aber der Frühling ist meine Lieblingsjahreszeit.
HANS Warum?
GEORGE Mein Geburtstag ist am 26. April. Und deiner?
HANS Am 17. Juli.

GEORGE Hey, was meinst du zu dieser Krawatte?
HANS Sie ist ganz okay. Warum?
GEORGE Ich habe mit Meline eingekauft. Sie hat sie ausgewählt. Ich war „zu amerikanisch" angezogen, also probiere ich neue Kleidung aus.

HANS Meline. Magst du sie?
GEORGE Ja. Nein, also nicht auf diese Weise. Zu Hause bin ich nicht mit Frauen befreundet. Wir haben Spaß zusammen. Ich habe gesehen, wie du mit ihr gelacht hast, also magst du sie doch.

SABITE Istanbul ist nicht weit von Berlin. Etwa 2.200 Kilometer. George ist 8.000 Kilometer von zu Hause entfernt.
MELINE George hat auch keine Freundin. Wann hast du zum ersten Mal über die Idee gesprochen?

1 Richtig oder falsch? Entscheiden Sie, ob die folgenden Sätze richtig oder falsch sind.

 1. Meline und Sabite mögen die gleiche (*same*) Kunst.

2. In Milwaukee gibt es keinen Schnee.

3. Im August ist es dort heiß und feucht.

4. Der Frühling ist Georges Lieblingsjahreszeit.

5. Hans' Geburtstag ist im Herbst.

6. Hans findet Georges Krawatte hässlich.

7. Istanbul ist etwa 8.000 Kilometer von Berlin entfernt.

8. Sabite hat mit Lorenzo über Istanbul gesprochen.

9. Der Berliner Fernsehturm ist das höchste Gebäude in Deutschland.

10. Von dort kann man den Reichstag und das Brandenburger Tor sehen.

PERSONEN

George   Hans   Meline   Sabite

SABITE An dem Abend, als wir dich und Lorenzo im Restaurant gesehen haben. Ich stand auf, ging Richtung Toilette und kam an deinem Tisch vorbei.

MELINE Torsten war also überrascht?

SABITE Ja.

MELINE Das ist das Problem! Du hast es ihm nicht zuerst gesagt.

SABITE Das ist doch dumm.

MELINE Sabite. Männer können manchmal dumm sein. Liebst du ihn? Sabite?

SABITE Ich weiß nicht.

GEORGE Der Fernsehturm ist 365 Meter hoch! Von dort kann man den Reichstag und das Brandenburger Tor sehen! Hans, ist alles in Ordnung?

HANS Ja. Mir geht's gut.

GEORGE Dies ist das höchste Gebäude in ganz Deutschland.

HANS Ich weiß.

HANS Mir geht's gut. Genieß den Ausblick. Ich bleibe solange hier stehen. Weit weg vom Rand.

GEORGE Hey, ist das Sabite?

HANS Wo?

GEORGE Fühlst du dich besser, Kumpel? Lass uns auf den Turm gehen und von dort oben Berlin sehen.

HANS Wow.

Nützliche Ausdrücke

- **Wie bitte?**
  Excuse me?
- **dennoch**
  nevertheless
- **beeinflussen**
  to influence
- **feucht**
  moist
- **auswählen**
  to choose
- **ausprobieren**
  to try
- **Nein, also nicht auf diese Weise.**
  No, not like that.
- **weit**
  far
- **Du hast es ihm nicht zuerst gesagt.**
  You didn't tell him first.
- **Dies ist das höchste Gebäude in ganz Deutschland.**
  This is the tallest building in all of Germany.
- **genießen**
  to enjoy
- **Fühlst du dich besser, Kumpel?**
  Are you feeling better, buddy?

7A.1
- **Ich stand auf, ging Richtung Toilette und kam an deinem Tisch vorbei.**
  I got up, went towards the restroom, and stopped by your table.

7A.2
- **Milwaukee liegt am Lake Michigan.**
  Milwaukee is on Lake Michigan.
- **Wann hast du zum ersten Mal über die Idee gesprochen?**
  When was the first time you mentioned the idea?

2 **Zum Besprechen** Sprechen Sie mit Ihren Klassenkameraden und finden Sie heraus, wer im gleichen Monat Geburtstag hat. Wie ist das Wetter in diesem Monat? Besprechen Sie es mit einem Partner.

3 **Vertiefung** Sabite möchte ein Semester lang in Istanbul studieren. Es ist das Heimatland (*country of origin*) von Faik, Sabites Vater. Finden Sie Informationen über Türken in Deutschland. Wie viele Türken leben in Deutschland? Wann sind sie nach Deutschland gekommen?

Ressourcen

SAM VM: p. 13   DVD Folge 13   vhlcentral.com

IM FOKUS

Windenergie Reading

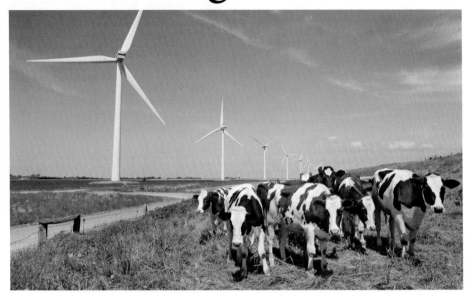

SCHLESWIG-HOLSTEIN LIEGT ZWISCHEN zwei Meeren, der Nordsee und der Ostsee. Dieses Bundesland ist relativ flach° und wegen der Nähe° zum Meer gibt es viel Wind. Schon seit 1982 investiert man hier immer mehr Geld in diese erneuerbare Energiequelle°.

Am Anfang waren es noch fünfzehn Windturbinen in einem Windpark in Braderup. Dreiunddreißig Privatbürger° finanzierten das Projekt mit einem Darlehen° von 12 Millionen DM (etwa 6 Millionen Euro).

Heute gibt es in Schleswig-Holstein über 2.400 Windturbinen. Bis zu ein Drittel des Strombedarfs° produziert man durch Windenergie in dem Bundesland. Aber Windturbinen stehen nicht nur auf dem Land. Seit 2009 kann man die Turbinen auch im Meer° finden. Hier, wo der Wind sehr stark bläst°, installiert man Turbinen in 30 Meter tiefem Wasser. Zwölf Turbinen produzieren bereits den Strom für etwa 50.000 Haushalte.

In Deutschland will man bis im Jahr 2025 mit Windenergie 25% des Strombedarfs produzieren. 2009 gab es bereits 21.164 Windkraftanlagen in ganz Deutschland. Die Produktion von Strom mit Wind – aber auch mit Sonne, Wasser, Geothermie und Bioenergie – produziert weniger Stickstoff° im Vergleich° mit Atom-, Kohle- und Gaskraftwerken. Man braucht weniger Öl aus anderen Ländern. Und es gibt neue Arbeitsplätze° in Regionen wie Schleswig-Holstein.

Windenergie			
	Deutschland	**Österreich**	**Schweiz**
Windkraftanlagen°:	21.164	625	35
Stromproduktion:	48 Billionen kWh (Kilowattstunde)	2,1 Milliarden kWh	70 Millionen kWh
Anteil am Strombedarf:	7,8%	4%	1%

QUELLE: Bundesverband WindEnergie, IG Windkraft, Suisse Eole

flach *flat* **wegen der Nähe** *due to its closeness* **erneuerbare Energiequelle** *renewable energy source* **Privatbürger** *private citizens* **Darlehen** *loan* **ein Drittel des Strombedarfs** *one third of electricity requirements* **im Meer** *at sea* **bläst** *blows* **Stickstoff** *nitrogen* **Vergleich** *comparison* **Arbeitsplätze** *jobs* **Windkraftanlagen** *wind power plants*

1 **Richtig oder falsch?** Sind die Aussagen **richtig** oder **falsch?** Korrigieren Sie die falschen Aussagen mit einem Partner / einer Partnerin.

1. Schleswig-Holstein liegt zwischen der Nord- und Ostsee.
2. Seit 1982 investiert man in Schleswig-Holstein in Windenergie.
3. Der Staat baute in Braderup 15 Windturbinen.
4. In Schleswig-Holstein gibt es 21.164 Windturbinen.
5. Seit 2009 gibt es auch Windturbinen im Meer.

6. Diese Turbinen sind in 30 Meter tiefem Wasser installiert.
7. In Deutschland will man mit Windenergie ein Viertel des Stroms produzieren.
8. In Schleswig-Holstein gibt es wegen der Windturbinen mehr Arbeit.
9. In Österreich ist der Windenergie-Anteil am Strombedarf weniger als 1%.
10. In der Schweiz gibt es nur 35 Windkraftanlagen.

 Practice more at **vhlcentral.com.**

DEUTSCH IM ALLTAG

Wetterausdrücke

Hundewetter	terrible weather
Kaiserwetter	beautiful, sunny weather
Schmuddelwetter	dreary, wet weather
Es schüttet wie aus Eimern!	It's raining cats and dogs!
Petrus meint es gut!	The weather's great!

DIE DEUTSCHSPRACHIGE WELT

Planten un Blomen

Im Sommer kann man im Zentrum Hamburgs
den berühmten Park Planten un Blomen
besuchen. Hier gibt es einen alten Botanischen
Garten. Außerdem finden Besucher den größten
Japanischen Garten Europas in dem Park. Die
einzelnen Gärten haben verschiedene Themen:
der Rosengarten, der Apothekergarten° und
die Tropengewächshäuser°. Im Musikpavillon
finden im Sommer Konzerte statt° und
man kann Wasserlichtkonzerte bewundern°.
Kinder können auf Spielplätzen oder der
Trampolinanlage spielen und auf Ponys reiten.

Apothekergarten apothecary's garden
Tropengewächshäuser tropical greenhouses
finden... statt take place **bewundern** admire

PORTRÄT

Klima in Deutschland

Das Wetter in Deutschland ist gemäßigt°: Im Winter ist es nicht sehr kalt und im Sommer
nicht sehr warm. Im Durchschnitt° ist die Jahrestemperatur 8,2 °C. Im Januar liegt die
Durchschnittstemperatur bei -0,5 °C und im Juli bei 16,9 °C. Im Jahr fallen etwa 790
Millimeter Regen, besonders viel fällt im Juni. Die absolute Höchsttemperatur gab es
2003 in Karlsruhe und in Freiburg: 40,2 °C. Freiburg liegt im Schwarzwald und gilt als°
wärmste und sonnigste Stadt Deutschlands. Man kann hier jedes Jahr 1650 Sonnenstunden
genießen. Die absolute Tiefsttemperatur gab es 2001 am Funtensee in den Bayrischen
Alpen: -45,9°C.

gemäßigt moderate **Durchschnitt** average **gilt als** is regarded as

IM INTERNET

Finden Sie einen Plan von Planten un Blomen in
Hamburg. Welche Gärten möchten Sie besuchen?
Machen Sie eine Liste und planen Sie eine Tour.

For more information on this **Kultur**, go to **vhlcentral.com**.

---

2 **Was fehlt?** Ergänzen Sie die Sätze.

1. Der Park Planten un Blomen liegt _____ Hamburgs.
2. Besucher finden hier den größten _____ Europas.
3. Es gibt einzelne Gärten wie zum Beispiel den Apothekergarten, _____ und die Tropengewächshäuser.
4. Der Winter in Deutschland ist nicht _____.
5. In _____ kann man viel Sonne genießen.

3 **Lieblingsjahreszeit** Diskutieren Sie mit einem Partner / einer
Partnerin Ihre Lieblingsjahreszeit. Warum lieben Sie diese Jahreszeit?
Was machen Sie in der Jahreszeit? Welche Kleidung tragen Sie?

7A.1

Separable and inseparable prefix verbs (*Präteritum*)

 Presentation

QUERVERWEIS

See **4A.3** to review the **Präsens** of separable and inseparable prefix verbs.

———

See **6B.2** to review the **Perfekt** of verbs with prefixes. To review the difference between **Perfekt** and **Präteritum**, see **6B.1**.

Startblock Both separable and inseparable prefix verbs can be used in the **Präteritum** to describe past events.

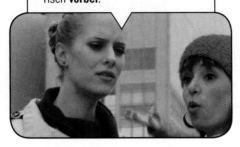

Ich **stand auf**, ging Richtung Toilette und **kam** an deinem Tisch **vorbei**.

Opa Otto **bereitete** die Weihnachtsgans **zu**. George **überraschte** ihn und...

- In the **Präteritum**, just like the **Präsens**, some prefixes are always attached to the verb, and others can be separated from it. When using a separable prefix verb in the **Präteritum**, move the prefix to the end of the sentence or clause.

Jan **verbrachte** den Sommer in der Schweiz.
*Jan **spent** the summer in Switzerland.*

Einmal **brachten** wir unseren Hund zur Schule **mit**.
*Once we **brought** our dog to school.*

Der Lehrer **erklärte** die Aufgabe.
*The teacher **explained** the assignment.*

Jans Schwester **rief** ihn zu seinem Geburtstag **an**.
*Jan's sister **called** him on his birthday.*

QUERVERWEIS

To review the formation of the **Präteritum**, see **6A.1**. See **Appendix A** for a complete list of strong verbs with their principal parts.

- You learned in **6B.2** that verbs with prefixes can be either strong, weak, or mixed. The **Präteritum** of a verb with a prefix is the same as the **Präteritum** of its base verb, but with the prefix added to the front of the conjugated verb, if it is inseparable, or to the end of the clause, if it is separable.

Präteritum of separable and inseparable prefix verbs			
weak verbs			
kaufen → kaufte		verkaufen → verkaufte	
schauen *(to look)* → schaute		anschauen *(to watch, look at)* → schaute an	
strong verbs			
finden → fand		erfinden *(to invent)* → erfand	
sprechen → sprach		besprechen *(to discuss)* → besprach	
sehen → sah		fernsehen *(to watch TV)* → sah fern	
mixed verbs			
bringen → brachte		mitbringen → brachte mit	
		verbringen *(to spend (time))* → verbrachte	
kennen → kannte		erkennen *(to recognize)* → erkannte	

Ich **erkannte** meine Tante nicht auf dem alten Foto.
*I didn't **recognize** my aunt in the old photo.*

Wir **sahen** als Kinder immer am Samstagmorgen **fern**.
*When we were kids, we always **watched TV** on Saturday mornings.*

Wer **erfand** das Internet?
*Who **invented** the Internet?*

Die Lehrerin **schaute** das Kind **an**.
*The teacher **looked at** the child.*

- Remember that the prefix of a separable prefix verb is always stressed, while the prefix of an inseparable prefix verb is never stressed.

Als wir am Freitag **ausgingen**, regnete es noch nicht.
*When we **went out** on Friday, it wasn't raining yet.*

Wir **bestellten** zwei Pizzas zum Abendessen.
*We **ordered** two pizzas for dinner.*

- In a negative sentence, put **nicht** before the separable prefix.

Ute **rief** mich gestern **nicht an**.
*Ute **didn't** call me yesterday.*

Die Kinder **räumten** ihre Sachen **nicht auf**.
*The kids **didn't** pick up their things.*

- When you talk about past events using a modal and a verb with a prefix, put the modal verb in the **Präteritum**. The prefixed verb goes at the end of the sentence in the infinitive form.

Frau Müller **musste** den kaputten Regenschirm **umtauschen**.
*Mrs. Müller **had to exchange** the broken umbrella.*

Frank wollte sein altes Fahrrad verkaufen.
*Frank **wanted to sell** his old bicycle.*

Ressourcen

SAM
WB: pp. 95–96

SAM
LM: p. 61

Ⓢ
vhlcentral.com

Jetzt sind Sie dran! Ergänzen Sie die Tabelle mit den Verben im Präteritum.

Infinitiv	Präteritum	Infinitiv	Präteritum
1. bedeuten	*bedeutete*	7. wegräumen	_____
2. einschlafen	_____	8. wiederholen	_____
3. beschreiben	_____	9. besuchen	_____
4. zurückkommen	_____	10. entdecken	_____
5. umziehen	_____	11. mitbringen	_____
6. erkennen	_____	12. verstehen	_____

Anwendung

1 **Ergänzen Sie** Ergänzen Sie die Sätze mit den richtigen Formen der Verben im Präteritum.

> **BEISPIEL** Frau Behrens __rief__ ihre Tochter jeden Tag __an__. (anrufen)

1. Im Sand _____ die Kinder einen Schatz (*treasure*). (entdecken)

2. Wann _____ der Regen _____? (anfangen)

3. Ich _____ vor einem Monat mein Auto. (verkaufen)

4. Meine Großeltern _____ immer nach dem Essen _____. (fernsehen)

5. Wir _____ unsere Cousinen oft im Sommer. (besuchen)

6. Markus _____ als Schüler nichts von Mathematik. (verstehen)

2 **Was für ein Tag** Ergänzen Sie die Sätze mit den richtigen Verben aus der Liste im Präteritum.

> aufräumen | besuchen | erklären
> aufwachen | einkaufen | verkaufen

> ▶ **BEISPIEL** Tobias __wachte__ um acht Uhr __auf__.

1. Dominick _____ fürs Abendessen _____.

2. Am Samstag _____ Markus seine Schwester in Heidelberg.

3. Frau Hölzel _____ den Schülern die Aufgabe.

4. Ich _____ mein Zimmer _____.

5. Wir _____ gestern viel Currywurst.

3 **Noch einmal** Schreiben Sie die Sätze im Präteritum noch einmal (*again*). Benutzen Sie dabei das Modalverb in Klammern.

> **BEISPIEL** Wir tauschten unser Geld auf der Bank um. (wollen)
> *Wir wollten unser Geld auf der Bank umtauschen.*

1. Thomas sah den ganzen Morgen (*all morning*) fern. (wollen)

2. Wir bereiteten ein schönes Essen vor. (wollen)

3. Erik rief seine Freundin nicht an. (dürfen)

4. Herr Roth verkaufte sein Auto nicht. (können)

5. Die Lehrerin wiederholte den Satz. (müssen)

6. Ich brachte meinen Computer in den Urlaub mit. (dürfen)

 Practice more at **vhlcentral.com**.

Kommunikation

4 **Eine Überraschungsfeier** Sven und Lena planten letzten Herbst
eine Überraschungsfeier für ihre Eltern. Bilden Sie mit einem Partner / einer
Partnerin zu jedem Bild einen Satz im Präteritum.

▶ **BEISPIEL** Sven und Lena
bereiteten eine
Überraschungsfeier
für ihre Eltern vor.

1. Sven und Lena

2. Lena   3. Die Gäste   4. Frau Braun   5. Die Großeltern

_____   _____   _____   _____

5 **Historische Personen** Bilden Sie mit einem Partner / einer
Partnerin logische Fragen im Präteritum. Wechseln Sie sich bei den Fragen
und Antworten ab.

BEISPIEL

S1: *Wer entdeckte die Stadt Troja?*
S2: *Heinrich Schliemann.*

Wer...

entdecken / die Allgemeine (*General*) Relativitätstheorie

erklären / die genetischen Regeln (*rules*)

erfinden / den Buchdruck (*printing press*)

bekommen / einen Nobelpreis für Literatur

> Gregor Johann Mendel
> Günter Grass
> Heinrich Schliemann
> Albert Einstein
> Johannes Gutenberg

6 **Eine spannende Geschichte** Schreiben Sie mit einem Partner /
einer Partnerin eine Geschichte. Benutzen Sie das Präteritum und
mindestens (*at least*) drei Elemente aus der Liste.

BEISPIEL Es war eine dunkle und stürmische Nacht.
Ich schlief schlecht und stand um drei Uhr nachts wieder auf.
Ich sah aus dem Fenster hinaus...

> den Regenmantel anziehen | hinausgehen
> aufräumen | weggehen
> aufstehen | das Handy vergessen
> Angst bekommen | die Orientierung verlieren
> wieder einschlafen | (nicht) verstehen

7A.2

Prepositions of location
Prepositions in set phrases

 Presentation

Startblock When describing locations, and in certain fixed expressions, many German prepositions are used in ways that differ from their English counterparts.

Milwaukee liegt **am Lake Michigan**.

Hat Sabite **über mich** gesprochen?

Prepositions of location

QUERVERWEIS

See **5B.3** to review two-way prepositions.

- In **5B.3** you learned to use two-way prepositions with the dative to indicate location and with the accusative to show movement toward a destination.

Neben dem Schreibtisch steht ein großes Bücherregal.
*There's a big bookcase **next to the desk**.*

Stell den Stuhl bitte **neben den Tisch**.
*Please put the chair **next to the table**.*

- Use **auf** with the dative to indicate that something is located on a horizontal surface or to describe a location in a public building or open space.

Deine Bücher liegen **auf dem Tisch**.
Your books are on the table.

Ich war gestern **auf der Bank**.
I was at the bank yesterday.

Tanja hat schöne Blumen **auf dem Markt** gekauft.
Tanja bought beautiful flowers at the market.

- Use **an** with the dative to indicate a location *on* or *at* a border, wall, or body of water.

An der Wand hängt ein schöner Kalender.
*There's a nice calendar hanging **on the wall**.*

Am Strand war es heute kühl und windig.
*It was cool and windy **at the beach** today.*

ACHTUNG

Note that the idea of an enclosed space includes the radio, television, or Internet: **Das habe ich im Radio gehört; Das können wir im Internet finden**.

- Use **in** with the dative to indicate a location *on* or *in* an enclosed space.

Die Sonnenbrille ist **in meiner Handtasche**.
The sunglasses are in my purse.

Die Kinder spielen gern **im Park**.
The kids like to play in the park.

Ich wohne **in der Joachimstraße**.
I live on Joachim Street.

- To indicate location in a country whose name is feminine or plural, use **in** with the dative form of the definite article, plus the country name.

Wagner wohnte **in der Schweiz**.
Wagner lived in Switzerland.

Meine Mutter ist jetzt **in den USA**.
My mother is in the U.S. right now.

QUERVERWEIS

You will learn more about using prepositions with geographical locations in **10B.1**.

- In **5B.3** you learned that **bei** is always used with the dative case. Use **bei** with a noun referring to a person or business to indicate a location at that person's home or at that place of business.

Ich kaufe gern **bei Aldi** ein.
I like shopping at Aldi's.

Anna war gestern **beim Friseur**.
*Anna was **at the hairdresser's** yesterday.*

Als Student wohnte Hans im Sommer **bei seinen Eltern**.
*When he was a student, Hans lived **with his parents** during the summer.*

Heute Abend spielen wir **bei mir** Karten.
*We're playing cards **at my place** tonight.*

- You can also use **bei** to mean *near* a location or *in the presence of* a condition.

Das Restaurant liegt **bei Wilhelmshaven**.
*The restaurant is **near Wilhelmshaven**.*

Bei schönem Wetter gehen wir gern spazieren.
*We like to go for walks **when the weather is nice**.*

Prepositions in set phrases

- Certain combinations of verbs and prepositions have specific, idiomatic meanings. The prepositions in these fixed expressions are always followed by the same case, regardless of whether the verb they are associated with indicates location or movement.

Jasmin **erzählte** uns **von ihren Problemen**.
*Jasmin **told** us **about her problems**.*

Bernd muss einen Brief **an seine Tante schreiben**.
*Bernd has to **write** a letter **to his aunt**.*

- Use the *dative* after the following set phrases.

Verb phrases with the dative	
Angst haben vor	*to be afraid of*
arbeiten an	*to work on*
erzählen von	*to talk about; to tell a story about*
fragen nach	*to ask about*
handeln von	*to be about; to have to do with*
helfen bei	*to help with*

Meine Nichte **hat Angst vor** Hunden.
*My niece **is afraid of** dogs.*

Professor Weiss **arbeitet an** einem neuen Buch.
*Professor Weiss **is working on** a new book.*

- Use the *accusative* after the following expressions.

Verb phrases with the accusative	
antworten auf	*to answer*
denken an	*to think about*
schreiben an	*to write to*
sprechen/reden über	*to talk about*
warten auf	*to wait for*

Wir haben lange **auf** den Bus **gewartet**.
*We **waited** a long time **for** the bus.*

Antworte bitte **auf** die Frage.
*Please **answer** the question.*

Ressourcen

SAM
WB: pp. 97-98

SAM
LM: p. 62

vhlcentral.com

Jetzt sind Sie dran!   **Wählen Sie die passenden Präpositionen.**

1. Wir haben (mit / (auf)/ über) dem Markt Obst gekauft.
2. Hamburg liegt (an / mit / unter) der Elbe (*Elbe River*).
3. Mein Hund hat Angst (über / von / vor) Donner und Blitz.
4. Nach dem Sturm lag viel Hagel (auf / an / in) der Straße.
5. Anke verbringt ihren Sommer (mit / aus / in) der Türkei.
6. Wir helfen unserer Mutter (bei / vor / in) der Hausarbeit.

7. (An / Mit / Unter) der Berliner Mauer gibt es viel Graffiti.
8. Du hast nicht (über / bei / auf) meine Frage geantwortet.
9. Wohnt dein Bruder immer noch (an / bei / auf) dir?
10. Hast du schon (bei / an / nach) Oma geschrieben?
11. Erika hat mir (mit / nach / von) ihrem Wochenende erzählt.
12. Der Teppich (in / auf / an) unserem Zimmer ist dreckig.

Anwendung

1 Präpositionen Ergänzen Sie die passenden Präpositionen.

BEISPIEL ___Bei___ schlechtem Wetter werde ich oft krank (*sick*).

1. Wir campen jeden Sommer _____ dem Campingplatz.
2. Maria reitet oft ihr Pferd _____ Park.
3. Gehst du oft _____ Aldi einkaufen?
4. Cuxhaven liegt _____ der Nordsee.
5. Unsere Katze sitzt gern _____ dem Balkon und schaut den Vögeln zu.

2 Ergänzen Sie Ergänzen Sie die Lücken mit den richtigen Präpositionen.

BEISPIEL Meine Schlüssel sind nicht _in_ meiner Tasche.

1. Meine Hunde haben immer Angst __ einem Sturm.

2. Der Film handelt __ einer Naturkatastrophe.
3. Im Sommer mieten wir ein kleines Haus __ einem Strand.
4. Die Frau fragt den Verkäufer __ dem Preis.
5. Elias arbeitet __ seiner Dissertation.

3 Kombinieren Sie Ergänzen Sie die passenden Präpositionen und wählen Sie dann die beste Antwort auf jede Frage.

_____ 1. Hast du das __ Internet gefunden?

_____ 2. Warum hat deine Mutter Angst __ Hunden?

_____ 3. Oma, erzähl mir bitte __ deiner Kindheit.

_____ 4. Bleibt Daniel die ganzen Semesterferien __ seinen Eltern?

_____ 5. Arbeitet Greta schon __ ihrer Magisterarbeit (*master's thesis*)?

a. Nein, ich habe es im Radio gehört.

b. Ach Kindchen, das war vor so langer Zeit.

c. Ja, sie hat schon damit angefangen.

d. Ich weiß nicht, aber sie mag Katzen.

e. Nein, er macht einen Sprachkurs in Spanien für vier Wochen.

4 Fragen Stellen Sie einem Partner / einer Partnerin diese Fragen.

1. An wen schreibst du oft E-Mails?
2. Worüber redest du mit deinen Freunden?
3. Wo verbringst du deine Semesterferien?
4. Wo kaufst du deine Lebensmittel ein?
5. Wovon erzählst du deinen Eltern?
6. Wovor hast du Angst?

 Practice more at **vhlcentral.com.**

Kommunikation

5 **Kettenreaktion** Sagen Sie abwechselnd, wo diese Dinge in Ihrem Klassenzimmer sind.

> **BEISPIEL**
>
> **S1:** *die Uhr*
> **S2:** *Die Uhr hängt an der Wand.*
> **S3:** *der Stuhl*
> **S4:** *Oliver sitzt auf dem Stuhl.*

der Boden	die Lampen	die Tafel
das Buch	das Poster	die Uhr
der Computer	der Stuhl	die Wand

6 **Was und wo ist das?** Wählen Sie ein Objekt aus dem Bild und beschreiben Sie seine Lage (*location*). Ihr Partner / Ihre Partnerin muss erraten, welches Gebäude oder Objekt Sie beschreiben.

> **BEISPIEL**
>
> **S1:** *Ein blaues Auto steht vor dem Gebäude (building).*
> **S2:** *Ist es der Supermarkt?*
> **S1:** *Ja.*

das Café • das Hotel • die Bibliothek • das Restaurant • die Bank • das Kino • das Museum • der Supermarkt

7 **Was kann man wo machen?** Entscheiden Sie (*Decide*) mit einem Partner / einer Partnerin, wo Sie die folgenden Aktivitäten machen können.

> **BEISPIEL**
>
> **S1:** *Wo kann ich ein Buch kaufen?*
> **S2:** *Das kannst du im Buchgeschäft machen.*

Wo kann ich... ?	*Das kannst du... machen.*
eine Tasse Kaffee bestellen	*beim Bäcker*
Obst und Gemüse kaufen	*auf der Bank*
leckere Brötchen kaufen	*in der Bibliothek*
in der Sonne liegen	*im Café*
ein Bild von Picasso sehen	*im Internetcafé*
ein Wörterbuch finden	*im Museum*
Geld bekommen	*am Strand*
im Internet surfen	*im Supermarkt*

8 **Persönliche Fragen** Machen Sie ein Interview mit einem Partner / einer Partnerin und finden Sie ein paar persönliche Informationen heraus.

1. Hast du Angst vor: ___ Gewitter   ___ Hunden   ___ schlechten Noten?
2. Redest du gern über: ___ Politik   ___ Musik   ___ Sport?
3. Arbeitest du heute an: ___ einem Referat (*report*)   ___ deinen Hausaufgaben   ___ nichts?
4. Denkst du oft an: ___ deine Zukunft (*future*)   ___ deine Kurse   ___ deine Familie?
5. Handeln deine Träume von ___ deiner Kindheit   ___ deinem Leben jetzt   ___ anderen Situationen?

Wiederholung

1 **In der Stadt** Wechseln Sie sich mit einem Partner / einer Partnerin ab:
Beschreiben Sie, wo Frank gestern in der Stadt war.

▶ **BEISPIEL** Zuerst war Frank auf der Post.
Dann war er...

1.

2.

3.

4.

5.

2 **Bei so einem Wetter** Fragen Sie Ihren Partner /
Ihre Partnerin, was er/sie bei verschiedenem Wetter macht.

 BEISPIEL

S1: Was machst du, wenn es windig ist?
S2: Bei windigem Wetter gehe ich spazieren.

1. wenn die Sonne scheint
2. wenn es windig ist
3. wenn es schneit
4. wenn es kalt ist
5. wenn es regnet
6. wenn es extrem heiß ist

3 **Hausarbeit** Beschreiben Sie mit einem Partner /
einer Partnerin, wie Sie und Ihre Mitbewohner
(*roommates*) am Wochenende die Wohnung putzten.
Benutzen Sie Vokabeln aus der Liste.

BEISPIEL

S1: Am Wochenende mussten wir viel Hausarbeit machen.
S2: Im Bad putzte Eric die Toilette und die Badewanne.

abstauben	Müll rausbringen
aufräumen	Geschirr spülen
fegen	staubsaugen
Bett machen	Wäsche waschen
putzen	wischen

4 **Wer hat was gemacht?** Sie bekommen ein
Arbeitsblatt von Ihrem Professor / Ihrer Professorin mit
verschiedenen Aktivitäten. Wer in der Gruppe hat diese
Aktivitäten gemacht?

BEISPIEL

S1: Hast du von einem guten Buch erzählt?
S2: Ja, ich habe von einem guten Buch erzählt.

5 **Wie war die Woche?** Tauschen Sie mit Ihrem
Partner / Ihrer Partnerin Informationen aus: Was
machten Paul und Sara gestern? Füllen Sie die Tabelle
für Ihren Partner / Ihre Partnerin und sich selber
(*yourself*) aus.

BEISPIEL

S1: Was hat Sara am Donnerstag gemacht?
S2: Sie hat bei S&P eingekauft.

6 **Als ich 10 war** Erzählen Sie Ihrem Partner / Ihrer
Partnerin, was Sie machten, als Sie zehn Jahre alt waren.
Was machten Sie im Frühling, im Sommer, im Herbst und
im Winter?

BEISPIEL

S1: Was hast du mit zehn im Herbst gemacht?
S2: Als ich zehn war, bin ich im Herbst Fahrrad gefahren.
Im Winter...

S   Video: TV Clip

Urlaub im grünen Binnenland

Im Norden Schleswig-Holsteins, zwischen Nord- und Ostsee, an der Grenze zu Dänemark, liegt das grüne Binnenland. In dieser Gegend können Touristen Wiesen°, Flüsse und zwei sehr unterschiedliche° Meere° finden. Die wunderschöne Fluss- und Seenlandschaft° ist sehr flach und hat nur sanfte Hügel°. Zu den Hauptattraktionen gehören der Nationalpark Wattenmeer mit tollen Stränden, Schlössern und Wikingerdörfern. Neben der Natur gibt es viel Kultur in Städten wie Flensburg und Schleswig.

Reetdachdecker° bei ihrer Arbeit

Sie sind im Land der Wikinger!

Badeurlaub° genießen Sie im Seebad°, an Sandstränden oder Naturbadestellen.

Wiesen *meadows* **unterschiedliche** *different* **Meere** *seas* **Seenlandschaft** *lake landscape* **sanfte Hügel** *gentle hills*
Reetdachdecker *roof thatchers* **Badeurlaub** *beach vacation* **Seebad** *beach resort*

Verständnis Markieren Sie alle richtigen Antworten.

1. Was kann man in der Region Grünes Binnenland Schleswig-Holstein *nicht* sehen?
   a. Meere   b. hohe Berge   c. Flüsse   d. Strände

2. Welche Aktivitäten kann man in dieser Region *nicht* machen?
   a. Rad fahren   b. einkaufen   c. Ski fahren
   d. schwimmen

Diskussion Diskutieren Sie die folgenden Fragen mit einem Partner / einer Partnerin.

1. Was möchten Sie gerne im grünen Binnenland Schleswig-Holsteins sehen und machen? Warum?

2. Sie sind die Touristen am Anfang des Videos und besuchen die Touristeninformation: Welche Fragen wollen Sie der Frau stellen?

Communicative Goals

You will learn how to:
- talk about travel
- talk about vacations and tourism

Wortschatz

am Flughafen	**at the airport**
der Abflug	departure
die Ankunft	arrival
die Businessklasse	business class
der Flug, -̈e	flight
das Flugticket, -s	ticket
das Gepäck	luggage
der Koffer, -	suitcase
der Passagier, -e	passenger
die Passkontrolle, -n	passport control
der Personalausweis, -e	ID card
die Reise, -n	trip
das Reisebüro, -s	travel agency
die Touristenklasse	economy class
die Verspätung, -en	delay
das Visum (*pl.* die Visa)	visa
der Zoll	customs
fliegen	**to fly**
das Ausland	abroad
pünktlich	on time
die Ferien	**vacation**
die Kreuzfahrt, -en	cruise
der Skiurlaub, -e	ski vacation
packen	to pack
übernachten	to spend the night
Unterkünfte	**accommodations**
der Fahrstuhl, -̈e	elevator
der Gast, -̈e	(hotel) guest
das (Fünf-Sterne-)Hotel	(five-star) hotel
die Jugendherberge, -n	youth hostel
der Schlüssel, -	key
der Zimmerservice	room service
abbrechen (bricht... ab)	to cancel
buchen	to make a (hotel) reservation
voll besetzt	**fully occupied**

Ressourcen

SAM
WB: pp. 99–100

SAM
LM: p. 63

vhlcentral.com

Reisen

Talking Picture Audio: Activities

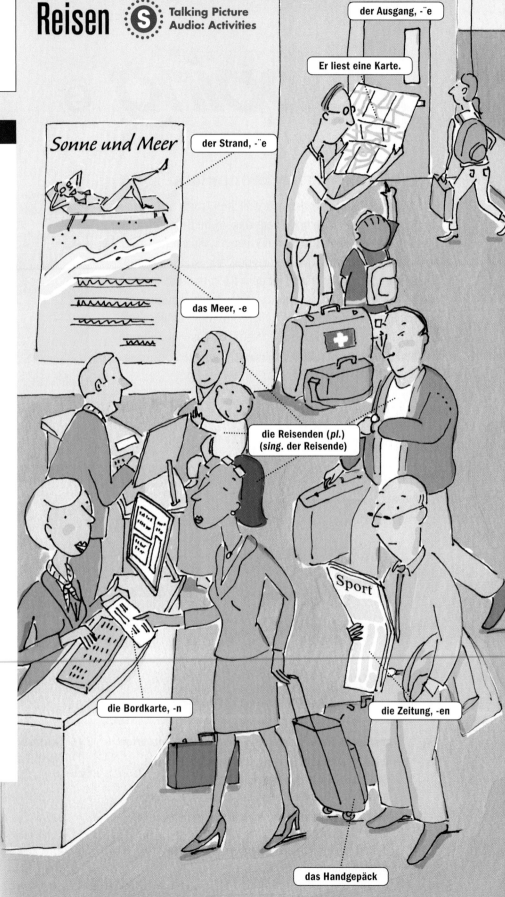

Sonne und Meer

der Ausgang, -̈e

Er liest eine Karte.

der Strand, -̈e

das Meer, -e

die Reisenden (*pl.*) (*sing.* der Reisende)

die Bordkarte, -n

die Zeitung, -en

das Handgepäck

Es landet. (landen)

Es fliegt ab.
(abfliegen)

das Flugzeug, -e

Sie machen
Urlaub.

Sie stehen Schlange.

Die Welt

ACHTUNG

To say *highway map* in German,
use **die Landkarte**; for *city map*
use **der Stadtplan**. A GPS system
is called **das Navi**.

Anwendung

1 **Vergleiche** Ergänzen Sie die Vergleiche mit dem richtigen Wort.

1. das Hotel : der Gast :: das Flugzeug : (der Passagier / der Familienstand)
2. heimkommen : ausgehen :: ankommen : (abfliegen / aufstehen)
3. früh : spät :: frei : (besorgt / besetzt)
4. buchen : die Reise :: packen : (der Koffer / der Keller)
5. das Zimmer : der Schlüssel :: das Ausland : (das Seminar / das Visum)
6. der Skiurlaub : die Alpen :: die Kreuzfahrt : (das Meer / der Park)

2 **Kategorien** Schreiben Sie die Wörter aus der Liste in die passenden Kategorien.

die Bordkarte	die Kreuzfahrt	das Reisebüro
das Hotel	die Passkontrolle	der Tourist
die Jugendherberge	der Personalausweis	der Zimmerservice

Unterkunft	**Flughafen**	**Urlaub**
_____	_____	_____
_____	_____	_____
_____	_____	_____
_____	_____	_____

3 **Kombinationen** Kombinieren Sie die Wörter mit ihren Definitionen.

____ 1. der Reisende
____ 2. der Zoll
____ 3. die Verspätung
____ 4. die Businessklasse
____ 5. die Jugendherberge
____ 6. der Pass

a. den braucht man für eine Reise ins Ausland
b. hier kann man billig übernachten (*spend the night*)
c. eine Person macht eine Reise
d. hier kontrolliert man Importe aus dem Ausland
e. hier sitzt man im Flugzeug mit allem Komfort
f. nicht pünktlich ankommen

4 **Reisen** Beantworten Sie die Fragen mit ganzen Sätzen. Vergleichen Sie anschließend (*afterwards*) Ihre Antworten mit den Antworten Ihres Partners / Ihrer Partnerin.

1. In welcher Jahreszeit machen Sie gern Urlaub? Warum?
2. Mit wem reisen Sie nicht gern? Warum?
3. Was bringen Sie mit auf eine 10-Tage-Kreuzfahrt in die Karibik (*Caribbean*)?
4. Was packen Sie normalerweise in Ihr Handgepäck?
5. Wo haben Sie schon Urlaub gemacht?
6. Wohin möchten Sie gern reisen? Warum?

 Practice more at **vhlcentral.com.**

Kommunikation

5 **Durchsagen** 🎧 Hören Sie die Durchsagen (*announcements*) an und entscheiden Sie mit einem Partner / einer Partnerin, welche Durchsage am besten zu welchem Satz passt.

_____ 1. Die Passagiere fliegen nach Russland.
_____ 2. Das Flugzeug ist gerade gelandet.
_____ 3. Der Check-in für Air France ist im Terminal 1.
_____ 4. Der Flug nach Hamburg fliegt bald ab.
_____ 5. Die Passagiere kommen mit Verspätung in Rom an.

6 **Am Flughafen** Ihr Lehrer / Ihre Lehrerin gibt Ihnen verschiedene Blätter mit Durchsagen. Fragen Sie Ihren Partner / Ihre Partnerin nach den fehlenden Informationen und wechseln Sie sich dabei ab.

BEISPIEL

S1: Wer kann zum Ausgang gehen?
S2: Nur Passagiere mit Bordkarten.

7 **Beschreibungen** Schreiben Sie mit einem Partner / einer Partnerin eine Beschreibung (*description*) von jedem (*each*) Bild. Lesen Sie danach einem anderen Paar Ihre Beschreibung vor. Das andere Paar soll erraten, welches Bild zu welcher Beschreibung passt.

BEISPIEL

S1: Es ist Abend. Ein Mädchen sitzt auf einem Koffer.
S1: Sie liest Zeitung.
S3: Das ist Bild 1.

WERKZEUG

der Hauptbahnhof *central station*
das Taxi *taxi*
der Check-in-Schalter *check-in desk*

1.

2.

3.

4.

5.

6.

Aussprache und Rechtschreibung

Audio: Presentation
Record & Compare Activities

Pure vowels versus diphthongs

> You learned in **2B** that German has three diphthongs: **au**, **ai/ei**, and **eu/äu**. In these vowel combinations, two vowel sounds are pronounced together in the same syllable.
>
> **Haus**   **Mai**   **meine**   **scheu**   **läuft**
>
> ....
>
> All other German vowel sounds are pure vowels. Whether long or short, they never glide into another vowel sound.
>
> **kalt**   **Schnee**   **Spiel**   **Monat**   **Schule**
>
> ....
>
> Be sure to pronounce the vowels in German words as pure vowel sounds, even when they resemble English words with similar pronunciations.
>
> **kann**   **Stereo**   **Apfel**   **Boot**   **Schuh**

1 **Sprechen Sie nach** Wiederholen Sie die Wörter, die Sie hören.

1. Hagel	5. minus	9. Januar	13. Zeit
2. wann	6. Winter	10. Geburtstag	14. heute
3. Regen	7. Oktober	11. August	15. Häuser
4. Wetter	8. Sommer	12. Mai	16. Gasthaus

2 **Artikulieren Sie** Wiederholen Sie die Sätze, die Sie hören.

1. Es hat fast den ganzen Tag geregnet.
2. Im Juli ist es am Nachmittag zu heiß.
3. Im Winter gehe ich gern Ski laufen.
4. Trink eine Tasse Tee, damit du wieder wach wirst.
5. Im Mai wird es schön warm und sonnig.
6. Im Sommer schwimmen die Kinder im See.
7. Im Herbst muss Max sein Segelboot reparieren lassen.
8. Meine Freundin besucht mich heute.

3 **Sprichwörter** Wiederholen Sie die Sprichwörter, die Sie hören.

Nach Regen kommt Sonnenschein.[2]

Morgen, morgen, nur nicht heute, sagen alle faulen Leute.[1]

[1] Tomorrow, tomorrow, just not today, that is what all lazy people say.
[2] Things will look brighter tomorrow. (lit. After the rain comes sunshine.)

Ressourcen

SAM
LM: p. 64

vhlcentral.com

Ein Sommer in der Türkei? Video: *Fotoroman*

Anke hat Pläne für den Sommer: Die ganze Familie soll den Sommer in der Türkei verbringen.

ANKE Ich habe eine Überraschung für euch.
ZEYNEP Ich weiß schon, was es ist!
ANKE Zeynep, psst!
SABITE Was ist es denn?
ANKE Wir verbringen den Sommer in der Türkei.
SABITE Warum?
ZEYNEP Ja warum wohl!

ANKE Es ist das Heimatland von deinem Vater. Und du und deine Schwester wart nicht mehr im Ausland seit... unseren Ferien in Frankreich vor drei Jahren. Wir wollen dort etwas über die Kunststudiengänge für dich erfahren, deshalb machen wir die Reise gemeinsam.

SABITE Ich kann es kaum erwarten, George, Hans und Meline davon zu erzählen.
ZEYNEP Und Torsten?

SABITE Mama, ich brauche deine Hilfe. Kann ich dich was fragen?
ANKE Du bittest mich doch sonst nie um Hilfe. Das muss ein großes Problem sein.

SABITE Torsten und ich haben uns gestritten. Ich habe ihm gesagt, dass ich überlege, in der Türkei Kunst zu studieren. Naja, ich habe es zuerst Meline gesagt. Ich habe mich mit Melines Freund über Kunst unterhalten und er stand daneben.

ANKE Du hast es ihm nicht zuerst gesagt. Und jetzt er ist unglücklich?
SABITE Ja. Und jetzt werden wir den Sommer nicht zusammen sein.
ANKE Wir müssen nicht in die Türkei fahren.
ZEYNEP Ähm, doch!
SABITE Oh, doch, das müssen wir. Aber ich will es ihm noch nicht sagen.

ÜBUNGEN

1 **Ergänzen Sie** Ergänzen Sie die Sätze mit den richtigen Informationen.

1. Anke möchte den (Sommer / Herbst) in der Türkei verbringen.
2. Die Türkei ist das Heimatland von (Anke / Faik).
3. Sabite und Zeynep waren schon in (Italien / Frankreich) im Urlaub.
4. Familie Yilmaz möchte etwas über (Jugendherbergen / Kunststudiengänge) in der Türkei erfahren.
5. Sabite bittet ihre Mutter um (Hilfe / Geld).
6. Sie hat Meline zuerst davon erzählt, in der Türkei (Kunst zu studieren / Urlaub zu machen).
7. Deshalb (*Therefore*) ist Torsten jetzt (unglücklich / unangenehm).
8. Anke glaubt, dass Beziehungen (einfach / kompliziert) sind.
9. Vor einem (Monat / Jahr) hat Sabite einige Arbeiten bei einer Galerie eingereicht.
10. Meline mag (Zeynep / Torsten) nicht.

PERSONEN   Anke   Sabite   Zeynep

ANKE Was noch? Bei Problemen zwischen zwei Partnern geht es nie nur um eine Sache. Beziehungen sind kompliziert.
SABITE Er versteht meine Kunst nicht.
ZEYNEP Niemand versteht deine Kunst, ohne dass er verrückt ist.
ANKE Hör auf, deine Schwester zu ärgern.

SABITE Er möchte meine Kunst nicht verstehen. Vor einem Monat habe ich einige Arbeiten bei einer Galerie in der Torstraße eingereicht. Torsten sagte... sie werden das niemals ausstellen.

ZEYNEP Das ist gemein.
ANKE Er darf so etwas nicht zu dir sagen.
SABITE Meline mag ihn nicht.
ZEYNEP Meline ist komisch.

SABITE Aber sie versteht, dass ich Künstlerin bin, ohne meine Kunst zu verstehen. Mama, was soll ich tun?
ANKE Liebst du ihn, Sabite?

Nützliche Ausdrücke

- **Heimatland**
  homeland, country of origin
- **der Kunststudiengang**
  art course
- **gemeinsam**
  together
- **erwarten**
  to expect
- **Du bittest mich doch sonst nie um Hilfe.**
  You never ask for my help.
- **Torsten und ich haben uns gestritten.**
  Torsten and I have been fighting.
- **zuerst**
  first
- **daneben**
  aside
- **zwischen**
  between
- **ausstellen**
  to exhibit
- **komisch**
  weird

7B.1
- **Aber sie versteht, dass ich Künstlerin bin, ohne meine Kunst zu verstehen.**
  But she understands that I'm an artist, without understanding my art.

7B.2
- **Vor einem Monat habe ich einige Arbeiten bei einer Galerie in der Torstraße eingereicht.**
  A month ago, I submitted some work to a gallery on Torstraße.

7B.3
- **Niemand versteht deine Kunst, ohne dass er verrückt ist.**
  Nobody can understand your art, unless they're crazy.

2 **Zum Besprechen** Familie Yilmaz möchte zusammen Urlaub in der Türkei machen. Planen Sie mit einem Partner/einer Partnerin die Reise. Schreiben Sie einen Absatz (*paragraph*) über das Ziel (*destination*), die Dauer der Reise, die Transportmittel, die Unterkünfte und weitere Details.

3 **Vertiefung** Anke, Sabite und Zeynep sind im Bauhaus-Museum. Suchen Sie weitere Museen in Berlin und finden Sie heraus (*find out*), welche Ausstellungen zur Zeit dort zu sehen sind.

Ressourcen

SAM
VM: p. 14

DVD
Folge 14

vhlcentral.com

IM FOKUS

Flughafen Frankfurt Ⓢ Reading

DER FRANKFURT AIRPORT (AUCH Rhein-Main-Flughafen) ist der größte Flughafen in Deutschland. Mehr als 50 Millionen Passagiere kamen hier 2010 an oder flogen von hier ab. In München waren es 2010 34,7 Millionen und in Düsseldorf 18,9 Millionen. In Europa fliegen Passagiere nur London-Heathrow und Paris-Charles de Gaulle öfter an.

Weltweit ist der Frankfurter Flughafen die Nummer 9. Der Flughafen ist sehr praktisch für Passagiere, weil es direkt im Flughafen einen Bahnhof° gibt. Man kann Flug und Zugreise bequem miteinander kombinieren. Über dem Bahnhof findet man auch „The Squaire", ein großes Gebäude mit Büros, zwei Hotels und Geschäften.

Neben dem Passagierverkehr° ist der Frankfurt Airport auch für den Cargoverkehr wichtig. Innerhalb Europas werden nur in Paris-Charles de Gaulle mehr Güter° transportiert. Wegen der vielen Passagiere und der Güter nennt man den Frankfurt Airport auch ein wichtiges Luftfahrtdrehkreuz°. Der Flughafen ist aber nicht nur für Passagiere und Cargotransport wichtig. Hier arbeiten insgesamt über 71.000 Menschen. Innerhalb Deutschlands gilt der Flughafen als größte lokale Arbeitsstätte°. Er ist so groß, dass er seine eigene Postleitzahl° hat!

Flughafen	Passagiere (2010)	Flüge (2010)	Fluggesellschaften°
Frankfurt Airport	56,4 Millionen	487.000	155
London-Heathrow (größter in Europa)	65 Millionen	476.000	90
Atlanta International Airport (größter weltweit)	89,3 Millionen	950.000	62

QUELLE: Frankfurt Airport, Heathrow Airport, Atlanta International Airport

Bahnhof *train station* **Passagierverkehr** *passenger traffic* **Güter** *freight* **Luftfahrtdrehkreuz** *aviation hub* **Arbeitsstätte** *place of employment* **Postleitzahl** *zip code* **Fluggesellschaften** *airline companies*

ÜBUNGEN

1 **Richtig oder falsch?** Sind die Aussagen richtig oder falsch? Korrigieren Sie die falschen Aussagen mit einem Partner / einer Partnerin.

1. Frankfurt Airport ist der größte Flughafen in Deutschland.
2. Der Flughafen Nummer 2 in Deutschland ist Düsseldorf.
3. Leider gibt es am Frankfurt Airport keinen Bahnhof.
4. Am Frankfurt Airport können Reisende übernachten.
5. In London-Heathrow transportiert man mehr Güter als in Frankfurt.

6. Am Frankfurt Airport arbeiten 74.000 Menschen.
7. Der Frankfurt Airport ist die größte lokale Arbeitsstätte in Deutschland.
8. Die Postleitzahl des Frankfurt Airports ist 60549.
9. Der Frankfurt Airport hat mehr Fluggesellschaften als London.
10. Am größten Flughafen Europas flogen 2010 89,3 Millionen Passagiere ab.

 Practice more at **vhlcentral.com**.

Urlaub für Studenten

die Jugendherberge, -n	*youth hostel*
die Pension, -en	*guesthouse*
das Zelt, -e	*tent*
der Zeltplatz, -¨e	*camping area*
Sofa-surfen	*to couch surf*
Zimmer frei	*vacancy*

Sylt

Sylt ist die größte deutsche Insel in der Nordsee. Sie heißt auch „die Hamburger Badewanne". Jedes Jahr machen hier über 800.000 Menschen Urlaub. Berühmt ist Sylt für seine langen Strände (mehr als 40 Kilometer) und die Wanderdünen° in List. Sie sind bis zu 1.000 Meter lang und 35 Meter hoch. Sie „wandern" jedes Jahr bis zu 4 Meter. Interessant ist auch das Wattenmeer, wo viele Fische und Vögel leben. Auf Sylt findet man auch seltene° Pflanzen, Tiere und Schmetterlinge°. Die Heide° ist auch eine bekannte Landschaft° der Insel.

Wanderdünen *hiking dunes* **seltene** *rare*
Schmetterlinge *butterflies* **Heide** *heath*
Landschaft *landscape*

Der ICE

Der ICE, oder Intercity-Express, ist die schnellste Zugart° in Deutschland. Dieser Zug° fährt in Deutschland und 6 Nachbarländern (Belgien, Dänemark, Frankreich, Niederlande, Österreich und der Schweiz) 180 ICE-Bahnhöfe an. Für Passagiere ist der ICE interessant, weil die Züge nicht nur extrem schnell fahren, sondern auch sehr bequem sind. Passagiere haben viel Platz. Alle Wagen haben Klimaanlagen°. Es gibt auch ein Bordrestaurant im Zug und oft ein Abteil° für Kinder. Mit Kopfhörern° kann man Musik- und Sprachprogramme hören und für Computer gibt es Steckdosen°.

Zugart *type of train* **Zug** *train* **Klimaanlagen** *air conditioning* **Abteil** *section*
Kopfhörern *headphones* **Steckdosen** *electrical outlets*

IM INTERNET

Suchen Sie Informationen über die Vogelfluglinie: Was ist die Vogelfluglinie? Wo liegt sie? Ist sie nur für Vögel?

For more information on this **Kultur**, go to **vhlcentral.com**.

---

2 **Was fehlt?** Ergänzen Sie die Sätze.

1. Die Insel Sylt liegt in der _____.
2. Die Insel Sylt hat lange _____ und Wanderdünen.
3. Eine Attraktion ist das _____, wo viele Fische und Vögel leben.
4. Die schnellste Zugart in Deutschland ist der _____.
5. Der ICE ist extrem schnell und auch _____.
6. Es gibt Bordrestaurants und Abteile für _____.

3 **Urlaub** Diskutieren Sie mit einem Partner / einer Partnerin, wo Sie in Deutschland, Österreich oder der Schweiz Urlaub machen wollen. Wählen Sie ein Urlaubziel (*destination*). Warum wollen Sie diese Orte besuchen? Was möchten Sie hier gerne sehen? Was möchten Sie hier gerne machen? Mit wem möchten Sie diese Orte besuchen?

7B.1 Infinitive expressions and clauses Presentation

Startblock When you use a non-modal verb with an infinitive clause, add the preposition **zu** before the infinitive.

> Ich habe Sabite letzte Woche geholfen, ihre Wohnung **zu putzen**.

> Ich habe ihm gesagt, dass ich überlege, ein Semester in der Türkei Kunst **zu studieren**.

- In **3B.1**, you learned that when a conjugated modal verb modifies the meaning of another verb, the infinitive moves to the end of the sentence. The preposition **zu** is not needed in this case.

Ich möchte Checkpoint Charlie **besuchen**.	Es regnet. Wir müssen unsere Regenmäntel **anziehen**.
*I want **to visit** Checkpoint Charlie.*	*It's raining. We need **to put on** our raincoats.*

- After most other verbs, however, you need to put **zu** before the infinitive clause. Place **zu** plus the infinitive at the end of the sentence.

Es macht viel Spaß **zu reisen**!	Ich hatte keine Zeit, Postkarten **zu schreiben**.
***Travelling** is so much fun!*	*I didn't have time **to write** postcards.*

- When using a double verb expression like **spazieren gehen**, put the preposition **zu** between the two verbs.

Die Kinder haben Angst, **schwimmen zu gehen**.	Es ist uns zu teuer, jeden Abend **essen zu gehen**.
*The kids are afraid to **go swimming**.*	***Going out to eat** every night is too expensive for us.*

- If the verb in the infinitive clause is a separable prefix verb, place **zu** between the prefix and the main part of the verb.

Es macht keinen Spaß, die Küche **aufzuräumen**.	Vergiss bitte nicht, den Müll **rauszubringen**.
***Cleaning** the kitchen is no fun.*	*Please don't forget **to take out** the trash.*

- Infinitive constructions with **zu** often occur after the verbs **anfangen**, **beginnen**, **vergessen**, **helfen**, and **finden**, the expressions **Lust haben** (*to be in the mood*), **Angst haben**, and **Spaß machen**, and the adjectives **einfach**, **wichtig** (*important*), and **schön**.

Ich **habe vergessen**, meine Eltern **anzurufen**.	Kannst du mir bitte **helfen**, meine Bordkarte **zu finden**?
*I **forgot to call** my parents.*	*Can you please **help** me **find** my boarding pass?*
Wir **haben** keine **Lust**, heute Abend **auszugehen**.	Ich finde es **wichtig**, pünktlich **zu sein**.
*We don't **feel like going out** this evening.*	*I think it's **important to be** on time.*

- Impersonal expressions beginning with **Es ist/war...** are also frequently followed by an infinitive clause.

Es war so schön, in einem Fünf-Sterne-Hotel **zu übernachten**.
*It **was** so nice **to spend the night** at a five-star hotel.*

Es ist nicht gut, bei Nebel **zu fliegen**.
*It's not good **to fly** when it's foggy.*

- The expressions **um... zu** (*in order to*), **ohne... zu** (*without*), and **anstatt... zu** (*instead of*) are frequently used in infinitive clauses. **Anstatt** is often shortened to **statt**, especially in informal conversation.

Ich esse viel Gemüse und gehe jeden Tag schwimmen, **um** fit **zu bleiben**.
*I eat lots of vegetables and swim every day **to stay** fit.*

Man kann einen schönen Urlaub machen, **ohne** ins Ausland **zu fahren**.
*You can have a nice vacation **without going** abroad.*

Sie sind in die Schweiz gefahren, **anstatt** nach Rom **zu fliegen**.
Instead of flying to Rome, they drove to Switzerland.

Fahrt ihr nach Hamburg, **um** eure Freunde **zu besuchen**?
*Are you driving to Hamburg **to visit** your friends?*

- In sentences with **um... zu**, **ohne... zu**, or **(an)statt... zu**, the infinitive clause may be the first element in a sentence. When the infinitive clause is the first element, the conjugated verb becomes the second element, and the subject comes after the conjugated verb.

Statt zu schlafen, **hat Peter** die ganze Nacht gelesen.
Instead of sleeping, Peter spent all night reading.

Um ein Zimmer in diesem Hotel **zu bekommen**, **muss man** sehr früh buchen.
To get a room at that hotel, you have to book early.

Ohne vorher **zu fragen**, **haben sie** die Kekse gegessen.
*They ate the cookies **without asking** first.*

Anstatt meine Hausaufgaben **zu machen**, **bin ich** gestern Abend ausgegangen.
Instead of doing my homework, I went out last night

Ressourcen

SAM
WB: pp. 101–102

SAM
LM: p. 65

vhlcentral.com

 Jetzt sind Sie dran!   **Wählen Sie das passende Wort.**

1. Ich bin rausgegangen, (um / ⬭ohne⬭ / anstatt) den Schlüssel mitzunehmen. Jetzt kann ich die Tür nicht aufschließen (*unlock*)!

2. (Um / Ohne / Anstatt) einen Skiurlaub zu machen, fahren wir ans Meer.

3. Der Student hat die Prüfung bestanden, (*passed*) (um / ohne / anstatt) dafür zu lernen.

4. (Um / Ohne / Anstatt) mit dem Zug (*train*) zu fahren, fliegt Bruno nach Italien.

5. Willst du Deutsch lernen, (um / ohne / anstatt) in Deutschland zu studieren?

6. Michael hat das Hotel gefunden, (um / ohne / anstatt) auf den Stadtplan zu schauen.

7. (Um / Ohne / Anstatt) Zeitung zu lesen, schlafe ich gern im Flugzeug.

8. Der Geschäftsmann bestellte Zimmerservice, (um / ohne / anstatt) nach dem Preis zu fragen.

9. Wir fahren zwei Stunden vor unserem Flug zum Flughafen, (um / ohne / anstatt) pünktlich zu sein.

10. Erika ist faul und fährt mit dem Fahrstuhl, (um / ohne / anstatt) die Treppe zu nehmen.

11. Ich trage einen Mantel bei schlechtem Wetter, (um / ohne / anstatt) warm zu bleiben.

12. Das Gute an Jugendherbergen ist, man kann dort übernachten, (um / ohne / anstatt) ein Bett zu reservieren.

Anwendung

1 **Ergänzen Sie** Ergänzen Sie die Sätze mit der richtigen Form des Verbs im Infinitiv.

1. Wir helfen unseren Eltern, die Koffer _____. (*packen*)
2. Mama fängt an, die Zimmer im Hotel _____. (*reservieren*)
3. Es macht Spaß, in Europa _____. (*reisen*)
4. Papa hat vergessen, unsere Personalausweise _____. (*mitbringen*)
5. Der Taxifahrer hatte keine Zeit, _____. (*zurückfahren*)
6. Er musste sehr schnell fahren, um am Flughafen pünktlich _____. (*ankommen*)

2 **Schreiben Sie** Ergänzen Sie die Sätze mit dem passenden Ausdruck **um... zu**, **ohne... zu** oder **(an)statt... zu**.

> **BEISPIEL** Im Flugzeug lese ich viel, _(an)statt_ zu schlafen.

1. Wir gehen mit unseren Freunden am Abend vor unserer Reise aus, _____ unsere Koffer zu packen.
2. Die Studenten reisen viel, _____ die Welt (*world*) kennen zu lernen.
3. Natascha hat eine gute Note in Deutsch geschrieben, _____ viel dafür zu lernen.
4. Wart ihr wirklich den ganzen Tag am Strand, _____ euch vor der Sonne zu schützen (*protect*)?
5. Am Freitag gehen wir ins Kino (*movie theater*), _____ den neuen Film zu sehen.
6. _____ ein Hotelzimmer zu buchen, werden wir in der Jugendherberge übernachten.

3 **Wozu braucht man das?** Sagen Sie, wozu man die abgebildeten Dinge braucht.

gesund (*healthy*) bleiben	tanzen gehen	E-Mails schreiben
im Regen trocken bleiben	Deutsch lernen	in den Bergen wandern

▶ **BEISPIEL**
Man braucht einen Badeanzug, um schwimmen zu gehen.

1. 2.

3. 4. 5. 6.

Kommunikation

4 **Viel gereist** Sie waren im Sommer in Deutschland. Besprechen Sie mit einem Partner / einer Partnerin, wo Sie waren und warum Sie dort waren.

BEISPIEL in München

S1: Wo warst du im Sommer?
S2: Ich war in München, um meine Familie zu besuchen. Meine Schwester wohnt dort.

in den Alpen	in Hamburg
in Berlin	am Main
an der Donau	in München
in Füssen	an der Ostseeküste

5 **Ein schwerer Koffer** Sie haben viel in den Urlaub mitgebracht. Erzählen Sie einem Partner / einer Partnerin, wieso Sie so viel im Gepäck haben.

BEISPIEL

S1: Warum hast du eine Gitarre mitgebracht?
S2: Um Musik zu machen. Und du? Warum hast du einen Badeanzug gepackt?
S1: Um schwimmen zu gehen.

einen gestreiften Anzug	eine tolle Hose	einen Rucksack
einen Badeanzug	ein Kleid	viele Bücher
die Brille	eine Krawatte	eine Sonnenbrille
eine Gitarre	eine Mütze	ein langärmliges T-Shirt
eine kurze Hose	einen Regenschirm	Turnschuhe

6 **Wohin wollen wir reisen?** Denken Sie an drei mögliche Urlaubsziele. Fragen Sie Ihren Partner / Ihre Partnerin, wohin er/sie reisen möchte, und besprechen Sie dabei die Sehenswürdigkeiten in jeder Stadt.

BEISPIEL

S1: Wo machen wir im Sommer Urlaub?
S2: Ich will nach Disneyland fahren, anstatt Museen zu besuchen.
S1: Warum?
S2: Um Mickey Mouse zu treffen. Ich finde ihn toll!

7 **Meiner Meinung nach** Ergänzen Sie die folgenden Aussagen mit Ihrer Meinung. Vergleichen Sie die Antworten mit anderen Studenten.

1. Ich finde es schwer...

2. Es macht mir Spaß...

3. Ich habe keine Lust...

4. Ich versuche (try) immer...

5. Ich finde es wichtig...

6. Es ist schön...

7B.2 | **Time expressions** Presentation

QUERVERWEIS

See **2A.3** and **2B.2** to review times and dates in German.

To review word order with time expressions, see **4A.2**.

Startblock German has two main concepts related to expressions of time. **Zeit** describes a span of time, while **Mal** refers to specific occurrences and repetitions.

Ich habe noch **50 Minuten Zeit** vor meinem Flug.
*I still have **50 minutes** before my flight.*

Ich war nur **einmal** in Hamburg.
*I've only been to Hamburg **once**.*

- Many German time expressions use **Mal** or a compound word containing **-mal**:

diesmal	*this time*	manchmal	*sometimes*
das erste Mal	*the first time*	niemals	*never*
einmal	*once*	zum ersten/letzten Mal	*for the first/last time*

- Use the accusative case to talk about a particular span of time or point in time. To describe how long something lasted, use **dauern** + the accusative.

Die Kreuzfahrt dauerte **einen Monat**.
*The cruise lasted **a month**.*

Nächsten Sommer fahren wir an den Strand.
***Next summer** we're going to the beach.*

Letzten Montag haben meine Ferien angefangen.
*My break started **last Monday**.*

Die Studenten tanzten **die ganze Nacht**.
*The students danced **all night long**.*

- Use the present tense with **seit** plus a dative time expression or **schon** plus an accusative time expression to indicate how long something has been going on.

Seit einem Monat wohnt Patrick in Berlin.
*Patrick has been living in Berlin **for a month**.*

Er studiert **schon zwei Jahre** in Deutschland.
*He's been studying in Germany **for two years**.*

- The two-way prepositions **an**, **in**, and **vor** can all be used to answer the question **wann?** Use the dative case with these time expressions.

Vor einem Jahr studierte ich im Ausland.
A year ago I was studying abroad.

Mein Geburtstag ist **am 18. Februar**.
*My birthday is **on February 18**.*

- Use the time expressions **zuerst** (*first*), **dann** (*then*), **danach** (*after that*), and **zuletzt** (*last*) to narrate a series of events.

Zuerst musst du die wichtigen Papiere in das Handgepäck packen.
***First** you have to pack your important papers in the carry-on bag.*

Dann kannst du die anderen Sachen in den großen Koffer packen.
***Then** you can pack the other things in the big suitcase.*

Ressourcen

SAM
WB: pp. 103–104

SAM
LM: p. 66

vhlcentral.com

  Jetzt sind Sie dran!   **Wählen Sie die passenden Wörter.**

1. (Im / In den) Frühling regnet es viel.
2. In (der / die) Nacht habe ich schlecht geträumt.
3. Laura reist für (ein / einen) Monat nach Österreich.
4. Vor (einer / eine) Woche haben wir unsere Flugtickets bekommen.
5. (Nächster / Nächsten) Sommer musst du in den Urlaub mitkommen.
6. (Am / An das) Wochenende fahre ich nach Zürich.
7. Herr Boas wartet schon (einer / eine) Stunde (*hour*) auf ein Taxi.
8. Wir waren (letzter / letzten) Dienstag nicht zu Hause.
9. Hugo arbeitet seit (ein / einem) Jahr an seinem neuen Buch.
10. In (einer / eine) Woche macht er eine Kreuzfahrt.

Anwendung und Kommunikation

1 **Ergänzen Sie** Ergänzen Sie die Sätze mit den passenden Zeitergänzungen aus der Liste.

einmal	das erste Mal	einen Monat
letztes Jahr	35 Minuten	nächste Woche

1. Saras Geburtstag ist _____ und dann wird sie zweiundzwanzig.
2. Mit 18 Jahren durfte ich _____ allein in Urlaub fahren.
3. Silvester ist _____ auf einen Sonntag gefallen.
4. Der Flug von München nach Nürnberg dauert nur _____.
5. Wir haben noch _____ bis zum Ende von unserem Semester.
6. Meine Großeltern planen eine Familienfeier, denn Goldene Hochzeit hat man nur _____ im Leben.

2 **Ein kleines Interview** Beantworten Sie die Fragen von Ihrem Partner / Ihrer Partnerin.

> **BEISPIEL** seit wann / Deutsch lernen
>
> **S1:** *Seit wann lernst du Deutsch?*
> **S2:** *Seit letztem Semester.*

1. wann / Geburtstag haben
2. seit wann / hier studieren
3. was / zuerst machen nach dem Semesterende / Und danach?
4. wann und wo / zuletzt am Strand sein (*past tense*)
5. vor wie vielen Jahren / zum ersten Mal im Flugzeug fliegen (*past tense*)
6. wen / einmal kennen lernen möchten

3 **Reiselust** Erfinden Sie mit Ihren Mitstudenten eine kurze Geschichte über eine Reise. Benutzen Sie Wörter aus der Liste oder Ihre eigenen.

> **BEISPIEL**
>
> *Thomas und seine Familie wollten zum ersten Mal eine Kreuzfahrt von Marseille nach Palermo machen. Zuerst...*

Zeitausdrücke	Hauptwörter	Verben
danach	die Crew	einkaufen
dann	das Gepäck	einpacken
niemals	das Meer	essen
seit	der Pass	regnen
vor	der Sandstrand	schwimmen
zuerst	das Souvenir	tanzen
zuletzt	das Wetter	vergessen

 Practice more at **vhlcentral.com.**

7B.3 | **Indefinite pronouns** Presentation

QUERVERWEIS

To review the use of subject, accusative, and dative pronouns, see **1.A.3**, **5A.2**, and **5A.3**.

Startblock Pronouns that refer to an unknown or nonspecific person or thing are called indefinite pronouns.

Alles in Ordnung?

Niemand bestellt Zimmerservice.

- Two indefinite pronouns that refer to people are **jemand** (*someone*) and **niemand** (*no one*). Use the ending **-en** for the accusative case and **-em** for the dative.

  Jemand hat seinen Personalausweis an der Passkontrolle vergessen.
  Someone left his I.D. card at passport control.

  Herr Klein will mit **niemandem** sprechen.
  Mr. Klein doesn't want to speak with anyone.

ACHTUNG

In conversation, **etwas** may be shortened to **was**. Ex.: **Kann ich dich was fragen?**

Remember that **man** is singular. When **man** is the subject, always use a verb in the third-person singular.

- To talk about indefinite things, use **alles** (*everything*), **etwas** (*something*), or **nichts** (*nothing*). **Etwas** and **nichts** do not change in different cases; **alles** is declined like the neuter definite article **das**.

  Wir haben noch **nichts** gegessen.
  We haven't eaten anything yet.

  Möchten Sie **etwas** zu trinken bestellen?
  Would you like to order something to drink?

  Ich habe **alles** ins Handgepäck gepackt.
  I packed everything in the carry-on.

  Meine Schwester kann dir mit **allem** helfen.
  My sister can help you with everything.

- Use the pronoun **man** to talk about people in general.

  Man darf im Flugzeug nicht rauchen.
  You're not allowed to smoke on an airplane.

  In Hamburg ist **man** froh, wenn es im Winter nicht zu viel schneit.
  In Hamburg we're happy if it doesn't snow too much in winter.

  In Liechtenstein spricht **man** Deutsch.
  In Liechtenstein they speak German.

  Man soll zwei Stunden vor dem Abflug am Flughafen sein.
  One should be at the airport two hours before departure.

Ressourcen

SAM
WB: pp. 105–106

SAM
LM: p. 67

vhlcentral.com

Jetzt sind Sie dran! **Wählen Sie das passende Wort.**

1. Anna vergisst oft ihre Hausaufgaben, aber Jörg vergisst (nichts / etwas).

2. (Etwas / Niemand) will arbeiten, wenn das Wetter draußen so schön ist.

3. Wenn (man / alles) nicht ins Ausland will, gibt es auch in Deutschland viele schöne Ferienorte (*vacation spots*).

4. (Nichts / Jemand) hat vergessen, das Fenster zu schließen.

5. Hast du (niemand / etwas) gesagt?

6. Ich möchte (alles / man) in dieser Stadt sehen!

7. Ich will im Urlaub (jemand / nichts) machen – nur schlafen und essen!

8. Sollen wir (man / jemanden) fragen, oder findest du die Antwort im Internet?

9. Anke ist sehr schüchtern – sie will mit (niemandem / etwas) reden.

10. (Nichts / Man) kann in diesem Geschäft viele schöne Sachen finden.

Anwendung und Kommunikation

1 **Fragen zur Grammatik** Ergänzen Sie die Sätze mit den passenden Wörtern aus der Liste.

alles	nichts
etwas	niemand
jemand	niemandem

1. Hat _____ noch Fragen zur Grammatik?

2. Professor Krause, können Sie uns _____ noch einmal erklären?

3. _____ hat die Grammatik verstanden.

4. Sie haben wirklich _____ verstanden?

5. Also kann ich leider _____ helfen.

6. Sie können _____ lernen, liebe Studenten, aber nur wenn Sie Ihre Hausaufgaben machen!

2 **Was macht man hier** Schreiben Sie zu jedem Foto einen Satz mit **man**. Benutzen Sie die angegebenen Wörter.

▶ **BEISPIEL**

hier / können / Medikamente kaufen
Hier kann man Medikamente kaufen.

1. bei Rot / müssen / stoppen

2. hier / kommen / zum Marienplatz

3. hier / sprechen / Deutsch

4. hier / dürfen / parken

5. hier / können / einkaufen

3 **Beim Reisen** Diskutieren Sie mit Ihren Mitstudenten, was man beim Reisen alles beachten (*consider*) muss. Benutzen Sie Wörter aus der Liste oder Ihre eigenen.

BEISPIEL

S1: *Man braucht für eine Reise nach Europa einen Pass.*
S2: *Und man muss das Flugticket circa drei Monate vor der Reise kaufen.*
S3: *Man darf nicht zu spät am Flughafen ankommen.*

abfliegen	das Flugticket
ankommen	das Geld
bestellen	das Handy
buchen	die Kleidung
kaufen	die Kreditkarte
mitbringen	der Pass
packen	die Reservierung
vergessen	das Visum

 Practice more at **vhlcentral.com**.

Wiederholung

1 **Die vergesslichen Schröders** Sehen Sie sich die Bilder an. Sagen Sie, was die Familie Schröder vergessen hat.

▶ **BEISPIEL** *Bernd hat vergessen, das Geschirr zu spülen.*

Bernd

1. Opa

2. Rüdiger   3. Tante Ida   4. Onkel Gerhard   5. Gertrude

2 **Wie viel verstehst du?** Wie viel verstehen Sie und Ihr Partner / Ihre Partnerin von den Themen auf der Liste? Etwas? Nichts? Alles? Wechseln Sie sich ab.

BEISPIEL

S1: *Wie viel verstehst du von Politik?*
S2: *Ich verstehe etwas von Politik. Und du?*

Chemie	Geographie	Popmusik
Fotografie	Geschichte	Skateboard fahren
Fußball spielen	Politik	Tanzen

3 **Warum?** Sie und Ihr Partner / Ihre Partnerin bekommen zwei verschiedene Arbeitsblätter von Ihrem Professor / Ihrer Professorin. Finden Sie heraus, warum die einzelnen Personen etwas tun.

BEISPIEL

S1: *Warum geht Kiara in die Bibliothek?*
S2: *Sie geht dahin, um ein Buch für ein Referat zu suchen.*

4 **Wie lange?** Fragen Sie Ihren Partner / Ihre Partnerin, wie lange er/sie die Dinge auf der Liste schon macht.

BEISPIEL Deutsch lernen

S1: *Wie lange lernst du schon Deutsch?*
S2: *Seit 6 Monaten.*

Konzerte besuchen	schwimmen
Auto fahren	ein Musikinstrument spielen
Rad fahren	Videospiele spielen
Bücher lesen	an der Uni studieren

5 **Wann?** Fragen Sie die anderen Studenten, wann sie die Dinge auf der Liste das letzte Mal gemacht haben. Finden Sie zu jedem Wochentag eine Person.

BEISPIEL in die Bibliothek gehen

S1: *Wann bist du das letzte Mal in die Bibliothek gegangen?*
S2: *Am Mittwoch bin ich dahin gegangen.*

6 **Eine Geschichte** Schauen Sie sich das Bild an und schreiben Sie eine Geschichte dazu. Jede Person schreibt zwei Sätze der Geschichte und gibt sein Stück Papier an die nächste Person weiter. Der erste Satz beginnt mit „zuerst", der dritte mit „dann", der fünfte mit „danach" und so weiter.

> **BEISPIEL** *Zuerst spazierten zwei Freunde auf der Straße...*

7 **Rollenspiel** Spielen Sie mit einem Partner / einer Partnerin die Rollen von zwei älteren Menschen, die über ihr Leben nachdenken. Jede Person sagt etwas über einen anderen Abschnitt (*phase*) des Lebens.

> **BEISPIEL**
>
> **S1:** Mit 5 zog meine Familie in die USA.
> **S2:** Mit 6 ging ich zum ersten Mal in die Schule.

8 **Wie oft?** Arbeiten Sie mit einem Partner / einer Partnerin. Fragen Sie nach seinen/ihren Urlaubserfahrungen. Wie oft ist er/sie ins Ausland gereist oder in einem Hotel geblieben? Wie oft hat er/sie einen Nationalpark besucht? Wie oft hat er/sie Familie in einer anderen Stadt besucht?

> **BEISPIEL**
>
> **S1:** Wie oft bist du ins Ausland gereist?
> **S2:** Ich bin zweimal ins Ausland gereist, einmal nach Mexiko und einmal nach Frankreich.

Mein Wör|ter|buch

Schreiben Sie noch fünf weitere Wörter in Ihr persönliches Wörterbuch zu den Themen **Jahreszeiten** und **Reisen**.

der Altweibersommer

Übersetzung
Indian summer

Wortart
ein Substantiv

Gebrauch
Mitte September hatten wir den Altweibersommer. Das Wetter war warm und sonnig und wir haben alle Sommerkleidung getragen.

Synonyme
——

Antonyme
——

Weiter geht's

Panorama Ⓢ Map

Schleswig-Holstein, Hamburg und Bremen

Schleswig-Holstein in Zahlen

- ▶ **Fläche:** *15.800 km²*
- ▶ **Einwohner:** *2,8 Millionen*
- ▶ **Sprachen:** *Deutsch (2,7 Millionen), Plattdeutsch (1,3 Millionen), Dänisch (65.000), Friesisch (10.000)*
- ▶ **Städte:** *Kiel (237.000), Lübeck (211.000)*
- ▶ **Industrie:** *Landwirtschaft°, Seehandel°, Windenergie*
- ▶ **Touristenattraktionen:** *Danewerk und Haithabu (Wikingerstätten°), Karl-May-Festspiele° in Bad Segeberg*

Berühmte Schleswig-Holsteiner

- ▶ **Max Planck,** *Physiker (1858–1947)*
- ▶ **Thomas Mann,** *Literaturnobelpreisträger (1875–1955)*

Quelle: Landesportal Schleswig-Holstein

Hamburg in Zahlen

- ▶ **Fläche:** *755.000 km²*
- ▶ **Einwohner der Hansestadt Hamburg:** *1,8 Millionen*
- ▶ **Industrie:** *Flugzeugbau, Hafen, Schiffbau, Tourismus*
- ▶ **Touristenattraktionen:** *Altonaer Fischmarkt, Hamburger Michel, Museumsschiff Rickmer Rickmers*

Berühmte Hamburger

- ▶ **Johannes Brahms,** *Komponist (1833–1897)*
- ▶ **Jil Sander,** *Modedesignerin (1943–)*

Quelle: Landesportal Hamburg

Bremen in Zahlen

- ▶ **Fläche:** *325 km² (kleinstes deutsches Bundesland)*
- ▶ **Einwohner der Hansestadt Bremen:** *547.000*
- ▶ **Industrie:** *Außenhandel°, Automobilindustrie*
- ▶ **Touristenattraktionen:** *Böttcherstraße, Rathaus, Bremer Stadtmusikanten, Marktplatz, Schnoor*

Berühmte Bremer

- ▶ **Ernst Rowohlt,** *Verleger° (1887–1960)*
- ▶ **James Last,** *Komponist und Bandleader (1929–)*

Quelle: Landesportal Bremen

Landwirtschaft *agriculture* **Seehandel** *maritime trade* **Wikingerstätten**
Viking sites **Festspiele** *festivals* **Außenhandel** *foreign trade*
Verleger *publisher* **Brücken** *bridges* **überqueren** *cross* **Venedig** *Venice*

Sankt Michaelis: „Der Hamburger Michel", die bekannteste Kirche Hamburgs und ein Wahrzeichen der Stadt

DÄNEMARK

NATIONALPARK SCHLESWIG-HOLSTEINISCHES WATTENMEER

Sylt
Föhr
Amrum
Pellworm
Nordstrand
NORDSEE
Deutsche Bucht
Helgoland

Flensburg
Flensburger Förde
Schleswig
Husum
Kiel Förde
Eider
Nord-Ostsee-Kanal
Kiel
Fehmarn
Kieler Bucht
Wagrien
OSTSEE
SCHLESWIG-HOLSTEIN
Neumünster
Lübecker Bucht
Lübeck
Alster
Pinneberg
Bremerhaven
Hamburg
HAMBURG
MECKLENBURG-VORPOMMERN
BREMEN
Oldenburg
Bremen
Weser
NIEDERSACHSEN

Wahrzeichen der alten Hansestadt Lübeck: das Holstentor

Der Schnoor, der älteste Stadtteil Bremens

Landesgrenzen
● Stadt
◉ Landeshauptstadt

| 0 | | 25 Meilen |
| 0 | | 25 Kilometer |

Unglaublich, aber wahr!

In Hamburg gibt es mehr als 2.500 Brücken°.
Die Brücken überqueren° die Alster, Süderelbe,
Norderelbe und Kanäle der Stadt. Es gibt mehr
Brücken in Hamburg als in Venedig°, Amsterdam
und London zusammen.

Märchen
Bremer Stadtmusikanten

Auf dem Marktplatz der Stadt Bremen gibt es eine Statue: man kann einen Hahn° auf einer Katze auf einem Hund auf einem Esel° stehen sehen. Diese Tiere spielen die Hauptrollen eines Märchens der Gebrüder Grimm mit dem Namen „Die Bremer Stadtmusikanten". Es ist interessant, dass die Tiere in dem Märchen nie in Bremen ankamen. Zwar wollten sie am Anfang der Geschichte nach Bremen, hielten dann aber in einem Haus außerhalb der Stadt an. Trotzdem sind die Stadtmusikanten ein wichtiges Symbol der Stadt.

Natur
Nationalpark Schleswig-Holsteinsches Wattenmeer

Das Wattenmeer liegt in der Nordsee. Große Teile des Wattenmeers stehen unter Naturschutz°. Der Nationalpark Schleswig-Holsteinisches Wattenmeer hat eine Fläche von 4.410 Quadratkilometern und erstreckt sich von der deutsch-dänischen Seegrenze bis zur Elbmündung°. Er ist der größte deutsche Nationalpark. 70% des Nationalparks stehen permanent unter Wasser. Tiere und Pflanzen, die in diesem Nationalpark leben, sind Schweinswale°, Brandgänse° und diverse Seegräser. Seit 2009 ist das Wattenmeer ein UNESCO-Welterbe°.

Piraten
Störtebeker

Klaus Störtebeker ist der berühmteste deutsche Pirat (wahrscheinlich 1360–1401). Viele Legenden existieren über ihn. Der Name Störtebeker (Stürz den Becher) kommt aus dem Niederdeutschen: angeblich konnte Störtebeker einen 4-Liter-Becher° in einem Schluck° austrinken. 1401 exekutierte man Störtebeker mit 30 Gefährten° in Hamburg. Laut einer Sage° durften alle Gefährten weiterleben°, an denen Störtebeker nach seiner Exekution ohne Kopf vorbeilief°. Er schaffte 11 Kameraden! Heute ist das Interesse an diesem Mann immer noch sehr groß. Einige Schiffe tragen seinen Namen und es gibt auch Filme und Festspiele über ihn.

Hahn *rooster* **Esel** *donkey* **Naturschutz** *conservation* **Elbmündung** *Elbe delta* **Schweinswale** *porpoises* **Brandgänse** *shelducks* **Welterbe** *world heritage site* **Umwelthauptstadt** *environmental capital* **Umweltschutz** *environment protection* **Auszeichnung** *award* **öffentliches Personennahverkehrsnetz** *public transportation network* **Grünflächen** *parkland* **Becher** *mug* **Schluck** *gulp* **Gefährten** *companions* **Sage** *tale* **weiterleben** *be spared* **ohne Kopf vorbeilief** *ran by without his head*

Umwelt
Umwelthauptstadt° Europas

2009 verlieh die EU-Kommission der Stadt Hamburg den Titel „Umwelthauptstadt Europas" für das Jahr 2011. Hamburg ist nach Stockholm die zweite Stadt mit diesem Titel. Nur Metropolen mit hohen Standards im Umweltschutz° und mit guten Plänen für die Zukunft bekommen diese Auszeichnung°. Die Stadt Hamburg hat zum Beispiel ein sehr gutes öffentliches Personennahverkehrsnetz°. Jeder Bürger der Stadt wohnt innerhalb 300 Meter einer Bus- oder Bahnstation. Außerdem sind etwa 17% der Stadt Grünflächen°.

IM INTERNET

1. Suchen Sie Informationen über die Umwelthauptstadt Hamburg: Machen Sie eine Liste mit Aktionen, die es in Hamburg gab.

2. Suchen Sie Informationen über die Stadt Lübeck: Was kann man hier machen? Warum ist diese Stadt berühmt? Was kann man hier essen?

For more information on this **Panorama**, go to **vhlcentral.com**.

Was haben Sie gelernt? Ergänzen Sie die Sätze.

1. Die Brücken Hamburgs überqueren die _____ und Kanäle der Stadt.

2. In Hamburg gibt es mehr Brücken als in _____ zusammen.

3. Auf dem Bremer Marktplatz gibt es eine Statue mit vier _____.

4. _____ haben das Märchen der Bremer Stadtmusikanten aufgeschrieben.

5. Hamburg war _____ Umwelthauptstadt Europas.

6. Etwa 17% der Stadt Hamburg sind _____.

7. Der berühmteste Pirat Deutschlands heißt _____.

8. Er wurde _____ in Hamburg exekutiert.

9. Der Nationalpark Wattenmeer ist der größte deutsche _____.

10. Im Nationalpark leben Tiere wie Schweinswale und _____.

 Practice more at **vhlcentral.com**.

Lesen Reading: Audio

Vor dem Lesen

Strategien
Predicting content from the title You can often use titles and subheadings to predict the content of a text before you read it. For example, you can usually predict the content of a newspaper article from its headline. Predicting content from titles will help you increase your reading comprehension in German.

Untersuchen Sie den Text

Lesen Sie die Überschriften (*titles*) des Textes. Was für eine Textart ist das? Schreiben Sie mit einem Partner / einer Partnerin eine Liste: welche Informationen können Sie in jedem Teil des Textes finden?

Überschriften

Lesen Sie die Überschriften: Was ist das Thema des Textes, der dieser Überschrift folgt (*follows*)? Wo kann man diese Überschriften finden (in einer Tageszeitung, einem Magazin, einer Broschüre, einem Reiseführer, etc.)?

Regensburg entdecken

Diese Woche in Berlin

Die Pyramiden Ägyptens in 8 Tagen!

DFB-Team verliert Fußball-Länderspiel gegen Frankreich

Am Frankfurter Flughafen wird gestreikt

Die 15 besten Rezepte zum Grillen

Gute Restaurants für Studenten in Kiel

Die Nordseeküste° Schleswig-Holsteins in 6 Tagen

6 Tage Naturerlebnis° für 450 Euro!

1. Tag: Hamburg-Büsum Mit dem Bus von Hamburg nach Brunsbüttel. Hier besichtigen° wir die Schleusen° des Nord-Ostsee-Kanals. Weiter geht es mit dem Bus nach Friedrichskoog. Wir besuchen die Seehundstation° Friedrichskoog, die einzige Seehundstation in Schleswig-Holstein. Per Bus geht es weiter nach Büsum, unserer Endstation heute. Am Nachmittag besuchen wir das „Museum am Meer" mit Informationen über das Fischen an der Nordseeküste. Danach gibt es einen Besuch der 'Sturmflutwelt° Blanker Hans' mit Demonstration der Flutkatastrophe von 1962.

2. Tag: Büsum-Tönning-St. Peter Ording-Husum Nach einer Busfahrt von Büsum nach Tönning besuchen wir das Multimar Wattforum. Hier kann man in Aquarien Wale und andere Tiere des Wattenmeers sehen. Mit dem Bus geht es weiter nach St. Peter Ording. Wir werden einen Spaziergang am Strand machen und dann den Westküstenpark mit Robbinarium° besuchen. (Bei schlechtem Wetter gehen wir in der Dünentherme Freizeit- und Erlebnisbad schwimmen.) Nach einer weiteren Busfahrt besuchen wir das Schloss° vor Husum und den Schlosspark mit seinen wunderschönen Blumen.

Nordseeküste *North Sea coast* Naturerlebnis *nature experience* besichtigen *tour*
Schleusen *locks* Seehundstation *harbor seal ward* Sturmflutwelt *world of the storm tide*
Robbinarium *seal zoo* Schloss *castle*

3. Tag: Husum-Insel Föhr

In Husum machen wir eine Stadtführung° mit dem Fahrrad: Wo hat der berühmte Autor Theodor Storm gelebt und gearbeitet? Mit dem Bus geht es dann nach Dagebüll und mit einer Fähre° auf die Insel° Föhr. Hier besuchen wir ein typisches friesisches Dorf°: Nieblum.

4. Tag: Insel Föhr-Insel Amrum

Mit der Fähre fahren wir von Föhr zu der Insel Amrum. Wir sehen uns die Stadt Wittdün an, besuchen den Amrumer Leuchtturm° (gebaut 1875) und gehen auf der Kniepsand-Sandbank spazieren.

5. Tag: Insel Amrum-Sylt

Mit der Fähre fahren wir von Amrum nach Sylt. Wir wandern zum Roten Kliff Kampen. Nachmittags besuchen wir eine Einkaufsarkade in Westerland und das Sylt Aquarium mit 2.000 verschiedenen Kreaturen aus dem Meer.

6. Tag: Sylt-Seebüll-Friedrichstadt-Hamburg

Mit der Fähre geht es zurück zur Küste nach Niebüll und dann weiter nach Seebüll. Hier besuchen wir das Emil-Nolde-Museum. Mit dem Bus weiter nach Friedrichstadt. Diese Stadt heißt auch die „Holländerstadt". Die Stadtführung ist inklusive einer Schiffsfahrt° auf den Grachten° und Kanälen der Stadt. Das Ende unserer Tour ist in Hamburg.

Stadtführung *tour of the town* **Fähre** *ferry* **Insel** *island* **friesisches Dorf** *Frisian village*
Leuchtturm *lighthouse* **Schiffsfahrt** *boat tour* **Grachten** *town canals*

Nach dem Lesen

Richtig oder falsch? Korrigieren Sie die falschen Sätze.

	richtig	falsch
1. Den Nord-Ostsee-Kanal kann man in Brunsbüttel besuchen.	☐	☐
2. In Schleswig-Holstein gibt es viele Seehundstationen.	☐	☐
3. In der Nordsee gibt es keine Wale.	☐	☐
4. Im Schlosspark in Husum kann man wunderschöne Blumen sehen.	☐	☐
5. Dagebüll ist ein typisches friesisches Dorf.	☐	☐
6. Die Insel Amrum ist für ihre lange Sandbank aus Kniepsand bekannt.	☐	☐
7. Die Insel Amrum ist berühmt für das Rote Kliff.	☐	☐
8. In Seebüll, der „Holländerstadt", gibt es viele Grachten und Kanäle.	☐	☐

Kombinieren Sie Verbinden Sie jede Aktivität mit dem passenden Ort.

____ 1. das Emil-Nolde-Museum besuchen

____ 2. auf der Kniepsand-Sandbank spazieren gehen

____ 3. eine Seehundstation besuchen

____ 4. eine Stadtführung mit dem Fahrrad machen

____ 5. das „Museum am Meer" besuchen

a. Friedrichskoog
b. Seebüll
c. Husum
d. Insel Amrum
e. Büsum

Urlaub in Schleswig-Holstein

Führen Sie zu dritt eine Diskussion.

Sie werden Schleswig-Holstein drei Wochen lang besuchen. Sie wollen eine organisierte Tour machen, die in Hamburg beginnt. Sie besuchen das Reisebüro für weitere Informationen. Stellen Sie Fragen über Städte, Aktivitäten, Ausflüge, Hotels, den Transport etc.

Hören

Strategien

Using visual cues

Visual cues can provide useful context to help you make sense of information you hear.

 To practice this strategy, you will listen to an advertisement. As you listen, jot down information you hear that relates to the image below.

Vorbereitung

Schauen Sie sich die Foto rechts an. Worüber diskutieren Lisa und Martina?

Zuhören

Hören Sie sich das Gespräch an. Welchen Ort möchte Lisa besuchen und welchen Martina? Wo werden sie Urlaub machen?

---

www.wilkommenimurlaub.de

| Hauptseite | Angebote | Preise | Anfrage und Buchung |

 Teichhof Fehmarn. Direkt an der Nordsee. 2-Zimmer Wohnung mit Küche, Bad und Seeblick. 100 Euro pro Nacht.

 Ferienwohnung Zugspitze. Gelegen in den Bayerischen Alpen. Wohnung für 2 Personen in traditionellem Haus mit Küche, Bad und Balkon. 50 Euro pro Nacht.

 Ferienwohnung Schliemannstraße. Sehr zentral am Prenzlauer Berg in Berlin. Moderne Wohnung mit Küche und Bad. 36 Euro pro Person pro Nacht.

Verständnis

Details Hören Sie sich den Dialog noch einmal an. Wer mag welche Aktivitäten? Wo wollen sie diese Aktivitäten machen?

	wandern	Touristen-attraktionen besuchen	Fahrrad fahren	schwimmen	Theater besuchen	einkaufen
Fehmarn						
Bayerische Alpen						
Berlin						

Urlaubsziele 👥 Diskutieren Sie mit einem Partner / einer Partnerin, wo Sie gerne Urlaub machen und was Sie dort gerne machen. Fahren Sie gerne im Winter, Frühling, Sommer oder Herbst in Urlaub? Wohin fährt Ihr Partner / Ihre Partnerin gerne? Was macht er/sie gerne im Urlaub? Welchen Urlaub wollen Sie gerne zusammen machen?

BEISPIEL

S1: Ich besuche jeden Sommer einen Nationalpark in den USA. Und du?

S2: Ich mag keine Nationalparks. Ich besuche mit meiner Familie Chicago.

Schreiben

Making an outline

Making an outline (**eine Gliederung**) before you write helps you to identify topics and subtopics, and provides a framework for presenting the information. Consider the following outline for a travel brochure.

I. Das Urlaubsziel

    A. Das Hotel

        1. Die Lage (*location*)

        2. Die Ausstattung (*facilities*)

        3. Die Bewertung (*rating*)

    B. Die Landschaft

    C. Die Sehenswürdigkeiten

II. Die Reisezeit

    A. Das Klima

    B. Der Preis

Eine Mindmap

Idea maps provide a useful way to help you visualize information before you create an outline. The larger circles in an idea map correspond to the Roman numerals in an outline. The smaller circles correspond to the outline's capital letters, numbers, and so on. Consider the idea map that led to the outline above.

Thema

Schreiben Sie eine Broschüre

Schreiben Sie eine Tour-Broschüre für ein Reiseziel (*destination*) in einem deutschsprachigen Land.

Bevor Sie die Broschüre schreiben, schreiben Sie sich Ideen für die Broschüre auf. Hier ist eine Liste mit wichtigen Fragen:

- Welches Reiseziele wollen Sie beschreiben?
- Wie lange soll die Tour dauern?
- Wie ist das Wetter am Reiseziel?
- Welche Kleidung brauchen die Teilnehmer (*participants*)?
- Wo übernachten sie?
- Wo kann man essen gehen?
- Was soll man besuchen?
- Welche Aktivitäten gibt es (Sport, Einkaufen etc.)?
- Wie viel kostet der Urlaub pro Person?

Organisieren Sie Ihre Ideen mit einer Mindmap. Schreiben Sie mit der fertigen Mindmap eine Gliederung. Jetzt können Sie eine Broschüre schreiben. Benutzen Sie Überschriften (*titles*), damit die Leser die Organisation der Broschüre verstehen können. In guten Broschüren sind oft Anschauungsmaterialien (*visual aids*) (Fotos, Tabellen etc.) integriert. Verwenden Sie Vokabeln und Grammatik, die Sie in diesem Kapitel gelernt haben.

Flashcards
Audio: Vocabulary

Jahreszeiten

der Winter, -	*winter*
der Frühling, -e	*spring*
der Sommer, -	*summer*
der Herbst, -e	*fall*

Monate

der Januar	*January*
der Februar	*February*
der März	*March*
der April	*April*
der Mai	*May*
der Juni	*June*
der Juli	*July*
der August	*August*
der September	*September*
der Oktober	*October*
der November	*November*
der Dezember	*December*

das Datum

Welcher Tag ist heute?	*What day is it today?*
Der 15. August.	*The 15th of August.*
Wann hast du Geburtstag?	*When is your birthday?*
Am 23. Mai.	*May 23rd.*
das Jahr, -e	*year*
die Jahreszeit, -en	*season*
der Monat, -e	*month*
der Tag, -e	*day*
die Woche, -n	*week*

die Ferien

die Kreuzfahrt, -en	*cruise*
das Meer, -e	*sea; ocean*
der Skiurlaub, -e	*ski vacation*
der Strand, -¨e	*beach*
eine Karte lesen	*to read a map*
Urlaub machen	*to go on vacation*

das Wetter

Wie ist das Wetter?	*What's the weather like?*
Es ist schön draußen.	*It's nice out.*
Das Wetter ist gut/ schlecht.	*The weather is nice/bad.*
Wie warm/kalt ist es?	*How warm/cold is it?*
Es sind 18 Grad draußen.	*It's 18 degrees out.*
Es ist heiß.	*It's hot.*
Es ist kalt.	*It's cold.*
Es ist kühl.	*It's cool.*
Es ist sonnig.	*It's sunny.*
Es ist windig.	*It's windy.*
Es ist wolkig.	*It's cloudy.*
Es regnet.	*It's raining.*
Es schneit.	*It's snowing.*
der Blitz, -e	*lightning*
der Donner, -	*thunder*
der Hagel	*hail*
der Nebel, -	*fog; mist*
der Regen	*rain*
der Regenmantel, -¨	*raincoat*
der Regenschirm, -e	*umbrella*
der Schnee	*snow*
der Sturm, -¨e	*storm*
die Wolke, -n	*cloud*

Unterkünfte

der Fahrstuhl, -¨e	*elevator*
der Gast, -¨e	*(hotel) guest*
das (Fünf-Sterne-) Hotel	*(five-star) hotel*
die Jugendherberge, -n	*youth hostel*
der Schlüssel, -	*key*
der Zimmerservice	*room service*

zum Beschreiben

voll besetzt	*fully occupied*
pünktlich	*on time*

am Flughafen

der Abflug	*departure*
die Ankunft	*arrival*
der Ausgang -¨e	*exit*
das Ausland	*abroad*
die Bordkarte, -n	*boarding pass*
die Businessklasse	*business class*
der Flug, -¨e	*flight*
das Flugticket, -s	*ticket*
das Flugzeug, -e	*airplane*
das Gepäck	*luggage*
das Handgepäck	*carry-on luggage*
der Koffer, -	*suitcase*
der Passagier, -e	*passenger*
die Passkontrolle, -n	*passport control*
der Personalausweis, -e	*ID card*
die Reise, -n	*trip*
das Reisebüro, -s	*travel agency*
der Reisende, -n	*traveler*
die Touristenklasse	*economy class*
die Verspätung, -en	*delay*
das Visum (*pl.* die Visa)	*visa*
die Zeitung, -en	*newspaper*
der Zoll	*customs*

Verben

abbrechen (bricht... ab)	*to cancel*
abfliegen (fliegt... ab)	*to take off*
buchen	*to make a (hotel) reservation*
fliegen	*to fly*
landen	*to land*
packen	*to pack*
Schlange stehen	*to stand in line*
übernachten	*to spend the night*

Präteritum of verbs with prefixes	See p. 288.
Prepositions of location	See p. 292.
Infinitive expressions	See p. 306.
Time expressions	See p. 310.
Indefinite pronouns	See p. 312.

Ressourcen

vhlcentral.com

Verkehrsmittel und Technologie

Communicative Goals

You will learn how to:
- talk about cars and driving
- talk about public transportation

Auto und Rad fahren

**Talking Picture
Audio: Activities**

Wortschatz	
Auto fahren	*driving*
die Autobahn, -en	highway
der Fahrer, - / die Fahrerin, -nen	driver
die Straße, -n	street
geradeaus fahren	to go straight ahead
einen Unfall haben	to have an accident
parken	to park
rechts/links abbiegen (biegt... ab)	to turn right/left
das Verkehrsmittel	*means of transportation*
das Boot, -e	boat
der Bus, -se	bus
der LKW, -s	truck
das Schiff, -e	ship
das Taxi, -s	taxi
die U-Bahn, -en	subway
der Zug, -̈e	train
Auto	*cars*
das Benzin	gas
die Bremse, -n	brakes
das Nummernschild, -er	license plate
reparieren	to repair
die öffentlichen Verkehrsmittel	*public transportation*
der Bahnsteig, -e	track; platform
die Bushaltestelle, -n	bus stop
das Bußgeld, -er	fine
die erste/zweite Klasse, -n	first/second class
der Fahrkartenschalter, -	ticket office
der Fahrplan, -̈e	schedule
der Schaffner, -	ticket collector
(die Fahrkarte) entwerten	to validate (a ticket)

- Benzin bleifrei | Diesel
- die Tankstelle, -n
- das Fahrrad, -̈er
- Er tankt. (tanken)
- das Auto, -s
- der Kofferraum, -̈e
- das Lenkrad, -̈er
- die Motorhaube, -n
- der Sicherheitsgurt, -e
- der Motor, -en
- der Mechaniker, - (die Mechanikerin, -nen f.)
- Sie haben einen Platten.
- das Öl, -e

ACHTUNG

In German-speaking countries, distances are measured in kilometers (**Kilometer**). One kilometer is equal to 0.62 miles (**Meilen**).

der Verkehr

der Polizist, -en
(die Polizistin, -nen *f.*)

die Scheibenwischer
(*m., pl.*)

die Windschutzscheibe, -n

die Scheinwerfer (*m., pl.*)

Anwendung

1 **Paare finden** Verbinden Sie das Verb mit dem richtigen Ausdruck (*expression*).

____ 1. entwerten a. die Tankstelle
____ 2. packen b. die Bushaltestelle
____ 3. reparieren c. der Kofferraum
____ 4. Schlange stehen d. die Fahrkarte
____ 5. tanken e. der Unfall
____ 6. zusammenstoßen (*to collide*) f. ein platter Reifen

2 **Bilder beschriften** Wie heißen die verschiedenen Verkehrsmittel auf den Fotos?

1. _____ 2. _____ 3. _____

4. _____ 5. _____ 6. _____

3 **Achtung beim Autofahren** Bringen Sie die Sätze in eine logische Reihenfolge von 1 bis 6.

____ 1. in die Straße einbiegen
____ 2. die Tür öffnen und einsteigen
____ 3. die Polizei anrufen
____ 4. den Sicherheitsgurt anlegen (*fasten*)
____ 5. ein Bußgeld bezahlen
____ 6. einen Unfall haben

4 **Wer, wen, was und wo** 🎧 Hören Sie die sechs Aussagen an und wählen Sie das Wort, das am besten zu jeder Situation passt. Beantworten Sie danach die Fragen in ganzen Sätzen.

1. die Polizei / den Schaffner
2. der Metzger / der Mechaniker
3. im Fahrstuhl / am Fahrkartenschalter
4. ein Bußgeld / eine Geldtasche
5. an der Tankstelle / am Bahnsteig
6. auf den Stadtplan / auf den Fahrplan

🔧 Practice more at **vhlcentral.com**.

Kommunikation

5 Aus dem Polizeibericht Schauen Sie sich das Bild an und lesen Sie den kurzen Zeitungsartikel dazu. Beantworten Sie danach die Fragen. Arbeiten Sie mit einem Partner / einer Partnerin zusammen.

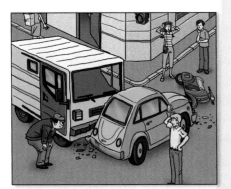

Unfall in Frankfurter Innenstadt

Ein 23-jähriger Peugeotfahrer hat nicht aufgepasst und fuhr am Donnerstagabend bei Rot über die Kreuzung (*intersection*) Kaiserstraße und Friedensstraße. Ein LKW kam von links und die zwei Fahrzeuge sind zusammengestoßen (*collided*). Beide Fahrer trugen Sicherheitsgurte und blieben unverletzt (*unhurt*). Der junge Mann sagte aus, er wollte nur schnell auf sein Handydisplay schauen und sah dann die rote Ampel (*traffic light*) und den LKW nicht. An der rechten Straßenseite war ein Motorrad geparkt und es ist beim Unfall auch zu Schaden (*damage*) gekommen. Der 23-Jährige bekam ein Bußgeld von 400 Euro. Seit 2001 gibt es ein Handyverbot (*cell phone ban*) am Steuer. An den drei Fahrzeugen entstand (*occurred*) insgesamt ein Schaden in Höhe von 5.500 Euro.

1. Was ist am Donnerstagabend passiert?
2. Welche Fahrzeuge waren in den Unfall verwickelt (*involved*)?
3. Wer hat den Unfall verursacht (*caused*)?
4. Was war die Ursache (*cause*) des Unfalls?
5. Gab es Verletzte?
6. Wie hoch war der Schaden an den drei Fahrzeugen?
7. Musste der Peugeotfahrer ein Bußgeld bezahlen?
8. Was ist ein Handyverbot?

---

6 Sieben Unterschiede Ihr Professor / Ihre Professorin gibt Ihnen zwei verschiedene Blätter. Finden Sie sieben Unterschiede zwischen Ihrem Bild und dem Bild Ihres Partner / Ihrer Partnerin.

BEISPIEL

S1: Ich sehe vier Fahrräder.
S2: Mein Bild hat zwei Fahrräder. Und es gibt eine Bushaltestelle.
S1: Ich sehe keine Bushaltestelle...

7 Verkehrsmittel Diskutieren Sie in kleinen Gruppen, welche Verkehrsmittel Sie nehmen, um an die verschiedenen Orte zu kommen. Machen Sie danach eine Liste mit allen Verkehrsmitteln, die Sie normalerweise (*usually*) benutzen. Vergleichen Sie schließlich Ihre Liste mit der Liste einer anderen Gruppe.

BEISPIEL

S1: Um in die Innenstadt zu kommen, nehme ich die U-Bahn.
S2: Wirklich? Ich fahre mit meinem Fahrrad.
S3: Ich gehe zu Fuß, aber...

Verkehrsmittel	Orte
das Auto	das Ausland
der Bus	das Haus von meinen Eltern
das Fahrrad	das Fußballstadion
das Flugzeug	der Supermarkt
zu Fuß	die Diskothek
das Taxi	die Innenstadt
die U-Bahn	die Unibibliothek
der Zug	?

Aussprache und Rechtschreibung

Audio: Presentation
Record & Compare Activities

🎧 Long and short vowels with an *Umlaut*

You have already learned that adding an **Umlaut** to the vowels **a**, **o**, and **u** changes their pronunciation. Vowels with an **Umlaut** have both long and short forms.

Räder	Männer	löhnen	löschen	Züge	fünf

The long **ä** is pronounced similarly to the *a* in the English word *bay*, without the final *y* sound. The short **ä** is pronounced like the *e* in *pet*.

Faxgerät	Unterwäsche	Fahrpläne	Spaziergänge

To produce the long **ö** sound, start by saying the German long **e**, but round your lips as if you were about to whistle. To produce the short **ö** sound, start by saying the short **e**, but keep your lips rounded.

Öl	öffentlich	schön	Töchter

To produce the long **ü** sound, start to say the German long **i**, but round your lips tightly. To produce the short **ü** sound, make the short **i** sound, but with tightly rounded lips. In some loanwords, the German **y** is pronounced like **ü**. In other loanwords, the German **y** is pronounced like the English consonant *y*.

Schüler	zurück	Typ	Physik

1 **Sprechen Sie nach** Wiederholen Sie die Wörter, die Sie hören.

1. Rad / Räder
2. Kopf / Köpfe
3. Zug / Züge
4. Käse / Kästchen
5. mögen / möchten
6. fühlen / füllen
7. kämen / kämmen
8. lösen / löschen
9. Dünen / dünn
10. typisch
11. MP3-Player
12. Handy

2 **Artikulieren Sie** Wiederholen Sie die Sätze, die Sie hören.

1. In der Küche kocht die Köchin mit einem großen Kochlöffel.
2. Sie ändern morgen alle Fahrpläne für die Züge in Österreich.
3. Lösch alles auf der Festplatte, bevor du deinen PC verkaufst.
4. Jürgen fährt mit den öffentlichen Verkehrsmitteln zur Universität.
5. Grüne Fahrräder sind schöner als rote oder schwarze Fahrräder.
6. Der blonde Typ da hat sein Handy verloren.

3 **Sprichwörter** Wiederholen Sie die Sprichwörter, die Sie hören.

Der Apfel fällt nicht weit vom Stamm.[2]

Ein goldener Schlüssel öffnet alle Türen.[1]

[1] A golden key opens all doors.
[2] The apple doesn't fall far from the tree.

Ressourcen

SAM
LM: p. 69

vhlcentral.com

Ein Ende mit Schrecken Video: *Fotoroman*

Sabite und Torsten gehen zusammen auf der Museumsinsel spazieren.
Es ist Sabites Lieblingsort, aber es wird ein trauriger Tag.

GEORGE Berlin hat die besten öffentlichen Verkehrsmittel! In Milwaukee haben wir nur Busse und kein S-Bahn-System.
HANS Hast du kein Auto?
GEORGE Doch, aber es ist alt und hat oft Pannen. Das Ölwarnlicht leuchtet ständig, und die Kupplung rutscht.
HANS Warum behältst du es?
GEORGE Es bringt mich zur Uni und zurück.

TORSTEN Sabite... es tut mir leid.
SABITE Wie bitte?
TORSTEN Es tut mir leid. An dem Abend im Restaurant, als ich von deinen Plänen erfahren habe...

SABITE Ich habe nicht darüber geredet, weil es nur eine Idee war. Ich hatte die Idee schon gehabt, bevor ich mit Lorenzo im Restaurant darüber gesprochen habe. Wir haben über Kunst geredet und da habe ich es zum ersten Mal laut ausgesprochen.
TORSTEN Ich habe das einfach nicht gewusst und bin wütend geworden.

SABITE Torsten, ich... ich glaube nicht...
TORSTEN Ich möchte nicht, dass du aus Berlin weggehst.
SABITE Warum?
TORSTEN Weil ich dich liebe.

SABITE Oh, Torsten, ich habe letzte Woche mit meiner Mutter zu Mittag gegessen. Wir haben etwas beschlossen. Meine ganze Familie verbringt den Sommer in der Türkei.

TORSTEN Ach so. Ich möchte nicht, dass du gehst, aber ich weiß, dass ich dich nicht davon abhalten kann. Du bist so stark, wie du schön bist. Was ich jetzt sagen muss, ist sehr schwer.
SABITE Torsten, machst du Schluss mit mir?
TORSTEN Liebst du mich?

1 **Richtig oder falsch?** Entscheiden Sie, ob die folgenden Sätze **richtig** oder **falsch** sind.

1. In Milwaukee gibt es Busse und ein S-Bahn-System.
2. Georges Auto ist alt und hat oft Pannen.
3. Sabite hat mit Lorenzo im Restaurant über Kunst gesprochen.
4. Dort hat sie zum ersten Mal laut über die Türkei gesprochen
5. Torsten war im Restaurant geduldig und ist ruhig geblieben.

6. Sabite hat letzte Woche mit ihrer Mutter zu Abend gegessen.
7. Torsten möchte, dass Sabite nach Istanbul geht.
8. George und Hans fahren mit dem Bus in Berlin herum.
9. Torsten hat mit Sabite auf der Museumsinsel Schluss gemacht.
10. Sabite mag die Museumsinsel nicht.

PERSONEN

 George   Hans   Meline   Sabite   Torsten

MELINE Hallo, Sabite. Wie geht's? Okay...
Süße... es ist schon okay. Wo bist du?
Bleib dort, ich bin gerade an einer U-Bahn-
Station vorbeigekommen. Ich bin in einer
Viertelstunde da. (*Zu sich selbst.*) Torsten. Er
ist so dumm, wie er gemein ist.

GEORGE Sabite, hey. Hans und ich fahren mit
der Bahn in der ganzen Stadt herum. Das ist
die interessanteste Weise, Berlin zu sehen.
Was? Jetzt mal ganz ruhig. Du bist wo? Er hat
was? Wo sind wir?
HANS Spandau. Wir sind in der U-Bahn-Station
Altstadt Spandau! Wo ist sie?
GEORGE Museumsinsel. Wir kommen so
schnell wie möglich.

MELINE Er hat dich bis hierher zur
Museumsinsel geschleppt, nur um mit dir
Schluss zu machen?
SABITE Es war meine Idee, hierher zu kommen.
Ich liebe diesen Ort. Ah, da kommen sie.
HANS Hey, Sabite, es tut mir so, so, so leid.
MELINE Hans. Hans!

HANS Also... du hast mit ihm Schluss gemacht?
SABITE Ich wollte mit ihm Schluss machen.
Aber er... er war schneller als ich!

Nützliche Ausdrücke

- **die Panne**
  breakdown
- **Das Ölwarnlicht leuchtet ständig,
  und die Kupplung rutscht.**
  *The oil warning light is always on,
  and the clutch slips.*
- **erfahren (von)**
  to find out (about)
- **Wir haben über Kunst geredet
  und da habe ich es zum ersten
  Mal laut ausgesprochen.**
  *We were talking about art, and that
  was the first time I said it out loud.*
- **wütend**
  furious
- **Wir haben etwas beschlossen.**
  We decided something.
- **Ich möchte nicht, dass du gehst,
  aber ich weiß, dass ich dich nicht
  davon abhalten kann.**
  *I don't want you to go, but
  I know I can't stop you.*
- **vorbeikommen**   • **herumfahren**
  to pass   *to ride around*
- **Wir kommen so schnell wie möglich.**
  We'll be there as soon as possible.
- **schleppen**
  to drag

8A.1
- **Berlin hat die besten
  öffentlichen Verkehrsmittel!**
  Berlin has the best public transportation!

8A.2
- **Ich hatte die Idee schon gehabt,
  bevor ich mit Lorenzo im Restaurant
  darüber gesprochen habe.**
  *I'd had the idea before Lorenzo and
  I discussed it at the restaurant.*

---

2 **Zum Besprechen** Schreiben Sie zu zweit einen Dialog zwischen
Sabite und Torsten. Versuchen Sie, die Beziehung zu retten (*to save
the relationship*).

3 **Vertiefung** In Deutschland gibt es viele Autobahnen. Wie sind
sie nummeriert? Welche haben eine, welche zwei und welche drei
Ziffern (*digits*)? Welche haben gerade (*even*) und welche ungerade
(*odd*) Nummern?

Ressourcen

SAM
VM: p. 15

DVD
Folge 15

vhlcentral.com

IM FOKUS

Die erste Autofernfahrt°

 Reading

HEUTE IST DEUTSCHLAND EIN Autoland. Es ist berühmt für Autos wie Audis, Porsches, Mercedes und BMWs. Und es ist bekannt für seine schnellen Autobahnen. Als Karl Benz und Gottlieb Daimer 1886 das erste

Autoerfindungen aus Deutschland		
1886	das Auto	Karl Benz und Gottlieb Daimler
1890	der Dieselmotor	Rudolf Diesel
1902	die Zündkerze°	Robert Bosch
1926	der Fensterheber°	Max Brose
1951	der Airbag	Walter Linderer

Auto entwickelten°, war das noch anders. Das erste Auto hatte drei Räder und einen 1,5 PS starken Motor mit einer Höchstgeschwindigkeit° von 20 Stundenkilometern. Auto fahren war nicht sehr bequem. Dieses Auto hatte keine Federung° und man spürte jede Unebenheit° in der Straße.

Am 5. August 1888 ging Bertha Benz, die Frau von Karl Benz, mit ihren zwei Söhnen zum ersten Mal mit einem Auto auf Fernfahrt. Sie wollte von Mannheim nach Pforzheim fahren, um ihre Eltern zu besuchen.

Ihrem Mann Karl sagte sie nicht Bescheid°. Sie fuhr los, als Karl noch schlief!

Die 106 Kilometer lange Autofahrt dauerte den ganzen Tag. In Wiesloch musste Bertha Benz tanken. Sie kaufte 2 Liter Ligroin, eine Art Benzin, in der Wieslocher Stadtapotheke°. Damit wurde die Apotheke die erste Tankstelle der Welt. Als eine Kette° riss°, half ihr ein Schmied° in Bruchsal. Eine verstopfte Benzinleitung° reparierte Bertha Benz selber mit ihrer Hutnadel°. Und einen Berg hinter Wilferdingen schaffte das Auto nur, weil zwei Jungen schoben°. Aber Frau Benz kam in Pforzheim an!

Am Abend schickte Bertha ein Telegramm an ihren Mann in Mannheim: „Lieber Carl! Erste Fernfahrt ist gelungen. Sind gut in Pforzheim angekommen."

Autofernfahrt *long-distance car trip* **entwickelten** *developed* **Höchstgeschwindigkeit** *top speed* **Federung** *suspension* **Unebenheit** *unevenness* **sagte... Bescheid** *informed* **Stadtapotheke** *city pharmacy* **Kette** *chain* **riss** *broke* **Schmied** *blacksmith* **verstopfte Benzinleitung** *blocked fuel line* **Hutnadel** *hatpin* **schoben** *pushed* **Zündkerze** *spark plug* **Fensterheber** *window crank*

1 **Richtig oder falsch?** Sind die Aussagen richtig oder falsch? Korrigieren Sie die falschen Aussagen mit einem Partner / einer Partnerin.

1. Die erste Autofernfahrt war 106 Kilometer lang.
2. Bertha Benz wollte die Eltern ihres Mannes besuchen.
3. Bertha Benz fragte ihren Mann, ob sie das Auto haben könnte.
4. Außer Bertha Benz fuhren auch ihre zwei Söhne mit.
5. Die erste Tankstelle der Welt war eine Apotheke.

6. Bertha Benz hatte einen Unfall.
7. Ein Schmied musste die verstopfte Benzinleitung reparieren.
8. Am Abend der ersten Autofernfahrt schickte Bertha Benz ihrem Mann ein Telegramm.
9. Ferdinand Porsche erfand die erste Zündkerze.
10. 1951 erfand Max Brose den ersten Fensterheber.

 Practice more at **vhlcentral.com**.

Verkehrsschilder

die Kreuzung	intersection
das Stoppschild	stop sign
(die) Ausfahrt	exit
(die) Baustelle	construction zone
(die) Einbahnstraße	one-way street
(die) Umleitung	detour

Fahrrad fahren

In Deutschland besitzen mehr Haushalte° Fahrräder als ein Auto. Bei Familien haben sogar 96% der Haushalte Fahrräder. Deshalb gibt es in vielen Städten separate Fahrradwege°. Für das Fahrradfahren gibt es besondere Regeln°: Wenn es keinen Fahrradweg gibt, müssen Fahrradfahrer, die über 11 Jahre alt sind, auf der rechten Seite der Straße fahren. Besondere Schilder zeigen, wann Fahrradfahrer in Einbahnstraßen entgegen der Fahrtrichtung° fahren dürfen. In Fußgängerzonen° dürfen Radfahrer nur im Schritttempo° fahren. Außerdem muss jedes Fahrrad ein festes Fahrradlicht haben.

Haushalte households **Fahrradwege** bike lanes **Regeln** rules **entgegen der Fahrtrichtung** against the flow of traffic **Fußgängerzonen** pedestrian zones **Schritttempo** walking speed

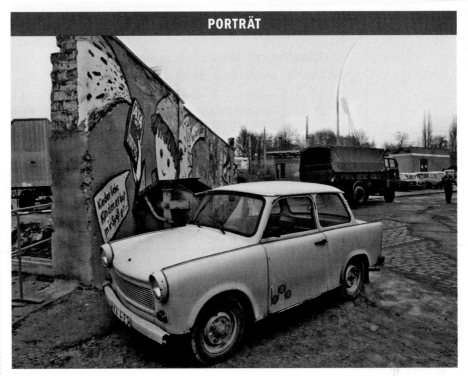

Trabant

Der Trabant war das bekannteste Auto der DDR°. In Zwickau bauten die Hersteller° zwischen 1957 und 1991 3.051.726 Autos. Der Trabant war preiswert° und robust. Er hatte einen einfachen Motor und wenig Komfort. Die meisten Menschen in der DDR nannten das Auto einfach 'Trabi'. Bürger, die einen Trabant kaufen wollten, mussten zwischen 12 und 15 Jahre auf ihr neues Auto warten. Nach der Wende° wurde der Trabi zu einem Kultauto. Im Jahr 2011 gab es immerhin noch 33.726 Trabis, die auf deutschen Straßen fuhren. In Weberstadt und in Berlin gibt es besondere Trabi-Museen.

DDR (Deutsche Demokratische Republik) East Germany **Hersteller** manufacturers **preiswert** inexpensive **Wende** German reunification

IM INTERNET

Suchen Sie Informationen zu der Internationalen Automobil-Ausstellung (IAA). Wo und wann war die letzte Ausstellung?

For more information on this **Kultur**, go to vhlcentral.com.

2 **Was fehlt?** Ergänzen Sie die Sätze.

1. In deutschen Haushalten gibt es öfter _____ als ein Auto.
2. In vielen Städten gibt es seperate _____ für Fahrräder.
3. Jedes Fahrrad in Deutschland muss _____ haben.
4. Das bekannteste Auto in der DDR war _____.
5. Der Trabi war nicht nur robust, sondern auch _____.
6. Das Kultauto kann man heute in _____ in Weberstadt finden.

3 **Lieblingstransportmittel** Diskutieren Sie mit einem Partner / einer Partnerin Ihr Lieblingstransportmittel. Wie bewegen Sie sich am liebsten fort? Sind Sie ein Fan von Fahrrad, Auto oder Bus? Gehen Sie am liebsten zu Fuß? Warum bewegen Sie sich gerne so fort? Was sind die Vorteile und Nachteile?

Ressourcen

vhlcentral.com

8A.1 | *Das Plusquamperfekt* Presentation

Startblock Use the **Plusquamperfekt** tense to refer to a past event that occurred before another event in the past.

> Ich **hatte** die Idee schon **gehabt**, bevor ich mit Lorenzo im Restaurant darüber gesprochen habe.

> Wir **hatten** über Kunst **geredet** und da habe ich es zum ersten Mal laut ausgesprochen.

Das Plusquamperfekt

QUERVERWEIS

See **5A.1** and **5B.1** to review the formation of the **Perfekt** tense. See **6A.1** to review the formation of the **Präteritum**.

- To form the **Plusquamperfekt**, use the **Präteritum** form of **haben** or **sein** with the past participle of the verb that expresses the action.

Ich **hatte vergessen**, die Tür zu schließen.	Jasmin **war** noch nie nach Zürich **gefahren**.
*I **had forgotten** to close the door.*	*Jasmin **had** never **been** to Zurich.*

- Since the **Plusquamperfekt** refers to a past event that was completed prior to another past event, both events are often described in the same sentence.

Der Zug fährt ab.   Ich komme am Bahnsteig an.

14.45 Uhr   **Plusquamperfekt**   14.47 Uhr   **Perfekt/Präteritum**

PRÄTERITUM	PLUSQUAMPERFEKT
Als ich am Bahnsteig **ankam**,	**war** der Zug schon **abgefahren**.
*When I **arrived** at the platform,*	*the train **had** already **left**.*

Bevor Stefan in die Stadt gezogen ist, **hatte** er nie öffentliche Verkehrsmittel **benutzt**.	Nachdem der Mechaniker das Auto **repariert hatte**, **fuhr** er damit zur Tankstelle.
*Before Stefan moved to the city, he **had** never **used** public transportation.*	*After the mechanic **had fixed** the car, he **drove** it to the gas station.*

Bevor ich nach England **reiste, hatte** ich meinen Neffen noch nie **gesehen**.
*Before I **went** to England, I **had** never **met** my nephew.*

Als wir im Kino **ankamen, hatte** der Film schon **angefangen**.
*When we **got** to the movie theater, the film **had** already **started**.*

Conjunctions *als, bevor, nachdem*

- Use the subordinating conjunctions **als** (*when*), **bevor** (*before*), and **nachdem** (*after*) to indicate the sequence in which two past events occurred.

QUERVERWEIS

You will learn more about subordinating conjunctions in **10A.3**. To review coordinating conjunctions, see **6A.3**.

> **Als** Jan ins Restaurant **kam**, **hatte** seine Freundin schon **bestellt**.
> *By the time Jan **got** to the restaurant, his girlfriend **had** already **ordered**.*

> Unsere Eltern sind erst nach Hause gekommen, **nachdem** wir schon ins Bett **gegangen waren**.
> *By the time our parents came home, we **had** already **gone** to bed.*

- When a clause begins with **als**, **bevor**, or **nachdem**, move the conjugated verb to the end of the clause.

> **Bevor** ich in Deutschland **wohnte**...
> *Before I **lived** in Germany...*

> **Als** Heike **anrief**...
> *When Heike **called**...*

ACHTUNG

If the main clause comes first in the sentence, use the normal subject-verb word order.

- After **bevor** and **als**, use the **Perfekt** or **Präteritum** and put the main clause in the **Plusquamperfekt**.

> **Als** Torsten zur Bushaltestelle **kam**, **war** der Bus schon **abgefahren**.
> *By the time Torsten **got** to the bus stop, the bus **had** already **left**.*

> **Bevor** ich Kalifornien **besucht habe**, **hatte** ich noch nie Artischocken **gegessen**.
> *Before I **visited** California, I **had** never **eaten** artichokes.*

- After **nachdem**, use the **Plusquamperfekt** and put the main clause in the **Perfekt** or **Präteritum**.

> Der Bus **ist** endlich **gekommen**, **nachdem** wir schon 30 Minuten **gewartet hatten**.
> *The bus finally **came**, after we **had been** waiting for 30 minutes.*

> **Nachdem** Simone ins Bett **gegangen war**, **hat** ihre Mutter **angerufen**.
> *After Simone **had gone** to bed, her mother **called**.*

- If the clause with **bevor**, **nachdem**, or **als** is first in the sentence, the main clause after the comma begins with the verb. If that verb is in the **Plusquamperfekt** or **Perfekt**, put the helping verb first and the past participle at the end.

> **Als** wir am Flughafen **ankamen**, **war** das **Flugzeug** schon **abgeflogen**.
> *By the time we **got** to the airport, the plane **had** already **taken off**.*

> Das Flugzeug **war** schon **abgeflogen**, als wir am Flughafen **ankamen**.
> *The plane **had** already **taken off** by the time we **got** to the airport.*

Ressourcen

SAM
WB: pp. 109–110

SAM
LM: p. 70

vhlcentral.com

  Jetzt sind Sie dran!   Schreiben Sie die Sätze ins Plusquamperfekt um.

1. Haben Sie Ihre Freundin angerufen?
   Hatten Sie Ihre Freundin angerufen?

2. Ich habe das Auto zum Mechaniker gebracht.

3. Bist du zu spät aufgestanden?

4. Benjamin ist noch nie in Berlin gewesen.

5. Ihr habt die Fahrkarte schon entwertet, nicht?

6. Die Mechanikerin hat den LKW schon repariert.

7. Oma und Opa sind gerade zurückgekommen.

8. Wir haben falsch geparkt.

9. Papa hat das Auto letzte Woche verkauft.

10. Wir haben das Buch noch nicht (*not yet*) gelesen.

11. Seid ihr in die Stadt gefahren?

12. Hast du das gewusst?

Anwendung

1 **Was passt zusammen?** Welche Sätze in der rechten Spalte ergänzen die Sätze in der linken Spalte?

_____ 1. Nachdem Paul seine Sachen gepackt hatte,

_____ 2. Als Amila nach Hause kam,

_____ 3. Wir haben noch lange geredet,

_____ 4. Bevor du zurückkamst,

_____ 5. Hattest du meinen Geburtstag vergessen,

_____ 6. Ich war sehr traurig,

a. nachdem wir gegessen hatten.

b. hatte ihre Familie schon mit dem Essen angefangen.

c. oder wolltest du mich überraschen?

d. hat er eine Karte an Elke geschrieben.

e. nachdem du weggegangen warst.

f. hatte ich dich überall gesucht.

2 **Dornröschen** Dornröschen (*Sleeping Beauty*) wacht im Jahr 2000 auf (*wakes up*). Erzählen Sie, was für Dornröschen alles neu ist. Bilden Sie Sätze im Plusquamperfekt.

> **BEISPIEL** in einem Auto fahren
> *Sie war noch nie in einem Auto gefahren.*

1. in einem Flugzeug sein
2. einen Film sehen
3. mit dem Zug reisen

4. ein Taxi nehmen
5. eine Fahrkarte entwerten
6. einen Sicherheitsgurt tragen

3 **Ergänzen Sie** Ergänzen Sie die Sätze mit den richtigen Plusquamperfektformen.

1. Vor meiner Reise nach Paris _____ ich viel darüber _____. (lesen)
2. Nachdem wir _____ _____, sind wir zuerst ins Hotel gefahren. (landen)
3. Wir _____ kein Auto _____, sondern sind immer mit der U-Bahn gefahren. (mieten)
4. Jasmin _____ ihr Geld in den Hotelsafe _____, bevor sie ausgegangen ist. (legen)
5. Sie sind ins Museum gegangen, nachdem sie _____ _____. (tanken)
6. Als sie dort ankamen, _____ ihre Freunde schon lange auf sie _____. (warten)

4 **Erzählen Sie** Schreiben Sie zu jedem Bild einen Satz im Plusquamperfekt und erzählen Sie, was diese Personen gemacht hatten, bevor sie jemand fotografiert hat. Benutzen Sie Wörter aus der Liste oder Ihre eigenen. Seien Sie kreativ.

▶ **BEISPIEL**

Manfred
war zur Tankstelle gefahren.

besuchen	kaufen
fahren	parken
gehen	warten (+ auf)

1. Herr Maier
2. Karl
3. Birgit und Lara
4. Sebastian

 Practice more at **vhlcentral.com**.

Kommunikation

5 **Faul oder fleißig** Besprechen Sie mit Ihrem Partner / Ihrer Partnerin, was Jens und Maria gestern gemacht haben. Wechseln Sie sich ab.

BEISPIEL

S1: Maria hat um 8 Uhr gefrühstückt.
S2: Um 8 Uhr war Jens noch nicht aufgestanden.

	Jens	Maria
		frühstücken
8.00	--	
9.00	aufstehen	mit dem Bus zur Uni fahren
10.00	Kaffee trinken	Chemieprüfung schreiben
11.00	mit Freunden chatten	mit der Professorin sprechen
12.00	Musik hören	ins Fitnessstudio gehen
13.00	mit Martin Videospiele spielen	--

6 **Warum wohl?** Stellen Sie Ihrem Partner / Ihrer Partnerin zu jedem Bild eine Frage und erfinden Sie eine Antwort.

die Küche nicht aufräumen | im Regen dreckig werden | keine Brille tragen
eine gute Note bekommen | kein Hotelzimmer buchen | zu spät nach Hause kommen

▶ **BEISPIEL**

S1: Warum hat Heiko einen Unfall gehabt?
S2: Er war vielleicht zu schnell gefahren.

Heiko / einen Unfall haben

1. Hasan und Greta / diskutieren

2. Sophia / Kopfschmerzen (*headache*) haben

3. Günther / laut singen

4. Paula und Rolf / Hund waschen

5. Ben und Hans / im Wald campen

6. Tom / einen Platten haben

7 **Wichtige Ereignisse** Sagen Sie Ihren Mitstudenten, in welchem Jahr Sie geboren sind. Ein anderer Student / eine andere Studentin nennt dann ein Ereignis (*event*), das schon vorher (*before that*) passiert war.

BEISPIEL

S1: Ich bin 1994 geboren.
S2: 25 Jahre vorher waren Astronauten schon auf dem Mond gelandet.

1946: man baut das erste Mobiltelefon	1984: Steve Jobs stellt den ersten Mac vor
1959: die Barbiepuppe kommt auf den Markt	1989: die Berliner Mauer fällt
1973: in Deutschland gibt es eine Ölkrise	

QUERVERWEIS

See **3A.2** to review the use of adjectives. See **4A.2** to review the use of adverbs.

8A.2

Comparatives and superlatives Presentation

Startblock Use the comparative and superlative forms of adjectives and adverbs to compare two or more people or things.

Mein Vater fährt gern **schneller als** 150.

Es ist einer der **schönsten** Orte in Berlin.

Der Komparativ

- There are three forms of adjectives and adverbs: **die Grundform** (schnell), **der Komparativ** (schneller), and **der Superlativ** (am schnellsten). When describing similarities between two people or things, use the expression **so... wie** (*as... as*) or **genauso... wie** (*just as... as*) with the **Grundform** of an adjective or adverb.

> Dieser LKW ist **so groß wie** ein Bus.
> *That truck is **as big as** a bus.*

> Der Zug fährt **genauso schnell wie** ein Auto.
> *The train goes **just as fast as** a car.*

- To describe differences between two people or things, you can use the expression **nicht so... wie** (*not as... as*), or you can use the **Komparativ**. Form the **Komparativ** by adding the ending **-er** to the **Grundform** of an adjective or adverb, followed by the word **als**.

> Inga fährt **nicht so langsam wie** Sara.
> *Inga **doesn't** drive **as slowly as** Sara.*

> Sara fährt **langsamer als** Inga.
> *Sara drives **more slowly than** Inga.*

- Common one-syllable words with the stem vowel **a**, **o**, or **u** often have an umlaut on the vowel in the comparative.

a ⟶ ä		o ⟶ ö		u ⟶ ü	
alt	älter	groß	größer	dumm (*dumb*)	dümmer
lang	länger	oft	öfter	jung	jünger
stark	stärker	rot	röter	kurz	kürzer

> Meine Geschwister sind alle **älter** als ich.
> *My siblings are all **older** than I am.*

> Die Fahrt nach Frankfurt dauert mit dem Auto **länger** als mit dem Zug.
> *The trip to Frankfurt takes **longer** by car than by train.*

- A small number of adjectives and adverbs have irregular comparative forms.

GRUNDFORM		KOMPARATIV
gern	⟶	lieber
gut	⟶	besser

GRUNDFORM		KOMPARATIV
hoch	⟶	höher
viel	⟶	mehr

> Ich fahre **lieber** mit der U-Bahn als mit dem Bus.
> *I'd **rather** take the subway than the bus.*

> Benzin kostet in Deutschland **mehr** als in den USA.
> *Gasoline is **more expensive** in Germany than in the USA.*

- When a comparative adjective precedes a noun, add the appropriate case ending after the **-er** ending.

> Leider kostet der **schnellere** Zug mehr.
> *Unfortunately the **faster** train costs more.*

> Ich brauche einen **größeren** Koffer.
> *I need a **bigger** suitcase.*

Der Superlativ

- Use the **Superlativ** form of an adjective or adverb to indicate that a person or thing has more of a particular quality than anyone or anything else.

> Welches ist **das größte** Tier der Welt?
> *What's **the biggest** animal in the world?*

> Wie komme ich **am besten** zur Tankstelle?
> *What's **the best** way to get to the gas station?*

- To form the superlative of an adjective, add **-st** to the **Grundform**. If the **Grundform** ends in **-d**, **-t**, or an **s** sound, add **-est**. When an adjective in the superlative precedes a noun, use a definite article before the superlative and add the appropriate case ending.

> Warum habt ihr **die teuersten**
>   Fahrkarten gekauft?
> *Why did you buy **the most expensive** tickets?*

> Wir wollten mit **dem schnellsten**
>   Zug fahren.
> *We wanted to take **the fastest** train.*

- To form the superlative of adverbs and of adjectives that come after **sein**, **werden**, or **bleiben**, use the word **am** before the adverb or adjective and add **-(e)sten** as the superlative ending.

> Wer fährt **am langsamsten**?
> *Who drives **the slowest**?*

> Welches Auto ist **am schnellsten**?
> *Which car is **the fastest**?*

- If an adjective or adverb has an added umlaut in the comparative, it will also have an umlaut in the superlative.

a —→ ä			o —→ ö			u —→ ü		
alt	älter	ältest-	rot	röter	rötest-	jung	jünger	jüngst-

- If an adjective or adverb is irregular in the comparative form, the superlative form is also irregular.

GRUNDFORM	KOMPARATIV	SUPERLATIV
gern	lieber	liebst-
groß	größer	größt-
gut	besser	best-
hoch	höher	höchst-
viel	mehr	meist-

QUERVERWEIS

See **3A.2** to review adjective agreement.

ACHTUNG

The adjective **nah** (*near*) has a stem vowel change, as well as an additional spelling change in the superlative:
nah / **näher** / **nächst-**

———

Most German speakers do not use the superlative form **öftest-**; instead, they use **(am) häufigst-** (*most often*).

Ressourcen

SAM
WB: pp. 111-112

SAM
LM: p. 71

Ⓢ
vhlcentral.com

Jetzt sind Sie dran!   **Ergänzen Sie die Lücken mit den richtigen Formen der Adjektive.**

	Base form	Komparativ	Superlativ		Base form	Komparativ	Superlativ
1.	groß	_größer_	am größten	7.	_____	jünger	am jüngsten
2.	_____	besser	am besten	8.	kurz	kürzer	am _____
3.	lang	länger	am _____	9.	_____	gesünder	am gesündesten
4.	klein	_____	am kleinsten	10.	einfach	einfacher	am _____
5.	hoch	_____	am höchsten	11.	viel	_____	am meisten
6.	spät	später	am _____	12.	_____	lieber	am liebsten

Anwendung

1 **Meinungen** Ergänzen Sie die Sätze mit dem Adjektiv oder dem Adverb im Superlativ.

> **BEISPIEL** Von allen Verkehrsmitteln benutzen wir die U-Bahn
> _am häufigsten_. (häufig)

1. Von allen Automodellen findet Ingrid einen Mercedes _____. (schön)
2. Von allen meinen Kursen finde ich Chemie _____. (schwierig)
3. Von allen Getränken trinkt Emil Tee _____. (selten)
4. Von allen Obstsorten schmecken dir Bananen _____? (gut)
5. Von allen meinen Kursen interessiert mich Mathematik _____. (viel)
6. Von allen meinen Freunden habe ich Peter _____. (gern)

2 **Komparative** Bilden Sie Sätze im Komparativ. + bedeutet **-er als**, = bedeutet **(genau)so... wie** und ≠ bedeutet **nicht so... wie**.

> **BEISPIEL** ein Auto / ist / ≠ groß / ein LKW
> _Ein Auto ist nicht so groß wie ein LKW._

1. die Mozartstraße / ist / + lang / die Beethovenstraße
2. Kiara / fährt / + gut / Dana
3. der Verkehr am Freitagabend / ist / = schlecht / der Verkehr am Montagmorgen
4. ich / reise / + gern / mit dem Zug / mit dem Flugzeug
5. Die erste Klasse / ist / + teuer / die zweite Klasse
6. heute / ist / es / ≠ warm / gestern

3 **Vergleichen Sie** Bilden Sie Sätze und benutzen Sie dabei die Komparativformen der angegebenen Adjektive.

▶ **BEISPIEL** ein Bus / ein Auto (klein)
Ein Auto ist kleiner als ein Bus.

1. eine U-Bahn / ein Flugzeug (schnell) 2. Kevin / Claudia (alt)

3. Heike bezahlt 350 € Miete. / Holger bezahlt 320 € Miete. (viel) 4. Ihr esst Fisch einmal pro Monat. / Ihr esst Hähnchen einmal pro Woche. (gern)

 Practice more at **vhlcentral.com**.

Kommunikation

4 **Komparative** Ergänzen Sie die Fragen mit den Komparativformen der angegebenen Adjektive und beantworten Sie die Fragen Ihres Partners.

> **BEISPIEL** Wer ist _schüchterner_, du oder dein bester Freund? (schüchtern)
>
> **S1:** *Wer ist schüchterner, du oder dein bester Freund?*
> **S2:** *Ich bin viel schüchterner!*

1. Was isst du _____, Joghurt oder Schokolade? (gern)
2. Womit fährst du _____, mit dem Fahrrad oder mit dem Auto? (selten)
3. Welchen Schauspieler (*actor*) findest du _____, Jet Li oder Brad Pitt? (gut)
4. Welches Fach findest du _____, Marketing oder Anthropologie? (interessant)
5. Wovon verstehst du _____, von Mode oder von Sport? (viel)
6. Was machst du am Wochenende _____, Hausaufgaben oder schlafen? (häufig)

5 **Wie gut ist Ihr Allgemeinwissen?** Finden Sie mit Ihrem Partner / Ihrer Partnerin zu jedem Begriff (*concept*) zwei Sachen, die man vergleichen kann, und stellen Sie einem anderen Paar Ihre Fragen.

> **BEISPIEL** welcher Kontinent / groß
>
> **S1:** *Welcher Kontinent ist größer, Europa oder Asien*
> **S2:** *Natürlich ist Asien größer!*

1. welches Land / klein
2. welche Stadt / alt
3. welcher Fluss / lang
4. welcher Flughafen / groß

5. welches Auto / schnell
6. welches Hotel / teuer
7. welche Person / reich
8. welche Universität / gut

6 **Beschreiben Sie** Besprechen Sie mit einem Partner / einer Partnerin die Leute im Bild. Machen Sie so viele Vergleiche wie möglich.

> **BEISPIEL**
>
> **S1:** *Sarah ist so groß wie Sabrina.*
> **S2:** *Ja, aber David ist am größten.*

7 **Ein kleines Interview** Interviewen Sie zwei Mitstudenten und schreiben Sie ihre Antworten auf. Stellen Sie dann Ihre Informationen vor. Benutzen Sie dabei Komparativ- und Superlativformen.

> **BEISPIEL**
>
> **S1:** *Wie alt bist du, Emily?*
> **S2:** *Ich bin 18. Und du, Michael?*
> **S3:** *Ich bin 21.*
> **S1:** *Ich bin älter als Emily und jünger als Michael. Michael ist am ältesten.*

Name:	
Wie alt bist du?	
Wie groß bist du?	
Wie viele Geschwister hast du?	
Wie oft machst du Sport?	

Wiederholung

1 Vergleiche Schreiben Sie mit einem Partner / einer Partnerin auf, was Sie auf den Fotos sehen. Benutzen Sie so viele Vergleiche wie möglich. Arbeiten Sie dann mit einem anderen Paar zusammen: Diskutieren Sie, was sie über die Bilder geschrieben haben.

BEISPIEL

S1: *Taxis sind teurer als Busse.*
S2: *Aber Busse fahren nicht so schnell wie Taxis.*

1.

2.

2 Das beste Auto Sie und Ihr Partner / Ihre Partnerin bekommen von Ihrem Professor / Ihrer Professorin zwei verschiedene Autostatistiken. Sehen Sie sich die Statistiken der vier Autos an und vergleichen Sie dann, wie schnell, wie sparsam (*economical*), wie stark und wie teuer die Autos sind.

BEISPIEL

S1: *Wie schnell ist der Audi?*
S2: *Der Audi ist 247 Stundenkilometer schnell.*
S1: *Also ist der Audi am schnellsten.*

3 Werbung Entwerfen Sie (*Design*) in einer Dreiergruppe ein Zukunftsfahrzeug (*vehicle of the future*). Wie heißt das Fahrzeug? Machen Sie auch eine Liste mit der Ausstattung (*features*). Schreiben Sie dann eine Werbung, in der Sie das Zukunftsfahrzeug mit einem Auto von heute vergleichen.

BEISPIEL

S1: *„Futura" – das Auto des 21. Jahrhunderts. Es kann CO_2 tanken.*
S2: *Unser Auto verbraucht viel weniger als die Autos von gestern.*

4 Gestern Fragen Sie andere im Unterricht, was sie gestern gemacht haben und wann. Berichten Sie dann, wer was wann gemacht hat. Benutzen Sie das Plusquamperfekt.

BEISPIEL

S1: *Bist du gestern zum Englischunterricht gegangen?*
S2: *Ja.*
S1: *Wann?*
S2: *Um 8.15 Uhr.*
S3: *Peter war schon zum Englischunterricht gegangen, bevor Julia Kaffee getrunken hat.*

5 Die Party Sie geben eine Party mit Ihren Freunden. Besprechen Sie, was Sie alle gemacht haben, um die Party vorzubereiten.

BEISPIEL

S1: *Seid ihr einkaufen gegangen?*
S2: *Ja, aber bevor wir einkaufen gegangen sind, hatten wir die Küche geputzt.*

6 Eine Reise nach Erfurt Sie planen eine Zugfahrt von Marburg nach Erfurt. Spielen Sie mit Ihrem Partner / Ihrer Partnerin ein Gespräch im Reisebüro der Deutschen Bahn. Der Reiseberater (*travel agent*) hilft dem Reisenden, sich für eine Zugverbindung zu entscheiden.

BEISPIEL

S1: *Wie kann ich Ihnen helfen?*
S2: *Ich möchte von Marburg nach Erfurt fahren und brauche eine Fahrkarte.*
S1: *Wann möchten Sie abfahren...?*

EIN KLEINER TIPP

Here are some abbreviations used in train schedules.

Umst. = Umsteigen (*transfer*)
RE = Regional-Express
IC = Intercity
ICE = Intercity-Express

ZUG	Ihre Hinfahrtmöglichkeiten				
Bahnhof	**Zeit**	**Dauer**	**Umst**	**Produkte**	**Preis**
MARBURG ERFURT	ab 8.21 an 12.40	4.19	2	RE, IC	51€
MARBURG ERFURT	ab 10.04 an 13.33	3.29	1	IC, ICE	65€
MARBURG ERFURT	ab 10.56 an 14.40	3.44	2	IC	51€
MARBURG ERFURT	ab 13.50 an 16.28	2.38	1	IC	51€

Zapping

 Video: TV Clip

Mercedes mit Allradantrieb°

Mercedes-Benz hat in dieser Werbung Mika Häkkinen, Michael Schumacher und Franz Beckenbauer zusammengebracht. Mika Häkkinen und Michael Schumacher sind ehemalige° Formel 1 Rennfahrer. Häkkinen kommt aus Finnland und war zweimal Weltmeister°. Sein deutscher Konkurrent° Michael Schumacher war siebenmal Weltmeister. Franz Beckenbauer ist ein sehr berühmter° deutscher Fußballspieler. 1974 war er Fußballweltmeister. Außerdem hat er viele andere Titel gewonnen.

„Sonntagsfahrer!"

Mika Häkkinen überholt° Michael Schuhmacher.

„Wusst' ich's doch. Rentner°!"

Allradantrieb *four-wheel drive* **ehemalige** *former* **Weltmeister** *world champion* **Konkurrent** *opponent* **berühmter** *famous* **überholt** *passes* **Rentner** *senior citizen*

 Verständnis Beantworten Sie die Fragen mit den Informationen aus dem Video.

1. Wer fährt in dieser Werbung am langsamsten?
   a. Mika Häkkinen   b. Franz Beckenbauer
   c. Michael Schumacher

2. Wer nennt einen anderen Fahrer „Rentner"?
   a. Mika Häkkinen   b. Franz Beckenbauer
   c. Michael Schumacher

Diskussion Diskutieren Sie die folgenden Fragen mit einem Partner / einer Partnerin.

1. Haben Sie oder hat Ihre Familie ein Auto? Vergleichen Sie Ihr Auto mit einem Auto aus dem Video.

2. Suchen Sie Informationen im Internet über einen der drei Männer im Werbeclip: Wer ist er? Warum ist er berühmt? Diskutieren Sie die Ergebnisse Ihrer Internetsuche.

Communicative Goals

You will learn how to:

- talk about electronic communication
- talk about computer technology

Technik und Medien

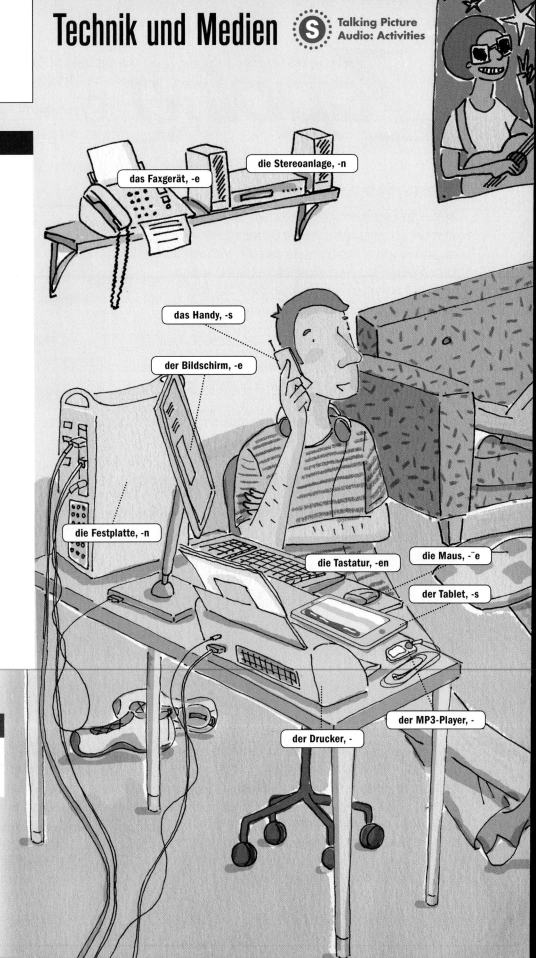

Talking Picture Audio: Activities

Wortschatz

Technik bedienen	**using technology**
anmachen (macht... an)	to turn on
aufnehmen (nimmt... auf)	to record
ausmachen (macht... aus)	to turn off
drucken	to print
fernsehen (sieht... fern)	to watch television
funktionieren	to work, to function
herunterladen (lädt... herunter)	to download
laden (lädt)	to charge; to load
löschen	to delete
online sein	to be online
speichern	to save
starten	to start
im Internet surfen	to surf the Web
die Technik	**technology**
der Benutzername, -n	screen name
die CD, -s	compact disc, CD
die Datei, -en	file
die Digitalkamera, -s	digital camera
das Dokument, -e	document
die E-Mail, -s	e-mail
der Kopfhörer, -	headphones
das Ladegerät, -e	battery charger
der Laptop, -s	laptop (computer)
das Mikrofon, -e	microphone
das Passwort, -¨er	password
das Programm, -e	program
der Sender, -	channel
die SMS, -	text message
die Website, -s	Web site

Labels in illustration: die Stereoanlage, -n · das Faxgerät, -e · das Handy, -s · der Bildschirm, -e · die Festplatte, -n · die Tastatur, -en · die Maus, -¨e · der Tablet, -s · der MP3-Player, - · der Drucker, -

ACHTUNG

The word **Gerät**, found in the compound nouns **Faxgerät** and **Ladegerät**, is used by itself to refer to any kind of device or appliance.

Das Telefon klingelt.
(klingeln)

der Anrufbeantworter, -

die Fernbedienung, -en

der Fernseher, -

der DVD-Player, -

die DVD, -s

die Spielkonsole, -n

Anwendung

1 **Bilder beschriften** Wie heißen die Geräte auf den Fotos?

- a. der Drucker
- b. die Fernbedienung
- c. der Fernseher
- d. die Kamera
- e. der Laptop
- f. das Mikrofon

1. ____

2. ____

3. ____

4. ____

5. ____

6. ____

2 **Ergänzen Sie** Ergänzen Sie die Sätze mit einem passenden Wort aus der Vokabelliste.

1. Vergessen Sie nicht, Ihr Dokument zu _____, bevor Sie den Computer ausmachen.
2. Um das Handy zu laden, braucht man ein _____.
3. Man soll nicht für jede Website dasselbe _____ benutzen.
4. Recyceln Sie Ihren Computer nicht, ohne alle Dokumente zu _____.
5. Der Klingelton auf meinem _____ ist ein Lied von Lady Gaga.
6. X-Box und Playstation sind _____.

3 **Kategorien** Finden Sie für jede Kategorie passende Wörter aus Ihrer Vokabelliste.

Computer	Telefon	Fernseher
_____	_____	_____
_____	_____	_____
_____	_____	_____
_____	_____	_____

4 **Hören Sie zu** 🎧 Hören Sie sich die Dialoge 1-4 an und entscheiden Sie dann, welche Geräte die Personen brauchen. Schreiben Sie zu jedem Gerät die Nummer des passenden Dialogs.

1. ____ das Telefon
2. ____ die Kamera
3. ____ der CD-Player
4. ____ die Fernbedienung

Practice more at **vhlcentral.com.**

Kommunikation

5 **Im Elektronikladen** Was kann man hier im Elektronikladen (*electronics store*) alles kaufen? Fragen Sie Ihren Partner / Ihre Partnerin, wie er/sie die verschiedenen elektronischen Geräte findet.

BEISPIEL

S1: *Wie findest du den Laptop?*
S2: *Er ist in Ordnung. Die Festplatte ist ziemlich groß.*

der Bildschirm	die Festplatte	die Tastatur
der Fernseher	der Drucker	die Videokamera

6 **Kreuzworträtsel** Sie und Ihr Partner / Ihre Partnerin bekommen zwei verschiedene Versionen desselben Kreuzworträtsels (*crossword puzzle*). Lesen Sie sich gegenseitig die fehlenden Definitionen vor.

BEISPIEL

S1: *Eins Senkrecht: Man macht das mit einem neuen Programm.*
S2: *Das ist LADEN.*

7 **Technische Geräte** Erzählen Sie in Dreiergruppen, welche technischen Geräte Sie und die Mitglieder Ihrer Familie haben und auch oft benutzen.

BEISPIEL

S1: *Meine Schwester kann ohne ihr Handy nicht leben. Sie schreibt bestimmt zweihundert SMS jeden Tag!*
S2: *Meine Eltern haben eine super Stereoanlage. Sie hören gern klassische Musik.*

8 **Wie macht man das?** Beschreiben Sie mit einem Partner / einer Partnerin zusammen möglichst genau, was Sie tun müssen, um die folgenden Tätigkeiten auszuführen (*carry out*).

BEISPIEL

S1: *Zuerst muss man die Fernbedienung finden.*
S2: *Dann macht man den Fernseher an und…*

- DVD ansehen
- Fotos drucken
- ein Buch herunterladen
- Informationen für ein Referat finden
- eine SMS schicken (*send*)

Aussprache und Rechtschreibung

 Audio: Presentation
Record & Compare Activities

🎧 The German *l*

To pronounce the German **l**, place your tongue firmly against the ridge behind your top front teeth and open your mouth wider than you would for the English *l*.

lang	**Laptop**	**Telefon**	**normal**	**stellen**

Unlike the English *l*, the German **l** is always produced with the tongue in the same position, no matter what sound comes before or after it. Practice saying **l** after the following consonants and consonant clusters.

Platten	**schlafen**	**Kleid**	**pflegen**	**fleißig**

Practice saying **l** at the end of words and before the consonants **d**, **m**, and **n**. Be sure to use the German **l**, even in words that are spelled the same in English and German.

Ball	**Spiel**	**Wald**	**Film**	**Zwiebeln**

Practice saying the German **l** in front of the consonant clusters **sch** and **ch**.

solch	**falsch**	**Milch**	**Kölsch**	**Elch**

1 **Sprechen Sie nach** Wiederholen Sie die Wörter, die Sie hören.

1. Lenkrad
2. Fahrplan
3. Öl
4. Klasse
5. schlank
6. Geld
7. Köln
8. welch

2 **Artikulieren Sie** Wiederholen Sie die Sätze, die Sie hören.

1. Viele warten an der Bushaltestelle auf den letzten Bus nach Ludwigsfelde.
2. Luise, kannst du das Nummernschild von dem LKW lesen?
3. Lothar hatte leider einen Platten auf einer verlassenen Landstraße.
4. Man soll den Ölstand im Auto regelmäßig kontrollieren.
5. Natürlich hat der Laptop einen DVD-Player und eine Digitalkamera.
6. Klicken Sie auf das Bild, um den Film herunterzuladen.

3 **Sprichwörter** Wiederholen Sie die Sprichwörter, die Sie hören.

Wer im Glashaus sitzt, sollte nicht mit Steinen werfen.[1]

Ein Unglück kommt selten allein.[2]

[1] People in glass houses shouldn't throw stones.
[2] It never rains, but it pours. (lit. Misfortune seldom comes alone.)

Ressourcen

SAM
LM: p. 73

vhlcentral.com

Ein Spaziergang durch Spandau Video: *Fotoroman*

George und Sabite haben Spaß zusammen, doch ein älteres Paar sieht mehr in ihnen. Hans und Meline haben leider nicht so viel Spaß.

GEORGE Unter uns sind zwei Flüsse. Dieser Fluss ist die Havel, und das da ist die Spree. Die Spandauer Zitadelle wurde im 16. Jahrhundert anstelle einer alten Burg erbaut. Endlich besuche ich sie mal. Viel besser, als nur darüber im Internet zu lesen. Die Architektur Deutschlands ist sagenhaft!

SABITE Er hat nicht angerufen, keine E-Mail und keine SMS geschickt. Ich habe seine Nummer von meinem Handy gelöscht. Doch trotz meiner Gefühle habe ich seinen Schal behalten.
GEORGE Die Farbe steht dir gut.
SABITE Danke. Sie steht dir besser.

HANS Ich habe mich aus meiner Wohnung ausgeschlossen. Darf ich hier warten, bis George zurückkommt?
MELINE Wieso gehst du nicht in ein Café oder in die Bibliothek? Oder... oder... machst einen Spaziergang im Viertel.
HANS Mein Mantel, mein Handy und mein Geldbeutel sind in meiner Wohnung.

MELINE Hier ist etwas Geld und Lorenzos Pullover. Geh solange ins Café um die Ecke. Ich schicke George dann zu dir.
HANS Warum hast du den Pullover deines Ex-Freundes noch?
MELINE Tschüss, Hans.

GEORGE Wie nennst du es?
SABITE „Spandau... Spandau Ballet." Dein Handy klingelt.
GEORGE Es ist eine SMS von Meline. „Dein Mitbewohner, der Idiot, hat sich ausgeschlossen. Ich habe ihn ins Café geschickt. Bitte hol ihn dort ab. Lass dir Zeit."

MANN Berlin ist ein herrlicher Ort, um verliebt zu sein.
GEORGE Wie bitte?
FRAU Sie haben eine Verbindung. Wenn sie lacht, leuchten Ihre Augen.
MANN Katharinas Lächeln wärmt mein Herz noch immer.
FRAU Haben Sie noch viel Spaß.

1 **Wer ist das?** Welche Personen beschreiben die folgenden Sätze: George, Hans, Meline oder Sabite?

1. Er/Sie hat über die Spandauer Zitadelle im Internet gelesen.
2. Er/Sie hat Torstens Nummer von seinem/ihrem Handy gelöscht.
3. Er/Sie hat sich aus seiner/ihrer Wohnung ausgeschlossen.
4. Er/Sie hat Lorenzos Pullover behalten.
5. Sein/Ihr Handy klingelt.
6. Sein/Ihr Mitbewohner hat sich aus der Wohnung ausgeschlossen.
7. Das ältere Paar glaubt, dass sie verliebt sind.
8. Er/Sie entschuldigt sich (*apologizes*) bei Hans.
9. Er/Sie isst ein Stück Kuchen.
10. Er/Sie hat ein Problem mit dem Computer.

PERSONEN

 George   Hans   Meline   Sabite   Frau   Mann

7

GEORGE Das ist verrückt. Wir sind Freunde. Gute Freunde.
SABITE Genau.

8

GEORGE Es tut mir leid, Sabite.
SABITE Es tut mir leid. Das war schrecklich.
GEORGE Ja, schrecklich. Die Beiden waren trotz ihres Alters nicht wirklich weise.

9

MELINE Hans, es tut mir leid.
HANS Was willst du, Meline?
MELINE Ich? Nichts. Ich... ich bin unhöflich zu dir gewesen und bin hierher gekommen, um mich zu entschuldigen.
HANS Danke, ich nehme an. Setz dich doch. Kuchen?

10

MELINE Danke. Also, du kennst dich gut mit Computern aus?
HANS Ja...
MELINE Ich habe während eines Chats eine Datei runtergeladen, dann wurde mein Bildschirm plötzlich dunkel und die Festplatte hat angefangen, ein komisches Geräusch zu machen.
HANS Speichere deine Dateien ab und schalte den Computer aus.

Nützliche Ausdrücke

- **Die Spandauer Zitadelle wurde im 16. Jahrhundert anstelle einer alten Burg erbaut.**
  The Spandau Citadel was built during the 16th century, on the site of an old castle.

- **sagenhaft**
  legendary

- **schicken**
  to send

- **das Gefühl**
  feeling

- **Die Farbe steht dir gut.**
  The color looks good on you.

- **Ich habe mich aus meiner Wohnung ausgeschlossen.**
  I'm locked out of my apartment.

- **das Viertel**
  neighborhood

- **der Geldbeutel**
  wallet

- **Berlin ist ein herrlicher Ort, um verliebt zu sein.**
  Berlin is a beautiful place to be in love.

- **Katharinas Lächeln wärmt mein Herz noch immer.**
  Katharina's smile still warms my heart.

- **unhöflich**
  rude

8B.1
- **Die Beiden waren trotz ihres Alters nicht wirklich weise.**
  In spite of their age, those two weren't really wise.

8B.2
- **Dieser Fluss ist die Havel, und das da ist die Spree.**
  This river is the Havel and that one is the Spree.

---

2 **Zum Besprechen** Beschreiben Sie zu zweit, wie Sie Technologie täglich nutzen. Haben Sie einen Computer? Wofür benutzen Sie ihn? Schreiben Sie einen Blog? Was machen Sie, wenn Sie Probleme mit dem Computer haben?

3 **Vertiefung** Viele technische Erfindungen (*inventions*) kommen aus Deutschland, Österreich, Liechtenstein oder der Schweiz. Suchen Sie im Internet nach einer Erfindung und informieren Sie Ihre Klasse über den Erfinder, Ort und Zeit der Erfindung sowie den Zweck (*purpose*).

Ressourcen		
SAM VM: p. 16	DVD Folge 16	vhlcentral.com

Max-Planck-Gesellschaft° Reading

MAX PLANCK (1858-1947) WAR EIN deutscher Physiker. Er entwickelte° die Quantentheorie und bekam dafür 1918 den Nobelpreis für Physik. Nach ihm ist die deutsche Max-Planck-Gesellschaft (MPG) benannt.

Diese Gesellschaft existiert seit 1948. Sie ist Nachfolgerin der Kaiser-Wilhelm-Gesellschaft die Kaiser Wilhelm II. 1911 in Berlin gegründet hatte. In beiden Gesellschaften bekamen und

bekommen Spitzenforscher° weltweit beste Arbeitsbedingungen°, um sich voll auf ihre Forschungsinteressen konzentrieren zu können. Niemand sagt ihnen, was sie machen müssen, und die Forscher dürfen sich ihre Mitarbeiter selber aussuchen.

Heute besteht die MPG aus 80 Instituten in den Bereichen° Natur-, Sozial- und Geisteswissen-schaften°. Immer wieder entstehen° neue Institute in neuen Forschungsbereichen und alte Institute schließen wieder. Zwischen 1948 und 2012 waren 17 Nobelpreisträger Mitglieder° der MPG, ein weiteres Zeichen für die herausragende° Arbeit dieser Gesell-schaft. Bisher war Christiane Nüsslein-Volhard die einzige Frau unter ihnen, aber das könnte sich ändern°. Im Jahre 2008 waren immerhin 26% der Wissenschaftler an den Instituten Frauen.

Nobelpreisträger der Max-Planck-Gesellschaft		
Chemie	**Medizin**	**Physik**
Gerhard Ertl (2007)	Christiane Nüsslein-Volhard (1995)	Theodor Hänsch (2005)
Paul Crutzen (1995)	Erwin Neher (1991)	Ernst Ruska (1986)
Robert Huber (1988)	Bert Sakmann (1991)	Klaus von Klitzing (1985)
Hartmut Michel (1988)	Georges Köhler (1984)	Walter Bothe (1954)
Johann Deisenhofer (1988)	Konrad Lorenz (1973)	
Manfred Eigen (1967)	Feodor Lynen (1964)	
Karl Zigler (1963)		

Gesellschaft *society* **entwickelte** *developed* **Nachfolgerin** *successor* **Spitzenforscher** *top researchers* **Arbeitsbedingungen** *work conditions* **Bereichen** *areas* **Geisteswissenschaften** *humanities* **entstehen** *form* **Mitglieder** *members* **herausragende** *prominent* **sich ändern** *to change*

ÜBUNGEN

1 **Richtig oder falsch?** Sind die Aussagen richtig oder falsch? Korrigieren Sie die falschen Aussagen mit einem Partner / einer Partnerin.

1. Max Planck war Chemiker.
2. Planck entwickelte die Quantentheorie.
3. Die MPG entstand nach dem Zweiten Weltkrieg.
4. Vor der MPG gab es in Deutschland die Kaiser-Wilhelm-Gesellschaft.
5. In der MPG dürfen sich die Forscher ihre Mitarbeiter selber aussuchen.

6. Die 80 Institute der MPG arbeiten im Bereich Naturwissenschaft.
7. Siebzehn Forscher der MPG erhielten einen Nobelpreis.
8. Nur ein Prozent aller Wissenschaftler der MPG sind Frauen.
9. Der erste Nobelpreisträger der MPG war Feodor Lynen.
10. Die meisten Nobelpreisträger der MPG waren Chemiker.

 Practice more at **vhlcentral.com**.

Wortfeld: machen

aufmachen	*to open*
durchmachen	*to experience*
mitmachen	*to participate*
nachmachen	*to imitate*
vormachen	*to fool somebody*
wettmachen	*to make up for something*
zumachen	*to close*

Deutsche Mediengiganten°

Die zwei deutschen Mediengiganten sind die Bertelsmann AG und die Axel Springer AG. Die Bertelsmann AG, ein 1835 in Gütersloh gegründetes deutsches Familienunternehmen°, ist das größte Medienhaus Europas. Weltweit arbeiten 104.000 Mitarbeiter für dieses Unternehmen. Neben Buchclubs sind auch Software-Entwicklung° und Fernsehsender Teil des Unternehmens. Die 1946 gegründete Axel Springer AG ist der zweite deutsche Mediengigant. Sie verlegt° mehr als 230 Zeitungen und Zeitschriften°. Die bekannteste ist die *Bild*, eine Zeitung mit täglich mehr als 12 Millionen Lesern.

Mediengiganten *media giants* **Familienunternehmen** *family-owned company* **Entwicklung** *development* **verlegt** *publishes* **Zeitschriften** *magazines*

Darmstadt

Darmstadt, eine Stadt in Hessen, gilt als Wissenschaftsstadt°. Hier wohnen zwar nur 144.000 Einwohner, aber es gibt drei Universitäten mit insgesamt mehr als 35.000 Studenten. Neben den Universitäten gibt es auch Forschungseinrichtungen° wie zum Beispiel das Europäische Raumflugkontrollzentrum° (ESOC), die Europäische Organisation für die Nutzung° meteorologischer Satelliten (EUMETSAT) und drei Institute der Fraunhofer-Gesellschaft. Im GSI Helmholtzzentrum für Schwerionenforschung° entdeckten Forscher 1994 das chemische Element Darmstadtium, das man unter der Ordnungsnummer 110 im Periodensystem finden kann.

Wissenschaftsstadt *city of science* **Forschungseinrichtungen** *research institutions* **Raumflugkontrollzentrum** *space flight control center* **Nutzung** *use* **Schwerionenforschung** *heavy ion research*

IM INTERNET

 Suchen Sie Informationen über digitale Medien in der deutschsprachigen Welt. Was sind die neuesten Trends?

For more information on this **Kultur**, go to **vhlcentral.com**.

---

2 **Was fehlt?** Ergänzen Sie die Sätze.

1. Die Bertelsmann AG ist ein deutsches _____ in Gütersloh.
2. Bertelsmann ist das _____ Medienhaus Europas.
3. Die _____ ist die bekannteste Zeitung der Axel Springer AG.
4. Darmstadt gilt auch als _____.
5. In Darmstadt studieren mehr als _____ Studenten.
6. Forscher entdeckten 1994 das chemische Element _____.

3 **Technologie und digitale Medien** Diskutieren Sie mit einem Partner / einer Partnerin digitale Medien und Technologien, die Sie gerne benutzen. Warum mögen Sie sie? Gibt es ältere Technologien, die Sie bevorzugen? Warum?

BEISPIEL

S1: *Welche digitalen Medien und Technologien benutzt du gerne?*
S2: *Ich schreibe gerne E-Mails. Und du?*

Ressourcen

vhlcentral.com

8B.1 The genitive case Presentation

Startblock German speakers often use constructions with **von** to indicate a relationship of ownership or close connection between two nouns. To talk about these relationships in more formal speech or writing, use the genitive case (**der Genitiv**).

- In conversation, the preposition **von** is used with a noun in the dative case to indicate ownership or a close relationship.

Hast du den neuen Klingelton **von meinem Handy** schon gehört?
*Have you heard **my cell phone's** new ringtone?*

Um die Website **von Professor Giese** zu sehen, braucht man ein Passwort.
*You need a password to access **Professor Giese's** website.*

- Another way to indicate ownership or a close relationship, especially in more formal speech and writing, is to use the genitive case.

Torsten hat die Rede **des Bundespräsidenten** heruntergeladen.
*Torsten downloaded **the president's** speech.*

Das Mikrofon **der Professorin** hat nicht funktioniert.
***The professor's** microphone didn't work.*

- The forms of definite articles, indefinite articles, and possessive adjectives used with genitive nouns differ from the nominative, accusative, and dative forms. Masculine and neuter nouns also change in the genitive case: those with more than one syllable add **-s**, and those with only one syllable add **-es**.

QUERVERWEIS

See **1A.3** to review the nominative case, **1B.1** and **3B.2** for the accusative case, and **4B.1** and **4B.2** for the dative case.

ACHTUNG

Possessive adjectives have the same genitive endings as the indefinite articles: **meines Drucker<u>s</u>, meiner Festplatte, meines Handy<u>s</u>, meiner E-Mails.**

definite articles				
	masculine	**feminine**	**neuter**	**plural**
nominative	der Drucker	die Festplatte	das Handy	die E-Mails
accusative	den Drucker	die Festplatte	das Handy	die E-Mails
dative	dem Drucker	der Festplatte	dem Handy	den E-Mails
genitive	des Druckers	der Festplatte	des Handys	der E-Mails

indefinite articles				
	masculine	**feminine**	**neuter**	**plural**
nominative	ein Drucker	eine Festplatte	ein Handy	keine E-Mails
accusative	einen Drucker	eine Festplatte	ein Handy	keine E-Mails
dative	einem Drucker	einer Festplatte	einem Handy	keinen E-Mails
genitive	eines Druckers	einer Festplatte	eines Handys	keiner E-Mails

Was ist der Preis **der Spielkonsole**?
*What is the price **of the game console?***

Der Bildschirm **dieses Computers** ist sehr schmutzig.
***This computer's** screen is very dirty.*

Ich habe diese Fotos mit der Kamera **meines Vaters** gemacht.
*I took these photos with **my father's** camera.*

Ich kann die Telefonnummer **meiner Schwester** nicht finden.
*I can't find **my sister's** phone number.*

- Some masculine nouns add **-n** or **-en** in the accusative, dative, and genitive cases: **der Herr, den Herrn, dem Herrn, des Herrn**. The n-nouns you have learned so far are: **der Architekt, der Dozent, der Journalist, der Junge, der Neffe, der Polizist, der Student, der Tourist**.

> Der Laptop **des Dozenten** funktioniert nicht.   Ich habe **meinem Neffen** eine E-Mail geschrieben.
> *The instructor's laptop isn't working.*   *I wrote an e-mail to **my nephew**.*

- In the genitive case, an adjective *preceded by* an **ein**-word or a **der**-word always ends in **-en**. *Unpreceded* adjectives in the genitive case have the endings: **-en, -er, -en,** and **-er**.

> Ich mag das Aroma **schwarzen Kaffees**.   Mögen Sie den Geschmack **grüner Paprikas**?
> *I like the smell **of black coffee**.*   *Do you like the taste **of green peppers**?*

- When using the name of a person or place in the genitive, add **-s** to the end of the name. If the name already ends with an **s** sound, add an apostrophe instead.

> Magst du **Ramonas** Website?   Benjamin hat **Hans'** Ladegerät verloren.
> *Do you like **Ramona's** website?*   *Benjamin lost **Hans's** charger.*

- Most nouns in the genitive case follow the noun they modify. However, the name of a person or place comes before the noun it modifies.

> Die Eltern **meines Freundes** sind sehr nett.   **Rainers** Digitalkamera ist sehr klein.
> *My friend's parents are really nice.*   *Rainer's digital camera is really small.*

- Use the genitive question word **wessen** to ask *whose*?

nominative	accusative	dative	genitive
wer?	wen?	wem?	wessen?

> **Wessen** Telefon klingelt?   Ich glaube, es ist **Josefs** Handy.
> *Whose phone is ringing?*   *I think it's **Josef's** cell phone.*

- The genitive case is also used after certain prepositions.

prepositions with the genitive			
(an)statt	*instead of*	trotz	*despite, in spite of*
außerhalb	*outside of*	während	*during*
innerhalb	*inside of, within*	wegen	*because of*

> **Anstatt einer Stereoanlage** bekam mein Bruder ein Handy zum Geburtstag.   **Trotz des Regens** wollten unsere Freunde wandern gehen.
> *Instead of a stereo, my brother got a cell phone for his birthday.*   *Despite the rain, our friends wanted to go hiking.*

ACHTUNG

A small number of **n**-nouns also add **-s** in the genitive case: **der Name, den Namen, dem Namen, des Namens**.

QUERVERWEIS

See **2B.3, 3A.1, 3A.2,** and **4B.1** to review **ein**-words. See **3A.2** and **4B.1** to review **der**-words. You will learn more about **der**-words in **8B.2**.

See **3B.2** to review accusative prepositions. See **4B.2** to review dative prepositions. See **5B.3** to review two-way prepositions.

ACHTUNG

Be careful not to confuse the genitive **-s** ending with the **'s** ending used in English. In German, the apostrophe is added instead of an **s**, never before it.

Ressourcen

SAM
WB: pp. 115–116

SAM
LM: p. 74

vhlcentral.com

 Jetzt sind Sie dran!   **Wählen Sie die richtigen Genitivformen.**

1. Das ist der Computer (<u>meines Bruders</u> / meinen Bruder).
2. Wo ist der Kopfhörer (die Studenten / des Studenten)?
3. Der Fernseher (eures Vaters / euren Vater) steht im Wohnzimmer.
4. Die Website (der neuen Professorin / die neue Professorin) ist sehr interessant.
5. Ich darf den DVD-Player (meine ältere Schwester / meiner älteren Schwester) benutzen.
6. Der Bildschirm (unserem neuen Laptop / unseres neuen Laptops) ist kaputt.

Anwendung

1 **Wessen?** Beantworten Sie die Fragen mit einem ganzen Satz und benutzen Sie dabei den Genitiv der angegebenen Substantive.

BEISPIEL Wessen Bücher sind das? (die Professorin)
Das sind die Bücher der Professorin.

1. Wessen Laptop ist das? (die Ingenieurin)
2. Wessen Fahrrad ist das? (das Kind)
3. Wessen Auto war das? (Tobias)
4. Wessen Mikrofon ist das? (der Journalist)
5. Wessen Kamera ist das? (Jutta)
6. Wessen Personalausweis ist das? (Heike)
7. Wessen Fahrplan ist das? (der Schaffner)
8. Wessen Abschlussfeier (*graduation party*) war das? (die Deutschstudenten)

2 **Ergänzen Sie** Ergänzen Sie die Sätze mit der Genitivform der Wörter in Klammern.

BEISPIEL

Das Auto _meiner kleinen Schwester_ ist ein Mercedes. (meine kleine Schwester)

1. Gefällt dir die Farbe _____? (mein tolles Kleid)
2. Das Büro (*office*) _____ ist schwer zu finden. (die neue Dozentin)
3. Wir müssen immer über die Eskapaden _____ lachen. (unsere jungen Hunde)
4. Das Visum _____ ist abgelaufen (*expired*). (der amerikanische Tourist)
5. Der Klingelton _____ ist sehr laut (*loud*). (ihr billiges Handy)
6. Der Bildschirm _____ ist größer als ein Fenster. (der teure Fernseher)
7. Der DVD-Player _____ funktioniert nicht mehr. (mein alter Computer)

3 **Dativ oder Genitiv?** Schreiben Sie die Sätze so um, dass Sie statt des Dativs den Genitiv benutzen.

BEISPIEL Der Benutzername von meinem Partner ist wirklich sehr lustig.
Der Benutzername meines Partners ist wirklich sehr lustig.

1. Die Vorlesungen von unserem Professor sind interessant.
2. Die Website von der Universität ist nicht sehr benutzerfreundlich (*user friendly*).
3. Die Stereoanlage von Alexander ist alt.
4. Die Festplatte von deinem Computer ist nicht groß.
5. Meine Eltern verkaufen das Auto von meinen Großeltern.
6. Der Fußball von dem Jungen ist zwischen die geparkten Autos gefallen.
7. Die Katze von meinem Neffen ist sehr aggressiv.
8. Die neue CD von Herbert Grönemeyer ist gerade (*just now*) auf den Markt gekommen.

Kommunikation

4 **Bilder beschreiben** Beschreiben Sie mit einem Partner / einer Partnerin zusammen, was man auf den Bilder sehen kann. Benutzen Sie den Genitiv und verwenden Sie dabei die Wörter aus der Liste.

▶ **BEISPIEL**

S1: *Was sieht man auf diesem Bild?*
S2: *Man sieht den Bildschirm eines Fernsehers.*

der Ausgang	das Innere (*inside*)	die Tastatur
der Bildschirm	der Seminarraum	

1. 2. 3. 4.

5 **Bedeutende Erfinder** Finden Sie zusammen mit einem Partner / einer Partnerin heraus, was diese Personen erfunden (*invented*) haben. Verwenden Sie in Ihren Antworten den Genitiv und wechseln Sie sich ab.

 BEISPIEL

S1: *Wer war Melitta Bentz?*
S2: *Sie war die Erfinderin des Kaffeefilters.*

der Bunsenbrenner	das Luftschiff
der Dieselmotor	die Röntgenstrahlen (*X-rays*)
die Jeans	der Rorschachtest
der Kaffeefilter	der Sportschuh

1. Rudolf Diesel
2. Levi Strauss
3. Wilhelm Röntgen
4. Ferdinand von Zeppelin
5. Hermann Rorschach
6. Robert Bunsen
7. Adi Dassler
8. Melitta Bentz

6 **Wann machst du das?** Fragen Sie Ihren Partner / Ihre Partnerin, wann er/sie diese Aktivitäten macht. Verwenden Sie bei Ihren Antworten einen Zeitausdruck aus jeder (*each*) Spalte.

 BEISPIEL

S1: *Wann schreibst du die meisten Prüfungen?*
S2: *Am Ende des Semesters.*

Am Ende	das Semester
Am Anfang	die Woche
Während	der Tag
	das Jahr
	der Sommer
	die Ferien
	das Abendessen

1. Wann lernst du neue Mitstudenten kennen?
2. Wann surfst du im Internet?
3. Wann fährst du mal für ein paar Tage weg?
4. Wann rufst du deine Familie an?
5. Wann bekommst du deine Noten?
6. Wann suchst du einen Ferienjob?

8B.2 | **Demonstratives** Presentation

Startblock Use demonstrative pronouns and adjectives to refer to something that has already been mentioned, or to point out a specific person or thing.

Dieser Fluss ist die Havel, und **das** da ist die Spree.

Es war meine Idee, hierher zu kommen. Ich liebe **diesen** Ort.

Demonstrative pronouns

- Use demonstrative pronouns to refer to a person or thing that has already been mentioned or whose identity is clear, instead of repeating the noun.

Ist Grete online?
—Ja, **die** schreibt eine E-Mail.
Is Grete online?
*—Yes, **she's** writing an e-mail.*

Gefällt dir dein neuer Drucker?
—Ja, **der** funktioniert sehr gut!
Do you like your new printer?
*—Yes, **it** works really well!*

- The forms of the demonstrative pronoun are identical to the definite article, except for the genitive and dative plural forms. Use the demonstrative pronoun that agrees in gender and number with the noun it is replacing.

demonstrative pronouns				
	masculine	**feminine**	**neuter**	**plural**
nominative	der	die	das	die
accusative	den	die	das	die
dative	dem	der	dem	denen
genitive	dessen	deren	dessen	deren

Der Anrufbeantworter ist wirklich alt. **Den** habe ich schon seit Jahren.
The answering machine is really old. I've had ***it*** *for years.*

Ramona ist sehr zuverlässig. **Die** wird nicht zu spät kommen.
Ramona is very reliable. ***She*** *won't come too late.*

Was sagen deine Eltern? Hast du **denen** schon dein Zeugnis gezeigt?
What do your parents say? Have you shown ***them*** *your report card yet?*

Ich habe nur eine Fernbedienung, aber mit **der** kann man alles an- und ausmachen.
I only have one remote, but you can turn everything on and off with ***it***.

- Use the genitive demonstrative pronouns **dessen** or **deren** in cases where the possessive adjectives **sein** or **ihr** might cause confusion.

Erik hat Daniel auf **seinem** neuen Boot gesehen.
Erik saw Daniel on ***his (Erik's? Daniel's?)*** *new boat.*

Erik hat Daniel auf **dessen** neuen Boot gesehen.
Erik saw Daniel on ***his (Daniel's)*** *new boat.*

- Use **hier** or **da** with a demonstrative to distinguish between *this one* or *that one*.

Der da gefällt Wolfgang besser.
*Wolfgang likes **that one** better.*

Vergiss nicht, **das hier** zu drucken!
*Don't forget to print **this one**!*

Der-words

- **Der**-words include **dieser** (*this; that*), **jeder** (*each, every*), and its plural counterpart **alle** (*all*) **mancher** (*some*), and **solcher** (*such*), as well as the question word **welcher** (*which*).

Gina, **welcher** Laptop gefällt dir am besten?
*Gina, **which** laptop do you like best?*

Ich finde **diesen** Laptop am schönsten.
*I think **this** laptop is the nicest.*

- **Der**-words are so called because they have the same endings as the definite articles. The chart below shows only **dieser**, but all the other **der**-words have the same endings.

der-words			
	masculine	**feminine**	**neuter**	**plural**
nominative	dieser Mann	diese Frau	dieses Kind	diese Kinder
accusative	diesen Mann	diese Frau	dieses Kind	diese Kinder
dative	diesem Mann	dieser Frau	diesem Kind	diesen Kindern
genitive	dieses Mannes	dieser Frau	dieses Kindes	dieser Kinder

Mit **dieser** Tastatur können Sie viel schneller tippen.
*With **this** keyboard, you can type much faster.*

Speichert dein neues Handy **jede** SMS?
*Does your new cellphone save **every** text message?*

Manche Sender haben keine guten Programme.
Some stations don't have any good programs.

Solche Websites gefallen mir nicht.
*I don't like **those kinds of** websites.*

- Adjectives after **der**-words have the same endings as adjectives after definite articles.

Diese kleine Digitalkamera macht sehr schöne Fotos.
That little digital camera takes great photos.

Welchen neuen Film wollt ihr heute Abend sehen?
Which new film do you want to see tonight?

ACHTUNG

Jeder is only used with singular nouns while **alle** is only used in the plural. The accusative forms of **jeder** appear in time expressions such as **jeden Tag/Monat**, **jede Woche**, and **jedes Jahr**.

Solcher is used mainly in the plural. Instead of using **solcher** in the singular, German speakers typically use **so ein** to mean *that kind of* or *such a*: **So einen Mann möchte ich heiraten.**

QUERVERWEIS

To review adjective endings after **der**-words, see **3A.2**, **4B.1**, and **8B.1**.

Ressourcen

SAM
WB: pp. 117–118

SAM
LM: p. 75

vhlcentral.com

Jetzt sind Sie dran! **Wählen Sie die passende Form.**

1. (Welches / Welcher) Mikrofon funktioniert am besten?
2. Karin speichert (jede / jedes) Dokument auf der Festplatte.
3. Frau Kaufmann hat einen neuen Laptop gekauft. (Die / Der) hat 700 € gekostet.
4. Von (welcher / welchem) Schwester hast du die Stereoanlage zum Geburtstag bekommen?
5. Danke für den guten Saft! (Den / Dem) trinken wir heute Abend.
6. Bringst du bitte das Ladegerät mit? (Das / Dem) brauche ich sofort (*right away*).
7. Mira speichert (manchen / manche) E-Mails und löscht den Rest.

8. Ich schreibe (jeder / jeden) Benutzernamen auf, um ihn nicht zu vergessen.
9. Mit (solche / solchen) Handys kann man E-Mails schreiben, SMS schicken (*send*) und telefonieren.
10. Ihr wolltet den Fernseher mit der Fernbedienung anmachen, aber (die / das) war nirgendwo (*nowhere*) zu finden.
11. (Welches / Welcher) Freund hat dir mit deiner Website geholfen?
12. Daniela hat Rainer und (dessen / deren) Frau das Dokument gezeigt.

Anwendung

1 **Ergänzen Sie** Ergänzen Sie die Sätze mit den richtigen Demonstrativpronomen.

1. Kennst du die Deutschdozentin? Nein, _____ kenne ich nicht.

2. Welcher Computer ist der bessere? _____ da für 1.200 €.

3. Welches Kleid ziehst du auf die Party an? _____ da auf meinem Bett.

4. Welchem Kind gehört der Fußball? _____ dort auf dem Spielfeld.

5. Haben Schmidts dich schon angerufen? _____ Tochter ist letzte Woche ausgezogen (*moved out*).

6. Was machen deine Großeltern? Ach, _____ geht's leider nicht sehr gut.

7. Bringt ihr euren Hund ins Hundehotel während eurer Reise? Nein, _____ nehmen wir natürlich mit.

8. Welcher Zug geht nach Kassel? _____ fährt dort drüben auf Bahnsteig 7A.

2 **Wählen Sie** Wählen Sie die passenden **der**-Wörter.

1. (Solches / Welches) Auto hast du denn jetzt gekauft?

2. (Jede / Manche) Modelle haben nur einen kleinen Kofferraum.

3. Heute kann man mit (jedem / welchem) Handy im Internet surfen.

4. Hast du (diese / jede) Website schon gesehen? Die ist wirklich interessant!

5. (Manche / Solche) Probleme möchte ich haben!

6. Mit (solchen / welchen) Leuten kann man leider nicht reden.

3 **Elektronische Geräte** Beantworten Sie die Fragen mit **ja** oder **nein**. Verwenden Sie die **der**-Wörter in Klammern und ein passendes Adjektiv aus der Liste. Achten Sie auf die Adjektivendungen.

> alt | amerikanisch | billig | flach (*flat*) | kaputt | klein | nutzlos

▶ **BEISPIEL**

Hat der Bildschirm des Fernsehers eine bessere Bildqualität? (so ein)

Ja, der Bildschirm so eines flachen Fernsehers hat wirklich eine bessere Bildqualität.

1. Kann man mit dem Handy auch SMS schreiben? (all-)

2. Hat der Computer auch einen DVD-Player? (so ein)

3. Kann man diese Tastatur auch in Deutschland benutzen? (dies-)

4. Möchtest du den Camcorder meiner Mutter kaufen? (dies-)

5. Kannst du mit deinem Kopfhörer alles hören? (dies-)

 Practice more at **vhlcentral.com**.

Kommunikation

4 **Wie findest du das?** Fragen Sie Ihren Partner / Ihre Partnerin nach seiner/ihrer Meinung (*opinion*). Benutzen Sie Demonstrativpronomen und wechseln Sie sich ab.

BEISPIEL

S1: *Wie findest du die Band Train?*
S2: *Die ist einfach fantastisch!*

Wie findest du...

1. die Musik von...?

2. die Kunst von...?

3. den Fernsehsender...?

4. den Film...?

5. die Kurse von Professor/Professorin...?

6. die Bücher von...?

egoistisch	langweilig
eingebildet	lustig
fade	romantisch
fantastisch	schlecht
hübsch	süß
intelligent	toll
interessant	

5 **Immer das Gleiche** Schreiben Sie, was Sie jeden Tag, jede Woche, jeden Monat und jedes Jahr machen, und dann interviewen Sie Ihre Mitstudenten.

BEISPIEL

S1: *Was machst du jeden Tag?*
S2: *Ich esse jeden Tag in der Mensa. Und du, was machst du jeden Tag?*

jeden Tag:

jede Woche:

jeden Monat:

jedes Jahr:

6 **Rollenspiel: Im Modehaus** Sie sind Verkäufer / Verkäuferin in einem Modehaus. Leider hat der Kunde / die Kundin (*customer*) immer etwas auszusetzen (*criticize*). Erfinden Sie mit einem Partner / einer Partnerin einen Dialog.

BEISPIEL

S1: *Wie finden Sie diesen Pullover?*
S2: *Der ist viel zu klein!*
S1: *Und wie gefällt Ihnen dieses rote Kleid?*
S2: *So ein hässliches Kleid habe ich noch nie gesehen!*

der Anzug	die Krawatte	billig	gestreift
die Baseballmütze	die Lederjacke	dunkel	hässlich
das Baumwollkleid	der Minirock	einfach	lang
die Halskette	die Sandalen	elegant	langweilig
die Handtasche	der Schal	eng	schmutzig
die Hose	das Trägerhemd	furchtbar	teuer

Wiederholung

1 Logische Verbindungen
Sehen Sie sich mit einem Partner / einer Partnerin die Wortliste und die Bilder an. Welche Wörter passen zu welchen Bildern?

▶ **BEISPIEL**

Das ist die Schwimmerin des Jahres.

das Jahr	die Schülerin
der Monat	der Tag
das Restaurant	

1.

2.

3.

4.

2 Geographie
Sehen Sie sich die Tabelle mit statistischen Informationen über Deutschland, Liechtenstein und die Schweiz an. Fragen Sie Ihren Partner / Ihre Partnerin nach den fehlenden Informationen.

BEISPIEL

S1: *Wie lang ist der längste Fluss der Schweiz?*
S2: *Das ist der Rhein. Er ist 375 Kilometer lang.*

3 Manche Leute
Viele Menschen machen komische Sachen (*strange things*). Was denken Sie und Ihr Partner / Ihre Partnerin darüber? Was sollen diese Menschen anders machen?

BEISPIEL

S1: *Manche Menschen tanzen im Regen.*
S2: *Solche Menschen sind dynamisch, aber sie sollen sich einen Regenschirm kaufen.*

im Haus Rad fahren	draußen schlafen
unter dem Bett lesen	im Regen tanzen
auf dem Dach lesen	im Winter kurze Kleider tragen

4 Wem gehört's?
Sehen Sie sich die Bilder an. Fragen Sie einen Partner / eine Partnerin, wem die Dinge gehören. Wechseln Sie sich ab.

▶ **BEISPIEL**

S1: *Wessen Stereoanlage ist das?*
S2: *Das ist die Stereoanlage des Studenten.*

meine Eltern	mein Opa
Harald	der
das Mädchen	Student

1.

2.

3.

4.

5 Was gefällt dir?
Fragen Sie andere im Unterricht, was ihnen gefällt. Schreiben Sie sich die Antworten auf.

BEISPIEL Autor: Stephen King / Jane Austen

S1: *Welchen Autor liest du lieber, Stephen King oder Jane Austen?*
S2: *Mir ist Stephen King lieber.*

6 Technologie
Unterhalten Sie sich mit Ihrem Partner / Ihrer Partnerin, über die Geräte, die sie besitzen. Was halten Sie von solchen Geräten? Benutzen sie viele Menschen? Sind sie für jeden geeignet (*suitable*)?

▶ **BEISPIEL**

S1: *Ich habe eine Spielkonsole.*
S2: *Ich habe auch eine Spielkonsole. Viele Studenten mögen sie.*
S1: *Was spielst du am liebsten?*
S2: *Am liebsten spiele ich...*

7 **Im Kleidergeschäft** Sehen Sie sich die Kleidung an und fragen Sie Ihren Partner / Ihre Partnerin nach seiner/ihrer Meinung.

 BEISPIEL

S1: *Gefällt dir der blaue Rock?*
S2: *Der gefällt mir, aber diese grüne Hose gefällt mir nicht.*

---

8 **Genitivpräpositionen** Schreiben Sie mit einem Partner / einer Partnerin ein Gedicht (*poem*) aus fünf Sätzen. Außer der letzten Zeile (*line*) muss jede Zeile mit einer Genitivpräposition beginnen.

BEISPIEL

Außerhalb der Stadt stürmt es.
Trotz des schlechten Wetters spielen wir Tennis.
Während des Spiels rollt der Ball in den Fluss.
Wegen des verlorenen Balls hören wir auf (we stop).
Das nächste Mal bleiben wir lieber mit der
Spielkonsole zu Hause.

---

9 **Wahrheiten und Lügen** Schreiben Sie zwei Sätze darüber, was Sie schon vor Ihrem 14. Geburtstag gemacht haben. Eine der Aussagen ist wahr (*true*), eine Aussage ist eine Lüge (*lie*). Ihre Mitstudenten müssen erraten, welcher Satz die Lüge ist.

BEISPIEL

Ich war schon zweimal nach Europa geflogen.
Ich hatte schon meine eigene (own) Website gebaut.

Mein Wör | ter | buch

Schreiben Sie noch fünf weitere Wörter in Ihr persönliches Wörterbuch zu den Themen **Verkehrsmittel** und **Technologie**.

der Führerschein

Übersetzung
driver's license

Wortart
ein Substantiv

Gebrauch
In Amerika darf man den Führerschein
mit 16 Jahren machen. In Deutschland
muss man 18 Jahre alt sein und der
Führerschein ist viel teurer.

Synonyme
die Fahrerlaubnis

Antonyme
—

Weiter geht's

Panorama Map

Hessen und Thüringen

Hessen in Zahlen

▶ **Fläche:** *21.114 km²*

▶ **Bevölkerung:** *6 Millionen Menschen*

▶ **Religion:** *evangelisch-lutherisch 40,8%, römisch-katholisch 25,4%*

▶ **Städte:** *Frankfurt (680.000 Einwohner), Wiesbaden (275.000), Kassel (195.000)*

▶ **Flüsse:** *der Main, der Neckar*

▶ **Wichtige Industriezweige:** *chemische Industrie, Pharmaindustrie, Fahrzeugbau, Banken*

▶ **Touristenattraktionen:** *Römischer Grenzwall° Limes, Fossilienlagerstätte° Grube Messel, Benediktiner-Abtei° und Kloster° Lorsch*
Touristen können in Marburg die Märchen der Gebrüder Grimm entdecken. Wirtschaftlich ist Hessen für die Banken in Frankfurt und die chemische und Pharmaindustrie bekannt.

QUELLE: Landesportal Hessen

Thüringen in Zahlen

▶ **Fläche:** *16.172 km²*

▶ **Bevölkerung:** *2,2 Millionen Menschen*

▶ **Religion:** *keine Religion 66%, evangelisch-lutherisch 26%*

▶ **Städte:** *Erfurt (200.000 Einwohner), Jena (105.000), Gera (99.000)*

▶ **Wichtige Industriezweige:** *Automobil, Metallverarbeitung, Lebensmittelindustrie, Tourismus*

▶ **Touristenattraktionen:** *Weimar, Wartburg (Eisenach), Schloss Friedenstein (Gotha)*
Touristen können in Eisenach die Spuren berühmter Deutscher wie Luther und Bach entdecken. Wirtschaftlich ist Thüringen eines der erfolgreichsten° ostdeutschen Bundesländer.

QUELLE: Thüringen Tourismus

Berühmte Hessen und Thüringer

▶ **Johann Sebastian Bach,** *Komponist (1685–1750)*

▶ **Johann Wolfgang von Goethe,** *Autor (1749–1832)*

▶ **Anne Frank,** *Autorin und Opfer° des Nationalsozialismus (1929–1945)*

römischer Grenzwall *Roman boundary wall* Fossilienlagerstätte *natural fossil deposit* Abtei *abbey* Kloster *monastery* erfolgreichsten *most successful* Opfer *victim* Karfreitag *Good Friday* Tanzverbot *ban on dancing* drohen *threaten* Geldstrafen *fines*

Fachwerkhäuser in Marburg

Wartburg in Eisenach

Bankenmetropole Frankfurt

Unglaublich, aber wahr!

Am Karfreitag° und an anderen religiösen Feiertagen darf man in vielen Bundesländern nicht tanzen. Hessen und Thüringen sind zwei von dreizehn Bundesländern, in denen das Tanzverbot° am Karfreitag 24 Stunden dauert. Seit 1952 dürfen Diskotheken an diesem Tag keine Tanzveranstaltungen organisieren oder es drohen° hohe Geldstrafen°.

Städte

Weimar

Weimar ist die viertgrößte Stadt in Thüringen. Im Jahre 1919 beschloss die Nationalversammlung° hier die deutsche Verfassung°. Deshalb nennt man die erste deutsche Demokratie auch „Weimarer Republik". Für die Literatur ist Weimar wichtig, weil Autoren wie Goethe und Nietzsche hier lebten. Berühmte Musiker, die in Weimar komponierten, waren Johann Sebastian Bach und Franz Liszt. Im Bereich der Architektur entwickelte° der Architekt Walter Gropius die Bauhaus Schule in Weimar.

Kultur

Skat

Skat ist eines der beliebtesten Kartenspiele in Deutschland. Manche Menschen nennen es auch „das Spiel der Deutschen". Etwa 20 Millionen Deutsche spielen Skat. Das Spiel wurde circa 1810 in der thüringischen Stadt Altenburg erfunden°. Seit 1938 gibt es deutsche Meisterschaften°. Altenburg ist immer noch die Skathauptstadt der Welt, in der der Deutsche Skatverband seine Geschäftsstelle° hat. Hier gibt es auch die berühmte Kartenfabrik Altenburger Spielkarten. 2007 feierte die Firma ihr 175-jähriges Jubiläum.

Geographie

Wald und Jagd° in Deutschland

In Hessen und Thüringen bestehen große Landesflächen aus Wäldern. In Hessen gibt es 895.000 Quadratkilometer Wald, etwa 42% der Landesfläche, mehr als in jedem anderen deutschen Bundesland. Der Nationalpark Thüringer Wald bietet ein sehr beliebtes Urlaubsziel für Wanderer, Fahrradfahrer und Skifahrer an. Seit dem 19. Jahrhundert nennt man Thüringen „das grüne Herz Deutschlands". Auch Jäger° besuchen diese Region gerne zur Jagd von Rehen und Hirschen°.

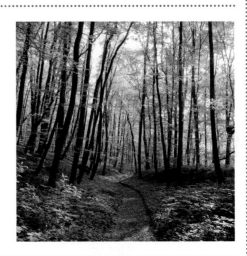

Menschen

Heilige Elisabeth

Die heilige° Elisabeth, auch bekannt als Landgräfin Elisabeth von Thüringen, lebte zwischen 1207 und 1231. Sie war die Tochter des ungarischen° Königs Andreas II. und lebte die meiste Zeit ihres Lebens im hessischen Marburg. Sie starb im Alter von 24 Jahren, aber die Menschen liebten sie, weil sie sehr vielen Menschen während ihres Lebens geholfen hatte. Nur vier Jahre nach ihrem Tod sprach Papst Gregor IX. Elisabeth heilig°. In Marburg kann man heute ihr Grab° in der Elisabethkirche besuchen.

IM INTERNET

1. Suchen Sie im Internet Informationen über Weimar: Was sind die berühmtesten Gebäude Weimars? Machen Sie eine Liste. Wie viele Touristen besuchen Weimar jedes Jahr?

2. Suchen Sie im Internet andere Spiele, die man in Deutschland spielt. Wo spielt man diese Spiele?

For more information on this **Panorama**, go to **vhlcentral.com**.

Nationalversammlung *national assembly* **Verfassung** *constitution* **entwickelte** *developed* **erfunden** *invented*
Meisterschaften *championships* **Geschäftsstelle** *office* **Wald und Jagd** *forest and hunting* **Jäger** *hunters*
Rehen und Hirschen *deer and stags* **heilige** *saint* **ungarischen** *Hungarian* **sprach... heilig** *canonized* **Grab** *grave*

Was haben Sie gelernt? Ergänzen Sie die Sätze.

1. In vielen deutschen Bundesländern darf man an religiösen Feiertagen nicht _____.

2. Seit _____ gibt es Karfreitag ein Tanzverbot.

3. Die erste deutsche _____ nennt man auch die „Weimarer Republik".

4. Autoren, die in Weimar gelebt haben, sind _____ und Nietzsche.

5. Skat wurde circa _____ in Altenburg in Thüringen erfunden.

6. Etwa _____ Deutsche spielen heute Skat.

7. In Hessen sind _____ der Landesfläche Wald.

8. Der Nationalpark _____ ist ein beliebtes Urlaubsziel in Thüringen.

9. Die heilige Elisabeth starb schon mit _____ Jahren.

10. In der Elisabethkirche in _____ ist das Grab von Elisabeth.

 Practice more at **vhlcentral.com**.

Lesen Reading: Audio

Vor dem Lesen

Guessing meaning from context

As you read in German, you will often see words you have not learned. You can guess their meaning by looking at surrounding words. Read this e-mail and guess what **erleichtert** means.

Hallo Sylvia! Ich habe heute meinen Führerschein gemacht. Zuerst musste ich durch die Stadt fahren. Das war ziemlich schwer, denn alle Ampeln waren rot. Danach ging es auf die Autobahn. Ich war sehr nervös und wollte keinen Fehler machen. Am Ende war ich sehr erleichtert, als ich die Prüfung bestanden hatte, weil es sehr stressig war. Jetzt darf ich endlich Auto fahren.
Liebe Grüße,
Lina

If you guessed *relieved*, you are correct. You can conclude that Lina is feeling happy about the outcome of the test.

Untersuchen Sie den Text Sehen Sie sich mit einem Partner / einer Partnerin den Text an und beschreiben Sie das Format. Um was geht es in dem Text Ihrer Meinung nach (*in your opinion*)? Suchen Sie die folgenden Wörter und Ausdrücke im Text. Benutzten Sie den Kontext, um die Bedeutung zu erraten.

- Zubehör
- Luftfeuchtigkeit
- Tintenpatrone
- Wandsteckdose
- Papiergröße
- Laufwerk

Inhalt erraten Sie wissen schon etwas über das Format des Texts und einige Wörter: sagen Sie, was Sie wahrscheinlich in dem Text lernen werden.

- wie man eine Internetverbindung einrichtet
- wie man eine CD abspielt
- wie man einen Drucker anschließt
- wie man ein Dokument druckt
- wie man Tintenpatronen recycelt

Drucker MI6-0070
Vierfarbdrucker Installationsanleitung

A. Drucker **B.** Tintenpatronen **C.** USB-Kabel **D.** Netzkabel **E.** CD

Schritt ❶ Auspacken

Heben Sie den Drucker und das Zubehör vorsichtig aus dem Karton. Prüfen Sie°, ob Sie alle Komponenten haben. Entfernen Sie° das Klebeband° vom Drucker. Entfernen Sie auch das Klebeband an der Rückseite des Druckers.

Schritt ❷ Aufstellen des Druckers

Der Drucker darf nicht zu nahe an anderen Geräten stehen. Es muss genügend Platz um den Drucker herum sein, damit er nicht zu heiß wird. Die ideale Zimmertemperatur für den Drucker ist 23°C. Die Zimmertemperatur darf aber zwischen 10°C und 32°C variieren. Die Luftfeuchtigkeit darf zwischen 20% und 80% variieren. Die ideale Luftfeuchtigkeit beträgt 60%.

 23°C 60%

Schritt ❸ Tintenpatrone einsetzen

Vor der ersten Verwendung° des Druckers müssen Sie die Tintenpatrone einsetzen. Öffnen Sie zuerst die obere Abdeckung° des Druckers. Nehmen Sie die Tintenpatronen aus der Verpackung°. Ziehen Sie den Schutzstreifen vorsichtig ab. Setzen Sie die Tintenpatrone in den Drucker ein. Drücken Sie fest auf die mit *PUSH HERE* gekennzeichneten° Stellen. Schließen Sie jetzt den Drucker.

Schritt ④ Drucker an den Computer anschließen

Schließen Sie ein Ende des USB-Kabels an der Rückseite des Druckers an. Schließen Sie das andere Ende des USB-Kabels an den USB-Anschluss des Computers an.

Schritt ⑤ Netzkabel anschließen

Verwenden Sie nur das Kabel, das mit dem Drucker geliefert wurde. Wenn der Drucker ausgeschaltet ist, schließen Sie das Netzkabel an den Anschluss° auf der Rückseite des Druckers an. Schließen Sie dann das andere Ende des Netzkabels an eine Wandsteckdose an.

Schritt ⑥ Papier in Kassette einlegen

Sie können 250 Blatt Papier in die Papierkassette einlegen. Ziehen Sie zuerst die Papierkassette aus dem Drucker heraus. Legen Sie jetzt das Papier in die Kassette ein und schließen Sie den Drucker wieder.

Schritt ⑦ Installation der Treiber

Schalten Sie den Drucker ein und schieben Sie die CD in das CD-Laufwerk. Installieren Sie das Programm „Drucker.exe" auf Ihrem Computer. Wenn Sie mit der Installation fertig sind, öffnet sich automatisch ein neues Fenster. Jetzt ist Ihr Drucker fertig installiert.

Schritt ⑧ Statusseite drucken

Testen Sie den Drucker, indem Sie eine Statusseite drucken. Schalten Sie den Drucker ein. Drücken Sie mindestens 3 Sekunden auf den EIN/AUS Knopf. Der Drucker sollte jetzt eine Statusseite drucken.

Prüfen Sie *Check* **Entfernen Sie** *Remove* **Klebeband** *adhesive tape* **Verwendung** *use* **Abdeckung** *cover* **Verpackung** *packaging* **gekennzeichneten** *marked* **Anschluss** *connection*

Nach dem Lesen

 Richtig oder falsch Sind die Sätze **richtig** oder **falsch**? Korrigieren Sie die falschen Sätze.

	richtig	falsch
1. In dem Karton ist nur der Drucker.	☐	☐
2. Die Zimmertemperatur muss immer 23°C sein.	☐	☐
3. Man muss erst die Tintenpatrone einsetzen, bevor man das erste Mal drucken kann.	☐	☐
4. Den Drucker muss man mit einem USB-Kabel an den Computer anschließen.	☐	☐
5. Das Netzkabel schließt man auf der Vorderseite des Druckers an.	☐	☐
6. Man kann nur 150 Blatt Papier in die Kassette einlegen.	☐	☐
7. Den Treiber für den Drucker installiert man mit einer CD auf dem Computer.	☐	☐
8. Am Ende kann man eine Statusseite drucken.	☐	☐

Druckerprobleme 👥 Arbeiten Sie mit einem Partner / einer Partnerin. Einer von Ihnen hat ein Problem mit dem Drucker. Beschreiben Sie das Problem. Versuchen Sie dann mit Ihrem Partner / Ihrer Partnerin, das Problem zu lösen.

BEISPIEL

S1: *Ich habe meinen Drucker gerade installiert. Aber ich kann die Statusseite nicht drucken.*
S2: *Hast du den Drucker eingeschaltet?*

Hören

Vorbereitung

Über was sollte man nachdenken, bevor man ein neues Handy kauft? Machen Sie eine Liste. Welche Funktionen sind Ihnen bei einem neuen Handy wichtig?

Zuhören

Hören Sie Rolf und Karin zu, wie sie den Kauf eines neuen Handys diskutieren. Welche Funktionen von Ihrer Liste diskutieren Rolf und Karin? Kreisen Sie die richtigen Antworten ein. Hören Sie sich dann das Gespräch nochmal an. Schreiben Sie jetzt die anderen Antworten in die Tabelle.

Name + Kosten	Anbieter	Beschreibung	andere Merkmale
1.			unbegrenztes Datenvolumen
2.		einfach zu benutzen	
3.	02		
4. LG P700 (259 Euro)		dünn	

Verständnis

Welches Handy? Empfehlen Sie das passende Handy.

1. Ich will lange telefonieren.
   Kauf dir das iPhone.

2. Ich brauche nur ein einfaches Telefon.

3. Ich will ein dünnes Telefon.

4. Ich habe nicht viel Geld für ein Handy.

5. Ich will ein Telefon, damit ich viel im Internet surfen kann.

6. Ich will ein Telefon, das nicht sehr kompliziert ist.

7. Ich will viele Videos sehen und viel Musik hören.

Das beste Telefon Sie haben gehört, wie Rolf und Karin den Kauf eines neuen Handys diskutieren. Sprechen Sie mit einem Partner / einer Partnerin über die Vorteile der Handys. Entscheiden Sie, welches Handy das beste für Sie und Ihren Partner / Ihre Partnerin ist.

Practice more at **vhlcentral.com.**

Schreiben

Thema

Schreiben Sie einen Bericht

Schreiben Sie einen Bericht (*review*) über ein Auto. Nennen Sie zuerst den Namen des Autos und sprechen Sie dann die folgenden Kategorien an. Bilden Sie sich zum Schluss eine eigene Meinung. Ist das ein gutes Auto?

- **Beschreibung**
  Wie groß ist das Auto? Wie viel wiegt (*weighs*) das Auto? Was für einen Motor hat es? Wie viele Liter verbraucht es je 100 Kilometer? Wie viele Gänge (*gears*) hat es? Was ist die Höchstgeschwindigkeit (*top speed*)? Wie viel Platz (*room*) haben die Passagiere? Wie groß ist der Kofferraum?

- **Ausstattung**
  Welche Farbe hat das Auto? Wie sieht es im Innenraum aus? Hat es hinten ein Kamerasystem zum Ein- und Ausparken? Kann es automatisch parken? Wie viele Türen hat das Auto? Hat es ein Sonnenfenster? Ist es ein Kombi (*station wagon*)?

- **Fahrzeugtyp**
  Ist es ein Familienauto? Ist es ein Sportauto? Ist es ein Geländewagen (*SUV*)?

- **Andere Funktionen**
  Welche Art von Elektronik hat das Auto? Wie bequem ist das Auto? Hat das Auto ein gutes Image? Wie viel kostet das Auto? Ist das Auto umweltfreundlich (*environmentally friendly*)? Wie ist der Wiederverkaufswert (*resale value*) des Autos?

Auto fahren

die Autobahn, -en	highway
der Fahrer, - / die Fahrerin, -nen	driver
der Polizist, -en / die Polizistin, -nen	police officer
die Straße, -n	street
die Tankstelle, -n	gas station
der Verkehr	traffic
geradeaus fahren	to go straight ahead
einen Platten haben	to have a flat tire
einen Unfall haben	to have an accident
parken	to park
rechts/links abbiegen (biegt... ab)	to turn right/left

Auto

das Benzin	gas
die Bremse, -n	brakes
der Kofferraum, -̈e	trunk
das Lenkrad, -̈er	steering wheel
der Mechaniker, - / die Mechanikerin, -nen	mechanic
der Motor, -en	engine
die Motorhaube, -n	hood
das Nummernschild, -er	license plate
das Öl, -e	oil
der Scheibenwischer, -	windshield wiper
der Scheinwerfer, -	headlight
der Sicherheitsgurt, -e	seatbelt
die Windschutzscheibe, -n	windshield
reparieren	to repair
tanken	to fill up

die öffentlichen Verkehrsmittel

der Bahnsteig, -e	track; platform
die Bushaltestelle, -n	bus stop
der Fahrkartenschalter, -	ticket office
der Fahrplan, -̈e	schedule
das Bußgeld, -er	fine
die erste/zweite Klasse, -n	first/second class
der Schaffner, -	ticket collector
(die Fahrkarte) entwerten	to validate (a ticket)

Technik bedienen

anmachen (macht... an)	to turn on
aufnehmen (nimmt... auf)	to record
ausmachen (macht... aus)	to turn off
drucken	to print
fernsehen (sieht... fern)	to watch television
funktionieren	to work, to function
herunterladen (lädt... herunter)	to download
klingeln	to ring
laden (lädt)	to charge; to load
löschen	to delete
online sein	to be online
speichern	to save
starten	to start
im Internet surfen	to surf the Web

das Verkehrsmittel

das Auto, -s	car
das Boot, -e	boat
der Bus, -se	bus
das Fahrrad, -̈er	bicycle
der LKW, -s	truck
das Schiff, -e	ship
das Taxi, -s	taxi
die U-Bahn, -en	subway
der Zug, -̈e	train

die Technik

der Anrufbeantworter, -	answering machine
der Benutzername, -n	screen name
der Bildschirm, -e	screen
die CD, -s	compact disc, CD
der CD-Player, -s	CD player
die Datei, -en	file
die Digitalkamera, -s	digital camera
das Dokument, -e	document
der Drucker, -	printer
die DVD, -s	DVD
der DVD-Player, -	DVD-player
die E-Mail, -s	e-mail
das Faxgerät, -e	fax machine
die Fernbedienung, -en	remote control
der Fernseher, -	television
die Festplatte, -n	hard drive
das Handy, -s	cell phone
der Kopfhörer, -	headphones
das Ladegerät, -e	battery charger
der Laptop, -s	laptop (computer)
die Maus, -̈e	mouse
das Mikrofon, -e	microphone
der MP3-Player, -	mp3 player
das Passwort, -̈er	password
das Programm, -e	program
der Sender, -	channel
die SMS, -	text message
die Spielkonsole, -n	game console
die Stereoanlage, -n	stereo system
der Tablet, -s	tablet
die Tastatur, -en	keyboard
das Telefon, -e	telephone
die Website, -s	Web site

Das Plusquamperfekt	See pp. 332–333.
Comparatives and superlatives	See pp. 336–337.
The genitive case	See pp. 350–351.
Demonstratives	See pp. 354–355.

Communicative Goals

You will learn how to:

- talk about morning routines
- discuss personal hygiene

Die Alltagsroutine

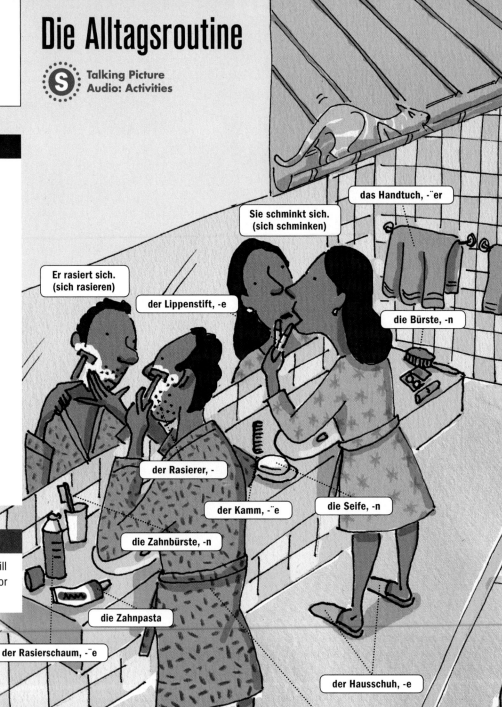

Talking Picture Audio: Activities

Wortschatz

im Badezimmer	*in the bathroom*
der Haartrockner, -	*hair dryer*
das Shampoo, -s	*shampoo*
der Körper, -	*body*
die Augenbraue, -n	*eyebrow*
der Bart, -̈e	*beard*
das Gesicht, -er	*face*
das Haar, -e	*hair*
die Hand, -̈e	*hand*
die Lippe, -n	*lip*
der Rücken, -	*back*
die Schulter, -n	*shoulder*
Verben	*verbs*
aufwachen (wacht...auf)	*to wake up*
(sich) duschen	*to take a shower*
ins Bett gehen	*to go to bed*
sich anziehen (zieht sich...an)	*to get dressed*
sich die Haare bürsten	*to brush one's hair*
sich die Zähne putzen	*to brush one's teeth*

ACHTUNG

The pronoun **sich** is used with reflexive verbs. You will learn more about reflexive verbs in the **Strukturen** for this lesson.

Labels in illustration: das Handtuch, -̈er · Sie schminkt sich. (sich schminken) · Er rasiert sich. (sich rasieren) · der Lippenstift, -e · die Bürste, -n · der Rasierer, - · der Kamm, -̈e · die Seife, -n · die Zahnbürste, -n · die Zahnpasta · der Rasierschaum, -̈e · der Hausschuh, -e · der Bademantel, -̈

- der Kopf, -¨e
- die Nase, -n
- das Auge, -n
- der Mund, -¨er
- das Ohr, -en
- der Hals, -¨e
- der Arm, -e
- der Finger, -
- der Ellenbogen, -
- der Bauch, -¨e
- der Schlafanzug, -¨e
- das Bein, -e
- der Fuß, -¨e
- das Knie, -
- der Zeh, -en

Anwendung

1 Welches Wort passt nicht? Welches Wort passt nicht zu den anderen?

BEISPIEL Bart, Mund, Lippe, ~~Rücken~~

1. Ohr, Bauch, Auge, Nase
2. Zahnbürste, Mundwasser, Mineralwasser, Zahnpasta
3. Handtuch, Schlafanzug, Nachthemd, Bademantel
4. duschen, schminken, rasieren, anziehen
5. Shampoo, Seife, Haar, Duschgel
6. Gesicht, Lippenstift, Mascara, Make-up
7. Haartrockner, Rasierer, Bürste, Kamm
8. Bein, Fuß, Zeh, Schulter

2 Bild beschriften Wie heißen die verschiedenen Körperteile (*parts of the body*)?

1. _____	5. _____
2. _____	6. _____
3. _____	7. _____
4. _____	8. _____

3 Paulas Morgenroutine 🎧 Hören Sie sich an, was Paula über ihre Morgenroutine erzählt. Bringen Sie danach ihre morgendlichen Aktivitäten in die richtige Reihenfolge.

1. ____ Ich dusche mich.
2. ____ Ich ziehe mich an.
3. ____ Ich schminke mich.
4. ____ Ich frühstücke.
5. ____ Ich putze mir die Zähne.

 Practice more at **vhlcentral.com.**

Kommunikation

4 **Was wir haben** Fragen Sie Ihren Partner / Ihre Partnerin, welche
Badezimmer- und Kosmetikartikel er/sie besitzt und wie viele davon er/sie hat.

▶ **BEISPIEL**

S1: Hast du einen Spiegel?
S2: Ja, ich habe einen. Wie viele
Spiegel hast du?

1.　　　　　　　　2.　　　　　　　　3.　　　　　　　　4.

5.　　　　　　　　6.　　　　　　　　7.　　　　　　　　8.

---

5 **Sieben Unterschiede** Sie und Ihr Partner /
Ihre Partnerin bekommen zwei verschiedene Bilder
von Ihrem Professor / Ihrer Professorin. Finden Sie
die sieben Unterschiede auf den Bildern der
Außerirdischen (*extraterrestrials*).

BEISPIEL

S1: Wie viele Augen hat dein Außerirdischer?
S2: Mein Außerirdischer hat drei Augen.
S1: Aha. Mein Außerirdischer hat nur ein Auge.

---

6 **So ein Saustall!** Sie und Ihr Partner / Ihre
Partnerin wollen mal wieder das Badezimmer sauber
machen. Aber leider sind diverse Kosmetikartikel in der
ganzen Wohnung verstreut (*scattered*). Fragen Sie Ihren
Partner / Ihre Partnerin, wo Ihre Sachen sind.

BEISPIEL

S1: Wo ist mein Rasierer?
S2: Den habe ich in der Küche neben der Spüle gesehen.
Aber wo ist mein...

---

7 **Berühmte Leute** Wählen Sie eine berühmte Person
und schreiben Sie sechs Dinge über das Aussehen dieser
Person. Lesen Sie Ihre Aussagen zwei Mitstudenten vor, die
erraten müssen, von welcher Person Sie sprechen.

BEISPIEL

S1: Er ist Spanier, 1,85 Meter groß, hat dunkle Augen und
dunkelbraune Haare. Er ist Linkshänder und hat die
schnellsten Beine auf dem Tennisplatz.
S2: Ist es Rafael Nadal?
S1: Ja, genau!

Aussprache und Rechtschreibung

S Audio: Presentation
Record & Compare Activities

🎧 Vocalic *r*

After a vowel, the German **r** often sounds more like a vowel than a consonant. When the syllable **er** occurs at the end of a word, it is pronounced with the *vocalic* **r** sound, similar to the letter *a* in the English word *sofa*.

| Schulter | Pfleger | Schwester | guter | Badezimmer |

The vocalic **r** also appears in unstressed prefixes, such as **er-**, **ver-** or **zer-**. In these prefixes, the sound of the **e** and the vocalic **r** are pronounced as separate sounds, blended together in a single syllable.

| Verletzung | Erkältung | zerbrechen | verstauchen | erklären |

The vocalic **r** also appears at the end of words after a long vowel sound. After a long **a** sound, the vowel and the vocalic **r** blend together. Otherwise, the long vowel and the vocalic **r** are pronounced as two separate sounds in a single syllable.

| Ohr | vier | sehr | Haar | Bart |

1 **Sprechen Sie nach** Wiederholen Sie die Wörter, die Sie hören.

1. Mutter
2. Vater
3. Rasierer
4. schwanger
5. verstopft
6. erkälten
7. zerstechen
8. verstehen
9. Paar
10. schwer
11. hier
12. Fahrt

2 **Artikulieren Sie** Wiederholen Sie die Sätze, die Sie hören.

1. Mir tut das rechte Ohr weh.
2. Die Krankenschwester und der Krankenpfleger suchen den Rasierer.
3. Mein kleiner Bruder hatte eine verstopfte Nase und Fieber.
4. Ohne Haar und ohne Bart wird es im Winter viel kälter.
5. Wie konnte Oliver mit dem verstauchten Fuß den 400-Meter-Lauf gewinnen?
6. Der erkältete Busfahrer hat eine lange Fahrt vor sich.

3 **Sprichwörter** Wiederholen Sie die Sprichwörter, die Sie hören.

Verbotene Früchte schmecken am besten.[2]

Es ist alles in Butter.[1]

[1] Everything is just great. (lit. Everything is in butter.)
[2] Forbidden fruit tastes the sweetest.

Fotoroman

Guten Morgen, Herr Professor!

 Video: *Fotoroman*

Meline schläft beim Lernen ein und hat einen interessanten Traum.
Er spielt in der Zukunft und wir begegnen einem guten Bekannten.

1

MELINE Schatz... es ist Zeit, dass du aufwachst und dich anziehst. Hase, ich habe um halb zehn eine Besprechung. Du musst dich für deinen ersten Unterrichtstag noch duschen und rasieren. Du darfst nicht zu spät kommen.

2

MELINE Da ist ja mein schöner Ehemann. Guten Morgen, Herr Professor.
HANS Wie haben wir uns nur so ineinander verliebt?
MELINE Tja, wahrscheinlich einfach Glück gehabt.

3

SABITE Meline? Meline, ist alles in Ordnung?
MELINE Hans?
SABITE Meline? Meline, beweg dich nicht. George? George!

4

MELINE Ich erinnere mich, du warst noch ein Junge. Dein Vater und ich – ist er schon aufgewacht? – dein Vater und ich haben uns diesen Tag immer vorgestellt. Wir haben nur nicht gedacht, dass er so schnell kommt. Heute machst du deinen Universitätsabschluss.

5

HANS Guten Morgen, mein Sohn.
WOLFGANG Paps.
HANS Mein Liebling.
WOLFGANG Mama, Paps, mir dreht sich der Magen um. Hört bitte auf, euch zu küssen.

MELINE Eines Tages, Wolfgang, wirst du erstaunt sein, wie es sich anfühlt, sich in jemanden zu verlieben. Ach Hans, putz dir die Zähne!
HANS Für dich tu ich doch alles, mein Liebling. Dann dusche ich mich, rasiere mich und wasche mir die Haare.

6

1 **Ergänzen Sie** Ergänzen Sie die Sätze mit den richtigen Informationen.

1. (Meline / Hans) hat um halb zehn eine Besprechung.
2. Hans muss sich noch duschen und (schminken / rasieren).
3. Er darf nicht zu (früh / spät) kommen.
4. Meline begrüßt ihren schönen (Schwiegervater / Ehemann).
5. In Melines Traum ist Hans (Professor / Ingenieur).
6. Wolfgang macht heute seinen (Universitätsabschluss / Urlaub).

7. Nach dem Frühstück geht Hans sich duschen, rasieren und die (Haare / Füße) waschen.
8. Als Meline aufwacht, liegt sie auf dem (Sofa / Boden).
9. Im Traum hat Meline gesagt, dass sie Hans (liebt / heiratet).
10. Sabite und George wollen Meline zum (Friseur / Arzt) bringen.

PERSONEN

 George   Hans   Meline   Sabite   Wolfgang

7

HANS Heute ist ein besonderer Tag. Genießen wir ihn.

8

MELINE Besonderer Tag. Hans, ich liebe dich. Hans?
GEORGE Meline! Wach auf, Meline.
MELINE Hans?
GEORGE Ich bin's, George.

9

MELINE Oh, mein Kopf. Was ist passiert? Warum bin ich am Boden?
GEORGE Okay, Meline. Jetzt ganz langsam. Versuche, aufzustehen.

10

SABITE Sollen wir Hans holen?
MELINE Was? Nein. Warum wollt ihr ihn holen?
GEORGE Ähm, du hast gesagt, du liebst ihn.
MELINE Das ist nicht lustig. Jetzt wird mir erst recht schlecht.
SABITE Komm, wir bringen dich zum Arzt.

Nützliche Ausdrücke

- **Besprechung**
  meeting
- **Du darfst nicht zu spät kommen.**
  You don't want to be late.
- **Meline, beweg dich nicht.**
  Meline, don't move.
- **sich erinnern**
  to remember
- **sich vorstellen**
  to imagine
- **Mama, Paps, mir dreht sich der Magen um.**
  Mom, Dad, my stomach is churning.
- **Hört bitte auf, euch zu küssen.**
  Please stop kissing each other.
- **Eines Tages, Wolfgang, wirst du erstaunt sein, wie es sich anfühlt, sich in jemanden zu verlieben.**
  One day, Wolfgang, you will be amazed at what it feels like to fall in love with someone.
- **Heute ist ein besonderer Tag.**
  Today is a special day.
- **der Arzt**
  doctor

9A.1
- **Du musst dich für deinen ersten Unterrichtstag noch duschen und rasieren.**
  You need to shower and shave for your first day of classes.

9A.2
- **Ach Hans, putz dir die Zähne!**
  Oh, Hans, brush your teeth!

9A.3
- **Wie haben wir uns nur so ineinander verliebt?**
  How did we get to be so in love with each other?

2 **Zum Besprechen** Wählen Sie zu zweit eine Person aus dem Fotoroman und beschreiben Sie seinen/ihren Morgen im Badezimmer. Benutzen Sie Informationen dieser Episode und Ihre Fantasie. Schreiben Sie einen Absatz von mindestens zehn Zeilen (*lines*).

3 **Vertiefung** Im Deutschen gibt es viele Sprichwörter, die sich auf den Körper beziehen (*refer to*), zum Beispiel „Das geht mir nicht aus dem Kopf" (*It's always on my mind*). Finden Sie drei Sprichwörter mit Wörtern aus dieser Lektion.

IM FOKUS

Die Kur° Reading

IN DEUTSCHLAND GIBT ES UNGEFÄHR 300 Kurorte. An diesen Orten können Patienten sich erholen°. Nach einem schweren Unfall, bei psychischer Erschöpfung° oder wegen schwerer gesundheitlicher Probleme brauchen Patienten oft längere Pflege°: Kuraufenthalte° dauern normalerweise zwischen drei und sechs Wochen. Deutsche Krankenkassen° bezahlen einen großen Teil dieser Kurbesuche.

Kurorte in Deutschland bieten saubere Luft° und viel Ruhe°, damit Patienten sich auf ihre Gesundheit konzentrieren können. Patienten sollen in einer Kur physisch fit werden, indem sie wandern, schwimmen oder Rad fahren. Patienten sollen auch lernen, ihr Leben gesünder zu gestalten: was kann man anders machen, damit° man nicht wieder krank wird?

Einige der berühmtesten Kurorte in Deutschland sind Oberstdorf (Bayern), Bad Wörishofen (Bayern), Baden-Baden (Baden-Württemberg) und Westerland (Schleswig-Holstein). Oberstdorf liegt im Allgäu und ist die südlichste Gemeinde Deutschlands. Die Luft ist so klar, dass Patienten mit Allergien hier wenige Probleme haben. Hier hat man auch fantastische Wintersportmöglichkeiten. Das bayerische Bad Wörishofen im Allgäu ist berühmt wegen Sebastian Kneipp (1821–1897), einem katholischen Priester, der hier die Kneipp-Kur erfand. Teil der Kur ist Wassertreten° in einem kalten Wasserbad.

Baden-Baden liegt im Schwarzwald in der Nähe von Karlsruhe. Es ist bekannt für seine Thermalquellen°. Die Römer° haben die Stadt bereits im Jahr 80 nach Christus gegründet. Westerland liegt auf der Insel Sylt. Es ist ein sehr bekanntes Seeheilbad. Für Patienten ist die Nähe zur Nordsee und die Faszination des Wattenmeers interessant.

Anzahl an Kurorten pro Bundesland	
Baden-Württemberg – 56	Nordrhein-Westfalen – 34
Bayern – 53	Rheinland-Pfalz – 21
Brandenburg – 8	Saarland – 4
Hessen – 31	Sachsen – 11
Mecklenburg-Vorpommern – 30	Sachsen-Anhalt – 5
	Schleswig-Holstein – 45
Niedersachsen – 46	Thüringen – 16

QUELLE: Portal Bäderland Deutschland

Kur *health spa treatment* **sich erholen** *recover* **Erschöpfung** *exhaustion* **Pflege** *care* **Kuraufenthalte** *spa visits* **Krankenkassen** *health insurance* **Luft** *air* **Ruhe** *quiet* **Wassertreten** *treading water* **Thermalquellen** *hot springs* **Römer** *Romans*

ÜBUNGEN

1 **Richtig oder falsch** Sagen Sie, ob die Sätze richtig oder falsch sind. Korrigieren Sie die falschen Sätze.

1. In etwa 300 Orten kann man in Deutschland eine Kur machen.
2. Eine Kur dauert zwischen drei und sechs Wochen.
3. Patienten müssen selber für eine Kur bezahlen.
4. Kurorte bieten Patienten Ruhe und saubere Luft.
5. In Bad Wörishofen wurde die Kneipp-Kur erfunden.
6. In Oberstdorf ist das Klima so gut, dass Patienten wenige Probleme mit Allergien haben.
7. Baden-Baden liegt in Baden-Württemberg.
8. Westerland ist ein Seeheilbad in der Ostsee.
9. Die meisten Kurorte gibt es in Bayern.
10. Viele Kurorte gibt es im Saarland.

 Practice more at **vhlcentral.com.**

Ausdrücke mit Körperteilen

Hand und Fuß haben	*to make sense*
jemandem ins Auge springen	*to catch somebody's eye*
sich die Augen aus dem Kopf weinen	*to cry one's eyes out*
Hals- und Beinbruch!	*Break a leg!*
Hand aufs Herz!	*Cross my heart!*

Öffentliche Schwimmbäder

Das erste öffentliche Schwimmbad° in Deutschland wurde 1860 in Marburg eröffnet. Heute gibt es viele verschiede Arten von Schwimmbädern. Fast jede deutsche Stadt besitzt ein Freibad, das an warmen Sommertagen normalerweise voll ist. Dann gibt es auch noch Hallenbäder°, wo man das ganze Jahr über baden kann. Schwimmbäder mit moderneren Anlagen° wie Wellenbad°, Rutschen° und Saunen heißen entweder Spaßbad oder Erlebnisbad. Entlang der Meeresküsten gibt es Strandbäder, wo man in Meerwasser schwimmt, aber auch Flüsse und Seen, besonders Baggerseen°, sind sehr beliebt.

Schwimmbad *swimming pool* **Hallenbäder** *indoor swimming pools* **Anlagen** *facilities* **Wellenbad** *wave pool* **Rutschen** *slides* **Baggerseen** *quarry ponds*

Nivea

Die Marke Nivea gibt es schon seit 1911. Sie ist Teil der deutschen Firma Beiersdorf. Ihr bekanntestes Produkt ist die Nivea Hautcreme°. Seit 1925 verkauft Nivea diese Hautcreme in der bekannten, blauen Dose°. Neben der traditionellen weißen Hautcreme gibt es heute auch viele andere Produkte, zum Beispiel Cremes für Babys, Rasiercremes, Aftershaves und verschiedene Sonnenschutzmittel°. Wichtig ist auch, dass bei der Entwicklung und Produktion von Nivea Produkten keine Tierversuche gemacht werden. Heute kann man Nivea auf allen Kontinenten und in fast allen Ländern kaufen.

Hautcreme *skin cream* **Dose** *jar* **Sonnenschutzmittel** *sunscreen* **Tierversuche** *animal testing*

IM INTERNET

Suchen Sie im Internet den Katalog eines öffentlichen Schwimmbads. Was kann man hier alles machen? Wie viel kostet der Eintritt?

For more information on this **Kultur**, go to **vhlcentral.com**.

---

2 **Was fehlt?** Ergänzen Sie die Sätze.

1. In Magdeburg wurde das erste deutsche Schwimmbad _____ eröffnet.
2. Ein _____ hat fast jede deutsche Stadt.
3. _____ gibt es entlang der Meeresküsten.
4. Die Marke Nivea gibt es seit _____.
5. Die Nivea Hautcreme kommt in einer blauen _____.
6. Für Nivea-Produkte finden keine _____ statt.

3 **Ein Kurbesuch** Planen Sie mit einem Partner / einer Partnerin einen Besuch bei einer Kur. Was machen Sie jeden Tag? Was essen und trinken Sie? Was machen Sie in Ihrer Freizeit?

Ressourcen

vhlcentral.com

9A.1 | ## Reflexive verbs with accusative reflexive pronouns

 Presentation

Startblock A reflexive verb indicates an action you do to yourself or for yourself. The subject of a reflexive verb is also its object.

Du musst **dich** zum ersten Unterrichtstag **duschen** und **rasieren**.

Ich **erinnere mich**, du warst noch ein Junge.

- Reflexive verbs always use reflexive pronouns. When the subject of a reflexive verb is also its direct object, it takes an accusative reflexive pronoun.

personal pronouns						
nominative	ich	du	er/sie/es	wir	ihr	Sie/sie
accusative reflexive	mich	dich	sich	uns	euch	sich

- When a reflexive verb is conjugated, the verb and the reflexive pronoun must both agree with the subject. In the infinitive, reflexive verbs are always listed with the third person reflexive pronoun.

sich rasieren	
ich rasiere mich	wir rasieren uns
du rasierst dich	ihr rasiert euch
er/sie/es rasiert sich	Sie/sie rasieren sich

- Some verbs can be used both non-reflexively and reflexively. Note that certain verbs have a change in meaning when they are used reflexively.

non-reflexive verbs		reflexive verbs	
anziehen	*to put on*	sich anziehen	*to get dressed*
legen	*to put; to lay*	sich (hin)legen	*to lie down*
setzen	*to put; to set*	sich (hin)setzen	*to sit down*
fragen	*to ask*	sich fragen	*to wonder, ask oneself*
vorstellen	*to introduce*	sich vorstellen	*to introduce oneself*
umziehen	*to move*	sich umziehen	*to change clothes*
waschen	*to wash (something)*	sich waschen	*to wash (oneself)*

Ich **ziehe** den Mantel **an**.
I'm putting on my coat.

Ich **ziehe mich an**.
I'm getting dressed.

- A number of verbs related to daily routines, personal hygiene, and health take an accusative reflexive pronoun.

common reflexive verbs			
sich abtrocknen	*to dry oneself off*	sich entspannen	*to relax*
sich ausruhen	*to rest*	sich erkälten	*to catch a cold*
sich ausziehen	*to get undressed*	sich (wohl) fühlen	*to feel (well)*
(sich) baden	*to bathe, take a bath*	sich rasieren	*to shave*
sich beeilen	*to hurry*	sich schminken	*to put on makeup*
(sich) duschen	*to take a shower*	sich verspäten	*to be late*

Ich **fühle mich** nicht **wohl**.
I don't feel well.

Wir **haben uns** am Wochenende **entspannt**.
We relaxed this weekend.

- When the subject is the first word in a sentence, put the reflexive pronoun after the conjugated verb. When the verb and subject are inverted, put the reflexive pronoun after the subject.

Mascha schminkt **sich** jeden Morgen.
Mascha puts on makeup every morning.

Heute Morgen schminkt sie **sich** nicht.
She's not putting on makeup this morning.

Ziehst du **dich** an?
Are you getting dressed?

Setzen Sie **sich**, bitte!
Please be seated.

- In informal imperatives, since the pronoun **du** or **ihr** is dropped, the reflexive pronoun comes immediately after the verb.

Zieh **dich** bitte an!
Get dressed, please.

Setzt **euch**, bitte!
Please sit down.

- When the conjugated verb is a modal, the reflexive pronoun comes immediately after the modal, or immediately after the subject, if the word order is inverted.

Wir müssen **uns** beeilen.
We need to hurry up.

Möchtet ihr **euch** hier setzen?
Would you like to sit here?

- Use the auxiliary verb **haben** with reflexive verbs in the **Perfekt** and **Plusquamperfekt**.

Ich **habe mich** heute Morgen **rasiert**.
I shaved this morning.

Wir **hatten uns** schon **geduscht**.
We had already showered.

ACHTUNG

The verbs **baden** and **duschen** can also be used non-reflexively, with no difference in meaning: **Ich dusche jeden Morgen.**

QUERVERWEIS

See **3B.3** to review the formation of imperatives.
———
See **3B.1** to review the use of modals.
———
See **5A.1** to review the **Perfekt** with **haben**.
———
See **8A.1** to review the **Plusquamperfekt**.

Ressourcen

SAM
WB: pp. 121–122

SAM
LM: p. 78

S
vhlcentral.com

Jetzt sind Sie dran!   Ergänzen Sie die Tabelle mit den fehlenden Formen.

		sich fragen	sich beeilen	sich ausziehen
1.	ich	ich frage mich	*ich beeile mich*	*ich ziehe mich aus*
2.	du		du beeilst dich	
3.	er/sie			er zieht sich aus
4.	wir			wir ziehen uns aus
5.	ihr	ihr fragt euch		
6.	sie		sie beeilen sich	
7.	Sie	Sie fragen sich		

Anwendung

1 **Reflexive Verben** Ergänzen Sie die Sätze mit den richtigen Reflexivformen der Verben in Klammern.

1. Birgit ist müde und _____ (sich legen) aufs Sofa.

2. Wie _____ Sie _____ (sich fühlen) heute, Frau Neumann?

3. Bei dem schlechten Wetter _____ (sich erkälten) manche Kinder.

4. _____ (sich beeilen)! Du musst vor 17 Uhr noch einkaufen.

5. Torsten _____ (sich duschen) schnell.

6. Ich _____ (sich schminken) nur, wenn ich ausgehe.

7. Claudia! Rainer! _____ (sich setzen) hier zu uns an den Tisch!

8. Wir _____ (sich fragen), wie das passieren konnte.

2 **Sätze bilden** Bilden Sie Sätze und achten Sie dabei auf die Wortstellung.

> **BEISPIEL** Zuerst / Herr Bauer / sich duschen
> *Zuerst duscht sich Herr Bauer.*

1. Danach / er / sich rasieren / langsam

_____

2. Seine Frau / sich schminken / vor dem Spiegel

_____

3. Dann / sie / sich umziehen / schnell

_____

4. Die Kinder / sich anziehen / für die Schule

_____

5. Heute / alle in der Familie / sich verspäten

_____

6. Später / der Hund / sich legen / auf das Bett

_____

3 **Ein schlechter Tag** Gestern hat Claudia einen sehr schlechten Tag gehabt. Schreiben Sie ihre Geschichte ins Perfekt um.

> **BEISPIEL** Claudia steht erst um halb zehn auf.
> **Sie fühlt sich nicht wohl.**
> *Claudia ist erst um halb*
> *zehn aufgestanden.*
> *Sie hat sich nicht wohl gefühlt.*

1. Sie duscht sich, und dann schminkt sie sich.

2. Sie zieht sich schön an.

3. Sie beeilt sich, zur U-Bahn zu kommen.

4. Um 10.15 Uhr stellt sie sich im Büro von Herrn Werner vor.

5. Sie verspätet sich, und deshalb *(for that reason)* bekommt sie den Job nicht.

6. Sie geht traurig nach Hause, und dann legt sie sich aufs Sofa.

 Practice more at **vhlcentral.com.**

Kommunikation

4 **Bilder beschreiben** Beschreiben Sie mit einem Partner / einer Partnerin, was die Personen auf den Bildern gerade machen. Benutzen Sie reflexive Verben.

> **BEISPIEL**
>
> *Er zieht sich an.*

1.

2.

3.

4.

5.

6.

5 **Pantomimen** Sie spielen eine Tätigkeit (*activity*) aus der Liste vor und Ihre zwei Mitstudenten erraten, was Sie vorgespielt haben (*mimed*). Wechseln Sie sich ab.

BEISPIEL

S1: (spielt "sich rasieren" vor)
S2: Du hast dich rasiert!

sich abtrocknen	sich umziehen
sich erkälten	sich vorstellen
sich hinsetzen	sich (nicht) wohl fühlen
sich rasieren	

6 **Machst du das?** Fragen Sie Ihre Mitstudenten, ob (*if*) sie diese Sachen machen. Finden Sie für jede Frage eine Person, die das macht.

BEISPIEL

S1: Verspätest du dich oft?
S2: Nein, ich verspäte mich nie!
S3: Ja, ich verspäte mich immer am Montagmorgen.

Tätigkeiten	Name
sich oft verspäten	
sich vor einer Prüfung entspannen	
sich zweimal am Tag duschen	
sich nachmittags hinlegen	
sich am Abend duschen	
sich im Winter immer erkälten	

7 **Was soll ich machen?** Geben Sie Ihrem Partner / Ihrer Partnerin Ratschläge (*advice*) für seine/ihre Probleme. Wechseln Sie sich ab.

BEISPIEL

S1: Ich fühle mich so schmutzig!
S2: Du musst dich duschen.

Die Probleme:

1. Ich bin sehr müde.

2. Ich kenne meinen Nachbarn (*neighbor*) nicht und möchte mit ihm sprechen.

3. Ich habe in fünf Minuten ein Seminar und muss mich noch anziehen.

4. Ich habe Cola auf meine Hose geschüttet (*spilled*).

9A.2 Reflexive verbs with dative reflexive pronouns

 Presentation

Startblock In **9A.1**, you learned that when the subject of a reflexive verb is also its direct object, it takes an accusative reflexive pronoun. When the subject of a reflexive verb is not its direct object, it takes a dative reflexive pronoun.

Dann dusche ich mich, rasiere ich mich und **wasche mir** die Haare.

Ach Hans, **putz dir** die Zähne!

- The dative reflexive pronouns are the same as the dative personal pronouns, except that all of the third person pronouns and the formal **Sie** are replaced by **sich**. Remember that the pronoun **sich** is never capitalized, even when it refers to the formal **Sie**.

personal pronouns						
nominative	ich	du	er/sie/es	wir	ihr	Sie/sie
accusative reflexive	mich	dich	sich	uns	euch	sich
dative reflexive	mir	dir	sich	uns	euch	sich

- Many verbs take an accusative reflexive pronoun when used on their own but a dative reflexive pronoun when used with a different direct object.

reflexive verbs used with direct objects	
sich (die Hände) abtrocknen	*to dry (one's hands)*
sich (eine Jacke) anziehen	*to put on (a jacket)*
sich (einen Mantel) ausziehen	*to take off (a coat)*
sich die Haare bürsten	*to brush one's hair*
sich die Haare färben	*to dye one's hair*
sich die Haare kämmen	*to comb one's hair*
sich die Zähne putzen	*to brush one's teeth*
sich (die Beine) rasieren	*to shave (one's legs)*
sich (die Augen) schminken	*to put on (eye) makeup*
sich (das Gesicht) waschen	*to wash (one's face)*
sich etwas vorstellen	*to imagine something (for oneself)*
sich etwas wünschen	*to wish for something (for oneself)*

Ich wasche **mich**.
I'm washing (myself).

Ich wasche **mir** das Gesicht.
I'm washing my face.

- Note that the meaning of the verb **sich vorstellen** changes when it is used with a direct object and a dative reflexive pronoun.

  Hast du **dich** vorgestellt?
  Did you introduce yourself?

  Kannst du **dir** das vorstellen?
  Can you imagine that?

- To refer to a part of the body or a particular piece of clothing after a reflexive verb in German, use a definite article where you would use a possessive adjective in English.

  Ela putzt sich **die** Zähne.
  *Ela is brushing **her** teeth.*

  Habt ihr euch **die** Haare gebürstet?
  *Did you brush **your** hair?*

  Ich ziehe mir **den** Mantel aus.
  *I'm taking off **my** coat.*

  Zieh dir **die** Schuhe schnell an!
  *Put **your** shoes on quickly!*

- Some verbs can be used reflexively to emphasize that the subject of the verb is also its indirect object.

  Ich **bestelle (mir)** einen Kaffee.
  *I'm ordering (**myself**) a coffee.*

  Hast du **(dir)** eine Jacke **gekauft**?
  *Did you buy (**yourself**) a jacket?*

- If the direct object is a *noun*, put the dative reflexive pronoun before it. If the direct object is a *pronoun*, put the dative reflexive pronoun after it.

  Machst du **dir** eine Tasse Tee?
  *Are you making (**yourself**) a cup of tea?*

  Ja, ich habe sie **mir** schon gemacht.
  *Yes, I've already made it (**for myself**).*

- In a sentence with more than one object, the dative object comes before the accusative object. However, when one object is a pronoun, the pronoun comes first. If there are two pronouns, the accusative pronoun comes before the dative.

  Ich kaufe **meiner Schwester einen Hund**.
  *I'm buying **my sister a dog**.*

  Ich kaufe **ihn meiner Schwester**.
  *I'm buying **it** for my sister.*

  Ich kaufe **ihr** einen Hund.
  *I'm buying **her** a dog.*

  Ich kaufe **ihn ihr**.
  *I'm buying **it for her**.*

ACHTUNG

When the verbs **anziehen** and **ausziehen** are used with a direct object, the reflexive pronoun is optional: **Zieh (dir) die Schuhe aus!**

QUERVERWEIS

See **4B.1** for a note on word order with dative and accusative objects.

Ressourcen

SAM
WP: 123–124

SAM
LM: p. 79

vhlcentral.com

Jetzt sind Sie dran!   Ergänzen Sie die Sätze mit den richtigen Reflexivpronomen.

1. Niklas kauft (sich / ihm) ein Sandwich.
2. Hast du (dich / dir) einen Salat gemacht?
3. Wir haben (euch / uns) ein kleines Auto gemietet.
4. Manfred und Uwe haben (sich / ihnen) eine Pizza bestellt.
5. Devin wünscht (sich / ihm) eine Spielkonsole zum Geburtstag.
6. Ich backe (mich / mir) einen Schokoladenkuchen.

Anwendung

1 **Körperteile und Kleidung** Bilden Sie Sätze mit den reflexiven Verben in Klammern. Achten Sie (*Pay attention*) auf die Artikel!

> **BEISPIEL** ihre Beine (sich rasieren)
> Jasmin *rasiert sich die Beine* .

1. meine Nase (sich putzen)
   Ich _____ .

2. deine Hände (sich abtrocknen)
   Du _____ .

3. seine Uniform (sich anziehen)
   Julius _____ .

4. eure Füße (sich waschen)
   Ihr _____ .

5. deine Jacke (sich ausziehen)
   Du _____ .

6. meine Handschuhe (sich anziehen)
   Ich _____ .

2 **Was machen sie?** Schreiben Sie die Sätze um.

> **BEISPIEL** Putzt du dir die Zähne? (ihr)
> *Putzt ihr euch die Zähne?*

1. Kauft Peter sich neue Hausschuhe? (du)

   _____

2. Sie machen sich eine Tasse Tee. (ich)

   _____

3. Hat Anke sich die Haare gefärbt? (du)

   _____

4. Ich bestelle mir etwas zu trinken. (Brigitte und Inge)

   _____

5. Stell dir das vor! (Sie)

   _____

3 **Sätze mit Dativ** Schreiben Sie zu jedem Bild einen Satz. Benutzen sie ein reflexives Verb mit einem Reflexivpronomen im Dativ.

> **BEISPIEL**
> Lina
> *Lina schminkt sich den Mund.*

1. Dirk

   _____ .

2. du

   _____ .

3. wir

   _____ .

4. Hans

   _____ .

5. ich

   _____ .

Kommunikation

4 **Was macht man damit?** Ihr kleiner Bruder möchte wissen, was man mit den Sachen unten macht. Schreiben Sie gemeinsam einen Dialog.

BEISPIEL Haartrockner
S1: Was ist das?
S2: Das ist ein Haartrockner.
S1: Und was machst du damit?
S2: Damit trocke ich mir die Haare.

1. ein Lippenstift

2. ein Rasierer

3. ein Kamm

4. eine Zahnbürste

5. Shampoo

6. eine Kaffeemaschine

5 **Und nun?** Ihr Partner / Ihre Partnerin hat Probleme. Helfen Sie ihm/ihr mit guten Ratschlägen (*advice*). Benutzen Sie den Imperativ und wechseln Sie sich ab.

BEISPIEL

S1: Ich habe kalte Hände.
S2: Zieh dir doch Handschuhe an!

> sich die Füße waschen
> sich die Haare kämmen
> sich einen Pullover anziehen
> sich etwas zu essen machen

1. Meine Füße sind sehr schmutzig.

2. Meine Haare hängen mir ins Gesicht.

3. Ich habe so einen Hunger!

4. Mir ist kalt.

6 **Wann machst du das?** Fragen Sie Ihren Partner / Ihre Partnerin, wann oder wie oft er/sie diese Dinge macht.

BEISPIEL

S1: Wann wäschst du dir die Haare?
S2: Ich wasche mir jeden zweiten Tag die Haare.

jeden Tag/Morgen/Abend	wenn ich Lust habe
ein/zwei Mal am Tag	jeden zweiten Tag
vor/nach dem Essen	wenn ich kalte Füße habe
nie	bevor ich ins Bett gehe

1. sich die Haare waschen

2. sich die Zähne putzen

3. sich etwas zu essen machen

4. sich die Hände waschen

5. sich die Haare föhnen

6. sich Hausschuhe anziehen

7 **Gewonnen** Sie haben 500.000 Dollar gewonnen! Sagen Sie, was Sie sich zuerst kaufen und dann fragen Sie Ihre Mitstudenten, was sie sich kaufen wollen.

BEISPIEL

S1: Ich kaufe mir ein großes Boot. Und was kaufst du dir, Martin?
S2: Ich kaufe mir ein Flugticket nach Sydney. Was kaufst du dir, Sophie?
S3: Ich gehe ins Restaurant und bestelle mir...

9A.3 Reciprocal verbs and reflexives used with prepositions

 Presentation

Startblock Reciprocal verbs express an action done by two or more people or things to or for one another.

Hört bitte auf, **euch** zu **küssen**.

Torsten und ich **haben uns gestritten**.

Reciprocal verbs

- Because reciprocal verbs refer to more than one person, they are only used with the plural reflexive pronouns **uns**, **euch**, and **sich**.

Wir rufen **uns** jeden Tag an.
*We call **each other** every day.*

Woher kennt **ihr euch**?
*How do **you** know **each other**?*

Meine Großeltern lieben **sich** sehr.
***My grandparents** love **each other** very much.*

Sie schrieben **sich** zweimal im Monat.
***They** wrote to **one another** twice a month.*

- Here are some common verbs with reciprocal meanings.

common reciprocal verbs	
sich anrufen	*to call each other*
sich kennen	*to know each other*
sich kennen lernen	*to meet (each other) for the first time*
sich küssen	*to kiss (each other)*
sich lieben	*to love each other*
sich schreiben	*to write to one another*
sich streiten	*to argue (with one another)*
sich trennen	*to separate, split up*
sich treffen	*to meet up*
sich unterhalten	*to chat, have a conversation*
sich verlieben	*to fall in love (with one another)*

Wir **kennen uns** schon seit Jahren.
*We've **known each other** for years.*

Unsere Eltern **haben sich** vor fünfundzwanzig Jahren **verliebt**.
*Our parents **fell in love** twenty-five years ago.*

Habt ihr **euch** gestern **gestritten**?
*Did you **argue (with each other)** yesterday?*

Die Studenten **treffen sich** gern im Restaurant, um **sich zu unterhalten**.
*Students like to **meet (each other)** at the restaurant **to talk (with one another)**.*

- In some cases, it may be unclear whether a verb is being used reflexively or reciprocally. To clarify or emphasize a verb's reciprocal meaning, use the expression **einander** (*each other, one another*) instead of, or in addition to, a reflexive pronoun.

Sie haben **sich** vorgestellt.
They introduced themselves (to one another, or to someone else).

Sie haben (sich) **einander** vorgestellt.
*They introduced themselves
to one another.*

Reflexive verbs with prepositions

- Some reflexive verbs are typically used in set phrases with a preposition. Use accusative reflexive pronouns with these verbs. The prepositions in the following fixed expressions also take the accusative case.

common reflexive verbs with prepositions	
sich ärgern über	*to get angry about*
sich erinnern an	*to remember*
sich freuen auf	*to look forward to*
sich freuen über	*to be happy about*
sich gewöhnen an	*to get used to*
sich informieren über	*to find out about*
sich interessieren für	*to be interested in*
sich verlieben in	*to fall in love with*
sich vorbereiten auf	*to prepare oneself for*

Mama **hat sich über** mein unordentliches Zimmer **geärgert**.
*Mom **got mad about** my messy room.*

Nach der Reise **freuten** wir **uns auf** ein warmes Bad.
*After our trip, we **were looking forward to** a warm bath.*

Meine kleine Schwester **interessiert sich für** Computer.
*My little sister **is interested in** computers.*

Ich **habe mich an** das kalte Wetter **gewöhnt**.
*I've **gotten used to** the cold weather.*

ACHTUNG

When using **einander** with a preposition, attach it to the end of the preposition to form a single word: **Die Kinder spielen immer so schön miteinander.**

Klara und Paul haben sich ineinander verliebt.

QUERVERWEIS

See **7A.2** to review other verbs that are used in set phrases with prepositions.

Ressourcen

SAM
WB: 125–126

SAM
LM: p. 80

Ⓢ
vhlcentral.com

Jetzt sind Sie dran!   Geben Sie an, ob die Verben in den Sätzen eine reflexive oder reziproke Bedeutung (*meaning*) haben.

	reflexiv	reziprok		reflexiv	reziprok
1. Wir treffen uns um 16 Uhr im Café.	☐	☑	5. Seht ihr euch heute Abend?	☐	☐
2. Max und ich kennen uns seit drei Jahren.	☐	☐	6. Torsten verliebte sich in Alina.	☐	☐
3. Die Kinder freuten sich auf die Ferien.	☐	☐	7. Alina freute sich sehr darüber.	☐	☐
4. Sara und Bernd schreiben einander über 100 SMS am Tag.	☐	☐	8. Dana und ihr Freund streiten sich nur selten.	☐	☐

Anwendung

1 **Ergänzen Sie** Ergänzen Sie die Sätze mit den passenden Reflexivpronomen.

> **BEISPIEL** Beatriz und Stefan rufen ___sich___ dreimal pro Tag an.

1. Heute küssten sie _____ zum ersten Mal.
2. Unsere Großeltern kennen _____ seit 60 Jahren.
3. Es ist klar, dass ihr _____ liebt.
4. Petra und Daniel unterhalten _____ gern.
5. Wo sollen wir _____ treffen?
6. Ich kann _____ nicht an seinen Namen erinnern.
7. Hast du _____ über den neuen Film informiert?
8. Ihr sollt _____ vorstellen.

2 **Beschreiben Sie** Beschreiben Sie die Bilder mit reziproken reflexiven Verben. Benutzen Sie das Perfekt.

> **BEISPIEL** die Geschäftsleute
> Die Geschäftsleute haben sich getroffen.

sich jeden Tag anrufen	sich streiten
sich küssen	sich treffen
sich oft schreiben	sich unterhalten

Holger und ich
1._____

Klara und Mia
2._____

Ihr
3._____

Wir
4._____

Sie
5._____

3 **Sätze schreiben** Schreiben Sie mindestens (*at least*) sechs logische Sätze mit Wörtern aus jeder Spalte.

> **BEISPIEL** Die Studenten bereiten sich auf das Abschlussexamen vor.

Elisabeth	sich ärgern über	das Abschlussexamen
der Hotelgast	sich aufregen über	sein ehemaliger (*former*) Lehrer
die Kinder	sich erinnern an	die Geburt ihres Enkelkindes
Markus	sich freuen auf	die Laptopangebote im Internet
Oma und Opa Lange	sich freuen über	der schlechte Zimmerservice
die Passagierin	sich informieren über	ihr verlorenes (*lost*) Handgepäck
die Studenten	sich vorbereiten auf	die vielen Geschenke

 Practice more at **vhlcentral.com.**

Kommunikation

4 **Eine Liebesgeschichte** Schreiben Sie mit Ihrem Partner / Ihrer Partnerin eine Liebesgeschichte über Lisa und David. Verwenden Sie die reflexiven Verben aus der Liste und benutzen Sie das Perfekt.

▶ **BEISPIEL** *Lisa und David haben sich auf einer Party kennen gelernt.*

sich anrufen	sich treffen
sich kennen lernen	sich trennen
sich küssen	sich unterhalten
sich schreiben	sich verlieben
sich streiten	sich vorstellen

5 **Beste Freunde** Stellen Sie Ihrem Partner / Ihrer Partnerin Fragen über seinen besten Freund / ihre beste Freundin. Antworten Sie in ganzen Sätzen und wechseln Sie sich ab.

BEISPIEL

S1: *Seit wann kennt ihr euch schon?*
S2: *Wir kennen uns schon seit 10 Jahren.*

1. Seit wann kennt ihr euch schon?

2. Wo und wie habt ihr euch kennen gelernt?

3. Wie oft seht ihr euch?

4. Wo trefft ihr euch meistens?

5. Schreibt ihr euch Briefe (*letters*)/ E-Mails/SMS?

6. Ruft ihr euch an? Wie oft?

7. Worüber unterhaltet ihr euch?

8. Streitet ihr euch manchmal? Worüber?

6 **Interessen** Wofür interessieren sich Ihre Mitstudenten? Machen Sie eine kurze Umfrage in Ihrem Kurs.

BEISPIEL

S1: *Ich interessiere mich für Technologie. Und du, Max, wofür interessierst du dich?*
S2: *Ich interessiere mich für Musik. Und du, Katarine, wofür interessierst du dich?*
S3: *Ich interessiere mich für...*

7 **Fragen über Fragen** Stellen Sie Fragen an Ihre Mitstudenten. Finden Sie für jede Frage mindestens eine Person, die sie mit ja beantwortet.

BEISPIEL

S1: *Freust du dich auf das Semesterende?*
S2: *Ja, ich freue mich total auf das Semesterende. Und du, freust du dich auf das Semesterende?*
S1: *Nein, gar nicht! Ich muss in den Ferien arbeiten.*

	Name
sich auf das Semesterende freuen	
sich gern an die 8. Klasse (8th grade) erinnern	
sich für Politik interessieren	
sich über das Essen in der Mensa aufregen	
sich über schlechte Noten ärgern	

Wiederholung

1 Welches Bild?
Beschreiben Sie sich gegenseitig die Bilder und erraten Sie, welches Bild Ihr Partner / Ihre Partnerin beschreibt.

BEISPIEL

S1: Es ist im Badezimmer...
S2: Auf Bild eins?
S1: Nein, es ist im Badezimmer vor dem Spiegel ...

1.

2.

3.

4.

5.

6.

2 Lebensregeln
Schreiben Sie eine Regelliste (*list of rules*) für Ihre Mitbewohner. Benutzen Sie reflexive Verben und Reflexivpronomen.

BEISPIEL

Mitbewohner müssen einander jeden Tag helfen...

3 Diese Woche
Schreiben Sie drei Aktivitäten auf, die Sie diese Woche gemacht haben. Dann fragen Sie vier Personen im Unterricht, was sie gemacht haben.

BEISPIEL

S1: Hast du dich diese Woche über etwas geärgert?
S2: Ja.
S1: Worüber hast du dich geärgert?
S2: Über das schlechte Essen in der Mensa.

4 Körperteile
Arbeiten Sie mit einem Partner / einer Partnerin und beschreiben Sie Tätigkeiten, die mit den verschiedenen Körperteilen zu tun haben. Benutzen Sie die reflexive und reziproke Verben aus der Liste.

BEISPIEL

S1: Wir schreiben einander mit den Händen.
S2: Wir kämmen uns die Haare.

A	B
Gesicht	sich anrufen
Haare	sich kämmen
Hände	sich küssen
Lippen	sich rasieren
Mund	sich schminken
Ohren	sich schreiben
	sich sprechen

5 Heikes Tag
Sie und Ihr Partner / Ihre Partnerin bekommen zwei verschiedene Blätter mit Heikes Alltagsroutine. Wechseln Sie sich ab und fragen Sie, was Heike jeden Abend und jeden Morgen macht.

BEISPIEL

S1: Um 23 Uhr zieht sich Heike aus und zieht ihren Schlafanzug an. Was macht sie danach?
S2: Danach...

6 In der Stadt
Schreiben Sie mit einem Partner / einer Partnerin einen kurzen Text über eine Shoppingtour, die Sie zusammen am Wochenende machen wollen. Beantworten Sie die Fragen.

BEISPIEL

S1: Wir treffen uns am Samstagmorgen um 9 Uhr auf dem Markt vor der Bank.
S2: Wir haben uns einen Monat lang nicht gesehen. Wir freuen uns auf den Tag zusammen.

- Wo und wann treffen Sie sich?
- Worauf freuen Sie sich?
- Was kaufen Sie sich?
- Worüber ärgern Sie sich?
- Gehen Sie in ein Restaurant oder in ein Café?
- Was bestellen Sie sich?
- Worüber unterhalten Sie sich?
- Was machen Sie noch?

Video: TV Clip

Du bist Deutschland

Die Initiative „Du bist Deutschland" war 2005-2007 eine Social-Marketing-Kampagne in Deutschland. 25 Medienunternehmen° koordinierten und organisierten die Initiative. Die Aktion war mit etwa 30 Millionen Euro Deutschlands größte Social-Marketing-Kampagne. 2007 wurde ein Werbeclip für mehr Kinderfreundlichkeit° in Deutschland ausgestrahlt°. Der neue Werbeclip sollte die Deutschen kinderfreundlicher machen. Sie sollten mehr Zeit und Energie in ihre Kinder investieren. Kritiker sagten aber, dass die Aktion zu nationalistisch sei.

Du bist Deutschland

www.du-bist-deutschland.de

Du hasst° erst den Kindergarten, dann die Schule...

Und mit 15 hasst du uns.

Du machst uns wahnsinnig° vor Glück°.

Medienunternehmen *media organizations* **Kinderfreundlichkeit** *child friendliness* **ausgestrahlt** *broadcast* **hasst** *hate* **wahnsinnig** *crazy* **vor Glück** *with happiness*

 Verständnis Beantworten Sie die Fragen mit den Informationen aus dem Video.

1. Was machst „du" aus zwei Menschen?
   a. einen Abenteuerspielplatz (*adventure playground*)
   b. eine Familie   c. ein Festessen   d. kein Spaß
2. Welche dieser Sachen kostest „du" uns nicht?
   a. die neuen Schuhe   b. den größeren Fernseher
   c. das ganze Land   d. den Urlaub am Meer

 Diskussion Diskutieren Sie die folgenden Fragen mit einem Partner / einer Partnerin.

1. Möchtest du eines Tages Kinder haben? Warum oder warum nicht?
2. Machen Sie eine Liste von Gründen (*reasons*), Kinder zu bekommen oder keine Kinder zu bekommen. Debattieren Sie dann mit einer Gruppe, die eine andere Meinung hat.

Communicative Goals

You will learn how to:

- talk about health
- talk about remedies and well-being

Beim Arzt Talking Picture Audio: Activities

Wortschatz

die Gesundheit	*health*
die Allergie, -n	*allergy*
die Apotheke, -n	*pharmacy*
allergisch sein (gegen)	*to be allergic (to)*
krank/gesund werden	*to get sick/better*
in guter/schlechter Form sein	*to be in/out of shape*
sich verletzen	*to hurt oneself*
zum Arzt gehen	*to go to the doctor*
Symptome	***symptoms***
der Schmerz, -en	*pain*
die verstopfte Nase	*stuffy nose*
Zahnschmerzen (*pl.*)	*toothache*
leicht	*mild*
schwer	*serious*
schwindlig	*dizzy*
übel	*nauseous*
im Krankenhaus	***at the hospital***
der Arzt, -̈e / die Ärztin, -nen	*doctor*
das Medikament, -e	*medicine*
die Grippe, -n	*flu*
der Krankenwagen, -	*ambulance*
die Notaufnahme, -n	*emergency room*
das Pflaster, -e	*adhesive bandage*
das Rezept, -e	*prescription*
das Thermometer, -	*thermometer*
der Zahnarzt, -̈e / die Zahnärztin, -nen	*dentist*
sich (das Handgelenk / den Fuß) verstauchen	*to sprain (one's wrist/ankle)*
sich (den Arm / das Bein) brechen	*to break (an arm / a leg)*
weh tun (tut...weh)	*to hurt*
weinen	*to cry*
krank	*sick*

ACHTUNG

To describe how you feel, use an adjective with a dative noun or pronoun:

Mir ist schwindlig. Ihr ist übel.

Also use a dative noun or pronoun with the phrase **weh tun**:

Tut dir das Bein weh? *Does your leg hurt?*

der Krankenpfleger, -

Sie treibt Sport.
(Sport treiben)

die Krankenschwester, -n

Sie hat Kopfschmerzen.

Er hat Bauchschmerzen.

Anwendung

1 **Assoziationen** Wählen Sie ein Wort aus der Liste, das Sie mit einem der Ausdrücke (*phrases*) assoziieren.

die Allergie	die Notaufnahme
die Apotheke	das Thermometer
das Ibuprofen	die Zahnschmerzen

1. sich den Arm brechen _____
2. eine verstopfte Nase haben _____
3. zum Zahnarzt gehen _____
4. 39° C (Celsius) Grad Fieber haben _____
5. Kopfschmerzen haben _____
6. Medikamente kaufen _____

2 **Bilder beschriften** Finden Sie ein passendes Wort oder einen passenden Ausdruck für jedes Bild.

1. _____ 2. _____ 3. _____

4. _____ 5. _____ 6. _____

3 **Beim Arzt** Hören Sie sich das Gespräch zwischen Elias und seinem Arzt an und markieren Sie dabei die Ausdrücke, die Sie hören.

1. Ich habe Halsschmerzen. ☐
2. Mir ist übel. ☐
3. Ich habe Fieber. ☐
4. Mein Bauch tut weh. ☐
5. Ich schlafe schlecht. ☐
6. Mir tut alles weh. ☐
7. Ich habe eine Erkältung. ☐
8. Meine Nase ist verstopft. ☐
9. Ich treibe Sport. ☐
10. Ich huste. ☐

 Practice more at **vhlcentral.com.**

Kommunikation

4 **Ratschläge geben** Sehen Sie sich mit einem Partner / einer Partnerin die Bilder an. Was ist passiert und welche Ratschläge (*advice*) geben Sie den Personen auf den Bildern, so dass es ihnen dann besser geht?

▶ **BEISPIEL** Heike

S1: *Heike hat Zahnschmerzen*
S2: *Sie soll den Zahnarzt anrufen.*

1. Emma   2. Heike   3. Tugce   4. Sven

5. Dirk   6. Michaela   7. Klara   8. Jonas

---

5 **Antworten Sie** Beantworten Sie mit einem Partner / einer Partnerin die Fragen.

BEISPIEL

S1: *Was machst du bei Kopfschmerzen?*
S2: *Ich lege mich ins Bett.*

1. Bist du gegen etwas allergisch?
2. Bekommst du jedes Jahr eine Spritze gegen die Grippe?
3. Hast du dir schon mal etwas gebrochen?
4. Wie oft gehst du zum Arzt?
5. Was machst du, um fit zu bleiben?

6 **In der Notaufnahme** Sie und Ihr Partner / Ihre Partnerin bekommen zwei verschiedene Blätter von Ihrem Professor / Ihrer Professorin. Fragen Sie Ihren Partner / Ihre Partnerin nach den Patienten, die in der Notaufnahme sind.

BEISPIEL

S1: *Wer hat sich den Arm gebrochen?*
S2: *Frau Zimmermann hat sich den Arm gebrochen. Welches Problem hat Herr Arslan?*
S1: *Er hat…*

7 **Raten Sie** Erraten Sie mit zwei Mitstudenten zusammen Wörter aus Ihrer neuen Vokabelliste. Eine Person beschreibt ein Wort und die anderen zwei müssen es erraten. Wechseln Sie sich ab.

BEISPIEL

S1: *Man putzt sie sich, wenn sie verstopft ist.*
S2: *Die Nase!*

Aussprache und Rechtschreibung

Audio: Presentation
Record & Compare Activities

🎧 Syllabic Stress

When a syllable in a word is stressed, it is pronounced with more emphasis than the other syllables. In German, the main stress is usually on the first syllable of a word.

| **Seife** | **Nase** | **Auge** | **Techniker** | **fernsehen** |

You have already learned that separable prefixes are always stressed, while inseparable prefixes are never stressed.

| **aufwachen** | **ankommen** | **besprechen** | **Verkehr** | **wiedersehen** |

In compound words, the first part of the compound is usually stressed.

| **Schlafanzug** | **Speisekarte** | **Bademantel** | **Zahnpasta** | **Hausschuh** |

In words borrowed from other languages, the placement of stress varies. In nouns ending with **–ei** or **-ie**, the final syllable is stressed. In verbs ending in **–ieren**, the stress is on the **ie** sound.

| **Computer** | **Student** | **Bäckerei** | **Allergie** | **rasieren** |

1 **Sprechen Sie nach** Wiederholen Sie die Wörter, die Sie hören.

1. Rücken
2. duschen
3. anziehen
4. Einkauf
5. Gesicht
6. verlieren
7. überraschen
8. Handtuch
9. Bauchschmerzen
10. Hotel
11. Metzgerei
12. Psychologie

2 **Artikulieren Sie** Wiederholen Sie die Sätze, die Sie hören.

1. Ich nehme immer eine Zahnbürste, Zahnpasta und saubere Unterwäsche mit.
2. Mein Arzt verschreibt mir solche Medikamente nicht.
3. Robert rasiert sich nur mit Rasierschaum.
4. Die Studenten studieren am liebsten in der Bäckerei.
5. In den Ländern war die Demokratie nicht nur Theorie.
6. Wenn ich zu früh aufstehe, bekomme ich Kopfschmerzen.

3 **Sprichwörter** Wiederholen Sie die Sprichwörter, die Sie hören.

Aller Anfang ist schwer.[2]

Was du heute kannst besorgen, das verschiebe nicht auf morgen.[1]

[1] Never put off till tomorrow what you can do today.
[2] The first step is always the hardest. (lit. Every beginning is hard.)

Ressourcen

SAM
LM: p. 82

vhlcentral.com

Im Krankenhaus Video: *Fotoroman*

George und Sabite haben Meline ins Krankenhaus gebracht. Der Arzt möchte sie eine Nacht dabehalten und Meline beginnt wieder von Hans zu träumen. Oder ist es gar kein Traum?

GEORGE Sie wird wieder gesund, Sabite. Sie ist auf den Kopf gefallen. Der Arzt untersucht sie gleich und dann gehen wir wieder nach Hause. Mein Bruder ist einmal aus einem Baum gefallen, ohne schwere Verletzungen zu haben.

SABITE Was ist passiert?
GEORGE Er hat sich den Knöchel verstaucht. Und den Arm gebrochen. Und ihm war mehrere Stunden lang schlecht und schwindlig. Tage. Aber jetzt ist er gesund, in toller Form und schmerzfrei. Aber er meidet Bäume.

ARZT Das ist eine schöne Beule auf Ihrem Kopf. Erinnern Sie sich, was passiert ist?
MELINE Ich habe gelernt und bin eingeschlafen. Und dann bin ich aufgewacht und vom Stuhl gefallen.
ARZT Und nachdem Sie das Bewusstsein wiedererlangt hatten?
MELINE Ich bin am Boden gelegen und meine Freunde haben mich gefunden.

MELINE Es geht mir gut, Dr. Klompenhouwer. Ist das holländisch?

ARZT Haben Sie ein Schwindelgefühl?
MELINE Ein bisschen.
ARZT Übelkeit?
MELINE Ahhh. Ja.
ARZT Ohrgeräusche?
MELINE Haben vor einer Stunde aufgehört.
ARZT Gut. Haben wir noch andere Symptome?
MELINE Außer Kopfschmerzen? Nein.

ARZT Okay. Hier ist ein Schmerzmittel. Lassen Sie mich die Schwester holen, damit wir eine Computertomographie machen können. Sie bleiben heute Nacht bei uns.
MELINE Och, Herr Doktor. Ich...
ARZT Frau... Meline. Es sieht so aus, als hätten Sie eine leichte Gehirnerschütterung.

1 **Richtig oder falsch?** Entscheiden Sie, ob die folgenden Sätze richtig oder falsch sind.

1. Meline ist auf ihren Arm gefallen.
2. Georges Bruder ist einmal von der Garage gefallen.
3. Georges Bruder hat sich einmal den Arm gebrochen.
4. Meline hat eine Beule am Kopf.
5. Sie ist aufgewacht und aus dem Bett gefallen.

6. Jetzt hat sie ein Schwindelgefühl, Ohrgeräusche und Fieber.
7. Dr. Klompenhouwer gibt Meline eine Spritze.
8. Er will die Schwester rufen, um eine CT zu machen.
9. Meline hat wahrscheinlich eine leichte Gehirnerschütterung.
10. Hans trägt einen Mundschutz (*face mask*), weil er Schnupfen und Husten hat.

PERSONEN

 Dr. Klompenhouwer

 Hans

 George

 Meline

 Sabite

7

ARZT George Bachman, Sabite Yilmaz?

ARZT Wir würden Meline heute Nacht gern im Krankenhaus behalten. Es geht ihr gut. Wir möchten auf Nummer sicher gehen.

SABITE Können wir sie sehen?

ARZT Sie würde heute lieber keine Besucher mehr haben.

8

MELINE Dr. Klompenhouwer? Sind Sie Chirurg? Ich verstehe das nicht.

HANS Ich musste mit meinen eigenen Augen sehen, dass es dir gut geht.

MELINE Hans, ich liebe dich!

9

ARZT Ihre Freunde sind hier, um Sie abzuholen.

MELINE Oh, Dr. Klompenhouwer, ganz herzlichen Dank. Sie haben mein Leben gerettet. Sie sind ein ausgezeichneter Arzt.

ARZT Danke, Meline. Wenn Sie Symptome haben, dann rufen Sie uns bitte auf jeden Fall an.

10

MELINE Wo ist George?

SABITE Er wäre hier, wenn er keine Uni hätte. Hans ist mit mir gekommen.

HANS Na, wie geht es unserer Patientin heute morgen? Das hier hat mir die Schwester gegeben, weil ich Schnupfen und Husten habe. Ich soll ja niemanden anstecken.

Nützliche Ausdrücke

- **untersuchen**
  to examine
- **der Baum**
  tree
- **der Knöchel**
  ankle
- **meiden**
  to avoid
- **die Beule**
  bump
- **Und nachdem Sie das Bewusstsein wiedererlangt hatten?**
  And after you regained consciousness?
- **das Schmerzmittel**
  painkiller
- **die Gehirnerschütterung**
  concussion
- **der Chirurg**
  surgeon
- **abholen**
  to pick (someone) up
- **ausgezeichnet**
  excellent

9B.1
- **Er wäre hier, wenn er keine Uni hätte.**
  He would have come if he weren't in class.

9B.2
- **Wir würden Meline heute Nacht gern im Krankenhaus behalten.**
  We would like to keep Meline in the hospital tonight.

---

2 **Zum Besprechen** Stellen Sie sich vor, Meline hat andere Symptome, als sie ins Krankenhaus kommt. Schreiben Sie einen Dialog von mindestens 15 Zeilen zwischen Meline und Dr. Klompenhouwer.

3 **Vertiefung** Wilhelm Conrad Röntgen hat etwas erfunden, das heute in jedem Krankenhaus täglich benutzt wird. Finden Sie heraus, was es ist und wie er es erfunden hat.

Ressourcen

SAM VM: p. 18

DVD Folge 18

vhlcentral.com

Apotheken Reading

DEUTSCHLAND IST DER GRÖSSTE Apothekenmarkt in Europa. Hier gibt es etwa 21.500 Apotheken. Jede Apotheke muss von einen staatlich geprüften° Apotheker geleitet werden°. Apotheken sind keine Ketten°, daher darf ein Apotheker höchstens vier davon besitzen. Die Medikamentenpreise werden von der Regierung° reglementiert. Relativ neu sind Versandapotheken°, die es erst seit 2004 gibt.

In jeder Stadt ist immer mindestens eine Apotheke geöffnet. Das bedeutet, dass die Menschen 24 Stunden am Tag wichtige Medikamente bekommen können.

Apotheken sind Geschäfte, in denen man nicht nur Medikamente, sondern auch andere gesundheitsfördernde° Produkte kaufen kann. Neben Medikamenten findet man normalerweise auch Nahrungsergänzungsmittel° wie zum Beispiel Vitamine, Kosmetikprodukte, sowie Produkte für Diäten, Haut- und Fußpflege° und für die Kontaktlinsenpflege.

In Deutschland gibt es neben der traditionellen Medizin auch viele Menschen, die homöopathische Mittel° benutzen. Beide Medikamentensorten kann man in Apotheken kaufen, aber manche Ärzte und Apotheken spezialisieren sich auf die raditionelle Medizin oder auf die homöopathische Medizin.

Typische homöopathische Mittel	
Belladonna	Fieber und Kopfschmerzen
Chamomilla	Ohren- und Zahnschmerzen
Echinacea	Erkältung und Fieber
Lupulus	Schlafstörung°

staatlich geprüften *state certified* **geleitet werden** *headed* **Ketten** *chains* **Regierung** *government* **Versandapotheken** *mail-order pharmacies* **gesundheitsfördernde** *health promoting* **Nahrungsergänzungsmittel** *dietary supplements* **Fußpflege** *foot care* **Mittel** *remedy* **Schlafstörung** *insomnia*

1 **Richtig oder falsch** Sagen Sie, ob die Sätze richtig oder falsch sind. Korrigieren Sie die falschen Sätze.

1. Die Schweiz ist der größte Apothekenmarkt in Europa.

2. In Deutschland gibt es etwa 23.400 Apotheken.

3. Es dürfen nicht mehr als vier Apotheken zusammengehören.

4. Die deutsche Regierung reglementiert den Apothekerberuf.

5. Seit 2004 gibt es in Deutschland Versandapotheken.

6. In deutschen Städten ist immer mindestens eine Apotheke geöffnet.

7. In Apotheken kann man keine Vitamine kaufen.

8. Deutsche Apotheken verkaufen traditionelle und homöopathische Medikamente.

9. Echinacea ist ein homöopatisches Mittel gegen Erkältung und Fieber.

10. Ein homöopatisches Mittel gegen Schlafstörung ist Chamomilla.

 Practice more at **vhlcentral.com**.

Ausdrücke zur Gesundheit

der Blutdruck	blood pressure
der blaue Fleck	bruise
der Hitzschlag	heat stroke
der Muskelkater	sore muscles
der Sonnenbrand	sunburn
der steife Hals	stiff neck

10°C   20°C

Föhn

Föhn heißt ein Windsystem in den Alpen. Dieser Wind, auch Fallwind genannt, ist sehr trocken°, weil er beim Aufsteigen° auf der Südseite der Alpen Wasser in der Form von Regen verliert. Wenn er von den Gipfeln° der Alpen nach Norden ins Voralpengebiet° weht°, ist die Luftmasse° trocken und warm. Das Wetter in Bayern ist bei Föhn sonnig und trocken. Aber viele Menschen haben bei Föhn Kopfschmerzen.

trocken dry **Aufsteigen** rising **Gipfeln** peaks **Voralpengebiet** foothills of the Alps **weht** blows **Luftmasse** air mass

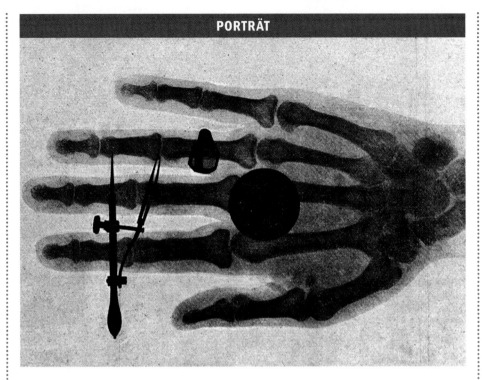

Röntgen

Wilhelm Conrad Röntgen (1845–1923) war ein deutscher Physiker. Er arbeitete als Professor an der Universität Würzburg, als er 1895 zufällig° eine besondere Art von Strahlen° entdeckte: die X-Strahlen. Mit diesen Strahlen konnte man durch viele Materialien hindurchsehen. Für diese Entdeckung° bekam Röntgen 1901 als erster Wissenschaftler den Nobelpreis für Physik. Vor allem für die Medizin war diese Entdeckung sehr wichtig: Ärzte konnten mit den X-Strahlen zum Beispiel Knochenbrüche° diagnostizieren. In seinem Testament° schrieb Röntgen, dass die Strahlen nicht seinen Namen tragen dürfen. Trotzdem nennt man die X-Strahlen heute in Deutschland und in Polen Röntgenstrahlen.

zufällig accidentally **Strahlen** rays **Entdeckung** discovery **Knochenbrüche** bone fractures **Testament** will

IM INTERNET

 Suchen Sie im Internet eine deutsche Versandapotheke. Was kann man bei der Versandapotheke bestellen? Kann man hier homöopathische Mittel kaufen?

For more information on this **Kultur**, go to **vhlcentral.com**.

2 **Was fehlt?** Ergänzen Sie die Sätze.

1. Föhn ist ein Windsystem in den _____.
2. Bei Föhn ist das Wetter sonnig, warm und _____.
3. Viele Menschen haben bei Föhn _____.
4. Wilhelm Conrad Röntgen war ein deutscher _____.
5. Er entdeckte die _____.
6. In Deutschland und Polen heißen die X-Strahlen _____.

3 **Leben Sie gesund?** Diskutieren Sie mit einem Partner / einer Partnerin: Was machen Sie, damit Sie gesund bleiben? Machen Sie genug? Sollten Sie mehr machen?

Ressourcen

vhlcentral.com

9B.1 | *Der Konjunktiv II* Presentation

Startblock Use the subjunctive, also called the **Konjunktiv II**, to talk about hypothetical or unreal conditions, to express wishes, and to make polite requests.

Könnte es auch schlimmer sein?

Er **wäre** hier, wenn er keinen Unterricht **hätte**.

- To form the subjunctive of weak verbs and the modal verbs **sollen** and **wollen**, add the subjunctive endings -e, -est, -e; -en, -et, -en to the **Präteritum** stem. The subjunctive forms of these verbs are identical to their **Präteritum** forms.

wünschen (*to wish*)	
Präteritum	**Konjunktiv II**
ich wünschte	ich wünschte
du wünschtest	du wünschtest
er/sie/es wünschte	er/sie/es wünschte
wir wünschten	wir wünschten
ihr wünschtet	ihr wünschtet
Sie/sie wünschten	Sie/sie wünschten

Wir **sollten** vier Mal pro Woche Sport treiben.
*We **should** exercise four times a week.*

Ich **wünschte**, ich **spielte** besser Fußball.
*I **wish** I **played** soccer better.*

- To form the subjunctive of strong verbs, add the subjunctive endings to the **Präteritum** stem. If the stem vowel is **a**, **o**, or **u**, add an **Umlaut**. The verbs **sein** and **haben** and the modals **dürfen**, **können**, **mögen**, and **müssen** also follow this pattern.

Infinitiv	Präteritum	Konjunktiv II	Infinitiv	Präteritum	Konjunktiv II
bleiben	ich blieb	ich bliebe	dürfen	ich durfte	ich dürfte
geben	du gabst	du gäbest	können	du konntest	du könntest
gehen	er/sie/es ging	er/sie/es ginge	mögen	er/sie/es mochte	er/sie/es möchte
kommen	wir kamen	wir kämen	müssen	wir mussten	wir müssten
lassen	ihr ließt	ihr ließet	haben	ihr hattet	ihr hättet
tun	Sie/sie taten	Sie/sie täten	sein	Sie/sie waren	Sie/sie wären

- The only mixed verb commonly used in the subjunctive is **wissen**. Its subjunctive forms are the same as its **Präteritum** forms, but with an added **Umlaut** on the stem vowel.

Wüssten Sie, wo die Apotheke ist?
***Would** you **happen to know** where the pharmacy is?*

Wenn ich das nur **wüsste**!
*If only I **knew** that!*

QUERVERWEIS

See **6A.1** to review the **Präteritum** of weak verbs, modals, mixed verbs, and strong verbs.

See **Appendix A** for a complete list of strong verbs and their **Präteritum** forms.

ACHTUNG

In conversation, German speakers often shorten the **du** and **ihr** subjunctive endings to **-st** and **-t**: du gingst, ihr gingt; du wärst, ihr wärt.

- Modals and the verbs **haben** and **sein** are often used in the subjunctive to make polite requests or ask questions.

  Hätten Sie Lust, diesen Film mit mir zu sehen?
  Do you feel like seeing this movie with me?

  Könntest du mir bitte ein Taschentuch reichen?
  Could you hand me a tissue, please?

- To express a wish that is contrary to reality, use the subjunctive form of **wünschen** with another clause in the subjunctive.

  Ich wünschte, wir hätten mehr Zeit!
  I wish we had more time!

  Ich wünschte, ich könnte heute schwimmen gehen.
  I wish I could go swimming today!

- The conjunction **wenn** (*if*) is often used with **nur** to mean *if only*. Move the conjugated verb to the end of a clause beginning with **wenn**.

  Wenn wir **nur** mehr Zeit **hätten**!
  If only we had more time!

  Wenn ich heute **nur** schwimmen gehen **könnte**!
  If only I could go swimming today!

- To express a condition that is hypothetical or contrary to fact, use a **wenn**-clause with a second clause that indicates what would happen if the **wenn**-clause were true.

  Wenn du Zeit **hättest, könnten** wir heute Abend ins Konzert gehen.
  If you had time, we could go to a concert this evening.

  Wenn mir die Füße nicht so **weh täten, käme** ich **gern** mit euch wandern.
  If my feet didn't hurt so much, I'd be happy to come hiking with you.

- You can use the conjunction **dann** to introduce the second clause in a hypothetical statement.

  Wenn du nicht so spät ins Bett **gingest**...
  If you didn't go to bed so late,...

  dann wärest du nicht so müde.
  then you wouldn't be so tired.

- Use **als ob** with the subjunctive, instead of **wenn**, to mean *as if*.

  Er tut, **als ob** er krank **wäre**.
  He's acting as if he were sick.

  Du siehst aus, **als ob** du eine Grippe hättest.
  You look as if you had the flu.

QUERVERWEIS

In **4A.1**, you learned to use the subjunctive forms of **mögen** to make polite requests.

Wenn and **als ob** are subordinating conjunctions. You learned about the subordinating conjunctions **bevor**, **nachdem**, and **bei** in **8A.1**. You will learn more about subordinating conjunctions in **10A.3**.

ACHTUNG

Ich möchte is typically used instead of **ich wollte** as the polite equivalent of **ich will**. **Ich hätte gern** is also frequently used for ordering in a restaurant.

Ressourcen

SAM
WB: pp. 129–130

SAM
LM: p. 83

vhlcentral.com

Jetzt sind Sie dran!   Wählen Sie die passenden Verbformen.

1. Ich (habe / hätte) gern einen Kaffee, bitte.

2. (Soll / Sollte) man immer wegen Rückenschmerzen zum Arzt gehen?

3. Ihr tut immer, als ob ihr keine Zeit zum Rad fahren (hättet / habt).

4. Wenn ich dagegen nicht allergisch (bin / wäre), (könnte / kann) ich Erdbeeren essen.

5. Ich (will / wollte), mein Computer (funktionierte / funktioniert) besser!

6. Wenn ich nur (wüsste / weiß), wo das Rezept für die Tabletten ist!

7. Die Zahnärztin (wünscht / wünschte), dass nicht so viele Patienten vor ihr Angst (haben / hätten).

8. Wenn Sie mehr Sport (treiben / trieben), dann (sind / wären) Sie in besserer Form.

9. (Könnten / Können) Sie die Krankenschwester rufen, bitte?

10. Wenn Roland kein Fieber (hätte / hat), (kommen / käme) er mit uns ins Restaurant.

11. (Dürfte / Darf) ich bitte die Tabletten und ein Glas Wasser haben?

12. Wenn es Lina nur nicht so schlecht (geht / ginge)!

Anwendung

1 **Konjunktivformen** Ergänzen Sie die Tabelle mit den fehlenden Verbformen im Präteritum und im Konjunktiv II.

Präsens	Präteritum	Konjunktiv II
wir kommen	wir kamen	wir kämen
ich gebe		
sie will		
ihr arbeitet		
du hast		
er geht		

2 **Wünsche** Was würden (*would*) die Personen sagen? Schreiben Sie zu jedem Bild einen Satz im Konjunktiv II und benutzen Sie die angegebenen Verben.

▶ **BEISPIEL**

Kopfschmerztabletten haben
Wenn ich nur Kopfschmerztabletten hätte!

1. nicht so früh aufwachen
   müssen _____

2. ihre Handynummer
   wissen _____

3. Tennis spielen können
   _____

4. nicht so viele Patienten
   haben _____

3 **Hypothesen** Erfinden Sie eine Hypothese für jede Situation. Benutzen Sie den Konjunktiv II.

BEISPIEL Ich weiß das nicht. Ich kann dir nicht helfen.
   Wenn ich das wüsste, könnte ich dir helfen.
   Es sieht aus... Sophia ist sehr unglücklich.
   Es sieht aus, als ob Sophia sehr unglücklich wäre.

1. Jan ist krank. Er kann nicht ins Konzert gehen.
2. Das Kind weint so laut. Die Ärztin kann ihm keine Spritze geben.
3. Dieter hat keine Zeit. Er geht nicht mit uns zum Fußballspiel.
4. Es sieht aus... Du hast Bauchschmerzen.
5. Ali sieht aus... Er hat Fieber.

 Practice more at **vhlcentral.com**.

Kommunikation

4 **Drei Wünsche** Fragen Sie einander, was Sie sich wünschen. Benutzen Sie dabei den Konjunktiv II.

> **BEISPIEL**
>
> **S1:** *Was hättest du am liebsten?*
> **S2:** *Ich hätte am liebsten ein Motorrad.*

1. Was hättest du am liebsten?
2. Wo wärest du am liebsten?
3. Was wüsstest du am liebsten?
4. Was möchtest du am liebsten?

5 **Stell dir mal vor...** Fragen Sie Ihren Partner / Ihre Partnerin, was er/sie wäre, wenn er/sie eine andere Person, ein Tier oder ein Ding sein könnte.

> **BEISPIEL**
>
> **S1:** *Wenn du ein Tier wärest, welches Tier wärest du und warum?*
> **S2:** *Ich wäre ein Vogel, denn dann könnte ich fliegen. Und welches Tier wärest du?*

1. ein Tier
2. eine berühmte Person
3. ein Möbelstück
4. eine Person aus einem Film/Buch

6 **Wenn es nur anders wäre!** Erzählen Sie einander, was Sie stört (*bothers*), und was Sie sich wünschen. Benutzen Sie den Konjunktiv II.

> **BEISPIEL**
>
> **S1:** *Ich habe nie genug (enough) Zeit. Ich wünschte, ich hätte mehr Zeit!*
> **S2:** *Mein Computer ist so langsam. Ich wünschte, mein Computer wäre schneller!*

7 **Rollenspiel: Im Restaurant** Sie sind im Restaurant. Fragen Sie den Kellner / die Kellnerin, was er/sie Ihnen empfehlen kann.

> **BEISPIEL**
>
> **S1:** *Guten Tag, was möchten Sie trinken?*
> **S2:** *Ich hätte gern ein Mineralwasser.*
> **S3:** *Und könnte ich bitte Apfelsaft bekommen?*

Kellner(in)	Gäste
Möchten Sie etwas trinken/essen?	Dürfte/Könnte ich bitte...
Was hätten Sie gern?	Hätten Sie vielleicht...?
	Ich hätte gern...
	Könnten Sie etwas empfehlen?
	Könnten Sie mir/uns bitte sagen...?
	Wir möchten bitte...
	Was / Wie viel macht das?

Speisekarte

Vorspeisen

Tomatensuppe	€4,80
Großer Salatteller	€9,50
Kleiner Salatteller	€3,60
Brotteller (Wurst oder Käse)	€6,80

Nachspeisen

Schokoladentorte	€6,45
Apfelkuchen	€5,80
Gemischtes Eis	€5,30
Obstsalat mit Pfirsich, Melone, Erdbeeren und Birne	€4,10

Hauptspeisen

Currywurst mit Pommes frites	€8,20
Hähnchen mit Reis, Pilzen und Gemüse	€18,80
Wiener Schnitzel mit Kartoffeln und kleinem Salat	€15,60
Thunfisch mit Bratkartoffeln und grünen Bohnen	€21,30
Scampi: Garnelen mit Reis und Knoblauch	€20,50

Getränke

Mineralwasser 0,2 l	€1,50
Limonade (Cola, Orange, Zitrone) 0,2 l	€1,80
Saft (Apfel, Ananas, Orange) 0,2 l	€2,20
Tasse Kaffee, Tee	€1,50

9B.2 | ***Würden* with the infinitive** Presentation

Startblock The subjunctive of **werden** is **würden**. It is the subjunctive form used most commonly in conversation.

Wir **würden** Meline heute Nacht gern im Krankenhaus behalten.

Sie **würde** heute lieber keine Besucher mehr haben.

- The subjunctive forms of **werden** are the same as its **Präteritum** forms, but with an added **Umlaut** on the stem vowel.

QUERVERWEIS

You will learn about other uses of **werden** in **12B.2**.

werden		
Indikativ	**Präteritum**	**Konjunktiv II**
ich werde	ich wurde	ich würde
du wirst	du wurdest	du würdest
er/sie/es wird	er/sie/es wurde	er/sie/es würde
wir werden	wir wurden	wir würden
ihr werdet	ihr wurdet	ihr würdet
Sie/sie werden	Sie/sie wurden	Sie/sie würden

- **Würden** functions like a modal verb. When you use it with an infinitive, place **würden** in the position of the conjugated verb and place the infinitive at the end of the clause.

Würden Sie mir bitte **helfen?**
*Would you **help** me, please?*

An deiner Stelle **würde** ich zum Arzt **gehen.**
*If I were you, I **would go** to the doctor.*

Ich glaube, ich **würde** mit ihr **gehen.**
*I think I **would go** with her.*

Wenn er nur **mitkommen würde!**
*If only he **would come** with us!*

- Since all weak verbs, and some strong and mixed verbs, have identical subjunctive and **Präteritum** forms, German speakers typically use **würden** with the infinitive to express a subjunctive meaning.

Sie **rannte** nach Hause.
*She **ran** home.*

Sie **würde** nach Hause rennen.
*She **would** run home.*

Ich **fragte** die Krankenschwester nach einem Pflaster.
*I **asked** the nurse for a bandage. / I **would ask** the nurse for a bandage.*

Ich **würde** die Krankenschwester nach einem Pflaster **fragen.**
*I **would ask** the nurse for a bandage.*

- Use **würden** + *infinitive* with a **wenn**-clause in the subjunctive to describe a hypothetical situation.

Wenn du vorsichtiger **wärest**, **würdest** du dich nicht so oft **verletzen**.
*If you **were** more careful, you **wouldn't hurt** yourself so much.*

Wenn ich Zahnschmerzen **hätte**, **würde** ich zum Zahnarzt **gehen**.
*If I **had** a toothache, I **would go** to the dentist.*

Wenn du mehr **Sport treiben würdest**, **wärst** du in besserer Form.
*If you **exercised more**, you'd **be** in better shape.*

Wenn Jan und Susanna **sich** nicht so oft **streiten würden**, **dann würden** sie sich **nicht trennen**.
*If Jan and Susanna **didn't fight** with each other so much, they **wouldn't be splitting up**.*

- Use **würden** + *infinitive* to express wishes, give advice, make polite requests, or ask questions.

Ich **würde** gern in die Türkei **reisen**.

An Ihrer Stelle **würde** ich die Wahrheit **sagen**.

Sie **würden gern** nach Bern **fahren**.
*They'd **love** to go to Bern.*

Würdest du bitte das Fenster **schließen**?
*Would you **close** the window, please?*

An deiner Stelle **würde** ich das nicht **tun**.
*I **wouldn't do** that if I were you.*

Wir **würden** das nie **tun**.
*We **would** never **do** that.*

 Jetzt sind Sie dran! **Was passt zusammen? Geben Sie an, wie der Konjunktiv mit würden in jedem Satz verwendet wird (*is used*): a. Frage oder Ersuchen (*request*) b. Wunsch c. Ratschlag (*advice*) d. hypothetische Situation**

1. _a_ Würden Sie die Tür bitte schließen?
2. ___ Würdest du dich auf einen Besuch freuen?
3. ___ An Ihrer Stelle würde ich mehr Gemüse essen.
4. ___ Sie würden gern Musik hören.
5. ___ Würden Sie bitte den Arzt rufen?
6. ___ An seiner Stelle würde ich keinen Kaffee trinken.

7. ___ Er würde sich nicht verletzen.
8. ___ Wenn ich Rückenschmerzen hätte, würde ich mich hinlegen.
9. ___ Ich würde gern nach Hause gehen.
10. ___ An deiner Stelle würde ich zum Zahnarzt gehen.
11. ___ Würdest du mir bitte das Thermometer holen (*get*)?
12. ___ Würden Sie lieber mit der Ärztin oder dem Arzt sprechen?

Anwendung

1 Konjunktivformen Schreiben Sie die Verben in die Konjunktivform mit **würden** + *Infinitiv* um.

BEISPIEL ich käme *ich würde kommen*

1. sie sagte _____
2. du nähmest _____
3. ich gäbe _____
4. wir zögen um _____
5. er lernte _____
6. ihr schriebet _____
7. sie arbeitete _____
8. sie informierten sich _____

2 Was tun? Was würden Sie an Stelle dieser Personen machen? Schreiben Sie zu jedem Bild einen Satz mit **würden** + *Infinitiv*. Benutzen Sie die Wörter im Wortschatz.

den Automechaniker anrufen Brille tragen ein großes Feuer (*fire*) machen	an Land schwimmen sehr still bleiben

▶ **BEISPIEL**
An seiner Stelle
würde ich ein großes Feuer machen.

1. An seiner Stelle

2. An ihrer Stelle

3. An seiner Stelle

4. An ihrer Stelle

3 Sätze umschreiben Schreiben Sie die Sätze mit **würden** + *Infinitiv* um.

BEISPIEL Öffnen Sie bitte die Tür!
Würden Sie bitte die Tür öffnen?

1. Räumt bitte eure Zimmer auf!
2. Mach bitte den Fernseher leiser (*quieter*)!
3. Fahr bitte langsamer!
4. Zeigen Sie mir Ihre Bordkarte, bitte!
5. Ladet dieses Dokument für mich herunter!

Kommunikation

4 **An deiner Stelle würde ich...** Erzählen Sie Ihrem Partner / Ihrer
Partnerin von Ihren Gesundheitsproblemen. Er/Sie sagt dann, was er/sie an
Ihrer Stelle machen würde.

▶ **BEISPIEL**

S1: Mir tun die Füße weh.
S2: An deiner Stelle würde ich mich öfter hinsetzen.

Probleme	Ratschläge (Advice)
Ich bin immer müde.	früher ins Bett gehen
Ich habe Rückenschmerzen.	mehr Sport treiben
Ich bin in schlechter Form.	öfter hinsetzen
Mir ist schwindlig.	sich hinlegen
Mir tun die Füße weh.	Tabletten nehmen
Ich bin allergisch gegen...	zum Arzt gehen

5 **Wenn es so wäre, ...** Erzählen Sie einander, was Sie machen würden,
wenn diese Situationen echt wären.

BEISPIEL

S1: Wenn ich mehr Zeit hätte, würde ich öfter ausgehen. Und du?
S2: Ich würde mehr Sport treiben.

1. Wenn es jetzt Sommer wäre, ...

2. Wenn ich wieder ein Kind wäre, ...

3. Wenn ich den ganzen Tag frei hätte, ...

4. Wenn ich eine Zeitmaschine hätte, ...

5. Wenn ich fliegen könnte, ...

6. Wenn ich viel Geld hätte, ...

6 **Austauschstudenten** Zwei Austauschstudenten (*exchange students*)
aus Deutschland sind für ein paar Tage bei Ihnen. Diskutieren Sie, was Sie in
der Zeit alles zusammen machen könnten. Benutzen Sie den Konjunktiv II.

BEISPIEL

S1: Sollten wir vielleicht ins Kino gehen?
S2: Das wäre okay, aber ich würde lieber ein Museum besuchen.
S3: Wir könnten auch...

Wir könnten vielleicht...	Das wäre toll/langweilig/schön/okay...
Möchtet ihr...	Ich hätte nicht so viel Lust auf...
Sollten wir vielleicht...	Es würde bestimmt viel/keinen Spaß machen, zu...
Ich würde gern / lieber / am liebsten...	

7 **Ein neues Konzept** Was würden Sie an Ihrer Schule oder Ihrer
Universität anders machen? Machen Sie einen Plan und überzeugen
(*convince*) Sie dann Ihre Mitschüler / Mitstudenten von den Vorteilen
(*advantages*) Ihres Konzepts.

BEISPIEL

S1: Wir würden zuerst allen Schülern / Studenten einen Tag frei geben.
S2: Und Kurse würden niemals vor 10 Uhr beginnen.

Wiederholung

1

Als ob! Diese Leute tun, als ob sie alles machen könnten. Beschreiben Sie mit einem Partner / einer Partnerin, was sie machen und wie sie sich benehmen (act).

 BEISPIEL Florian / vom Tennisspielen sprechen

S1: Florian spricht immer vom Tennisspielen.
S2: Als ob er am besten spielte!

1. Tim / vom Singen sprechen
2. Antonia und Jörg / vom Backen sprechen
3. Stefan / von seinen Reisen sprechen
4. Mia / vom Laufen sprechen
5. Herr und Frau Schulz / vom Tanzen sprechen
6. Stefanie / vom Schreiben sprechen

2

Ursache und Wirkung Sie und Ihr Partner / Ihre Partnerin bekommen zwei Blätter mit verschiedenen Informationen über Familie Weber. Was hat jedes Familienmitglied gemacht und was ist danach passiert? Finden Sie für jede Wirkung (effect) eine Ursache (cause).

BEISPIEL

S1: David hat Baseball gespielt.
S2: Deswegen (That's why) hat er sich den Arm gebrochen.

3

Wenn nur... Schauen Sie sich mit einem Partner / einer Partnerin die Bilder an. Sagen Sie, was die Personen alles machen würden, wenn sie gesund wären.

BEISPIEL

S1: Wenn Emma kein gebrochenes Bein hätte, könnte sie Fußball spielen.
S2: Das stimmt (That's right). Auch könnte sie...

1. Emma

2. Herr Yildirim

3. Frau Krüger

4. Rolf

4

Sätze bilden Bilden Sie mit einem Partner / einer Partnerin logische Sätze. Verwenden Sie den Konjunktiv II für den Satzanfang und **würden** + Infinitiv für das Satzende.

BEISPIEL ich / Zahnschmerzen haben / den Zahnarzt anrufen
Wenn ich Zahnschmerzen hätte, würde ich den Zahnarzt anrufen.

1. ich / mehr Geld haben / dir ein Geschenk mitbringen

_____

2. ihr / nicht so erkältet sein / campen gehen

_____

3. er / nicht arbeiten müssen / Zeit mit seinen Kindern verbringen (spend)

_____

4. wir / spät ausgehen / morgen lange schlafen

_____

5. du / die Wahrheit (truth) wissen / sie nicht glauben

_____

5

Kritische Meinungen Schauen Sie sich mit einem Partner / einer Partnerin die Bilder an. Fragen Sie ihn/sie, wie er/sie die Geräte findet.

BEISPIEL

S1: Wie findest du das Handy?
S2: Ich fände es besser, wenn es nicht so alt wäre. Wie findest du es?

6

Was würdest du machen? Wählen Sie eine schwierige Situation aus der Liste. Fragen Sie vier Personen, was sie in der Situation machen würden.

BEISPIEL

S1: Was würdest du machen, wenn du einen Unfall sähest?
S2: Wenn ich einen Unfall sähe, würde ich den Krankenwagen anrufen.

7 Im Kleidergeschäft Sie sind Verkäufer/Verkäuferin in einem Kleidergeschäft und versuchen Ihrem Partner / Ihrer Partnerin etwas zu verkaufen, aber ihm/ihr gefällt das Kleidungsstück nicht.

BEISPIEL

S1: Hätten Sie gern das rote Kleid?
S2: Vielleicht... wenn es nur nicht so rot wäre.

8 Eine goldene Zukunft Besprechen Sie mit einem Partner / einer Partnerin, was sie sich in 5, 10, 15 oder 20 Jahren wünschen.

BEISPIEL

S1: In fünf Jahren hätte ich hoffentlich einen guten Job in einer Großstadt.
S2: Und ich wäre, mit dem Studium fertig (*finished*). In zehn Jahren...

9 Mir geht's nicht gut Sagen Sie Ihrem Partner / Ihrer Partnerin, warum Sie sich nicht wohl fühlen. Beschreiben Sie alle Symptome. Der Partner / Die Partnerin sagt Ihnen, was Sie machen sollen, um sich besser zu fühlen.

BEISPIEL

S1: Ich fühle mich nicht gut. Ich habe eine verstopfte Nase, und ich huste. Ich glaube, ich habe auch Fieber.
S2: Es hört sich an (*sounds*), als ob du eine schwere Erkältung hättest. Du solltest...

Mein Wör | ter | buch

Schreiben Sie noch fünf weitere Wörter in Ihr persönliches Wörterbuch zu den Themen **Tagesroutine** und **Gesundheit**.

sich ankleiden

Übersetzung
to get dressed

Wortart
Verb

Gebrauch
Ich kleide mich nach der Dusche an. Im Winter sollen die Kinder sich warm ankleiden.

Synonyme
sich anziehen, sich Kleidung anlegen

Antonyme
sich ausziehen, sich auskleiden

Weiter geht's

Panorama Map

Mecklenburg-Vorpommern und Brandenburg

Mecklenburg-Vorpommern in Zahlen

▶ **Fläche:** 23.180 km²

▶ **Bevölkerung:** 1,6 Millionen Menschen

▶ **Städte:** Rostock (202.000 Einwohner), Schwerin (95.000), Neubrandenburg (65.000)

▶ **Wichtige Industriezweige:** Schiffbau°, Reedereien°, Energiesektor, Tourismus

▶ **Touristenattraktionen:** Usedom, Rügen, Hiddensee, Greifswald, Stralsund

Mecklenburg-Vorpommern zieht jedes Jahr viele Touristen an, die die Ostseeinseln° Usedom, Rügen und Hiddensee oder die historischen Hafenstädte° Rostock und Schwerin besuchen wollen.

QUELLE: Landesportal Mecklenburg-Vorpommern

Brandenburg in Zahlen

▶ **Fläche:** 29.478 km²

▶ **Bevölkerung:** 2,5 Millionen Menschen

▶ **Städte:** Potsdam (156.000 Einwohner), Cottbus (102.000), Brandenburg (71.000)

▶ **Wichtige Industriezweige:** Holzgewerbe°, Ernährungsindustrie°, Landwirtschaft°, Tourismus

▶ **Touristenattraktionen:** Potsdam, Schloss Sanssouci, Buchenwald im Grumsiner Forst

Viele Touristen besuchen Potsdam mit seinen kaiserlichen Schlössern und Parkanlagen°.

QUELLE: Landesportal Brandenburg

Berühmte Menschen aus Mecklenburg-Vorpommern und Brandenburg

▶ **Heinrich von Kleist,** Autor (1777–1811)

▶ **Marie Christine Eleonora Prochaska,** Soldatin (1785–1813)

▶ **Heinrich Schliemann,** Archäologe und Entdecker der Ruinen von Troja (1822–1890)

▶ **Otto Lilienthal,** Flugpionier (1848–1898)

▶ **Gerhart Hauptmann,** Autor und Literaturnobelpreisträger (1862–1946)

Schiffbau shipbuilding **Reedereien** shipping companies **Ostseeinseln** Baltic Sea islands **Hafenstädte** port cities **Holzgewerbe** wood industry **Ernährungsindustrie** food industry **Landwirtschaft** agriculture **Parkanlagen** parks **Innere** inside

DÄNEMARK

OSTSEE

NATIONALPARK VORPOMMERSCHE BODDENLANDSCHAFT

RÜGEN

Schloss Güstrow

MECKLENBURGER BUCHT

SCHLESWIG-HOLSTEIN

Stralsund

Greifswald

POMMERSCHE BUCHT

Rostock

USEDOM

Wismar

MECKLENBURG-VORPOMMERN

Schwerin

Neubrandenburg

NATIONALPARK MÜRITZ

Müritz

Elbe

NIEDERSACHSEN

BRANDENBURG

Havel

Oder

POLEN

Oranienburg

BERLIN

Havel

Berlin

Frankfurt an der Oder

Brandenburg

Potsdam

Hafen von Rostock

Oder

SACHSEN-ANHALT

Spree

Cottbus

Neiße

— Landesgrenzen
• Stadt
⊙ Landeshauptstadt
✹ Hauptstadt

SACHSEN

Segeln in Brandenburg

0   25 Meilen
0   25 Kilometer

TSCHECHIEN

Unglaublich, aber wahr!

Auf Rügen gibt es seit 2010 eine neue Touristenattraktion: Das „Haus-Kopf-über". Hier kann man ein Haus besuchen, das auf dem Dach steht. Besucher stehen auf der Unterseite des Hauses und können sich das Innere° des Hauses ansehen.

Architektur
Schloss Sanssouci

Schloss Sanssouci war der Lieblingsort von Friedrich dem Großen, König von Preußen. Das Schloss war seine Sommerresidenz, in der er sein Privatleben genießen wollte. Der Name Sanssouci bedeutet „ohne Sorge°". Es wurde von 1745 bis 1747 von Georg Wenzeslaus von Knobelsdorff nach den Ideen des Königs auf einem terrassierten Weinberg° gebaut°. Es gilt als Hauptwerk deutscher Rokokoarchitektur. Die prächtigen° und eleganten Räume sind noch original ausgestattet°. Das Schloss und die Parks sind eine der größten Touristenattraktionen Brandenburgs.

Geographie
Rügen

Die Ostseeinsel Rügen ist mit 976 km² die größte deutsche Insel und gehört zum Bundesland Mecklenburg-Vorpommern. 70.000 Menschen leben hier ständig. Dazu kommen rund 800.000 Urlauber, die die Insel jedes Jahr besuchen.

Zu den meistbesuchten Touristenattraktionen zählen die Kreidefelsen° im Nationalpark Jasmund und die rund 80 km langen Sand- und Naturstrände.

Archäologie
Megalithgräber°

In Mecklenburg-Vorpommern bauten Menschen während der Jungsteinzeit° fast 5.000 große Grabmonumente. Diese Gräber heißen auch Megalithgräber. Die ersten Gräber stammen aus der Zeit um 3.500 vor Christus. Anfangs waren diese Gräber nur für Familienoberhäupter°, später wurden sie immer größer, und ganze Familien wurden in den Gräbern beerdigt°. Etwa 1.000 dieser Grabanlagen° gibt es noch, und wenn man durch die flache Landschaft Mecklenburg-Vorpommerns fährt, kann man sie heute noch gut erkennen.

Geschichte
Die Potsdamer Konferenz

Zwischen dem 17. Juli und dem 2. August 1945 trafen sich in Potsdam die Alliierten Großbritannien, USA und UdSSR. Sie berieten°, was mit dem ehemaligen Kriegsgegner° Deutschland passieren sollte. An der Konferenz nahmen der sowjetische Diktator Josef Stalin, der US-Präsident Harry S. Truman und die britischen Premierminister Winston Churchill und Clement Attlee teil. Sie entschieden°, dass Deutschland eine Demokratie werden sollte, alle Naziparteien verboten werden und Deutschland eine wirtschaftliche Einheit° werden sollte. Konflikte zwischen Stalin und den anderen Alliierten führten aber später zur Teilung° Deutschlands.

IM INTERNET

1. Suchen Sie Informationen über die Potsdamer Konferenz: Warum traf man sich in Potsdam? Was wollten die Alliierten mit Deutschland machen?

2. Suchen Sie Informationen über Schloss Sanssouci: Welche Gärten sind Teil der Parkanlage?

For more information on this **Panorama**, go to vhlcentral.com.

Sorge *worry* **Weinberg** *vineyard* **wurde... gebaut** *was built* **prächtigen** *grand* **ausgestattet** *furnished* **berieten** *deliberated* **Kriegsgegner** *wartime enemy* **entschieden** *decided* **Einheit** *unity* **Teilung** *division* **Wende** *German reunification* **Kreidefelsen** *chalk rocks* **Festspiele** *festival* **Megalithgräber** *megalith graves* **Jungsteinzeit** *New Stone Age* **Familienoberhäupter** *patriarchs* **wurden... beerdigt** *were buried* **Grabanlagen** *burial sites*

Was haben Sie gelernt? Ergänzen Sie die Sätze.

1. Auf Rügen gibt es ein Haus, das auf dem _____ steht.

2. Wenn man das _____ des Hauses sehen will, muss man auf der Unterseite des Hauses stehen.

3. Schloss Sanssouci war das Schloss von _____.

4. Die Architektur von Sanssouci ist ein Beispiel der _____.

5. Die Potsdamer Konferenz fand im Jahre _____ statt.

6. An der Konferenz nahmen Churchill, Truman und _____ teil.

7. Rügen ist die _____ deutsche Insel.

8. Sie liegt an der _____.

9. Die großen Grabmonumente in Mecklenburg-Vorpommern heißen auch _____.

10. Die größeren Gräber sind nicht nur für _____, sondern auch für die ganze Familie.

 Practice more at **vhlcentral.com.**

Lesen Reading: Audio

Vor dem Lesen

Strategien

Reading for the main idea

You have already learned to make predictions about the content of a reading by looking at its format, titles, and subtitles, looking for cognates, skimming to get the gist, and scanning for specific information. Reading for the main idea involves locating the topic sentences of each paragraph to determine the author's purpose. Topic sentences can provide clues about the content of each paragraph, as well as the general organization of the reading. Your choice of which reading strategies to use will depend on the style and format of the reading selections you encounter.

Untersuchen Sie den Text

Sehen Sie sich beide Texte kurz an. Welche Ähnlichkeiten (*similarities*) und Unterschiede (*differences*) können Sie erkennen? Welche Strategien können Sie benutzen, um die Art (*type*) der Texte zu identifizieren? Vergleichen Sie Ihre Ideen mit denen eines Partners / einer Partnerin.

Vergleichen Sie die Texte

- Analysieren Sie das Format des ersten Texts. Gibt es eine Überschrift (*heading*)? Gibt es viele Abschnitte (*sections*)? Wie ist der Text gegliedert (*structured*)? Sehen Sie sich jetzt den Inhalt an. Was für Vokabeln benutzt man? Was ist die Hauptidee von jedem Abschnitt?

- Ist der zweite Text genauso gegliedert wie der erste? Gibt es Überschriften und verschiedene Abschnitte? Ist die Information ähnlich der im ersten Text? Welche Vokabeln werden benutzt? Was für eine Art Text ist es? Was ist die Hauptidee von jedem Abschnitt? Haben beide Texte das gleiche Thema?

Andis Blog

Kommentare

Vorheriger Eintrag

Nächster Eintrag

Archiv

3. Juni 2012

Meine Gesundheitspläne

Heute war ich beim Arzt für eine allgemeine Untersuchung°. Er hat mir gesagt, dass ich in keiner guten Form bin! Meine Blutdruckwerte sind zu hoch. Ich muss gesünder leben! Besser essen und mehr Sport treiben. Das soll ich machen:

Als Erstes muss ich mehr schlafen. Jeden Tag mindestens sieben Stunden. Vielleicht kann ich ja weniger Videospiele spielen!

Vor allem muss ich mich mehr bewegen°. Auf der Arbeit werde ich jeden Tag zum Büro Treppen steigen und nicht mit dem Aufzug° fahren! Ich bin früher immer gerne gelaufen. Also werde ich wieder anfangen zu joggen. Drei Mal die Woche möchte ich eine halbe Stunde joggen. Das wäre super! Ich habe einen tollen Artikel gefunden, der zeigt wie man drei kurze Übungen machen kann, um fit zu werden. Ich möchte diese Übungen auch drei Mal die Woche machen.

Im Allgemeinen darf ich nicht so viel Stress in meinem Leben haben. Schlafen, Bewegung und besser essen sind ein guter Start. So hoffe ich, bald wieder gesünder zu sein.

Andi

Untersuchung *check-up* **mich... bewegen** *move around* **Aufzug** *elevator*

Fit in 10 Minuten!

Sie wollen fit werden? Hier sind 3 kurze Übungen für Bauch und Po°.
Machen Sie dreimal die Woche 5 bis 10 Wiederholungen jeder Übung.

Aufwärmen

Stehen sie aufrecht°, die Füße hüftweit° auseinander.
Gehen Sie 2 Minuten lang auf der Stelle. Die Arme schwingen mit.

Obere Bauchmuskeln

Übung 1

Legen Sie sich mit dem Rücken auf ein Handtuch.
Ziehen Sie jetzt die Knie an. Fassen Sie das
Handtuch mit den Händen an den Enden hinter
dem Kopf. Rollen Sie nun den Oberkörper°
langsam auf. Halten Sie kurz die Position und
rollen Sie langsam wieder in die erste Position.

Schräge° Bauchmuskeln

Legen Sie sich auf den Rücken und ziehen Sie die
Knie an. Heben Sie die Unterschenkel°, bis diese
parallel zum Boden sind. Verschränken° Sie nun die
Hände hinter dem Kopf. Jetzt heben Sie den linken
Ellenbogen zum rechten Knie und zurück, ohne dass
die rechte Schulter den Boden berührt°. Der Rücken
bleibt auf dem Boden. Wiederholen Sie die Übung
mit der anderen Seite.

Übung 2

Po

Übung 3

Hände und Knie berühren den Boden. Heben
Sie nun das linke Knie, bis Oberschenkel
und Boden etwa parallel sind. Halten Sie
kurz diese Position und senken Sie das Knie
langsam wieder zum Boden. Wiederholen
Sie die Übung auch mit der anderen Seite.

Po *glutes* **aufrecht** *upright* **hüftweit** *hip-wide* **Oberkörper** *upper body* **Schräge** *Oblique*
Unterschenkel *lower leg* **Verschränken** *Cross* **berührt** *touches*

Nach dem Lesen

Was fehlt? Ergänzen Sie die Sätze.

1. Andi war heute beim _____.
2. Andi muss besser essen und mehr _____ treiben.
3. Andi darf nicht so viel _____ in seinem Leben haben.
4. Die Übungen, die Andi gefunden hat, sind für _____ und Po.
5. In der zweiten Übung verschränkt man die _____ hinter dem Kopf.
6. In der dritten Übung berühren Hände und _____ den Boden.

Richtig oder falsch Sind die Sätze
richtig oder falsch? Korrigieren Sie mit einem
Partner / einer Partnerin die falschen Sätze.

	richtig	falsch
1. Andis Arzt sagt, dass alles in Ordnung ist.	☐	☐
2. Andi muss sich mehr bewegen.	☐	☐
3. Andi will jeden Tag joggen gehen.	☐	☐
4. Andi will jeden Tag mindestens 7 Stunden schlafen.	☐	☐
5. Vor der ersten Übung soll man die Muskeln aufwärmen.	☐	☐
6. In der ersten Übung liegt man mit dem Gesicht nach unten.	☐	☐
7. In der zweiten Übung trainiert man die Rückenmuskeln.	☐	☐
8. Alle Übungen kann man in 5 Minuten machen.	☐	☐

Bessere Gesundheit Diskutieren Sie
mit einem Partner / einer Partnerin: Sie wollen
gesünder leben. Was wollen Sie machen? Welche
Ziele (*goals*) haben Sie? Wie können Sie diese Ziele
erreichen (*achieve*)?

BEISPIEL

S1: *Ich muss endlich gesünder leben.*
S2: *Was willst du machen?*
S1: *Ich will...*

Hören

Vorbereitung

Wie ist es, mit anderen Menschen zusammenzuwohnen? Schreiben Sie vier Dinge auf, die man mit Mitbewohnern planen oder diskutieren muss, damit das Zusammenwohnen ohne Probleme funktioniert. Hören Sie sich jetzt den Dialog zwischen Marco, Annette und Simone an. Welche Dinge von Ihrer Liste werden in dem Dialog diskutiert?

Zuhören

Hören Sie sich den Dialog noch einmal an. Worüber diskutieren Marco, Annette und Simone in dem Dialog? Schreiben Sie mindestens sechs Sachen auf.

_____

_____

_____

_____

_____

_____

Verständnis

Richtig oder falsch Sind die Sätze richtig oder falsch? Korrigieren Sie die falschen Sätze.

1. Marco, Simone und Annette wohnen in einer Wohnung zusammen.

_____

2. Marco möchte um 7 Uhr ins Badezimmer.

_____

3. Alle Personen bleiben 20 Minuten im Badezimmer.

_____

4. Simone wird sich nicht im Badezimmer schminken.

_____

5. Annette muss das Frühstück um 7 machen.

_____

6. Um 7.20 Uhr darf Annette ins Badezimmer.

_____

7. Simone muss den Abfall runterbringen.

_____

8. Marco liest jeden Morgen Zeitung.

_____

Morgenroutine Sie und Ihre Partner / Partnerinnen wohnen in einer Wohngemeinschaft (WG) zusammen. Wie funktioniert das Zusammenleben? Wer benutzt wann das Bad? Wie lange? Wie organisieren Sie das Frühstück? Wer räumt auf? Planen Sie die WG-Regeln.

BEISPIEL

S1: *Zuerst müssen wir über das Badezimmer sprechen.*
S2: *Ich möchte als Erster ins Badezimmer.*
S3: *Und wann?*
S1: *Kann ich es um 7 Uhr benutzen?*

Practice more at **vhlcentral.com.**

Schreiben

Bio-Produkte haben's drauf.

Strategien

Using linking words

You can make your writing more sophisticated by using linking words (**Verbindungswörter**) to connect simple sentences or clauses, creating more complex sentences.

Consider these two passages.

Heute Morgen war ich beim Arzt. Ich hatte starke Kopfschmerzen. Ich hatte einen schlimmen Schnupfen. Es waren viele Leute im Wartezimmer. Ich musste über eine Stunde warten. Der Arzt hat mich behandelt. Er hat gesagt, dass ich eine Grippe habe.

*Heute Morgen war ich beim Arzt, **denn** ich hatte starke Kopfschmerzen und einen schlimmen Schnupfen. Es waren viele Leute im Wartezimmer. **Deshalb** musste ich über eine Stunde warten. **Endlich** hat der Arzt mich behandelt. Er hat gesagt, dass ich eine Grippe habe.*

Thema

Unsere neue Firma

Sie wollen eine Firma im Bereich Gesundheit gründen und brauchen einen Businessplan. Die neue Firma kann ein Fitness-Center, ein Wellness-Center, ein Bioladen (*health-food store*), oder etwas Ähnliches sein.

Schreiben Sie einen Businessplan für potentielle Investoren. Bevor Sie anfangen, überlegen Sie sich Antworten auf die folgenden Fragen:

- Warum gibt es Ihre Firma?
- Welche Art von Service oder welche Produkte bieten Sie an (*offer*)?
- Warum braucht man diesen Service oder diese Produkte?
- Wer sind die Kunden (*customers*) Ihrer Firma?
- Wie erfüllt Ihre Firma die Bedürfnisse (*needs*) Ihrer Kunden?
- Wie ist Ihre Firma anders als ähnliche Firmen?
- Wie heißt Ihre Firma?

Benutzen Sie Verbindungswörter, damit die Präsentation Ihrer Geschäftsidee überzeugend (*persuasive*) wird.

Verbindungswörter			
aber	*but*	**deswegen**	*that's why*
als erstes	*first*	**endlich**	*finally*
also	*so*	**manchmal**	*sometimes*
außerdem	*moreover*	**normalerweise**	*usually*
danach	*then, after that*	**oder**	*or*
dann	*then*	**oft**	*often*
denn	*because*	**sondern**	*however*
deshalb	*so*	**sowie**	*as well as*

Flashcards
Audio: Vocabulary

im Badezimmer

der Bademantel, ¨-	bathrobe
die Bürste, -n	brush
der Haartrockner, -	hair dryer
das Handtuch, ¨-er	towel
der Hausschuh, -e	slipper
der Kamm, -¨e	comb
der Lippenstift, -e	lipstick
der Rasierer, -	razor
der Rasierschaum	shaving cream
der Schlafanzug, -¨e	pajamas
die Seife, -n	soap
das Shampoo, -s	shampoo
die Zahnbürste, -n	toothbrush
die Zahnpasta	toothpaste
(*pl.* Zahnpasten)	

der Körper

der Arm, -e	arm
das Auge, -n	eye
die Augenbraue, -n	eyebrow
der Bart, -¨e	beard
der Bauch, -¨e	belly
das Bein, -e	leg
der Ellenbogen, -	elbow
der Finger, -	finger
der Fuß, -¨e	foot
das Gesicht, -er	face
das Haar, -e	hair
der Hals, -¨e	neck
die Hand, -¨e	hand
das Knie, -	knee
der Kopf, -¨e	head
die Lippe, -n	lip
der Mund, -¨er	mouth
die Nase, -n	nose
das Ohr, -en	ear
der Rücken, -	back
die Schulter, -n	shoulder
der Zeh, -en	toe

Verben

aufwachen (wacht...auf)	to wake up
(sich) duschen	to take a shower
ins Bett gehen	to go to bed
sich anziehen (zieht sich...an)	to get dressed
sich die Haare bürsten	to brush one's hair
sich die Zähne putzen	to brush one's teeth
sich rasieren	to shave
sich schminken	to put on makeup

die Gesundheit

die Allergie, -n	allergy
die Apotheke, -n	pharmacy
die Erkältung, -en	cold
allergisch sein (gegen)	to be allergic (to)
krank/gesund werden	to get sick/better
in guter/schlechter Form sein	to be in/out of shape
sich verletzen	to hurt oneself
Sport treiben	to exercise
zum Arzt gehen	to go to the doctor

Symptome

die Bauchschmerzen (*pl.*)	stomachache
die Kopfschmerzen (*pl.*)	headache
die Rückenschmerzen (*pl.*)	backache
der Schmerz, -en	pain
die verstopfte Nase	stuffy nose
die Zahnschmerzen (*pl.*)	toothache
Fieber haben	to have a fever
husten	to cough
niesen	to sneeze
leicht	mild
schwer	serious
schwindlig	dizzy
übel	nauseous

im Krankenhaus

der Arzt, -¨e / die Ärztin, -nen	doctor
das Medikament, -e	medicine
die Grippe, -n	flu
der Krankenpfleger, -	nurse (m.)
die Krankenschwester, -n	nurse (f.)
der Krankenwagen, -	ambulance
die Notaufnahme, -n	emergency room
der Patient, -en / die Patientin, -nen	patient
das Pflaster, -e	adhesive bandage
das Rezept, -e	prescription
die Tablette, -n	pill
das Taschentuch, -¨er	tissue
das Thermometer, -	thermometer
die Verletzung, -en	injury
der Zahnarzt, -¨e / die Zahnärztin, -nen	dentist
sich (das Handgelenk / den Fuß) verstauchen	to sprain (one's wrist/ankle)
sich (den Arm / das Bein) brechen	to break (an arm / a leg)
eine Spritze geben	to give a shot
weh tun (tut...weh)	to hurt
weinen	to cry
gesund	healthy
krank	sick
schwanger	pregnant

Accusative reflexive pronouns	See pp. 376–377.
Dative reflexive pronouns	See pp. 380–381.
Reflexives used with prepositions	See pp. 384–385.
Der Konjunktiv II	See pp. 398–399.
würden	See pp. 402–403.

Stadtleben

Communicative Goals

You will learn how to:

- talk about errands and banking
- talk about places and businesses in town

Besorgungen

Ⓢ Talking Picture
Audio: Activities

Wortschatz

Orte	*places*
das Blumengeschäft, -e	*flower shop*
die Drogerie, -n	*drugstore*
die Polizeiwache, -n	*police station*
das Rathaus, -¨er	*town hall*
der Waschsalon, -s	*laundromat*
geöffnet	*open*
geschlossen	*closed*
die Post	*mail*
die Adresse, -n	*address*
die Briefmarke, -n	*stamp*
der Briefumschlag, -¨e	*envelope*
die Postkarte, -n	*postcard*
auf der Bank	*at the bank*
das Geld	*money*
das Konto (*pl.* die Konten)	*bank account*
die Münze, -n	*coin*
das Kleingeld	*change*
Geld abheben	*to withdraw money*
Geld einzahlen	*to deposit money*
Ausdrücke	*expressions*
das Bargeld	*cash*
bar bezahlen	*to pay in cash*
Besorgungen machen	*to run errands*
ein Formular ausfüllen	*to fill out a form*
mit der Karte bezahlen	*to pay by (credit) card*
schicken	*to send*
unterschreiben	*to sign*

ACHTUNG

Post is short for **das Postamt, -¨er** or **die Postfiliale, -n**. It is also used to refer to the mail in general:
Wann kommt die Post? *When does the mail arrive?*

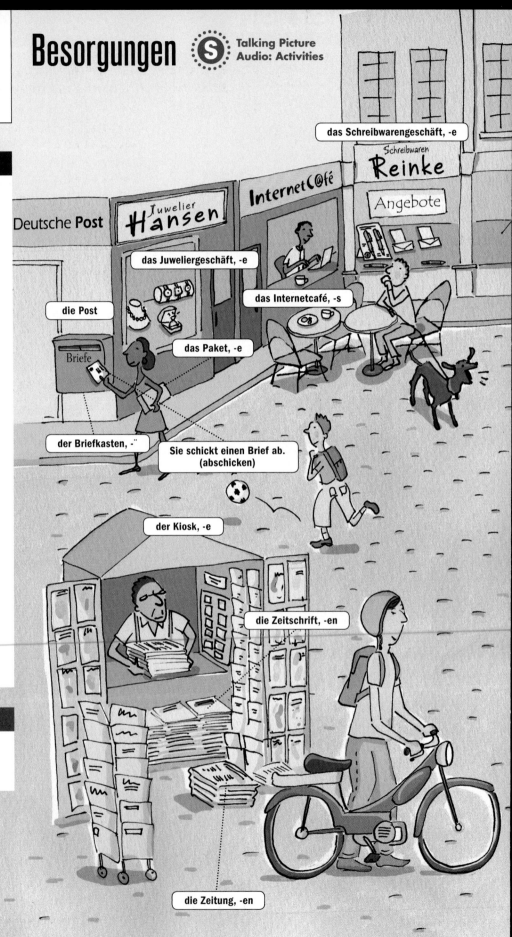

das Schreibwarengeschäft, -e

das Juweliergeschäft, -e

das Internetcafé, -s

die Post

das Paket, -e

der Briefkasten, -¨

Sie schickt einen Brief ab. (abschicken)

der Kiosk, -e

die Zeitschrift, -en

die Zeitung, -en

der Kosmetiksalon, -s

der Briefträger, -
(die Briefträgerin, -nen f.)

der Brief, -e

die Bank, -en

GELDAUTOMAT

der Geldschein, -e

der Geldautomat, -en

Anwendung

1 Was passt nicht? Welches Wort passt nicht zu den anderen?

BEISPIEL Briefumschlag, Kleingeld, Briefmarke, Paket

1. Geldschein, Münze, Bank, Briefkasten
2. Zeitschrift, Rathaus, Kiosk, Zeitung
3. einzahlen, bezahlen, schicken, abheben
4. Heft, Konto, Bleistift, Schreibwaren
5. Blumen, Pflanzen, Blumengeschäft, Polizeiwache

2 Assoziationen Wohin geht man, um diese Dinge zu bekommen?

1. auf die _____

2. ins _____

3. ins _____

4. ins _____

5. an den _____

6. auf die _____

3 Kombinieren Sie Finden Sie zu jeder Aussage eine passende Erwiderung (response).

_____ 1. Ich habe nicht genug Geld bei mir.

_____ 2. Ich möchte meiner Oma alles Gute zum Geburtstag wünschen.

_____ 3. Wo finde ich wohl eine italienische Zeitung?

_____ 4. Ich muss meinen Pass (passport) erneuern.

a. Da musst du zum Rathaus gehen.

b. Dort an der Ecke ist ein Geldautomat.

c. Im Schreibwarengeschäft haben sie nette Geburtstagskarten.

d. Am Kiosk am Bahnhof.

4 Richtig oder falsch 🎧 Hören Sie sich die acht Aussagen an und entscheiden Sie, ob sie richtig oder falsch sind.

	richtig	falsch		richtig	falsch
1.	☐	☐	5.	☐	☐
2.	☐	☐	6.	☐	☐
3.	☐	☐	7.	☐	☐
4.	☐	☐	8.	☐	☐

Practice more at **vhlcentral.com.**

Kommunikation

4 Besorgungen Bringen Sie mit Ihrem Partner / Ihrer Partnerin zusammen die folgenden Sätze in eine logische Reihenfolge.

_____ **BIRGIT** Ja, ich muss dir nämlich unbedingt erzählen, wen ich im Juweliergeschäft gesehen habe.

_____ **BIRGIT** Weißt du was, ich gehe mit dir auf die Post. Ich brauche sowieso Briefmarken. Und danach gehe ich dann auf die Bank, Geld abheben.

_____ **JUTTA** Klar, für 'nen Kaffee immer. Dann können wir uns dabei auch noch ein bisschen unterhalten.

_____ **JUTTA** Ich muss ein paar Besorgungen machen. Ich muss auf die Post, ein Paket an meine Freundin abschicken, und dann wollte ich noch nach einem Geburtstagsgeschenk für meinen Bruder suchen.

_____ **BIRGIT** Hallo Jutta! Was machst du heute Schönes in der Stadt?

_____ **JUTTA** Du, dort auf der anderen Straßenseite ist ein Geldautomat. Ich will auch noch Bargeld holen.

_____ **JUTTA** Ach ja?! Da bin ich jetzt aber neugierig. Also, komm.

_____ **BIRGIT** Okay, dann lass uns das schnell machen und dann können wir ja noch im Wiener Café einen Kaffee trinken. Hast du Zeit und Lust?

5 Definitionen Schreiben Sie zuerst zu jedem Begriff eine Definition und lesen Sie sie Ihrem Partner / Ihrer Partnerin vor. Er/sie muss dann den passenden Begriff aus der unten stehenden Liste identifizieren.

BEISPIEL

S1: Es ist ein Automat wo man Geld abheben kann.
S2: Ein Geldautomat!

1. Internetcafé
2. Briefmarken
3. Kiosk
4. Kreditkarte
5. Briefträger
6. Waschsalon

6 Annas Tag Sie und Ihr Partner / Ihre Partnerin bekommen zwei verschiedene Blätter von Ihrem Professor / Ihrer Professorin. Erzählen Sie abwechselnd wohin Anna geht und was sie macht.

BEISPIEL

S1: Um zehn Uhr geht Anna auf die Post, um Briefmarken zu kaufen.
S2: Danach...

7 Die perfekte Stadt Wählen Sie mit zwei Mitstudenten zusammen mindestens (_at least_) sechs Orte und Geschäfte, die Ihrer Meinung nach zu einer perfekten Stadt gehören.

BEISPIEL

S1: Für mich muss es in einer perfekten Stadt ein Internetcafé geben.
S2: Gute Idee. Ich hätte auch gern eine leckere Konditorei.
S3: Ach, das ist doch nicht so wichtig! Was ich brauche, ist ...

Aussprache und Rechtschreibung

Audio: Presentation
Record & Compare Activities

🎧 The Glottal Stop

The glottal stop is the sound you hear in the middle of the English phrase *uh oh*. In German, there is a glottal stop before all words that begin with a vowel.

| obwohl | Ampel | Innenstadt | abbiegen | einkaufen |

Glottal stops occur within words, when one syllable ends with a vowel and the next syllable begins with a vowel. They also occur in compound words, when the second part of the compound begins with a vowel.

| geradeaus | beeilen | Geldautomat | Zahnarzt | Wochenende |

A glottal stop also occurs when one syllable of a word ends with a consonant and the next syllable begins with a vowel.

| nachahmen | überall | nebenan | überaus | bergab |

1 **Sprechen Sie nach** Wiederholen Sie die Wörter, die Sie hören.

1. abheben
2. Orte
3. einzahlen
4. Ecke
5. bearbeiten
6. Schlafanzug
7. Hausaufgaben
8. Freizeitaktivität
9. Mittagessen
10. hinab
11. fortan
12. bergauf

2 **Artikulieren Sie** Wiederholen Sie die Sätze, die Sie hören.

1. Auch am Abend kann man Geld vom Geldautomaten abheben.
2. Am Wochenende arbeitet Amanda in der Apotheke.
3. Im Internetcafé essen acht Engländer Erdbeereisbecher.
4. Auf dem Briefumschlag steht die Adresse allerdings nicht.
5. Fortan bearbeitet ihr alles am Ort.
6. Das Nadelöhr am Autobahndreieck wird ab morgen ausgebaut.

3 **Sprichwörter** Wiederholen Sie die Sprichwörter, die Sie hören.

Erst die Arbeit, dann das Vergnügen.[1]

Unkraut vergeht nicht.[2]

[1] Business before pleasure.
[2] Bad weeds grow tall. (*lit.*, Weeds don't die.)

Ressourcen

SAM
LM: p. 91

vhlcentral.com

Gute Neuigkeiten Video: *Fotoroman*

Sabite bekommt einen Anruf vom Manager der Galerie. Die Freunde wollen die guten
Neuigkeiten feiern. Dann erzählt George von seinem Kuss mit Sabite...

HANS Sind wir an einer Bank vorbeigekommen?
Ich muss Geld vom Bankautomaten abheben.
GEORGE Ich zahle nie bar. Ich zahle mit
meiner Bankkarte.
HANS Immer wenn ich eine Zeitung oder einen
Kaffee kaufe, zahle ich bar. Ich vergesse
immer, die kleinen Artikel aufzuschreiben, und
dann geht mir das Geld auf dem Bankkonto
aus. Ich gebe jede Woche gleich viel aus.
GEORGE Ich habe auf der anderen
Straßenseite eine Bank gesehen, dort.

HANS Was musst du heute Nachmittag sonst
noch erledigen?
GEORGE Ich muss zur Post gehen und diese
Karten abschicken. Als ich die USA verlassen
habe, habe ich meiner kleinen Schwester Olivia
versprochen, ihr Postkarten zu schicken. Ich
habe sie schon geschrieben, habe sie aber noch
nicht in den Briefkasten geworfen.

HANS Das müssen um die 20 Karten
sein. ... Potsdamer Platz, Alexanderplatz,
Brandenburger Tor, Jüdisches Museum,
Checkpoint Charlie...
GEORGE Ich werde sie in ein Päckchen legen
mit etwas Schokolade und diesem hier.

SABITE Es geht ihr jetzt wieder gut. Ja, was
komisch ist, ist, dass sie nach Hans gefragt
hat, als sie aufgewacht ist. Ich weiß. Ich
weiß. Oh, Mama, ich muss auflegen. Ich habe
auf diesen Anruf gewartet. Ok, ich gebe dir
Bescheid. Tschüss. Hallo, hier ist Sabite.
Guten Tag, Herr Kleinedler, wie geht es Ihnen?

MELINE Hallo? Oh, hallo Sabite. Was
gibt's Neues? Gutes oder Schlechtes?
Okay, okay. Ich komme gerade aus dem
Salon und treffe dich in einer Stunde im
Biergarten. Bis dann. „Ich sage es dir,
wenn ich dich sehe." Künstler sind
so dramatisch.

GEORGE Hallo Sabite. Hat er angerufen?
Okay... okay. Wir sehen uns dann im
Biergarten. Das brauchst du nicht, er
steht direkt hier. Alles klar. Tschüss.
Sabite hat Neuigkeiten von der Galerie in
der Torstraße bekommen. Sie wollte sie
nicht am Telefon sagen. Wir werden beim
Blumengeschäft Halt machen müssen.

1 **Wer ist das?** Welche Person(en) beschreiben die folgenden Sätze:
George, Hans, Meline oder Sabite?

1. Er/Sie muss Geld vom Bankautomaten abheben.

2. Er/Sie zahlt nie bar, sondern immer mit der Karte.

3. Er/Sie gibt jede Woche gleich viel Geld aus.

4. Er/Sie muss zur Post gehen und Karten abschicken.

5. Er/Sie will ein Päckchen mit Schokolade abschicken.

6. Er/Sie bekommt einen Anruf von Herrn Kleinedler.

7. Er/Sie kommt gerade aus dem Salon.

8. Er/Sie möchte beim Blumengeschäft Halt machen.

9. Er/Sie erzählt Hans von dem Kuss.

10. Er/Sie hat gute Neuigkeiten von der Galerie.

PERSONEN

 George   Hans   Meline   Sabite

HANS Immer wenn etwas passiert, ruft sie dich an.
GEORGE Wir sind Freunde.
HANS Mehr nicht?
GEORGE Nein. Als wir uns geküsst haben, da wussten wir beide...
HANS Als ihr was?

GEORGE Wenn ich richtig rate, hast du gute Neuigkeiten. Komisch, ich habe es in deiner Stimme gehört, als du angerufen hast.
MELINE Herzlichen Glückwunsch, Sabite!

SABITE Danke. Wow. Wo ist Hans?
GEORGE Er, ähm...
MELINE Er hat ein Problem mit der Beziehung zwischen... dir und George.
SABITE Welche Beziehung? Wir sind Freunde.
GEORGE Ich habe ihm aus Versehen von unserem Kuss erzählt.

MELINE Von was?
SABITE Oh, George, wie konntest du nur?
GEORGE Frauen bringen mich ganz durcheinander.
MELINE So soll es ja auch sein. Hast du Hunger? Lass uns bestellen.

Nützliche Ausdrücke

- **vorbeikommen**
  to pass
- **aufschreiben**
  to write down
- **erledigen**
  to run an errand
- **verlassen**
  to leave
- **versprechen**
  to promise
- **einen Brief einwerfen**
  to mail a letter
- **das Päckchen**
  little package
- **auflegen**
  to hang up
- **Halt machen**
  to stop by
- **raten**
  to guess
- **die Beziehung**
  relationship
- **aus Versehen**
  by mistake
- **durcheinanderbringen**
  to confuse

10A.1
- **Ich werde sie in ein Päckchen legen mit etwas Schokolade und diesem hier.**
  I'm going to put them all in a little package with some chocolate and this.

10A.2
- **Was gibt's Neues? Gutes oder Schlechtes?**
  What's the news? Is it good or bad?

10A.3
- **Wenn ich richtig rate, hast du gute Neuigkeiten.**
  If I'm right, you have good news.

2   **Zum Besprechen** Machen Sie zu zweit Pläne für einen Tag in der Stadt. Schreiben Sie einen Dialog von mindestens 15 Zeilen (*lines*), in dem Sie entscheiden, wohin Sie gehen. Erklären Sie Ihre Entscheidungen.

3   **Vertiefung** In den deutschsprachigen Ländern wird der Begriff ‚Kreditkarte' anders verwendet als in den USA. Benutzen Sie das Internet, um herauszufinden, wo genau die Unterschiede (*differences*) liegen.

Ressourcen

SAM
VM: p. 19

DVD
Folge 19

vhlcentral.com

Fußgängerzonen°

 Reading

IN VIELEN EUROPÄISCHEN STÄDTEN findet man im Stadtzentrum oder in der historischen Altstadt eine Fußgängerzone, in der man nur zu Fuß gehen darf. Radfahrer müssen langsam fahren oder das Fahrrad schieben°, und Autos dürfen hier nur fahren, wenn sie Geschäfte in der Fußgängerzone beliefern° oder zur Polizei, Feuerwehr oder anderen Notdiensten° gehören. Aber auch sie müssen hier Schritttempo° fahren und sehr vorsichtig sein.

Viele Leute kommen in die Fußgängerzone, weil es hier Bänke, Brunnen und Bäume gibt und weil man in den vielen Geschäften gut einkaufen und in schönen Cafés oder Restaurants im Freien sitzen kann.

Die erste Fußgängerzone Europas gibt es seit 1953 in der Lijnbaan im holländischen Rotterdam. Im selben Jahr eröffnete man in der Kasseler Treppenstraße, die erste Fußgängerzone Deutschlands. Nachdem große Teile Kassels während des Zweiten Weltkriegs zerstört wurden°, gab es einen Wiederaufbauwettbewerb°, um die Innenstadt Kassels neu zu gestalten°. 1961 folgte in Klagenfurt die erste Fußgängerzone in Österreich: die Kramergasse.

Historische Innenstädte° in Deutschland	
Dresden	Im 2. Weltkrieg wurde Dresden fast komplett zerstört. Heute kann man in der Altstadt wieder die Semperoper, den Zwinger und die Frauenkirche besuchen.
Heidelberg	Heidelberg, die Stadt mit der ältesten Universität im heutigen Deutschland, hat die längste Fußgängerzone in Deutschland.
Köln	Die Schildergasse in Köln ist die meistbesuchte Einkaufsmeile Europas.
Regensburg	Die Regensburger Altstadt geht auf die Römer° zurück. Das Schloss der Familie von Thurn und Taxis, die die erste Post in Deutschland gründete, ist Teil dieser Altstadt.

Fußgängerzonen *traffic-free zones* **schieben** *push* **beliefern** *supply* **Notdiensten** *emergency services* **Schritttempo** *walking pace* **Brunnen** *fountain* **Bummel** *stroll* **zerstört wurde** *was destroyed* **Wiederaufbauwettbewerb** *reconstruction competition* **gestalten** *design* **Innenstädte** *city centers* **Römer** *Romans*

ÜBUNGEN

1 **Richtig oder falsch** Sagen Sie, ob die Sätze richtig oder falsch sind. Korrigieren Sie die falschen Sätze.

1. Fußgängerzonen findet man meistens in der Innenstadt.

2. Viele Menschen besuchen die Fußgängerzonen einer Stadt.

3. In Fußgängerzonen gibt es nur Straßen mit vielen Geschäften.

4. In einer Fußgängerzone dürfen keine Autos fahren.

5. In Cafés und Restaurants kann man draußen sitzen.

6. In Kassel baute man eine Fußgängerzone nach dem Zweiten Weltkrieg, weil große Teile der Innenstadt zerstört waren.

7. Die Fußgängerzone in Kassel heißt Kramergasse.

8. Die erste Fußgängerzone in Europa gab es in Klagenfurt.

9. Die längste Fußgängerzone in Deutschland ist in Dresden.

10. Die meistbesuchte Fußgängerzone ist in Köln.

 Practice more at **vhlcentral.com**.

Geschäfte

der Antiquitätenladen	*antiques shop*
der Buchladen	*bookshop*
der Makler	*real estate agent*
der Schneider	*tailor*
der Schuster	*shoemaker*
das Spielwarengeschäft	*toy store*

Heimat

Für Deutsche, Österreicher und Schweizer ist Heimat ein sehr wichtiger Begriff°. Es ist der Ort, wo man geboren und aufgewachsen ist. Oft haben an diesem Ort schon mehrere Generationen einer Familie gelebt. Heimat bedeutet aber auch die Sprache, die man spricht und zwar nicht nur Deutsch, sondern auch der Dialekt der Region. Heimat sind auch die Traditionen der Region. Im Allgemeinen ist Heimat ein sehr emotionsgeladenes Konzept. Man kann dieses Wort nicht direkt ins Englische übersetzen. Oft sagt man *home* oder *homeland*.

Begriff *term*

Die Deutsche Post

Die Post hat in Deutschland eine lange Tradition. Seit 1615 organisierte die Familie Thurn und Taxis in Deutschland den Postverkehr. Aus dieser Zeit stammt° auch das Symbol der Post: das Posthorn. Reiter benutzten es, wenn sie in Städte oder über Grenzen ritten. Ab 1660 führte die Familie Thurn und Taxis eine Fahrpost ein°, mit der sie Briefe und Personen beförderte°. Die erste Strecke führte von Halle über Magdeburg nach Hamburg. Ab 1710 gab es die ersten Briefträger in Deutschland und ab 1874 gab es dann in ganz Deutschland auch Briefkästen an Häusern. Heute ist die Deutsche Post kein staatliches Unternehmen° mehr, sondern eine private Aktiengesellschaft°.

stammt *stems* **führte ... ein** *instituted* **beförderten** *transported* **Unternehmen** *organization* **Aktiengesellschaft** *corporation*

IM INTERNET

Suchen Sie im Internet Informationen über eine bekannte Innenstadt in Deutschland. Was können Touristen und Besucher hier alles machen? Welche Geschäfte gibt es? Welche anderen Attraktionen?

For more information on this **Kultur**, go to **vhlcentral.com**.

2 **Was fehlt?** Ergänzen Sie die Sätze.

1. Den Begriff Heimat gibt es vor allem in _____ Ländern.
2. Heimat ist der Ort, wo man _____ und aufgewachsen ist.
3. Für viele Menschen ist Heimat ein sehr _____ Konzept.
4. Die Familie _____ hat in Deutschland die erste Post organisiert.
5. Briefträger gibt es in Deutschland seit _____.
6. Die erste Poststrecke war von Halle über Magdeburg nach _____.

3 **Traumstadt** Diskutieren Sie mit einem Partner / einer Partnerin: In welcher Umgebung (*surroundings*) möchten Sie gerne leben? In einer großen Stadt? In einer kleinen Stadt? Was muss eine Stadt für Sie bieten (*offer*)?

10A.1 | Subordinating conjunctions (S) Presentation

Startblock In **6A.3**, you learned to use coordinating conjunctions to combine two independent clauses in a single sentence. Use subordinating conjunctions to combine a subordinate clause with a main clause.

„Ich sage es dir, **wenn** ich dich sehe."

Wenn ich richtig rate, hast du gute Neuigkeiten.

QUERVERWEIS

See **6A.3** to review coordinating conjunctions. See **8A.1** to review the use of the subordinating conjunctions **bevor**, **nachdem**, and **als** with the **Plusquamperfekt**. See **9B.1** to review the use of the subordinating conjunction **wenn** in hypothetical statements.

- A subordinate clause explains, how, when, why, or under what circumstances the action in the main clause occurs. Subordinate clauses always begin with a subordinating conjunction and normally end with the conjugated verb. Always use a comma to separate the subordinate clause from the main clause.

MAIN CLAUSE	SUBORDINATE CLAUSE
Ich lese die Zeitung,	**wenn** ich Zeit **habe**.
I read the newspaper	*when I **have** the time.*

- Here is a list of commonly used subordinating conjunctions:

subordinating conjunctions			
als	*as, when*	ob	*whether, if*
bevor	*before*	obwohl	*although*
bis	*until*	seit	*since*
damit	*so that*	während	*while; whereas*
dass	*that*	weil	*because*
nachdem	*after*	wenn	*when; whenever; if*

ACHTUNG

The conjunctions **denn** and **weil** both mean *because*. Since **denn** is a coordinating conjunction, it does not affect word order: **Ich komme nicht, denn ich bin krank.** Since **weil** is a subordinating conjunction, the verb moves to the end of the clause: **Ich komme nicht, weil ich krank bin.**

The conjunction **dass** is often used to report what somebody else said.

Jonas sagt, dass er seine Familie im Herbst besucht.

Vergiss nicht, **dass** wir nächste Woche ins Konzert **gehen**.
*Don't forget **that** we're going to a concert next week.*

Ich bezahle immer bar, **weil** ich keine Kreditkarte **habe**.
*I always pay cash, **because** I don't **have** a credit card.*

- When you begin a sentence with a subordinate clause, the entire clause is treated as the first element of the sentence. The verb in the main clause moves to second position, after the comma, and is followed by its subject.

SUBORDINATE CLAUSE	MAIN CLAUSE
Wenn ich nach Deutschland fahre,	**spreche** ich immer Deutsch.
Weil meine Familie deutsch ist,	**habe** ich als Kind Deutsch gelernt.
Obwohl ich Deutsch spreche,	**möchte** ich lieber in Italien wohnen.

- When using a separable prefix verb in a subordinate clause, attach the prefix to the beginning of the conjugated verb.

Ich **rufe dich** heute Abend **an**.
*I'll **call** you tonight.*

Ich warte, **bis** du mich **anrufst**.
*I'll wait **until** you call me.*

- When using a modal verb in a subordinate clause, put the conjugated form of the modal at the end of the clause, after the infinitive of the verb it modifies.

QUERVERWEIS

See **1B.2** to review basic word order.

See **2A.2** to review question words.

Wir **müssen** heute Nachmittag Briefmarken **kaufen**.
*We **need to buy** stamps this afternoon.*

Wir gehen zur Post, **weil** wir Briefmarken **kaufen müssen**.
*We're going to the post office **because** we **need to buy** stamps.*

- For a subordinate clause in the **Perfekt** or **Plusquamperfekt**, move the conjugated form of **sein** or **haben** to the end of the clause, after the past participle.

Ich **bin** heute früher nach Hause **gegangen**.
*I **went** home early today.*

Ich habe Besorgungen gemacht, **bevor** ich nach Hause **gegangen bln**.
*I ran some errands **before** I **went** home.*

- Use **als** to refer to a *one-time* event or continuing situation in the past. Use **wenn** to refer to a one-time event in the present or future. Use **(immer) wenn** to refer to a recurring event in the past, present, or future.

Als wir Kinder waren, gab uns Papa Münzen aus anderen Ländern.
***When** we were kids, Dad used to give us coins from other countries.*

Wenn du nächsten Sommer nach Hannover fährst, musst du mir eine Postkarte schicken.
***When** you go to Hannover next summer, you'll have to send me a postcard.*

ACHTUNG

Both **ob** and **wenn** are sometimes translated as *if*, but only **ob** is used in indirect yes-or-no questions. Use **wann**, rather than **als** or **wenn**, to mean *when* in an indirect question.

Indirect questions

- Indirect questions are a type of subordinate clause. They are introduced by a main clause beginning with a phrase such as **Weißt du**, **Ich möchte wissen**, **Kannst du mir sagen**, **Ich weiß nicht**, or **Ich frage mich**.

Ich möchte wissen, **ob** ich ein Formular ausfüllen muss.
*I'd like to know **whether** I need to fill out a form.*

Ich frage mich, **warum** es so viele Internetcafés in Berlin gibt.
*I wonder **why** there are so many Internet cafés in Berlin.*

- Use the subordinating conjunction **ob** to ask indirect yes-or-no questions.

Wissen Sie, **ob** man hier mit der Karte bezahlen kann?
*Do you know **if** I can pay by card here?*

Weißt du, **ob** die Post schon da ist?
*Do you know **if** the mail has come yet?*

- For all other indirect questions, use the question words you learned in **2A.2** as subordinating conjunctions.

Sie wissen, **wohin** man gehen soll.
*They know **where** to go.*

Ich weiß, **wie** du dich fühlst.
*I know **how** you feel.*

Ressourcen

SAM
WP: pp. 135-136

SAM
LM: p. 87

vhlcentral.com

Jetzt sind Sie dran! **Wählen Sie die richtigen Konjunktionen.**

1. Hürrem geht zur Post, (weil / ob) sie Briefmarken braucht.

2. Der Kunde erklärte der Verkäuferin, (dass / ob) er kein Kleingeld hat.

3. Ich habe ein Paket bekommen, (obwohl / ob) ich nichts bestellt habe.

4. (Damit / Nachdem) die Touristen im Internetcafé ihre E-Mails gelesen hatten, sind sie zum Hotel gegangen.

5. (Als / Bevor) man einen Brief abschickt, muss man die Adresse auf den Briefumschlag schreiben.

6. Weißt du, (ob / damit) es beim Kiosk noch Zeitungen gibt?

Anwendung

1 **Ein kleiner Ausflug nach München** Ergänzen Sie die Sätze mit **als** oder **wenn**.

> **BEISPIEL**   _Wenn_ wir nach München fahren, besuchen wir die Frauenkirche.

1. _____ es 12 Uhr mittags ist, sollte man am Münchner Rathaus das Glockenspiel anschauen.

2. _____ wir das letzte Mal in München waren, hat es nur geregnet.

3. _____ wir Ende September hier wären, könnten wir auch aufs Oktoberfest gehen.

4. Das erste Oktoberfest hat man 1810 gefeiert, _____ Kronprinz Ludwig Prinzessin Therese heiratete.

5. Vielleicht fahren wir morgen zum Schloss Neuschwanstein, _____ wir Zeit haben.

6. Ludwig II baute Schloss Neuschwanstein, _____ er 1864 König (*king*) von Bayern wurde.

2 **Klatsch** Schreiben Sie, was Petra sagt und verbinden Sie die Sätze mit der Konjunktion **dass**.

> **BEISPIEL**   Mein kleiner Bruder will immer etwas kaputt machen.
> Petra sagt, _dass ihr kleiner Bruder immer etwas kaputt machen will._

1. Georg hat noch nie Sushi gegessen.
   Petra sagt, _____

2. Simon und Greta freuen sich nicht auf ihre Reise.
   Petra sagt, _____

3. Die Katze hat eine Ratte im Garten entdeckt.
   Petra sagt, _____

4. Die Eltern von Antonia haben sich getrennt.
   Petra sagt, _____

5. Laura kommt wegen Nina nicht auf die Feier mit.
   Petra sagt, _____

3 **Ein kurzes Interview** Ändern Sie die direkten Fragen in indirekte Fragen um und verwenden Sie dabei die Ausdrücke aus der Liste.

> **BEISPIEL**   Warum lernst du Deutsch und nicht Spanisch?
> _Darf ich dich fragen, warum du Deutsch und nicht Spanisch lernst?_

Darf ich dich fragen	Ich weiß nicht
Erzähl mir bitte	Kannst du mir sagen
Ich frage mich	Sag mir mal
Ich möchte gern wissen	Weißt du

1. Kommen deine Großeltern aus Deutschland?

2. Hast du Geschwister?

3. Wie oft bist du schon nach Europa geflogen?

4. Welches Land möchtest du gern mal besuchen?

 Practice more at **vhlcentral.com.**

Kommunikation

4 **Diverse Besorgungen** Fragen Sie Ihren Partner / Ihre Partnerin, wohin er/sie geht, um die folgenden Besorgungen zu machen.

▶ **BEISPIEL**

S1: *Wohin gehst du, wenn du einen schönen Ring kaufen willst?*
S2: *Ich gehe zum Juweliergeschäft.*

einen schönen
Ring kaufen

1. Geld abheben

2. einen
   Blumenstrauß
   (*bouquet*) bestellen

3. ein Paket
   abschicken

4. eine Zeitung
   kaufen

5. schmutzige
   Wäsche waschen

5 **Was und wenn** Fragen Sie Ihren Partner / Ihre Partnerin, was er/sie normalerweise in den folgenden Situationen macht. Achten Sie auf die Wortstellung.

BEISPIEL

S1: *Was machst du normalerweise, wenn du richtig Hunger hast?*
S2: *Wenn ich richtig Hunger habe, esse ich einen Hamburger.*

1. Hunger haben
2. sich schlecht fühlen
3. müde sein

4. sich verspäten
5. ein Paket abschicken wollen
6. traurig sein

6 **Was weißt du?**

A. Schreiben Sie vier Dinge auf, die Sie schon über die deutschsprachigen Länder gelernt haben. Beginnen Sie jede Aussage mit „**Ich weiß, dass...**".

BEISPIEL

Ich weiß, dass Berlin die Hauptstadt Deutschlands ist.

B. Machen Sie jetzt ein kleines Quiz, um herauszufinden, ob Ihr Partner / Ihre Partnerin dasselbe Wissen hat. Beginnen Sie jede Frage mit **Weißt du, ...** und einem passenden Fragewort – **wer, was, wann, wo, wie**.

BEISPIEL

S1: *Weißt du, was die Hauptstadt Deutschlands ist?*
S2: *Natürlich! Berlin ist die Hauptstadt Deutschlands!*

10A.2 | Adjectives used as nouns Presentation

Startblock Many adjectives in German can also be used as nouns.

Herr Miller ist ein sehr **alter** Mann.
Mr. Miller is a very old man.

Was sollen wir machen, um **den Alten** zu helfen?
What should we do to help the elderly?

- When these nouns refer to people, the gender of the noun matches the gender of the person.

QUERVERWEIS

See **3A.2** to review adjective endings in the nominative and accusative cases, **4B.1** to review dative endings, and **8B.1** to review genitive endings.

See **7B.3** to review indefinite words.

adjective	noun after a *der*-word	noun after an *ein*-word
arbeitslos *unemployed*	**der/die Arbeitslose** *unemployed person*	**ein Arbeitsloser / eine Arbeitslose**
bekannt *(well-)known*	**der/die Bekannte** *acquaintance*	**ein Bekannter / eine Bekannte**
deutsch *German*	**der/die Deutsche**	**ein Deutscher / eine Deutsche**
erwachsen *grown(-up)*	**der/die Erwachsene** *adult*	**ein Erwachsener / eine Erwachsene**
fremd *foreign*	**der/die Fremde** *foreigner; stranger*	**ein Fremder / eine Fremde**
jugendlich *young, youthful*	**der/die Jugendliche** *young person*	**ein Jugendlicher / eine Jugendliche**
verlobt *engaged*	**der/die Verlobte** *fiancé(e)*	**ein Verlobter / eine Verlobte**
verwandt *related*	**der/die Verwandte** *relative*	**ein Verwandter / eine Verwandte**

ACHTUNG

Common expressions with neuter adjectival nouns are **nichts Besonderes** (*nothing special*) and **etwas anderes** (*something else*). Notice that there is no capitalization in the expression **etwas anderes**.

- The endings for adjectival nouns change depending on the gender, number, or case of the noun, and whether it is preceded by a **der**-word or an **ein**-word. When you use an adjective as a noun, add the same ending that you would add to the adjective form.

Marias **Verlobter** ist sehr nett.
Maria's fiancé is very nice.

Seine **Verwandten** habe ich nicht so gern.
I'm not so crazy about his relatives.

Ressourcen

SAM
WP: pp. 137-138

SAM
LM: p. 88

S

vhlcentral.com

- Adjectival nouns that refer to concepts are always neuter and are only used in the singular. They often follow indefinite words such as **alles**, **etwas** and **nichts**, or the quantity words **viel** and **wenig** (*little, not much*). For adjectival nouns after **etwas**, **nichts**, **viel**, or **wenig**, use the endings for unpreceded neuter adjectives. After **alles**, use the endings you would use after a **der**-word.

Wir wünschen dir **alles Gute**!
We wish you all the best!

Möchtest du **etwas Kaltes** trinken?
Do you want something cold to drink?

Jetzt sind Sie dran! Wählen Sie das Wort, das in jedem Satz am besten passt.

1. Meine ___ sind alle sportlich, vor allem mein Onkel.
2. Ich will dir etwas ___ erzählen.
3. Du ___! Hast du dich schwer verletzt?
4. Dein ___ hat dir einen wunderschönen Ring geschenkt.
5. Amila bestellt alles ___, das sie auf der Speisekarte sieht.

a. Lustiges
b. Verlobter
c. Verwandten
d. Leckere
e. Arme

Anwendung und Kommunikation

1 **Ergänzen Sie** Ergänzen Sie die Sätze mit den richtigen Endungen der substantivierten Adjektive.

1. Wer ist die hübsche Rothaarig____ dort drüben?

2. Ich finde, dass Wolf nichts Interessant____ zu sagen hat.

3. Er ist ein Bekannt____, aber kein Freund.

4. In dem Gestreift____ siehst du wirklich gut aus.

5. Macht ihr heute noch etwas Besonder____?

2 **Bilder beschreiben** Beschreiben Sie mit einem Partner / einer Partnerin die Bilder und verwenden Sie dabei substantivierte Adjektive aus der Liste.

dick	klein	verlobt
jugendlich	krank	verwandt

▶ **BEISPIEL**

Die Kleine hat einen Brief an den Weihnachtsmann geschrieben.

1.

2.

3.

4.

3 **Interview** Stellen Sie Fragen mit einem passenden Paar aus der Liste.

BEISPIEL

S1: *Was isst du lieber, etwas Süßes oder etwas Scharfes?*
S2: *Ich esse lieber etwas Scharfes.*

bunt (*multicolored*) / einfarbig	italienisch / mexikanisch	schnell / langsam
einfach / kompliziert	kalt / warm	spannend (*exciting*) / lustig
fantastisch / realistisch	lecker / gesund	süß / scharf
hell / dunkel	modern / klassisch	

1. Was isst du lieber, etwas... ?

2. Was trinkst du am häufigsten, etwas... ?

3. Was schaust du dir im Fernsehen lieber an, etwas... ?

4. Welche Musik hörst du dir meistens an, etwas... ?

5. Welche Kleidung steht dir besser, etwas... ?

 Practice more at **vhlcentral.com.**

10A.3

QUERVERWEIS

See **2B.2** to review the use of the present tense with future meaning. See **2B.1** or **9B.2** to review the present tense forms of **werden**.

In **11B.1**, you will learn about the future perfect tense, **das Futur II**

Das Futur I

 Presentation

Startblock You have already learned to make statements about the future using the present tense with future meaning. You can also use the future tense (**das Futur I**) to talk about the future, especially when the future meaning might not otherwise be clear from context.

Er **wird** bald hier **sein**.

Wir **werden** beim Blumengeschäft Halt machen **müssen**.

ACHTUNG

Do not confuse the modal **wollen** with the future auxiliary **werden**: **Ich will gehen**. *I want to go.* BUT: **Ich werde** gehen. *I will go. / I'm going to* go.

In a subordinate clause, the infinitive of the modal comes at the end of the clause, preceded by the infinitive of the verb it modifies. The conjugated form of **werden** comes *before* both infinitives.: **Er weiß nicht, wie lange er wird arbeiten müssen**.

- To form the **Futur I**, use a present tense form of the verb **werden** with the infinitive of the verb that expresses the action.

  Wir **werden** uns in einer Woche wieder **treffen**.
  We'll meet again in one week.

  Werdet ihr am Wochenende Zeit **haben?**
  Will you have time on the weekend?

- In subordinate clauses, move the conjugated form of **werden** to the end of the clause, unless the clause contains a modal verb. When using a modal verb in the **Futur**, place the infinitive of the modal verb at the end of the clause, *after* the infinitive of the verb it modifies.

  Wir **werden** unsere Hausaufgaben **machen**, nachdem wir etwas essen.
  We'll do our homework after we eat something.

  Ich verspreche dir, dass ich dich immer **lieben werde**.
  I promise you that I will always love you.

  Bald **wird** man überall mit der Karte **bezahlen können**.
  Soon, you'll be able to pay by credit card everywhere.

  Sie **werden** ein Formular bei der Post **ausfüllen müssen**.
  You will have to fill out a form at the post office.

- The **Futur I** is commonly used to talk about assumptions or expectations concerning the present *or* future. Such sentences often include the words **wohl**, **wahrscheinlich**, **sicher**, or **schon**, all of which mean *probably* when used with the **Futur**.

  Stefan **wird wohl noch** bei der Ärztin **sein**.
  Stefan is probably still at the doctor's office.

  In 100 Jahren **wird** die Welt **sicher** sehr anders **aussehen**.
  In 100 years, the world will probably look very different.

Jetzt sind Sie dran! **Bilden Sie Sätze im Futur.**

1. ich / bar bezahlen *Ich werde bar bezahlen.*
2. wir / machen keine Besorgungen
3. du / jetzt ins Bett gehen / ?
4. ihr / wahrscheinlich Hunger haben
5. ich / müssen / sich schnell anziehen
6. Katja / wohl / auf der Post / sein
7. das Kind / schon / schlafen
8. es / heute noch / regnen
9. wir / müssen / früh aufstehen
10. Onkel Gerhard / Diät machen

Anwendung und Kommunikation

1 **Sätze schreiben** Schreiben Sie die Sätze um. Benutzen Sie das Futur.

> **BEISPIEL** Wir kommen um 10 Uhr an.
> *Wir werden um 10 Uhr ankommen.*

1. Ich koche morgen Abend.
2. Müsst ihr am Abend noch lernen?
3. Andreas ärgert sich wohl darüber.
4. Das Wetter wird bald besser.
5. Das Flugzeug hat vier Stunden Verspätung.
6. Bist du nächstes Jahr schon 21?
7. Will Michaela ein Zimmer buchen?
8. Sie ziehen im Herbst in eine größere Wohnung um.

2 **Meine Zukunftspläne** Fragen Sie sich gegenseitig (*each other*) nach Ihren Zukunftsplänen (*plans for the future*). Benutzen Sie die Futurformen.

> **BEISPIEL**
> **S1:** *Was wirst du heute Abend machen?*
> **S2:** *Heute Abend werde ich Deutsch lernen.*

1. heute Abend
2. am Wochenende
3. im Sommer
4. im Winter
5. nach dem Studium

3 **Und dann** Schauen Sie sich mit Ihrem Partner / Ihrer Partnerin zusammen die Fotos an und entscheiden Sie, was wohl in den nächsten Minuten passieren wird. Benutzen Sie das Futur.

> ▶ **BEISPIEL**
> **S1:** *Ich glaube, der Mann wird einen Käsekuchen kaufen.*
> **S2:** *Ich glaube, er wird Brötchen fürs Frühstück kaufen.*

1.

2.

3.

4.

 Practice more at **vhlcentral.com.**

Wiederholung

1 **Wer ist's?** Wählen Sie drei Adjektive aus der Liste und beschreiben Sie Ihrem Partner / Ihrer Partnerin zu jedem Adjektiv eine Person. Ihr Partner / Ihre Partnerin sagt, was für eine Person Sie beschreiben.

BEISPIEL

S1: Dieser Mann hat seine Katze verloren. Er weint den ganzen Tag.
S2: Ist das der Traurige?
S1: Ja.

dreckig	langweilig
intelligent	lustig
sportlich	nervös

2 **Im Kaufhaus** Sie und Ihr Partner / Ihre Partnerin bekommen verschiedene Arbeitsblätter. Fragen Sie Ihren Partner / Ihre Partnerin, welche Gegenstände die einzelnen Personen in dem Kaufhaus möchten.

BEISPIEL

S1: Was für einen Pulli möchte Paul?
S2: Er möchte einen roten.

3 **Unglaublich!** Wechseln Sie sich mit einem Partner / einer Partnerin ab: Was ist den Personen in den Bildern passiert? Beginnen Sie jede Beschreibung mit „Hast du gehört, dass …" oder „Weißt du, dass …". Ihr Partner / Ihre Partnerin wird auf die Neuigkeiten (*news*) reagieren.

BEISPIEL

S1: Hast du gehört, dass Maria einen Autounfall hatte?
S2: Nein! Unglaublich! Sie fährt aber doch immer so langsam.

1. Maria

2. Christian und Petra

3. Gabriele und Manfred

4. Uwe

5. Jan

6. Dirk und Barbara

4 **Versprechungen** Wählen Sie eine Person aus der linken Spalte und einen Zeitraum aus der rechten. Erzählen Sie Ihrem Partner / Ihrer Partnerin, was Sie jeder Person für diese Zeiträume versprochen haben.

BEISPIEL

S1: Ich habe meinen Eltern versprochen, dass ich nach dem Abschluss einen Job finden werde.
S2: Gute Idee. Meinen Eltern habe ich versprochen, dass …

die Eltern	in drei Wochen
der Freund	im Sommer
der Professor	nach dem Studium
du	in fünf Jahren
die Schwester	vor dem 65. Lebensjahr
die Freundin	in 15 Jahren

5 **Eine Umfrage** Formulieren Sie in Dreiergruppen drei Fragen für eine Umfrage (*poll*): Wohin gehen andere Personen im Unterricht, wenn sie in die Stadt gehen? Was machen sie dort? Seien Sie höflich (*polite*), wenn Sie fragen!

BEISPIEL

S1: Entschuldigung, ich möchte gern wissen, wie oft du im Monat auf die Bank gehst.
S2: Vielleicht ein- oder zweimal im Monat.
S1: Aha, und könntest du mir sagen, ob …

6 **Die Zukunft** Diskutieren Sie mit einem Partner / einer Partnerin, wie die Stadt der Zukunft aussehen wird.

S1: In der Zukunft wird wohl kein Mensch mehr Auto fahren.
S2: Das stimmt. Wahrscheinlich werden nur Computer Auto fahren. Menschen werden wohl Beifahrer (*passengers*) sein.

Ein Film von Andreas Schmid-Thomae

Fanny

mit Johannes Spengler, Georgia Stahl
und Sebastian Münster

Nützliche Ausdrücke

- **leben**
  to live
- **die Probe**
  rehearsal
- **sich (etwas) merken**
  to remember (something)
- **Halt die Klappe!**
  Shut your mouth!
- **fassen**
  to understand
- **Das soll nicht dein Ernst sein!**
  You can't be serious!
- **Rate mal!**
  Guess!
- **verrückt**
  crazy
- **eigentlich**
  actually

Über den Film sprechen

- **der Regenschauer**
  rain shower
- **malen**
  to paint
- **sich trennen (von)**
  to break up (with)
- **sich verabreden (mit)**
  to make a date (with)

Kurzfilm

(S) Video: Short Film

Fanny

Fanny erkennt Al im Park wieder und sie verabreden sich. Aber Al verliert
ihre Telefonnummer. Fannys Mitbewohnerin Nora und Als Freund Max
lernen einander kennen, als sie Fanny und Al helfen zueinander zu finden.

Vorbereitung

1 **Fragen und Antworten** Verbinden Sie jede Frage mit der logischsten
(*most logical*) Antwort.

_____ 1. Hast du dich mit Sophie zum
Abendessen verabredet?

_____ 2. Soll man jeden Tag leben,
als ob es der letzte wäre?

_____ 3. Rate mal, wen ich heute im
Supermarkt getroffen habe!

_____ 4. Könnt ihr uns helfen, die
Wohnung anzumalen?

_____ 5. Soll ich dir meine
Telefonnummer
aufschreiben?

a. Heute können wir leider nicht,
weil wir Probe haben.

b. Nein, danke. Ich kann sie
mir merken.

c. Nein. Eigentlich habe ich mich
gestern von ihr getrennt.

d. Das weiß ich nicht. Du musst
es mir sagen.

e. Das ist verrückt! Wenn man so
lebte, könnte man niemals seine
Zukunft planen.

2 **Besprechen Sie** Diskutieren Sie die folgenden Sprichwörter (*sayings*)
mit einem Partner / einer Partnerin. Glauben Sie an diese Sprichwörter?
Warum oder warum nicht?

Liebe macht blind.

Die Zeit vergeht -
die Liebe bleibt.

Szenen: Fanny

FANNY: Al!
AL: Fanny! Hallo!
FANNY: Hallo.
AL: Was machst du hier?
FANNY: Ich lebe hier.
AL: Das kann nicht sein.

MAX: Und? Was wirst du jetzt tun?
AL: Hier hab' ich sie wiedergetroffen.
MAX: Ja, und?
AL: Hier werd' ich auf sie warten.

NORA: Ich wohn' mit ihr zusammen.
MAX: Mit Fanny?
NORA: Ja.
MAX: Zeig mir, wo ihr wohnt!

FANNY: Jean... Ich liebe dich nicht mehr.
JEAN: Ich hab' wohl einige Dinge° falsch
gemacht. Gelächelt hast du, aber. Dann
werde ich wohl den Rest meiner Tage im
Kloster° verbringen.

AL: Sie ist nicht allein!
MAX: Ja und?
AL: Und sie hat dieses lebende° Paket
geküsst.
MAX: Ja, aber das heißt doch gar nichts°.

AL: Hab' ich für dich gepflückt°.

einige Dinge *some things* Kloster *monastery* lebende *living* gar nichts *nothing* gepflückt *picked*

Analyse

3 **Wer ist das?** Welche Personen beschreiben die folgenden Sätze?

a. Al

b. Max

_____ 1. Er ist ein guter Freund von Al.

_____ 2. Er hat sich als lebendes Paket verkleidet.

_____ 3. Max hat sie im Park erkannt.

_____ 4. Sie ist Noras Mitbewohnerin.

_____ 5. Er hat für Fanny Blumen angemalt.

_____ 6. Er will nicht, dass Jean bei ihm klingelt.

c. Fanny

d. Nora

e. Jean

f. der Hausmeister

4 **Und wie geht's weiter?** Entscheiden Sie (Decide) mit einem Partner / einer Partnerin, was die Personen aus diesem Film in Zukunft machen werden. Werden sowohl Fanny und Al als auch Nora und Max für immer zusammen bleiben? Wird Jean endlich seine große Liebe finden? Schreiben Sie zusammen mindestens fünf Sätze darüber.

5 **Beziehungsgespräch** In diesem Film erfährt (learns) man, dass Fanny und Jean sich vor einem Jahr getrennt haben. Erfinden Sie ein Gespräch zwischen Fanny und Jean, das vor der Trennung stattfindet.

6 **Diskutieren Sie** Wenn Sie verliebt wären, hätten Sie auch wie Al im Film gehandelt? Wenn Sie Max oder Nora wären, hätten Sie auch Fanny und Nora geholfen? Besprechen Sie diese Fragen mit Ihren Partnern.

Communicative Goals

You will learn how to:

- ask for and give directions
- talk about parts of a city

In der Stadt

 Talking Picture Audio: Activities

Wortschatz

die Innenstadt	*downtown*
das Einkaufszentrum, (*pl.* Einkaufszentren)	*mall; shopping center*
das Gebäude, -	*building*
das Kaufhaus, -¨er	*department store*
die Kirche, -n	*church*
die Stadt, -¨e	*town*
Verkehr	*traffic*
die Allee, -n	*avenue; boulevard*
der Bürgersteig, -e	*sidewalk*
die Ecke, -n	*corner*
die Hauptstraße, -n	*main road*
der Zebrastreifen, -	*crosswalk*
Menschen	*people*
der Bürgermeister, - / die Bürgermeisterin, -nen	*mayor*
der Fußgänger, - / die Fußgängerin, -nen	*pedestrian*
Wo ist ...?	*Where is ...?*
abbiegen (biegt... ab)	*to turn*
folgen	*to follow*
bis zu	*until; up to*
gegenüber von	*across from*
geradeaus	*straight*
in der Nähe von	*close to*
in Richtung	*toward*
nah(e)	*near; nearby*
weit von	*far from*
Ausdrücke	*expressions*
(jemanden) mitnehmen	*to give (someone) a ride*
(die Straße) überqueren	*to cross (the street)*

die Brücke, -n

Sie geht die Treppe hoch. (hochgehen)

die Statue, -n

Er geht die Treppe herunter. (heruntergehen)

der Brunnen, -

Osten   Süden   Norden   Westen

Er hat sich verlaufen. (sich verlaufen)

Sie findet sich zurecht. (sich zurechtfinden)

ACHTUNG

Folgen is used with an object in the dative case: **Folge mir! Folgen Sie dem Bus!** To tell someone to follow a road, use **entlanggehen** if the person is on foot or **entlangfahren** for someone in a vehicle: **Gehen Sie die Hauptstraße entlang, bis Sie zur ersten Kreuzung kommen.**

die Ampel, -n

die Kreuzung, -en

die Straße, -n

die Telefonzelle, -n

die Bank, -¨e

Anwendung

1 Paare finden Welche Tätigkeit verbinden Sie mit welcher Person oder mit welchem Ort?

_____ 1. nach rechts abbiegen
_____ 2. mit der Bürgermeisterin sprechen
_____ 3. auf dem Bürgersteig gehen
_____ 4. sich kurz hinsetzen
_____ 5. telefonieren
_____ 6. hochgehen
_____ 7. einkaufen gehen

a. die Bank
b. die Kreuzung
c. die Telefonzelle
d. der Fußgänger
e. das Rathaus
f. das Kaufhaus
g. die Treppe

2 Bilder beschriften Finden Sie ein passendes Wort für jedes Bild.

1. _____
2. _____
3. _____

4. _____
5. _____
6. _____

3 Definitionen Lesen Sie die Definitionen und wählen Sie das dazu gehörige Wort aus Ihrer Vokabelliste.

1. Hier darf man die Straße überqueren. _____
2. Manchmal ist sie rot, gelb oder grün. _____
3. Man muss über sie gehen, um den Fluss (_river_) zu überqueren. _____
4. Hier kreuzen sich zwei Straßen. _____
5. Man geht sie hoch oder herunter. _____
6. Es ist eine Skulptur, die eine Person darstellt (_represents_). _____

4 Gespräche 🎧 Hören Sie sich die Kurzdialoge an und entscheiden Sie dann, wo diese Gespräche stattfinden (_take place_).

1. Brücke / Einkaufszentrum
2. Bänke / Kirchen
3. Kaufhaus / Brunnen
4. Ampel / Zebrastreifen
5. Kiosk / Statue

Practice more at **vhlcentral.com.**

Kommunikation

5 Wegbeschreibungen Sehen Sie sich den Stadtplan an und fragen Sie

Ihren Partner / Ihre Partnerin, wie Sie zu den angegebenen Orten kommen.
Ihre Ausgangsposition (*starting point*) ist mit einem "X" gekennzeichnet.
Wechseln Sie sich ab.

S1: *Entschuldigen Sie bitte, können Sie mir sagen, wie man zur Peterskirche kommt?*
S2: *Gehen Sie auf der Karolinenstraße geradeaus bis zum Bismarckplatz. Dann...*

1. die Peterskirche
2. der Tiergarten
3. die Universitätsbibliothek
4. der Herkulesbrunnen
5. das Einkaufszentrum "Königsarkaden"
6. die Post

6 Nach der Ankunft Verfassen Sie (*Compose*) mit

Ihrem Partner / Ihrer Partnerin eine E-Mail an Toni, eine
Freundin aus Österreich, die Sie nächste Woche besuchen
kommt. Erklären Sie ihr, wie man am besten zu Ihnen
nach Hause findet.

Von:	Vogel.Scheuche@online.de
An:	toni.meltzer@epost.au
Betreff:	Dein Besuch

Hallo Toni!

Wir freuen uns schon sehr auf deinen Besuch. Wenn du am
Flughafen ankommst, solltest du erst mit dem Bus 51 in die
Stadtmitte fahren. Dann...

7 Kreuzworträtsel Sie und Ihr Partner / Ihre

Partnerin bekommen zwei verschiedene Versionen des
selben Kreuzworträtsels (*crossword puzzle*). Geben
Sie sich gegenseitig (*to each other*) die Definitionen
der fehlenden Wörter, so dass Sie beide am Ende ein
vollständiges (*complete*) Kreuzworträtsel haben.

S1: *Eins waagerecht: hier treffen sich vier Straßen.*
S2: *Das ist eine Kreuzung.*

8 Mein Viertel Zeichnen Sie zuerst eine Karte Ihres

Viertels (*neighborhood*) und beschreiben Sie es danach
Ihrem Partner / Ihrer Partnerin. Er/Sie versucht eine
eigene Karte zu zeichnen (*draw*).

S1: *Ich wohne an einer ziemlich belebten (busy) Straße.
Wenn du bei mir aus der Haustür rausgehst und dann
gleich nach rechts, dann...*

Aussprache und Rechtschreibung

Audio: Presentation
Record & Compare Activities

🎧 Loan Words (Part 1)

Some German words borrowed from other languages retain elements of their original pronunciation. For example, the German consonant **v** is normally pronounced like the *f* in the English word *fan*. But in certain loan words, the **v** is pronounced like the *v* in *van*.

Investor	Universität	Ventilator	Advokat	Vegetarier

The **ch** letter combination has a variety of pronunciations in loan words. Depending on the word, it may be pronounced like the *k* in *kitten*, like the *sh* in *shop*, or with a sound similar to the *j* in *jungle*. In some loan words, it is pronounced like the **ch** in the word **ich**.

Charakter	Chef	checken	Chemie	China

The **sk** in the German word **Ski** and related compound words is pronounced like the *sh* in *shirt*.

Skilift	Skier	Skiläufer	Skipiste	Skiurlaub

1 **Sprechen Sie nach** Wiederholen Sie die Wörter, die Sie hören.

1. Interview
2. Vase
3. Video
4. investieren
5. Chaos
6. Champignon
7. Charter
8. Chance
9. chinesisch
10. Skifahrer
11. Skihütte
12. Skispringen

2 **Artikulieren Sie** Wiederholen Sie die Sätze, die Sie hören.

1. Der kreative und aktive Vegetarier war in Wirklichkeit ein Vampir.
2. Mit den chaotischen Zuständen in China kommt der Chef nicht zurecht.
3. Die Skiläufer fahren mit dem Skilift zu den Skipisten.
4. Das Interview mit dem Investor von der Bank war sehr informativ.
5. Auch im Winter essen wir oft Vanilleeis in unserer Villa in Venedig.
6. Der charmante Chemiker war ein Mann von Charakter.

3 **Sprichwörter** Wiederholen Sie die Sprichwörter, die Sie hören.

Auf dem Vulkan tanzen.[1]

„Wer nichts als Chemie versteht, versteht auch die nicht recht."[2]
–Georg Christoph Lichtenberg

[1] To laugh in the face of danger. (*lit.,* To dance on the volcano.)
[2] Whoever understands nothing other than chemistry, does not truly understand even that.

Ressourcen

SAM
LM: p. 91

vhlcentral.com

Sabites Nacht (S) Video: *Fotoroman*

Die Freunde wollen ausgehen, um Sabites Erfolg zu feiern. Leider ist Berlin ziemlich groß. Wo war nochmal dieses spanische Restaurant?

GEORGE Hans? Hans! Du verlierst noch das Gehör, wenn du diese Dinger die ganze Zeit auf den Ohren trägst. Es sind jetzt schon drei Tage, Hans. Könntest du bitte mit mir darüber reden?
HANS Ich kann dich nicht hören.
GEORGE Geh heute Abend mit uns aus. Idiot.

GEORGE Sabite, ich bin's, George!
SABITE Ich komme! Kein Hans?
MELINE Hallo! Lass mal sehen. Sehr europäisch. Spricht Hans immer noch nicht mit dir? Idiot. Gib mir deine Schlüssel.

MELINE Hans, ich sage es nur einmal – hör also gut zu. Die Galerie in der Torstraße stellt Sabites Kunst in ein paar Wochen aus. Heute Abend feiern wir diese Neuigkeiten. Wir laufen nach Charlottenburg, um in einem spanischen Restaurant zu Abend zu essen. Und danach gehen wir in einen Club tanzen. George und Sabite sind nur Freunde. Das musst du einfach kapieren.

GEORGE Kommst du mit?
HANS Ich muss mich noch umziehen. Wir sehen uns dann in Kreuzberg.
SABITE Ich habe Melines Handtasche. Beeil dich. Wir treffen dich dann dort.

MELINE Du bist Berlinerin, Sabite! Wie kann man sich denn hier verlaufen?
SABITE Ich bin noch nie in diesem Stadtteil gewesen.
GEORGE Ich habe zwei Häuserblocks weiter unten an der Kreuzung mit der Straßenampel ein koreanisches Restaurant gesehen. Wir sollten umkehren.
SABITE Ich will kein koreanisches Essen essen, ich wollte doch spanisches Essen. Es ist mein Abend.

MELINE Mir ist es egal, wo wir essen gehen.
SABITE Hallo Hans. Wo bist du? Beweg dich nicht. Wir treffen dich dort in ein paar Minuten.

---

1 **Ergänzen Sie** Ergänzen Sie die Sätze mit den richtigen Informationen.

1. (George / Hans) spricht seit drei Tagen mit niemandem.

2. Die Galerie in der Torstraße will Sabites Kunst (kaufen / ausstellen).

3. Alle möchten diese Neuigkeiten in Charlottenburg (erzählen / feiern).

4. Sie wollen in einem (italienischen / spanischen) Restaurant essen gehen.

5. Anschließend wollen sie in einem Club (tanzen / singen).

6. George hat an der (Kreuzung/Brücke) ein koreanisches Restaurant gesehen.

7. Sabite möchte kein (koreanisches / spanisches) Essen.

8. Hans hat eine (Notiz/ Karte) ausgedruckt, bevor er die Wohnung verlassen hat.

9. Sie müssen an der Kreuzung abbiegen und Richtung (Brücke / Tankstelle) gehen.

10. Das Restaurant ist gegenüber von einer (Telefonzelle / Statue).

PERSONEN

George

Hans

Meline

Sabite

SABITE Er ist an der U-Bahn-Station Görlitzer Bahnhof. Wir sind nicht weit weg davon. Ich kann mich erinnern, sie gesehen zu haben. Sie ist einen Häuserblock von der Falckensteinstraße entfernt. Wir sollten über diese Straße gehen und dann in diese Richtung weitergehen.

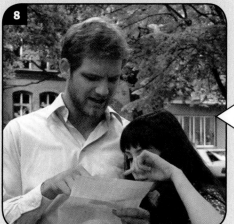

HANS Ich hatte es online nachgesehen, bevor ich die Wohnung verlassen habe. Ich habe uns eine Karte ausgedruckt. So, wir sind nicht weit vom Restaurant entfernt. Wir gehen einen Häuserblock weiter, biegen an der Kreuzung ab und gehen in Richtung Brücke. Es ist gegenüber von einer Statue.

GEORGE Es tut mir leid, Sabite.
SABITE Mir auch.
HANS Ich... Ich muss gehen.

SABITE Hans, warte! Hans! Geh ihm hinterher!
MELINE Ich laufe Jungen nicht hinterher, Sabite, Jungen laufen mir hinterher. Lass nicht zu, dass er uns den Spaß verdirbt. Essen und Tanzen warten auf dich. Es ist Sabites Nacht!

Nützliche Ausdrücke

- **das Gehör verlieren**
  to lose one's hearing
- **kapieren**
  to understand
- **umkehren**
  to turn around
- **sich bewegen**
  to move
- **Ich laufe Jungen nicht hinterher, Sabite, Jungen laufen mir hinterher.**
  I don't chase boys, Sabite; they chase me.
- **Lass nicht zu, dass er uns den Spaß verdirbt.**
  Don't let him ruin our fun.

10B.1
- **Wir sollten über diese Straße gehen und dann in diese Richtung weitergehen.**
  We should cross this street, and continue in this direction.

10B.2
- **Ich will kein koreanisches Essen essen, ich wollte doch spanisches Essen.**
  I don't want Korean food, I wanted Spanish food.

2 **Zum Besprechen** Stellen Sie sich vor, Hans kommt als Tourist in Ihre Stadt. Schreiben Sie einen Absatz (*paragraph*), in dem Sie ihm drei Orte empfehlen, die er sehen sollte. Erklären Sie ihm den Weg von Ihrer Schule oder Uni aus.

3 **Vertiefung** Hans, George, Meline und Sabite wollen im Berliner Stadtteil (*district*) Charlottenburg spanisch essen gehen. Finden Sie weitere Stadtteile von Berlin.

Ressourcen

SAM
VM: pp. 20

DVD
Folge 20

vhlcentral.com

Kabarett Ⓢ Reading

KABARETT IST EINE FORM DES Theaters. Es wird auch Kleinkunst genannt. Beim Kabarett kombinieren und verbinden° Künstler Monologe, Dialoge, Pantomime und schauspielerische Szenen. Auch Aspekte der Lyrik (Gedichte° und Balladen) und Musik sind Teil° des Kabaretts. Im Kabarett kritisieren Künstler oft Aspekte der Gesellschaft°, indem sie Satire, Parodie, Sarkasmus und Ironie für diese Kritik benutzen. Dabei wollen sie auch das Publikum unterhalten° und zum Lachen bringen. Man kann Kabarett vor allem auf kleinen Bühnen° sehen. Die deutsche Kultshow „Scheibenwischer" von und mit Dieter Hildebrandt ist ein Beispiel dafür, dass es Kabarett auch im Fernsehen gibt.

Kabarett begann ursprünglich in Frankreich. 1901, etwa 20 Jahre später, gründete° Ernst von Wolzogen in Berlin das Kabarett „Überbrettl". Während des Kaiserreichs am Anfang des 20. Jahrhunderts und während des Dritten Reichs hatten Kabarettisten große politische Probleme. Erst nach dem 2. Weltkrieg durften Künstler im Kabarett wieder sagen, was sie wollten, und freie Kritik an Politik und Gesellschaft üben. In Mainz kann man heute das Deutsche Kabarettarchiv finden, wo es für die herausragenden° deutschen Kaberettisten ähnlich dem° *Hollywood Walk of Fame* einen Weg „Sterne der Satire" gibt.

Berühmte Kabarettisten	
Dieter Hallervorden (1935–)	Gründete 1960 das Kabarett Die Wühlmäuse und ist berühmt für die Figur Didi. In dem Film „Didi und die Rache der Enterbten" spielt Hallervorden sieben Rollen!
Dieter Hildebrandt (1927–)	Einer der wichtigsten Kaberettisten Deutschlands und Mitbegründer° der Münchner Lach- und Schießgesellschaft.
Urban Priol (1961–)	Besitzer des Kabaretts am Hofgarten in Aschaffenburg. Erhielt 2007 den Deutschen Fernsehpreis in der Kategorie Beste Comedy.

QUELLE: Das deutsche Kaberett Portal

verbinden *combine* Gedichte *poems* Teil *part*
Gesellschaft *society* unterhalten *entertain* Bühnen *stages*
gründete *founded* herausragenden *outstanding* ähnlich
dem *similar to the* Mitbegründer *co-founder*

1 **Richtig oder falsch?** Sind die Aussagen richtig oder falsch? Korrigieren Sie die falschen Aussagen mit einem Partner / einer Partnerin.

1. Ein anderer Name für Kabarett ist Kleinkunst.

2. Kabarett ist eine Kombination von vielen Kunstformen.

3. Kabarett kann man nur im Fernsehen sehen.

4. Das erste Kabarett in Deutschland hieß Überbrettl.

5. Eine berühmte Kabarettshow im deutschen Radio heißt „Scheibenwischer".

6. Das Deutsche Kabarettarchiv ist in Mainz.

7. In Berlin gibt es einen Weg „Sterne der Satire".

8. Urban Priol spielt auf der Bühne und im Fernsehen.

DEUTSCH IM ALLTAG

Orte der Kunst

die Freilichtbühne, -n	open air theater
die Galerie, -n	gallery
das Kabarett, -s	cabaret
das Kino, -s	movie theater
das Museum, Museen	museum
die Oper, -n	opera
das Theater, -	theater

DIE DEUTSCHSPRACHIGE WELT

PORTRÄT

Pina Bausch

Pina Bausch (1940–2009) war neben Mary Wigman die bedeutendste° deutsche Choreographin der Gegenwart°. Sie begann ihre Ausbildung° als Tänzerin an der Folkwangschule in Essen. Sie studierte auch an der Juilliard School in New York. 1973 wurde sie choreographische Leiterin° bei den Wuppertaler Bühnen und das Tanzensemble wird schon bald in Tanztheater Wuppertal umbenannt.

Bausch entwickelte° eine neue Tanzform, das Tanztheater, eine Kombination von Tanz, Gesang, Pantomime und Akrobatik. Es war sehr radikal und die Aufführungen° waren am Anfang oft kontrovers. Bausch war international anerkannt° und sie bekam Preise in Deutschland, England, Frankreich, Italien, Japan, Russland, der Türkei und den USA.

bedeutendste *most significant* **Gegenwart** *present times* **Ausbildung** *training* **Leiterin** *director* **entwickelte** *developed* **Aufführungen** *performances* **anerkannt** *recognized*

Religion

Die beiden größten Religionsgruppen in Deutschland sind der Katholizismus (die Römisch-Katholische Kirche) und der Protestantismus (Evangelische Landeskirchen). Etwa 30% der Deutschen sind römisch-katholisch und 35% evangelisch. Im Süden und Westen sind mehr Menschen katholisch. Im Norden sind mehr Menschen evangelisch. Diese Aufteilung° geht auf den Dreißigjährigen Krieg° zurück, als Länder im Norden die protestantische Seite unterstützten° und Länder im Süden die römisch-katholische Kirche. Neben den beiden Hauptreligionen ist der Islam mit 3% die drittgrößte Religionsgruppe aber etwa ein Drittel der Bevölkerung (29%), vor allem in Ostdeutschland, ist konfessionslos.

Aufteilung *division* **Krieg** *war* **unterstützten** *supported*

IM INTERNET

Suchen Sie mehr Informationen zum Thema Religion in Deutschland: Welche Religionen gibt es in Deutschland? Welche religiösen Feste feiern die Deutschen? Welche offiziellen Feiertage gibt es?

For more information on this **Kultur**, go to **vhlcentral.com**.

---

2 **Was fehlt?** Ergänzen Sie die Sätze.

1. Etwa 35% der Deutschen sind _____.
2. Mehr katholische Deutsche wohnen im _____ und Westen.
3. Das Tanztheater Pina Bausch ist in _____.
4. Tanztheater ist eine neue _____.
5. Pina Bauschs Tanztheater ist eine Kombination von Tanz, Gesang, Pantomime und _____.

3 **Kabarett!** Schreiben Sie mit einem Partner / einer Partnerin ein kurzes Kabarett- / Comedystück, um es vor der Klasse zu spielen. Wählen Sie zuerst ein Thema. Überlegen Sie sich dann, was Sie darüber sagen oder zeigen wollen. Wollen Sie soziale oder politische Kommentare in Ihr Stück integrieren? Wollen Sie Satire oder Sarkasmus integrieren? Wie können Sie Ihre Ideen am besten zeigen: durch ein Gedicht (*poem*), mit Pantomime oder in der Form von Musik?

Ressourcen

vhlcentral.com

10B.1

QUERVERWEIS

See **3B.3**, **4B.2** and **5B.3**, to review the use of prepositions with the accusative and dative cases. See **7A.2**, to review the use of prepositions to indicate location.

You will learn more about country names in **10B.2**.

ACHTUNG

Remember that **nach Hause** means *(to) home*, while **zu Hause** means *(at) home*. Note that you cannot use **zu Hause** to express going to someone else's home.

Remember that certain prepositions are typically combined with the definite article to form a contraction. You have already learned the accusative contractions **ans**, **aufs**, **durchs**, **fürs**, **ins**, **ums** and the dative contractions **am**, **beim**, **im**, **vom**, **zum**, **zur**.

Prepositions of direction Presentation

Startblock In **7A.2**, you learned to use prepositions to talk about where things are located. You can also use prepositions to talk about movement toward or away from a location.

Wir müssen **nach** Kreuzberg zurück.

Wir sollten **über** die Straße gehen und dann **in** diese Richtung weitergehen.

- Use **nach** with geographical place names to talk about traveling to a destination. Use **in** with the accusative if a place name includes a definite article.

Fliegt ihr morgen **nach** Istanbul?	Wir wollten schon immer **in** die Türkei fahren.
*Are you flying **to** Istanbul tomorrow?*	*We've always wanted to go **to** Turkey.*

- Use **zu** with the dative to talk about going to a destination within a town or city, such as a store or building. You can also use **zu** with a dative personal pronoun or a person's name or title to say that you are going to their home or business.

Dieser Bus fährt **zum** Einkaufszentrum.	Ich muss noch schnell **zu** Aldi, um Milch zu kaufen.
*This bus goes **to** the shopping center.*	*I still have to go **to** Aldi to buy milk.*
Die Fahrt **zu** meinen Großeltern dauert zwei Stunden.	Vergiss nicht, dass du morgen **zur** Zahnärztin gehen musst!
*The drive **to** my grandparents' house takes two hours.*	*Don't forget that you have to go **to** the dentist tomorrow!*

- Use **in** with the accusative to talk about going to a location inside a building, into a geographical area, or to a certain street.

Heute Abend gehe ich **in** die Bibliothek.	Mia geht **in** den Waschsalon.
*I'm going **to** the library tonight.*	*Mia's going **into** the laundromat.*
Am Wochenende fahren wir gern **in** die Berge.	Biegen Sie links ab **in** die Waldstraße!
*On weekends, we like to drive up **into** the mountains.*	*Take a left **onto** Wald Street!*

- Use **auf** with the accusative to talk about movement toward a horizontal surface, an open space, or a public building, and also in idiomatic expressions such as **auf eine Party gehen**.

Legen Sie die Papiere bitte **auf** meinen Schreibtisch.	Am Sonntag gehen wir **auf** den Markt.
*Please put the papers **on** my desk.*	*On Sunday, we're going **to** the market.*
Könntest du bitte **auf** die Post gehen und Briefmarken kaufen?	Morgen fahren Herr und Frau Maier **aufs** Land.
*Could you please go **to** the post office and buy some stamps?*	*Tomorrow, Mr. and Mrs. Maier are driving **out to** the country.*

- Use **an** with the accusative to talk about movement toward a vertical surface or a body of water.

Emma hängt ihre Poster **an** die Wand.
*Emma is putting her posters up **on** the wall.*

Im Sommer gehen wir immer **an** den Strand.
*We always go **to** the beach in the summer.*

- Use **über** with the accusative to talk about movement over, across, or by way of something, such as a street, a bridge, or a mountain.

Radfahrer sollen ihre Fahrräder **über** die Straße schieben.
*Bicyclists are supposed to push their bikes **across** the street.*

Sie fahren **über** München nach Salzburg.
*They're driving to Salzburg **by way of** Munich.*

Ich möchte dieses Bild **über** das Sofa hängen.
*I want to hang this picture **above** the sofa.*

Wir sind **über** die Berge nach Österreich gereist.
*We traveled **over** the mountains to Austria.*

- Use **aus** with place names to express where someone is from. If the place name includes a definite article, use the dative case.

Unsere Eltern kommen **aus** Österreich.
*Our parents are **from** Austria.*

Die beste Schokolade kommt **aus** der Schweiz.
*The best chocolate comes **from** Switzerland.*

- When using modals with prepositions of location, German speakers often omit the infinitive after the modal.

Wir müssen **nach Hause**.
*We have to **go home**.*

Ich will **ins Bett**.
*I want to **go to bed**.*

Ressourcen

SAM
WB: pp. 143–144

SAM
LM: pp. 92

vhlcentral.com

 Jetzt sind Sie dran!   **Wählen Sie die passenden Präpositionen.**

1. Ich fliege morgen früh (nach / in / auf) Spanien.
2. Tanja und Sabine fahren (in / auf / an) den Strand in Mallorca.
3. In zwei Wochen fliegen wir alle (über / nach / zu) Hause.
4. Wie kommt man am schnellsten (an den / zum) / in den) Deutschen Museum?
5. Ich fahre gern (in / über / auf) die Schweiz.
6. Geht ihr am Wochenende (an / nach / auf) Annikas Party?
7. Kinder, seid vorsichtig (*careful*), wenn ihr (nach / über / in) den Zebrastreifen lauft.

8. Der Lehrer hat seinen Namen (an / in / nach) die Tafel geschrieben.
9. Warst du schon (in / zu / auf) der Post?
10. Fahren Sie (an / in / auf) die Albstraße hinein und suchen Sie dort einen Parkplatz.
11. Mama, ich gehe (nach / über / zu) einer Freundin.
12. Der Mann ist bei Rot (zu / über / aus) die Kreuzung gefahren.
13. Ich fliege morgen (zu / nach / auf) München.
14. Wir gehen (zu / auf / an) den Markt.

Anwendung

1 **Ergänzen Sie** Ergänzen Sie die Sätze mit **nach** oder **in**.

▶ **BEISPIEL** Italien
Nächsten Freitag fahre ich
nach Italien.

die Fußgängerzone
1. Zum Einkaufen
geht man
_____.

Paris
2. Macht ihr
eine Reise
_____?

die Schweiz
3. Stefan und
Martin fahren
_____.

Mexiko
4. Kiara würde gern
_____
fliegen.

die Staatsbibliothek
5. Am Freitag
gehen wir
_____.

2 **Kombinieren Sie** Ergänzen Sie die Sätze mit den passenden Präpositionen: **an, auf, in, über, zu**.

BEISPIEL Kommst du nach dem Konzert noch mit uns _zu_ Peter?

1. Mein Opa legt sich nach dem Mittagessen immer _____ das Sofa.
2. Um zu Steffi zu kommen, musst du _____ die Brücke fahren und dann links abbiegen.
3. Wisst ihr, ob Annika und Lena _____ die Bibliothek gegangen sind?
4. Ich muss noch schnell _____ die Bank gehen und Geld abheben.
5. Warum fährst du im Winter nie in die Berge, sondern immer nur _____ den Strand?

3 **Persönliche Fragen** Beantworten Sie die Fragen in ganzen Sätzen. Achten Sie darauf, dass Sie die passenden Präpositionen bei Ihren Antworten benutzen.

BEISPIEL Wohin werden Sie am Ende des Semesters fahren?
Ich werde zu meinen Eltern fahren.

1. Wohin gehen Sie, wenn Sie richtig Spaß haben wollen?
2. Wohin gehen Sie, wenn Sie mal ganz allein sein wollen?
3. Wohin gehen Sie, wenn Sie ein schönes Geschenk für Ihre Mutter suchen?
4. Wohin gehen Sie, wenn Sie Briefmarken brauchen?
5. Wohin fahren Sie lieber: in die Berge oder an den Strand?
6. Wohin möchten Sie in Urlaub fahren?

Practice more at **vhlcentral.com.**

Kommunikation

4 **Wohin?** Wohin sind die Leute in den Bildern gegangen, gefahren oder geflogen? Schreiben Sie Sätze mit einem Partner / einer Partnerin und benutzen Sie dabei das Perfekt und die passenden Präpositionen.

> Italien | der See | der Supermarkt
> das Konzert | der Strand |

▶ **BEISPIEL** Simone und Emil

Simone und Emil sind an den See gefahren.

1. Herr und Frau Kaymaz

2. Julian

3. Mira

4. Familie Lehmann

5 **Wie oft...?** Fragen Sie Ihren Partner / Ihre Partnerin, wie oft er/sie zu den angegebenen Orten geht.

BEISPIEL

S1: *Wie oft gehst du ins Theater?*
S2: *Vielleicht einmal im Jahr. Und wie oft gehst du auf eine Party?*
S1: *Jedes Wochenende.*

1. das Meer
2. das Einkaufszentrum
3. der Arzt
4. die Großeltern
5. die Bank

6 **Das Klassenzimmer verrücken** Spielen Sie. Zwei Studenten verlassen (*leave*) das Klassenzimmer. Der Rest der Klasse verrückt (*moves*) ein paar Sachen im Klassenzimmer. Die zwei Studenten kommen wieder herein und erraten (*guess*), was die anderen Studenten verrückt haben.

BEISPIEL

S1: *Ihr habt Bücher unter den Tisch gelegt.*
S2: *Und ihr habt einen Rucksack an die Wand gehängt.*

10B.2 Talking about nationality Presentation

Startblock In German, both nouns and adjectives are used to talk about nationality.

ACHTUNG

The United States may be refered to as **Amerika**, **die USA** (*pl.*), or **die Vereinigten Staaten** (*pl.*). To talk about travelling to a country, use the preposition **in** with country names that begin with an article and **nach** with those that do not. **Ich fliege morgen nach Deutschland. Ich fahre dann in die Schweiz.**

Schweizer is used as an adjective in certain fixed expressions, such as **Schweizer Käse** and **Schweizer Schokolade**. It ends in **-er** regardless of the gender or number of the noun that follows it.

- Unlike in English, German adjectives of nationality are never capitalized and are rarely used to refer to people. To describe a person's nationality, use **sein** with a noun of nationality, dropping the article before the noun.

Magst du **deutsches** Essen?　　　　　Sarah ist **Deutsche**.
*Do you like **German** food?*　　　　　*Sarah is **German**.*

countries and nationalities		
Amerika	der Amerikaner,- / die Amerikanerin,-nen	amerikanisch
China	der Chinese,-n / die Chinesin,-nen	chinesisch
Deutschland	der Deutsche,-n / die Deutsche,-nen	deutsch
England	der Engländer,- / die Engländerin,-nen	englisch
Frankreich	der Franzose,-n / die Französin,-nen	französisch
Indien	der Inder,- / die Inderin,-nen	indisch
Italien	der Italiener,- / die Italienerin,-nen	italienisch
Kanada	der Kanadier,- / die Kanadierin,-nen	kanadisch
Korea	der Koreaner,- / die Koreanerin,-nen	koreanisch
Mexiko	der Mexikaner,- / die Mexikanerin,-nen	mexikanisch
Österreich	der Österreicher,- / die Österreicherin,-nen	österreichisch
Russland	der Russe,-n / die Russin,-nen	russisch
die Schweiz	der Schweizer,- / die Schweizerin,-nen	schweizerisch, Schweizer
Spanien	der Spanier,- / die Spanierin,-nen	spanisch
die Türkei	der Türke,-n / die Türkin,-nen	türkisch

- You can use either **nicht** or **kein** before a noun of nationality.

Marie **ist Französin**.　　　Yasmin **ist keine Türkin**.　　　Max **ist nicht Kanadier**.
*Marie **is French**.*　　　*Yasmin **isn't Turkish**.*　　　*Max **isn't Canadian**.*

QUERVERWEIS

See **10A.2** to review the use of **der/die Deutsche** as an adjectival noun.

—

Chinese, **Franzose**, and **Russe** are **n**-nouns. See **8B.1** to review **n**-nouns.

—

See **3A.2** to review adjective endings.

- Most nouns referring to languages are identical to the corresponding adjective of nationality, but are capitalized and have no added endings. Nouns referring to a language are always neuter. They do not take definite articles.

Ben spricht fließend **Deutsch**.　　　Wir sprechen **kein Italienisch**.
*Ben speaks **German** fluently.*　　　*We don't speak **Italian**.*

Ihr **Französisch** ist sehr gut.　　　Ich spreche nicht so gut **Russisch**.
*Your **French** is very good.*　　　*I don't speak **Russian** very well.*

Ressourcen

SAM
WB: pp. 145–146

SAM
LM: p. 93

vhlcentral.com

Jetzt sind Sie dran!　**Wählen Sie das passende Wort.**

1. Gerd spricht (deutsch / (Deutsch)).
2. Ich finde die (Chinesische / chinesische) Küche (*cuisine*) sehr lecker.
3. Arnold Schwarzenegger ist (Österreich / Österreicher).
4. Karl studiert seit zwei Jahren in Rom und spricht fließend (Italienisch / italienisch).

5. Die (Deutsche / deutsche) Flagge ist schwarz, rot und gold.
6. Lara kommt aus der Türkei und ist (eine Türkin / Türkin).
7. Patricia wohnt in Madrid und ist (spanisch / Spanierin).
8. In Kanada spricht man (englisch / Englisch) und Französisch.

Anwendung und Kommunikation

1 **Nationalitäten** Geben Sie die Nationalitäten und die Muttersprachen
dieser Personen an.

> **BEISPIEL** Magali (*f.*) / Frankreich
> *Magali ist Französin. Sie spricht wohl Französisch.*

1. Manfred / Deutschland
2. Francesca / Italien
3. Jasmin / Türkei
4. Sergio / Spanien
5. Emily / die USA

2 **Sätze ergänzen** Ergänzen Sie die Sätze mit den Adjektiven,
die zu den Orten (*places*) in Klammern gehören. Benutzen Sie die
richtigen Adjektivendungen.

> **BEISPIEL** (Türkei) Im Pergamonmuseum kann man etwas
> über die __türkische__ Geschichte lernen.

1. (Österreich) Das Wiener Schnitzel ist eine
_____ Spezialität.
2. (Spanien) Das Guggenheim-Museum in der
_____ Stadt Bilbao ist sehr modern.
3. (die Schweiz) Emmentaler und Münster sind
_____ Käse.
4. (Korea) Ich esse sehr gern _____ Essen.
5. (Deutschland) Der _____ Praktikant (*intern*)
ist sehr intelligent.

3 **Aus aller Welt** Fragen Sie Ihren Partner / Ihre Partnerin, welche
Sachen aus verschiedenen Ländern er/sie (nicht) gern mag. Benutzen Sie
die Wörter aus der Liste oder Ihre eigenen.

> **BEISPIEL**
>
> **S1:** *Isst du gern Käse aus Holland?*
> **S2:** *Ja, ich esse gern holländischen Käse.*
> *Am liebsten esse ich aber französischen Käse.*

Käse (*m.*)	Schokolade (*f.*)
Kaffee (*m.*)	Tee (*m.*)
Literatur (*f.*)	Zeitungen (*pl.*)
Musik (*f.*)	Komponisten (*pl.*) (*composers*)
Filme (*pl.*)	Architektur (*f.*)
Essen (*n.*)	Maler (*pl.*) (*painters*)

Practice more at **vhlcentral.com.**

Wiederholung

1 Unterschiede

Sie und Ihr Partner / Ihre Partnerin bekommen Blätter mit ähnlichen Bildern einer Straße. Suchen Sie die Unterschiede und notieren Sie die.

BEISPIEL

S1: Auf meinem Bild gibt es zwei Zeitungskioske. Wie viele hast du?
S2: Ich habe nur einen.

2 Geografie

Fragen Sie Ihren Partner / Ihre Partnerin, in welches Land man fahren muss, um die abgebildeten Sehenswürdigkeiten zu besichtigen.

BEISPIEL

S1: Wohin reist man, wenn man den Eiffelturm sehen will?
S2: Wenn man den Eiffelturm sehen will, muss man nach Frankreich reisen.

der Eiffelturm in Paris

der Redwood-Nationalpark in Kalifornien

der Westminster-Palast in London

die Sultan-Ahmed-Moschee in Istanbul

das Matterhorn in den Alpen

das Brandenburger Tor in Berlin

3 In der Stadt

Wählen Sie eine Aktivität aus der Liste. Sagen Sie Ihrem Partner / Ihrer Partnerin, was Sie in der Stadt machen wollen. Er/Sie sagt Ihnen, wohin Sie gehen müssen, um das zu machen.

BEISPIEL

S1: Ich möchte mit dem Bürgermeister sprechen.
S2: Hmmm, da musst du ins Rathaus.

> mit dem Bürgermeister sprechen
> schwimmen gehen
> eine Sportzeitschrift kaufen
> frisches Obst und Gemüse kaufen
> einen Autounfall melden (*report*)
> Wäsche waschen
> im Grünen spazieren gehen
> im Internet surfen

4 Wer isst das?

Erzählen Sie Ihrem Partner / Ihrer Partnerin, was Sie gerne essen würden. Ihr Partner / Ihre Partnerin sagt, in welches Restaurant Sie gehen sollen.

BEISPIEL

S1: Ich würde gern Pasta oder Pizza essen.
S2: Gehen wir doch in ein italienisches Restaurant!

5 Nach dem Weg fragen

Wählen Sie drei Ziele (*destinations*) in Ihrer Stadt aus. Fragen Sie zwei Personen, wie man von der Bibliothek zu jedem Ziel kommt. Schreiben Sie die Antwort auf, und entscheiden Sie, welche Antwort besser ist.

BEISPIEL

S1: Wie kommt man am besten von der Bibliothek zu Martins Waschsalon?
S2: Wenn du vor der Bibliothek stehst, geh erst nach links und dann geradeaus bis zum Broadway, dann...

6 Ein Festessen Planen Sie mit Ihrem Partner / Ihrer Partnerin ein Essen für die Eltern, die Sie zu einem schönen Abendessen eingeladen haben. Planen Sie erst das Menü und was Sie alles dazu brauchen. Dann schauen Sie auf das Bild und sagen Sie, was Sie in jedem Geschäft kaufen.

BEISPIEL

S1: Mein Vater will immer Brot zum Abendessen. Ich kaufe es in der Bäckerei.

S2: Und wie wär's mit Garnelen? Ich kann dafür ins Fischgeschäft gehen.

METZGEREI · BÄCKEREI · FEINKOST · FISCHGESCHÄFT · KONDITOREI

7 Stadtführer Wählen Sie mit einem Partner / einer Partnerin fünf Orte in Ihrer Stadt, die Besucher unbedingt sehen sollen. Beschreiben Sie jeden Ort. Besprechen Sie dann, wie man von einem Ort zum nächsten kommt.

BEISPIEL

S1: Ich finde, Besucher sollten das Kunstmuseum sehen.

S2: Du hast recht! Da kann man...

8 Wer und woher? Beschreiben Sie Ihrem Partner / Ihrer Partnerin eine berühmte Person. Er/Sie rät, wer das ist, und sagt, woher er/sie kommt.

BEISPIEL

S1: Man kennt diesen Mann durch seine Opern und Symphonien. Er war Österreicher und lebte im 18. Jahrhundert und ist jung gestorben.

S2: Das ist Mozart, der österreichische Musiker.

Mein Wör|ter|buch

Schreiben Sie fünf weitere Wörter in Ihr persönliches Wörterbuch zu den Themen **Besorgungen** und **In der Stadt**.

Schmuckgeschäft

Übersetzung
jewelry store

Wortart
Substantiv

Gebrauch
Im Schmuckgeschäft will ich mir eine neue Armbanduhr (watch) aussuchen.

Synonyme
Juweliergeschäft, Juwelier

Antonyme
—

Weiter geht's

Panorama Map

Niedersachsen und Nordrhein-Westfalen

Niedersachsen in Zahlen

▶ **Fläche:** *47,634 km²*

▶ **Bevölkerung:** *7,9 Millionen Menschen*

▶ **Städte:** *Hannover (522.000 Einwohner), Braunschweig (248.000), Osnabrück (164.000)*

▶ **Wichtige Industriezweige:** *Automobil, Stahl°, Windenergie, Messen°*

▶ **Touristenattraktionen:** *Cuxhaven, Ostfriesische Inseln, Hannover, Otterndorf, Lüneburger Heide*

Touristen können in Niedersachsen Urlaub an der Nordseeküste machen oder die Natur in der Lüneburger Heide oder im Harz genießen. Die Industrie wird vor allem durch den Autohersteller VW mit seinem Sitz in Wolfsburg dominiert.

QUELLE: Landesportal Niedersachsen

Nordrhein-Westfalen in Zahlen

▶ **Fläche:** *34,088 km²*

▶ **Bevölkerung:** *17,8 Millionen Menschen*

▶ **Städte:** *Köln (1.007.000 Einwohner), Düsseldorf (588.000), Dortmund (580.000)*

▶ **Wichtige Industriezweige:** *Maschinenbau, Elektroindustrie, Banken, Tourismus*

▶ **Touristenattraktionen:** *Teutoburger Wald, Siegerland, Wittgensteiner Land*

Viele Touristen besuchen Nordrhein-Westfalen wegen der schönen Natur und der vielen Bäder im Teutoburger Wald. Nordrhein-Westfalen ist nicht nur das Bundesland mit der größten Bevölkerung, sondern auch mit der stärksten Wirtschaft.

QUELLE: Landesportal Nordrhein-Westfalen

Berühmte Menschen aus Niedersachsen und Nordrhein-Westfalen

▶ **Wilhelm Busch,** *Autor (1832–1908)*

▶ **Lena Meyer-Landrut,** *Sängerin (1991–)*

▶ **Baron Münchhausen,** *Aristokrat (1720–1797)*

▶ **Michael Schumacher,** *Formel-1-Rennfahrer (1969–)*

▶ **Werner von Siemens,** *Erfinder° (1816–1892)*

Stahl *steel* **Messen** *trade shows* **Wirtschaft** *economy* **Erfinder** *inventor*
Würfen *throws* **eine bestimmte Strecke schaffen** *complete a predetermined route* **freien Feldern** *open fields*

Karnevalskostüm in Köln

VW-Werk in Wolfsburg

Der Harz liegt in Niedersachsen, Sachsen-Anhalt und Thüringen

Unglaublich, aber wahr!

Boßeln ist ein Ballsport in Norddeutschland. Ein Spieler muss mit einem Ball in so wenig Würfen° wie möglich eine bestimmte Strecke schaffen°. Man kann auf freien Feldern° oder auf Straßen spielen. Normalerweise ist Boßeln ein Mannschaftssport.

Landschaftsarchitektur
Landschaftspark Duisburg-Nord

Als die Stahlproduktion unrentabel° wurde, veränderte sich die gesamte Region. Aus dem Stahlwerk° in Duisburg-Meiderich ist so der Landschaftspark Duisburg-Nord geworden. Viele Industrieelemente sind im Park noch erhalten, aber sie wurden mit Bäumen, Blumen und Freizeitgeländen kombiniert. Das Resultat ist eine bemerkenswerte Integration von Industriestrukturen und Landschaft. Der Landschaftspark gilt als eins der wichtigsten Projekte der Landschaftsarchitektur der Jahrtausendwende°.

Natur
Lüneburger Heide

Die Lüneburger Heide° ist eine Naturlandschaft in Niedersachsen. Sie liegt zwischen Hamburg, Bremen und Hannover. Die Heide ist eine der wichtigsten Touristenattraktion in Niedersachsen: mehr als 4 Millionen Touristen besuchen die Heide jedes Jahr. In dieser flachen Region kann man Wald- und Heidelandschaften finden. Im Naturschutzgebiet° darf man nicht mit dem Auto fahren. Selbst die Polizisten reiten auf Pferden°. Besonders interessant für Touristen sind die vielen Heidschnuckenherden°, die es auf der Heide gibt.

Berühmte Personen
Karl der Große°

Karl der Große (circa 747–814) gilt als einer der bedeutendsten Herrscher° Europas. Er war ab dem Jahr 768 König des fränkischen Reiches° und ab dem Jahr 800 Römischer Kaiser. Er regierte das heutige Deutschland, Frankreich, die Niederlande, Belgien, Italien und Polen. Er gilt als der erste Europäer, weil er in dieser Region eine Art europäische Kultur geprägt° hat. Zum Beispiel war Latein die wichtigste Sprache in dem gesamten Reich. Nach seinem Tod wurde er in der Pfalzkapelle in seiner Residenzstadt Aachen, die heute in Nordrhein-Westfalen liegt, begraben°.

Öffentlicher Verkehr
Schwebebahn° Wuppertal

In Wuppertal gibt es nicht nur Busse für den öffentlichen Verkehr, sondern auch eine Schwebebahn, die seit 1901 Menschen zwischen Vohwinkel und Oberbarmen transportiert. Sie ist das Wahrzeichen° der Stadt Wuppertal und steht seit 1997 unter Denkmalschutz. Im Jahr 1950 sollte der Elefant Tuffi zwischen zwei Stationen mit der Schwebebahn fahren. Als der Elefant erschrak°, sprang er aus der Schwebebahn und landete in der Wupper. Dem Tier passierte dabei nichts, aber die Stadt ist seither dafür berühmt.

IM INTERNET

1. Suchen Sie Touristeninformationen über die Lüneburger Heide: Was kann man hier machen? Wo kann man wohnen?

2. Suchen Sie mehr Informationen zu Karl dem Großen: Was weiß man über seine Familie? Warum war sein Reich so wichtig für Europa?

For more information on this **Panorama**, go to **vhlcentral.com**.

Stahlproduktion und Kohleförderung *steel and coal production* **unrentabel** *unprofitable* **Stahlwerk** *steelmill* **Freizeitgeländen** *recreational facilities* **Jahrtausendwende** *turn of the millennium* **Heide** *heath* **Naturschutzgebiet** *protected landscape* **Pferden** *horses* **Heidschnuckenherden** *flocks of moorland sheep* **Schwebebahn** *suspended monorail* **Wahrzeichen** *landmark* **erschrak** *became scared* **sprang** *jumped* **Karl der Große** *Charlemagne* **Herrscher** *rulers* **des fränkischen Reiches** *of the Frankish Empire* **geprägt** *shaped* **begraben** *burried*

Was haben Sie gelernt? Ergänzen Sie die Sätze.

1. Boßeln ist ein _____ in Norddeutschland.

2. Normalerweise spielt man Boßeln als _____.

3. Aus einem Stahlwerk hat man im Ruhrgebiet einen _____ gemacht.

4. Der Landespark Duisburg-Nord ist eine Kombination aus _____ und Landschaft.

5. Die Lüneburger Heide liegt zwischen _____, Bremen und Hannover.

6. Mehr als _____ Touristen besuchen die Heide jedes Jahr.

7. Die Wuppertaler Schwebebahn gibt es seit _____.

8. 1950 sprang ein _____ aus der Schwebebahn.

9. Karl der Große hat in seinem Reich eine europäische _____ geprägt.

10. Karl der Große ist in _____ begraben.

 Practice more at **vhlcentral.com**.

Lesen Reading: Audio

Vor dem Lesen

Strategien

Repetition

Poets often use repetition of sounds, syllables, words, rhymes, or rhythms to emphasize certain images or themes, to establish a particular mood or tone, or to create a musical effect. A poet may also repeat a particular verse or phrase with slight variations, using these subtle differences to create a shift in tone or change of focus. Paying attention to the effects of recurring words, phrases, and sounds will help you gain insight into the meaning of a poem.

Untersuchen Sie den Text

Sehen Sie sich diese beiden Gedichte (*poems*) an. Beachten Sie die Wiederholung von Wörtern und Zeilen. Gibt es auch Wiederholungen mit kleinen Unterschieden (*differences*)?

Autoren
Hermann Hesse

Der deutsche Schriftsteller (*writer*) Hermann Hesse (1877-1962) war weit gereist. In einigen Werken (z. B. seinem Roman *Siddhartha*) merkt man den Einfluss der indischen Kultur. Während beider Weltkriege wohnte Hesse in der Schweiz, wo er viel über Pazifismus schrieb.

Paul Celan

Paul Celan (1920-1970) wurde in Rumänien geboren. Seine Familie waren deutschsprachige Juden (*Jews*). 1941 deportierten die Nazis Celans Familie in ein Konzentrationslager. Beide Eltern sind dort gestorben. Celan überstand (*survived*) das Konzentrationslager. Nach dem Krieg ging er nach Paris, wo er sich niederließ (*settled*). In vielen Gedichten schrieb er über die Vernichtung der Juden im Zweiten Weltkrieg.

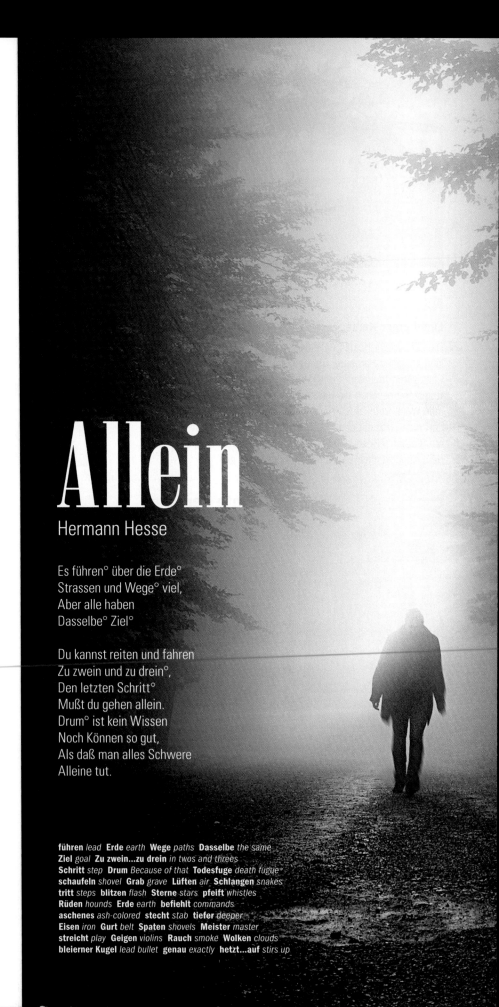

Allein
Hermann Hesse

Es führen° über die Erde°
Strassen und Wege° viel,
Aber alle haben
Dasselbe° Ziel°

Du kannst reiten und fahren
Zu zwein und zu drein°,
Den letzten Schritt°
Mußt du gehen allein.
Drum° ist kein Wissen
Noch Können so gut,
Als daß man alles Schwere
Alleine tut.

führen *lead* **Erde** *earth* **Wege** *paths* **Dasselbe** *the same*
Ziel *goal* **Zu zwein...zu drein** *in twos and threes*
Schritt *step* **Drum** *Because of that* **Todesfuge** *death fugue*
schaufeln *shovel* **Grab** *grave* **Lüften** *air* **Schlangen** *snakes*
tritt *steps* **blitzen** *flash* **Sterne** *stars* **pfeift** *whistles*
Rüden *hounds* **Erde** *earth* **befiehlt** *commands*
aschenes *ash-colored* **stecht** *stab* **tiefer** *deeper*
Eisen *iron* **Gurt** *belt* **Spaten** *shovels* **Meister** *master*
streicht *play* **Geigen** *violins* **Rauch** *smoke* **Wolken** *clouds*
bleierner Kugel *lead bullet* **genau** *exactly* **hetzt...auf** *stirs up*

Todesfuge°

Paul Celan

Schwarze Milch der Frühe wir trinken sie abends
wir trinken sie mittags und morgens wir trinken sie nachts
wir trinken und trinken
wir schaufeln° ein Grab° in den Lüften° da liegt man nicht eng
Ein Mann wohnt im Haus der spielt mit den Schlangen° der schreibt
der schreibt wenn es dunkelt nach Deutschland dein goldenes Haar Margarete
er schreibt es und tritt° vor das Haus und es blitzen° die Sterne° er pfeift°
    seine Rüden° herbei
er pfeift seine Juden hervor läßt schaufeln ein Grab in der Erde°
er befiehlt° uns spielt auf nun zum Tanz

Schwarze Milch der Frühe wir trinken dich nachts
wir trinken dich morgens und mittags wir trinken dich abends
wir trinken und trinken
Ein Mann wohnt im Haus der spielt mit den Schlangen der schreibt
der schreibt wenn es dunkelt nach Deutschland dein goldenes Haar Margarete
Dein aschenes° Haar Sulamith wir schaufeln ein Grab in den Lüften da liegt
    man nicht eng

Er ruft stecht° tiefer° ins Erdreich ihr einen ihr andern singet und spielt
er greift nach dem Eisen° im Gurt° er schwingts seine Augen sind blau
stecht tiefer die Spaten° ihr einen ihr andern spielt weiter zum Tanz auf

Schwarze Milch der Frühe wir trinken dich nachts
wir trinken dich mittags und morgens wir trinken dich abends
wir trinken und trinken
ein Mann wohnt im Haus dein goldenes Haar Margarete
dein aschenes Haar Sulamith er spielt mit den Schlangen

Er ruft spielt süßer den Tod der Tod ist ein Meister° aus Deutschland
er ruft streicht° dunkler die Geigen° dann steigt ihr als Rauch° in die Luft
dann habt ihr ein Grab in den Wolken° da liegt man nicht eng

Schwarze Milch der Frühe wir trinken dich nachts
wir trinken dich mittags der Tod ist ein Meister aus Deutschland
wir trinken dich abends und morgens wir trinken und trinken
der Tod ist ein Meister aus Deutschland sein Auge ist blau
er trifft dich mit bleierner Kugel° er trifft dich genau°
ein Mann wohnt im Haus dein goldenes Haar Margarete
er hetzt seine Rüden auf° uns er schenkt uns ein Grab in der Luft
er spielt mit den Schlangen und träumet der Tod ist ein Meister aus Deutschland

dein goldenes Haar Margarete
dein aschenes Haar Sulamith

Nach dem Lesen

 Verständnis Antworten Sie auf die
folgenden Fragen.

1. Worüber führen laut Hesse die Straßen und
   die Wege?
2. Wie geht man den letzen Schritt?
3. Was machen die Juden in dem Gedicht von Celan?
4. Welche Farbe haben die Augen des Mannes?
5. Womit spielt der Mann?
6. Wann schreibt der Mann nach Deutschland?

Diskutieren Sie Suchen Sie mit
einem Partner/einer Partnerin alle Wörter in dem
Gedicht „Allein", die ähnliche Geräusche (*similar
sounds*) oder Bedeutungen haben. Suchen Sie
auch alle Zeilen (*lines*) in „Todesfuge", die sich
wiederholen. Wie benutzt jeder Dichter (*poet*) diese
Wiederholungen (*repetitions*)?

 Fragen Sie einander Was sind laut
Hermann Hesse sowohl dasselbe Ziel als auch der
letzte Schritt? Hat Hesse Recht? Ist man immer
allein, wenn man stirbt?
Sind die Juden in Celans Gedicht allein vor ihrem
Tod, wie Hesse glaubt? Warum oder warum nicht?

 Schreiben Sie Sie haben hier zwei Arten
von Gedichten: Ein Gedicht hat Verse (*verses*) und
Strophen (*stanzas*) und hält sich an die Regeln
(*rules*) der Interpunktion (*punctuation*) und der
Rechtschreibung (*spelling*). Das zweite Gedicht hat
zwar Verse und Strophen, hält sich aber nicht an
die Regeln. Welche Wirkung (*effect*) haben diese
verschiedenen Stile? Welches Gedicht gefällt Ihnen
besser? Warum?

Hören

Vorbereitung

Sehen Sie sich das Bild an. Was meinen Sie; welchen Beruf hat die Frau in der weißen Bluse?

Zuhören

Hören Sie sich den Dialog an. Benutzen Sie den Kontext, um die Wörter in Spalte A zu verstehen. Welche Wörter in Spalte B passen zu den Wörtern in Spalte A?

Spalte A	Spalte B
1. ___ Büro	a. Gemeinde (*community*)
2. ___ Umbau	b. Geschäfte
3. ___ Läden	c. Arbeitszimmer für Geschäftsleute
4. ___ Nachbarschaft	d. Renovierung eines Hauses
5. ___ Tiefgarage	e. Parkplätze unter einem Haus

Verständnis

Richtig oder falsch Sind die Sätze richtig oder falsch? Korrigieren Sie die falschen Sätze.

1. Das renovierte Gebäude soll nur für Büros sein.

_____

2. Das Gebäude soll 100 Büros haben.

_____

3. Der Umbau soll ein Jahr dauern.

_____

4. Es wird definitiv einen Supermarkt und ein Fitnessstudio in dem Gebäude geben.

_____

5. Es wird Drei- und Vier-Zimmer-Wohnungen geben.

_____

6. Die Architektur ist eine Kombination aus alt und neu.

_____

7. Es werden neue Parkplätze neben dem Gebäude gebaut.

_____

8. Die Renovierung soll den Charakter der Nachbarschaft nicht verändern.

_____

Neue Architektur Identifizieren Sie in einer Gruppe ein Gebäude auf Ihrem Campus oder in Ihrer Stadt, das man renovieren oder neu bauen sollte. Was sind die Vor- und Nachteile (*advantages and disadvantages*) einer Renovierung oder eines Neubaus? Was ist für die Bewohner und Nutzer des Gebäudes besser? Was ist effizienter? Was hat eine positivere Auswirkung (*effect*) auf die Nachbarschaft und die Gemeinde?

Schreiben

Strategien

Using note cards

When you write, note cards can help you organize and sequence the information you wish to present.

For example, if you were going to write an article about a new apartment complex being built in your town, you would jot down notes about each feature of the development on a different note card. Then you could easily organize the cards once you decide how you want to present the information. For example, you could include the best and worst features of the apartment complex, the different uses incorporated into the design, the size of the various facilities, etc.

Here are some helpful techniques:

- Label the top of each card with a general subject, such as **Geschäfte** or **Wohnungen**.

- Use only the front side of each note card so that you can easily flip through them to find information.

- On each card, jot down only those specifics that correspond to the topic of the card.

- As a last step, number the cards in each subject category in the upper right corner to help you organize them.

Wohnungskriterien   6

- *2–3 Schlafzimmer*
- *2 Badezimmer*
- *Einbauküche*
- *große Fenster*
- *Fitnesscenter im Haus*
- *Einkaufsmöglichkeiten im Haus*

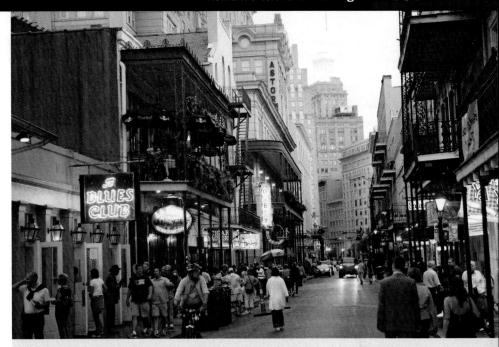

Thema

Eine virtuelle Stadttour

Wählen Sie eine Stadt, die Sie kennen und mögen. Schreiben Sie einen Text für eine virtuelle Stadttour für deutschsprechende Besucher. Schreiben Sie für jede Besonderheit (*feature*) der Stadt eine Notizkarte mit einigen Details, die Sie diskutieren wollen.

- Jede Notizkarte soll ein allgemeines Thema und eine spezifische Sehenswürdigkeit (*point of interest*) haben. Ein allgemeines (*general*) Thema kann auf verschiedene Karten verteilt sein, jede mit einer anderen Sehenswürdigkeit. Wenn die Stadt zum Beispiel mehrere Viertel (*sections*) hätte, wäre „Viertel" das allgemeine Thema und jedes Viertel hätte seine eigene Karte mit einer Beschreibung.

- Benutzen Sie die Notizkarten, um die Tour zu organisieren. Sie können sie nach Nähe (*proximity*), Zweck (Wohnen, Geschäfte, Industrie, Unterhaltung), historischer Entwicklung (ältester Teil bis neuester Teil), saisonalen Interessen oder Art der Bewohner (Studenten, Geschäftsleute, Künstler (*artists*), Rentner (*retirees*)) organisieren.

- Wenn Sie die Tour beginnen, heißen Sie die Besucher willkommen und geben Sie eine allgemeine Übersicht (*orientation*) über die Stadt. Wenn Sie die Tour beenden, sagen Sie den Besuchern, dass Sie hoffen, dass ihnen die Tour gefallen hat und dass sie bald wiederkommen.

Flashcards
Audio: Vocabulary

Orte

das Blumengeschäft, -e	flower shop
das Internetcafé, -s	internet café
das Juweliergeschäft, -e	jewelry store
der Kiosk, -e	newspaper kiosk
die Drogerie, -n	drugstore
die Polizeiwache, -n	police station
das Rathaus, -̈er	town hall
der Kosmetiksalon, -s	beauty salon
das Schreibwarengeschäft, -e	paper-goods store
der Waschsalon, -s	laundromat
geöffnet	open
geschlossen	closed

die Post

die Adresse, -n	address
der Brief, -e	letter
der Briefkasten, -̈	mailbox
die Briefmarke, -n	stamp
der Briefträger, - / die Briefträgerin, -nen	mail carrier
der Briefumschlag, -̈e	envelope
das Paket, -e	package
die Post	post office
die Postkarte, -n	postcard
abschicken (schickt... ab)	to mail

in der Bank

die Bank, -en	bank
das Geld	money
der Geldautomat, -en	ATM
der Geldschein, -e	bill
das Konto (pl. die Konten)	bank account
die Münze, -n	coin
das Kleingeld	change
abheben (hebt... ab)	to withdraw
einzahlen (zahlt... ein)	to deposit

Ausdrücke

das Bargeld	cash
das Formular, -e	form
die Zeitschrift, -en	magazine
die Zeitung, -en	newspaper
bar bezahlen	to pay in cash
Besorgungen machen	to run errands
ausfüllen (füllt... aus)	to fill out
mit der Karte bezahlen	to pay by (credit) card
schicken	to send
unterschreiben	to sign

die Innenstadt

das Einkaufszentrum, (pl. Einkaufszentren)	mall; shopping center
das Gebäude, -	building
das Kaufhaus, -̈er	department store
die Kirche, -n	church
die Stadt, -̈e	town
die Telefonzelle, -n	phone booth

Verkehr

die Allee, -n	avenue; boulevard
die Ampel, -n	traffic light
die Bank, -̈e	bench
die Brücke, -n	bridge
der Brunnen, -	fountain
der Bürgersteig, -e	sidewalk
die Ecke, -n	corner
die Hauptstraße, -n	main road
die Kreuzung, -en	intersection
die Statue, -n	statue
die Straße, -n	street
die Treppe, -n	stairs
der Zebrastreifen, -	crosswalk

Menschen

der Bürgermeister, - / die Bürgermeisterin, -nen	mayor
der Fußgänger, - / die Fußgängerin, -nen	pedestrian

Wo ist...?

abbiegen (biegt... ab)	to turn
folgen	to follow
bis zu	until; up to
gegenüber von	across from
geradeaus	straight
in der Nähe von	close to
in Richtung	toward
nah(e)	near; nearby
weit von	far from

Ausdrücke

mitnehmen (nimmt... mit)	to give a ride
überqueren	to cross
hochgehen (geht... hoch)	to go up/climb
heruntergehen (geht... herunter)	to go down
sich verlaufen	to be/get lost
sich zurechtfinden (findet sich... zurecht)	to find one's way

Subordinating conjunctions	See p. 424.
Adjectives as nouns	See p. 428.
Das Futur I	See p. 430.
Prepositions of direction	See pp. 444–445.
Talking about nationality	See p. 448.

Beruf und Karriere

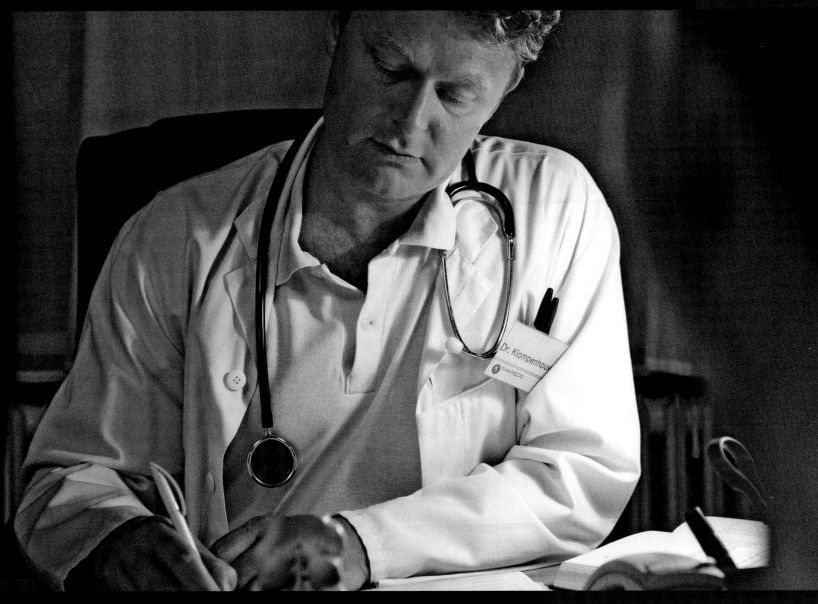

Communicative Goals

You will learn how to:

- talk about jobs and qualifications
- talk about job applications and interviews

Im Büro

Talking Picture
Audio: Activities

Wortschatz

eine Stelle suchen	*looking for a job*
die Ausbildung, -en	*education*
der Beruf, -e	*profession*
die Berufsausbildung, -en	*professional training*
der Bewerber, - / die Bewerberin, -nen	*applicant*
das Empfehlungsschreiben, -	*letter of recommendation*
die Erfahrung, -en	*experience*
das Geschäft, -e	*business*
das (hohe/niedrige) Gehalt (*pl.* die (hohen/niedrigen) Gehälter)	*(high/low) salary*
das Praktikum (*pl.* die Praktika)	*internship*
die Referenz, -en	*reference*
der Sektor, -en	*field; sector*
die Stelle, -n	*position; job*
der Termin, -e	*appointment*
Arbeit finden	*to find a job*
einen Termin vereinbaren	*to make an appointment*
sich bewerben (bewirbt sich)	*to apply*
Büromaterial	*office supplies*
das Adressbuch, -̈er	*address book*
die Büroklammer, -n	*paperclip*
das Büromaterial, -ien	*office supplies*
die Pinnwand, -̈e	*bulletin board*
der Hefter, -	*stapler*
am Telefon	*on the phone*
Wer spricht?	*Who's calling?*
Bleiben Sie bitte am Apparat.	*Please hold.*
eine Nachricht hinterlassen	*to leave a message*

Ressourcen

SAM WB: pp. 147–148 | SAM LM: p. 94 | vhlcentral.com

Sie legt auf. (auflegen)

Hallo

die Telefonnummer, -n

Ja, (022)1 23 45 67

Sie nimmt einen Anruf entgegen. (entgegennehmen)

Er ist in der Warteschleife.

die Angestellte, -n (der Angestellte, -n *m.*)

der Geschäftsführer, - (die Geschäftsführerin, -nen *f.*)

ACHTUNG

In the singular, **Stellenangebot** typically refers to a specific job offer: **Die Firma macht dem Bewerber ein Stellenangebot.** In the plural, it usually refers to job listings: **Der Arbeitslose liest jeden Tag die Stellenangebote in der Zeitung.**

Anwendung

1 Bilder beschriften Wählen Sie das richtige Wort für jedes Foto.

1. die Büroklammer /
   die Stellen

2. der Bewerber /
   die Pinnwand

3. die Referenz /
   der Hefter

4. der Hörer /
   der Sektor

5. das Praktikum /
   das Adressbuch

6. der Lebenslauf /
   das Gehalt

2 Definitionen finden Finden Sie die passende Definition.

1. ___ die Personalchefin
2. ___ der Beruf
3. ___ das Praktikum
4. ___ die Warteschleife
5. ___ die Stellenangebote
6. ___ das Empfehlungsschreiben

a. Die liest man, wenn man eine neue Stelle sucht.
b. Studenten machen das, um praktische Erfahrungen in einem Beruf zu bekommen.
c. Mit dieser Person führt man ein Vorstellungsgespräch.
d. Das schickt man zusammen mit einer Bewerbung ab.
e. Das ist die Arbeit, die man jeden Tag macht.
f. Hier bleibt man oft lange, wenn zu viele Telefonanrufe zur selben Zeit ankommen.

3 Das Vorstellungsgespräch Hören Sie sich den Dialog an und zeigen Sie die Worte an, die die Bewerberin spricht.

1. Empfehlungsschreiben ☐
2. Gehaltshöhe ☐
3. Praktikum ☐
4. Chefassistentin ☐
5. Bewerbung ☐
6. Ausbildung ☐
7. Berufserfahrungen ☐
8. Vorstellungsgespräch ☐

Practice more at **vhlcentral.com.**

Kommunikation

4 **Bewerber** Verwenden Sie die angegebenen Vorschläge (*suggestions*)
und berichten Sie in ganzen Sätzen, welche Qualifikationen die Bewerber
für die aufgelisteten Stellen brauchen.

BEISPIEL

*Für die Stelle als Fußballtrainer braucht der Bewerber mindestens
fünf Jahre Erfahrung als Fußballspieler in der Bundesliga.*

1. ___ Fußballtrainer
2. ___ Journalistin
3. ___ Koch
4. ___ Kosmetikerin
5. ___ Mechaniker
6. ___ Polizistin

a. fünf Jahre Berufserfahrung in einem Restaurant
b. ein abgeschlossenes (*completed*) Studium und ein Praktikum
   bei einer Zeitung, einer Zeitschrift oder einem Fernsehsender
c. die deutsche Staatsangehörigkeit (*citizenship*) und eine
   zweijährige juristische (*legal*) Ausbildung in Praxis und Theorie
d. eine abgeschlossene technische Lehre (*apprenticeship*)
e. mindestens eine dreijährige Ausbildung in einer Drogerie oder einem Kosmetiksalon
f. mindestens fünf Jahre Erfahrung als Fußballspieler in der Bundesliga

5 **Auf Stellensuche** Sie und Ihr Partner / Ihre Partnerin bekommen zwei
verschiedene Blätter. Jeder von Ihnen hat nur die Hälfte der Informationen über
die zehn erforderlichen Schritte (*necessary steps*), die man unternehmen sollte,
um eine Stelle zu finden. Bringen Sie sie mit Ihrem Partner / Ihrer Partnerin
in eine logische Reihenfolge.

BEISPIEL

S1: *Als Erstes würde ich mich bei einem Vorstellungsgespräch
persönlich vorstellen. Was meinst du?*
S2: *Ich würde mich zuerst mal über mögliche Stellenangebote
informieren, bevor ich mich irgendwo vorstelle.*

6 **Stellenangebote** Wählen Sie in Dreiergruppen zwei der abgebildeten
Fotos aus und schreiben Sie zu jedem Foto ein Stellenangebot. Es sollte
Informationen über gewünschte Qualifikationen enthalten (*contain*), sowie
über das Gehalt und die Anzahl der bezahlten Urlaubstage. Machen Sie Ihr
Stellenangebot so attraktiv wie möglich.

BEISPIEL

S1: *Wir suchen einen Piloten/eine Pilotin.*
S2: *Der/die ideale Bewerber (-in) sollte...*
S3: *Unsere Firma ist...*

Aussprache und Rechtschreibung

Audio: Presentation
Record & Compare Activities

🎧 Loan words (Part 2)

You have already learned that the main stress in German words usually falls on the first syllable. However, in words borrowed from other languages, the first syllable may not be stressed.

Kandidat   **Immobilien**   **Karriere**   **Politiker**   **Fabrik**

....

Some loan words in German are pronounced similarly to their English equivalents.

Computer   **Sektor**   **Personal**   **Semester**

....

In other loan words, the stress falls on a different syllable in German than it does in English.

Referenz   **Assistent**   **Psychologe**   **Material**

....

The stress in a loan word may shift to a different syllable in the plural form of a word, or in the feminine form of a noun.

Doktor   **Doktorin**   **Doktoren**   **Sektor**   **Sektoren**

---

1 **Sprechen Sie aus** Wiederholen Sie die Wörter, die Sie hören.

1. Jurist   4. Hotel   7. Sekretär   10. Student
2. Kosmetik   5. Laptop   8. Temperatur   11. Faktor
3. Identität   6. Thermometer   9. Akrobat   12. Faktoren

2 **Artikulieren Sie** Wiederholen Sie die Sätze, die Sie hören.

1. Am Computer sitzt der Student im ersten Semester.
2. Die Kandidaten werden vor der Wahl sehr nervös.
3. Der Atlas, den du suchst, liegt unter den anderen Atlanten.
4. In dem Sektor findet man weniger Arbeitslosigkeit als in den anderen Sektoren.
5. Die Assistentin kocht sich oft eine Tomatensuppe im Labor.
6. Aus diesem Katalog kann man sehr günstig Büromaterial bestellen.

3 **Sprichwörter** Wiederholen Sie die Sprichwörter, die Sie hören.

Je ärgrer Student, je frömmerer Pastor.[1]

Schlaf ist die beste Medizin.[2]

[1] The worse the student, the more devout the pastor. [2] Sleep is the best medicine.

Ressourcen

SAM
LM: p. 95

vhlcentral.com

Sag niemals nie Video: *Fotoroman*

Hans hat Meline seit Tagen nicht mehr gesehen. Er besucht sie, um sich für den Kuss zu entschuldigen. Aber dann kommt alles ganz anders.

SABITE Ich habe euch nicht mehr gesehen seit... Was macht ihr hier?
HANS Der Reichstag verkörpert deutsche Geschichte.

HANS Der Reichstag war bis 1918 Sitz des Parlamentes im Deutschen Kaiserreich. Hier verabschiedeten die Abgeordneten Gesetze, erließen Beschlüsse und wählten ihren Präsidenten. Nach dem Ersten Weltkrieg rief Philipp Scheidemann hier die Weimarer Republik aus. Ich habe vor, mich für ein Praktikum zu bewerben. Was genau machst du denn hier?

SABITE Der Reichstag bietet eine große Sammlung zeitgenössischer deutscher Kunst, die ich mir gern anschaue. Als ich ein Kind war, hat der Künstler Christo das gesamte Gebäude in Stoff verpackt. Ich schreibe darüber eine Hausarbeit.

HANS Hast du Meline gesehen?
SABITE Ich weiß, dass sie viel zu tun hat und in Wien nach Arbeit sucht und Lebensläufe und Bewerbungsschreiben abgeschickt hat. Ich glaube, sie hat nächste Woche ein Vorstellungsgespräch. Ich habe sie nicht mehr gesehen seit...

GEORGE Hans, mein Freund, Vergiss es. Sie flirtet mit Männern, bekommt ihre Nummern und schmeißt sie danach in den Abfall.
SABITE Oh, George, du hast doch keine Ahnung von der Liebe. Hans, wenn Meline mit dir nicht geredet hat, ist es deshalb, weil sie Angst hat, dass ihr Herz gebrochen wird.

MELINE Hallo?
HANS Hallo, Meline. Ich bin's, Hans. Leg bitte nicht auf. Ich bin draußen. Ich wollte mit dir reden über...

1 **Richtig oder falsch?** Entscheiden Sie, ob die folgenden Sätze richtig oder falsch sind.

1. Der Reichstag war bis 1918 Sitz des Parlamentes im Deutschen Kaiserreich.

2. Philipp Scheidemann rief im Reichstag die Weimarer Republik aus.

3. Hans möchte sich als Geschäftsführer bewerben.

4. Als Sabite ein Kind war, hat der Künstler Christo das Reichstagsgebäude in Stoff verpackt.

5. Sie schreibt darüber ihr Examen.

6. Meline sucht in Berlin nach Arbeit.

7. Sie flirtet mit Männern, bekommt ihre Nummern und ruft sie an.

8. Hans schreibt Meline eine SMS.

9. Hans möchte sich für sein Verhalten entschuldigen.

10. George glaubt, dass Meline und Hans zu unterschiedlich sind.

PERSONEN

George   Hans   Meline   Sabite

7

> **HANS** Also, ich bin hierhergekommen, um dir zu sagen, dass das, was neulich Abend passiert ist, nie wieder passieren wird. Ich möchte mich für mein Verhalten entschuldigen.
> **MELINE** Ich bin froh, dass du das so siehst. Wir hätten das nicht tun sollen.

8

> **HANS** Dann haben wir also eine Abmachung?
> **MELINE** Ja.
> **HANS** Du siehst hübsch aus, wenn du nicht total... fabelhaft aussiehst.
> **MELINE** Danke, Hans. Das ist sehr nett von dir.

9

> **GEORGE** Du liegst falsch, Sabite. Es würde zwischen den beiden niemals klappen. Sie sind zu unterschiedlich.
> **SABITE** Glaubst du nicht, dass sich Gegensätze anziehen?
> **GEORGE** Ich glaube nicht, dass Hans und Meline... Was ich gemeint habe, ist...

10

> **MELINE** Genug. Alle raus. Ich muss arbeiten. Ja. Du auch, Sabite.

Nützliche Ausdrücke

- **verkörpern**
  to embody
- **ein Gesetz verabschieden**
  to pass a law
- **einen Beschluss erlassen**
  to adopt a resolution
- **ausrufen**
  to proclaim
- **das Gebäude**
  building
- **schmeißen**
  to throw
- **Oh, George, du hast doch keine Ahnung von der Liebe.**
  Oh, George, you don't know anything about love.
- **jemandem das Herz brechen**
  to break someone's heart
- **eine Abmachung haben**
  to have a deal
- **fabelhaft**
  fabulous
- **der Gegensatz**
  opposite

11A.1
- **Der Reichstag bietet eine große Sammlung zeitgenössischer deutscher Kunst, die ich mir gern anschaue.**
  The Reichstag holds a large collection of contemporary German art, which I like looking at.

11A.2
- **Der Reichstag war bis 1918 Sitz des Parlamentes im Deutschen Kaiserreich.**
  Until 1918, the Reichstag housed the parliament of the German Reich.

---

2 **Zum Besprechen** Was passiert zwischen Hans und Meline? Schreiben Sie in kleinen Gruppen einen kurzen Absatz darüber, wie es mit den beiden weitergehen wird. Bereiten Sie sich darauf vor, Ihre Prognose der Klasse zu präsentieren.

3 **Vertiefung** Hans sagt, dass der Reichstag deutsche Geschichte verkörpert. Finden Sie mehr über das Reichstagsgebäude heraus. Wann wurde es gebaut? Welche historischen Ereignisse fanden hier statt (*took place*)?

Ressourcen

SAM
VM: p. 21

DVD
Folge 21

vhlcentral.com

IM FOKUS

Familienunternehmen Reading

LAUT EINER STUDIE DES INSTITUTS für Mittelstandsforschung sind etwa 3 Millionen deutsche Firmen in Familienbesitz. Diese Familienunternehmen sind ungefähr 95% aller Firmen und Betriebe. Über 41% des Umsatzes° aller Firmen wird von Familienunternehmen erwirtschaftet°. Bei diesen Zahlen ist es nicht verwunderlich°, dass Experten Familienunternehmen den wichtigsten Aspekt der deutschen Wirtschaft nennen.

Die Liste bekannter deutscher Familienunternehmen ist lang. Die Familie Quandt besitzt zum Beispiel fast 50% des Automobilbauers BMW. Auch

Bekannte deutsche Familienunternehmen	
Meggle	(Butter) Gründer°: Josef Anton Meggle (1877)
Oetker	(Pudding) Gründer: August Oetker (1891)
Porsche	(Autos) Gründer: Ferdinand Porsche (1931)
Ritter Sport	(Schokolade) Gründer: Clara und Alfred E. Ritter (1912)
Steiff	(Plüschtiere°) Gründerin: Margarete Steiff (1880)

die Familie Bertelsmann ist mit dem größten deutschen Medienkonzern sehr erfolgreich. Die Familie Heraeus besitzt Heraeus Holding GmbH, die im Bereich Edelmetall° jährlich über 22 Milliarden Euro erwirtschaftet. Andere berühmte Familienunternehmen sind Henkel (Reinigungsmittel), Marquard und Bahls (Mineralöl) und Fresenius (Arzneimittel).

Neben diesen großen Unternehmen findet sich in ganz Deutschland eine große Anzahl kleinerer Familieunternehmen, die oft auf eine lange Tradition zurückschauen° können. Das Familienunternehmen Hipp produziert Babynahrung. Die Gebrüder Mehler produzieren Stoffe° im Bayerischen Wald. Und das Familieunternehmen Rombach & Haas stellt in vierter Generation im Schwarzwald Kuckucksuhren° her.

Umsatzes *sales* erwirtschaftet *generated* ist es nicht verwunderlich *it's no wonder* Edelmetall *precious metal* zurückschauen *look back* Stoffe *fabrics* Kuckucksuhren *cuckoo clocks* Gründer *founder* Plüschtiere *stuffed animals*

1 **Richtig oder falsch** Sagen Sie, ob die Sätze richtig oder falsch sind. Korrigieren Sie die falschen Sätze.

1. Etwa 5 Millionen deutsche Firmen sind in Familienbesitz.

2. Familienunternehmen sind etwa 95% aller deutschen Firmen.

3. Mehr als 50% des Umsatzes aller Firmen wird von Familienunternehmen erwirtschaftet.

4. Familienunternehmen sind der wichtigste Teil der deutschen Wirtschaft.

5. Die Firma BMW ist zu über 50% im Besitz der Familie Quandt.

6. Die Familie Heraeus verdient viel Geld durch den Handel mit Edelmetallen.

7. In allen Teilen Deutschlands gibt es Familienunternehmen mit einer langen Tradition.

8. Eine bekannte Firma für Babynahrung ist Hipp.

9. Die Firma Rombach & Haas produziert Kuckucksuhren.

10. Die Firma Mehler produziert Stoffe Im Schwarzwald.

 Practice more at **vhlcentral.com**.

Im Büro

der Arbeitgeber	*employer*
der Arbeitnehmer	*employee*
die Abteilung	*department*
das Bewerbungsschreiben	*cover letter*
die Stellenanzeige	*job advertisement*
die Visitenkarte	*business card*

Kuckucksuhren

Kuckucksuhren haben in Deutschland und vor allem im Schwarzwald große Tradition. Die meisten Kuckucksuhren sind Wanduhren aus Holz. Jede volle Stunde° kommt ein Kuckuck mechanisch aus der Uhr und man kann einen Kuckucksruf° hören. Traditionelle Kuckucksuhren müssen alle 24 Stunden bis 8 Tage aufgezogen° werden, damit sie funktionieren. Im Schwarzwald werden heute noch viele dieser Uhren von Hand gemacht. Die ältesten Kuckucksuhren stammen aus dem 18. Jahrhundert.

volle Stunde *top of the hour* **Kuckucksruf** *call of a cuckoo* **aufgezogen** *wound up*

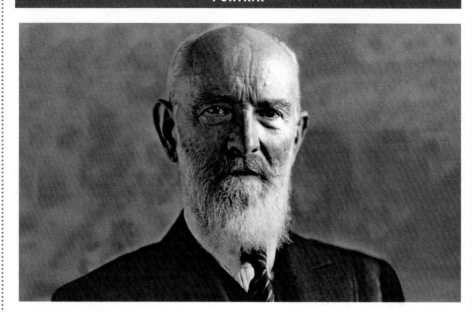

Robert Bosch

Robert Bosch, 1861 in Albeck geboren und 1942 in Stuttgart gestorben, war ein deutscher Erfinder°, Unternehmer°, Sozialreformer und Philanthrop. Seine bedeutendste Erfindung war die Zündkerze°, mit der man Autos leichter starten konnte. Diese Zündkerzen und andere Erfindungen machten sein Unternehmen bald zu einem multinationalen Unternehmen. Bosch war aber auch ein deutscher Philanthrop und Sozialreformer. In seinen Firmen mussten Arbeiter zum Beispiel nur acht Stunden am Tag arbeiten. Außerdem war ihm wichtig, dass es viel Licht und frische Luft in den Fabriken° gab. Bosch war auch ein spendabler Stifter°. Im Jahr 1910 schenkte er der Technischen Hochschule Stuttgart 1.000.000 Mark, um die Forschung zu unterstützen°.

Erfinder *inventor* **Unternehmer** *entrepreneur* **Zündkerze** *spark-plug* **Fabriken** *factories* **spendabler Stifter** *generous donor* **Forschung zu unterstützen** *to support research*

IM INTERNET

Suchen Sie im Internet mehr Informationen über ein deutsches Familienunternehmen: Welche Informationen können Sie über die Familie finden?

For more information on this **Kultur**, go to **vhlcentral.com**.

---

2 | **Was fehlt?** Ergänzen Sie die Sätze.

1. Kuckucksuhren haben vor allem im _____ große Tradition.

2. Die meisten Kuckucksuhren sind aus _____.

3. Die ältesten Kuckucksuhren stammen aus dem _____.

4. Die bedeutendste Erfindung von Robert Bosch war die _____.

5. Eine soziale Reform für Arbeiter von Robert Bosch war, dass sie nur acht _____ arbeiten mussten.

3 | **Vorbereitung auf ein Vorstellungsgespräch** Diskutieren Sie mit einem Partner / einer Partnerin, wie man sich am besten auf ein Vorstellungsgespräch vorbereitet. Was muss man vor dem Gespräch alles wissen? Welche Fragen sind typisch für ein Bewerbungsgespräch?

BEISPIEL

S1: *Wenn ich mich auf ein Vorstellungsgespräch vorbereite, will ich alles Mögliche über die Firma wissen.*

S2: *Wo findest du die Informationen?*

11A.1

QUERVERWEIS

See **10A.1** to review subordinate clauses.

ACHTUNG

Relative pronouns are not optional in German, even though they are sometimes omitted in English.

Relative pronouns Presentation

Startblock In 8B.2, you learned to use demonstrative pronouns to refer to someone or something mentioned in a previous sentence. Demonstratives can also be used as relative pronouns, to introduce a subordinate clause that refers to someone or something mentioned in the main clause.

Er ist der Künstler, **der** im Central Park in New York das Kunstwerk „The Gates" errichtet hat.

Sie ist eine Frau, **die** mit Typen flirtet, ihre Telefonnummern bekommt und sie dann in den Abfall wirft.

- Use relative pronouns to combine two statements about the same subject into a single sentence. German relative pronouns correspond to the English relative pronouns *who*, *whom*, *whose*, *that*, and *which*.

relative pronouns				
	masculine	**feminine**	**neuter**	**plural**
nominative	der	die	das	die
accusative	den	die	das	die
dative	dem	der	dem	denen
genitive	dessen	deren	dessen	deren

Ich arbeite bei **einer** kleinen **Firma**.
I work for a small company.

Die Firma verkauft Möbel.
The company sells furniture.

Ich arbeite bei einer kleinen Firma, **die** Möbel verkauft.
*I work for a small company **that** sells furniture.*

- Separate a relative clause from the main clause with a comma, and put the conjugated verb at the end. As in English, a relative clause may come in the middle of a main clause. In this case, put commas both before and after the relative clause.

Wer hat den Hefter genommen, **der** auf meinem Schreibtisch stand?
*Who took the stapler **that** was on my desk?*

Die Personalchefin, **die** meinen Anruf entgegengenommen hat, war sehr nett.
*The HR manager **who** took my call was very nice.*

- The gender and number of a relative pronoun matches the gender and number of the noun it refers to. The case depends on whether the relative pronoun is functioning as a subject, direct object, indirect object, or possessive in the relative clause.

> Ich habe eine gute Freundin, **die** eine Stelle sucht.
> *I have a good friend **who** is looking for a job.*

> Der Lebenslauf, **den** wir gestern bekommen haben, hatte viele Schreibfehler.
> *The résumé **(that)** we received yesterday had a lot of spelling mistakes.*

> Die Bewerberin, **der** wir die Stelle anbieten, hat sehr gute Referenzen.
> *The applicant **to whom** we're offering the job has very good references.*

> Das ist der Geschäftsführer, **dessen** Tochter ein Praktikum bei unserer Firma macht.
> *That's the manager **whose** daughter is doing an internship at our company.*

- Use **was** as the relative pronoun if the noun in the main clause is an indefinite pronoun such as **alles, etwas, nichts, viel,** or **wenig.**

> Ist das alles, **was** du mir sagen wolltest?
> *Is that all **(that)** you wanted to say to me?*

> Das ist etwas, **was** nur die Geschäftsführerin entscheiden darf.
> *That's something **(that)** only the manager can decide.*

- If a relative pronoun is the object of a preposition, put the preposition at the beginning of the clause, *before* the relative pronoun. Remember to use a relative pronoun in the appropriate case for the preposition that precedes it.

> Der Kalendar, **auf den** ich meine Termine schreibe, ist hinter den Schreibtisch gefallen.
> *The calendar **on which** I write my appointments fell behind the desk.*

> Wie heißt die Firma, **für die** Sie gerne arbeiten würden?
> *What's the name of the company **(that)** you'd like to work **for**?*

- You may also use **wo** instead of a prepositional phrase to indicate location in a relative clause.

> In dem Gebäude, **wo** ich arbeite, gibt es ein gutes Restaurant.
> *There's a good restaurant in the building **where** I work.*

> Ich kenne ein Geschäft, **wo** man Schweizer Schokolade kaufen kann.
> *I know a shop **where** you can buy Swiss chocolate.*

Ressourcen

SAM
WB pp. 149–150

SAM
LM: p. 96

vhlcentral.com

 Jetzt sind Sie dran!   **Wählen Sie die passenden Relativpronomen.**

1. Hast du das Paket bekommen, (<u>das</u>/ dem) ich dir letzte Woche geschickt habe?
2. Die Telefonnummer, (der/ die) er mir gegeben hat, funktioniert nicht.
3. Die Firma, bei (die/ der) Franz sich beworben hat, hat viele Angestellte.
4. Ich kenne den Geschäftsführer, mit (dem/ der) du sprichst, schon seit Jahren.
5. Ich muss den Lebenslauf, an (dem/ das) ich jetzt arbeite, bis morgen abschicken.
6. Ist das die Assistentin, (der/ die) dir bei der Arbeit hilft?

7. Kennen Sie die Angestellten, (der/ die) ihre Ausbildung in Wien gemacht haben?
8. Herr Vögele, (dessen/ der) Frau Geschäftsführerin ist, arbeitet als Personalchef.
9. Wie heißt die Bewerberin, mit (die/ der) Sie gesprochen haben?
10. Das ist die nette Frau, (der/ die) im Schreibwarengeschäft arbeitet.
11. Das Paket, auf (das/ dem) ich seit Wochen warte, ist heute angekommen.
12. Die Assistenten, (den/ denen) der Personalchef frei gegeben hat (*gave time off*), freuten sich sehr.

Anwendung

1 Falschbestellungen Sie haben einige neue Artikel im Internet bestellt, aber bei der Bestellung gab es ein Durcheinander (*mix-up*). Sagen Sie, dass Sie diese Artikel nicht bestellt haben.

▶ **BEISPIEL** Computer

Das ist nicht der Computer, den ich bestellt habe.

Stuhl
1. _____

Uhr
2. _____

Fahrrad
3. _____

Schuhe
4. _____

Haartrockner
5. _____

2 Relativpronomen Ergänzen Sie die Sätze mit den Relativpronomen aus der Liste.

das	den	dessen	was
dem	der	die	wo

BEISPIEL Dort ist der Student, *dessen* Eltern Immobilienmakler sind.

1. Meine Schwester hat einen neuen Freund, _____ ich nicht mag.
2. Das Geschichteprojekt, an _____ die Studenten arbeiten, ist sehr interessant.
3. Die alte Frau, _____ Martin immer beim Einkaufen hilft, ist heute krank.
4. An der Ecke ist eine Eisdiele, _____ es leckeres italienisches Eis gibt.
5. Die Brücke, über _____ man gehen muss, um in die Altstadt zu kommen, ist für den Fahrverkehr geschlossen.
6. Es gibt nicht viel, _____ mein Mann nicht isst.
7. Das ist das neue Handy, _____ Display die Größe von einem Tablet-Computer hat.
8. Wo ist das Silberbesteck, _____ wir zur Hochzeit bekommen haben?

3 Die Tierarztpraxis Ergänzen Sie den Dialog mit der richtigen Form der passenden Relativpronomen.

BEISPIEL Marion: Hanna, kennst du den Tierarzt, bei *dem* Nina ihr Praktikum macht?

HANNA: Ja, ist das nicht der, (1) _____ Büro gegenüber vom Juweliergeschäft Wagner ist?

MARION: Meinst du das Geschäft, (2) _____ es die tollen Halsketten gibt?

HANNA: Ja, genau. Und was sagt Nina so über die Arbeit, (3) _____ sie da machen muss?

MARION: Sie sagt, sie lernt viele Dinge, von (4) _____ sie vorher nichts wusste.

 Practice more at **vhlcentral.com**.

Kommunikation

4 **Was passt zusammen?** Finden Sie mit einer Partnerin / einem Partner die richtige Definition für jeden Begriff und ergänzen Sie dann das passende Relativpronomen.

> **BEISPIEL**
>
> *Ein Adressbuch ist ein Buch, das Adressen*
> *und Telefonnummern enthält (contains).*

1. Ein Adressbuch ist ein Buch, ___.
2. Ein Praktikum ist eine Arbeit, ___.
3. Ein Gehalt ist Geld, ___.
4. Ein Personalchef ist ein Mann, ___.
5. Ein Bewerber ist eine Person, ___.
6. Ein Lebenslauf ist ein Dokument, ___.

a. ___ sich für eine Stelle bewirbt.
b. ___ Vorstellungsgespräche vereinbart.
c. ___ oft unbezahlt ist.
d. ___ zu einer Bewerbung gehört.
e. ___ man für seine Arbeit bekommt.
f. ___ Adressen und Telefonnummern enthält.

5 **Definitionen** Erfinden Sie mit einem Partner / einer Partnerin Ihre eigenen Definitionen und benutzen Sie Relativpronomen.

> **BEISPIEL** Büromaterialien sind Sachen, *die man bei der Arbeit benutzt* .

1. Ein Geschäftsführer ist eine Person, _____.
2. Ein Vorstellungsgespräch ist ein Interview, _____.
3. Arzt ist ein Beruf, _____.
4. Ein Kosmetiksalon ist ein Geschäft, _____.
5. Ein Briefträger ist ein Mann, _____.

6 **Stadt, Land, Fluss** Denken Sie sich mit Ihrem Partner / Ihrer Partnerin fünf Fragen zu den Themen Geografie, Sprachen, bekannte Leute und Architektur aus. Machen Sie dann ein Quiz mit zwei Mitstudenten. Benutzen Sie Relativsätze.

> **BEISPIEL**
>
> **S1:** *Wie heißt der Fluss, der in Deutschland beginnt*
> *und ins Schwarze Meer fließt (flows)?*
> **S2:** *Das ist die Donau. Wie heißt der berühmteste*
> *Tennisspieler, der aus der Schweiz kommt?*
> **S3:** *Das ist Roger Federer.*

7 **Im Konferenzzimmer** Beschreiben Sie mit einem Partner / einer Partnerin, was in dieser Szene passiert. Verwenden Sie auch Ihre Fantasie dabei. Benutzen Sie Relativsätze.

> **BEISPIEL**
>
> *Die Angestellten sind in einer Besprechung,*
> *in der sie über die Bewerberin für die Stelle*
> *als Chefsektretärin reden. Frau Weber, die*
> *eine der Bewerbungen liest, arbeitet schon*
> *lange in der Firma und hat ein Gehalt, das...*

11A.2 | *Perfekt* versus *Präteritum* (review) Presentation

Startblock You have learned to use weak, strong, and mixed verbs, including verbs with separable and inseparable prefixes, in both the **Perfekt** and the **Präteritum**.

QUERVERWEIS

See **5A.1** and **6B.2** to review the formation of past participles. See **5B.1** to review verbs that use **sein** as the auxiliary in the **Perfekt**.

___

See **6A.1** and **7A.1** to review the formation of the **Präteritum**. See **Appendix A** for a complete list of strong verbs and their **Perfekt** and **Präteritum** forms.

- The **Perfekt** tense is used in conversation and informal writing to talk about the past. It is formed with a conjugated form of **haben** or **sein** and a past participle.

verb type	infinitive	*Perfekt*
weak	kaufen einkaufen	hat gekauft hat eingekauft
mixed	kennen erkennen	hat gekannt hat erkannt
strong	kommen ankommen	ist gekommen ist angekommen

Hat Herr Schwartz eine
   Nachricht **hinterlassen**?
*Did Mr. Schwartz **leave** a message?*

Wir **sind** gestern erst sehr
   spät **angekommen**.
*We **got here** very late yesterday.*

- To form the **Perfekt** of a reflexive verb, place the reflexive pronoun between the conjugated form of **haben** or **sein** and the past participle.

Ich **habe mich** für fünfzig Stelle **beworben**.
*I **applied** for fifteen jobs.*

Hast du **dir** die Zähne **geputzt**?
*Did you **brush** your teeth?*

ACHTUNG

Remember that the prefixes of separable prefix verbs are always stressed, while the prefixes of inseparable prefix verbs are never stressed: **Die Assistentin ist** ___eingeschlafen___. **Der Chef hat viel ver**___dient___.

- The **Präteritum** is used to talk about the past in writing or in formal spoken contexts. **Präteritum** forms of **sein**, **haben**, **werden**, and the modal verbs are used more commonly than **Perfekt** forms, even in informal speech.

verb type	infinitive	*Präteritum*
weak	suchen besuchen	suchte besuchte
modal	dürfen wollen	durfte wollte
mixed	bringen mitbringen	brachte brachte mit
strong	fangen anfangen	fing fing an

Sie **suchten** Arbeit.
*They **were looking for** work.*

Lena **blieb** am Apparat.
*Lena **stayed** on the line.*

Jetzt sind Sie dran! Ergänzen Sie die Tabelle mit den fehlenden Verbformen.

	Präteritum (er/sie/es)	Perfekt (er/sie/es)		Präteritum (er/sie/es)	Perfekt (er/sie/es)
abheben	*hob ab*	*hat abgehoben*	mitbringen	_____	_____
sich anziehen	_____	_____	nehmen	_____	_____
haben	_____	_____	sein	_____	_____

Anwendung und Kommunikation

1 **Ergänzen Sie** Ergänzen Sie die Sätze mit den Verben in Klammern. Benutzen Sie die richtigen Präteritumsformen.

1. Ben _____ (sich bewerben) für eine Stelle bei einer Bank.

2. Er _____ (aufstehen) und zog seinen besten Anzug an.

3. Nach dem Frühstück _____ (werden) es Zeit, dass er sich auf den Weg machte.

4. Er _____ (haben) nur noch fünfzehn Minuten, um zu seinem Termin zu kommen.

5. Er _____ (wollen) einen guten Eindruck (*impression*) machen.

6. Aber als er die Kreuzung _____ (überqueren), hatte er einen Unfall!

7. Als er Stunden später bei seinem Vorstellungsgespräch _____ (ankommen), sagte man ihm, dass er wieder gehen konnte.

8. Er _____ (sein) sehr traurig.

2 **Sätze bilden** Bilden Sie Sätze im Perfekt.

1. ich / bekommen / vier Karten (*tickets*) / für / ein Konzert

2. du / einladen / deine Freunde / dazu / ?

3. drei Freunde / mitfahren / auf / das Konzert

4. Jürgen / herunterladen / die Wegbeschreibung (*directions*) / im Internet

5. wir / abbiegen / nie / falsch

6. ihr / verbringen / zwei Nächte / in / die Jugendherberge / ?

3 **Im Märchenland** Wählen Sie mit Ihrem Partner / Ihrer Partnerin eine Märchenfigur (*fairy-tale character*). Auf was für eine Stelle würde diese Figur sich bewerben und wie würde ihr Lebenslauf aussehen? Schreiben Sie in der ich-Person und benutzen Sie das Präteritum.

BEISPIEL

Aschenputtels Lebenslauf:

Meine Mutter starb, als ich sehr jung war. Ich musste also viele Jahre lang die ganze Hausarbeit für meine Stiefmutter und zwei Stiefschwestern machen. Ich putzte täglich das ganze Haus, kochte das Essen und hatte nie einen freien Tag ...

4 **Wer hat das gemacht?** Benutzen Sie die Verben aus der Liste und erfinden Sie mit einem Partner / einer Partnerin sechs Quizfragen zu dem Thema, was berühmte Leute gemacht haben. Stellen Sie Ihre Fragen dann zwei anderen Mitstudenten. Verwenden Sie das Perfekt und wechseln Sie sich ab.

BEISPIEL

S1: Wer hat *Der Steppenwolf* geschrieben?
S2: Hermann Hesse.

bauen	gewinnen	singen
bekommen	heiraten	(mit)spielen
entdecken	landen	sterben
erfinden	schreiben	verlieren

 Practice more at **vhlcentral.com.**

Wiederholung

1 Die Familie

Wählen Sie eine Person von der Liste aus. Beschreiben Sie die Person mit einem Relativsatz. Ihr Partner / Ihre Partnerin muss die Person erraten, die Sie beschreiben.

BEISPIEL

S1: Das ist der junge Mann, dessen Vater mein Onkel ist.
S2: Ist es dein Cousin?

die Mutter	die Schwester
der Onkel	die Cousine
die Schwiegertochter	die Nichte
der Urgroßvater	die Tante

2 Letztes Jahr im Büro

Sie und Ihr Partner / Ihre Partnerin bekommen unterschiedliche Blätter. Fragen Sie Ihren Partner / Ihre Partnerin, was jede Person gemacht hat.

BEISPIEL

S1: Was wollte die Geschäftsführerin?
S2: Sie wollte, dass die Assistentin Anrufe entgegennimmt.

3 Was trägst du?

Beschreiben Sie abwechselnd die Kleidung der Personen in Ihrer Gruppe. Die anderen erraten, wen Sie beschreiben. Verwenden Sie möglichst viele Relativsätze.

BEISPIEL

S1: Ich denke an eine Frau, die eine schwarze Hose und eine weiße Bluse trägt.
S2: Denkst du an Sarah?

4 Was weißt du?

Fragen Sie drei Personen in der Gruppe, über welches Thema sie viel, alles, ein bisschen oder nichts wissen. Schreiben Sie die Antworten auf.

BEISPIEL

S1: Worüber weißt du viel?
S2: Ich weiß viel darüber, was mit Mathematik zu tun hat.

5 Streit im Büro

Sehen Sie sich mit einem Partner / einer Partnerin die Fotos an und schreiben Sie einen Bericht (*report*) für den Personalchef: Was sahen Sie im Büro? Beschreiben Sie die Szene detailliert und erfinden Präteritum.

BEISPIEL

Die Chefin gab allen Angestellten...

6 Generationen

Diskutieren Sie mit einem Partner / einer Partnerin, wie das Leben der älteren Generationen war.

BEISPIEL

S1: Meine Eltern sind beide 1960 geboren. Als sie Kinder waren, gab es kein Internet. Sie haben meistens Musik im Radio gehört.
S2: Das war bei meinen Eltern genauso. Aber meine Großeltern...

Arbeit	Kochen
Familie	Schule
Freizeit	Technologie
Gesundheit	Urlaub
Hausarbeit	

Die **Berliner** Mauer

Gewinner: Short Film Jury Prize Hong Kong International Film Festival

Ein Film von Paul Cotter

mit Joost Siedhoff, Fritz Roth und Dominik Bender

Nützliche Ausdrücke

- **anscheinend**
  apparently
- **Das reicht!**
  That's enough!
- **das Grundstück, -e**
  piece of land
- **erlaubt**
  allowed
- **die Steuer, -n**
  tax

- **der Ärger, -**
  trouble
- **der Grund, -̈e**
  reason
- **eingreifen**
  to intervene
- **ermutigen**
  to encourage
- **zustimmen**
  to approve; to agree

Über den Film sprechen

- **der Ausländer, - / Ausländerin, -nen**
  foreigner
- **die Diskriminierung, -en**
  discrimination
- **einsam**
  lonely
- **feindlich (zu)**
  hostile (to)
- **der Nachbar, -n / Nachbarin, -nen**
  neighbor
- **hassen**
  to hate

S Video: Short Film

Die Berliner Mauer

Nach dem Tod seiner Ehefrau baut ein alter Mann eine Mauer (*wall*), wo die Berliner Mauer früher in seinem Dorf stand. Niemand weiß warum. Die Kinder in der Nachbarschaft (*neighborhood*) helfen ihm, während die Erwachsenen über die Bedeutung der neuen Mauer für Westdeutsche, Ostdeutsche und Ausländer diskutieren.

Vorbereitung

1 **Ergänzen Sie** Schreiben Sie die Wörter aus den zwei Listen, die die Sätze unten ergänzen.

1. Die Witwe war sehr _____ nach dem Tod ihres Ehemannes.
2. Wir wollen keinen _____ mit der Polizei.
3. Viele Menschen glauben, dass sie zu hohe _____ zahlen.
4. Sich nicht sicher zu sein ist kein _____, etwas nicht zu tun.
5. Ich weiß nicht, ob sie freundlich oder _____ sind.
6. In diesem Land gibt es manchmal _____ von Ausländern.
7. Ist das Rauchen (*smoking*) _____ in diesem Gebäude?
8. Sie waren _____ glücklich, obwohl sie viele Probleme gehabt hatten.

2 **Diskutieren Sie** Sprechen Sie über die folgenden Themen.

1. Was wissen Sie schon über die Berliner Mauer und die Wiedervereinigung (*reunification*) Deutschlands? Welche Probleme kann es geben, wenn Menschen, die sehr unterschiedliche Lebenserfahrungen gehabt haben, zusammenleben müssen?

2. Erzählen Sie einander über etwas, was Ihnen nicht erlaubt war, das Sie aber trotzdem getan haben. Glauben Sie, dass Sie das Richtige (*the right thing*) getan haben, obwohl es verboten war?

Szenen: Die Berliner Mauer

MANN: Sie wird in Frieden ruhen°.

KATJA: Was macht er da?
KATJAS MANN: Ich hab' keine Ahnung°. Da macht er schon seit über einer Stunde 'rum.
KATJAS MANN: Werden wir auch so, wenn wir alt sind? Drehst du auch durch°, wenn ich sterbe?
KATJA: Der arme alte Mann. Sieht aus, als hätte er nicht mehr alle Tassen im Schrank.

HELMUT: Herr Schlömerkemper, was machen Sie denn da? Sie können doch hier nicht einfach die Mauer wieder aufbauen. Die ist ja aus gutem Grund abgerissen worden°, nicht wahr? Sicher, es gibt schon Momente... da hätte ich sie auch schon gerne wieder, schon allein wegen des Gesindels° da, nicht wahr? Aber... Herr Schlömerkemper, das kann man nicht machen... Das ist nicht erlaubt!

POLIZIST: Okay! Stoppt, stoppt! Das reicht! Genug° jetzt! Die Mauer wird abgerissen! Räumen sie alle Ihre Gerätschaften° hier weg! Sie auch! Das muss hier alles weg!

MÄDCHEN: Aber wir sind schon fast fertig°!
POLIZIST: Das ist egal! Das ist ein öffentliches Grundstück. Hier können Sie nicht ohne Genehmigung° bauen. Da müssen Sie erst die Zustimmung° der Stadtplanung einholen. Und die haben Sie nicht, oder? Ja, dann muss es alles hier weg!

HELMUT: Tut mir leid, Werner. Wir haben es versucht°.

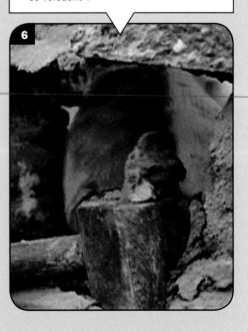

---

in Frieden ruhen *rest in peace* **keine Ahnung** *no idea* **Drehst du...durch** *Will you go crazy*
ist... abgerissen worden *was torn down* **Gesindels** *scum* **Genug** *Enough* **Gerätschaften** *equipment*
fertig *finished* **Genehmigung** *permit* **Zustimmung** *approval* **haben...versucht** *tried*

Analyse

3 **Verständnis** Lesen Sie die folgenden Sätze aus dem Film und bringen Sie sie in die richtige Reihenfolge (1-8).

_____ „Werden wir auch so, wenn wir alt sind?"

_____ „Aber wir sind fast fertig!"

_____ „Ihr sollt nicht mal mit diesen Kindern spielen!"

_____ „Herr Schlömerkemper, das kann man nicht machen."

_____ „Die Mauer wird abgerissen!"

_____ „Tut mir leid, Werner."

_____ „Können wir das kleine Stückchen Mauer nicht einfach stehen lassen?"

_____ „Sie wird in Frieden ruhen."

4 **Dialoge** Erfinden Sie mit einem Partner / einer Partnerin einen Dialog zu einer der folgenden Situationen.

- Stellen Sie sich vor, dass Sie Katja und Ihr Ehemann sind. Was besprechen Sie zusammen, nachdem die Polizei die Mauer zerstört (*destroyed*) hat? Wollen Sie Herrn Schlömerkemper und die anderen Nachbarn besser kennen lernen?

- Spielen Sie die Szene von dem Tag im Jahre 1962, als Werner Schlömerkemper und Theresa ihre Namen in den Stein eingeritzt (*carved*) haben. Welche Gedanken über die Zukunft hatten Sie? Was waren Ihre Träume für Ihr Leben zusammen?

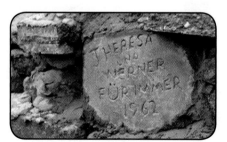

5 **Besprechen Sie** Diskutieren Sie die folgenden Sprichwörter. Glauben Sie an diese Sprichwörter? Welche Verbindung (*connection*) haben sie zu dem Film?

Stille Wasser sind tief.

Liebe deinen Nachbarn, reiß aber den Zaun (*fence*) nicht ein (*tear down*).

Communicative Goals

You will learn how to:

- talk about professions
- talk about work

Berufe

Talking Picture
Audio: Activities

die Wissenschaftlerin, -nen
(der Wissenschaftler, - *m.*)

die Tierärztin, -nen
(der Tierarzt, -¨e *m.*)

die LKW-Fahrerin, -nen
(der LKW-Fahrer, - *m.*)

die Buchhalterin, -nen
(der Buchhalter, - *m.*)

der Feuerwehrmann, *pl.*
die Feuerwehrleute
(die Feuerwehrfrau, -en *f.*)

der Taxifahrer, -
(die Taxifahrerin, -nen *f.*)

der Koch, -¨e
(die Köchin, -nen *f.*)

Wortschatz

auf der Arbeit	*at work*
die Beförderung, -en	*promotion*
die Besprechung, -en	*meeting*
das Büro, -s	*office*
der Chef, -s / die Chefin, -nen	*boss*
der Erfolg, -e	*success*
die Gehaltserhöhung, -en	*raise*
die Gewerkschaft, -en	*labor union*
die Karriere, -n	*career*
anspruchsvoll	*demanding*
fertig	*ready; finished*
ganztags	*full-time*
halbtags	*part-time*
zuverlässig	*reliable*
Berufe	*occupations*
der Fabrikarbeiter, - / die Fabrikarbeiterin, -nen	*factory worker*
der Gärtner, - / die Gärtnerin, -nen	*gardener*
der Hausmann, -¨er / die Hausfrau, -en	*homemaker*
der Hausmeister, - / die Hausmeisterin, -nen	*caretaker; custodian*
der Klempner, - / die Klempnerin, -nen	*plumber*
der Politiker, - / die Politikerin, -nen	*politician*
der Rentner, - / die Rentnerin, -nen	*retiree*
der Richter, - / die Richterin, -nen	*judge*
Ausdrücke	*expressions*
arbeitslos sein	*to be unemployed*
entlassen	*to fire; to lay off*
kündigen	*to resign*
leiten	*to manage*
scheitern	*to fail*
Urlaub nehmen	*to take time off*
verdienen	*to earn*

der Bankangestellte, -n
(die Bankangestellte, -n *f*.)

die Immobilienmaklerin, -nen
(der Immobilienmakler, - *m*.)

der Bauer, -n
(die Bäuerin, -nen *f*.)

die Elektrikerin, -nen
(der Elektriker, - *m*.)

der Psychologe, -n
(die Psychologin, -nen *f*.)

ACHTUNG

The adverbs **gut** and **schlecht** can be used with **verdienen** to indicate how well a person is paid: **Ich will gut verdienen.**

Anwendung

1 **Assoziationen** Wählen Sie die Berufsbezeichnung, die Sie mit jedem Foto assoziieren.

___ 1. Feuerwehrmann   ___ 3. LKW-Fahrer   ___ 5. Bankangestellter
___ 2. Richterin   ___ 4. Gärtnerin   ___ 6. Tierärztin

a.   b.   c.

d.   e.   f.

2 **Vergleiche** Ergänzen Sie die Vergleiche mit einem passenden Wort.

1. Garten : Gärtner :: Fabrik : _____
2. Küche : Koch :: Labor (*lab*) : _____
3. LKW : LKW-Fahrer :: Taxi : _____
4. Auto : Mechaniker :: Toilette : _____
5. Musik : Musiker :: Politik : _____
6. Friseurin : Friseur :: Hausfrau : _____

3 **Die Beförderung** 🎧 Hören Sie sich das Gespräch zwischen Lukas und seinem Chef an, und entscheiden Sie dann, ob die folgenden Aussagen richtig oder falsch sind.

	richtig	falsch
1. Der Chef hatte eine Besprechung mit dem Geschäftsführer.	☐	☐
2. Er bietet Lukas eine Halbtagsstelle an.	☐	☐
3. Lukas hat ein abgeschlossenes Studium.	☐	☐
4. Lukas nimmt das Angebot nicht an.	☐	☐
5. Der Buchhalter schickt Lukas einen neuen Vertrag (*contract*).	☐	☐
6. Lukas bekommt eine Stelle als Assistent.	☐	☐
7. Die neue Stelle ist nicht sehr anspruchsvoll.	☐	☐
8. Der Chef denkt, dass Lukas eine große Karriere machen wird.	☐	☐

🔧 Practice more at **vhlcentral.com.**

Kommunikation

4 **Definitionen** Schreiben Sie mit einem Partner / einer Partnerin zu
jedem Begriff eine Definition.

1. die Gehaltserhöhung _____
2. halbtags arbeiten _____
3. arbeitslos sein _____
4. die Gewerkschaft _____
5. Urlaub nehmen _____
6. die Beförderung _____

5 **Berufe raten** Wählen Sie aus der Vokabelliste einen Beruf und beschreiben Sie,
was man in diesem Beruf macht. Ihr Partner / Ihre Partnerin muss erraten, um welchen
Beruf es geht.

BEISPIEL

S1: Diese Frau arbeitet an biologischen, chemischen
oder physikalischen Experimenten.
S2: Ist sie eine Wissenschaftlerin?

6 **Sieben Unterschiede** Sie und Ihr Partner / Ihre
Partnerin bekommen zwei unterschiedliche Bilder. Finden
Sie die sieben Unterschiede auf den Bildern. Wechseln
Sie sich bei Ihren Fragen und Antworten ab.

BEISPIEL

S1: Sind auf deinem Bild Taxifahrer zu sehen?
S2: Ja, drei. Und auf deinem?
S1: Auf meinem sind zwei.

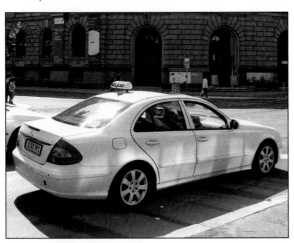

7 **Heute im Büro** Wählen Sie zwei der Zeichnungen
und erfinden Sie eine Geschichte, in der Sie erzählen, was
diesen Personen heute alles passiert ist. Sie können über
die zwei Zeichnungen getrennt erzählen oder sie zu einer
Geschichte verbinden (*combine*).

BEISPIEL

S1: Heute Morgen hat Lisa verschlafen.
S2: Sie kam eine halbe Stunde zu spät zur Arbeit.
S3: Im Büro hat sie dann ...

Aussprache und Rechtschreibung

Audio: Presentation
Record & Compare Activities

🎧 Recognizing near-cognates

Because English and German belong to the same language family, the two languages share some related sounds. Knowing these relationships makes it easier to recognize English and German cognates. For example, for many English words that contain a *d* sound, the German equivalent has a **t** in the same position.

Tag	**unter**	**Brot**	**rot**	**Tür**

For many English words that contain a *p* sound, the German equivalent has an **f** or **pf** in the same position, while a *t* sound in an English word may correspond to a German **z** or **s** sound.

Pfanne	**Schiff**	**zwei**	**aus**	**essen**

In some German words, the **ch** corresponds to an English *k* or *gh*.

machen	**Buch**	**lachen**	**Nacht**	**hoch**

In many German words, the **d** corresponds to the English *th* sound, and in a few words, the **g** corresponds to an English *y*.

Bruder	**Donner**	**Leder**	**gestern**	**gelb**

1 **Sprechen Sie aus** Wiederholen Sie die Wörter, die Sie hören.

1. trinken
2. Wort
3. sitzen
4. zu
5. Pfeffer
6. Apfel
7. helfen
8. brechen
9. denken
10. Bad
11. recht
12. Garn

2 **Artikulieren Sie** Wiederholen Sie die Sätze, die Sie hören.

1. Der alte Koch arbeitet nur noch halbtags.
2. Die Gärtnerin findest du unter einem großen Baum im Hinterhof.
3. Ich suche gerade seine Telefonnummer in meinem Adressbuch.
4. Wir wollen nicht den ganzen Tag vor einem Computer sitzen.
5. Es ist besser länger zu schlafen, als soviel Kaffee zu trinken.
6. Seit einer Woche leitet sie das Büro.

3 **Sprichwörter** Wiederholen Sie die Sprichwörter, die Sie hören.

Wo sich Fuchs und Hase
gute Nacht sagen.[1]

Die Nacht zum
Tage machen.[2]

[1] In the middle of nowhere. (lit. Where the fox and hare say "good night" to each other.)
[2] To party all night. (lit. To turn the night into day.)

Ressourcen

SAM
LM: p. 99

vhlcentral.com

Schlechte Nachrichten Video: *Fotoroman*

Sabite bekommt schlechte Nachrichten aus der Galerie. Zum Glück
ist Hans gut in Wirtschaft und kann Sabite trösten.

1

HERR KLEINEDLER Danke, dass Sie zu dieser
Besprechung in die Galerie gekommen sind,
Sabite. Ich hoffe, Sie mussten dafür nicht Ihre
Uni ausfallen lassen.

SABITE Ich hatte heute nur einen Kurs. Dies ist
die erste Ausstellung meiner Karriere, drum
möchte ich... Herr Kleinedler, es gibt doch
noch eine Ausstellung, oder?

2

HERR KLEINEDLER Sabite, sie sind eine junge
und talentierte Künstlerin, aber es gibt noch
so viele ausgezeichnete Künstler mit vielen
neuen aufregenden Werken. Wir werden den
Schwerpunkt unserer Ausstellung ändern auf
Berlins Nachwuchskünstler. Wir werden nur
zwei Ihrer Werke anstatt zehn brauchen.

3

SABITE Aber nur zwei Werke? Das ist nicht fair.

HERR KLEINEDLER Diese beiden Werke
werden fünf Wochen in der Ausstellung sein,
zusammen mit den Werken aller anderen
Künstler. Dadurch werden viel mehr Leute Ihre
Kunst sehen. Es ist die bessere Lösung.

4

MELINE Also, Hans, jetzt wohne ich schon seit
fast einem Jahr neben dir, und ich weiß immer
noch nicht einmal, was du studierst.

HANS Geschichte und Politik.

MELINE Willst du Politiker werden?

HANS Ich glaube nicht, dass ich ein guter
Politiker wäre.

5

HANS Mein Vater ist Forscher und
Wissenschaftler. Meine Mutter arbeitet
in einer Versicherungsagentur. Sie
ist Buchhalterin. Und Max plant eine
Karriere als Psychologe.

MELINE Ich möchte, dass bereits etwas
organisiert ist, wenn ich nach Wien komme.

HANS Ich war noch nie in Wien.

MELINE Wien ist eine wunderschöne
Kulturstadt. Du solltest Wien
besuchen kommen...

6

1 **Wer ist das?** Welche Person(en) beschreiben die folgenden Sätze:
George, Hans, Meline, Sabite oder Herr Kleinedler?

1. Er/Sie hat die erste Ausstellung seiner/ihrer Karriere.

2. Er/Sie muss den Schwerpunkt der Ausstellung ändern.

3. Er/Sie wird nur zwei seiner/ihrer Werke ausstellen können.

4. Er/Sie weiß nicht, was Hans studiert.

5. Er/Sie glaubt nicht, dass er/sie ein guter Politiker/eine gute Politikerin wäre.

6. Seine/Ihre Mutter arbeitet in einer Versicherungsagentur
als Buchhalterin.

7. Sein/Ihr Bruder möchte Psychologe werden.

8. Er/Sie möchte eine Stelle in Wien finden.

9. Er/Sie hatte in den letzten Monaten sehr viele Notfälle.

10. Es tut ihm/ihr leid, dass er/sie so anstrengend ist.

PERSONEN

Herr Kleinedler

Hans

Meline

Sabite

George

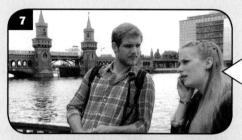

7

MELINE Hallo Sabite. Gut. Wir treffen dich dann in einer halben Stunde da. Mann. Sabite hatte in den letzten drei Monaten mehr Notfälle als ich in meinem ganzen Leben.

8

SABITE Und das alles, nachdem ich allen, die ich kenne, davon erzählt habe. Könnt ihr das glauben?

HANS Sabite, wir sind deine Freunde, die dich immer unterstützen. Aber Kleinedlers Idee ist wirklich nicht schlecht. Die Nachfrage nach deiner Kunst wird sich erhöhen, wenn weniger Werke über einen längeren Zeitraum ausgestellt werden.

9

MELINE VWL, Einführungskurs. Hans hat recht.

HANS Es werden auch Leute wegen der anderen Künstler kommen. Und die werden dann wieder deine Kunst gesehen haben, wenn sie wieder gehen.

10

SABITE Danke, Hans. Du überraschst mich immer wieder aufs Neue. Es tut mir leid, dass ich so anstrengend bin.

HANS Ist schon okay, Sabite.

MELINE Wenn ich es mir so recht überlege, Hans, könntest du doch auch ein guter Politiker sein.

Nützliche Ausdrücke

- **die Ausstellung**
  exhibition
- **der Künstler / die Künstlerin**
  artist
- **der Schwerpunkt**
  focus
- **der Nachwuchskünstler**
  emerging artist
- **die Lösung**
  solution
- **die Versicherungsagentur**
  insurance agency
- **Wien ist eine wunderschöne Kulturstadt.**
  Vienna is a beautiful cultural city.
- **der Notfall**
  emergency
- **die Nachfrage**
  demand
- **unterstützen**
  support
- **Zeitraum**
  period of time
- **VWL, Einführungskurs.**
  Economics 101.

11B.1
- **Und die werden dann wieder deine Kunst gesehen haben, wenn sie wieder gehen.**
  Plus, they will have seen your art, too, by the time they leave.

11B.2
- **Sabite, sie sind eine junge und talentierte Künstlerin, aber es gibt noch so viele ausgezeichnete Künstler mit vielen neuen aufregenden Werken.**
  Sabite, you are a talented young artist, but there are so many new exciting works by other fine artists as well.

2 Zum Besprechen Zuerst ist Sabite sehr enttäuscht (*disappointed*), dass Herr Kleinedler nur zwei ihrer Werke ausstellen kann. Schreiben Sie zu zweit einen Absatz, in dem Sie Sabite erklären, dass es besser ist, weniger Werke länger auszustellen.

3 Vertiefung Meline sagt, dass Wien eine wunderschöne Kulturstadt ist. Finden Sie heraus, warum. Was gibt es in Wien zu sehen? Für welche Art von Kultur ist Wien besonders berühmt?

Ressourcen

SAM
VM: p. 22

DVD
Folge 22

vhlcentral.com

Sozialversicherungen Reading

BArch, Bild 146-1980-091-21 / o.Ang.

GESETZLICHE SOZIALVERSICHERUNGEN° gibt es in Deutschland schon seit Ende des 19. Jahrhunderts. Im Jahr 1883 führte° der deutsche Reichskanzler Otto von Bismarck die gesetzliche Krankenversicherung ein. Er wollte soziale Unruhen verhindern° und den Sozialismus bekämpfen°. Später kamen die Rentenversicherung und die Arbeitslosenversicherung. Diese drei Versicherungen bilden heute die gesetzliche Sozialversicherung. Dieses System wird nicht durch Steuern°, sondern durch geteilte Beiträge° von Arbeitgebern und Arbeitnehmern° finanziert.

In Österreich und in der Schweiz ist dieses System sehr ähnlich. In Österreich sind Unfall- Kranken-, Pensions- und Arbeitslosenversicherung Teil der gesetzlichen Sozialversicherungen. In der Schweiz gibt es eine Kranken- und eine Arbeitslosenversicherung so wie auch die Altersversicherung und die Invalidenversicherung. Anders als in Österreich und in Deutschland gibt es eine separate Versicherung für Erwerbsersatz° für den Fall, dass man Militär- oder Zivildienst leisten muss oder Erziehungsurlaub° machen muss.

Neben diesen Sozialversicherungen gibt es noch andere Ähnlichkeiten: festgelegte Wochenarbeitsstunden, ein gesetzliches Rentenalter° eine bestimmte Anzahl an Urlaubstagen und Feiertage, an denen nicht gearbeitet wird.

Zusatzleistungen° in deutschsprachigen Ländern			
	Deutschland	**Österreich**	**Schweiz**
Wochenarbeitszeit (Stunden pro Woche)	35–42	40	42
gesetzliches Rentenalter	Männer: 67 Frauen: 67	Männer: 65 Frauen: 60	Männer: 65 Frauen: 64
Urlaubstage pro Jahr	30	28	20
gesetzliche Feiertage	9–13	17–18	8–14

Sozialversicherungen *social security* **führte... ein** *established* **soziale Unruhen verhindern** *avoid social unrest* **bekämpfen** *combat* **Steuern** *taxes* **geteilte Beiträge** *shared contributions* **Arbeitgebern und Arbeitnehmern** *employers and employees* **Erwerbsersatz** *compensation for loss of income* **Erziehungsurlaub** *maternity leave* **gesetzliches Rentenalter** *legal retirement age* **Zusatzleistungen** *job benefits*

1 **Richtig oder falsch** Sagen Sie, ob die Sätze richtig oder falsch sind. Korrigieren Sie die falschen Sätze.

1. Die gesetzliche Sozialversicherung hat in Deutschland keine lange Tradition.

2. Otto von Bismarck führte die gesetzliche Krankenversicherung in Deutschland ein.

3. Das Sozialversicherungssystem wird durch Steuern finanziert.

4. Österreicher haben auch die Unfallversicherung.

5. In der Schweiz gibt es eine Erwerbsersatzversicherung, wenn man Militärdienst leisten muss.

6. Das Sozialversicherungssystem in Deutschland, Österreich und der Schweiz ist sehr ähnlich.

7. In Deutschland können Männer vor Frauen in Rente gehen.

8. In der Schweiz gibt es die meisten gesetzlichen Feiertage.

 Practice more at **vhlcentral.com**.

Berufe

der Fotograf, -en / die Fotografin, -nen	photographer
der Künstler, - / die Künstlerin, -nen	artist
der Optiker, - / die Optikerin, -nen	optician
der Schauspieler, - / die Schauspielerin, -nen	actor
der Schreiner, - / die Schreinerin, -nen	carpenter

Angestellte, Arbeiter, Beamte

Angestellte, Arbeiter und Beamte: Diese drei Wörter bezeichnen° Personen, die arbeiten. Was sind aber die Unterschiede zwischen diesen Bezeichnungen? Angestellte sind Personen, die vor allem in Büros arbeiten. In Firmen haben sie oft auch eine leitende° Funktion. Sie bekommen ein festes monatliches Gehalt. Arbeiter sind Personen, die Lohn° bekommen. Es kann zum Beispiel ein Stück- oder Stundenlohn sein. Arbeiter verrichten typischerweise manuelle Tätigkeiten°. Beamte sind Personen, die für die Regierung arbeiten, wie zum Beispiel Polizisten und Lehrer.

bezeichnen designate **leitende** managerial
Lohn wage **Tätigkeiten** tasks

Der Marshallplan

Nach dem Zweiten Weltkrieg war Europa zu großen Teilen zerstört°. Am 3. April 1948 verabschiedete° der amerikanische Kongress einen Plan, den Marshallplan oder auch *European Recovery Program*, um Westeuropa wieder aufzubauen°. Teil des Plans war es, Kredite, Rohstoffe°, Lebensmittel und Waren nach Westeuropa zu schicken. Die drei Gründe für den Marshallplan waren Hilfe für Westeuropa, Eindämmung° der Sowjetunion und des Kommunismus, und Erschaffung° eines Marktes für amerikanische Waren. Das Volumen des Plans betrug 1948 13,1 Milliarden Dollar. Der Plan war nach dem US-Außenminister George C. Marshall benannt, der 1953 den Friedensnobelpreis bekam.

zerstört destroyed **verabschiedete** passed **aufzubauen** rebuild **Rohstoffe** raw materials
Eindämmung containment **Erschaffung** creation

IM INTERNET

Suchen Sie im Internet weitere Informationen zum Marshallplan. Wie war die wirtschaftliche Situation 1948 in Deutschland? Was war die Reaktion auf den Marshallplan in Europa?

For more information on this **Kultur**, go to **vhlcentral.com**.

---

2 **Was fehlt?** Ergänzen Sie die Sätze.

1. Angestellte kann man vor allem in _____ finden.
2. Für den Staat arbeiten _____.
3. Beispiele von Beamten sind _____ und Lehrer.
4. Der amerikanische Kongress verabschiedete 1948 den _____.
5. Europa war nach dem Zweiten _____ zu großen Teilen zerstört.
6. 1953 bekam George C. Marshall den _____.

3 **Arbeitsbedingungen** Diskutieren Sie mit einem Partner / einer Partnerin: Was wäre Ihnen am Arbeitsplatz wichtig? Wo möchten Sie arbeiten? Mit wie vielen Mitarbeitern möchten Sie arbeiten? Wie sollte die Hierarchie an Ihrem Arbeitsplatz sein? Welche Sozialleistungen (*benefits*) wären Ihnen wichtig?

Strukturen

11B.1 | *Das Futur II* Presentation

Startblock In **10A.3** you learned about the future tense (**das Futur I**). Although it is rarely used, German also has a future perfect tense (**das Futur II**).

> Bis zum Ende des Tages **werde** ich mit vier weiteren Künstlern **gesprochen haben**.

> Die **werden** dann auch deine Kunst **gesehen haben**, wenn sie wieder gehen.

ACHTUNG

The combination of the past participle and the infinitive of **haben** or **sein** is called a *past infinitive*.

- Use the **Futur II** to indicate that an event is expected to have happened by or before a particular point in the future.

Ich arbeite an einem Brief, den meine Chefin heute Nachmittag abschicken will.	Bis heute Nachmittag **werde** ich den Brief **geschrieben haben**.
I'm working on a letter that my boss wants to send this afternoon.	*By this afternoon I **will have written** the letter.*

QUERVERWEIS

See **10A.3** to review the **Futur I**. See **5A.1** and **5B.1** to review past participles and the use of **haben** and **sein** with verbs in the perfect tense.

- To form the **Futur II**, use the present tense of **werden** with the past participle of the verb that expresses the action plus the infinitive of **haben** or **sein**.

Wir **werden** Urlaub **genommen haben**.	Hans **wird** im Büro **geblieben sein**.
*We **will have taken** time off.*	*Hans **will have stayed** at the office.*

- Standard word order rules apply in the **Futur II**. Use **bis** to indicate the time by which a future action will have happened.

Herr Mauer **wird bis** morgen die Arbeit **beendet haben**.	Ich denke, dass er die ganze Nacht **gearbeitet haben wird**.
*Herr Mauer **will have completed** the work* **by** *tomorrow.*	*I think that he **will have worked** the whole night.*

Ressourcen

SAM
WB: pp. 155–156

SAM
LM: p. 100

vhlcentral.com

- Use the **Futur II** with **wohl**, **wahrscheinlich**, **schon**, or **sicher**, to express the likelihood that something has happened or will have happened by or before a particular time.

Peter wird **wahrscheinlich** heute gekündigt haben.	Bis nächste Woche wird er **wohl** eine neue Stelle gefunden haben.
*Peter **probably** (will have) quit today.*	*By next week he will **likely** have found a new job.*

 Jetzt sind Sie dran!   **Formulieren Sie die folgenden Sätze ins Futur II um.**

1. Die Kinder werden früh ins Bett gehen.
   Die Kinder werden früh ins Bett gegangen sein.
2. Ich werde Arbeit finden.
3. Die Assistentin wird kündigen.

4. Ihr werdet einen wichtigen Termin haben.
5. Wie viele Fabrikarbeiter werden sie wohl entlassen?
6. Dieses Projekt wird wohl scheitern.

Anwendung und Kommunikation

1 **Ergänzen Sie** Ergänzen Sie die Sätze mit den Verben in Klammern. Benutzen Sie das **Futur II**.

> BEISPIEL Bis morgen Abend ___werden___ wir den Film
> schon _gesehen haben_. (sehen)

1. Bis heute Nachmittag _____ ihr schon die Besprechung mit eurem Chef _____. (haben).

2. Bevor ich eine gute Stelle finde, _____ ich schon bei vielen Vorstellungsgesprächen _____. (sein)

3. Vor Ende der Woche _____ du bestimmt schon vom Personalchef _____. (hören)

4. Bis nächstes Frühjahr _____ die Zahl (*number*) der Stellenangebote schon _____. (steigen)

5. Bis zum Ende des Jahres _____ wohl viele Angestellte schon _____. (kündigen)

6. Vor Anfang September _____ viele Geschäfte schon alle Sommerkleidung _____. (verkaufen)

7. In zehn Jahren _____ mein Vater schon in Rente _____. (gehen)

8. Bis Dienstagnachmittag _____ wir schon in unseren Urlaubsort _____. (abfliegen)

2 **Bis zum 30. Geburtstag** Fragen Sie Ihren Partner / Ihre Partnerin, was er/sie wohl bis zum 30. Geburtstag alles erreicht (*accomplished*) haben wird. Benutzen Sie das **Futur II**.

> BEISPIEL
>
> **S1:** *Wirst du bis zu deinem 30. Geburtstag geheiratet haben?*
> **S2:** *Nein, ich werde nicht bis zum 30. Geburtstag geheiratet haben. Und du, wirst du geheiratet haben?*

> den Uni-Abschluss machen
> heiraten
> Kinder bekommen
> in ein anderes Land umziehen
> deinen Traumberuf (*dream job*) finden
> viel Geld verdienen
> nach Europa reisen

3 **Vor nächster Woche** Sagen Sie Ihrem Partner / Ihrer Partnerin vier Sachen, die Sie diese Woche erledigen (*accomplish*) müssen oder wollen. Benutzen Sie dabei das **Futur I**. Danach sagen Sie dem Rest der Klasse, was Sie voneinander gelernt haben. Benutzen Sie dabei das **Futur II**.

> BEISPIEL
>
> **S1:** *Ich werde diese Woche zwei Referate (essays) schreiben. Ich werde auch ein neues Handy kaufen.*
> **S2:** *Paul wird bis nächste Woche zwei Referate geschrieben haben. Er wird auch ein neues Handy gekauft haben...*

11B.2 Adjective endings (review) Presentation

QUERVERWEIS

See **8B.2** to review **der**-words and **2B.3** to review **ein**-words.

Startblock Adjectives that precede a noun take different endings depending on the case, gender, and number of the noun and whether they are preceded by a **der**-word, an **ein**-word, or neither.

- Adjectives that are preceded by **der**-words have the following endings.

adjective endings after *der*-words				
	masculine	feminine	neuter	plural
nom.	der gute Chef	die gute Chefin	das gute Geschäft	die guten Stellen
acc.	den guten Chef	die gute Chefin	das gute Geschäft	die guten Stellen
dat.	dem guten Chef	der guten Chefin	dem guten Geschäft	den guten Stellen
gen.	des guten Chefs	der guten Chefin	des guten Geschäfts	der guten Stellen

- Adjectives that are preceded by **ein**-words have the following endings.

adjective endings after *ein*-words				
	masculine	feminine	neuter	plural
nom.	ein guter Chef	eine gute Chefin	ein gutes Geschäft	keine guten Stellen
acc.	einen guten Chef	eine gute Chefin	ein gutes Geschäft	keine guten Stellen
dat.	einem guten Chef	einer guten Chefin	einem guten Geschäft	keinen guten Stellen
gen.	eines guten Chefs	einer guten Chefin	eines guten Geschäfts	keiner guten Stellen

ACHTUNG

Remember that these endings are used with comparatives and superlatives, as well as with adjectival nouns.

Remember that adjectives that come after **sein**, **bleiben**, or **werden** do not modify a noun.

Remember that adjectives ending in **-el** and **-er** drop the **-e-** when they take a case ending:

teuer → teure, teuren, teurer, teures

Thomas hat eine sehr **gute** Stelle gefunden.
*Thomas found a really **good** job.*

Hast du mein **kleines** Adressbuch gesehen?
*Have you seen my **little** address book?*

- Unpreceded adjectives have the following endings.

unpreceded adjective endings				
	masculine	feminine	neuter	plural
nom.	warmer Regen	helle Sonne	schönes Wetter	farbige Blumen
acc.	warmen Regen	helle Sonne	schönes Wetter	farbige Blumen
dat.	warmem Regen	heller Sonne	schönem Wetter	farbigen Blumen
gen.	warmen Regens	heller Sonne	schönen Wetters	farbiger Blumen

Ressourcen

SAM
WB: pp. 157–158

SAM
LM: 101

vhlcentral.com

Jetzt sind Sie dran! Wählen Sie die passenden Adjektivformen.

1. Ein Gärtner muss auch bei (schlechtes / schlechte / schlechtem) Wetter oft draußen arbeiten.

2. Wissenschaftler machen (wichtig / wichtige / wichtigen) Entdeckungen (*discoveries*).

3. Ein (kaputter / kaputten / kaputte) Wäschetrockner ist für einen Elektriker kein Problem.

4. Die Immobilienmaklerin hat das Haus trotz des (hohes / hoch / hohen) Preises verkaufen können.

5. Unser Hausmeister geht nicht gern in den (dunkle / dunklen / dunkler) Keller.

6. Ingrid arbeitet seit (kurze / kurzen / kurzer) Zeit als Buchhalterin.

Anwendung und Kommunikation

1 **Beim Vorstellungsgespräch** Ergänzen Sie die Sätze mit den richtigen Formen der Adjektive in Klammern.

1. Wer träumt nicht von einer _____ Karriere? (erfolgreich)

2. Auf ein _____ Vorstellungsgespräch sollte man sich gut vorbereiten. (persönlich).

3. Suchen Sie sich _____ Informationen über die Firma aus dem Internet. (nützlich)

4. Machen Sie dem Personalchef klar, dass Sie ein _____ Mitarbeiter sind. (zuverlässig)

5. Sagen Sie, dass Sie an einer _____ Zusammenarbeit interessiert sind. (länger)

6. Bleiben Sie immer freundlich und locker trotz _____ Fragen. (stressig)

7. Ziehen Sie sich lieber konservativ an und kommen Sie in _____ Kleidung zu Ihrem Termin. (sauber)

8. Zeigen Sie sich von Ihrer _____ Seite. (best-)

2 **Lebensläufe** Beschreiben Sie mit einem Partner / einer Partnerin die drei Personen auf dem Bild und erfinden Sie zu jeder Person einen kurzen Lebenslauf: Wer sind sie, woher kommen sie, was haben sie gemacht, und so weiter. Verwenden Sie attributive Adjektive.

S1: Die Frau in dem roten Kleid ist eine berühmte Musikerin.
S2: Sie kommt aus einer kleinen Stadt in der Schweiz...

3 **Mein Traumjob** Fragen Sie einander, was Sie sich alles von Ihrer zukünftigen (*future*) Stelle (nicht) erhoffen.

S1: Was für eine Stelle möchtest du?
S2: Ich möchte eine interessante, anspruchsvolle Stelle.

anspruchsvoll	geduldig	modern
dynamisch	intelligent	ordentlich
ernst	interessant	schön
freundlich	kreativ	zuverlässig

1. Was für eine Arbeitsstelle möchtest du (nicht)?

2. Was für ein Gehalt möchtest du (nicht)?

3. Was für einen Chef oder eine Chefin möchtest du (nicht)?

4. In was für einem Büro möchtest du (nicht) arbeiten?

5. Mit was für Mitarbeitern möchtest du (nicht) arbeiten?

 Practice more at **vhlcentral.com**.

Wiederholung

1 Stellenangebote

Sie und Ihr Partner / Ihre Partnerin haben einige Personen, die Arbeit suchen, und einige Stellenangebote. Sprechen Sie über die Arbeitssuchenden und die Stellenagebote und entscheiden Sie, wer zu welcher Stelle passt.

BEISPIEL

S1: Martin Richter hat sieben Jahre lang als Feuerwehrmann in Hamburg gearbeitet.

S2: Ich habe die perfekte Stelle für ihn. In Dresden gibt es einige Stellen für Feuerwehrleute.

2 Semesterende

Was werden Sie vor Ende des Semesters gemacht haben? Vergleichen Sie Ihre Antworten mit denen Ihres Partners / Ihrer Partnerin.

BEISPIEL

S1: Bis Ende des Semesters werde ich noch zwei Stücke auf dem Saxophon gelernt haben. Und du?

S2: Ich werde ...

> Projekte fertig machen
> für die Abschlussprüfungen lernen
> ein Referat halten
> einen Ferienjob finden
> Aufsätze schreiben
> eine Sportveranstaltung besuchen
> Prüfungen machen
> aus meinem Zimmer ausziehen

3 Weltpolitik

Sagen Sie, was mit jedem der Länder auf der Liste in der Zukunft passieren wird. Sagen Sie auch, wann das passieren wird. Vergleichen Sie Ihre Antworten mit denen Ihres Partners / Ihrer Partnerin.

BEISPIEL

S1: Bis 2025 wird China sicher eine Demokratie geworden sein.

S2: Ich glaube, dass es wohl ein kommunistisches Land geblieben sein wird.

> | | |
> |---|---|
> | Kanada | Russland |
> | Österreich | Deutschland |
> | die USA | die Schweiz |

4 Der schönste Geburtstag

Beschreiben Sie Ihrem Partner / Ihrer Partnerin den schönsten Geburtstag Ihres Lebens. Benutzen Sie Adjektive, um den Tag zu beschreiben.

BEISPIEL

Als ich neun wurde, habe ich den schönsten Geburtstag meines Lebens gehabt. Der Tag begann mit einem leckeren Frühstück. Wir aßen...

5 Kleine Geschichte

Schreiben Sie mit Ihrem Partner / Ihrer Partnerin die Geschichte von Frank, der in seinem Beruf nicht immer erfolgreich war. Gebrauchen Sie die angebenen Worte. Beachten Sie den Gebrauch des Präteritums.

> eine Gehaltserhöhung bekommen
> eine vollkommene (*complete*) Überraschung sein
> die Firma verlassen
> ins Büro kommen
> eine Beförderung anbieten
> entlassen
> an der Qualität der Arbeit scheitern
> sich um eine neue Stelle bewerben

6 Lieblingsfarbe

Fragen Sie drei Klassenkameraden nach ihrer Lieblingsfarbe. Bitten Sie sie, zwei Dinge, die sie in dieser Farbe besitzen (*own*), detailliert zu beschreiben.

BEISPIEL

S1: Was ist deine Lieblingsfarbe?

S2: Meine Lieblingsfarbe ist Grün.

S1: Was hast du alles in Grün?

S2: Ich habe eine warme, grüne Bettdecke, die mir meine Großmutter geschenkt hat...

7 Berufsberatung

Arbeiten Sie mit einem Partner / einer Partnerin. Beschreiben Sie was für eine Person Sie sind, Ihre Erfahrungen und die Art Arbeit, die Sie gerne machen wollen. Ihr Partner / Ihre Partnerin wird die Rolle des Berufsberaters / der Berufsberaterin (*career counselor*) spielen, Ihnen Fragen stellen und Sie beraten, welche Berufe für Sie in Frage kommen. Wechseln Sie dann die Rollen.

BEISPIEL

S1: Ich bin ein kreativer Mensch und ich bin auch sehr logisch.
S2: Arbeiten Sie lieber allein oder mit anderen?
S1: Lieber allein, aber nicht immer...

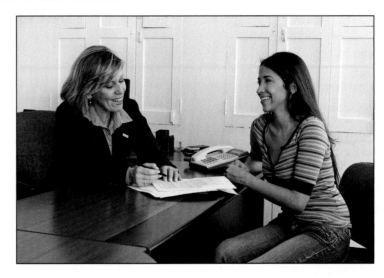

8 Beim Immobilienmakler

Beschreiben Sie Ihrem Partner / Ihrer Partnerin die Art von Haus, das Sie suchen. Er/Sie wird die Rolle des Immobilienmaklers / der Immobilienmaklerin spielen und wird Ihnen einige Häuser anbieten. Entscheiden Sie sich, welches Haus für Sie am besten ist. Beachten Sie die folgenden Fragen.

BEISPIEL

S1: Ich suche ein kleines Haus auf dem Land nicht weit vom Ozean. Ich brauche ein ziemlich großes Grundstück für meine drei Hunde.
S2: Hmmm... Ich habe hier drei Häuser, für die Sie sich vielleicht interessieren könnten.

• Wo möchten Sie gerne wohnen?

• Wie groß soll das Haus sein?

• Was für einen Stil soll das Haus haben?

• Wer wird in dem Haus wohnen?

• Wie viele Zimmer brauchen Sie?

• Brauchen Sie besondere Zimmer oder Einrichtungen (*features*)?

• Wie ist das Haus ausgestattet (*equipped*)?

• Braucht das Haus Reparaturen oder Veränderungen (*modifications*)?

• Wer kann die Reparaturen oder Veränderungen machen?

Mein Wör|ter|buch

Schreiben Sie noch fünf weitere Wörter in Ihr persönliches Wörterbuch zu den Themen **Im Büro** und **Berufe**.

die Ferienarbeit

Übersetzung
vacation job

Wortart
Substantiv

Gebrauch
Fast alle Studenten suchen für den Sommer eine Ferienarbeit, damit sie etwas Geld verdienen können.

Synonyme
die Ferientätigkeit, der Ferienjob

Antonyme
fester Arbeitsplatz

Weiter geht's

Panorama Map

Baden-Württemberg, das Saarland und Rheinland-Pfalz

Baden-Württemberg in Zahlen

▶ **Fläche:** 35.751 km²

▶ **Bevölkerung:** 10,7 Millionen Menschen

▶ **Städte:** Stuttgart (606.000 Einwohner), Mannheim (313.000), Karlsruhe (294.000)

▶ **Wichtige Industriezweige:** Maschinenbau, Automobilindustrie, Metallerzeugnisse°

▶ **Touristenattraktionen:** Schwarzwald, Bodensee, Baden-Baden

QUELLE: Tourismusportal Baden-Württemberg

Das Saarland in Zahlen

▶ **Fläche:** 2.569 km²

▶ **Bevölkerung:** 1 Million Menschen

▶ **Städte:** Saarbrücken (175.000 Einwohner), Neunkirchen (47.000)

▶ **Wichtige Industriezweige:** Automobilbau, Keramikindustrie, Informatik

▶ **Touristenattraktionen:** Ludwigskirche in Saarbrücken, Völklinger Hütte, römische Villa in Borg

QUELLE: Tourismus Zentrale Saarland GmbH

Rheinland-Pfalz in Zahlen

▶ **Fläche:** 19.853 km²

▶ **Bevölkerung:** 4 Millionen Menschen

▶ **Städte:** Mainz (197.000 Einwohner), Ludwigshafen (163.000), Koblenz (106.000)

▶ **Wichtige Industriezweige:** Weinanbau°, chemische Industrie, pharmazeutische Industrie, Tourismus

▶ **Touristenattraktionen:** Speyerer Dom, Kulturlandschaft Oberes Mittelrheintal, Limes

QUELLE: Rheinland-Pfalz Tourismus GmbH

Berühmte Baden-Württemberger, Saarländer und Rheinland-Pfälzer

▶ **Friedrich Schiller,** Dichter° (1759–1805)

▶ **Nicole (Seibert),** Sängerin (1964–)

▶ **Helmut Kohl,** Politiker (1930–)

Metallerzeugnisse metal products **Weinanbau** vineyards **Nonne** nun **Naturheilkundige** naturopath **Erfinder** inventor **Dichter** poet **Dom** cathedral **Kelten** Celts **Grab** grave **Fürstin** princess **starb** died **ausweichen** yield

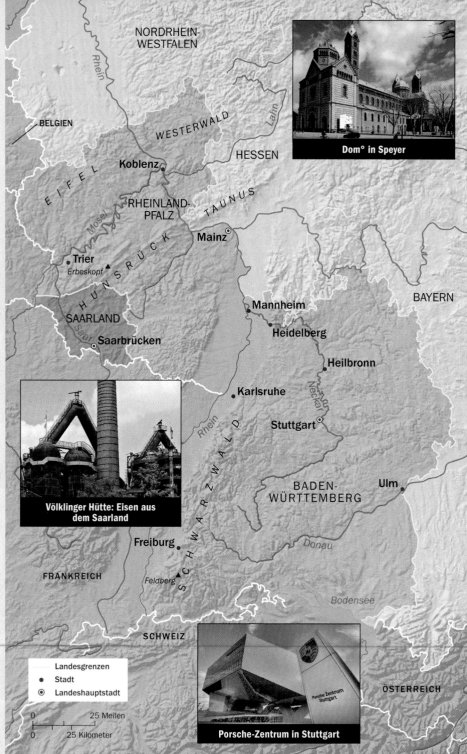

NORDRHEIN-WESTFALEN

BELGIEN

WESTERWALD

HESSEN

Koblenz

E I F E L

RHEINLAND-PFALZ

T A U N U S

Mosel

Mainz

Trier
Erbeskopf

H U N S R Ü C K

Lahn

Mannheim

BAYERN

SAARLAND

Heidelberg

Saar

Saarbrücken

Heilbronn

Karlsruhe

Neckar

Rhein

Stuttgart

S C H W A R Z W A L D

BADEN-WÜRTTEMBERG

Ulm

Freiburg

Donau

FRANKREICH

Feldberg

Bodensee

SCHWEIZ

ÖSTERREICH

— Landesgrenzen
● Stadt
◎ Landeshauptstadt

0 — 25 Meilen
0 — 25 Kilometer

Dom° in Speyer

Völklinger Hütte: Eisen aus dem Saarland

Porsche-Zentrum in Stuttgart

Unglaublich aber wahr!

Die Kelten° lebten früher in der Nähe der Donau im heutigen Baden-Württemberg, dem östlichen Frankreich und der Schweiz. Das älteste Grab° einer keltischen Fürstin° fand man vor kurzem in Ludwigsburg. Die Fürstin starb° etwa im Jahr 600 vor Christus. Erst später mussten die Kelten ins westliche Europa der britischen Inseln ausweichen°.

Geographie
Rhein

Der Rhein ist der längste Fluss Deutschlands. Er ist 1.233 Kilometer lang, 865 Kilometer davon fließen° durch Deutschland zwischen dem Bodensee im Süden und Holland im Norden. Er ist eine der verkehrsreichsten Wasserstraßen der Welt. Er ist auch eine wichtige Grenze° zwischen Deutschland und Frankreich. Die vielen Schlösser°, die man bei einer Bootsfahrt durch das Obere Mittelrheintal zwischen Bingen und Koblenz sehen kann, sind historische Beispiele der Grenzfunktion des Flusses.

Sport
Das Saarland bei Olympischen Spielen

An der Grenze zwischen Deutschland, Luxemburg und Frankreich liegt das Saarland, wegen seiner Bodenschätze ein oft umstrittenes° Land. 1952 war das Saarland politisch unabhängig°, gehörte wirtschaftlich aber zu Frankreich. Bei den ersten Olympischen Sommerspielen nach dem Zweiten Weltkrieg im finnischen Helsinki trat zum einzigen Mal eine saarländische Mannschaft bei der Olympiade an°. Sechsunddreißig saarländische Sportler fuhren nach Finnland, gewannen dort aber keine Medaille. Ab 1956 waren die Saarländer dann Teil der deutschen Mannschaft.

Kultur
Trier

Trier ist eine Stadt in Rheinland-Pfalz. Sie gilt als älteste Stadt Deutschlands. Vor mehr als 2000 Jahren gründeten die Römer die Stadt unter dem Namen Augusta Treverorum. Aus der Zeit der Römer kann man noch das Amphitheater, die Thermen°, die Konstantinbasilika und die Igeler Säule° besuchen. Die Römerbrücke ist die älteste Brücke Deutschlands. Das bekannteste Bauwerk° ist aber die Porta Nigra, ein römisches Stadttor° und Wahrzeichen° der Stadt. Alle diese Bauwerke sind Teil des UNESCO-Weltkulturerbes.

Technologie
Gutenberg

Johannes Gutenberg (1400–1468) gilt als Erfinder des Buchdrucks mit beweglichen Metalllettern° in Europa. Diese Erfindung startete eine Medienrevolution. Bücher und andere Publikationen wie zum Beispiel Pamphlete konnten mit der neuen Erfindung wesentlich schneller und billiger produziert werden. Mit Hilfe von Pamphleten konnte Martin Luther (1483–1546), der 1517 mit seinen 95 Thesen in direkte Konfrontation zur römisch-katholischen Kirche getreten war, seine neuen Ideen schnell und billig den Menschen mitteilen°. Ohne diese technische Neuerung wäre er isoliert und ohne Publikum gewesen.

IM INTERNET

1. Suchen Sie weitere Informationen über die Kelten in Deutschland: Wo genau haben sie gelebt? Was weiß man über sie?

2. Suchen Sie mehr Informationen über Johannes Gutenberg: Wer war er? Was hat er noch gemacht?

For more information on this **Panorama**, go to **vhlcentral.com**.

fließen *flow* **Grenze** *border* **Schlösser** *castles* **umstrittenes** *disputed* **unabhängig** *independent* **trat...an** *took part* **beweglichen Metalllettern** *movable metal type* **mitteilen** *communicate* **Thermen** *thermal baths* **Säule** *column* **Bauwerk** *building* **Stadttor** *city gate* **Wahrzeichen** *landmark*

 Was haben Sie gelernt? Ergänzen Sie die Sätze.

1. Das älteste Grab einer keltischen Fürstin fand man in _____.

2. Die Kelten lebten in _____ und Teilen Frankreichs, bevor sie auf die britischen Inseln ausweichen mussten.

3. Im Süden Deutschlands beginnt der Rhein am _____.

4. Der Rhein war schon immer eine _____ zwischen Deutschland und Frankreich.

5. Die saarländische Mannschaft gewann keine _____.

6. Nach 1952 waren die Saarländer Teil der _____ Mannschaft.

7. Johannes Gutenberg erfand den _____ mit beweglichen Metalllettern.

8. Luthers _____ konnte man schneller und billiger produzieren.

9. Trier hieß früher _____.

10. Das bekannteste Bauwerk Triers ist die _____.

 Practice more at **vhlcentral.com**.

Lesen Reading: Audio

Vor dem Lesen

Strategien

Perspective

Identifying the narrator's perspective can help you make sense of a story. The perspective of the narrator may be limited to that of a single character, or the narrator may be omniscient, describing the thoughts and actions of all the characters in a story. By employing an omniscient narrator, the author can create distance between the reader and the characters, revealing aspects of a situation that the characters themselves cannot see. The author may use this distance to create a humorous contrast between the perspective of the characters and the perspective provided by the narrator.

Untersuchen Sie den Text

Sehen Sie den Titel und die Bilder an. Was wissen Sie sofort über diese Geschichte? Lesen Sie die ersten Sätze der Geschichte. Glauben Sie, dass der Erzähler dieser Geschichte allwissend (*omniscient*) ist?

Autor

Peter Bichsel

Peter Bichsel ist Schweizer. Er wurde 1935 in Luzern geboren. Er hat als Lehrer in einer Grundschule, als freier Journalist, und als Berater in der Politik gearbeitet. Jetzt ist er freier Schriftsteller. Er schreibt Kurzgeschichten und Essays. Oft schreibt er humorvolle Erzählungen aus der Perspektive junger Kinder. Bichsel hat einige Literaturpreise gewonnen. Er hat viele Einladungen an amerikanische Universitäten bekommen, wo er weitere Texte verfasst und seine Werke vorgelesen hat. Peter Bichsel wohnt heute im schweizerischen Solothurn.

Der Erfinder

(Ausschnitt°)

Erfinder ist ein Beruf, den man nicht lernen kann; deshalb ist er selten; heute gibt es ihn überhaupt nicht mehr.

Früher aber gab es noch Erfinder. Einer von ihnen hieß Edison. Er erfand das Mikrophon und baute einen Apparat, mit dem man die Filme abspielen konnte.

1931 starb er.

1890 wurde zwar noch einer geboren, und der lebt noch. Niemand kennt ihn, weil er jetzt in einer Zeit lebt, in der es keine Erfinder mehr gibt. Seit dem Jahre 1931 ist er allein. Das weiß er nicht, weil er schon damals nicht mehr hier in der Stadt wohnte und nie unter die Leute ging; denn Erfinder brauchen Ruhe°.

Er berechnete° und zeichnete° den ganzen Tag. Er saß stundenlang da, legte seine Stirn° in Falten°, fuhr sich mit der Hand immer wieder übers Gesicht und dachte nach.

Dann nahm er seine Berechnungen, zerriss° sie und warf sie weg und begann wieder von neuem, und abends war er mürrisch° und schlecht gelaunt°, weil die Sache wieder nicht gelang.

Er ging früh zu Bett, stand früh auf und arbeitete den ganzen Tag. Er bekam keine Post, las keine Zeitungen und wusste nichts davon, dass es Radios gibt.

Und nach all den Jahren kam der Abend, an dem er nicht schlecht gelaunt war, denn er hatte seine Erfindung erfunden, und er legte sich jetzt überhaupt nicht mehr schlafen. Tag und Nacht saß er über seinen Plänen und prüfte sie nach, und sie stimmten°.

Dann rollte er sie zusammen und ging nach Jahren zum ersten Mal in die Stadt. Sie hatte sich völlig verändert°. Wo es früher Pferde gab, da gab es jetzt Automobile, und im Warenhaus° gab es eine Rolltreppe°, und die Eisenbahnen° fuhren nicht mehr mit Dampf°. Der Erfinder staunte°. Aber weil er ein Erfinder war, begriff er alles sehr schnell. Er sah einen Kühlschrank und sagte: „Aha." Er sah ein Telefon und sagte: „Aha." Und als er rote und grüne Lichter sah, begriff er, dass man bei Rot warten muss und bei Grün gehen darf.

Ausschnitt *excerpt* **Ruhe** *quiet* **berechnete** *calculated* **zeichnete** *sketched* **Stirn** *forehead* **Falten** *wrinkles* **zerriss** *tore* **mürrisch** *grumpy* **schlecht gelaunt** *in a bad mood* **stimmten** *were correct*

Und er begriff alles, aber er staunte, und fast hätte er dabei seine eigene Erfindung vergessen.

Als sie ihm wieder einfiel, ging er auf einen Mann zu, der eben bei Rot wartete und sagte: „Entschuldigen Sie, mein Herr, ich habe eine Erfindung gemacht." Und der Herr war freundlich und sagte: „Und jetzt, was wollen Sie?" Und der Erfinder wusste es nicht. „Es ist nämlich eine wichtige Erfindung", sagte der Erfinder, aber da schaltete die Ampel auf Grün, und sie mussten gehen.

Was hätten die Leute sagen sollen, zu denen der Erfinder sagte: „Ich habe eine Erfindung gemacht."

Er sprang auf in der Straßenbahn, breitete seine Pläne zwischen den Beinen der Leute auf den Boden aus und rief: „Hier schaut mal, ich habe einen Apparat erfunden, in dem man sehen kann, was weit weg geschieht°." „Der hat das Fernsehen erfunden", rief jemand, und alle lachten. „Warum lachen Sie?" fragte der Mann, aber niemand antwortete, und er stieg aus, ging durch die Straßen, blieb bei Rot stehen und ging bei Grün weiter, setzte sich in ein Restaurant und bestellte einen Kaffee, und als sein Nachbar° zu ihm sagte: „Schönes Wetter heute", da sagte der Erfinder: „Helfen Sie mir doch, ich habe das Fernsehen erfunden, und niemand will es glauben – alle lachen mich aus." „Sie lachen", sagte der Mann, „weil es das Fernsehen schon lange gibt und weil man das nicht mehr erfinden muss", und er zeigte in die Ecke des Restaurants, wo ein Fernsehapparat stand, und fragte: „Soll ich ihn einstellen°?"

Aber der Erfinder sagte: „Nein, ich möchte das nicht sehen."Er stand auf und ging.

Er ging durch die Stadt, achtete nicht mehr auf Grün und Rot, und die Autofahrer schimpften° und tippten mit dem Finger an die Stirn.

Seither kam der Erfinder nie mehr in die Stadt.

Er ging nach Hause und erfand jetzt nur noch für sich selbst.

Er nahm einen Bogen Papier, schrieb darauf „Das Automobil", rechnete und zeichnete wochenlang und monatelang und erfand das Auto noch einmal, dann erfand er die Rolltreppe, er erfand das Telefon, und er erfand den Kühlschrank. Alles, was er in der Stadt gesehen hatte, erfand er noch einmal. Und jedes Mal, wenn er eine Erfindung gemacht hatte, zerriss er die Zeichnungen, warf sie weg und sagte: „Das gibt es schon."

Doch er blieb sein Leben lang ein richtiger Erfinder, denn auch Sachen, die es gibt, zu erfinden, ist schwer und nur Erfinder können es.

verändert *changed*
Warenhaus *department store*
Rolltreppe *escalator* **Eisenbahnen** *trains*
Dampf *steam* **staunte** *was amazed*
geschieht *happens* **Nachbar** *neighbor*
einstellen *turn on* **schimpften** *scolded*

Nach dem Lesen

Richtig oder falsch? Laut dieser Geschichte sind die Sätze richtig oder falsch?

	Richtig	Falsch
1. Man kann den Beruf Erfinder lernen.	☐	☐
2. Thomas Edison erfand das Mikrofon.	☐	☐
3. Der Erfinder wurde 1931 geboren.	☐	☐
4. Der Erfinder war selten gut gelaunt.	☐	☐
5. Eisenbahnen in der Stadt fuhren noch mit Dampf.	☐	☐
6. Der Erfinder wollte, dass der Nachbar im Restaurant den Fernsehapparat einstellt.	☐	☐
7. Der Erfinder blieb bei Rot immer stehen und ging immer bei Grün.	☐	☐
8. Der Erfinder zeichnete ein Automobil auf das Papier.	☐	☐

Antworten Sie Antworten Sie auf die folgenden Fragen.

1. Was erfand Edison?
2. Was erfand der Erfinder?
3. Was gibt es nicht mehr in der Stadt?
4. Was sind die neuen Erfindungen in der Stadt?
5. Was will der Erfinder den Leuten in der Straßenbahn zeigen?

Schreiben Sie Wie finden Sie diese Geschichte? Beschreiben Sie, was Sie davon denken. Ist die Geschichte traurig oder lustig? Warum?

Diskutieren Sie Sprechen Sie mit einem Partner / einer Partnerin über vier Erfindungen, die Sie für wichtig halten (*consider important*). Wozu benutzen Sie diese vier Geräte? Warum sind diese Dinge wichtig in Ihrem Leben?

Hören

Strategien

Listening for linguistic clues

You can enhance your listening comprehension by listening for specific cues. For example, if you listen for the endings of conjugated verbs or for familiar constructions, such as the **Perfekt**, **Futur**, or **Konjunktiv**, you can find out whether a person did something in the past, is going to do something in the future, or would do something under certain conditions.

 To practice this strategy, you will listen to questions and statements from an interview. As you listen, note whether each question or statement refers to a past, present, or future action.

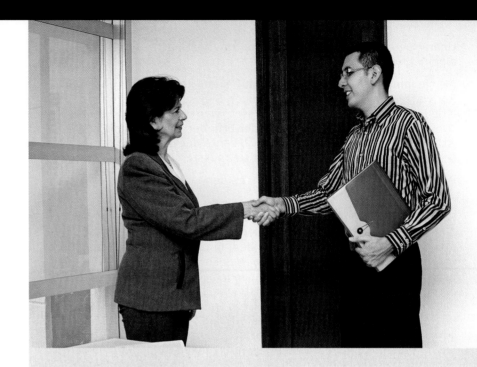

Vorbereitung

Sehen Sie sich das Bild an. Welche Art von Arbeit sucht wohl der Bewerber? Läuft das Bewerbungsgespräch gut oder schlecht? Glauben Sie, dass der Mann die Stelle bekommen wird?

Zuhören

Hören Sie sich das Gespräch zweimal an. Machen Sie sich Notizen über den Bewerber, nachdem Sie das Gespräch ein zweites Mal gehört haben.

Name des Bewerbers: _____

Stelle: _____

Studienabschluss: _____

Arbeitserfahrung: _____

Praktika: _____

Forschung (*research*): _____

Teilzeitarbeit: _____

Verständnis

Richtig oder falsch Sind die Sätze richtig oder falsch?

1. Herr Huber ist gerade erst mit dem Studium fertig geworden.
   _____

2. Herr Huber hat sein Studium mit der Note 1,5 beendet.
   _____

3. Das erste Praktikum von Herrn Huber dauerte zwei Monate.
   _____

4. Das erste Praktikum war bei einer Firma in Stuttgart.
   _____

5. Das zweite Praktikum hat Herr Huber bei einer Softwarefirma gemacht.
   _____

6. Das zweite Praktikum dauerte drei Monate lang.
   _____

7. In seiner Forschung konzentrierte sich Herr Huber auf Softwareprogramme für die Buchhaltung.
   _____

8. Herr Huber wird erst in zwei Wochen wieder von der Firma hören.
   _____

Brief an den Interviewer Stellen Sie sich vor, dass Sie sich für eine Lehrstelle (*apprenticeship*) bei einer deutschen Firma beworben haben. Es war ein gutes Bewerbungsgespräch und Sie wollen sich bei der Firma bedanken. Schreiben Sie mit einem Partner / einer Partnerin einen Brief an den Interviewer: Bedanken Sie sich für das Interview und das Interesse der Firma. Wiederholen Sie nochmal Ihre Qualifikationen für die Stelle. Verwenden Sie die Sie-Form.

Schreiben

Writing strong introductions and conclusions

Introductions and conclusions serve a similar purpose: both are intended to focus the reader's attention on the topic being discussed. The introduction presents a brief preview of the topic and informs the reader of the important points that will be covered in the body of the text. The conclusion reaffirms those points and concisely sums up the information that has been provided.

If you were writing a cover letter for a job application, you might start by identifying the job posting to which you are responding. The rest of your introductory paragraph could outline the areas you will cover in the body of your letter, such as your work experience and your reasons for wanting the job. In your conclusion, you might sum up the most important and convincing points of your letter and tie them together in a way that would leave your reader impressed and curious to learn more. You could, for example, use your conclusion to state why your qualifications make you the ideal candidate for the job and convince your reader of your enthusiasm for the position.

Thema

Bewerbungsschreiben

Schreiben Sie ein Bewerbungsschreiben, um sich auf Ihre Traumstelle (*dream job*) zu bewerben. Der Brief sollte drei Teile haben: Einleitung (*introduction*), Entwicklung (*development*) des Themas und Schluss (*conclusion*). Nennen Sie in der Einleitung kurz den Grund (*reason*) für den Brief. Beschreiben Sie im Detail Ihre Qualifikationen und Interessen in der Entwicklung des Themas. Im Schluss fassen Sie dann die diversen Aspekte zusammen und erklären Sie, warum Sie ein guter Bewerber für die Stelle sind. Verwenden Sie die Vorschläge unten, um mit Ihrem Brief anzufangen.

Einleitung

- Nennen Sie den Titel der Stelle, auf die Sie sich bewerben.
- Erklären Sie, warum Sie sich auf die Stelle bewerben.

Entwicklung des Themas

- Fassen Sie Ihre (Schul-)Ausbildung und Erfahrungen zusammen.
- Erklären Sie, was Sie durch diese Erfahrungen gelernt haben.
- Erläutern Sie (*Explain*), warum Sie wegen dieser Erfahrungen für die Stelle qualifiziert sind.
- Beschreiben Sie, welche von Ihren Eigenschaften (*characteristics*) für die Firma wichtig sein könnten.

Schluss

- Bestätigen Sie (*Confirm*) Ihren Enthusiasmus für diese Stelle und Ihr Interesse daran.
- Erklären Sie, warum diese Stelle Ihrer Karriere helfen kann und auch, wie Sie dem Arbeitgeber nützen (*be of use*) können.

Flashcards
Audio: Vocabulary

eine Stelle suchen

der/die Angestellte, -n	employee
der Assistent, -en / die Assistentin, -nen	assistant
die Ausbildung, -en	education
der Beruf, -e	profession
die Berufsausbildung, -en	professional training
der Bewerber, - / die Bewerberin, -nen	applicant
das Empfehlungsschreiben, -	letter of recommendation
die Erfahrung, -en	experience
die Firma (pl. die Firmen)	firm; company
das Geschäft, -e	business
der Geschäftsführer, - / die Geschäftsführerin, -nen	manager
das (hohe/niedrige) Gehalt (pl. die (hohen/niedrigen) Gehälter	(high/low) salary
der Lebenslauf, -̈e	résumé; CV
der Personalchef, -s / die Personalchefin, -nen	human resources manager
das Praktikum (pl. die Praktika)	internship
die Referenz, -en	reference
der Sektor, -en	field; sector
die Stelle, -n	position; job
das Stellenangebot, -e	job opening
der Termin, -e	appointment
das Vorstellungsgespräch, -e	job interview
Arbeit finden	to find a job
einen Termin vereinbaren	to make an appointment
sich bewerben (bewirbt sich)	to apply

Büromaterial

das Adressbuch, -̈er	address book
die Büroklammer, -n	paperclip
das Büromaterial, -ien	office supplies
die Pinnwand, -̈e	bulletin board
der Hefter, -	stapler

am Telefon

der Hörer, -	receiver
die Telefonnummer, -n	telephone number
Wer spricht?	Who's calling?
Bleiben Sie bitte am Apparat.	Please hold.
auflegen	to hang up
einen Anruf entgegennehmen	to answer the phone
eine Nachricht hinterlassen	to leave a message
in der Warteschleife sein	to be on hold

auf der Arbeit

die Beförderung, -en	promotion
die Besprechung, -en	meeting
das Büro, -s	office
der Chef, -s / die Chefin, -nen	boss
der Erfolg, -e	success
die Gehaltserhöhung, -en	raise
die Gewerkschaft, -en	labor union
die Karriere, -n	career
anspruchsvoll	demanding
fertig	ready; finished
ganztags	full-time
halbtags	part-time
zuverlässig	reliable

Ausdrücke

arbeitslos sein	to be unemployed
entlassen	to fire; to lay off
kündigen	to resign
leiten	to manage
scheitern	to fail
Urlaub nehmen	to take time off
verdienen	to earn

Berufe

der/die Bankangestellte, -n	bank employee
der Bauer, -n / die Bäuerin, -nen	farmer
der Buchhalter, - / die Buchhalterin, -nen	accountant
der Elektriker, - / die Elektrikerin, -nen	electrician
der Fabrikarbeiter, - / die Fabrikarbeiterin, -nen	factory worker
der Feuerwehrmann (pl. die Feuerwehrleute) / die Feuerwehrfrau, -en	firefighter
der Gärtner, - / die Gärtnerin, -nen	gardener
der Hausmann, -̈er / die Hausfrau, -en	homemaker
der Hausmeister, - / die Hausmeisterin, -nen	caretaker; custodian
der Immobilienmakler, - / die Immobilienmaklerin, -nen	real estate agent
der Klempner, - / die Klempnerin, -nen	plumber
der Koch, -̈e / die Köchin, -nen	cook, chef
der LKW-Fahrer, - / die LKW-Fahrerin, -nen	truck driver
der Politiker, - / die Politikerin, -nen	politician
der Psychologe, -n / die Psychologin, -nen	psychologist
der Rentner, - / die Rentnerin, -nen	retiree
der Richter, - / die Richterin, -nen	judge
der Taxifahrer, - / die Taxifahrerin, -nen	taxi driver
der Tierarzt, -̈e / die Tierärztin, -nen	veterinarian
der Wissenschaftler, - / die Wissenschaftlerin, -nen	scientist

Relative pronouns	See pp. 468-469.
Perfekt versus Präteritum (review)	See p. 472.
Das Futur II	See p. 486.
Adjective endings (review)	See p. 488.

Ressourcen

vhlcentral.com

Natur

Communicative Goals

You will learn how to:
- talk about nature
- talk about outdoor activities

In der Natur

Talking Picture
Audio: Activities

Wortschatz

die Natur	*nature*
der Bauernhof, -¨e	*farm*
der Berg -e	*mountain*
das Blatt, -¨er	*leaf*
das Feld, -er	*field*
der Fluss, -¨e	*river*
die Küste, -n	*coast*
die Landschaft, -en	*countryside*
die Luft	*air*
das Meer, -e	*sea*
die Sonne, -n	*sun*
der Sonnenaufgang, -¨e	*sunrise*
der Sonnenuntergang, -¨e	*sunset*
der Wasserfall, -¨e	*waterfall*
dcr Weg, -e	*path*
nass	*wet*
trocken	*dry*
Tiere	***animals***
der Fisch, -e	*fish*
das Huhn, -¨er	*chicken*
die Maus, -¨e	*mouse*
das Pferd, -e	*horse*
das Schaf, -e	*sheep*
Verben	***verbs***
aufgehen (geht...auf)	*to rise (sun)*
erforschen	*to explore*
untergehen (geht...unter)	*to set (sun)*
wandern	*to hike*

ACHTUNG

Kaninchen (*rabbits*) in the German-speaking world are almost exclusively domesticated. Their cousins **Hasen** (*hares*) are found in the wild.

der Himmel

das Tal, -¨er

der Baum, -¨e

der Busch, -¨e

der Wald, -¨er

Sie machen ein Picknick (*n.*).

das Eichhörnchen, -

das Gras

die Kuh, -¨e

der Mond, -e

der Stern, -e

die Insel, -n

der See, -n

die Klippe, -n

die Schlange, -n

der Stein, -e

der Hase, -n

Anwendung

1 **Was passt zusammen?** Wählen Sie das richtige Wort zu jedem Foto.

1. _____ der Baum

2. _____ der Wasserfall

3. _____ das Feld

4. _____ der Sonnenaufgang

5. _____ die Klippe

6. _____ der Berg

a.

b.

c.

d.

e.

f.

2 **Kategorien** Geben Sie zu jeder Kategorie drei passende Begriffe an.

BEISPIEL Waldtiere *der Hase, die Maus, das Eichhörnchen*

1. Pflanzen _____
2. Landschaftliche Formationen _____
3. Lebensräume (*habitats*) von wilden Tieren _____
4. Gewässer (*bodies of water*) _____
5. Tiere auf dem Bauernhof _____
6. Himmelskörper (*celestial bodies*) _____

3 **Momentaufnahmen** 🎧 Hören Sie sich die Dialoge an und entscheiden Sie, welches Bild am besten zu jeder Situation passt. Schreiben Sie außerdem zu allen Bildern einen kurzen Satz darüber, was jedes Paar in diesem Moment gerade macht oder gemacht hat.

BEISPIEL Sie hören:

— *Wie rosa der Himmel ist!*
— *Ja, da hinten am Horizont geht die Sonne unter.*

Gespräch _1_
Sie schauen sich einen Sonnenuntergang an.

1. Gespräch _____
_____

2. Gespräch _____
_____

3. Gespräch _____
_____

 Practice more at **vhlcentral.com**.

Kommunikation

4 **Ein schöner Urlaub** Bringen Sie mit Ihrem Partner / Ihrer Partnerin zusammen
die Sätze in eine logische Reihenfolge.

_____ **FABIAN** Tja, nur gut, dass wir den Stall gefunden haben, wo wir
uns unterstellen konnten. Wir wären sonst bis auf die Knochen
(*to the bone*) nass geworden.

_____ **FABIAN** Ich habe gerade nochmal die Fotos von unserem letzten
Urlaub angeschaut. Ich glaube, das war der schönste Urlaub,
den wir bis jetzt gemacht haben.

_____ **LINA** Nicht nur an den. Auch an den Bergsee. Das Blau von dem
Wasser—einfach unbeschreiblich! Und die vielen Tiere: die Kühe,
die Schafe, die Hasen und die süßen Eichhörnchen! Und wie
schnell dann am Nachmittag das Gewitter aufzog.

_____ **FABIAN** Was waren wir kaputt am nächsten Tag! Denk mal an die
vielen Kilometer, die wir gelaufen sind! Durch die Täler, über die
Felder und dann auf den Berg hoch. Erinnerst du dich noch an
den Wasserfall, der da senkrecht nach unten ging?

_____ **LINA** Ich erinnere mich auch gern daran. Wir hatten so viel Spaß
und haben so viel unternommen und gesehen. Die Wanderung,
die wir gleich am zweiten Tag gemacht haben, war überragend.

---

5 **Richtig oder falsch** Entscheiden Sie mit
einem Partner / einer Partnerin, ob die folgenden
Aussagen richtig oder falsch sind. Korrigieren Sie
die falschen Aussagen.

	richtig	falsch
1. Der Mond ist ein braves Haustier.	☐	☐
2. Die Sonne geht im Osten unter.	☐	☐
3. Aus Schafsmilch macht man Käse.	☐	☐
4. Der Rhein ist ein europäischer Fluss.	☐	☐
5. Hasen sind Pflanzenfresser.	☐	☐
6. Schafe sind kleiner als Mäuse.	☐	☐
7. Eichhörnchen wohnen auf Bäumen.	☐	☐
8. Steine verlieren im Herbst ihre Blätter.	☐	☐

---

6 **Sieben Unterschiede** Sie und Ihr Partner / Ihre
Partnerin bekommen zwei verschiedene Bilder. Finden Sie
die sieben Unterschiede auf den Bildern. Wechseln Sie
sich bei Ihren Fragen und Antworten ab.

BEISPIEL

S1: *Wie viele Flüsse sind auf deinem Bild zu sehen?*
S2: *Ein Fluss. Und auf deinem?*
S1: *Auf meinem Bild ist auch nur ein Fluss.*

7 **Der perfekte Tag** Beschreiben Sie mit einem
Partner / einer Partnerin, wie ein perfekter Tag in der
freien Natur aussehen würde. Wie ist die Landschaft?
Was würden Sie um sich herum sehen?
Mit wem würden Sie den Tag verbringen? Was
würden Sie machen? Und warum mögen Sie gerade
diese Landschaft?

BEISPIEL

S1: *Mein perfekter Tag beginnt in den Bergen. Ich würde
bei Sonnenaufgang aufstehen und ein großes
Bauernfrühstück mit meiner Familie essen.*
S2: *Und was macht ihr nach dem Frühstück?*
S1: *Danach…*

Aussprache und Rechtschreibung

S Audio: Presentation
Record & Compare Activities

🎧 Intonation

Intonation refers to the rise and fall of the voice in speaking. In German, different intonation is used for different types of questions and statements.

Es regnet. **Es regnet?** **Wenn es regnet...**

In general, statements and commands end with a drop in pitch. A speaker may use rising intonation at the end of a command or statement to communicate a friendly or encouraging tone.

Werfen Sie das nicht weg! **Bring doch deine Schwester mit.**

Yes-or-no questions typically end with a rising intonation. Questions that begin with a question word end with falling intonation. In questions where multiple options are presented, the pitch rises before each pause and falls at the end of the last option.

Schwimmst du gern? **Wo liegt diese Insel?** **Ist das gut oder schlecht?**

The pitch neither rises nor falls at the end of incomplete sentences. It remains flat or neutral. This is also the case before a comma in a complex sentence. The final clause in a complex sentence usually ends with a drop in pitch.

Und wenn die Blätter bunt werden... **Wenn die Sonne scheint, fahren wir.**

1 **Sprechen Sie nach** Wiederholen Sie die Sätze die Sie hören.

1. Der Müllwagen kommt zweimal in der Woche.
2. Wie retten wir uns vor der Erderwärmung?
3. Schlagen Sie eine bessere Lösung vor!
4. Warst du schon mal auf einem Bauernhof?
5. Willst du die Schafe, Kühe oder die Pferde sehen?
6. Wenn du nicht gleich ins Bett gehst, geht bald die Sonne auf.

2 **Artikulieren Sie** Wiederholen Sie die Sätze, die Sie hören.

1. Machen wir heute ein Picknick im Wald?
2. Ich weiß nicht, ob ich kommen kann.
3. Bleib stehen! Siehst du die Schlange nicht?
4. Wohnst du lieber in den Bergen oder an der Küste?

3 **Sprichwörter** Wiederholen Sie die Sprichwörter, die Sie hören.

Wo ein Wille ist, ist auch ein Weg.[1]

Es ist noch kein Meister vom Himmel gefallen.[2]

[1] Where there's a will, there's a way.
[2] No one is born an expert. (lit. No expert has dropped out of the sky yet.)

Ressourcen

SAM
LM: p. 103

S vhlcentral.com

Fotoroman

In der Kunstgalerie Video: *Fotoroman*

Endlich ist der Tag für Sabites Ausstellung gekommen. Sabite und Karl, ein anderer
Künstler, kommen sich näher, aber Meline und Hans haben Probleme.

KARL Ich finde deine Werke toll.
SABITE Danke, aber deine Kunst ist auch nicht
schlecht. Und Herr Kleinedler hat mir gesagt,
dass du noch nicht einmal eine formelle
Ausbildung hast.

KARL Danke. Du bist sehr liebenswürdig.
Erschaffen ist das, worin ich am besten
bin. Durch die Arbeit mit meinen Händen
erforsche ich meine Gefühle. Sag mir,
liebst du die Natur? Ich gehe oft bei
Sonnenaufgang in den Tiergarten, um unter
den Eichen zu spazieren. Möchtest du mich
morgen begleiten?

HANS Ciao, meine Damen! Na, wie geht's uns
heute Abend?
SABITE Hans? Was trägst du da? Und deine
Haare... sind sie... kürzer?
HANS Ich probiere einen eleganteren Look aus.
Also, was meint ihr?
SABITE Ich glaube, du solltest du selbst sein.
Wer immer das auch sein mag.

GEORGE Meline, was meinst du?
MELINE Fast so schön wie Lederhosen.
HANS Was ist an Lederhosen auszusetzen?
Das Tragen von Lederhosen ist eine stolze
urbayrische Tradition. Die Österreicher... ja,
dein Großvater trug sicher auch Lederhosen!
Diese Intoleranz macht mich rasend.

MELINE Hans, du verstehst nicht, worum
es geht. Schon wieder nicht. Du bist
manchmal so schwierig.
HANS Ich? Du bist die schwierigste Person,
die ich jemals kennen gelernt habe!
MELINE Das stimmt nicht!

HANS Du hast recht. Es gibt schon etwas,
das dir gefällt: du selbst!
MELINE Entschuldigt mich bitte.

1 **Ergänzen Sie** Ergänzen Sie die Sätze mit den richtigen Informationen.

1. Karl hat keine (Erfahrung / Ausbildung) als Künstler.

2. Durch die Arbeit mit seinen Händen erforscht er seine (Probleme / Gefühle).

3. Er geht oft in den Tiergarten, um unter den (Sternen zu schlafen / Eichen zu spazieren).

4. Hans probiert einen neuen (eleganteren / sportlicheren) Look aus.

5. Das Tragen von Lederhosen ist eine (bayrische / norddeutsche) Tradition.

6. Für Hans ist Meline die (schwierigste / schönste) Person, die er jemals kennen gelernt hat.

7. George findet, dass Hans sich (rasieren / entschuldigen) sollte.

8. Er denkt, Hans sollte Meline Zeit geben, sich zu (schminken / beruhigen).

9. Meline möchte nicht über (Hans / Kunst) reden.

10. Karl hat früher die Wälder erkundet und ist im (See / Fluss) geschwommen.

PERSONEN

George   Hans   Meline   Sabite   Faik   Karl   Herr Kleinedler

7

HANS Ich hätte das nicht sagen sollen? Ich muss mich entschuldigen?
SABITE Noch nicht. Du würdest es nur schlimmer machen.
GEORGE Lass sie sich erst einmal beruhigen.
HANS Ich gehe nach Hause.

8

GEORGE Wer war das?
MELINE Mikhail Zagoruychenko.
GEORGE Russe?
MELINE Ja.
GEORGE Langweilig? Und Hans?
MELINE Ich möchte nicht darüber reden.

9

SABITE Hallo.
KARL Hallo. Schön, dass wir uns treffen.
SABITE Ich liebe diesen Ort.

10

SABITE Woher kommst du?
KARL Wir kommen aus einem Tal in der Nähe von Zürich. Wir haben die Wälder erkundet und sind im See geschwommen. Es war eine herrliche Landschaft mit singenden Vögeln und blühenden Blumen.

Nützliche Ausdrücke

- **liebenswürdig**
  amiable
- **erschaffen**
  to create
- **erforschen**
  to explore
- **die Eiche**
  oak tree
- **begleiten**
  to accompany
- **Wer immer das auch sein mag.**
  Whoever that may be.
- **Was ist an Lederhosen auszusetzen?**
  What's wrong with lederhosen?
- **rasend**
  furious
- **sich beruhigen**
  to calm down

12A.1
- **Ich hätte das nicht sagen sollen?**
  I shouldn't have said that?

12A.2
- **Es war eine herrliche Landschaft mit singenden Vögeln und blühenden Blumen.**
  It was a beautiful countryside with singing birds and blooming flowers.

2 **Zum Besprechen** Organisieren Sie ein Picknick für das nächste Wochenende. Wohin soll es gehen? Wann geht es los? Wie kommen Sie dorthin? Was gibt es zu essen? Wen laden Sie ein? Besprechen Sie die Pläne Ihrer Gruppe mit dem Rest der Klasse.

3 **Vertiefung** Karl kommt aus einem Tal in der Nähe von Zürich. Finden Sie heraus, welche Freizeitaktivitäten unter freiem Himmel (*outdoors*) dieser Teil der Schweiz bietet. Was würden Sie dort am liebsten tun?

Ressourcen

SAM
VM: p. 23

DVD
Folge 23

vhlcentral.com

Landschaften Deutschlands Reading

VOM WATTENMEER IM HOHEN Norden bis zu den bayerischen Alpen: Deutschland ist ein Land mit vielen verschiedenen Landschaften und einer Vielzahl an heimischen Tieren. Besonders in den Nationalparks findet man seltene Tiere, Vögel und Pflanzen.

Nationalpark Bayerischer Wald

Der Nationalpark Bayerischer Wald ist der älteste Nationalpark Deutschlands. Nirgendwo zwischen Atlantik und Ural gibt es einen so großen Wald, der sich ganz natürlich entwickeln° darf. Es ist ein wilder Wald, in dem es 17 Fledermausarten° gibt. Außerdem kann man Luchse° in freier Natur sehen und acht verschiedene Spechtarten° entdecken.

Biosphärenreservat Spreewald

Dieses Reservat in Brandenburg ist mit 500 Quadratkilometern eine der größten Fluss- und Auenlandschaften° Mitteleuropas. Die Flüsse und Kanäle sind hier etwa 1.500 Kilometer lang: ein Traum für Kanu- und Kajakfreunde. Wer Tiere liebt, kann hier Otter, Biber°, Eisvogel° und Prachtlibelle° bewundern. Auch zu sehen sind etwa 1.600 Pflanzenarten wie zum Beispiel diverse Orchideen, Schwertlilien° und die Kuckuckslichtnelke°.

Nationalpark Sächsische Schweiz

Der Nationalpark Sächsische Schweiz, der in Sachsen liegt und an die Tschechische Republik angrenzt°, ist erst 20 Jahre alt. Er ist ein Paradies für Kletterfans und Wanderer. Seltene Pflanzen gibt es hier; das Gelbe Veilchen° ist noch ein Relikt aus der Eiszeit°. Vogelfans können hier Schwarzstörche, Uhus° und Wanderfalken° sehen. Außerdem gibt es Feuersalamander und Fischotter.

Gefährdete° Arten Deutschlands			
Säugetiere°:	6	Fische:	21
Vögel:	6	Weichtiere°:	9
Reptilien:	0	Pflanzen:	12

QUELLE: Rote Liste gefährdeter Arten (2009)

Wattenmeer *intertidal zone* **entwickeln** *develop* **Fledermausarten** *bat species* **Luchse** *lynxes* **Spechtarten** *woodpecker species* **Auenlandschaften** *meadow landscapes* **Biber** *beaver* **Eisvogel** *kingfisher* **Prachtlibelle** *banded damselfly* **Schwertlilien** *irises* **Kuckuckslichtnelke** *ragged robin* **angrenzt** *borders* **Gelbe Veilchen** *twoflower violet* **Eiszeit** *Ice Age* **Uhus** *eagle owls* **Wanderfalken** *peregrine falcons* **Gefährdete** *Endangered* **Säugetiere** *mammals* **Weichtiere** *molluscs*

1 **Richtig oder falsch?** Sagen Sie, ob die Sätze richtig oder falsch sind. Korrigieren Sie die falschen Sätze.

1. Der älteste deutsche Nationalpark ist der Nationalpark Bayerischer Wald.

2. Der Nationalpark Bayerischer Wald ist der größte wilde Wald in Europa.

3. Das Biosphärenreservat Spreewald liegt in Sachsen.

4. Kanu- und Kajakfreunde finden Flüsse und Kanäle im Bayerischen Wald.

5. Schwertlilien findet man in der Sächsischen Schweiz.

6. Der Nationalpark Sächsische Schweiz liegt in der Nähe der Tschechischen Republik.

7. Der Nationalpark Sächsische Schweiz ist noch sehr jung.

8. Eine der ältesten Blumenarten im Nationalpark Sächsische Schweiz ist das Gelbe Veilchen.

9. Es gibt in Deutschland keine gefärdeten Fischarten.

10. Es gibt in Deutschland sechs gefährdete Vogelarten.

 Practice more at **vhlcentral.com.**

Naturkatastrophen

das Erdbeben, -	*earthquake*
die Lawine, -en	*avalanche*
der Tornado, -s	*tornado*
der Treibsand	*quicksand*
der Vulkan, -e	*volcano*

Der Weißstorch

Der Weißstorch ist ein mitteleuropäischer
Vogel, den man vor allem in Deutschland,
Österreich, Polen und der Schweiz finden
kann. Er ist weiß mit schwarzen Flügeln°.
Beine und Schnabel° sind rot. Er überwintert
in Afrika. Der Storch kehrt jedes Jahr
zum gleichen Nest zurück, und so kann
es nach vielen Jahren über eine Tonne
wiegen. In Deutschland gelten Störche als
Glücksbringer°. Der Sage° nach bringen
sie auch die neugeborenen Kinder.

Flügeln *wings* **Schnabel** *beak* **Glücksbringer** *good luck
charms* **Sage** *legend*

Alexander von Humboldt

Friedrich Wilhelm Heinrich Alexander von Humboldt, wurde am 14. September 1769 in
Berlin geboren und starb dort am 6. Mai 1859. Er war Naturforscher und Begründer° der
heutigen Geographie. Vor allem durch seine Reise nach Amerika, in der er zwischen 1799
und 1804 das heutige Venezuela, Peru, Mexiko und die USA besuchte, wurde er weltweit
berühmt. Seine Entdeckungen in den Bereichen der Botanik, Zoologie, Klimatologie und
Ozeanographie dokumentierte er in seinem Werk *Kosmos*. Wegen seines großen Einflusses
auf Botanik und Zoologie tragen heute eine Orchideen-, eine Lilien-, eine Kaktus°-, eine
Pinguin-, eine Fledermaus- und mehrere Affenarten° seinen Namen. Allein in den USA
heißen acht Städte Humboldt und der wichtige Humboldtstrom fließt entlang der
Küste Südamerikas.

Begründer *founder* **Kakteen** *cactus* **Affenarten** *monkey species*

IM INTERNET

 Suchen Sie im Internet eine europäische Pflanze
oder ein europäisches Tier, über das Sie gerne
mehr wissen möchten: Wie sieht es aus? Wo
kann man es finden? Was frisst es?

For more information on this **Kultur**, go to **vhlcentral.com**.

---

2 **Was fehlt?** Ergänzen Sie die Sätze.

1. Der Weißstorch hat schwarze _____.
2. Der Weißstorch fliegt im Winter nach _____.
3. Weißstörche benutzen jedes _____ dasselbe Nest.
4. Alexander von Humboldt hat die heutige _____ begründet.
5. Die Erlebnisse seiner Reise dokumentierte er in seinem Werk _____.
6. Viele Pflanzen und Tiere tragen seinen _____.

3 **Die Natur** Diskutieren Sie mit einem Partner / einer Partnerin Ihre
Einstellung (*attitude*) zur Natur. Sind Sie gerne in der Natur oder nicht?
Warum? Was sind einige positive und negative Aspekte der Natur?

12A.1 | *Der Konjunktiv der Vergangenheit* Presentation

Startblock In **9B.1**, you learned to use the **Konjunktiv II** to talk about hypothetical events or to express wishes about the present or the future. You can use a past form, **der Konjunktiv der Vergangenheit**, to speculate about events that could have happened, or to express wishes about the past.

Ich **hätte** nie **gedacht**, dass du solche Gefühle hast.

Das **hätte** ich nie **sagen sollen**.

- The formation of the **Konjunktiv der Vergangenheit** is similar to that of the **Plusquamperfekt**.

PLUSQUAMPERFEKT	KONJUNKTIV DER VERGANGENHEIT
Ich **hatte** ihm das **gesagt**.	Ich wünschte, ich **hätte** ihm das **gesagt**.
*I **had said** that to him.*	*I wish I **had said** that to him.*

QUERVERWEIS

See **9B.1** to review the formation and use of present forms of the **Konjunktiv II**.

- To form the **Konjunktiv der Vergangenheit**, use the **Konjunktiv II** of **sein** or **haben** with a past participle.

Konjunktiv der Vergangenheit			
	wissen	**gehen**	**sich informieren**
ich	hätte gewusst	wäre gegangen	hätte mich informiert
du	hättest gewusst	wärest gegangen	hättest dich informiert
er/sie/es	hätte gewusst	wäre gegangen	hätte sich informiert
wir	hätten gewusst	wären gegangen	hätten uns informiert
ihr	hättet gewusst	wäret gegangen	hättet euch informiert
Sie/sie	hätten gewusst	wären gegangen	hätten sich informiert

ACHTUNG

Remember to use the subjunctive form of **wünschen** with a subjunctive clause to express a wish that is contrary to reality.

Ich wünschte, ich **hätte** den Sonnenaufgang **gesehen**.
*I wish I **had seen** the sunrise.*

Wenn du nur früher **aufgewacht wärest!**
*If only you **had woken** up earlier!*

Wenn wir früher **angekommen wären**, **hätten** wir mehr Zeit **gehabt**.
*If we **had arrived** earlier, we **would have had** more time.*

Wenn ich mehr Zeit gehabt **hätte**, **hätte** ich **mich** besser darüber **informiert**.
*If I **had had** more time, I **would have found out** more about it.*

- To use a modal in the **Konjunktiv der Vergangenheit**, replace the past participle with a double infinitive (verb infinitive + modal infinitive). This construction is most common with the modals **können**, **müssen**, and **sollen**.

Ich **hätte** es **wissen sollen**.
*I **should have known**.*

Sie **hätten sich** nicht **streiten sollen**.
*They **shouldn't have argued**.*

Sie **hätte** uns **helfen können**.
*She **could have helped** us.*

Du **hättest** den Wasserfall **fotografieren sollen**.
*You **should have taken a picture** of the waterfall.*

- In a subordinate clause with a modal, place the conjugated form of **haben** *before* the double infinitive at the end of the clause.

  Die Lehrerin hat Paul gesagt, dass er seine Hausaufgabe **hätte machen sollen**.
  *The teacher told Paul that he **should have done** his homework.*

  Wir wussten nicht, dass wir hier ein Picknick **hätten machen können**.
  *We didn't know that we **could have had** a picnic here.*

- When a modal is used without an accompanying infinitive, the **Konjunktiv der Vergangenheit** is formed as with other verbs.

  Er **hätte** das nicht **gekonnt**.
  *He **wouldn't have been able to do** that.*

  Wir **hätten** das nicht **gewollt**.
  *We **wouldn't have wanted** that.*

- Use the **Konjunktiv der Vergangenheit** to express wishes about events that are already past.

  Ich wünschte, ich **hätte** mehr Zeit **gehabt**, um den Wald zu erforschen.
  *I wish I **had had** more time to explore the forest.*

  Wenn wir nur länger auf der Insel **hätten bleiben können!**
  *If only we **could have stayed** on the island longer!*

- Use the **Konjunktiv der Vergangenheit** to make statements or ask questions about hypothetical situations in the past.

  Was **wäre passiert**, wenn ich dort nicht pünktlich **angekommen wäre**?
  *What **would have happened** if I hadn't gotten there in time?*

  Was **hättet** ihr an seiner Stelle **gemacht**?
  *What **would** you **have done** in his place?*

  Wenn das Wetter schön gewesen wäre, **hätten wir** ein Picknick **gemacht**.
  *If the weather **had been nice**, we **would have had** a picnic.*

  Wenn sie sehr krank **gewesen wäre**, **hätten** wir sie ins Krankenhaus **bringen müssen**.
  *If she **had been** really sick, we **would have had to take** her to the hospital.*

 Jetzt sind Sie dran! **Wählen Sie die passenden Wörter.**

1. Wenn ich nur nichts gesagt ((hätte)/ wäre)!

2. Wir wünschten, wir (wären / hätten) am Wochenende wandern gegangen.

3. Wenn er keinen Unfall (gehabt / haben) hätte, hätte er sein Fahrrad nicht reparieren müssen.

4. Wenn die Klippe nicht so hoch (gewesen / sein) wäre, wären wir hinaufgeklettert.

5. Ich wünschte, ich (haben / hätte) als Kind ein Kaninchen gehabt.

6. Er wusste nicht, dass er den Hausmeister hätte (anrufen sollen / sollen anrufen).

7. Wenn wir den Bauernhof (wären / hätten) finden können, hätten wir frische Milch gekauft.

8. Welchen Weg (hättest / wärest) du durch den Wald genommen?

9. Was für ein Wasserfall! Wenn ihr ihn nur hättet (sehen / gesehen) können!

10. Ich (wäre / hätte) gern mit euch aufs Land gefahren.

Anwendung

1 **Sätze umschreiben** Schreiben Sie die Sätze in den Konjunktiv der Vergangenheit um.

BEISPIEL

Wir kämen mit.
Wir wären mitgekommen.

Wir würden sie anrufen.
Wir hätten sie angerufen.

1. Ich schliefe länger.
2. Gingest du mit ihnen aus?
3. Er würde viel wandern.
4. Ihr solltet kündigen.

5. Sie gäben eine Party.
6. Ich könnte das nicht.
7. Wir müssten trainieren.
8. Sie würde nach Hause fahren.

2 **Hypothesen** Bilden Sie Sätze im Konjunktiv der Vergangenheit.

BEISPIEL wenn / der Personalchef / mich / nur / früher / anrufen
Wenn der Personalchef mich nur früher angerufen hätte!

1. wenn / die Firma / nur / nicht / Bankrott machen (*to go bankrupt*)
2. wenn / seine Empfehlungsschreiben / nur / besser / sein
3. wenn / ich / nur / mehr / Geld / haben
4. wenn / die Katze / nur / nicht / die Maus / fangen
5. wenn / Beethoven / nur / nicht / sein / Gehör (*hearing*) / verlieren
6. wenn / die zwei Radsportler (*cyclists*) / nur / nicht / fallen
7. wenn / das Schiff / nur / nicht / untergehen (*sink*)
8. wenn / ich / nur / länger / bleiben / können

3 **Wenn es anders gewesen wäre** Schreiben Sie die Sätze um. Sagen Sie, was passiert wäre, wenn die Situation anders gewesen wäre. Verwenden Sie dabei den Konjunktiv der Vergangenheit.

BEISPIEL Ich bin spät nach Hause gekommen und ich war am nächsten Tag müde.
Wenn ich nicht spät nach Hause gekommen wäre, wäre ich am nächsten Tag nicht müde gewesen.

1. Der Boden war so nass, dass die Frau hingefallen ist.
2. Es hat einen Sturm gegeben und die Wanderer konnten ihre Bergtour nicht machen.
3. Die Kinder haben Angst gehabt und sind ins Haus gelaufen.
4. Wir hatten Vollmond (*full moon*) und ich habe nicht schlafen können.
5. Weil der Weg an einer Klippe endete, mussten sie zurückgehen.
6. Mein Hund hat nicht auf mich gehört und ist auf die Straße gerannt.

 Practice more at **vhlcentral.com.**

Kommunikation

4 **Ich nicht** Schauen Sie sich die Bilder an und erzählen Sie sich gegenseitig (*each other*), was Sie anders gemacht hätten. Benutzen Sie den Konjunktiv der Vergangenheit.

> **BEISPIEL**
>
> **S1:** Ich wäre nicht so schnell gefahren!
> **S2:** Ich hätte länger an der Kreuzung gewartet!

5 **Wenn nur!** Was hätte im letzten Jahr anders sein sollen? Arbeiten Sie mit einem Partner / einer Partnerin und verwenden Sie den Konjunktiv der Vergangenheit.

BEISPIEL

S1: Wenn ich nur fleißiger gelernt hätte!
S2: Wenn der Winter nur nicht so kalt gewesen wäre!

6 **Was hättest du lieber gemacht?** Berichten Sie Ihrem Partner / Ihrer Partnerin von zwei Aktivitäten, die Sie letztes Wochenende gemacht haben. Erzählen Sie dann einander, was Sie lieber gemacht hätten, und verwenden Sie dabei den Konjunktiv der Vergangenheit.

BEISPIEL

S1: Was hast du am Wochenende gemacht?
S2: Am Samstag habe ich ein Referat für Geschichte geschrieben und am Sonntag bin ich zum Waschsalon gefahren.
S1: Und was hättest du lieber gemacht?
S2: Ich hätte lieber länger geschlafen. Ich wäre auch lieber ins Kino gegangen.

7 **Vor 100 Jahren** Was hätten Sie (nicht) machen können, müssen oder dürfen, wenn Sie vor hundert Jahren gelebt hätten?

BEISPIEL

S1: Ich hätte nicht im Internet surfen können.
S2: Ich hätte keinen Minirock tragen dürfen.

12A.2

Das Partizip Präsens Presentation

Startblock The present participle (**das Partizip Präsens**) can be used as an adjective or an adverb. It is used more often in writing than in spoken German.

... es gibt auch von anderen ausgezeichneten Künstlern so viele neue **aufregende** Werke.

Es war eine herrliche Landschaft mit **singenden** Vögeln und **blühenden** Blumen.

- To form the present participle in German, add **-d** to the infinitive.

present participle	
klingel**nd**	*ringing*
lachen**d**	*laughing*
wachsen**d**	*growing*

- When you use present participles as adjectives, follow the normal rules for adjective endings.

Der **aufgehende** Mond war sehr schön.
*The **rising** moon was beautiful.*

Schlafende Hunde soll man nicht wecken.
*You shouldn't wake a **sleeping** dog.*

Michael Hanekes Filme sind **bedeutend**.
*Michael Haneke's films are **important**.*

- Present participles can also be used as adverbs. When used as adverbs, they do not have added endings.

Nachdem der Junge vom Baum gefallen war, lief er **weinend** nach Hause.
*After the boy fell out of the tree, he ran home **crying**.*

Er sah ihr **suchend** in die Augen.
*He looked **searchingly** into her eyes.*

Jetzt sind Sie dran! **Wählen Sie die passenden Wörter.**

1. Peter ist ein gut (aussehend /(aussehender)/ aussehenden) Bauer.

2. Die (spielend / spielenden / spielende) Eichhörnchen sind niedlich (*cute*).

3. Wir fahren am (kommend / kommenden / kommendes) Wochenende an den See.

4. Hast du auch die (passend / passende / passenden) Schuhe zu diesem Kleid?

5. Das Mädchen lief (singend / singende / singender) durch den Wald.

6. Wo ist hier ein (funktionierend / funktionierender / funktionierenden) Drucker?

7. Die Kinder laufen (lachend / lachende / lachendes) durch das Feld.

8. Das war ein (überraschend / überraschenden / überraschender) Besuch!

9. (Anschließend / Anschließende / Anschließenden) gingen wir alle ins Kino.

10. Bitte beantworten Sie die (folgend / folgenden / folgende) Fragen.

Anwendung und Kommunikation

1 **Partizipien** Ergänzen Sie die richtigen Partizipendungen. Wenn Sie keine Endung brauchen, machen Sie einen Strich (*slash*).

> **BEISPIEL** Der Zirkus hatte einen tanzend*en* Bären (*bear*).
> Sein Tanzen war überraschend——— gut.

1. Die laufend____ Kosten sind circa 120 Euro monatlich.

2. Sie hat das weinend____ Baby nicht beruhigen (*calm down*) können.

3. Wir fahren in der kommend____ Woche an den Strand.

4. Der Film war aufregend____.

5. Wegen stark steigend____ Ölpreise wird alles teurer.

6. Ein bellend____ (*barking*) Hund lief auf den Briefträger zu.

7. Der Professor gab ihr laut lachend____ den Test zurück.

8. Sein klingelnd____ Handy ist allen auf die Nerven gegangen.

2 **Bilder beschreiben** Beschreiben Sie bei jedem Bild, was gerade passiert. Benutzen Sie dabei die Verben aus der Liste. Danach wiederholt Ihr Partner / Ihre Partnerin den Satz, aber er/sie muss das Verb in ein Partizip umändern (*change*).

abnehmen (*to wane, get smaller*) klingeln	schlafen spielen weinen

▶ **BEISPIEL**

S1: *Der Mond nimmt ab.*
S2: *Ja, das ist ein abnehmender Mond.*

Der Mond...

Die Katze...

Das Kind...   Der Wecker...   Die Mädchen...

3 **Umweltprobleme** Schlagen Sie sich gegenseitig mögliche Lösungen (*solutions*) für die folgenden Probleme vor.

S1: *Die Temperaturen steigen.*
S2: *Was können wir gegen die steigenden Temperaturen tun?*
S1: *Wir könnten weniger Auto fahren.*

1. Die Temperaturen steigen.
2. Der Müll stinkt.

3. Die Regenwälder (*rainforests*) sterben.
4. Die Wasserqualität sinkt.

 Practice more at **vhlcentral.com**.

Wiederholung

1 Wie wäre es gewesen?
Wählen Sie eine Angabe (*condition*) aus der Liste und bilden Sie mit einem Partner / einer Partnerin eine logische Folgerung (*conclusion*) daraus. Benutzen Sie den Konjunktiv der Vergangenheit.

BEISPIEL

Wenn wir früh aufgestanden wären, hätten wir den Sonnenaufgang gesehen.

früh aufstehen	mehr regnen
das Feld nicht so klein sein	auf den Berg steigen
wandern gehen	ein Boot haben

2 Ferien
Auf Ihrem Blatt finden Sie Informationen über vier Personen und vier Urlaubsorte. Berichten Sie Ihrem Partner / Ihrer Partnerin, was Ihre Personen gerne im Urlaub machen.

BEISPIEL

S1: *Günter Koch liebt das Leben in der Stadt. Aber er segelt auch gerne und geht gerne klettern.*
S2: *Er sollte Salzburg besuchen. Da gibt es viele Theater und Konzerte. Die Berge sind sehr nah und es gibt auch Seen in der Nähe.*

3 Das Gute und das Schlechte
Sehen Sie sich mit einem Partner / einer Partnerin die Fotos an. Sagen Sie, was in jeder Szene gut und schlecht ist. Benutzten Sie Konjunktionen.

BEISPIEL

S1: *Der Weg ist schön, aber das Gras ist zu hoch.*
S2: *Obwohl der Weg interessant ist, gibt es zu viele Insekten.*

4 Tierspaß
Zeichnen Sie (*draw*) ein Bild mit Tieren, die etwas Unerwartetes (*unexpected*) machen. Bitten Sie drei Personen im Unterricht, das Bild mit Partizipien der Gegenwart zu beschreiben. Schreiben Sie die Antworten auf.

BEISPIEL

S1: *Was siehst du auf meinem Bild?*
S2: *Die sprechende Kuh fragt das stehende Pferd, was das singende Huhn sagt.*
S3: *Das singende Huhn erzählt dem denkenden Pferd ...*

5 Regeln
Schreiben Sie mit einem Partner / einer Partnerin Sicherheitsregeln für die folgenden Situationen.

BEISPIEL in den Bergen wandern

S1: *Wenn man in den Bergen wandert, soll man auf das Wetter achten.*
S2: *Wenn man in den Bergen wandert, muss man Trinkwasser mitbringen.*

im Wald Fahrrad fahren	auf eine Klippe klettern
in einem See baden	unter einem Wasserfall baden
auf dem Meer segeln	ein Pferd füttern (*feed*)

6 Die Traumlandschaft
Beschreiben Sie einem Partner / einer Partnerin Ihre Traumlandschaft. Benutzen Sie so viele Details wie möglich für Ihre Beschreibung. Ihr Partner / Ihre Partnerin macht sich Notizen, um später allen diese Traumlandschaft beschreiben zu können.

BEISPIEL

Neulich habe ich einen komischen Traum gehabt. Ich wanderte in den Bergen und kam auf ein Feld. Beim aufgehenden Mond sah ich einen laufenden Hasen aus dem Wald kommen. Der Hase...

Kursdorf

Gewinner: Bester Dokumentarfilm, Bamberger Kurzfilmtage; Bester Film, Kurzfilmfestival „Filmsalat", Verden

Ein Film von Michael Schwartz

Nützliche Ausdrücke

- **das Dorf, -̈er**
  small town; village
- **das Tor, -e**
  gate
- **baden**
  to swim
- **giftig**
  poisonous
- **der Angriff, -e**
  attack

- **die Etage, -n**
  floor
- **na ja...**
  well...
- **sparen**
  to save
- **die Gärtnerei, -en**
  (plant) nursery
- **verzeihen**
  to forgive

Über den Film sprechen

- **der Einwohner, - / die Einwohnerin, -nen**
  inhabitant
- **die Sicherheit**
  safety
- **die Umweltverschmutzung**
  environmental pollution
- **der Vorteil, -e**
  advantage
- **die Abgase (pl.)**
  emissions
- **der Nachteil, -e**
  disadvantage
- **die Möglichkeit, -en**
  possibility
- **die Schwierigkeit, -en**
  difficulty
- **der Fluggast, -̈e**
  airline passenger

S Video: Short Film

Kursdorf

Ein Flughafen bringt Fortschritt (*progress*) und Wirtschaftsentwicklung (*economic development*) mit sich; aber es gibt auch Schattenseiten (*harmful effects*). Während der Flughafen Leipzig/Halle den Osten Deutschlands mit der ganzen Welt verbindet, vertreibt (*drives away*) er die Bevölkerung von Kursdorf mit Krach (*noise*) und Luftverschmutzung (*air pollution*).

Vorbereitung

1 **Ergänzen Sie** Suchen Sie die Wörter, die in die Lücken passen.

1. Meine Schwester hat ihr Zimmer auf der vierten _____ im Studentenwohnheim.
2. Im Sommer gehen wir oft mit Freunden im Meer _____.
3. Meine Freunde _____ ihr Geld, um einen schönen Urlaub zu machen.
4. Wie viele _____ hat die Stadt Berlin?
5. In dieser _____ kultiviert man viele Arten von (*types of*) Blumen.
6. Bei Umweltverschmutzung kann Wasser manchmal _____ werden.
7. Es tut mir sehr leid. Bitte _____ Sie mir.
8. Herr Yilmaz hatte Schwierigkeiten, das _____ zur Garage zu öffnen.

2 **Partnerarbeit** Besprechen Sie mit einem Partner / einer Partnerin die folgenden Themen.

1. Stellen Sie sich vor, Sie wohnen in der Nähe eines Flughafens. Welche Schwierigkeiten erwarten Sie?
2. Reisen Sie lieber mit dem Auto, mit dem Zug oder mit dem Flugzeug? Warum?
3. Was sind die Vorteile und die Nachteile der Technologie?

Szenen: Kursdorf

MANN: Ich kenne den Flughafen von Kindesbeinen an°. Es war hier so, dass bloß° zur Leipziger Frühjahrsmesse und zur Leipziger Herbstmesse geflogen wurde. Ansonsten° waren die Tore des Flughafens geöffnet und wir konnten mit dem Roller° ins Schkeuditzer Stadtbad baden fahren. Je größer der Flughafen wurde, wurden die Tore natürlich geschlossen...

MANN: Aber das ist alles nicht giftig, hat der Flughafenchef gesagt. Das ist ein toter° Ort. Gehört alles dem Flughafen und der lässt nichts machen, oder der macht nichts.

MANN: Also in Kursdorf leben jetzt noch 25 Leute. Von kulturell kann man da jetzt eigentlich nicht mehr reden, aber wir treffen uns halt noch, organisieren Dorffeste°. Der Fußballverein lebt auch ohne Kursdorfer.

FRAU: Also, am 15. September 2007 habe ich mein Dorf für immer verlassen... Und es tut mir jeden Tag weh, hier in mein Dorf zu kommen, weil ich hier Arbeit habe. Ich kann nicht mit dem Flughafen, und ich kann auch nicht ohne Flughafen, weil der Flughafen mir ja doch meine Arbeit erhält.

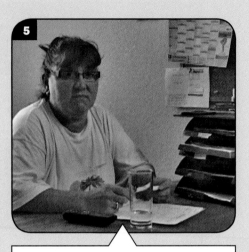

FRAU: Die meisten von Kursdorf arbeiten auf dem Flughafen. Auch jetzt noch. Es war halt günstig, wenn man Kursdorf bewohnt und konnte auf Arbeit laufen oder mit Fahrrad fahren. Und jetzt eben mit dem Auto, und immer wieder nach Kursdorf zurück.

MANN: Also man sitzt eigentlich immer auf zwei Stühlen°... Auf der einen Seite sieht man die Firma, bei der man arbeitet, die wächst und gedeiht°, wird größer, und der Heimatort wird kleiner, und heute steht Kursdorf leer°, so gut wie, und naja. Es ist auch, wenn man wieder hinkommt... Also für mich ist es immer wie ein Stückchen° sterben, was man da sieht, das Sterben des Ortes.

von Kindesbeinen an *since I was a child* **bloß** *just* **Ansonsten** *Otherwise* **Roller** *scooter* **toter** *dead* **Dorffeste** *town fairs*
man sitzt... auf zwei Stühlen *you get caught in the middle* **gedeiht** *thrives* **leer** *empty* **Stückchen** *little bit*

Analyse

3 **Richtig oder falsch** Sind die folgenden Sätze laut Film richtig oder falsch?

	richtig	falsch
1. Die meisten Einwohner von Kursdorf arbeiten auf dem Flughafen.	☐	☐
2. Es wohnen nur noch 55 Menschen in Kursdorf.	☐	☐
3. Jedes Jahr hat Kursdorf immer weniger Einwohner.	☐	☐
4. Der Flughafenchef meint, die Abgase der Flugzeuge seien nicht giftig.	☐	☐
5. In Kursdorf spielt man keinen Fußball mehr.	☐	☐
6. Früher gingen die Kursdorfer oft zu Fuß oder mit dem Fahrrad zur Arbeit auf den Flughafen.	☐	☐

4 **Nachteile und Vorteile** Der Fortschritt (*progress*) hat das Leben der Menschen in Kursdorf wirtschaftlich verbessert, aber sie scheinen sehr unglücklich zu sein. Besprechen Sie, was sie durch den Flughafen bekommen haben und was sie wegen des Flughafens verloren haben. Wenn Sie in Kursdorf wohnten, wie würden Sie sich fühlen? Was würden Sie machen?

5 **Diskutieren Sie** Besprechen Sie die folgenden Themen.

- Wie fühlten Sie sich, als Sie aus Ihrer Heimat oder von Ihrer Familie wegzogen? Was sind die Vorteile und Nachteile, wenn man weit weg von Heimat oder Familie wohnt?

- Glauben Sie, dass die Menschen in Amerika gern umziehen und weniger Probleme damit haben? Warum oder warum nicht?

- Stellen Sie sich vor, Ihre Schule oder Ihre Universität würde Ihnen etwas wegnehmen (*take away*). Wie würden Sie darauf reagieren? Was würden Sie tun? Spielen Sie der Klasse einen Sketch vor, in dem Sie zeigen, was Sie dagegen machen würden.

6 **Partnerarbeit** Lesen Sie das folgende Zitat (*quotation*) des österreichischen Philosophen Paul Feyerabend. Glauben Sie an dieses Zitat? Welche Verbindung hat es zum Film?

„Fortschritt in eine Richtung kommt nicht ohne Aufhebung (*removal*) der Möglichkeit zum Fortschritt in andere Richtung zustande."

Practice more at **vhlcentral.com.**

Communicative Goals

You will learn how to:
- talk about pollution
- talk about environmentalism

Die Umwelt

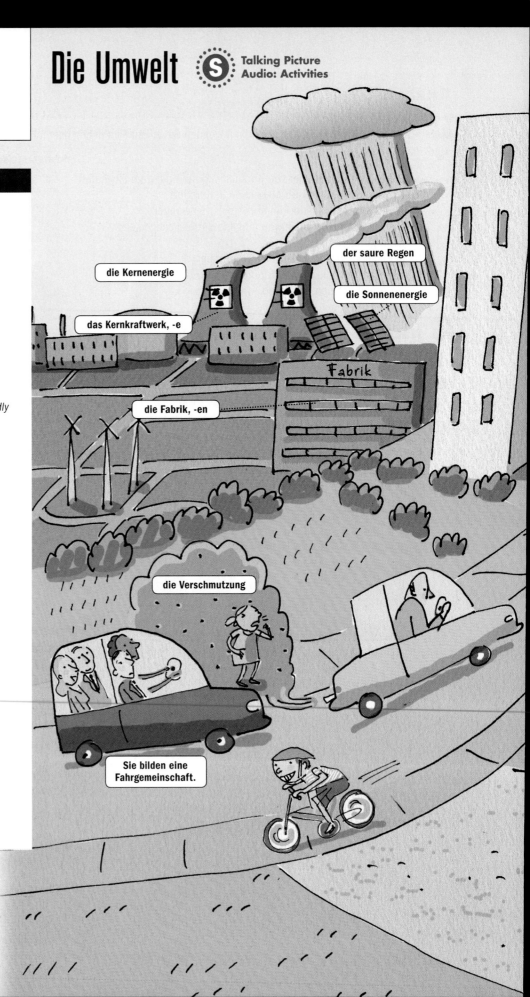

Talking Picture Audio: Activities

Wortschatz

die Umwelt	*environment*
die Art, -en	*species*
die Erde, -n	*earth*
die Gefahr, -en	*danger*
das Hochwasser, -	*flood*
das Licht, -er	*light*
die Ökologie	*ecology*
der Umweltschutz	*environmentalism*
die Welt, -en	*world*
biologisch	*organic*
gefährdet	*endangered*
ökologisch	*ecological*
umweltfreundlich	*environmentally friendly*
Energie	***energy***
die Windenergie	*wind energy*
Probleme	***problems***
das Aussterben	*extinction*
die Erderwärmung	*global warming*
der Giftmüll	*toxic waste*
die Überbevölkerung	*overpopulation*
Lösungen	***solutions***
das Gesetz, -e	*law*
die erneuerbare Energie (*pl.* die erneuerbaren Energien)	*renewable energy*
das Hybridauto, -s	*hybrid car*
die Regierung, -en	*government*
Verben	***verbs***
ausschalten (schaltet... aus)	*to turn off*
(den Planeten) retten	*to save (the planet)*
einschalten (schaltet... ein)	*to turn on*
entwickeln	*to develop*
erhalten	*to preserve*
schützen	*to protect*
verbessern	*to improve*
verschmutzen	*to pollute*
vorschlagen (schlägt... vor)	*to propose*
wegwerfen (wirft... weg)	*to throw away*

Labels in illustration: die Kernenergie · der saure Regen · die Sonnenenergie · das Kernkraftwerk, -e · Fabrik · die Fabrik, -en · die Verschmutzung · Sie bilden eine Fahrgemeinschaft.

der Müllwagen, -

Sie recycelt. (recyceln)

das Recycling

der Müll

Anwendung

1 **Was passt nicht?** Geben Sie an, welches Wort nicht zu den anderen passt.

1. Glas, Papier, Gras, Plastik
2. erforschen, erfinden, entdecken, einladen
3. Smog, Lösung, Wasserverschmutzung, Giftmüll
4. Körperenergie, Windenergie, Sonnenenergie, Kernenergie
5. Regierung, Gesetz, Minister, Gefahr
6. Erderwärmung, Überbevölkerung, Umweltschutz, Aussterben

2 **Bilder beschriften** Beschriften Sie jedes Bild mit einem passenden Wort aus der Vokabelliste.

1. _____   2. _____   3. _____

4. _____   5. _____   6. _____

3 **Ergänzungen** Ergänzen Sie die Sätze mit einem passenden Ausdruck.

1. Um unsere Erdressourcen zu erhalten, müssen wir alle mehr (recyceln / wegwerfen).
2. Der saure Regen (verbessert / verschmutzt) die Wälder.
3. Viele Tierarten sind (gefährdet / erneuerbar).
4. Wenn es plötzlich zu viel regnet, haben die Flüsse (Giftmüll / Hochwasser).
5. Es ist wichtig, dass die Regierungen umweltfreundliche (Gesetze / Gefahren) verabschieden (*pass*).

4 **Jeder muss seinen Teil tun** 🎧 Sie hören im Radio einen öffentlichen Aufruf (*public service announcement*) zum Thema Umweltschutz. Hören Sie zu und ergänzen Sie dann jeden Satz mit dem richtigen Wort.

1. Jeder muss seinen Teil (*part*) tun, um unsere _____ zu schützen.
2. Wir sollen Papier und _____ recyceln.
3. Wir können Strom (*electricity*) sparen, wenn wir nicht in allen Zimmern das _____ anlassen.
4. Man sollte weniger Produkte konsumieren, die _____ produzieren.
5. Bio-Lebensmittel sind nicht nur gesünder, sondern auch _____.

Practice more at **vhlcentral.com.**

Kommunikation

5 **Ein Umweltproblem** Lesen Sie den folgenden Artikel und ergänzen Sie mit einem Partner / einer Partnerin die Sätze.

1. Wir haben eine Krise wegen der _____.
2. Alte Fabriken _____ den Planeten.
3. Es gibt viele _____ der Energiekrise.
4. Solar-, Wind- und Kernenergie sind _____ Energiequellen.
5. Öffentliche Verkehrsmittel und _____ verbrauchen weniger Energie pro Person.
6. Zusammen können wir den Planeten _____.

Fokus Umwelt

ENERGIEVERBRAUCH

Die Energiekrise wird zu einem immer ernsteren Problem, das wir so schnell wie möglich angehen (*address*) müssen. Unsere Fabriken sind alt, verbrauchen (*use*) zu viel Energie und tragen (*contribute*) zur Verschmutzung des Planeten bei. Unsere Autos verbrauchen zu viel Benzin und verursachen (*cause*) Smog. Man kann die Energiekrise auf verschiedene Art und Weise lösen (*solve*). Erstens müssen wir weitere erneuerbare Energiequellen wie Solar-, Wind- oder Kernenergie

verwenden. In der Stadt könnten wir alle öffentliche Verkehrsmittel oder Hybridautos benutzen. In den Häusern sollten wir versuchen, weniger Energie zu verbrauchen und unseren Stromverbrauch zu kontrollieren. Wir müssen zusammen arbeiten, um den Planeten zu retten!

6 **Umweltprobleme auf der Welt** Sie und Ihr Partner / Ihre Partnerin bekommen zwei verschiedene Arbeitsblätter. Jeder von Ihnen hat nur die Hälfte der Informationen über die verschiedenen Umweltprobleme auf der Welt. Finden Sie die Ihnen fehlende Information heraus.

BEISPIEL

S1: *Welches Land auf deiner Karte hat Probleme mit Smog?*
S2: *Mexiko hat Probleme mit Smog. Und auf deiner Karte?*
S1: *Großbritannien hat auch Probleme damit.*

7 **Sätze bilden** Bringen Sie die Sätze zu einem logischen Schluss. Vergleichen Sie danach Ihre Antworten mit denen Ihres Partners / Ihrer Partnerin.

BEISPIEL Das Gute an Hybridautos ist,...
dass sie die Luftverschmutzung in den Städten reduzieren.

1. Die größten Umweltprobleme sind...
2. Die Überbevölkerung ist ein weltweites Problem,...
3. Viele Tierarten sind am Aussterben,...
4. Recyceln ist wichtig,...
5. Erneuerbare Energien sind solche,...
6. Um unseren Planeten zu retten,...

8 **Karrieren mit Zukunftschancen** Beschreiben Sie in Gruppen drei Berufe, die Ihrer Meinung nach große Zukunftschancen haben. Beschreiben Sie für jeden Beruf die Tätigkeit (*type of work*), die Nützlichkeit (*usefulness*) in der heutigen Zeit, und warum Ihrer Meinung nach dieser Beruf in der Zukunft noch wichtiger sein wird.

BEISPIEL

S1: *In der Zukunft wird die Erderwärmung noch mehr zunehmen.*
S2: *Ein nützlicher Beruf wäre deshalb einer, der...*

Aussprache und Rechtschreibung

Audio: Presentation
Record & Compare Activities

Tongue Twisters

Zungenbrecher (*Tongue twisters*) are a part of German culture. Mastering a tongue twister means being able to say it quickly several times in a row. One popular type of tongue twister reverses sounds, syllables or words.

Rauchlachs mit Lauchreis.   **Allergischer Algerier, algerischer Allergiker.**

Other tongue twisters repeat syllables, words, or phrases that contain similar sounds.

In Ulm, um Ulm und um Ulm herum.   **Der dicke Dachdecker deckte das dicke Dach.**

German allows for the construction of very long compound words. Many such compounds appear in tongue twisters, sometimes as nonsense words.

Postkutschkasten   **Fichtendickicht**   **Kirschenmirschen**

1 **Sprechen Sie nach** Wiederholen Sie die Zungenbrecher, die Sie hören.

1. zwischen zwei Zwetschgenzweigen
2. ein krummer Krebs kroch
3. der Cottbuser Postkutscher
4. allergischer Algerier

2 **Artikulieren Sie** Wiederholen Sie die Sätze, die Sie hören.

1. Hinter Hermann Hansens Haus hängen hundert Hemden raus.
2. Esel essen Nesseln nicht, Nesseln essen Esel nicht.
3. Der Cottbuser Postkutscher putzt den Cottbuser Postkutschkasten blank.
4. Fischers Fritz fischt frische Fische, frische Fische fischt Fischers Fritz.
5. Zehn Ziegen zogen zehn Zentner Zucker zum Zoo.
6. Es klapperten die Klapperschlangen, bis ihre Klappern schlapper klangen.

3 **Sprichwörter** Wiederholen Sie die Sprichwörter, die Sie hören.

Zwischen zwei Zwetschgenzweigen zwitschern zwei Schwalben.[2]

Blaukraut bleibt Blaukraut und Brautkleid bleibt Brautkleid.[1]

[1] You can't make a silk purse out of a sow's ear. (lit. Red cabbage remains red cabbage and a wedding dress remains a wedding dress.)
[2] Between two plum branches twitter two swallows.

Ressourcen

SAM
LM: p. 107

vhlcentral.com

Auf Wiedersehen, Berlin!

 Video: *Fotoroman*

Zum letzten Mal treffen sich unsere Freunde im Biergarten, um den Abschied von George zu feiern.

HANS Hey, an was arbeitest du?
GEORGE Ich schreibe meine Hausarbeit über ökologische Architektur fertig. Damit der Planet gerettet werden kann, sollten erneuerbare Energien wie Solar- und Windenergie in neuen Gebäuden verwendet werden. Regierungen müssen Gesetze verabschieden, die die Umwelt erhalten. Die Bedrohung durch Abforstung und Verschmutzung darf nicht ignoriert werden. Außerdem...

HANS Ich habe meine Abschlussarbeit für das Semester gestern abgegeben.
GEORGE Ich schlage eine Lösung vor, die Fabriken helfen wird, weniger zu verschmutzen und mehr zu recyceln. Mein Professor sagt, es sei eine gute Sache.

HANS Meline, ich bin's. Bist du da? Es tut mir leid wegen neulich Abend in der Galerie. Können wir darüber reden? Meline?
SABITE Hans! Was machst du denn hier draußen? Oh, Mann.
HANS Meline?
SABITE Sie ist wohl nicht zu Hause.

HANS Sie ist mir immer noch böse, oder? Sie gibt mir gar keine Chance, mich zu entschuldigen. Manchmal verstehe ich sie überhaupt gar nicht. Ich glaube, George hatte recht, wir sind einfach zu unterschiedlich.
SABITE Vielleicht.

SABITE Bist du Hans immer noch böse? Es tut ihm wirklich leid.
MELINE Er hat sehr liebe Nachrichten hinterlassen. Ich bin ihm nicht böse. Ich glaube, dass er ein guter Mensch ist, aber ich... ja...
SABITE Du mochtest ihn mehr, als du ihn nicht mochtest.
MELINE Genau!

MELINE Hallo! George! Das ist für dich. Von uns.
HANS Öffne es, öffne es!
SABITE Vorsichtig!
GEORGE Das ist wunderbar. Habt vielen herzlichen Dank.
GEORGE Ich hätte keine besseren Freunde finden können. Wegen euch war das Jahr in Berlin so großartig.

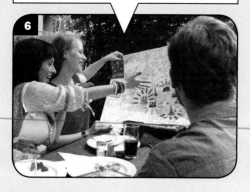

1 Richtig oder falsch? Entscheiden Sie, ob die folgenden Sätze richtig oder falsch sind.

1. George schreibt eine Hausarbeit über Ökotourismus.
2. Er schlägt vor, dass in neuen Gebäuden Solar- und Windenergie verwendet wird.
3. Hans hat seine Abschlussarbeit für das Semester schon abgegeben.
4. Georges Professor gefällt die Lösung nicht, die George vorschlägt.

5. Meline versteckt sich in ihrem Zimmer, weil sie Hans nicht sehen möchte.
6. Hans hat Meline einen Kuchen mitgebracht.
7. Meline ist immer noch böse auf Hans.
8. Seine Freunde schenken George einen Stadtplan von Milwaukee.
9. Hans möchte mit George die nächsten paar Wochen verreisen.
10. Meline und Hans möchten weiterhin Freunde sein.

PERSONEN George   Hans   Meline   Sabite

MELINE Ich hoffe, wir bleiben in Verbindung?
GEORGE Das werden wir. Ich möchte Wien besuchen.
HANS Ich habe gehört, es soll eine wunderschöne Kulturstadt sein.
SABITE Ähh, George, lass uns...
GEORGE Ja, definitiv.

HANS Das war nicht nett von mir, tut mir leid. Und wegen neulich Abend, ich... ich war wütend und ich hätte diese Dinge nicht zu dir sagen sollen.
MELINE Es ist schon okay, Hans. Du hast vielleicht gar nicht so falsch gelegen. Es tut mir leid, dass ich dich nicht angerufen habe.

HANS Max und ich, wir werden die nächsten paar Wochen verreisen, bevor ich wieder nach Hause zurückkehre, und ich... ich möchte dir nicht weh tun, aber ich kann mich im Moment nicht binden. Ich hoffe, du hast Verständnis dafür.
MELINE Ja, das habe ich. Können wir weiterhin Freunde sein?

HANS Auf ein tolles Jahr in Berlin, und neue Freunde.
GEORGE Richtig! Bravo!

Nützliche Ausdrücke

- **ein Gesetz verabschieden**
  to pass a law

- **neulich**
  the other day

- **unterschiedlich**
  different

- **eine Nachricht hinterlassen**
  to leave a message

- **in Verbindung bleiben**
  to stay in touch

- **falsch liegen**
  to be wrong

12B.1
- **Mein Professor sagt, es sei eine gute Sache.**
  My professor says it's a worthy cause.

12B.2
- **Die Bedrohung durch Abforstung und Verschmutzung darf nicht ignoriert werden.**
  The threat of deforestation and pollution shouldn't be ignored.

2 **Zum Besprechen** Am Ende dieser Episode trennen sich Hans und Meline. Schreiben Sie zu zweit ein alternatives Ende der Episode. Wie könnte es mit Hans und Meline weitergehen? Schreiben Sie einen Dialog von mindestens 15 Zeilen und präsentieren Sie ihn Ihrer Klasse.

3 **Vertiefung** Suchen Sie im Internet nach dem „Grünen Punkt". Welches System steckt dahinter? Wann wurde es eingeführt (*introduced*)? In welchen Ländern gibt es den Grünen Punkt?

Ressourcen

SAM VM: pp. 24	DVD Folge 24	vhlcentral.com

Grüne Berufe in Sachsen Reading

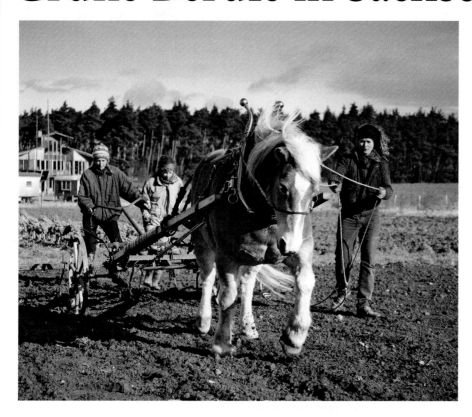

Bauernhöfe und landwirtschaftliche Betriebe haben heute viele verschiedene Funktionen. Sie produzieren nicht nur landwirtschaftliche Produkte wie Fleisch, Obst, Gemüse, Milch und Eier; sie sind auch für den Umweltschutz verantwortlich. Außerdem sind sie sowohl Kunden als auch Arbeitgeber im ländlichen Raum° und deshalb sehr wichtig für die wirtschaftliche Entwicklung einer Region.

Grüne Berufe geben jungen Menschen die Möglichkeit°, viele verschiedene berufliche Tätigkeiten zu lernen. Eine Ausbildung dauert normalerweise drei Jahre. In dieser Zeit sammeln Auszubildende° praktische Kenntnisse bei der Arbeit. Regelmäßig besuchen sie auch die Berufsschule, wo sie die theoretischen Aspekte ihres neuen Berufes lernen. Durch Fort- und Weiterbildungsmöglichkeiten° haben Berufstätige auch die Chance, später in ihrer Karriere eine bessere Perspektive als verantwortliche° Mitarbeiter oder selbstständige Unternehmer° zu bekommen.

GRÜNE BERUFE IN SACHSEN IST EINE Initiative der Regierung , um Jugendliche, die sich für Natur und Umwelt interessieren, an sogenannte „grüne Berufe" zu bringen. Warum sind grüne Berufe so wichtig? Moderne

Grüne Berufe	Stellenbeschreibungen
Fischwirt/ Fischwirtin	Fischwirte arbeiten an den vielen Seen und Flüssen in Deutschland: sie fangen Fische und ziehen sie in Seen auf°.
Milchtechnologe/ Milchtechnologin	Milchtechnologen bedienen° die modernen Produktions- und Abfüllanlagen° und überwachen° die Produktionsprozesse von Milch und Milchprodukten wie Käse oder Jogurt.
Pferdewirt/ Pferdewirtin	Pferdewirte lernen, wie man Pferde richtig hält°, wie man sie reitet und wie man sie züchtet°.

ländlichen Raum *rural area* **Möglichkeit** *opportunity*
Auszubildende *apprentices* **Fort- und Weiter
bildungsmöglichkeiten** *continuing education*
verantwortliche *responsible* **selbstständige
Unternehmer** *independent entrepreneur* **ziehen... auf** *breed*
bedienen *operate* **Abfüllanlagen** *bottling systems*
überwachen *monitor* **hält** *keeps* **züchtet** *breeds*

ÜBUNGEN

1 **Richtig oder falsch?** Sagen Sie, ob die Sätze richtig oder falsch sind. Korrigieren Sie die falschen Sätze.

1. In Sachsen gibt es viele grüne Berufe.

2. Menschen in grünen Berufen tragen grüne Kleider.

3. Die Arbeit auf Bauernhöfen ist wichtig für den Umweltschutz.

4. Auf Bauernhöfen werden Produkte wie Eier, Fleisch, Milch, Obst und Gemüse produziert.

5. Eine Ausbildung dauert normalerweise zwei Jahre.

6. Bauernhöfe sind nicht mehr so wichtig für die Wirtschaft im ländlichen Raum.

7. In der Ausbildung arbeitet man und geht in die Berufsschule.

8. Ein Milchtechnologe holt die Milch von den Kühen.

9. Fischwirte fangen Fische und kochen sie.

10. Pferdewirte lernen, wie man Pferde reitet.

 Practice more at **vhlcentral.com**.

DEUTSCH IM ALLTAG

Abfall und Recycling

der Abfall, -¨e	*waste*
die Altkleider	*second-hand clothing*
das Altpapier	*used paper*
der Gartenabfall, -¨e	*yard waste*
der Schrott	*scrap metal*
der Verpackungsmüll	*packaging waste*

DIE DEUTSCHSPRACHIGE WELT

Umweltschutzorganisationen°

Deutschland

Seit 1975 gibt es in Deutschland den Bund für Umwelt und Naturschutz. Diese Organisation engagiert° sich für ökologische Landwirtschaft, gesunde Lebensmittel, den Klimaschutz und den Ausbau° regenerativer Energien.

Österreich In Österreich gibt es seit 1913 den Naturschutzbund Österreich. Diese Organisation war bei der Gründung° der österreichischen Nationalparks sehr aktiv und hilft auch bei der Erhaltung des Wiener Waldes, der Krimmler Wasserfälle und der Hainburger Au.

Die Schweiz In der Schweiz setzt° sich die Organisation Pro Natura seit 1909 für den Naturschutz ein. Zu den Erfolgen dieser Organisation zählt ein Netz° von 600 Naturschutzgebieten°.

Umweltschutzorganisationen *ecology groups*
engagiert *gets involved in* **Ausbau** *development*
Gründung *founding* **setzt sich... ein** *advocates*
Netz *network* **Naturschutzgebieten** *nature reserves*

PORTRÄT

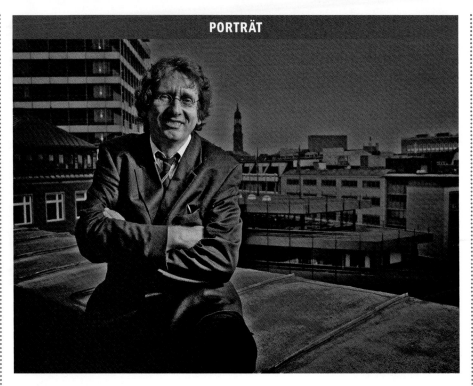

Michael Braungart

Michael Braungart, ein Chemiker aus Schwäbisch-Gmünd, arbeitet heute als Professor an der Erasmus-Universität Rotterdam. In den 80er Jahren war er aktives Mitglied° von Greenpeace Deutschland. Seither sucht er Antworten auf die folgenden Fragen: Wie kann der Mensch sich in das Leben auf der Erde integrieren? Wie kann er nicht nur wenig Schaden anrichten°, sondern wie kann er nützlich sein? Braungart ist bekannt für die Entwicklung von Umweltschutz-Konzepten und die Konzeption umweltverträglicher Produktionsverfahren°.

Mitglied *member* **Schaden anrichten** *do damage* **fordert** *demands*
umweltverträglicher Produktionsverfahren *environmentally friendly production*

IM INTERNET

Wählen Sie einen Umweltaspekt aus, der Sie besonders interessiert. Suchen Sie Informationen darüber. Machen Sie eine Liste mit Initiativen, die es auf diesem Gebiet gibt.

For more information on this **Kultur**, go to **vhlcentral.com**.

---

2 **Was fehlt?** Ergänzen Sie die Sätze.

1. Der Bund für Umwelt und Naturschutz engagiert sich für den Ausbau regenerativer _____.

2. Der Naturschutzbund Österreich war bei der Gründung der österreichischen _____ aktiv.

3. Michael Braungart war in den 80er Jahren ein aktives _____ von Greenpeace Deutschland.

4. Braungart will vor allem Antworten auf zwei _____ finden.

3 **Mein Umwelteinfluss** Diskutieren Sie mit einem Partner / einer Partnerin die folgenden Fragen: Was machen Sie, um der Umwelt zu helfen? In Ihrem Alltag? Bei besonderen Aktivitäten? Wie informieren Sie sich über Umweltprobleme?

Ressourcen

vhlcentral.com

Strukturen

12B.1 *Der Konjunktiv I* and indirect speech Presentation

Startblock You learned in **9B.1** and **12A.1** about the **Konjunktiv II** and its present and past tense forms. There is another subjunctive, **der Konjunktiv I**, which is used to report what someone else has said.

> Mein Professor sagt, es **sei** eine gute Sache.

> Sie hat gesagt, sie **werde** sein Geschenk **mitnehmen**.

Der Konjunktiv I

- To form the present tense of the **Konjunktiv I**, add the endings **-e, -est, -e, -en, -et, -en** to the infinitive stem. Only the verb **sein** is irregular: its stem is **sei-** and the first and third person singular have no added endings.

Konjunktiv I Präsens				
	geben	**können**	**haben**	**sein**
ich	gebe	könne	habe	sei
du	gebest	könnest	habest	sei(e)st
er/sie/es	gebe	könne	habe	sei
wir	geben	können	haben	seien
ihr	gebet	könnet	habet	seiet
Sie/sie	geben	können	haben	seien

ACHTUNG

Verbs that are commonly used to introduce reported speech include **antworten, behaupten** (*to claim*), **berichten** (*to report*), **denken, erklären, erzählen, fragen, glauben, meinen,** and **sagen.**

When you use the subordinating conjunction **dass**, the verb comes at the end of the subordinate clause. In reported speech, **dass** may be omitted, in which case the verb remains the second element in the clause. **Max berichtete, er benutze seit Jahren eine Fahrgemeinschaft.**

> Herr Braun sagt, die Erde **sei** wegen Erderwärmung gefährdet.
> *Herr Braun says the earth **is** in danger because of global warming.*

> Er meint, dass er die Lösung dafür **habe**.
> *He believes that he **has** the solution for it.*

- To form the past tense of the **Konjunktiv I**, use the **Konjunktiv I** of **haben** or **sein** with the past participle.

> Der *Spiegel* berichtete, dass es gestern sauren Regen **gegeben habe**.
> *Der Spiegel reported that acid rain **fell** yesterday.*

> Papa sagte, das Paket **sei** heute Morgen **gekommen**.
> *Dad said the package **came** this morning.*

- Use the **Konjunktiv I** of **werden** with an infinitive to report a statement someone else has made about the future.

> Frau Müller sagte, sie **werde** ein Hybridauto **kaufen**.
> *Ms. Müller said she **would buy** a hybrid car.*

> Wissenschaftler sagen, sie **werden** eine Lösung für die Erderwärmung **finden**.
> *Scientists say they **will find** a solution for global warming.*

Indirect Speech

- In conversation, you can report what someone else said using the **Indikativ**, especially when you want to show that you agree with what was said or that you believe it to be true. If you wish to express skepticism or doubt, however, use the **Konjunktiv I**.

<table>
<tr><td>Die Nachbarn sagten, sie **haben** eine Maus **gesehen**.
*The neighbors said they **saw** a mouse.*</td><td>Murat sagte, er **werde** später **wiederkommen**.
*Murat said he **would come back** later.*</td></tr>
</table>

- In more formal contexts, such as news reports, political speeches, and scientific writing, the **Konjunktiv I** is used to report what people have said without implying that the information is necessarily true or accurate.

<table>
<tr><td>Die *Zeit* berichtet, dass es einen Kernkraftwerkunfall **gegeben habe**.
Die Zeit *reports that there **was** a nuclear power plant accident.*</td><td>Wissenschaftler glauben, dass viele Menschen und Tiere in Gefahr **seien**.
*Scientists believe that many people and animals **are** in danger.*</td></tr>
</table>

- The **Konjunktiv I** is used mainly with modals, **wissen**, **sein**, and third-person singular verbs. In cases where the **Konjunktiv I** conjugation is identical to the present-tense indicative, it is more common to use the **Konjunktiv II** or **würden** + infinitive.

<table>
<tr><td>Thomas behaupte, er **habe** das nicht **gewusst**.
*Thomas claimed he **didn't know** that.*</td><td>Sarah sagte, dass sie uns vielleicht morgen **besuchen werde**.
*Sarah said that she **might visit** us tomorrow.*</td></tr>
</table>

- To express imperatives in indirect speech, use the **Konjunktiv I** or **II** of the modals **sollen** or **müssen**.

<table>
<tr><td>Die Studenten meinen, die Uni **solle/sollte** nicht so viel Papier **verschwenden**.
*The students feel that the university **shouldn't waste** so much paper.*</td><td>Die Geschäftsführerin sagte, wir **müssten** mehr **recyceln**.
*Our manager said we **should recycle** more.*</td></tr>
</table>

- The tense of the verb in indirect speech is the same as the tense in the original direct speech.

<table>
<tr><td>Der Bundespräsident: „Unser Land **braucht** mehr Windenergie.“
*The President: "Our country **needs** more wind energy."*</td><td>Der Bundespräsident meint, unser Land **brauche** mehr Windenergie.
*The President believes that our country **needs** more wind energy.*</td></tr>
</table>

QUERVERWEIS

See **10A.1** to review indirect questions.

ACHTUNG

When you are reporting what someone else said, personal pronouns, possessive adjectives, and adverbs of time and place may need to be changed accordingly:

Paul: „*Ich* freue *mich* auf *meinen* Urlaub.“

Paul sagte, dass *er sich* auf *seinen* Urlaub freue.

QUERVERWEIS

See **9B.1** and **9B.2** to review **Konjunktiv II** and the **würden** + infinitive construction.

Ressourcen

SAM
WB: pp. 167–168

SAM
LM: p. 108

vhlcentral.com

Jetzt sind Sie dran! Entscheiden Sie, ob die folgenden Sätze im **Indikativ** oder im **Konjunktiv I** stehen.

	Indikativ	Konjunktiv I		Indikativ	Konjunktiv I
1. Maria sagte, sie sei krank.	☐	☑	7. Ihr sagtet, ihr benutzt wenig Energie.	☐	☐
2. Du sagtest, du fährst nur Hybridautos.	☐	☐	8. Er sagte, er werde Lösungen entwickeln.	☐	☐
3. Er meinte, die Umwelt bleibe in Gefahr.	☐	☐	9. Sie meinte, sie habe ihren Müll getrennt.	☐	☐
4. Sie sagte, sie habe eine Lösung vorgeschlagen.	☐	☐	10. Erika sagte, sie kaufe nur biologische Lebensmittel.	☐	☐
5. Max sagte, er wird Windenergie benutzen.	☐	☐	11. Alex sagte, er wird die Umwelt schützen.	☐	☐
6. Er glaubt, er werde den Planeten retten.	☐	☐	12. Ihr sagtet, ihr habt keinen Giftmüll produziert.	☐	☐

Anwendung

1 Wählen Sie Ihr Freund hat keine Lust mit Ihnen ins Konzert zu gehen. Berichten Sie Ihren anderen Freunden, was er gesagt hat. Wählen Sie die passenden Verbformen des Konjunktiv I.

> **BEISPIEL** Er sagte, er (war / sei) zu müde, um ins Konzert zu gehen.

Er sagte, ...

1. er (müsse / muss) noch für eine schwere Prüfung am nächsten Tag lernen.
2. er (hatte / habe) nicht genug Geld, eine Konzertkarte zu kaufen.
3. er (wollte / wolle) heute Abend früh ins Bett gehen.
4. das Konzert (werde / wird) schon ausverkauft (*sold out*) sein.
5. ich (solle / soll) jemand anders einladen.

2 Welche Zeitform? Markieren Sie die richtigen Zeitformen.

	Indikativ	Konjunktiv I Präsens	Konjunktiv I Vergangenheit	Konjunktiv I Zukunft
1. er habe nichts gemacht	☐	☐	☐	☐
2. sie werde ihn heiraten	☐	☐	☐	☐
3. ich dürfe das nicht	☐	☐	☐	☐
4. sie sind angekommen	☐	☐	☐	☐
5. du werdest kündigen	☐	☐	☐	☐
6. sie seien abgefahren	☐	☐	☐	☐
7. sie wollte umziehen	☐	☐	☐	☐
8. ihr habet eine Idee	☐	☐	☐	☐

3 Unsere Gegenwart Formen Sie die Sätze in indirekte Rede um.

> **BEISPIEL** „Der Wasserspiegel (*water level*) der Weltmeere steigt." Der Wissenschaftler erklärt, dass *der Wasserspiegel der Weltmeere steige.*

1. „Der Regenwald (*rainforest*) muss gerettet werden."
   Der Wissenschaftlerin sagte, dass _____.
2. „Die Solarzellen werden Ihre Energiekosten reduzieren."
   Der Elektriker sagte dem Mann, dass _____.
3. „Wollen Sie in dieser Firma ein Praktikum machen?"
   Der Personalchef fragte mich, ob _____.
4. „Warum recycelst du nicht deinen alten Computer?"
   Jan fragte seine Freundin, warum _____.
5. „Die Papierfabrik hat seit Jahren die Luft verschmutzt."
   Der Bürgermeister klagte (*complained*), dass _____.
6. „Ich weiß nicht, ob man diesen Nationalpark erhalten kann."
   Die Innenministerin sagte, _____.

Practice more at **vhlcentral.com.**

Kommunikation

4 **Ein Streitgespräch** Schreiben Sie mit einem Partner / einer Partnerin einen kurzen Dialog zu dem Bild. Dann berichten Sie zwei anderen Studenten, was die Leute auf dem Bild gesagt haben. Verwenden Sie den Konjunktiv I.

BEISPIEL

Dialog:
Mann: *Warum bist du so böse (angry) auf mich?*
Frau: *Weil du niemals bei der Hausarbeit hilfst.*
Mann: *Das ist nicht wahr! ...*

Bericht:
Der Mann hat die Frau gefragt, warum sie so böse auf ihn sei. Die Frau hat geantwortet, er helfe niemals bei der Hausarbeit. Der Mann hat dann gesagt, das sei nicht wahr. ...

5 **Glaubst du das?** Erzählen Sie zwei Partnern/Partnerinnen zwei Dinge über sich, die wahr oder eine Lüge (*lie*) sein könnten. Ein Partner / Eine Partnerin berichtet davon. Der andere Partner / Die andere Partnerin sagt, ob er/sie das glaubt oder nicht. Wechseln Sie sich ab.

BEISPIEL

S1: *Ich bin 18 Jahre alt.*
S2: *Melanie hat gesagt, sie sei 18 Jahre alt. Glaubst du das?*
S3: *Nein, das glaube ich nicht. Ich glaube, sie ist 19.*

6 **Klatschkolumnen** Schreiben Sie mit Ihrem Partner / Ihrer Partnerin eine Klatschkolumne (*gossip column*) über eine berühmte Person. Benutzen Sie Indikativformen. Tauschen Sie (*exchange*) Ihre Kolumne mit zwei Mitstudenten aus. Berichten Sie dem Rest der Klasse, was in der Kolumne Ihrer Mitstudenten steht. Verwenden Sie dabei den Konjunktiv I.

BEISPIEL

S1/S2: *In der Klatschkolumne steht, dass die große Schauspielerin Tanja ihr ganzes Geld der Tierschutzorganisation „Ein Herz für Tiere" gegeben habe. Sie sei gestern in die Schweiz geflogen, habe das Geld abgehoben und dann ihre Konten gekündigt. Sie sei noch nie so glücklich gewesen, sagte Tanja.*

Die große Schauspielerin (*actress*) Tanja hat ihr ganzes Vermögen (*fortune*) der Tierschutzorganisation „Ein Herz für Tiere" gegeben. Sie ist gestern in die Schweiz geflogen, hat das Geld abgehoben und dann ihre Konten gekündigt. „Ich bin noch nie so glücklich gewesen", sagte Tanja.

12B.2 | The passive voice Presentation

Startblock Most sentences in German are in the *active* voice. Use the *passive* voice to put the focus on the action itself, or on the receiver of the action.

ACHTUNG

When you convert an active sentence to the passive voice, pay attention to changes in case. The direct object of the verb in an active sentence becomes the subject of the sentence in the passive voice.

Die Regierung entwickelt einen neuen Plan. ⟶ Ein neuer Plan wird entwickelt.

- To form a sentence using the passive voice, use a conjugated form of **werden** with the past participle of the verb that describes the action of the sentence. Sentences using the passive voice are usually in the present tense or the **Präteritum**.

  In diesem Land **wird** zu viel Müll **produziert**.
  *Too much trash **is being produced** in this country.*

  Im Jahr 2009 **wurden** 455 kg Müll pro Kopf **weggeworfen**.
  *In 2009, 455 kilos of trash per person **were thrown out**.*

- The subject of a passive sentence is the receiver of the action.

  Wir **schalten** immer die Lichter **aus**.
  *We always **turn out** the lights.*

  Die Lichter **werden ausgeschaltet**.
  *The lights **are being turned out**.*

- In a passive voice sentence, the doer of the action is often unidentified. To indicate who or what performed or is performing the action, use the preposition **von** after the conjugated form of **werden**, followed by a noun in the dative case.

  Neue Hybridautos werden (**von Wissenschaftlern**) entwickelt.
  *New hybrid cars are being developed (**by scientists**).*

  Das Wasser wurde (**von der Fabrik**) verschmutzt.
  *The water was polluted (**by the factory**).*

- In passive sentences with a modal verb, use the conjugated form of the modal and move the infinitive **werden** to the end of the sentence, after the past participle.

  Ein neues Gesetz **soll vorgeschlagen werden**.
  *A new law **needs to be proposed**.*

  Die Technologie **musste** erst **verbessert werden**.
  *The technology **had to be improved** first.*

- In an impersonal statement, where there is no specific subject, the sentence may begin with **es**, or with an adverb of time or place.

  Es wird hier nur Deutsch gesprochen.
  Only German is spoken here.

  Gestern wurde viel gearbeitet.
  A lot of work was done yesterday.

- You can often replace a statement in the passive voice with an active sentence using the indefinite pronoun **man** as the subject.

  In den USA **benutzt man** zu viel Benzin.
  *People in the U.S. **use** too much gasoline.*

  Man soll Energie sparen.
  We should save energy.

Ressourcen

SAM
WB: pp. 169–170

SAM
LM: p. 109

S
vhlcentral.com

Jetzt sind Sie dran! Markieren Sie, ob die folgenden Sätze aktiv oder passiv sind.

	aktiv	passiv		aktiv	passiv
1. Es muss mehr getan werden.	☐	☑	4. Heute wird mehr wiederverwertet.	☐	☐
2. Viele Tierarten sind jetzt gefährdet.	☐	☐	5. Man muss mehr Wasser sparen.	☐	☐
3. Fahrgemeinschaften sollen oft benutzt werden.	☐	☐	6. Der Müll wurde von dem Müllfahrer abgeholt (*picked up*).	☐	☐

Anwendung und Kommunikation

1 **Ergänzen Sie** Ergänzen Sie die Sätze mit den Passivformen der Verben in Klammern.

> **BEISPIEL** In meiner Familie ___werden___ keine Batterien
> in den Müll _geworfen_. (werfen)

1. Innovative Ideen, unseren Planeten zu retten, _____ dringend (*urgently*) _____. (suchen)

2. Die Luft _____ immer mehr _____. (verschmutzen)

3. Stofftaschen (*Cloth bags*) statt Plastiktaschen sollen beim Einkaufen _____ _____. (benutzen)

4. Wasserreservoirs, um Trinkwasser zu speichern, müssen _____ _____. (bauen)

5. In welchem Land _____ jetzt das meiste Altpapier _____? (recyceln)

6. Die Tier- und Pflanzenwelt darf nicht _____ _____. (vergessen)

2 **Was wird hier gemacht?** Beschreiben Sie mit einem Partner / einer Partnerin, was auf den Bildern gerade passiert. Benutzen Sie die Präsensformen des Passivs.

 ▶ **BEISPIEL**

S1: Hier wird Mathematik unterrichtet (*taught*).

1.

2. 3. 4. 5.

Bücher / verkaufen	Müll / recyceln
ein Hund / baden	Pizza / essen
Mathematik / unterrichten (*teach*)	die Umwelt / verschmutzen

3 **Lösungsvorschläge** Diskutieren Sie mit einem Partner / einer Partnerin, was (nicht) gemacht werden kann/muss/soll/darf, um unsere Umweltprobleme zu lösen (*solve*). Gebrauchen Sie Modalverben im Passiv.

BEISPIEL

S1: Die Windenergie muss ausgebaut werden.

ausbauen (*to expand*)	verbessern
entwickeln	das Kernkraftwerk / der Reaktor...
erfinden	die Luft / das Wasser /...
finden	die Natur / die Flora / die Fauna...
recyceln	das Papier / das Glas / das Plastik / das Aluminium...
reduzieren	die Windenergie / die Solarenergie / die Kernenergie...
retten	die Wissenschaft

 Practice more at **vhlcentral.com**.

Wiederholung

1 **Ein Zeitungsartikel** Identifizieren Sie mit einem Partner / einer Partnerin Beispiele indirekter Rede in dem Artikel über eine Umweltinitiative. Wechseln Sie sich dann ab und sagen Sie in indirekter Rede, was gesagt wurde.

BEISPIEL

S1: Die Polizei erklärte, „Am Wochenende haben mehr als 250.000 Menschen in ganz Deutschland für den Atomausstieg demonstriert."

Zehntausende demonstrieren für raschen Atomausstieg

Das Wochenende stand im Zeichen des Atomausstiegs (*nuclear phase-out*). Die Polizei erklärte, am Wochenende hätten mehr als 250.000 Menschen in ganz Deutschland für den Atomausstieg demonstriert. Sie berichteten außerdem, Demonstrationen fänden in 20 Städten statt. Atomgegner erzählten, es gebe Demonstrationen in mehr als 20 Städten. Organisatoren meinten auch, diese Demonstrationen seien größer als die vorherigen Demonstrationen. Zu dem Protest aufgerufen haben Umweltschutzinitiativen, Gewerkschaften und Parteien. Diese Organisationen sagten, sie wollten Druck (*pressure*) auf die Politiker in Berlin machen. Sie meinten auch, es sei Zeit für eine neue Umweltpolitik. Ohne Atomkraft hätten die Kinder eine Chance auf eine sicherere Welt.

2 **Eine Umfrage** Stellen Sie den anderen im Unterricht die Fragen auf dem Arbeitsblatt, das Sie bekommen. Schreiben Sie die Antworten auf. Diskutieren Sie dann mit der Gruppe, um zu sehen, was die typischsten Antworten waren.

BEISPIEL

S1: Wie wäre es, wenn weniger Leute Kinder haben würden?
S2: Wenn weniger Leute Kinder haben würden, hätten wir kein Problem mit Überbevölkerung.

3 **Wer hat's gesagt?** Entscheiden Sie, wer wahrscheinlich die folgenden Sätze gesagt hat. Berichten Sie, was die Personen gesagt haben. Wechseln Sie sich mit einem Partner / einer Partnerin ab.

BEISPIEL Man baut neue Häuser in der Vorstadt.

S1: Der Makler war froh, dass man neue Häuser in der Vorstadt baue.
S2: Der Biologe berichtete, dass ...

die Bankangestellte	der Koch
der Biologe	die Psychologin
die Richterin	der LKW-Fahrer
die Tierärztin	der Elektriker
der Rentner	

1. Man muss jeden Tag arbeiten, bis das Restaurant schließt.
2. Viele Menschen haben Depressionen.
3. Niemand interessiert sich für alte Menschen.
4. Es ist ein Problem, dass Benzin immer teurer wird.
5. Es gibt immer mehr Jugendliche, die Probleme mit dem Gesetz haben.
6. Online-Banking wird immer beliebter.

4 **Gut oder schlecht?** Bitten Sie Ihren Partner / Ihre Partnerin, auf die folgenden Fotos zu reagieren. Wie erklärt Ihr Partner / Ihre Partnerin diese Reaktion?

BEISPIEL

S1: Wie findest du die Insel im See?
S2: Ich finde sie schön, weil man da die frische Luft genießen kann.

1.   2.   3.

4.   5.   6.

5 **Wenn nur...** Machen Sie anhand der Bilder eine Liste mit fünf Dingen, die Sie während Ihrer Unikarriere gerne gemacht hätten. Lesen Sie dann in Vierergruppen Ihre Sätze vor.

▶ **BEISPIEL**

S1: Wenn ich gelernt hätte, anstatt zu spielen, hätte ich bessere Noten gehabt.

2.

3.

4.

5.

6.

6 **In der Zukunft** Was muss man in der Zukunft machen, um der Umwelt zu helfen? Schreiben Sie in Dreiergruppen mindestens sechs Antworten auf diese Frage. Benutzen Sie das Futur I.

BEISPIEL

S1: In der Zukunft wird unsere Mensa das gesamte Papier und den gesamten Kunststoff recyceln.
S2: Ja, und es wird...

7 **Hypothesen** Auf Ihrem Arbeitsblatt finden Sie Informationen über Jasmin und ihre Mutter. Überlegen Sie sich, wie Jasmins Mutter reagieren würde, wenn Jasmin das machen würde, was Sie auf den Bildern sehen können.

BEISPIEL

S1: Was würde passieren, wenn Jasmin mit dem Flugzeug flöge?
S2: Wenn Jasmin mit dem Flugzeug flöge, würde ihre Mutter sie am Flughafen anrufen.

8 **Eine bessere Stadt** Schreiben Sie mit einem Partner / einer Partnerin eine Liste mit sechs Umweltproblemen, die in Städten existieren. Schlagen Sie für jedes Problem eine Lösung vor. Benutzen Sie das Passiv.

BEISPIEL

S1: Zu viele Batterien werden in den Müll geworfen.
S2: Batterien sollen recycelt werden.

Mein Wör|ter|buch

Schreiben Sie fünf weitere Wörter in Ihr persönliches Wörterbuch zu den Themen **In der Natur** und **Die Umwelt**.

unbehandelt

Übersetzung
untreated

Wortart
Adjektiv

Gebrauch
Bei unbehandeltem Gemüse benutzen Bauern keine Pestizide, wenn es auf dem Feld wächst.

Synonyme
biologisch, ungespritzt

Antonyme
behandelt, gespritzt

Weiter geht's

Panorama (S) Map

Sachsen-Anhalt und Sachsen

Sachsen-Anhalt in Zahlen

▶ **Fläche:** *20.446 km²*

▶ **Bevölkerung:** *2,3 Millionen Menschen*

▶ **Städte:** *Halle (233.000 Einwohner), Magdeburg (231.000)*

▶ **Wichtige Industriezweige:** *Chemieindustrie, Maschinenbau, Landwirtschaft*

▶ **Touristenattraktionen:** *Lutherstadt Wittenberg; das Bauhaus, Dessau; Burg Falkenstein*
Für Touristen ist in Sachsen-Anhalt neben Wittenberg, wo Martin Luther seine 95 Thesen an die Tür der Schlosskirche nagelte°, auch das Bauhaus in Dessau interessant. Das Grüne Band Deutschland, wo einmal die Mauer stand, liegt zum größten Teil in Sachsen-Anhalt. Es ist jetzt Naturschutzgebiet.

Quelle: Investitions- und Marketinggesellschaft Sachsen-Anhalt mbH

Sachsen in Zahlen

▶ **Fläche:** *18.415 km²*

▶ **Bevölkerung:** *4,1 Millionen Menschen*

▶ **Städte:** *Leipzig (532.000 Einwohner), Dresden (530.000), Chemnitz (243.000)*

▶ **Wichtige Industriezweige:** *Automobilindustrie, Mikroelektronik, Maschinenbau*

▶ **Touristenattraktionen:** *Weihnachtsmärkte im Erzgebirge, Dresden, Meißener Porzellan*
Dresden, das Elbflorenz, ist eine der größten Touristenattraktionen Sachsens. Touristen sollten den Zwinger, die Frauenkirche und die Semperoper besuchen.

Quelle: Tourismus Marketing Gesellschaft Sachsen mbH

Berühmte Menschen aus Sachsen-Anhalt und Sachsen

▶ **Otto Fürst von Bismarck,** *Politiker (1815–1898)*

▶ **Erich Kästner,** *Autor (1839–1974)*

▶ **Gottfried Wilhelm Leibniz,** *Mathematiker und Wissenschaftler (1646–1716)*

▶ **Christiane Nüsslein-Volhard,** *Wissenschaftlerin (1942–)*

▶ **Katharina Witt,** *Sportlerin (1965–)*

nagelte *nailed* **Kurfürst** *prince-elector* **Manufaktur** *factory*
gekreuzten Schwerter *crossed swords*

MECKLENBURG-VORPOMMERN

Elbe

NIEDERSACHSEN

Das Bauhaus in Dessau

Stendal

SACHSEN-ANHALT

BERLIN

BRANDENBURG

Magdeburg ⊚

Die Silhouette der Dresdener Innenstadt

Brocken
▲ NATIONALPARK HARZ

Dessau

Halle

Saale

Leipzig

Riesa

Elbe

SACHSEN

Dresden ⊙

THÜRINGEN

Chemnitz

Zwickau

Fichtelberg ▲

ERZGEBIRGE

TSCHECHIEN

BAYERN

— Landesgrenzen
● Stadt
⊙ Landeshauptstadt

0   25 Meilen
0   25 Kilometer

Das Grüne Band Deutschland

Unglaublich, aber wahr!

Im Jahr 1708 erfanden Johann Friedrich Böttger und Walther von Tschirnhaus das europäische Porzellan. 1710 gründete der sächsische Kurfürst° August der Starke dann die Porzellan-Manufaktur° Meißen. Dieses auch heute noch weltberühmte Porzellan trägt das Symbol der gekreuzten Schwerter°.

Technologie
Solar Valley

Das Solar Valley, auch Sonnenallee bezeichnet, liegt in Sachsen-Anhalt in der Nähe der Stadt Bitterfeld-Wolfen. Es gilt als eines der Zentren der Photovoltaikindustrie. Zu den Firmen, die hier vertreten° sind, gehören Q-Cells SE, Calyxo GmbH und Sontor GmbH.

Das Solar Valley gilt als einer der größten Solarstandorte Europas und ist Symbol für das deutsche Engagement im Bereich erneuerbarer Energiequellen. Bis zu 3.000 Menschen arbeiten in diesem Industriebereich in Sachsen-Anhalt.

Völker
Die Sorben

Die Sorben, ein westslawisches Volk, leben heute in der Ober- und Niederlausitz in den Bundesländern Brandenburg und Sachsen, wo Sorbisch eine offizielle Sprache ist. Es gibt heute noch etwa 60.000 Sorben in Deutschland, wo sie als offizielle Minderheit° anerkannt° sind. Die meisten Sorben sind deutsche Staatsangehörige°. Einer der bekanntesten sorbischen Bräuche° ist das alljährliche Osterreiten. Jährlich sehen mehr als 30.000 Besucher zu, wenn rund 1.700 Reiter in Frack und Zylinder° die Botschaft von der Auferstehung Jesu Christi verkünden°.

Musik
Barockmusiker aus Sachsen-Anhalt

Johann Sebastian Bach, Georg Philipp Telemann und Georg Friedrich Händel sind weltberühmte Barockmusiker aus Sachsen-Anhalt, deren Werke man heute noch hört. Telemann, der Musik im Selbststudium lernte, komponierte mehr als 3.600 Stücke. Bach ist vor allem für seine Chorwerke und Musik für Tasteninstrumente° berühmt. Händel hatte in England mit seinen dramatischen Opern und Oratorien großen Erfolg. Trotz der Entfernung waren Telemann und Händel gut befreundet, und alle drei studierten und führten die Musik der anderen auf°.

Politik
Leipziger Montagsdemonstrationen

Im Herbst 1989 kam es in der DDR zu der Friedlichen Revolution. Die gewaltfreien° Montagsdemonstrationen in Leipzig und einigen anderen ostdeutschen Städten galten als Katalysator für die Wende° und das Ende der DDR. Nachdem sich am 4. September 1.200 Demonstranten vor der Leipziger Nikolaikirche getroffen hatten, waren es am 6. November, drei Tage vor dem Fall der Berliner Mauer, 500.000 Menschen, die Slogans wie "Wir sind das Volk" oder "Für ein offenes Land mit freien Menschen" riefen°.

IM INTERNET

1. Suchen Sie weitere Informationen über die Leipziger Montagsdemonstrationen und die Friedliche Revolution: Wann fingen diese Demonstrationen an? Wer organisierte sie?

2. Suchen Sie mehr Informationen über Bach, Telemann und Händel. Warum kommen so viele Barockmusiker aus Sachsen-Anhalt? Was für Musik haben diese drei Komponisten geschrieben?

For more information on this **Panorama**, go to vhlcentral.com.

---

vertreten *represented* **gewaltfreien** *nonviolent* **Wende** *reunification* **riefen** *called* **Minderheit** *minority* **anerkannt** *recognized* **Staatsangehörige** *citizens* **Bräuche** *customs* **Frack und Zylinder** *tails and top hat* **verkünden** *announce* **Musik für Tasteninstrumente** *keyboard music* **führten... auf** *performed*

Was haben Sie gelernt? Ergänzen Sie die Sätze.

1. Im Jahr 1708 erfanden Böttger und von Tschirnhaus _____ Porzellan.
2. Gekreuzte Schwerter sind das _____ der Porzellan-Manufaktur Meißen.
3. Das Solar Valley heißt auch _____.
4. Bis zu 3.000 Menschen arbeiten hier in der _____.
5. Die Leipziger Montagsdemonstrationen waren Teil der Friedlichen _____ in der ehemaligen DDR.

6. 500.000 Menschen nahmen an der Demonstration am 6. November 1989 in _____ teil.
7. Die _____ sind eine anerkannte Minderheit in Deutschland.
8. Rund 1.700 sorbische Reiter nehmen am _____ teil.
9. Bach komponierte Werke für Chor und für _____.
10. Händels _____ und Oratorien hatten in England großen Erfolg.

 Practice more at **vhlcentral.com.**

Lesen Reading: Audio

Vor dem Lesen

Strategien

Imagery

Poets often use vivid imagery to convey a particular sensory experience to the reader. A poet may also use specific images as symbols, to represent certain abstract themes or ideas, or as metaphors, to draw a comparison between apparently dissimilar objects or concepts. Paying close attention to the words of a poem and the images those words convey can help you to gain a deeper understanding of the poem.

Untersuchen Sie den Text

Lesen Sie einmal die beiden Gedichte. Welche Wörter und Bilder kommen in bciden Gedichten immer wieder vor?

Autoren
Rose Ausländer

Rose Ausländer (1901–1988) wurde in Bukowina, einem Teil von Österreich-Ungarn (jetzt Rumänien), geboren. 1921 wanderte sie nach Amerika aus, aber 1931 kam sie nach Europa zurück, um ihre Mutter zu pflegen (care for). Während des Zweiten Weltkriegs blieb sie in Europa und wurde in ein Konzentrationslager geschickt. Nach dem Krieg wanderte sie wieder nach Amerika aus. Dort fing sie an, Gedichte auf Englisch zu schreiben. Erst im Jahre 1956 begann sie ihre Gedichte wieder auf Deutsch zu schreiben.

Rainer Maria Rilke

Rainer Maria Rilke (1875–1926), einer der wichtigsten Dichter (poets) in der deutschen Sprache, kam aus Prag, damals eine Stadt in Österreich-Ungarn. Rilke schrieb nicht nur Bände (volumes) von einzelnen Gedichten, sondern auch Zyklen (cycles) von Gedichten, darunter Duineser Elegien und Die Sonette an Orpheus.

Meine Nachtigall°

Meine Mutter war einmal ein Reh°
Die goldbraunen Augen
die Anmut°
blieben ihr aus der Rehzeit

Hier war sie
halb Engel° halb Mensch-
die Mitte° war Mutter
Als ich sie fragte was sie gern geworden wäre
sagte sie: eine Nachtigall

Jetzt ist sie eine Nachtigall
Nacht um Nacht höre ich sie
im Garten meines schlaflosen Traumes°
Sie singt das Zion der Ahnen°
sie singt das alte Österreich
sie singt die Berge und Buchenwälder°
der Bukowina
Wiegenlieder°
singt mir Nacht um Nacht
meine Nachtigall
im Garten meines schlaflosen Traumes

Nachtigall nightingale **Reh** deer **Anmut** grace **Engel** angel **Mitte** middle **schlaflosen Traumes** sleepless dream **Ahnen** ancestors **Buchenwälder** beech tree forests **Wiegenlieder** lullabies

Duineser Elegien: Die achte Elegie
(Ausschnitt)

Mit allen Augen sieht die Kreatur
das Offene. Nur unsre Augen sind
wie umgekehrt° und ganz um sie gestellt°
als Fallen°, rings um° ihren freien Ausgang.

Was draußen ist, wir wissens aus des Tiers
Antlitz° allein; denn schon das frühe Kind
wenden wir um° und zwingens°, dass es rückwärts°
Gestaltung° sehe, nicht das Offne, das
im Tiergesicht so tief° ist. Frei von Tod°.

Ihn sehen wir allein; das freie Tier
hat seinen Untergang° stets° hinter sich
und vor sich Gott, und wenn es geht, so gehts
in Ewigkeit°, so wie die Brunnen gehen.

Wir haben nie, nicht einen einzigen Tag,
den reinen Raum° vor uns, in den die Blumen
unendlich aufgehn. Immer ist es Welt°
und niemals Nirgends° ohne Nicht: das Reine°,
Unüberwachte°, das man atmet° und
unendlich weiß und nicht begehrt°. Als Kind
verliert sich eins im Stilln° an dies und wird
gerüttelt°. Oder jener stirbt und ists.

Denn nah am Tod sieht man den Tod nicht mehr
und starrt° hinaus, vielleicht mit großem Tierblick°.

umgekehrt *turned around* **gestellt** *set* **Fallen** *traps* **rings um** *around* **Antlitz** *face*
wenden... um *turn* **zwingens** *force it* **rückwärts** *backwards* **Gestaltung** *form* **tief** *deep*
Tod *death* **Untergang** *demise* **stets** *always* **Ewigkeit** *eternity* **reinen Raum** *pure space*
Welt *world* **Nirgends** *nowhere* **Reine** *purity* **Unüberwachte** *Unwatched* **atmet** *breathes*
begehrt *desires* **Stilln** *Quiet* **gerüttelt** *shaken* **starrt** *stares* **Tierblick** *animal look*

Nach dem Lesen

 Antworten Sie Beantworten Sie die folgenden Fragen.

1. Laut Ausländers Gedicht, was hat ihre Mutter noch aus der Zeit, in der sie ein Reh war?
2. Was wollte die Mutter werden?
3. Was für Lieder singt die Nachtigall?
4. In welche Richtung sieht das Kind in Rilkes Gedicht?
5. Was hat das freie Tier stets hinter sich?
6. Was sieht man nicht mehr, wenn man nah am Tod ist?

 Diskutieren Sie 👥 Sprechen Sie mit einem Partner / einer Partnerin über die zwei Gedichte. Was finden beide Dichter so gut an den Tieren? Was tun die Tiere, das die Menschen nicht können? Ist der Tod der Menschen das Ende des Lebens in den Gedichten?

 Schreiben Sie Schreiben Sie einen Aufsatz über eins der folgenden Themen.

1. Wie verstehen beide Dichter den Tod? Was schreiben sie darüber?
2. Was hat laut Rilke die Menschen so verändert (*changed*) dass sie nicht mehr in Harmonie mit den Tieren sind? Hat Rilke recht? Warum oder warum nicht?
3. Welche Wörter und Verse kommen in beiden Gedichten immer wieder vor? Welche Wirkung (*effect*) hat die Wiederholung der Wörter und Verse?
4. Schreiben Sie ein Gedicht über ein Tier, das Sie besonders interessant finden.

Hören

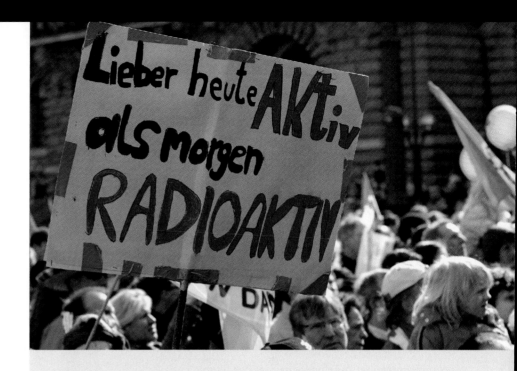

Vorbereitung

Sehen Sie sich das Foto an: Wer sind diese Leute? Was machen sie? Warum protestieren sie? Was sagen sie vielleicht?

Zuhören

Hören Sie dem Organisator zu, der mit den Demonstranten spricht, und nennen Sie die Themen, über die er spricht.

1. ____ Recycling
2. ____ Abfall
3. ____ Sonnenenergie
4. ____ Überbevölkerung
5. ____ Gesetz
6. ____ Windenergie
7. ____ Umwelt
8. ____ Waldsterben
9. ____ Kernenergie
10. ____ erneuerbare Energie
11. ____ Erderwärmung
12. ____ Giftmüll

Verständnis

Ergänzen Sie die Sätze mit der richtigen Antwort.

1. Die Demonstration ist gegen _____.
   a. die Sonnenenergie
   b. die Kernkraft
   c. die Windenergie

2. Die Demonstration findet in _____ statt.
   a. Sachsen
   b. Berlin
   c. Schleswig-Holstein

3. Es sind _____ Menschen bei der Demonstration.
   a. 13.000
   b. 30.000
   c. 3.000

4. Windenergie wird vor allem in _____ produziert.
   a. Sachsen
   b. Berlin
   c. Schleswig-Holstein

5. Die Technologie für Sonnenenergie wird in _____ entwickelt.
   a. Sachsen
   b. Berlin
   c. Schleswig-Holstein

Neue Gesetze Ein Repräsentant einer internationalen Umweltorganisation besucht Ihre Universität, um Umweltprobleme und Umweltschutz zu diskutieren. Wählen Sie in kleinen Gruppen ein Umweltproblem aus, das heute sehr wichtig ist. Versuchen Sie den Repräsentanten zu überzeugen, dass Regierungen und Politiker mehr auf diesem Gebiet machen sollten. Sie müssen das Problem erklären können. Was muss sich ändern, damit es besser wird? Überlegen Sie sich auch neue Gesetze, die Sie dem Repräsentanten vorschlagen wollen.

Schreiben

Strategien

Considering audience and purpose

Before you begin a piece of writing, you must determine to whom you are addressing the piece and what you want to express to your reader. Once you have defined both your audience and your purpose, you will be able to decide which genre, vocabulary, and grammatical structures will best serve your composition.

Suppose you want to share your thoughts on local traffic problems. Your audience might be either the local government or the community. You could choose to write a newspaper article, a letter to the editor, or a letter to the city's governing board. You should first decide the focus of your piece:

1. Are there specific problems you want to highlight?

2. Is your goal to register a complaint or to increase public awareness?

3. Are you trying to persuade others to adopt your point of view?

4. Are you hoping to inspire others to take concrete actions?

The answers to these questions will help you establish the purpose of your writing and determine your audience. Of course, your writing may have more than one purpose. For example, you may intend both to inform others of a problem and to inspire them to take action.

Whatever the topic you choose, defining your purpose and your audience before you begin will help to make your writing more focused and effective.

Thema

Schreiben Sie einen Brief oder einen Bericht

Schreiben Sie über ein Umweltproblem, das Ihrer Meinung nach (*in your opinion*) sehr wichtig ist. Beantworten Sie die folgenden Fragen.

1. Wählen Sie zuerst ein Problem, über das Sie schreiben wollen. Ist es ein Problem vor Ort (z. B., Recycling auf dem Campus) oder ein Problem auf globaler Ebene (z. B. die Überbevölkerung)?

2. Wer sind die Leser Ihres Briefs/Berichts: Schreiben Sie einen Brief an einen Freund? Schreiben Sie einen Brief an einen Politiker? An eine Studentengruppe der Universität? Schreiben Sie einen Bericht oder einen Artikel für eine Zeitung oder eine Zeitschrift?

3. Nennen Sie den Grund für den Brief oder den Bericht: Informieren Sie die Leser oder wollen Sie auch Ihre Meinung sagen?

4. Schreiben Sie eine kurze Einleitung (*introduction*). Stellen Sie das Problem, das Sie ausgewählt haben, hier vor.

5. Wenn Sie Ihre Meinung sagen wollen, müssen Sie den Lesern gute Gründe für die Meinung geben, damit man Ihnen glaubt.

6. Schreiben Sie einen Schluss (*conclusion*) für den Brief oder Bericht.

Flashcards
Audio: Vocabulary

die Natur

der Bauernhof, -¨e	farm
der Baum, -¨e	tree
der Berg -e	mountain
das Blatt, -¨er	leaf
der Busch, -¨e	bush
das Feld, -er	field
der Fluss, -¨e	river
das Gras , -¨er	grass
der Himmel	sky
die Insel, -n	island
die Klippe, -n	cliff
die Küste, -n	coast
die Landschaft, -en	countryside
die Luft	air
das Meer, -e	sea
der Mond, -e	moon
der See, -n	lake
die Sonne, -n	sun
der Sonnenaufgang, -¨e	sunrise
der Sonnenuntergang, -¨e	sunset
der Stein, -e	rock
der Stern -e	star
das Tal, -¨er	valley
der Wald, -¨er	forest
der Wasserfall, -¨e	waterfall
der Weg, -e	path
aufregend	exciting
bedeutend	important
nass	wet
trocken	dry

Tiere

das Eichhörnchen, -	squirrel
der Fisch, -e	fish
der Hase, -n	hare
das Huhn, -¨er	chicken
die Kuh, -¨e	cow
die Maus, -¨e	mouse
das Pferd, -e	horse
das Schaf, -e	sheep
die Schlange, -n	snake

Verben

aufgehen (geht... auf)	to rise
erforschen	to explore
untergehen (geht... unter)	to set
wandern	to hike
ein Picknick (*n.*) machen	to have a picnic

die Umwelt

die Art, -en	species
die Erde, -n	earth
die Fabrik, -en	factory
die Gefahr, -en	danger
das Hochwasser, -	flood
das Licht, -er	light
der Müll	waste
der Müllwagen, -	garbage truck
die Ökologie	ecology
der Umweltschutz	environmentalism
die Welt, -en	world
biologisch	organic
gefährdet	endangered
ökologisch	ecological
umweltfreundlich	environmentally friendly

Energie

die Kernenergie	nuclear energy
das Kernkraftwerk, -e	nuclear power plant
die Sonnenenergie	solar energy
die Windenergie	wind energy

Probleme

das Aussterben	extinction
die Erderwärmung	global warming
der Giftmüll	toxic waste
der saure Regen	acid rain
die Überbevölkerung	overpopulation
die Verschmutzung	pollution

Lösungen

das Gesetz, -e	law
die erneuerbare Energie (*pl.* die erneuerbaren Energien)	renewable energy
die Fahrgemeinschaft, -en	carpool
das Hybridauto, -s	hybrid car
das Recycling	recycling
die Regierung, -en	government

Verben

ausschalten (schaltet... aus)	to turn off
(den Planeten) retten	to save (the planet)
einschalten (schaltet... ein)	to turn on
entwickeln	to develop
erhalten (erhält)	to preserve
recyceln	to recycle
schützen	to protect
verbessern	to improve
verschmutzen	to pollute
vorschlagen (schlägt... vor)	to propose
wegwerfen (wirft... weg)	to throw away

Der Konjunktiv der Vergangenheit	See pp. 508-509.
Das Partizip Präsens	See p. 512.
Der Konjunktiv I	See pp. 526-527.
The passive voice	See p. 530.

Ressourcen

vhlcentral.com

Glossary of Grammatical Terms

ADJECTIVE Words that describe people, places, or things. An attributive adjective comes before the noun it modifies and takes an ending that matches the gender and case of the noun. A predicate adjective comes after the verb **sein**, **werden**, or **bleiben** and describes the noun that is the subject of the sentence. Predicate adjectives take no additional endings.

Thomas hat eine sehr **gute** Stelle gefunden.
*Thomas found a really **good** job.*

Hast du mein **kleines** Adressbuch gesehen?
*Have you seen my **little** address book?*

Mein Bruder ist **klein**.
*My brother is **short**.*

Deine Schwester wird **groß**.
*Your sister is getting **tall**.*

Possessive adjectives Words that are placed before a noun to indicate ownership or belonging. Each personal pronoun has a corresponding possessive adjective. Possessive adjectives take the same endings as the indefinite article **ein**.

Meine Schwester ist hier.
***My** sister is here.*

Wo ist **dein** Vater?
*Where is **your** father?*

ADVERB Words or phrases that modify a verb, an adjective, or another adverb. Adverbs and adverbial phrases describe *when*, *how*, or *where* an action takes place.

Der Kuchen ist **fast** fertig.
*The cake is **almost** ready.*

Du isst **viel zu** schnell.
*You eat **much too** quickly.*

ARTICLE A word that precedes a noun and indicates its gender, number, and case.

Definite article Equivalent to *the* in English. Its form indicates the gender and case of the noun, and whether it is singular or plural.

der Tisch (*m. s.*)
the table

die Türen (*f. pl.*)
the doors

die Tische (*m. pl.*)
the tables

das Fenster (*n. s.*)
the window

die Tür (*f. s.*)
the door

die Fenster (*n. pl.*)
the windows

Indefinite article Corresponds to *a* or *an* in English. It precedes the noun and matches its gender and case. There is no plural indefinite article in German.

ein Tisch (*m.*)
a table

ein Fenster (*n.*)
a window

eine Tür (*f.*)
a door

CASE There are four cases in German. The case indicates the function of each noun in a sentence. The case of a noun determines the form of the definite or indefinite article that precedes the noun, the form of any adjectives that modify the noun, and the form of the pronoun that can replace the noun.

Nominativ (*nominative*): **Der Professor** ist alt.
***The professor** is old.*

Akkusativ (*accusative*): Ich verstehe **den Professor**.
*I understand **the professor**.*

Dativ (*dative*): Der Assistent zeigt **dem Professor** den neuen Computer.
*The assistant is showing **the professor** the new computer.*

Genitiv (*genitive*): Das ist **des Professors** Assistent.
*This is **the professor's** assistant.*

The nominative case The grammatical subject of a sentence is always in the nominative case. The nominative case is also used for nouns that follow a form of **sein**, **werden**, or **bleiben**. In German dictionaries, nouns, pronouns, and numbers are always listed in their nominative form.

Das ist **eine gute Idee**.
*That's **a good idea**.*

Die Kinder schlafen.
***The kids** are sleeping.*

The accusative case A noun that functions as a direct object is in the accusative case.

Der Lehrer hat **den Stift**.
*The teacher has **the pen**.*

Ich kaufe **einen Tisch**.
*I'm going to buy **a table**.*

Sie öffnet **die Tür**.
*She's opening **the door**.*

Ich habe **ein Problem**.
*I have **a problem**.*

The dative case An object in the dative case indicates to whom or for whom an action is performed.

Ich bringe **dem Lehrer** einen Apfel.
*I'm bringing **the teacher** an apple.*

Zeig **der Professorin** deine Arbeit.
*Show your work **to the professor**.*

The genitive case A noun in the genitive case modifies another noun. The genitive case indicates ownership or a close relationship between the genitive noun and the noun it modifies, which may be a subject or an object.

Thorsten hat die Rede **des Bundespräsidenten** heruntergeladen.
*Thorsten downloaded **the president's** speech.*

Das Mikrofon **der Professorin** funktioniert nicht.
***The professor's** microphone doesn't work.*

CLAUSE A group of words that contains both a conjugated verb and a subject, either expressed or implied.

Main (or independent) clause A clause that can stand alone as a complete sentence.

Ich bezahle immer bar, weil ich keine Kreditkarte habe.
I always pay cash, because I don't have a credit card.

Subordinate clause A subordinate clause explains how, when, why, or under what circumstances the action in the main clause occurs. The conjugated verb of a subordinate clause moves to the end of that clause.

Ich lese die Zeitung, **wenn** ich Zeit **habe**.
*I read the newspaper **when** I **have** the time.*

COMPARATIVE The form of an adjective or adverb that compares two or more people or things.

Meine Geschwister sind alle **älter** als ich.
*My siblings are all **older** than I am.*

Die Fahrt dauert mit dem Auto **länger** als mit dem Zug.
*The trip takes **longer** by car than by train.*

CONJUNCTION A word used to connect words, clauses, or phrases.

Coordinating conjunctions Words that combine two related sentences, words, or phrases into a single sentence. There are five coordinating conjunctions in German: **aber** (*but*), **denn** (*because; since*), **oder** (*or*), **sondern** (*but, rather*), **und** (*and*). All other conjunctions are subordinating.

Ich möchte eine große Küche, **denn** ich koche gern.
*I want a big kitchen, **because** I like to cook.*

Lola braucht einen Schrank **oder** eine Kommode.
*Lola needs a closet **or** a dresser.*

Subordinating conjunctions Words used to combine a subordinate clause with a main clause.

Ich lese die Zeitung, **wenn** ich Zeit **habe**.
*I read the newspaper **when** I **have** the time.*

DEMONSTRATIVE Pronouns or adjectives that refer to something or someone that has already been mentioned, or that point out a specific person or thing.

Ist Grete online? –Ja, **die** schreibt eine E-Mail.
*Is Grete online? –Yes, **she's** writing an e-mail.*

Gefällt dir dieser Sessel? –Ja, **der** ist sehr bequem!
*Do you like that chair? –Yes, **it's** very comfortable!*

DER-WORDS Words that take the same endings as the forms of the definite article **der**. These include the demonstrative pronouns **dieser** (*this; that*), **jeder** (*each, every*), **jener** (*that*), **mancher** (*some*), and **solcher** (*such*), and the question word **welcher** (*which*).

Welcher Laptop gefällt dir am besten?
***Which** laptop do you like best?*

Ich finde **diesen** Laptop am schönsten.
*I think **this** laptop is the nicest.*

DIRECT OBJECT A noun or pronoun that directly receives the action of the verb. Direct objects are in the accusative.

Kennst du **diesen Mann**? Ich mache **eine Torte**.
*Do you know **that man**? I'm making **a cake**.*

EIN-WORDS Words that take the same endings as the forms of the indefinite article **ein**. These include the negation **kein** and all of the possessive adjectives.

Hast du **ein** Hund? Ich habe **keinen** Fußball.
*Do you have **a** dog? I don't have **a** soccer ball.*

GENDER The grammatical categorization of nouns, pronouns, and adjectives as masculine, feminine, or neuter.

Masculine
articles: **der**, **ein**
pronouns: **er**, **der**
adjectives: **guter**, **schöner**

Feminine
articles: **die**, **eine**
pronouns: **sie**, **die**
adjectives: **gute**, **schöne**

Neuter
articles: **das**, **ein**
pronouns: **es**, **das**
adjectives: **gutes**, **schönes**

HELPING VERB *See VERB, Auxiliary verb.*

IMPERATIVE Imperatives are verb forms used to express commands, requests, suggestions, directions, or instructions.

Mach deine Hausaufgaben! **Backen wir** einen Kuchen!
***Do** your homework! **Let's bake** a cake!*

INDIRECT OBJECT A noun or pronoun that receives the action of the verb indirectly. The indirect object is often a person to whom or for whom the action of the sentence is performed. Indirect objects are in the dative case.

Manfred hat **dem Kind** ein Buch geschenkt.
*Manfred gave **the kid** a book.*

INFINITIVE The basic, unconjugated form of a verb. Most German infinitives end in **-en**. A few end in **-ern** or **-eln**.

sehen, essen, lesen, wandern, sammeln
to see, to eat, to read, to hike, to collect

NOUN A word that refers to one or more people, animals, places, things, or ideas. Nouns in German may be masculine, feminine, or neuter, and are either singular or plural.

der **Junge**, die **Katze**, das **Café**
the boy, the cat, the café

Compound noun Two or more simple nouns can be combined to form a compound noun. The gender of a compound noun matches the gender of the last noun in the compound.

die Nacht + das Hemd = **das Nachthemd**
night + shirt = nightshirt

NUMBER A grammatical term that refers to the quantity of a noun. Nouns in German are either singular or plural. The plural form of a noun may have an added umlaut and/or an added ending. Adjectives, articles, and verbs also have different endings, depending on whether they are singular or plural.

Singular:
der **Mann**, die **Frau**, das **Kind**
the man, the woman, the child

Plural:
die **Männer**, die **Frauen**, die **Kinder**
the men, the women, the children

NUMBERS Words that represent quantities.

Cardinal numbers Numbers that indicate specific quantities. Cardinal numbers typically modify nouns, but do not add gender or case endings.

zwei Männer, **fünfzehn** Frauen, **sechzig** Kinder
two men, fifteen women, sixty children

Ordinal numbers Words that indicate the order of a noun in a series. Ordinal numbers add the same gender and case endings as adjectives.

der **erste** Mann, die **zweite** Frau, das **dritte** Kind
the first man, the second woman, the third child

PARTICIPLE A participle is formed from a verb but may be used as an adjective or adverb. Present participles are used primarily in written German. Past participles are used in compound tenses, including the **Perfekt** and the **Plusquamperfekt**.

Der **aufgehende** Mond war sehr schön.
The rising moon was beautiful.

Habt ihr schon **gegessen**?
Have you already eaten?

PREPOSITION A preposition links a noun or pronoun to other words in a sentence. Combined with a noun or pronoun, it forms a prepositional phrase, which can be used like an adverb to answer the question *when, how,* or *where.* In German, certain prepositions are always followed by a noun in the accusative case, while others are always followed by a noun in the dative case. A small number of prepositions are used with the genitive case.

ohne das Buch   **mit** dem Auto
without the book   *by car*

trotz des Regens
in spite of the rain

Two-way prepositions can be followed by either the dative or the accusative, depending on the situation. They are followed by the accusative when used with a verb that indicates movement toward a destination. With all other verbs, they are followed by the dative.

Stell deine Schuhe nicht **auf den Tisch**!
Don't put your shoes on the table!

Dein Schal liegt **auf dem Tisch**.
Your scarf is lying on the table.

PRONOUN A word that takes the place of a noun.

Subject pronouns Words used to replace a noun in the nominative case.

Maria ist nett.   **Der Junge** ist groß.
Maria is nice.   *The boy is tall.*

Sie ist nett.   **Er** ist groß.
She is nice.   *He is tall.*

Accusative pronouns Words used to replace a noun that functions as the direct object.

Wer hat **die Torte** gebacken?   Ich habe **sie** gebacken.
Who baked the cake?   *I baked it.*

Dative pronouns Words used to replace a noun that functions as the indirect object.

Musst du **deiner Oma** eine E-Mail schicken?
Do you need to send an e-mail to your grandma?

Nein, ich habe **ihr** schon geschrieben.
No, I already wrote to her.

Indefinite pronouns Words that refer to an unknown or nonspecific person or thing.

Jemand hat seinen Personalausweis vergessen.
Someone forgot his I.D. card.

Herr Klein will mit **niemandem** sprechen.
Mr. Klein doesn't want to speak with anyone.

Reflexive pronouns The pronouns used with reflexive verbs. When the subject of a reflexive verb is also its direct object, it takes an accusative reflexive pronoun. When the subject of a reflexive verb is not its direct object, it takes a dative reflexive pronoun.

Ich wasche **mich**.
I'm washing (myself).

Ich wasche **mir** das Gesicht.
I'm washing my face.

SUBJUNCTIVE A verb form (**der Konjunktiv II**) used to talk about hypothetical, unlikely or impossible conditions, to express wishes, and to make polite requests. German also has an additional subjunctive tense, der **Konjunktiv I**, used to report what someone else has said without indicating whether the information is true or false.

Ich **hätte** gern viel Geld.
I'd like to have a lot of money.

Wenn er sportlicher **wäre**, **würde** er häufiger trainieren.
If he were more athletic, he would exercise more.

SUPERLATIVE The form of an adjective or adverb used to indicate that a person or thing has more of a particular quality than anyone or anything else.

Welches ist **das größte** Tier der Welt?
What's the biggest animal in the world?

Wie komme ich **am besten** zur Tankstelle?
What's the best way to get to the gas station?

TENSE A set of verb forms that indicates if an action or state occurs in the past, present, or future.

Compound tense A tense made up of an auxiliary verb and a participle or infinitive.

Wir **haben** ihren Geburtstag **gefeiert**.
We celebrated her birthday.

VERB A word that expresses actions or states of being. German verbs are classified as *weak, mixed,* or *strong,* based on the way their past participles are formed.

weak: Ich **habe** eine Torte **gemacht**.
I made a cake.

strong: Wir **haben** Kekse **gegessen**.
We ate cookies.

mixed: Er **hat** eine CD **gebrannt**.
He burned a CD.

Auxiliary verb A conjugated verb used with the participle or infinitive of another verb. The auxiliary verbs **haben** and **sein** are used with past participles to form compound tenses including the **Perfekt** and **Plusquamperfekt**. **Werden** is used with an infinitive to form the future tense, and with a past participle to form a passive construction. Modals are also frequently used as auxiliary verbs.

Habt ihr den Tisch **gedeckt**?
Did you set the table?

Jasmin **war** noch nie nach Zürich **gefahren**.
Jasmin had never been to Zurich.

Wir **werden** uns in einer Woche wieder **treffen**.
We'll meet again in one week.

Es **wird** hier nur Deutsch **gesprochen**.
Only German is spoken here.

Modal verbs Verbs that modify the meaning of another verb. Modals express an attitude toward an action, such as permission, obligation, ability, desire, or necessity.

Ich **muss** Französisch **lernen**.
I have to study French.

Ich **will** Französisch **lernen**.
I want to learn French.

Principal parts German verbs are usually listed in dictionaries by their *principal parts* (**Stammformen**): the infinitive, the third-person singular present tense form (if the verb is irregular in the present), the third-person singular **Präteritum** form, and the past participle. Knowing the principal parts of a verb allows you to produce all of its conjugations in any tense.

geben (gibt)	**gab**	**gegeben**
to give (gives)	*gave*	*given*

Reflexive verbs Verbs that indicate an action you do to yourself or for yourself. The subject of a reflexive verb is also its object.

Ich **fühle mich** nicht **wohl**.
I don't feel well.

Wir **haben uns entspannt**.
We've been relaxing.

Reciprocal reflexive verbs Verbs that express an action done by two or more people or things to or for one another.

Wir rufen **uns** jeden Tag an.
We call each other every day.

Meine **Großeltern** lieben **sich** sehr.
My grandparents love each other very much.

Declension of articles

definite articles				
	masculine	**feminine**	**neuter**	**plural**
nominative	der	die	das	die
accusative	den	die	das	die
dative	dem	der	dem	den
genitive	des	der	des	der

der-words				
	masculine	**feminine**	**neuter**	**plural**
nominative	dieser	diese	dieses	diese
accusative	diesen	diese	dieses	diese
dative	diesem	dieser	diesem	diesen
genitive	dieses	dieser	dieses	dieser

indefinite articles				
	masculine	**feminine**	**neuter**	**plural**
nominative	ein	eine	ein	-
accusative	einen	eine	ein	-
dative	einem	einer	einem	-
genitive	eines	einer	eines	-

ein-words				
	masculine	**feminine**	**neuter**	**plural**
nominative	mein	meine	mein	meine
accusative	meinen	meine	mein	meine
dative	meinem	meiner	meinem	meinen
genitive	meines	meiner	meines	meiner

Declension of nouns and adjectives

nouns and adjectives with *der*-words				
	masculine	feminine	neuter	plural
nominative	der gute Rat	die gute Landschaft	das gute Brot	die guten Freunde
accusative	den guten Rat	die gute Landschaft	das gute Brot	die guten Freunde
dative	dem guten Rat	der guten Landschaft	dem guten Brot	den guten Freunden
genitive	des guten Rates	der guten Landschaft	des guten Brotes	der guten Freunde

nouns and adjectives with *ein*-words				
	masculine	feminine	neuter	plural
nominative	ein guter Rat	eine gute Landschaft	ein gutes Brot	meine guten Freunde
accusative	ein guten Rat	eine gute Landschaft	ein gutes Brot	meine guten Freunde
dative	einem guten Rat	einer guten Landschaft	einem guten Brot	meinen guten Freunden
genitive	eines guten Rates	einer guten Landschaft	eines guten Brotes	meiner guten Freunde

unpreceded adjectives				
	masculine	feminine	neuter	plural
nominative	guter Rat	gute Landschaft	gutes Brot	gute Freunde
accusative	guten Rat	gute Landschaft	gutes Brot	gute Freunde
dative	gutem Rat	guter Landschaft	gutem Brot	guten Freunden
genitive	guten Rates	guter Landschaft	guten Brotes	guter Freunde

Declension of pronouns

personal pronouns										
nominative	ich	du	Sie	er	sie	es	wir	ihr	Sie	sie
accusative	mich	dich	Sie	ihn	sie	es	uns	euch	Sie	sie
accusative reflexive	mich	dich	sich	sich	sich	sich	uns	euch	sich	sich
dative	mir	dir	Ihnen	ihm	ihr	ihm	uns	euch	Ihnen	ihnen
dative reflexive	mir	dir	sich	sich	sich	sich	uns	euch	sich	sich

Verb conjugation tables

Here are the infinitives of all verbs introduced as active vocabulary in **Sag mal**. Each verb is followed by a model verb that follows the same conjugation pattern. The number in parentheses indicates where in the verb tables, pages A10–19, you can find the conjugated forms of the model verb. The word (*sein*) after a verb means that it is conjugated with **sein** in the **Perfekt** and **Plusquamperfekt**. For irregular reflexive verbs, the list may point to a non-reflexive model verb. A full conjugation of the simple forms of a reflexive verb is presented in Verb table 6 on page A11. Verbs followed by an asterisk (*) have a separable prefix.

abbiegen* (*sein*) like schieben (41)
abbrechen* like sprechen (46)
abfahren* (*sein*) like tragen (50)
abfliegen* (*sein*) like schieben (41)
abheben* like heben (29)
abschicken* like machen (3)
abstauben* like machen (3)
(sich) abtrocknen* like arbeiten (1)
adoptieren like probieren (4)
anbieten* like schieben (41)
anfangen* like fangen (22)
angeln like sammeln (5)
ankommen* (*sein*) like kommen (32)
anmachen* like machen (3)
anrufen* like rufen (39)
anschauen* like machen (3)
anstoßen* like stoßen (49)
antworten like arbeiten (1)
(sich) anziehen* like schieben (41)
arbeiten (1)
(sich) ärgern like fordern (26)
aufgehen* (*sein*) like gehen (28)
auflegen* like machen (3)
aufmachen* like machen (3)
aufnehmen* like nehmen (36)
aufräumen* like machen (3)
aufstehen* (*sein*) like stehen (46)
aufwachen* (*sein*) like machen (3)
ausfüllen like machen (3)
ausgehen like gehen (27)
ausmachen like machen (3)
(sich) ausruhen like sich freuen (6)
ausschalten* like arbeiten (1)
(sich) ausziehen* like schieben (41)
backen like waschen (53)
(sich) baden like arbeiten (1)
bauen like machen (3)
beantworten like arbeiten (1)
bedeuten like arbeiten (1)
bedienen like machen (3)
(sich) beeilen like sich freuen (6)
beginnen like schwimmen (43)
behaupten like arbeiten (1)
bekommen like kommen (32)
belegen like machen (3)
benutzen like machen (3)
berichten like arbeiten (1)

beschreiben like bleiben (20)
besprechen like sprechen (46)
bestehen like stehen (47)
bestellen like machen (3)
besuchen like machen (3)
(sich) bewegen like heben (29)
(sich) bewerben like helfen (31)
bezahlen like machen (3)
bieten like schieben (41)
bleiben (*sein*) (19)
braten like schlafen (42)
brauchen like machen (3)
brechen like sprechen (46)
brennen like rennen (17)
bringen like denken (16)
buchen like machen (3)
büffeln like sammeln (5)
bügeln like sammeln (5)
bürsten like arbeiten (1)
danken like machen (3)
decken like machen (3)
denken like denken (16)
drücken like fragen (26)
drucken like machen (3)
durchfallen* (*sein*) like fallen (22)
durchmachen* like machen (3)
dürfen (10)
(sich) duschen like sich freuen (6)
einkaufen* like machen (3)
einladen* like tragen (50)
einschlafen* (*sein*) like schlafen (42)
einzahlen* like machen (3)
empfehlen like stehlen (48)
entdecken like machen (3)
entfernen like machen (3)
entgegennehmen* like nehmen (37)
entlassen like fallen (22)
(sich) entschließen like fließen (25)
(sich) entschuldigen like machen (3)
(sich) entspannen like sich freuen (6)
entwerten like arbeiten (1)
entwickeln like sammeln (5)
erfinden like trinken (51)
erforschen like machen (3)
ergänzen like machen (3)
erhalten like fallen (22)
(sich) erinnern like fordern (26)

(sich) erkälten like arbeiten (1)
erkennen like rennen (17)
erklären like machen (3)
erzählen like machen (3)
essen (21)
fahren (*sein*) like tragen (50)
fallen (*sein*) (22)
fangen (23)
(sich) färben like machen (3)
faulenzen like machen (3)
fegen like machen (3)
feiern (2)
fernsehen* like geben (27)
finden like trinken (51)
fliegen (*sein*) like schieben (41)
folgen (*sein*) like machen (3)
(sich) fragen like machen (3)
(sich) freuen (6)
(sich) fühlen like sich freuen (6)
füllen like machen (3)
funktionieren like probieren (4)
geben (27)
gefallen like fallen (22)
gehen (*sein*) (28)
gehören like machen (3)
genießen like fließen (25)
gewinnen like schwimmen (43)
(sich) gewöhnen like sich freuen (6)
glauben like machen (3)
gratulieren like probieren (4)
grüßen like machen (3)
haben like haben (7)
handeln like sammeln (5)
hängen like machen (3)
heiraten like arbeiten (1)
heißen (30)
helfen (31)
heruntergehen* (*sein*) like gehen (28)
herunterladen* like tragen (50)
(sich) hinlegen* like machen (3)
(sich) hinsetzen* like machen (3)
hinterlassen like fallen (22)
hochgehen* (*sein*) like gehen (28)
hören like machen (3)
husten like arbeiten (1)
(sich) informieren like probieren (4)
(sich) interessieren like probieren (4)

joggen (*sein*) like machen (3)
(sich) kämmen like machen (3)
kaufen like machen (3)
kennen like rennen (17)
klettern (*sein*) like fordern (26)
klingeln like sammeln (5)
kochen like machen (3)
kommen (*sein*) (32)
können (11)
korrigieren like probieren (4)
kosten like arbeiten (1)
küssen like machen (3)
lächeln like sammeln (5)
lachen like machen (3)
laden like tragen (50)
landen (*sein*) like arbeiten (1)
lassen like fallen (22)
laufen (*sein*) (33)
leben like machen (3)
legen like machen (3)
leiten like arbeiten (1)
lernen like machen (3)
lesen like geben (27)
lieben like machen (3)
liegen (34)
löschen like tragen (50)
lügen (36)
machen (3)
meinen like machen (3)
mieten like arbeiten (1)
mitbringen* like denken (16)
mitkommen* (*sein*) like kommen (32)
mitmachen* like machen (3)
mitnehmen* like nehmen (37)
mögen (12)
müssen (13)
nachmachen* like machen (3)
nehmen (37)
(sich) nennen like rennen (17)
niesen like machen (3)
öffnen like arbeiten (1)
packen like machen (3)
parken like machen (3)
passen like machen (3)
passieren (*sein*) like probieren (4)
probieren (4)
putzen like machen (3)

(sich) **rasieren** like probieren (4)
rauchen like machen (3)
recyceln like sammeln (5)
reden like arbeiten (1)
regnen like arbeiten (1)
reisen (*sein*) like machen (3)
reiten (*sein*) like pfeifen (38)
rennen (*sein*) (17)
reparieren like probieren (4)
retten like arbeiten (1)
sagen like machen (3)
schauen like machen (3)
scheitern (*sein*) like fordern (26)
schenken like machen (3)
schicken like machen (3)
schlafen (42)
schmecken like machen (3)
(sich) **schminken** like machen (3)
schneien like machen (3)
schreiben like bleiben (20)
schützen like machen (3)
schwänzen like machen (3)
schwimmen (*sein*) (43)
sehen like geben (27)
sein (*sein*) (8)
(sich) **setzen** like machen (3)
singen like trinken (51)
sitzen (45)

sollen (14)
sortieren like probieren (4)
spazieren (*sein*) like probieren (4)
speichern like fordern (26)
spielen like machen (3)
sprechen (46)
springen (*sein*) like trinken (51)
spülen like machen (3)
starten (*sein*) like arbeiten (1)
staubsaugen like saugen (40)
stehen (47)
stehlen (48)
steigen (*sein*) like bleiben (20)
stellen like machen (3)
sterben (*sein*) like helfen (31)
(sich) **streiten** like pfeifen (38)
studieren like probieren (4)
suchen like machen (3)
surfen (*sein*) like machen (3)
tanken like machen (3)
tanzen like machen (3)
tragen (50)
träumen like machen (3)
(sich) **treffen** (*sein*) like sprechen (46)
treiben (*sein*) like bleiben (20)
(sich) **trennen** like sich freuen (6)
trinken (51)
tun (52)

üben like machen (3)
(sich) **überlegen** like machen (3)
übernachten like arbeiten (1)
überqueren like machen (3)
überraschen like machen (3)
umtauschen* like machen (3)
(sich) **umziehen*** (*sein*) like
  schieben (41)
untergehen* (*sein*) like gehen (28)
(sich) **unterhalten*** like fallen (22)
unterschreiben like bleiben (20)
(sich) **verbessern** like fordern (26)
verbringen like denken (16)
verdienen like machen (3)
vereinbaren like machen (3)
vergessen like essen (21)
verkaufen like machen (3)
verkünden like arbeiten (1)
(sich) **verlaufen** like laufen (33)
(sich) **verletzen** like machen (3)
(sich) **verlieben** like machen (3)
verlieren like schieben (41)
verschmutzen (*sein*) like machen (3)
(sich) **verspäten** like sich freuen (6)
(sich) **verstauchen** like machen (3)
verstehen like stehen (47)
(sich) **vorbereiten*** like arbeiten (1)
vormachen* like machen (3)

vorschlagen* like tragen (50)
(sich) **vorstellen*** like machen (3)
wachsen (*sein*) (53)
wandern (*sein*) like fordern (26)
warten like arbeiten (1)
(sich) **waschen** (53)
wegräumen* like machen (3)
wegwerfen* like helfen (31)
weinen like machen (3)
werden (*sein*) (9)
wettmachen* like machen (3)
wiederholen like machen (3)
wiegen like schieben (41)
wischen like machen (3)
wissen (54)
wohnen like machen (3)
wollen (15)
(sich) **wünschen** like machen (3)
zeigen like machen (3)
ziehen (*sein*) like schieben (41)
zubereiten* like arbeiten (1)
zumachen* like machen (3)
(sich) **zurechtfinden*** like trinken (51)
zurückkommen* (*sein*)
  like kommen (32)
zuschauen* like machen (3)

Regular verbs: simple tenses

Infinitiv / Partizip I / Partizip II / Perfekt	INDIKATIV Präsens	INDIKATIV Präteritum	INDIKATIV Plusquamperfekt	KONJUNKTIV I Präsens	KONJUNKTIV II Präsens	KONJUNKTIV II Perfekt	IMPERATIV
1 arbeiten (to work) / arbeitend / gearbeitet / gearbeitet haben	arbeite	arbeitete	hatte gearbeitet	arbeite	arbeitete	hätte gearbeitet	
	arbeitest	arbeitetest	hattest gearbeitet	arbeitest	arbeitetest	hättest gearbeitet	arbeite
	arbeitet	arbeitete	hatte gearbeitet	arbeite	arbeitete	hätte gearbeitet	
	arbeiten	arbeiteten	hatten gearbeitet	arbeiten	arbeiteten	hätten gearbeitet	arbeiten wir
	arbeitet	arbeitetet	hattet gearbeitet	arbeitet	arbeitetet	hättet gearbeitet	arbeitet
	arbeiten	arbeiteten	hatten gearbeitet	arbeiten	arbeiteten	hätten gearbeitet	arbeiten Sie
2 feiern (to celebrate) / feiernd / gefeiert / gefeiert haben	feiere	feierte	hatte gefeiert	feiere	feierte	hätte gefeiert	
	feierst	feiertest	hattest gefeiert	feierest	feiertest	hättest gefeiert	feiere
	feiert	feierte	hatte gefeiert	feiere	feierte	hätte gefeiert	
	feiern	feierten	hatten gefeiert	feiern	feierten	hätten gefeiert	feiern wir
	feiert	feiertet	hattet gefeiert	feiert	feiertet	hättet gefeiert	feiert
	feiern	feierten	hatten gefeiert	feiern	feierten	hätten gefeiert	feiern Sie
3 machen (to make; to do) / machend / gemacht / gemacht haben	mache	machte	hatte gemacht	mache	machte	hätte gemacht	
	machst	machtest	hattest gemacht	machest	machtest	hättest gemacht	mache/mach
	macht	machte	hatte gemacht	mache	machte	hätte gemacht	
	machen	machten	hatten gemacht	machen	machten	hätten gemacht	machen wir
	macht	machtet	hattet gemacht	machet	machtet	hättet gemacht	macht
	machen	machten	hatten gemacht	machen	machten	hätten gemacht	machen Sie
4 probieren (to try) / probierend / probiert / probiert haben	probiere	probierte	hatte probiert	probiere	probierte	hätte probiert	
	probierst	probiertest	hattest probiert	probierest	probiertest	hättest probiert	probiere/probier
	probiert	probierte	hatte probiert	probiere	probierte	hätte probiert	
	probieren	probierten	hatten probiert	probieren	probierten	hätten probiert	probieren wir
	probiert	probiertet	hattet probiert	probieret	probiertet	hättet probiert	probiert
	probieren	probierten	hatten probiert	probieren	probierten	hätten probiert	probieren Sie
5 sammeln (to collect) / sammelnd / gesammelt / gesammelt haben	sammle	sammelte	hatte gesammelt	sammle	sammelte	hätte gesammelt	
	sammelst	sammeltest	hattest gesammelt	sammlest	sammeltest	hättest gesammelt	sammle
	sammelt	sammelte	hatte gesammelt	sammle	sammelte	hätte gesammelt	
	sammeln	sammelten	hatten gesammelt	sammeln	sammelten	hätten gesammelt	sammeln wir
	sammelt	sammeltet	hattet gesammelt	sammelt	sammeltet	hättet gesammelt	sammelt
	sammeln	sammelten	hatten gesammelt	sammeln	sammelten	hätten gesammelt	sammeln Sie

Reflexive verbs

6

Infinitiv	INDIKATIV			KONJUNKTIV I	KONJUNKTIV II		IMPERATIV
Partizip I / Partizip II / Perfekt	Präsens	Präteritum	Plusquamperfekt	Präsens	Präsens	Perfekt	
sich freuen (*to be happy*)	freue mich	freute mich	hatte mich gefreut	freue mich	freute mich	hätte mich gefreut	
sich freuend	freust dich	freutest dich	hattest dich gefreut	freuest dich	freutest dich	hättest dich gefreut	freue/freu dich
sich gefreut	freut sich	freute sich	hatte sich gefreut	freue sich	freute sich	hätte sich gefreut	
sich gefreut haben	freuen uns	freuten uns	hatten uns gefreut	freuen uns	freuten uns	hätten uns gefreut	freuen wir uns
	freut euch	freutet euch	hattet euch gefreut	freuet euch	freutet euch	hättet euch gefreut	freut euch
	freuen sich	freuten sich	hatten sich gefreut	freuen sich	freuten sich	hätten sich gefreut	freuen Sie sich

Auxiliary verbs

7

Infinitiv	INDIKATIV			KONJUNKTIV I	KONJUNKTIV II		IMPERATIV
Partizip I / Partizip II / Perfekt	Präsens	Präteritum	Plusquamperfekt	Präsens	Präsens	Perfekt	
haben (*to have*)	habe	hatte	hatte gehabt	habe	hätte	hätte gehabt	habe/hab
habend	hast	hattest	hattest gehabt	habest	hättest	hättest gehabt	
gehabt	hat	hatte	hatte gehabt	habe	hätte	hätte gehabt	haben wir
gehabt haben	haben	hatten	hatten gehabt	haben	hätten	hätten gehabt	habt
	habt	hattet	hattet gehabt	habet	hättet	hättet gehabt	haben Sie
	haben	hatten	hatten gehabt	haben	hätten	hätten gehabt	

8

Infinitiv	INDIKATIV			KONJUNKTIV I	KONJUNKTIV II		IMPERATIV
Partizip I / Partizip II / Perfekt	Präsens	Präteritum	Plusquamperfekt	Präsens	Präsens	Perfekt	
sein (*to be*)	bin	war	war gewesen	sei	wäre	wäre gewesen	
seiend	bist	warst	warst gewesen	seiest/seist	wärst/wärest	wärst/wärest gewesen	sei
gewesen	ist	war	war gewesen	sei	wäre	wäre gewesen	
gewesen sein	sind	waren	waren gewesen	seien	wären	wären gewesen	seien wir
	seid	wart	wart gewesen	seiet	wärt/wäret	wärt/wäret gewesen	seid
	sind	waren	waren gewesen	seien	wären	wären gewesen	seien Sie

9

Infinitiv	INDIKATIV			KONJUNKTIV I	KONJUNKTIV II		IMPERATIV
Partizip I / Partizip II / Perfekt	Präsens	Präteritum	Plusquamperfekt	Präsens	Präsens	Perfekt	
werden (*to become*)	werde	wurde	war geworden	werde	würde	wäre geworden	werde
werdend	wirst	wurdest	warst geworden	werdest	würdest	wärst geworden	
geworden	wird	wurde	war geworden	werde	würde	wäre geworden	werden wir
geworden sein	werden	wurden	waren geworden	werden	würden	wären geworden	werdet
	werdet	wurdet	wart geworden	werdet	würdet	wärt geworden	werden Sie
	werden	wurden	waren geworden	werden	würden	wären geworden	

Compound tenses

Hilfsverb	INDIKATIV		KONJUNKTIV I		KONJUNKTIV II	
	Perfekt	**Plusquamperfekt**	**Präsens**	**Perfekt**	**Präsens**	**Perfekt**
haben	habe	hatte	habe	gemacht	hätte	gemacht
	hast	hattest	habest	gearbeitet	hättest	gearbeitet
	hat { gemacht / gearbeitet / studiert / gefeiert / gesammelt	hatte { gemacht / gearbeitet / studiert / gefeiert / gesammelt	habe	studiert	hätte	studiert
	haben	hatten	haben { gemacht / gearbeitet / studiert / gefeiert / gesammelt	gefeiert	hätten { gemacht / gearbeitet / studiert / gefeiert / gesammelt	gefeiert
	habt	hattet	habet	gesammelt	hättet	gesammelt
	haben	hatten	haben		hätten	
sein	bin gegangen	war gegangen	sei gegangen		wäre gegangen	
	bist gegangen	warst gegangen	seiest/seist gegangen		wärst/wärest gegangen	
	ist gegangen	war gegangen	sei gegangen		wäre gegangen	
	sind gegangen	waren gegangen	seien gegangen		wären gegangen	
	seid gegangen	wart gegangen	seiet gegangen		wärt/wäret gegangen	
	sind gegangen	waren gegangen	seien gegangen		wären gegangen	

Hilfsverb	INDIKATIV	KONJUNKTIV I	KONJUNKTIV II
	Futur I/II	**Futur I/II**	**Futur I/II**
werden	werde machen / gemacht haben	werde machen / gemacht haben	würde machen / gemacht haben
	wirst machen / gemacht haben	werdest machen / gemacht haben	würdest machen / gemacht haben
	wird machen / gemacht haben	werde machen / gemacht haben	würde machen / gemacht haben
	werden machen / gemacht haben	werden machen / gemacht haben	würden machen / gemacht haben
	werdet machen / gemacht haben	werdet machen / gemacht haben	würdet machen / gemacht haben
	werden machen / gemacht haben	werden machen / gemacht haben	würden machen / gemacht haben

Modal verbs

10 dürfen *(to be permitted to)* — dürfend — gedurft/dürfen — gedurft haben

	INDIKATIV			KONJUNKTIV I	KONJUNKTIV II		IMPERATIV
	Präsens	**Präteritum**	**Plusquamperfekt**	**Präsens**	**Präsens**	**Perfekt**	
	darf	durfte	hatte gedurft	dürfe	dürfte	hätte gedurft	*Modal verbs are not used in the imperative.*
	darfst	durftest	hattest gedurft	dürfest	dürftest	hättest gedurft	
	darf	durfte	hatte gedurft	dürfe	dürfte	hätte gedurft	
	dürfen	durften	hatten gedurft	dürfen	dürften	hätten gedurft	
	dürft	durftet	hattet gedurft	dürfet	dürftet	hättet gedurft	
	dürfen	durften	hatten gedurft	dürfen	dürften	hätten gedurft	

11 können *(to be able to)* — könnend — gekonnt/können — gekonnt haben

	Präsens	**Präteritum**	**Plusquamperfekt**	**Präsens**	**Präsens**	**Perfekt**	IMPERATIV
	kann	konnte	hatte gekonnt	könne	könnte	hätte gekonnt	*Modal verbs are not used in the imperative.*
	kannst	konntest	hattest gekonnt	könnest	könntest	hä-test gekonnt	
	kann	konnte	hatte gekonnt	könne	könnte	hätte gekonnt	
	können	konnten	hatten gekonnt	können	könnten	hätten gekonnt	
	könnt	konntet	hattet gekonnt	könnet	könntet	hättet gekonnt	
	können	konnten	hatten gekonnt	können	könnten	hätten gekonnt	

12 mögen *(to like)* — mögend — gemocht/mögen — gemocht haben

	Präsens	**Präteritum**	**Plusquamperfekt**	**Präsens**	**Präsens**	**Perfekt**	IMPERATIV
	mag	mochte	hatte gemocht	möge	möchte	hätte gemocht	*Modal verbs are not used in the imperative.*
	magst	mochtest	hattest gemocht	mögest	möchtest	hättest gemocht	
	mag	mochte	hatte gemocht	möge	möchte	hätte gemocht	
	mögen	mochten	hatten gemocht	mögen	möchten	hätten gemocht	
	mögt	mochtet	hattet gemocht	möget	möchtet	hättet gemocht	
	mögen	mochten	hatten gemocht	mögen	möchten	hätten gemocht	

13 müssen *(to have to)* — müssend — gemusst/müssen — gemusst haben

	Präsens	**Präteritum**	**Plusquamperfekt**	**Präsens**	**Präsens**	**Perfekt**	IMPERATIV
	muss	musste	hatte gemusst	müsse	müsste	hätte gemusst	*Modal verbs are not used in the imperative.*
	musst	musstest	hattest gemusst	müssest	müsstest	hättest gemusst	
	muss	musste	hatte gemusst	müsse	müsste	hätte gemusst	
	müssen	mussten	hatten gemusst	müssen	müssten	hätten gemusst	
	müsst	musstet	hattet gemusst	müsset	müsstet	hättet gemusst	
	müssen	mussten	hatten gemusst	müssen	müssten	hätten gemusst	

14 sollen *(to be supposed to)* — sollend — gesollt/sollen — gesollt haben

	Präsens	**Präteritum**	**Plusquamperfekt**	**Präsens**	**Präsens**	**Perfekt**	IMPERATIV
	soll	sollte	hatte gesollt	solle	sollte	hätte gesollt	*Modal verbs are not used in the imperative.*
	sollst	solltest	hattest gesollt	sollest	solltest	hättest gesollt	
	soll	sollte	hatte gesollt	solle	sollte	hätte gesollt	
	sollen	sollten	hatten gesollt	sollen	sollten	hätten gesollt	
	sollt	solltet	hattet gesollt	sollet	solltet	hättet gesollt	
	sollen	sollten	hatten gesollt	sollen	sollten	hätten gesollt	

15 wollen *(to want to)* — wollend — gewollt/wollen — gewollt haben

	Präsens	**Präteritum**	**Plusquamperfekt**	**Präsens**	**Präsens**	**Perfekt**	IMPERATIV
	will	wollte	hatte gewollt	wolle	wollte	hätte gewollt	*Modal verbs are not used in the imperative.*
	willst	wolltest	hattest gewollt	wollest	wolltest	hättest gewollt	
	will	wollte	hatte gewollt	wolle	wollte	hätte gewollt	
	wollen	wollten	hatten gewollt	wollen	wollten	hätten gewollt	
	wollt	wolltet	hattet gewollt	wollet	wolltet	hättet gewollt	
	wollen	wollten	hatten gewollt	wollen	wollten	hätten gewollt	

Mixed verbs

Infinitiv / Partizip I / Partizip II / Perfekt	INDIKATIV Präsens	INDIKATIV Präteritum	INDIKATIV Plusquamperfekt	KONJUNKTIV I Präsens	KONJUNKTIV II Präsens	KONJUNKTIV II Perfekt	IMPERATIV
16 denken (to think) denkend gedacht gedacht haben	denke denkst denkt denken denkt denken	dachte dachtest dachte dachten dachtet dachten	hatte gedacht hattest gedacht hatte gedacht hatten gedacht hattet gedacht hatten gedacht	denke denkest denke denken denket denken	dächte dächtest dächte dächten dächtet dächten	hätte gedacht hättest gedacht hätte gedacht hätten gedacht hättet gedacht hätten gedacht	denke/denk denken wir denkt denken Sie
17 rennen (to run) rennend gerannt gerannt sein	renne rennst rennt rennen rennt rennen	rannte ranntest rannte rannten ranntet rannten	war gerannt warst gerannt war gerannt waren gerannt wart gerannt waren gerannt	renne rennest renne rennen rennet rennen	rennte renntest rennte rennten renntet rennten	wäre gerannt wärest gerannt wäre gerannt wären gerannt wärt gerannt wären gerannt	renne/renn rennen wir rennt rennen Sie
18 senden (to send) sendend gesendet gesendet haben	sende sendest sendet senden sendet senden	sandte sandtest sandte sandten sandtet sandten	hatte gesandt hattest gesandt hatte gesandt hatten gesandt hattet gesandt	sende sendest sende senden sendet senden	sendete sendetest sendete sendeten sendetet sendeten	hätte gesandt hättest gesandt hätte gesandt hätten gesandt hättet gesandt hätten gesandt	sende senden wir sendet senden Sie

Irregular verbs

Infinitiv / Partizip I / Partizip II / Perfekt	INDIKATIV Präsens	INDIKATIV Präteritum	INDIKATIV Plusquamperfekt	KONJUNKTIV I Präsens	KONJUNKTIV II Präsens	KONJUNKTIV II Perfekt	IMPERATIV
19 bitten (to ask) bittend gebeten gebeten haben	bitte bittest bittet bitten bittet bitten	bat batest bat baten batet baten	hatte gebeten hattest gebeten hatte gebeten hatten gebeten hattet gebeten hatten gebeten	bitte bittest bitte bitten bittet bitten	bäte bätest bäte bäten bätet bäten	hätte gebeten hättest gebeten hätte gebeten hätten gebeten hättet gebeten hätten gebeten	bitte bitten wir bittet bitten Sie
20 bleiben (to stay) bleibend geblieben geblieben sein	bleibe bleibst bleibt bleiben bleibt bleiben	bliebe bliebst blieb blieben bliebt blieben	war geblieben warst geblieben war geblieben waren geblieben wart geblieben waren geblieben	bleibe bleibest bleibe bleiben bleibet bleiben	bliebe bliebest bliebe blieben bliebet blieben	wäre geblieben wärest geblieben wäre geblieben wären geblieben wärt geblieben wären geblieben	bleibe/bleib bleiben wir bleibt bleiben Sie

21 essen (*to eat*) — Partizip I: essend · Partizip II: gegessen · Perfekt: gegessen haben

	INDIKATIV			KONJUNKTIV I	KONJUNKTIV II		IMPERATIV
	Präsens	Präteritum	Plusquamperfekt	Präsens	Präsens	Perfekt	
	esse	aß	hatte gegessen	esse	äße	hätte gegessen	
	isst	aßest	hattest gegessen	essest	äßest	hättest gegessen	iss
	isst	aß	hatte gegessen	esse	äße	hätte gegessen	
	essen	aßen	hatten gegessen	essen	äßen	hätten gegessen	essen wir
	esst	aßt	hattet gegessen	esset	äßet	hättet gegessen	esst
	essen	aßen	hatten gegessen	essen	äßen	hätten gegessen	essen Sie

22 fallen (*to fall*) — Partizip I: fallend · Partizip II: gefallen · Perfekt: gefallen sein

	INDIKATIV			KONJUNKTIV I	KONJUNKTIV II		IMPERATIV
	Präsens	Präteritum	Plusquamperfekt	Präsens	Präsens	Perfekt	
	falle	fiel	war gefallen	falle	fiele	wäre gefallen	falle/fall
	fällst	fielst	warst gefallen	fallest	fielest	wärest gefallen	
	fällt	fiel	war gefallen	falle	fiele	wäre gefallen	
	fallen	fielen	waren gefallen	fallen	fielen	wären gefallen	fallen wir
	fallt	fielt	wart gefallen	fallet	fielet	wäret gefallen	fallt
	fallen	fielen	waren gefallen	fallen	fielen	wären gefallen	fallen Sie

23 fangen (*to catch*) — Partizip I: fangend · Partizip II: gefangen · Perfekt: gefangen haben

	INDIKATIV			KONJUNKTIV I	KONJUNKTIV II		IMPERATIV
	Präsens	Präteritum	Plusquamperfekt	Präsens	Präsens	Perfekt	
	fange	fing	hatte gefangen	fange	finge	hätte gefangen	fange/fang
	fängst	fingst	hattest gefangen	fangest	fingest	hättest gefangen	
	fängt	fing	hatte gefangen	fange	finge	hätte gefangen	
	fangen	fingen	hatten gefangen	fangen	fingen	hätten gefangen	fangen wir
	fangt	fingt	hattet gefangen	fanget	finget	hä:tet gefangen	fangt
	fangen	fingen	hatten gefangen	fangen	fingen	hätten gefangen	fangen Sie

24 flechten (*to braid*) — Partizip I: flechtend · Partizip II: geflochten · Perfekt: geflochten haben

	INDIKATIV			KONJUNKTIV I	KONJUNKTIV II		IMPERATIV
	Präsens	Präteritum	Plusquamperfekt	Präsens	Präsens	Perfekt	
	flechte	flocht	hatte geflochten	flechte	flöchte	hätte geflochten	
	flichtst	flochtest	hattest geflochten	flechtest	flöchtest	hättest geflochten	
	flicht	flocht	hatte geflochten	flechte	flöchte	hätte geflochten	flicht
	flechten	flochten	hatten geflochten	flechten	flöchten	hätten geflochten	flechten wir
	flechtet	flochtet	hattet geflochten	flechtet	flöchtet	hättet geflochten	flechtet
	flechten	flochten	hatten geflochten	flechten	flöchten	hätten geflochten	flechten Sie

25 fließen (*to flow*) — Partizip I: fließend · Partizip II: geflossen · Perfekt: geflossen sein

	INDIKATIV			KONJUNKTIV I	KONJUNKTIV II		IMPERATIV
	Präsens	Präteritum	Plusquamperfekt	Präsens	Präsens	Perfekt	
	fließe	loss	war geflossen	fließe	flösse	wäre geflossen	fließe/fließ
	fließt	flossest/flosst	warst geflossen	fließest	flössest	wärest geflossen	
	fließt	floss	war geflossen	fließe	flösse	wäre geflossen	
	fließen	flossen	waren geflossen	fließen	flössen	wären geflossen	fließen wir
	fließt	flosst	wart geflossen	fließet	flösset	wäret geflossen	fließt
	fließen	flossen	waren geflossen	fließen	flössen	wären geflossen	fließen Sie

26 fordern (*to demand*) — Partizip I: fordernd · Partizip II: gefordert · Perfekt: gefordert haben

	INDIKATIV			KONJUNKTIV I	KONJUNKTIV II		IMPERATIV
	Präsens	Präteritum	Plusquamperfekt	Präsens	Präsens	Perfekt	
	ford(e)re	forderte	hatte gefordert	fordere	forderte	hätte gefordert	fordere/fordre
	forderst	fordertest	hattest gefordert	forderest	fordertest	hättest gefordert	
	fordert	forderte	hatte gefordert	fordere	forderte	hätte gefordert	
	fordern	forderten	hatten gefordert	forderen	forderten	hätten gefordert	fordern wir
	fordert	fordertet	hattet gefordert	forderet	fordertet	hättet gefordert	fordert
	fordern	forderten	hatten gefordert	forderen	forderten	hätten gefordert	fordern Sie

27 fragen (*to ask*) — Partizip I: fragend · Partizip II: gefragt · Perfekt: gefragt haben

	INDIKATIV			KONJUNKTIV I	KONJUNKTIV II		IMPERATIV
	Präsens	Präteritum	Plusquamperfekt	Präsens	Präsens	Perfekt	
	frage	fragte	hatte gefragt	frage	fragte	hätte gefragt	frage/frag
	fragst	fragtest	hattest gefragt	fragest	fragtest	hättest gefragt	
	fragt	fragte	hatte gefragt	frage	fragte	hätte gefragt	
	fragen	fragten	hatten gefragt	fragen	fragten	hätten gefragt	fragen wir
	fragt	fragtet	hattet gefragt	fraget	fragtet	hättet gefragt	fragt
	fragen	fragten	hatten gefragt	fragen	fragten	hätten gefragt	fragen Sie

28 geben (to give)

Infinitiv · Partizip I: gebend · Partizip II: gegeben · Perfekt: gegeben haben

	INDIKATIV			KONJUNKTIV I	KONJUNKTIV II		IMPERATIV
	Präsens	Präteritum	Plusquamperfekt	Präsens	Präsens	Perfekt	
	gebe	gab	hatte gegeben	gebe	gäbe	hätte gegeben	
	gibst	gabst	hattest gegeben	gebest	gäbest	hättest gegeben	gib
	gibt	gab	hatte gegeben	gebe	gäbe	hätte gegeben	
	geben	gaben	hatten gegeben	geben	gäben	hätten gegeben	geben wir
	gebt	gabt	hattet gegeben	gebet	gäbet	hättet gegeben	gebt
	geben	gaben	hatten gegeben	geben	gäben	hätten gegeben	geben Sie

29 gehen (to go)

Infinitiv · Partizip I: gehend · Partizip II: gegangen · Perfekt: gegangen sein

	INDIKATIV			KONJUNKTIV I	KONJUNKTIV II		IMPERATIV
	Präsens	Präteritum	Plusquamperfekt	Präsens	Präsens	Perfekt	
	gehe	ging	war gegangen	gehe	ginge	wäre gegangen	
	gehst	gingst	warst gegangen	gehest	gingest	wärest gegangen	gehe/geh
	geht	ging	war gegangen	gehe	ginge	wäre gegangen	
	gehen	gingen	waren gegangen	gehen	gingen	wären gegangen	gehen wir
	geht	gingt	wart gegangen	gehet	ginget	wäret gegangen	geht
	gehen	gingen	waren gegangen	gehen	gingen	wären gegangen	gehen Sie

30 heben (to lift)

Infinitiv · Partizip I: hebend · Partizip II: gehoben · Perfekt: gehoben haben

	INDIKATIV			KONJUNKTIV I	KONJUNKTIV II		IMPERATIV
	Präsens	Präteritum	Plusquamperfekt	Präsens	Präsens	Perfekt	
	hebe	hob	hatte gehoben	hebe	höbe	hätte gehoben	
	hebst	hobst	hattest gehoben	hebest	höbest/höbst	hättest gehoben	hebe/heb
	hebt	hob	hatte gehoben	hebe	höbe	hätte gehoben	
	heben	hoben	hatten gehoben	heben	höben	hätten gehoben	heben wir
	hebt	hobt	hattet gehoben	hebet	höbet/höbt	hättet gehoben	hebt
	heben	hoben	hatten gehoben	heben	höben	hätten gehoben	heben Sie

31 heißen (to be called)

Infinitiv · Partizip I: heißend · Partizip II: geheißen · Perfekt: geheißen haben

	INDIKATIV			KONJUNKTIV I	KONJUNKTIV II		IMPERATIV
	Präsens	Präteritum	Plusquamperfekt	Präsens	Präsens	Perfekt	
	heiße	hieß	hatte geheißen	heiße	hieße	hätte geheißen	
	heißt	hießest	hattest geheißen	heißest	hießest	hättest geheißen	heiß/heiße
	heißt	hieß	hatte geheißen	heiße	hieße	hätte geheißen	
	heißen	hießen	hatten geheißen	heißen	hießen	hätten geheißen	heißen wir
	heißt	hießt	hattet geheißen	heißet	hießet	hättet geheißen	heißt
	heißen	hießen	hatten geheißen	heißen	hießen	hätten geheißen	heißen Sie

32 helfen (to help)

Infinitiv · Partizip I: helfend · Partizip II: geholfen · Perfekt: geholfen haben

	INDIKATIV			KONJUNKTIV I	KONJUNKTIV II		IMPERATIV
	Präsens	Präteritum	Plusquamperfekt	Präsens	Präsens	Perfekt	
	helfe	half	hatte geholfen	helfe	hälfe	hätte geholfen	
	hilfst	halfst	hattest geholfen	helfest	hälfest/hälfst	hättest geholfen	hilf
	hilft	half	hatte geholfen	helfe	hälfe	hätte geholfen	
	helfen	halfen	hatten geholfen	helfen	hälfen	hätten geholfen	helfen wir
	helft	halft	hattet geholfen	helfet	hälfet/hälft	hättet geholfen	helft
	helfen	halfen	hatten geholfen	helfen	hälfen	hätten geholfen	helfen Sie

33 kommen (to come)

Infinitiv · Partizip I: kommend · Partizip II: gekommen · Perfekt: gekommen sein

	INDIKATIV			KONJUNKTIV I	KONJUNKTIV II		IMPERATIV
	Präsens	Präteritum	Plusquamperfekt	Präsens	Präsens	Perfekt	
	komme	kam	war gekommen	komme	käme	wäre gekommen	
	kommst	kamst	warst gekommen	kommest	kämest	wärest gekommen	komme/komm
	kommt	kam	war gekommen	komme	käme	wäre gekommen	
	kommen	kamen	waren gekommen	kommen	kämen	wären gekommen	kommen wir
	kommt	kamt	wart gekommen	kommet	kämet	wäret gekommen	kommt
	kommen	kamen	waren gekommen	kommen	kämen	wären gekommen	kommen Sie

34 laufen (to run)

Infinitiv · Partizip I: laufend · Partizip II: gelaufen · Perfekt: gelaufen sein

	INDIKATIV			KONJUNKTIV I	KONJUNKTIV II		IMPERATIV
	Präsens	Präteritum	Plusquamperfekt	Präsens	Präsens	Perfekt	
	laufe	lief	war gelaufen	laufe	liefe	wäre gelaufen	
	läufst	liefst	warst gelaufen	laufest	liefest	wärest gelaufen	laufe/lauf
	läuft	lief	war gelaufen	laufe	liefe	wäre gelaufen	
	laufen	liefen	waren gelaufen	laufen	liefen	wären gelaufen	laufen wir
	lauft	lieft	wart gelaufen	laufet	liefet	wäret gelaufen	lauft
	laufen	liefen	waren gelaufen	laufen	liefen	wären gelaufen	laufen Sie

Infinitiv / Partizip I / Partizip II / Perfekt	INDIKATIV Präsens	Präteritum	Plusquamperfekt	KONJUNKTIV I Präsens	KONJUNKTIV II Präsens	Perfekt	IMPERATIV
35 liegen (*to lie; to be lying*) liegend / gelegen / gelegen haben	liege	lag	hatte gelegen	liege	läge	hätte gelegen	
	liegst	lagst	hattest gelegen	liegest	lägest	hättest gelegen	liege/lieg
	liegt	lag	hatte gelegen	liege	läge	hätte gelegen	
	liegen	lagen	hatten gelegen	liegen	lägen	hätten gelegen	liegen wir
	liegt	lagt	hattet gelegen	lieget	läget	hättet gelegen	liegt
	liegen	lagen	hatten gelegen	liegen	lägen	hätten gelegen	liegen Sie
36 lügen (*to lie*) lügend / gelogen / gelogen haben	lüge	log	hatte gelogen	lüge	löge	hätte gelogen	
	lügst	logst	hattest gelogen	lügest	lögest	hättest gelogen	lüge/lüg
	lügt	log	hatte gelogen	lüge	löge	hätte gelogen	
	lügen	logen	hatten gelogen	lügen	lögen	hätten gelogen	lügen wir
	lügt	logt	hattet gelogen	lüget	löget	hättet gelogen	lügt
	lügen	logen	hatten gelogen	lügen	lögen	hätten gelogen	lügen Sie
37 mahlen (*to grind*) mahlend / gemahlt/gemahlen / gemahlt/gemahlen haben	mahle	mahlte	hatte gemahlt/gemahlen	mahle	mahlte	hätte gemahlt/gemahlen	
	mahlst	mahltest	hattest gemahlt/gemahlen	mahlest	mahltest	hättest gemahlt/gemahlen	mahle/mahl
	mahlt	mahlte	hatte gemahlt/gemahlen	mahle	mahlte	hätte gemahlt/gemahlen	
	mahlen	mahlten	hatten gemahlt/gemahlen	mahlen	mahlten	hätten gemahlt/gemahlen	mahlen wir
	mahlt	mahltet	hattet gemahlt/gemahlen	mahlet	mahltet	hättet gemahlt/gemahlen	mahlt
	mahlen	mahlten	hatten gemahlt/gemahlen	mahlen	mahlten	hätten gemahlt/gemahlen	mahlen Sie
38 nehmen (*to take*) nehmend / genommen / genommen haben	nehme	nahm	hatte genommen	nehme	nähme	hätte genommen	
	nimmst	nahmst	hattest genommen	nehmest	nähmest	hättest genommen	nimm
	nimmt	nahm	hatte genommen	nehme	nähme	hätte genommen	
	nehmen	nahmen	hatten genommen	nehmen	nähmen	hätten genommen	nehmen wir
	nehmt	nahmt	hattet genommen	nehmet	nähmet	hättet genommen	nehmt
	nehmen	nahmen	hatten genommen	nehmen	nähmen	hätten genommen	nehmen Sie
39 pfeifen (*to whistle*) pfeifend / gepfiffen / gepfiffen haben	pfeife	pfiff	hatte gepfiffen	pfeife	pfiffe	hätte gepfiffen	
	pfeifst	pfiffst	hattest gepfiffen	pfeifest	pfiffest	hättest gepfiffen	pfeife/pfeif
	pfeift	pfiff	hatte gepfiffen	pfeife	pfiffe	hätte gepfiffen	
	pfeifen	pfiffen	hatten gepfiffen	pfeifen	pfiffen	hätten gepfiffen	pfeifen wir
	pfeift	pfifft	hattet gepfiffen	pfeifet	pfiffet	hättet gepfiffen	pfeift
	pfeifen	pfiffen	hatten gepfiffen	pfeifen	pfiffen	hätten gepfiffen	pfeifen Sie
40 rufen (*to call*) rufend / gerufen / gerufen haben	rufe	rief	hatte gerufen	rufe	riefe	hätte gerufen	
	rufst	riefst	hattest gerufen	rufest	riefest	hättest gerufen	rufe/ruf
	ruft	rief	hatte gerufen	rufe	riefe	hätte gerufen	
	rufen	riefen	hatten gerufen	rufen	riefen	hätten gerufen	rufen wir
	ruft	rieft	hattet gerufen	rufet	riefet	hättet gerufen	ruft
	rufen	riefen	hatten gerufen	rufen	riefen	hätten gerufen	rufen Sie
41 saugen (*to suck*) saugend / gesaugt/gesogen / gesaugt/gesogen haben	sauge	saugte/sog	hatte gesaugt/gesogen	sauge	saugte/söge	hätte gesaugt/gesogen	
	saugst	saugtest/sogst	hattest gesaugt/gesogen	saugest	saugtest/sögest	hättest gesaugt/gesogen	sauge/saug
	saugt	saugte/sog	hatte gesaugt/gesogen	sauge	saugte/söge	hätte gesaugt/gesogen	
	saugen	saugten/sogen	hatten gesaugt/gesogen	saugen	saugten/sögen	hätten gesaugt/gesogen	saugen wir
	saugt	saugtet/sogt	hattet gesaugt/gesogen	sauget	saugtet/söget	hättet gesaugt/gesogen	saugt
	saugen	saugten/sogen	hatten gesaugt/gesogen	saugen	saugten/sögen	hätten gesaugt/gesogen	saugen Sie

	INDIKATIV			KONJUNKTIV I	KONJUNKTIV II		IMPERATIV
Infinitiv / Partizip I / Partizip II / Perfekt	**Präsens**	**Präteritum**	**Plusquamperfekt**	**Präsens**	**Präsens**	**Perfekt**	

42 — schieben *(to push)* / schiebend / geschoben / geschoben haben

Präsens	Präteritum	Plusquamperfekt	Konj I Präsens	Konj II Präsens	Konj II Perfekt	Imperativ
schiebe	schob	hatte geschoben	schiebe	schöbe	hätte geschoben	
schiebst	schobst	hattest geschoben	schiebest	schöbest	hättest geschoben	schiebe/schieb
schiebt	schob	hatte geschoben	schiebe	schöbe	hätte geschoben	
schieben	schoben	hatten geschoben	schieben	schöben	hätten geschoben	schieben wir
schiebt	schobt	hattet geschoben	schiebet	schöbet	hättet geschoben	schiebt
schieben	schoben	hatten geschoben	schieben	schöben	hätten geschoben	schieben Sie

43 — schlafen *(to sleep)* / schlafend / geschlafen / geschlafen haben

Präsens	Präteritum	Plusquamperfekt	Konj I Präsens	Konj II Präsens	Konj II Perfekt	Imperativ
schlafe	schlief	hatte geschlafen	schlafe	schliefe	hätte geschlafen	
schläfst	schliefst	hattest geschlafen	schlafest	schliefest	hättest geschlafen	schlafe/schlaf
schläft	schlief	hatte geschlafen	schlafe	schliefe	hätte geschlafen	
schlafen	schliefen	hatten geschlafen	schlafen	schliefen	hätten geschlafen	schlafen wir
schlaft	schlieft	hattet geschlafen	schlafet	schliefet	hättet geschlafen	schlaft
schlafen	schliefen	hatten geschlafen	schlafen	schliefen	hätten geschlafen	schlafen Sie

44 — schwimmen *(to swim)* / schwimmend / geschwommen / geschwommen sein

Präsens	Präteritum	Plusquamperfekt	Konj I Präsens	Konj II Präsens	Konj II Perfekt	Imperativ
schwimme	schwamm	war geschwommen	schwimme	schwömme	wäre geschwommen	
schwimmst	schwammst	warst geschwommen	schwimmest	schwömmest	wärest geschwommen	schwimme/schwimm
schwimmt	schwamm	war geschwommen	schwimme	schwömme	wäre geschwommen	
schwimmen	schwammen	waren geschwommen	schwimmen	schwömmen	wären geschwommen	schwimmen wir
schwimmt	schwammt	wart geschwommen	schwimmet	schwömmet	wäret geschwommen	schwimmt
schwimmen	schwammen	waren geschwommen	schwimmen	schwömmen	wären geschwommen	schwimmen Sie

45 — schwören *(to swear)* / schwörend / geschworen / geschworen haben

Präsens	Präteritum	Plusquamperfekt	Konj I Präsens	Konj II Präsens	Konj II Perfekt	Imperativ
schwöre	schwor	hatte geschworen	schwöre	schwüre	hätte geschworen	
schwörst	schworst	hattest geschworen	schwörest	schwürest/schwürst	hättest geschworen	schwöre/schwör
schwört	schwor	hatte geschworen	schwöre	schwüre	hätte geschworen	
schwören	schworen	hatten geschworen	schwören	schwüren	hätten geschworen	schwören wir
schwört	schwort	hattet geschworen	schwöret	schwüret	hättet geschworen	schwört
schwören	schworen	hatten geschworen	schwören	schwüren	hätten geschworen	schwören Sie

46 — sitzen *(to sit)* / sitzend / gesessen / gesessen haben

Präsens	Präteritum	Plusquamperfekt	Konj I Präsens	Konj II Präsens	Konj II Perfekt	Imperativ
sitze	saß	hatte gesessen	sitze	säße	hätte gesessen	
sitzt	saßest	hattest gesessen	sitzest	säßest	hättest gesessen	sitze/sitz
sitzt	saß	hatte gesessen	sitze	säße	hätte gesessen	
sitzen	saßen	hatten gesessen	sitzen	säßen	hätten gesessen	sitzen wir
sitzt	saßet	hattet gesessen	sitzet	säßet	hättet gesessen	sitzt
sitzen	saßen	hatten gesessen	sitzen	säßen	hätten gesessen	sitzen Sie

47 — sprechen *(to speak)* / sprechend / gesprochen / gesprochen haben

Präsens	Präteritum	Plusquamperfekt	Konj I Präsens	Konj II Präsens	Konj II Perfekt	Imperativ
spreche	sprach	hatte gesprochen	spreche	spräche	hätte gesprochen	
sprichst	sprachst	hattest gesprochen	sprechest	sprächest	hättest gesprochen	sprich
spricht	sprach	hatte gesprochen	spreche	spräche	hätte gesprochen	
sprechen	sprachen	hatten gesprochen	sprechen	sprächen	hätten gesprochen	sprechen wir
sprecht	spracht	hattet gesprochen	sprechet	sprächet	hättet gesprochen	sprecht
sprechen	sprachen	hatten gesprochen	sprechen	sprächen	hätten gesprochen	sprechen Sie

48 — stehen *(to stand)* / stehend / gestanden / gestanden haben

Präsens	Präteritum	Plusquamperfekt	Konj I Präsens	Konj II Präsens	Konj II Perfekt	Imperativ
stehe	stand	hatte gestanden	stehe	stünde/stände	hätte gestanden	
stehst	standest/standst	hattest gestanden	stehest	stündest/ständest	hättest gestanden	stehe/steh
steht	stand	hatte gestanden	stehe	stünde/stände	hätte gestanden	
stehen	standen	hatten gestanden	stehen	stünden/ständen	hätten gestanden	stehen wir
steht	standet	hattet gestanden	stehet	stündet/ständet	hättet gestanden	steht
stehen	standen	hatten gestanden	stehen	stünden/ständen	hätten gestanden	stehen Sie

Infinitiv / Partizip I / Partizip II / Perfekt	INDIKATIV Präsens	Präteritum	Plusquamperfekt	KONJUNKTIV I Präsens	KONJUNKTIV II Präsens	Perfekt	IMPERATIV
49 stehlen (to steal) — stehlend / gestohlen / gestohlen haben	stehle	stahl	hatte gestohlen	stehle	stähle/stöhle	hätte gestohlen	
	stiehlst	stahlst	hattest gestohlen	stehlest	stählest/stöhlest	hättest gestohlen	stiehl
	stiehlt	stahl	hatte gestohlen	stehle	stähle/stöhle	hätte gestohlen	
	stehlen	stahlen	hatten gestohlen	stehlen	stählen/stöhlen	hätten gestohlen	stehlen wir
	stehlt	stahlt	hattet gestohlen	stehlet	stählet/stöhlet	hättet gestohlen	stehlt
	stehlen	stahlen	hatten gestohlen	stehlen	stählen/stöhlen	hätten gestohlen	stehlen Sie
50 stoßen (to bump) — stoßend / gestoßen / gestoßen haben	stoße	stieß	hatte gestoßen	stoße	stieße	hätte gestoßen	
	stößt	stießest/stießt	hattest gestoßen	stoßest	stießest	hättest gestoßen	stoße/stoß
	stößt	stieß	hatte gestoßen	stoße	stieße	hätte gestoßen	
	stoßen	stießen	hatten gestoßen	stoßen	stießen	hätten gestoßen	stoßen wir
	stoßt	stießt	hattet gestoßen	stoßet	stießet	hättet gestoßen	stoßt
	stoßen	stießen	hatten gestoßen	stoßen	stießen	hätten gestoßen	stoßen Sie
51 tragen (to carry) — tragend / getragen / getragen haben	trage	trug	hatte getragen	trage	trüge	hätte getragen	
	trägst	trugst	hattest getragen	tragest	trügest	hättest getragen	trage/trag
	trägt	trug	hatte getragen	trage	trüge	hätte getragen	
	tragen	trugen	hatten getragen	tragen	trügen	hätten getragen	tragen wir
	tragt	trugt	hattet getragen	traget	trüget	hättet getragen	tragt
	tragen	trugen	hatten getragen	tragen	trügen	hätten getragen	tragen Sie
52 trinken (to drink) — trinkend / getrunken / getrunken haben	trinke	trank	hatte getrunken	trinke	tränke	hätte getrunken	
	trinkst	trankst	hattest getrunken	trinkest	tränkest	hättest getrunken	trinke/trink
	trinkt	trank	hatte getrunken	trinke	tränke	hätte getrunken	
	trinken	tranken	hatten getrunken	trinken	tränken	hätten getrunken	trinken wir
	trinkt	trankt	hattet getrunken	trinket	tränket	hättet getrunken	trinkt
	trinken	tranken	hatten getrunken	trinken	tränken	hätten getrunken	trinken Sie
53 tun (to do) — tuend / getan / getan haben	tue	tat	hatte getan	tue	täte	hätte getan	
	tust	tatest	hattest getan	tuest	tätest	hättest getan	tue/tu
	tut	tat	hatte getan	tue	täte	hätte getan	
	tun	taten	hatten getan	tuen	täten	hätten getan	tun wir
	tut	tatet	hattet getan	tuet	tätet	hättet getan	tut
	tun	taten	hatten getan	tuen	täten	hätten getan	tun Sie
54 waschen (to wash) — waschend / gewaschen / gewaschen haben	wasche	wusch	hatte gewaschen	wasche	wüsche	hätte gewaschen	
	wäschst	wuschest/wuschst	hattest gewaschen	waschest	wüschest/wüschst	hättest gewaschen	wasche/wasch
	wäscht	wusch	hatte gewaschen	wasche	wüsche	hätte gewaschen	
	waschen	wuschen	hatten gewaschen	waschen	wüschen	hätten gewaschen	waschen wir
	wascht	wuscht	hattet gewaschen	waschet	wüschet/wüscht	hättet gewaschen	wascht
	waschen	wuschen	hatten gewaschen	waschen	wüschen	hätten gewaschen	waschen Sie
55 wissen (to know) — wissend / gewusst / gewusst haben	weiß	wusste	hatte gewusst	wisse	wüsste	hätte gewusst	
	weißt	wusstest	hattest gewusst	wissest	wüsstest	hättest gewusst	wisse
	weiß	wusste	hatte gewusst	wisse	wüsste	hätte gewusst	
	wissen	wussten	hatten gewusst	wissen	wüssten	hätten gewusst	wissen wir
	wisst	wusstet	hattet gewusst	wisset	wüsstet	hättet gewusst	wisst
	wissen	wussten	hatten gewusst	wissen	wüssten	hätten gewusst	wissen Sie

Irregular verbs

The following is a list of the principal parts of all strong and mixed verbs that are introduced as active vocabulary in **Sag mal**, as well as other sample verbs. For the complete conjugations of these verbs, consult the verb list on pages **A8–A9** and the verb charts on pages **A10–A19**. The verbs listed here are base forms. See **Strukturen 6B.2** and **7A.1** to review **Perfekt** and **Präteritum** forms of separable and inseparable prefix verbs.

Infinitiv		Präteritum	Partizip II
backen (bäckt)	to bake	backte	gebacken
beginnen	to begin	begann	begonnen
bieten	to bid, to offer	bot	geboten
binden	to tie, to bind	band	gebunden
bitten	to request	bat	gebeten
bleiben	to stay	blieb	(ist) geblieben
braten (brät)	to fry, to roast	briet	gebraten
brechen (bricht)	to break	brach	gebrochen
brennen	to burn	brannte	gebrannt
bringen	to bring	brachte	gebracht
denken	to think	dachte	gedacht
dürfen (darf)	to be allowed to	durfte	gedurft
empfehlen (empfiehlt)	to recommend	empfahl	empfohlen
essen (isst)	to eat	aß	gegessen
fahren (fährt)	to go, to drive	fuhr	(ist) gefahren
fallen (fällt)	to fall	fiel	(ist) gefallen
fangen (fängt)	to catch	fing	gefangen
finden	to find	fand	gefunden
fliegen	to fly	flog	(ist) geflogen
fließen	to flow, to pour	floss	(ist) geflossen
frieren	to freeze	fror	gefroren
geben (gibt)	to give	gab	gegeben
gehen	to go, to walk	ging	(ist) gegangen
gelten	to be valid	galt	gegolten
genießen	to enjoy	genoss	genossen
geschehen	to happen	geschah	(ist) geschehen
gewinnen	to win	gewann	gewonnen
gleichen	to resemble	glich	geglichen
graben (gräbt)	to dig	grub	gegraben
haben (hat)	to have	hatte	gehabt
halten (hält)	to hold, to keep	hielt	gehalten
hängen	to hang	hing	gehangen
heben	to raise, to lift	hob	gehoben
heißen	to be called, to mean	hieß	geheißen
helfen (hilft)	to help	half	geholfen
kennen	to know	kannte	gekannt
klingen	to sound, to ring	klang	geklungen
kommen	to come	kam	(ist) gekommen
können (kann)	to be able to, can	konnte	gekonnt
laden (lädt)	to load, to charge	lud	geladen
lassen (lässt)	to let, to allow	ließ	gelassen
laufen (läuft)	to run, to walk	lief	(ist) gelaufen

Infinitiv		Präteritum	Partizip II
leiden	to suffer	litt	gelitten
leihen	to lend	lieh	geliehen
lesen (liest)	to read	las	gelesen
liegen	to lie, to rest	lag	gelegen
lügen	to lie, to tell lies	log	gelogen
meiden	to avoid	mied	gemieden
messen	to measure	maß	gemessen
mögen (mag)	to like	mochte	gemocht
müssen (muss)	to have, to must	musste	gemusst
nehmen (nimmt)	to take	nahm	genommen
nennen	to name, to call	nannte	genannt
preisen	to praise	pries	gepriesen
raten (rät)	to guess	riet	geraten
reiben	to rub, to grate	rieb	gerieben
riechen	to smell	roch	gerochen
rufen	to call, to shout	rief	gerufen
schaffen (schäfft)	to accomplish	schuf	geschaffen
scheiden	to divorce, to depart	schied	(ist) geschieden
scheinen	to shine, to appear	schien	geschienen
schieben	to push, to shove	schob	geschoben
schießen	to shoot	schoss	geschossen
schlafen (schläft)	to sleep	schlief	geschlafen
schlagen (schlägt)	to beat, to hit	schlug	geschlagen
schließen	to close	schloss	geschlossen
schlingen	to loop, to gulp	schlang	geschlungen
schneiden	to cut	schnitt	geschnitten
schreiben	to write	schrieb	geschrieben
schwimmen	to swim	schwamm	(ist) geschwommen
sehen	to see	sah	gesehen
sein (ist)	to be	war	(ist) gewesen
senden	to send	sandte/sendete	gesandt/gesendet
singen	to sing	sang	gesungen
sinken	to sink	sank	(ist) gesunken
sitzen	to sit	saß	gesessen
sollen (soll)	to be supposed to	sollte	gesollt
sprechen (spricht)	to speak	sprach	gesprochen
stehen	to stand	stand	gestanden
stehlen	to steal	stahl	gestohlen
steigen	to climb, to rise	stieg	gestiegen
sterben	to die	starb	(ist) gestorben
stoßen	to push, to thrust	stieß	gestoßen
streichen	to paint, to cancel	strich	gestrichen
streiten	to argue	stritt	gestritten
tragen (trägt)	to carry	trug	getragen
treffen (trifft)	to hit, to meet	traf	getroffen
treten (tritt)	to kick	trat	getreten
trinken	to drink	trank	getrunken
tun	to do	tat	getan
vergessen (vergisst)	to forget	vergaß	vergessen

Infinitiv		Präteritum	Partizip II
verlieren	*to lose*	verlor	verloren
wachsen (wächst)	*to grow*	wuchs	(ist) gewachsen
waschen (wäscht)	*to wash*	wusch	gewaschen
weisen	*to indicate, to show*	wies	gewiesen
wenden	*to turn, to flip*	wandte/wendete	gewandt/gewendet
werben	*to advertise*	warb	geworben
werden (wird)	*to become*	wurde	(ist) geworden
werfen (wirft)	*to throw*	warf	geworfen
winden	*to wind*	wand	gewunden
wissen	*to know*	wusste	gewusst
wollen (will)	*to want*	wollte	gewollt
ziehen	*to pull, to draw*	zog	gezogen

Abbreviations used in this glossary

acc.	accusative	*gen.*	genitive	*poss.*	possessive
adj.	adjective	*inf.*	informal	*prep.*	preposition
adv.	adverb	*interr.*	interrogative	*pron.*	pronoun
conj.	conjunction	*m.*	masculine noun	*sing.*	singular
dat.	dative	*n.*	neuter noun	*v.*	verb
f.	feminine noun	*nom.*	nominative		
form.	formal	*pl.*	plural		

Deutsch-Englisch

A

abbiegen *v.* to turn **8A**
  rechts/links abbiegen *v.* to turn right/left **8A**
abbrechen *v.* to cancel **7B**
Abend, -e *m.* evening **2B**
  abends *adv.* in the evening **2A**
Abendessen, - *n.* dinner **4B**
aber *conj.* but **6A**
abfahren *v.* to leave **8A**
Abfall, -̈e *m.* waste **12B**
abfliegen *v.* to take off **7B**
Abflug, -̈e *m.* departure **7B**
abheben *v.* to withdraw (money) **10A**
Absatz, -̈e *m.* paragraph **5B**
abschicken *v.* to send **11B**
Abschied, -e *m.* leave-taking; farewell **1A**
Abschluss, -̈e *m.* degree **2A**
  einen Abschluss machen *v.* to graduate **5A**
Abschlusszeugnis, -se *n.* diploma (transcript) **2A**
abstauben *v.* to dust **6B**
sich abtrocknen *v.* to dry oneself off **9A**
acht eight **2A**
Achtung! Attention!
adoptieren *v.* to adopt **3A**
Adressbuch, -̈er *n.* address book **11A**
Adresse, -n *f.* address **10A**
Allee, -n *f.* avenue **10B**
allein *adv.* alone; by oneself **4A**
Allergie, -n *f.* allergy **9B**
allergisch (gegen) *adj.* allergic (to) **9B**
alles *pron.* everything **7B**
  Alles klar? Everything OK? **1A**
  alles Gute all the best **10A**
  Alles Gute zum Geburtstag! Happy birthday! **5A**
Alltagsroutine *f.* daily routine **9A**
  im Alltag in everyday life
als *conj.* as; when **8A**
  als ob as if **10A**
also *conj.* therefore; so **9B**
alt *adj.* old **3A**
Altkleider *f.* second-hand clothing **12B**
Altpapier *n.* used paper **12B**
Amerika *n.* America **10B**
amerikanisch *adj.* American **10B**
Amerikaner, - / Amerikanerin, -nen *m./f.*
  American **10B**
Ampel, -n *f.* traffic light **10B**
an *prep.* at; on; by; in; to **5B, 10B**
Ananas, - *f.* pineapple **4A**

anbieten *v.* to offer **12B**
anfangen *v.* to begin **4A**
Angebot, -e *n.* offer
  im Angebot on sale **5B**
angeln gehen *v.* to go fishing **2B**
angenehm *adj.* pleasant **3B**
  Angenehm. Nice to meet you. **1A**
angesagt *adj.* trendy **5B**
Angestellte, -n *m./f.* employee **11A**
Angst, -̈e fear *f.* **7A**
  Angst haben (vor) *v.* to be afraid (of) **7A**
ankommen *v.* to arrive **4A**
Ankunft, -̈e *f.* arrival **7B**
anmachen *v.* to turn on **8B**
Anruf, -e *m.* phone call **11A**
  einen Anruf entgegennehmen *v.* to answer the
  phone **11A**
Anrufbeantworter *m.* answering machine **8B**
anrufen *v.* to call **4A**
  sich anrufen *v.* to call each other **9A**
anschauen *v.* to watch, look at **7A**
anspruchsvoll *adj.* demanding **11B**
anstatt *prep.* instead of **8B**
anstoßen *v.* to toast **5A**
Antwort, -en *f.*
antworten (auf) *v.* to answer **2A, 7A**
Anwendung *f.* application; usage
anziehen *v.* to put on **5B**
  sich anziehen *v.* to get dressed **9A**
Anzug, -̈e *m.* suit **5B**
Apfel, -̈ *m.* apple **1A**
Apotheke, -n *f.* pharmacy **9B**
April *m.* April **2A, 7A**
Arbeit, -en *f.* work **11B**
  Arbeit finden *v.* to find a job **11A**
arbeiten (an) *v.* to work (on) **2A, 7A**
arbeitslos *adj.* unemployed **10A**
Arbeitszimmer, - *n.* home office **6A**
Architekt, -en / Architektin, -nen *m./f.*
  architect **3B**
Architektur, -en *f.* architecture **2A**
sich ärgern (über) *v.* to get angry (about) **9A**
arm *adj.* poor; unfortunate **3B**
Arm, -e *m.* arm **9A**
Art, -en *f.* species; type **12B**
Artischocke, -n *f.* artichoke **4A**
Arzt, -̈e / Ärztin, -nen *m./f.* doctor **9B**
  zum Arzt gehen *v.* to go to the doctor **9B**
Assistent, -en / Assistentin, -nen *m./f.*
  assistant **11A**
Aubergine, -n *f.* eggplant **4A**
auch *adv.* also **1A**

auf *prep.* on, onto, to **5B**
  Auf Wiedersehen. Good-bye. **1A**
aufgehen *v.* to rise (sun) **12A**
auflegen *v.* to hang up **11A**
aufmachen *v.* to open **8B**
aufnehmen *v.* to record **8B**
aufräumen *v.* to clean up **6B**
aufregend *adj.* exciting **12A**
aufrichtig *adj.* sincere **3B**
aufstehen *v.* to get up **4A**
aufwachen *v.* to wake up **9A**
Auge, -n *n.* eye **3A; 9A**
Augenbraue, -n *f.* eyebrow **9A**
August *m.* August **2A, 7A**
aus *prep.* from **4A**
Ausbildung, - en *f.* education **11A**
Ausdruck *m.* expression
Ausfahrt, -en *f.* exit **8A**
ausfüllen *v.* to fill out **10A**
  ein Formular ausfüllen *v.* to fill out a form **10A**
Ausgang -̈e *m.* exit **7B**
ausgefallen *adj.* offbeat **5B**
ausgehen *v.* to go out **4A**
Ausland *n.* abroad **7B**
ausmachen *v.* to turn off **8B**
sich ausruhen *v.* to rest **9A**
ausschalten *v.* turn out, to turn off **12B**
Aussehen *n.* look (style) **5B**
außer *prep.* except (for) **4B**
außerhalb *prep.* outside of **8B**
Aussprache *f.* pronunciation
Aussterben *n.* extinction **12B**
sich ausziehen *v.* to get undressed **9A**
Auto, -s *n.* car **1A, 8A**
Autobahn, -en *f.* highway **8A**

B

Baby, -s *n.* baby **3A**
backen *v.* to bake **2B**
Bäckerei, -en *f.* bakery **4A**
Badeanzug, -̈e *m.* bathing suit **5B**
Bademantel, -̈ *m.* bathrobe **9A**
sich baden *v.* to bathe, take a bath **9A**
Badewanne, -n *f.* bathtub **6A**
Badezimmer, - bathroom *n.* **6A, 9A**
Bahnsteig, -e *m.* track; platform **8A**
bald *adv.* soon
  Bis bald. See you soon. **1A**
Balkon, - e *m.* balcony **6A**
Ball, -̈e *m.* ball **2B**
Ballon, -e *m.* balloon **5A**

Banane, -n *f.* banana **4A**
Bank, -¨e *f.* bench **10B**
Bank, -en *f.* bank **10A**
   auf der Bank *f.* at the bank **10B**
Bankangestellte, -n *m./f.* bank employee **11B**
bar *adj.* cash **10A**
   bar bezahlen *v.* to pay in cash **10A**
Bargeld *n.* cash **10A**
Bart, -¨e *m.* beard **9A**
Baseball *m.* baseball **2B**
Basketball *m.* basketball **2B**
Bauch, -¨e *m.* belly **9A**
Bauchschmerzen *m. pl.* stomachache **9B**
bauen *v.* to build **2A**
Bauer, -n / Bäuerin, -nen *m./f.* farmer **11B**
Bauernhof, -¨e *m.* farm **12A**
Baum, -¨e *m.* tree **12A**
Baumwolle *f.* cotton **5B**
Baustelle, -n *f.* construction zone **8A**
beantworten *v.* to answer **4B**
bedeuten *v.* to mean **2A**
bedeutend *adj.* important **12A**
bedienen *v.* to operate, use **8B**
sich beeilen *v.* to hurry **9A**
Beförderung, -en *f.* promotion **11B**
beginnen *v.* to begin **6A**
Begrüßung, -en *f.* greeting **1A**
behaupten *v.* to claim **12B**
bei *prep.* at; near; with **4A**
Beilage, -n *f.* side dish **4B**
Bein, -e *n.* leg **9A**
Beitrag-¨e *m.* contribution **12B**
bekannt *adj.* well-known **10A**
bekommen *v.* to get, to receive **5A**
belegen *v.* to take (a class) **2A**
benutzen *v.* to use **8A**
Benutzername, -n *m.* screen name **8B**
Benzin, -e *n.* gasoline **8A**
Berg -e *m.* mountain **2B, 12A**
berichten *v.* to report **12B**
Beruf, -e *m.* profession; job **3B, 11A**
Berufsausbildung, -en *f.* professional
   training **11A**
bescheiden *adj.* modest **3B**
beschreiben *v.* to describe **2A**
Beschreibung, -en *f.* description **3B**
Besen, - *m.* broom **6B**
Besitzer, - / Besitzerin, -nen *m./f.* owner **3B**
besonderes *special adj.* **10A**
   nichts Besonderes *adj.* nothing special **10A**
besorgt *worried adj.* **3B**
Besorgung, -en *f.* errand **10A**
   Besorgungen machen *v.* to run errands **10A**
besprechen *v.* to discuss **7A**
Besprechung, -en *f.* review **8B**, meeting **11B**
besser *adj.* better **8A**
Besserwisser, - / Besserwisserin, -nen *m./f.* know-
   it-all **2A**
beste *adj.* best **8A**
Besteck *n.* silverware **4B**
bestehen *v.* to pass (a test) **1B**
bestellen *v.* to order **4A**
bestimmt *adv.* definitely. **4A**

besuchen *v.* to visit **4A**
Bett, -en *n.* bed **6A**
   das Bett machen *v.* to make the bed **6B**
   ins Bett gehen *v.* to go bed **9A**
Bettdecke, - n *f.* duvet **6B**
bevor *conj.* before **8A**
sich bewegen *v.* to move (around)
sich bewerben *v.* to apply **11A**
Bewerber, - / die Bewerberin, -nen *m./f.*
   applicant **11A**
Bewertung, -en *f.* rating **7B**
bezahlen *v.* to pay (for) **4A**
Bibliothek, -en *f.* library **1B**
Bier, -e *n.* beer **4B**
bieten *v.* to offer **9B**
Bild, -er *n.* picture **6A**
Bildschirm, -e *m.* screen **8B**
billig *adj.* cheap **5B**
Bioladen, -¨ *m.* health-food store **9B**
Biologie *f.* biology **2A**
biologisch *adj.* organic **12B**
Birne, -n *f.* pear **4A**
bis *prep.* until **3B**
   Bis bald. See you soon. **1A**
   Bis dann. See you later. **1A**
   Bis gleich. See you soon. **1A**
   Bis morgen. See you tomorrow. **1A**
   Bis später. See you later. **1A**
   bis zu *prep.* up to; until **10B**
Bitte. Please.; You're welcome. **1A**
Blatt, -¨er *n.* leaf **12A**
blau *adj* blue. **3A**
   blaue Fleck, -e *m.* bruise **9B**
bleiben *v.* to stay **5B**
   Bleiben Sie bitte am Apparat. *v.* Please
   hold. **11A**
Bleistift, -e *m.* pencil **1B**
Blitz, -e *m.* lightning **7A**
blond *adj.* blond **3A**
   blonde Haare *n. pl.* blond hair **3A**
Blume, -n *f.* flower **1A**
Blumengeschäft, -e *n.* flower shop **10A**
Bluse, -n *f.* blouse **5B**
Blutdruck *m.* blood pressure **9B**
Boden, -¨ *m.* floor; ground **6A**
Bohne, -n *f.* bean **4A**
   grüne Bohne *f.* green bean **4A**
Boot, -e *n.* boat **8A**
Bordkarte, -n *f.* boarding pass **7B**
braten *v.* to fry **2B**
brauchen *v.* to need **2A**
braun *adj.* brown **5B**
braunhaarig *adj.* brown-haired, brunette **3A**
brechen *v.* to break **2B**
   sich (den Arm / das Bein) brechen *v.* to break
   (an arm / a leg) **9B**
Bremse, -n *f.* brake **8A**
brennen *v.* to burn **5A**
Brief, -e *m.* letter **10A**
   einen Brief abschicken *v.* to mail a letter **10A**
Briefkasten, -¨ *m.* mailbox **10A**
Briefmarke, -n *f.* stamp **10A**
Briefträger, - / Briefträgerin, -nen *m./f.* mail
   carrier **10A**

Briefumschlag, -¨e *m.* envelope **10A**
Brille, -n *f.* glasses **5B**
bringen *v.* to bring **2A**
Brot, -e *n.* bread **4A**
Brötchen, - *n.* roll **4A**
Brücke, -n *f.* bridge **10B**
Bruder, -¨ *m.* brother **1A**
brünett *adj.* brown-haired, brunette **3A**
Brunnen, - *m.* fountain **10B**
Buch, -¨er *n.* book **1A**
buchen *v.* to make a (hotel) reservation **7B**
Bücherregal, -e *n.* bookshelf **6A**
Buchhalter, - / Buchhalterin, -nen *m./f.*
   accountant **11B**
büffeln *v.* to cram (for a test) **2A**
Bügelbrett, -er *n.* ironing board **6B**
Bügeleisen, - *n.* iron **6B**
bügeln *v.* to iron **6B**
Bundespräsident, -en / Bundespräsidentin,
   -nen *m./f.* (federal) president **8B**
bunt *adj.* colorful **10A**
Bürgermeister, - / Bürgermeisterin, -nen *m./f.*
   mayor **10B**
Bürgersteig, -e *m.* sidewalk **10B**
Büro, -s *n.* office **11B**
Büroklammer, -n *f.* paperclip **11A**
Büromaterial *n.* office supplies **11A**
Bürste, -n *f.* brush **9A**
bürsten *v.* to brush
   sich die Haare bürsten *v.* to brush one's hair **9A**
Bus, -se *m.* bus **8A**
Busch, -¨e *m.* bush **12A**
Bushaltestelle, -n *f.* bus stop **8A**
Businessklasse *f.* business class **7B**
Bußgeld, -er *n.* fine (monetary) **8A**
Butter *f.* butter **4A**

C

Café, -s *n.* café **2A**
Cafeteria (*pl.* Cafeterien) *f.* cafeteria
Camping *n.* camping **2B**
CD, -s *f.* compact disc, CD **8B**
CD-Player, - *m.* CD player **8B**
Chef, -s / Chefin, -nen *m./f.* boss **11B**
Chemie *f.* chemistry **2A**
China *n.* China **10B**
Chinese, -n / Chinesin, -nen *m./f.* Chinese
   (person) **10B**
Chinesisch *n.* Chinese (language) **10B**
Computer, - *m.* computer **1B**
Cousin, -s / Cousine, -n *m./f.* cousin **3A**

D

da there **1A**
   Da ist/sind... There is/are... **1A**
Dachboden, -¨ *m.* attic **6A**
dafür *adv.* for it **6A**
daher *adv.* from there **6A**
dahin *adv.* there **6A**
damit *conj.* so that **10A**
danach *conj.* then, after that **9B**
danken *v.* to thank **2A**

Danke. Thank you. **1A**
dann *adv.* then **7B**
daran *adv.* on it **6A**
darauf *adv.* on it **6A**
darin *adv.* in it **6A**
das *n.* the; this/that **1A**
dass *conj.* that **10A**
Datei, - en *f.* file **8B**
Datum (*pl.* Daten) *n.* date **7A**
davon *adv.* of it **6A**
davor *adv.* before it **6A**
Decke, -n *f.* blanket **6B**
decken *v.* to cover **6B**
  den Tisch decken *v.* to set the table **6B**
denken *v.* to think **5A**
  denken an *v.* to think about **7A**
denn *conj.* for; because **6A**
der *(m.)* the **1A**
deshalb *conj.* therefore; so **9B**
deswegen *conj.* that's why; therefore **9B**
deutsch German *adj.* **10A**
Deutsch German (language) *n.* **10B**
Deutsche *m./f.* German (man/woman) **10B**
Deutschland *n.* Germany **4A**
deutschsprachig *adj.* German-speaking
Dezember *m.* December **2A, 7A**
Diät, -en *f.* diet **4B**
  auf Diät sein *v.* to be on a diet **4B**
dick *adj.* fat **3A**
die the **1A**
Dienstag, -e *m.* Tuesday **2A**
  dienstags *adv.* on Tuesdays **2A**
dieser/diese/dieses *m./f./n.* this; these **8B**
diesmal *adv.* this time **7B**
Digitalkamera, -s *f.* digital camera **8B**
Ding, -e *n.* thing
Diplom, -e *n.* diploma (degree) **2A**
diskret *adj.* discreet **3B**
doch *adv.* yes (contradicting a negative statement
  or question) **2B**
Dokument, -e *n.* document **8B**
Donner, - *m.* thunder **7A**
Donnerstag, -e *n.* Thursday **2A**
  donnerstags *adv.* on Thursdays **2A**
dort *adv.* there **1A**
Dozent, -en / Dozentin, -nen *m./f.* college
  instructor **2A**
draußen *prep.* outside **6A,** *adv.* out **7A**
  Es ist schön draußen. It's nice out. **7A**
dreckig *adj.* filthy **6B**
drei three **2A**
dritte third *adj.* **2A**
Drogerie, -n *f.* drugstore **10A**
drüben *adv.* over there **4A**
drücken *v.* to push **3B**; to print **8B**
Drucker, - *m.* printer **8B**
du *pron.* (*sing. inf.*) you **1A**
dumm *adj.* dumb **8A**
dunkel *adj.* dark **3A**
dunkelhaarig *adj.* dark-haired **3A**
dünn *adj.* thin **3A**
durch *prep.* through **3B**
durchfallen *v.* to flunk; to fail **1B**

durchmachen *v.* to experience **8B**
dürfen *v.* to be allowed to; may **3B**
(sich) duschen *v.* to take a shower **9A**
Dutzend, -e *n.* dozen **4A**
DVD, -s *f.* DVD **8B**
DVD-Player, - *m.* DVD-player **8B**
dynamisch *adj.* dynamic **3B**

E

Ecke, -n *f.* corner **10B**
egoistisch *adj.* selfish **3B**
Ehe, -n *f.* marriage **5A**
Ehefrau, -en *f.* wife **3A**
Ehemann, -̈er *m.* husband **3A**
Ei, -er *n.* egg **4A**
Eichhörnchen, - *n.* squirrel **12A**
eifersüchtig *adj.* jealous **3B**
ein/eine *m./f./n.* a **1A**
Einbahnstraße, -n *f.* one-way street **8A**
einfach *adj.* easy **2A**
einfarbig *adj.* solid colored **5B**
eingebildet *adj.* arrogant **3B**
einkaufen *v.* to shop **4A**
Einkaufen *n.* shopping **5B**
Einkaufszentrum, (*pl.* Einkaufszentren) *n.* mall;
  shopping center **10B**
Einkommensgruppe, -n *f.* income bracket **6B**
einladen *v.* to invite **5A**
einmal *adv.* once **7B**
eins one **2A**
einschlafen *v.* to go to sleep **4A**
einzahlen *v.* to deposit (money) **10A**
Einzelkind, -er *n.* only child **3A**
Eis *n.* ice cream **5A**
Eisdiele, -n *f.* ice cream shop **4A**
Eishockey *n.* ice hockey **2B**
Eiswürfel, - *m.* ice cube **5A**
elegant *adj.* elegant **5B**
Elektriker, - / Elektrikerin, -nen *m./f.*
  electrician **11B**
elf eleven **2A**
Ellenbogen, - *m.* elbow **9A**
Eltern *pl.* parents **3A**
E-Mail, -s *f.* e-mail **8B**
empfehlen *v.* to recommend **2B**
Empfehlungsschreiben, - *n.* letter of
  recommendation **11A**
endlich *adv.* finally **9B**
Energie, -n *f.* energy **12B**
energiesparend *adj.* energy-efficient **6B**
eng *adj.* tight **5B**
England *n.* England **10B**
Engländer, - / Engländerin, -nen *m./f.* English
  (person) **10B**
Englisch *n.* English (language) **10B**
Enkelkind, -er *n.* grandchild. **3A**
Enkelsohn, -̈e *m.* grandson **3A**
Enkeltochter, -̈ *f.* granddaughter **3A**
entdecken *v.* to discover **6B**
entfernen *v.* to remove **6B**
entlang *prep.* along, down **3B**
entlassen *v.* to fire; to lay off **11B**

sich entschließen *v.* to decide **4B**
(sich) entschuldigen *v.* to apologize; to excuse
  Entschuldigen Sie. Excuse me. (*form.*) **1A**
  Entschuldigung. Excuse me. **1A**
sich entspannen *v.* to relax **9A**
entwerten *v.* to validate **8A**
  eine Fahrkarte entwerten *v.* to validate
    a ticket **8A**
entwickeln *v.* to develop **12B**
er *pron.* he **1A**
Erdbeben, - *n.* earthquake **12A**
Erdbeere, - n *f.* strawberry **4A**
Erde, -n *f.* earth **12B**
Erderwärmung *f.* global warming **12B**
Erdgeschoss, -e *n.* ground floor **6A**
Erfahrung, -en *f.* experience **11A**
erfinden *v.* to invent **7A**
Erfolg, -e *m.* success **11B**
erforschen *v.* to explore **12A**
ergänzen *v.* complete
Ergebnis, -se *n.* result; score **1B**
erhalten *v.* to preserve **12B**
sich erinnern (an) *v.* to remember **9A**
sich erkälten *v.* to catch a cold **9A**
Erkältung, -en *f.* cold **9B**
erkennen *v.* to recognize **7A**
erklären *v.* to explain **4A**
erneuerbare Energie *f.* renewable energy **12B**
ernst *adj.* serious **3B**
erster/erste/erstes *adj.* first **2A**
erwachsen grown-up *adj.* **10A**
erzählen *v.* to tell **7A**
  erzählen von *v.* to talk about **7A**
es *pron.* it **1A**
  Es gibt... There is/are... **2B**
Essen, - *n.* food **4A**
essen *v.* to eat **2B**
  essen gehen *v.* to eat out **2B**
Esslöffel, - *m.* soup spoon **4B**
Esszimmer, - *n.* dining room **6A**
etwas *pron.* something **7B**
  etwas anderes something else **10A**
euer (*pl. inf.*) *poss. adj.* your **3A**

F

Fabrik, -en *f.* factory **12B**
Fabrikarbeiter, - / Fabrikarbeiterin, -nen *m./f.*
  factory worker **11B**
Fach, -̈er *n.* subject **2A**
fade *adj.* bland **4B**
fahren to drive; to go *v.* **2B**
  Auto fahren *v.* to drive a car **8A**
  Fahrrad fahren *v.* to ride a bicycle **2B**
  geradeaus fahren *v.* to go straight ahead **8A**
Fahrer, - / Fahrerin, -nen *m./f.* driver **8A**
Fahrgemeinschaft, -en *f.* carpool **12B**
Fahrkarte, -n *f.* ticket **8A**
  eine Fahrkarte entwerten *v.* to validate a
    ticket **8A**
Fahrkartenschalter, - *m.* ticket office **8A**
Fahrplan, -̈e *m.* schedule **8A**
Fahrrad, -̈er *n.* bicycle **2B, 8A**

Fahrstuhl, -̈e *m.* elevator **7B**
fallen *v.* to fall **2B**
Familie, -n *f.* family **3A**
Familienstand, -̈e *m.* marital status **3A**
Fan, -s *m.* fan **2B**
fangen *v.* to catch **2B**
fantastisch *adj.* fantastic **10A**
Farbe, -n *f.* color **5B**
färben *v.* to dye
　sich die Haare färben *v.* to dye one's hair **9A**
fast *adv.* almost **4A**
faul *adj.* lazy **3B**
Faxgerät, -e *n.* fax machine **8B**
Februar *m.* February **2A, 7A**
fegen *v.* to sweep **6B**
feiern *v.* to celebrate **5A**
Feiertag, -e *m.* holiday **5A**
Feinkostgeschäft, -e *n.* delicatessen **4A**
Feld, -er *n.* field **12A**
Fenster, - *n.* window **1A**
Ferien *pl.* vacation
Fernbedienung *f.* remote control **8B**
fernsehen *v.* to watch television **8B**
Fernseher, - *m.* television **8B**
fertig *adj.* ready; finished **11B**
Fest, -e *n.* festival; celebration **5A**
Festplatte, -n *f.* hard drive **8B**
fett *adj.* fat **3A**
**Feuerwehrmann, -̈er / Feuerwehrfrau, -en
　(pl. Feuerwehrleute)** *m./f.* firefighter **11B**
Fieber, - *n.* fever **9B**
　Fieber haben *v.* to have a fever **9B**
finden *v.* to find **2A**
Finger, - *m.* finger **9A**
Firma (pl. die Firmen) *f.* firm; company **11A**
Fisch, -e fish *m.* **4A, 12A**
Fischgeschäft, -e *n.* fish store **4A**
fit *adj.* in good shape **2B**
Flasche, -n *f.* bottle **4B**
Fleisch *n.* meat **4A**
fleißig *adj.* hard-working **3B**
fliegen *v.* to fly **7B**
Flug, -̈e *m.* flight **7B**
Flughafen, -̈ *m.* airport **7B**
Flugticket, -s *n.* (plane) ticket **7B**
Flugzeug, -e *n.* airplane **7B**
Flur, -e *m.* hall **6A**
Fluss, -̈e *m.* river **3B, 12A**
folgen *v.* to follow **5A, 10B**
Form, -en *f.* shape, form
　in guter/schlechter Form sein *v.* to be in/out of shape **9B**
Formular, -e *n.* form **10A**
　ein Formular ausfüllen *v.* to fill out a form **10A**
Foto, -s *n.* photo, picture **1B**
Frage, -n *f.* question **1B**
fragen *v.* to ask **2A**
　fragen nach *v.* to ask about **7A**
　sich fragen *v.* to wonder, ask oneself **9A**
Frankreich *n.* France **10B**
Franzose, -n / Französin, -nen *m./f.* French (person) **10B**
Französisch *n.* French (language) **10B**

Frau, -en *f.* woman **1A**; wife **3A**
　Frau... Mrs./Ms.... **1A**
Freitag, -e *m.* Friday **2A**
　freitags *adv.* on Fridays **2A**
Freizeit, -en *f.* free time, leisure **2B**
Freizeitaktivität, - en *f.* leisure activity **2B**
fremd *adj.* foreign **10A**
Fremdsprache, -n *f.* foreign language **2A**
sich freuen (über) *v.* to be happy (about) **9A**
　Freut mich. Pleased to meet you. **1A**
　sich freuen auf *v.* to look forward to **9A**
Freund, -e / Freundin, - nen *m./f.* friend **1A**
freundlich *adj.* friendly **3B**
　Mit freundlichen Grüßen Yours sincerely **3B**
Freundschaft, -en *f.* friendship **5A**
Frischvermählte, -n *m./f.* newlywed **5A**
Friseur, -e / Friseurin, -nen *m./f.* hairdresser **3B**
froh *adj.* happy **3B**
　Frohe Ostern! Happy Easter! **5A**
　Frohe Weihnachten! Merry Christmas! **5A**
früh *adj.* early; in the morning **2B**
　morgen früh tomorrow morning **2B**
Frühling, -e *m.* spring **2B, 7A**
Frühstück, -e *n.* breakfast **4B**
fühlen *v.* to feel **2A**
　sich (wohl) fühlen *v.* to feel (well) **9A**
füllen *v.* to fill
fünf five **2A**
funktionieren *v.* to work, function **8B**
für *prep.* for **3B**
furchtbar *adj.* awful **7A**
Fuß, -̈e *m.* foot **9A**
Fußball *m.* soccer **2B**
Fußgänger, - / Fußgängerin, -nen *m./f.* pedestrian **10B**

G

Gabel, -n *f.* fork **4B**
Gang, -̈e *m.* course
　erster/zweiter Gang *m.* first/second course **4B**
ganz *adj.* all, total **7B**
ganztags *adj.* full-time **11B**
Garage, -n *f.* garage **5B**
Garnele, -n *f.* shrimp **4A**
Gartenabfall, -̈e *m.* yard waste **12B**
Gärtner, - /Gärtnerin, -nen *m./f.* gardener **11B**
Gast, -̈e *m.* guest **5A**
Gastfamilie, -n *f.* host family **4B**
Gastgeber, - / Gastgeberin, -nen *m./f.* host/hostess **5A**
Gebäck *n.* pastries; baked goods **5A**
Gebäude, - *n.* building **10A**
geben *v.* to give **2B**
　Es gibt... There is/are... **2B**
Geburt, - en *f.* birth **5A**
Geburtstag, -e *m.* birthday **5A**
　Wann hast du Geburtstag? When is your birthday? **7A**
geduldig *adj.* patient **3B**
Gefahr, -en *f.* danger **12B**
gefährdet *adj.* endangered; threatened **12B**
gefallen *v.* to please **5A**

Gefrierschrank, -̈e *m.* freezer **6B**
gegen *prep.* against **3B**
gegenüber (von) *prep.* across (from) **10B**
Gehalt, -̈ er *n.* salary **11A**
　hohes/niedriges Gehalt, -̈er high/low salary *n.* **11A**
Gehaltserhöhung, -en *f.* raise **11B**
gehen to go *v.* **2A**
　Geht es dir/Ihnen gut? *v.* Are you all right? (*inf./form.*) **1A**
　Wie geht es Ihnen? (*form.*) How are you? **1A**
　Wie geht's (dir)? (*inf.*) How are you? **1A**
gehören *v.* to belong to **5A**
Geländewagen, - *m.* SUV **8B**
gelb *adj.* yellow **5B**
Geld *n.* money **10A**
　Geld abheben/einzahlen *v.* to withdraw/deposit money **10A**
Geldautomat, -en *m.* ATM **10A**
Geldschein, -e *m.* bill (money) **10A**
gemein *adj.* mean **3B**
Gemüse *n.* vegetables **4A**
genau *adv.* exactly
　genauso wie just as **8A**
genießen *v.* to enjoy
geöffnet *adj.* open **10A**
Gepäck *n.* luggage **7B**
geradeaus straight ahead *adv.* **8A**
gern *adv.* with pleasure **3A**
　gern (+verb) to like to (+verb) **3A**
　ich hätte gern... I would like... **4A**
　Gern geschehen. My pleasure.; You're welcome. **1A**
Geschäft, -e *n.* business **11A**; store **4A**
Geschäftsführer, - / Geschäftsführerin, -nen *m./f.* manager **11A**
**Geschäftsmann, -̈er / Geschäftsfrau, -en
　(pl. Geschäftsleute)** *m./f.* businessman/businesswoman **3B**
Geschenk, -e *n.* gift **5A**
Geschichte, -n *f.* history **2A**; story
geschieden *adj.* divorced **3A**
Geschirr *n.* dishes **6B**
　Geschirr spülen *v.* to do the dishes **6B**
geschlossen *adj.* closed **10A**
Geschmack, -̈e *m.* flavor; taste **4B**
Geschwister, - *n.* sibling **3A**
Gesetz, -e *n.* law **12B**
Gesicht, -er *n.* face **9A**
gestreift *adj.* striped **5B**
gesund *adj.* healthy **8A; 9B**
　gesund werden *v.* to get better **9B**
Gesundheit *f.* health **9B**
geteilt durch divided by **1B**
Getränk, -e *n.* beverage **4B**
getrennt *adj.* separated **3A**
gewaltfrei *adj.* nonviolent **12B**
Gewerkschaft, -en *f.* labor union **11B**
gewinnen *v.* to win **2B**
sich gewöhnen an *v.* to get used to **9A**
gierig *adj.* greedy **3B**
Giftmüll *m.* toxic waste **12B**
Glas, -̈er *n.* glass **4B**
glatt *adj.* straight **3A**

glatte Haare *n. pl.* straight hair **3A**
glauben *v.* to believe **5A**
gleich *adj.* same
  ist gleich *v.* equals, is **1B**
Glück *n.* happiness **5A**
glücklich *adj.* happy **3B**
Golf *n.* golf **2B**
Grad *n.* degree **7A**
  Es sind 18 Grad draußen. It's 18 degrees out. **7A**
Gramm, -e *n.* gram **4A**
Granit, -e *m.* granite **6B**
Gras, -˙er *n.* grass **12A**
gratulieren *v.* to congratulate **5A**
grau *adj.* grey **5B**
grausam *adj.* cruel
Grippe, -n *f.* flu **9B**
groß *adj.* big; tall **3A**
großartig *adj.* terrific **3A**
Großeltern *pl.* grandparents **1A**
Großmutter, -˙ *f.* grandmother **3A**
Großvater, -˙ *m.* grandfather **3A**
großzügig *adj.* generous **3B**
grün *adj.* green **5B**
  grüne Bohne (*pl.* die grünen Bohnen) *f.* green bean **4A**
Gruß, -˙e *m.* greeting
  Mit freundlichen Grüßen Yours sincerely **3B**
grüßen *v.* to greet **2A**
Gürtel, - *m.* belt **5B**
gut *adj.* good **3B**; *adv.* well **1A**
  gut aussehend *adj.* handsome **3A**
  gut gekleidet *adj.* well-dressed **5B**
  Gute Besserung! Get well! **5A**
  Guten Appetit! Enjoy your meal! **4B**
  Guten Abend. Good evening. **1A**
  Guten Morgen. Good morning. **1A**
  Gute Nacht. Good night. **1A**
  Guten Tag. Hello. **1A**

H

Haar, -e hair *n.* **3A, 9A**
Haartrockner, - *m.* hair dryer **9A**
haben to have *v.* **1B**
Hagel *m.* hail **7A**
Hähnchen, - *n.* chicken **4A**
halb half; half an hour before **2A**
Halbbruder, -˙ *m.* half brother **3A**
Halbschwester, -n *f.* half sister **3A**
halbtags *adj.* part-time **11B**
Hallo. Hello. **1A**
Hals, -˙e *m.* neck **9A**
  Hals- und Beinbruch! Break a leg! **5A**
Halskette, -n *f.* necklace **5B**
Hand, -˙e *f.* hand **9A**
handeln *v.* to act
  handeln von *v.* to be about; have to do with **7A**
Handgelenk, -e *n.* wrist **9B**
Handgepäck *n.* carry-on luggage **7B**
Handschuh, -e *m.* glove **5B**
Handtasche, -n *f.* purse **5B**
Handtuch, -˙er *n.* towel **9A**
Handy, -s *n.* cell phone **8B**

hängen *v.* to hang **5B**
Hase, -n *m.* hare **12A**
hässlich *adj.* ugly **3A**
Hauptspeise, -n *f.* main course **4B**
Hauptstraße, -n *f.* main road **10B**
Haus, -˙er *n.* house **6A**
  nach Hause *adv.* home **5B**
  zu Hause *adv.* at home **4A**
Hausarbeit *f.* housework **6B**
  Hausarbeit machen *v.* to do housework **6B**
Hausaufgabe, -n *f.* homework **1B**
Hausfrau, -en / Hausmann, -˙er *f./m.* homemaker **11B**
hausgemacht *adj.* homemade **4B**
Hausmeister, - / Hausmeisterin, -nen *m./f.* caretaker; custodian **11B**
Hausschuh, -e *m.* slipper **9A**
Haustier, -e *n.* pet **3A**
Heft, -e *n.* notebook **1B**
Hefter, - *m.* stapler **11A**
heiraten *v.* to marry **3A**
heiß *adj.* hot **7A**
heißen *v.* to be named **2A**
  Ich heiße... My name is... **1A**
helfen *v.* to help **2B**
  helfen bei *v.* to help with **7A**
hell *adj.* light **3A**; bright **5B**
Hemd, -en *n.* shirt **5B**
herauf *adv.* up; upwards **6A**
heraus *adv.* out **6A**
Herbst, -e *m.* fall, autumn **2B, 7A**
Herd, -e *m.* stove **6B**
Herr Mr. **1A**
herunter *adv.* down; downwards **6A**
heruntergehen *v.* to go down **10B**
  die Treppe heruntergehen *v.* to go downstairs **10B**
herunterladen *v.* to download **8B**
Herz, -en *n.* heart
  Herzlichen Glückwunsch! Congratulations! **5A**
heute *adv.* today **2B**
  Heute ist der... Today is the... **2A**
  Welcher Tag ist heute? What day is it today? **7A**
  Der Wievielte ist heute? What is the date today? **2A**
hier *adv.* here **1A**
  Hier ist/sind... Here is/are... **1B**
Himmel *m.* sky **12A**
hin und zurück there and back **7B**
sich hinlegen *v.* to lie down **9A**
sich hinsetzen *v.* to sit down **9A**
hinter *prep.* behind **5B**
hinterlassen *v.* to leave (behind)
  eine Nachricht hinterlassen *v.* to leave a message **11A**
Hobby, -s *n.* hobby **2B**
hoch *adj.* high **8A**
hochgehen *v.* to go up, climb up **10B**
  die Treppe hochgehen *v.* to go upstairs **10B**
Hochwasser, - *n.* flood **12B**
Hochzeit, -en *f.* wedding **5A**
Hockey *n.* hockey **2B**
Höflichkeit, -en *f.* courtesy; polite expression **1A**
Holz *n.* wood **6B**

hören *v.* to hear; listen to **2A**
Hörer, - *m.* receiver **11A**
Hörsaal (*pl.* Hörsäle) *m.* lecture hall **2A**
Hose, -n *f.* pants **5B**
  kurze Hose *f.* shorts **5B**
Hotel, -s *n.* hotel **7B**
  Fünf-Sterne-Hotel *n* five-star hotel. **7B**
Hotelgast, -˙e *m.* hotel guest **7B**
hübsch *adj.* pretty **3A**
Hund, -e *m.* dog **3A**
Hundewetter *n.* terrible weather **7A**
husten *v.* to cough **9B**
Hut, -˙e *m.* hat **5B**
Hybridauto, -s *n.* hybrid car **12B**

I

ich *pron.* I **1A**
Idee, -n *f.* idea **1A**
Ihr (*form., sing/pl.*) *poss. adj.* your **3A**
ihr (*inf., pl.*) *pron.* you **1A**; *poss. adj.* her, their **3A**
immer *adv.* always **4A**
Immobilienmakler, - / Immobilienmaklerin, -nen *m./f.* real estate agent **11B**
in *prep.* in **5B**
Inder, - / Inderin, -nen *m./f.* Indian (person) **10B**
Indien *n.* India **10B**
indisch *adj.* Indian **10B**
Informatik *f.* computer science **2A**
sich informieren (über) *v.* to find out (about) **9A**
Ingenieur, -e / Ingenieurin, -nen *m./f.* engineer **3B**
Innenstadt, -˙e *f.* city center
innerhalb *prep.* inside of, within **8B**
Insel, -n *f.* island **12A**
intellektuell *adj.* intellectual **3B**
intelligent *adj.* intelligent **3B**
interessant *adj.* interesting **3B**
sich interessieren (für) *v.* to be interested (in) **9A**
Internet *n.* Web **8B**
  im Internet surfen *v.* to surf the Web **8B**
Internetcafé, -s *n.* internet café **10A**
Italien *n.* Italy **10B**
Italiener, - / Italienerin, -nen *m./f.* Italian (person) **10B**
Italienisch *n.* Italian (language) **10B**

J

ja yes **1B**
Jacke, -n *f.* jacket **5B**
Jahr, -e *n.* year **7A**
  Ein gutes neues Jahr! Happy New Year! **5A**
  Ich bin... Jahre alt. I am... years old **1B**
Jahrestag, -e *m.* anniversary **5A**
Jahreszeit, -en *f.* season **7A**
Januar *m.* January **2A, 7A**
Jeans *f.* jeans **5B**
jeder/jede/jedes *adj.* any, every, each **8B**
jemand *pron.* someone **7B**
jetzt *adv.* now **4A**
joggen *v.* to jog **2B**
Joghurt, -s *m.* yogurt **4A**

Journalist, -en / Journalistin, -nen *m./f.* journalist **3B**
Jugendherberge, -n *f.* youth hostel **7B**
jugendlich *adj.* young; youthful **10A**
Juli *m.* July **2A, 7A**
jung *adj.* young **3A**
Junge, -n *m.* boy **1A**
Juni *m.* June **2A, 7A**
Juweliergeschäft, -e *n.* jewelry store **10A**

K

Kaffee, -s *m.* coffee **4B**
Kaffeemaschine, -n *f.* coffeemaker **6B**
kalt *adj.* cold **7A**
sich (die Haare) kämmen *v.* to comb (one's hair) **9A**
Kanada *n.* Canada **10B**
Kanadier, - / Kanadierin, -nen *m./f.* Canadian **10B**
Kandidat, -en *m.* candidate **11A**
Kaninchen, - *n.* rabbit **12A**
Karotte, -n *f.* carrot **4A**
Karriere, -n *f.* career **11B**
Karte, -n *f.* map **1B**, *f.* card **2B; 5A**
  eine Karte lesen *v.* to read a map **7B**
  mit der Karte bezahlen *v.* to pay by (credit) card **10A**
Kartoffel, -n *f.* potato **4A**
Käse, - *m.* cheese **4A**
Katze, -n *f.* cat **3A**
kaufen *v.* to buy **2A**
Kaufhaus, -¨er *n.* department store **10B**
Kaution, -en *f.* security deposit **6A**
kein *adj.* no **2B**
  Keine Zufahrt. Do not enter. **3B**
Keks, -e *m.* cookie **5A**
Keller, - *m.* cellar **6A**
Kellner, - / Kellnerin, -nen *m./f.* waiter/waitress **3B, 4B**
kennen *v.* to know, be familiar with **5B**
  sich kennen *v.* to know each other **9A**
  (sich) kennen lernen *v.* to meet (one another) **1A**
Keramik, -en *f.* ceramic **6B**
Kernenergie *f.* nuclear energy **12B**
Kernkraftwerk, -e *n.* nuclear power plant **12B**
Kind, -er *n.* child **1A**
Kiosk, -e *m.* newspaper kiosk **10A**
Kirche, -n *f.* church **10B**
Kissen, - *n.* pillow **6B**
Klasse, -n *f.* class **1B**
  erste/zweite Klasse, -n first/second class **8A**
Klassenkamerad, -en / Klassenkameradin, -nen *m./f.* classmate **1B**
Klassenzimmer, - *n.* classroom **1B**
klassisch *adj.* classical **10A**
Kleid, -er *n.* dress **5B**
Kleidergröße, -n *f.* clothing size **5B**
Kleidung *f. pl.* clothes **5B**
klein *adj.* small; short (stature) **3A**
Kleingeld *n.* change **10A**
Klempner, - / Klempnerin, -nen *m./f.* plumber **11B**
klettern *v.* to climb (mountain) **2B**
klingeln *v.* to ring **8B**

Klippe, -n *f.* cliff **12A**
Knie, - *n.* knee **9A**
Knoblauch, -e *m.* garlic **4A**
Koch, -¨e / Köchin, -nen *m./f.* cook, chef **4B**
kochen *v.* to cook **2B**
Koffer, - *m.* suitcase **7B**
Kofferraum, -¨e *m.* trunk **8A**
Kombi, -s *m.* station wagon **8B**
Komma, -s *n.* comma **1B**
kommen *v.* to come **2A**
Kommode, -n *f.* dresser **6A**
kompliziert *adj.* complicated **10A**
Konditorei, -en *f.* pastry shop **4A**
können *v.* to be able, can **3B**
Konto (*pl.* Konten) *n.* bank account **10A**
Konzert, -e *n.* concert **5B**
Kopf, -¨e *m.* head **9A**
Kopfhörer, - *m.* headphones **8B**
Kopfschmerzen *m. pl.* headache **9B**
Korea *n.* Korea **10B**
der Koreaner, - / die Koreanerin, -nen *m./f.* Korean (person) **10B**
Koreanisch *n.* Korean (language) **10B**
Körper, - *m.* body **9A**
korrigieren *v.* to correct **2A**
Kosmetiksalon, -s *m.* beauty salon **10A**
kosten *v.* to cost **2A**
  Wie viel kostet das? *v.* How much is that? **4A**
krank *adj.* sick **9B**
  krank werden *v.* to get sick **9B**
Krankenhaus, -¨er *n.* hospital **9B**
Krankenpfleger, - / Krankenschwester, -n *m./f.* nurse **9B**
Krankenwagen, - *m.* ambulance **9B**
Krawatte, -n *f.* tie **5B**
Kreuzfahrt, -en *f.* cruise **7B**
Kreuzung, -en *f.* intersection **10B**
Küche, -n *f.* kitchen **6A**
Kuchen, - *m.* cake; pie **4A**
Kuh, -¨e *f.* cow **12A**
kühl *adj.* cool **7A**
Kühlschrank, -¨e *m.* refrigerator **6B**
Kuli, -s *m.* (ball-point) pen **1B**
Kunde, -n / Kundin, -nen *m./f.* customer **9B**
kündigen *v.* to resign **11B**
Kunst, -¨e *f.* art **2A**
Kunststoff, -e *m.* plastic **6B**
kurz *adj.* short **3A**
  kurze Haare *n. pl.* short hair
  kurze Hose *f.* shorts **5B**
kurzärmlig *adj.* short-sleeved **5B**
Kurzfilm, -e *m.* short film
Kuss, -¨e *m.* kiss **5A**
küssen *v.* to kiss **5A**
  sich küssen *v.* to kiss (each other) **9A**
Küste, -n *f.* coast **12A**

L

lächeln *v.* to smile **5A**
lachen *v.* to laugh **2A**
Ladegerät, -e *n.* battery charger **8B**
laden *v.* to charge; load **8B**

Lage, -n *f.* location **7B**
Laken, - *n.* sheet **6B**
Lampe, -n *f.* lamp **6A**
Land, -¨er *n.* country **7B**
landen *v.* to land **7B**
Landkarte, -n *f.* map **7B**
Landschaft, -en *f.* landscape; countryside **12A**
lang *adj.* long **3A**
  lange Haare *n. pl.* long hair **3A**
langärmlig *adj.* long-sleeved **5B**
langsam *adj* slow. **3B**
  Langsam fahren. Slow down. **3B**
langweilig *adj.* boring **3B**
Laptop, -s *m./n.* laptop (computer) **8B**
lassen *v.* to let, allow **2B**
laufen *v.* to run **2B**
leben *v.* to live
Lebenslauf, -¨e *m.* résumé; CV **11A**
Lebensmittelgeschäft, -e *n.* grocery store **4A**
lecker *adj.* delicious **4B**
Leder, - *n.* leather **5B**
ledig *adj.* single **3A**
legen *v.* to lay **5B**; *v.* to put; lay **9A**
Lehrbuch, -¨er *n.* textbook (university) **1B**
Lehrer, - / Lehrerin, -nen *m./f.* teacher **1B**
leicht *adj.* light **4B**; mild **9B**
Leichtathletik *f.* track and field **2B**
leider *adv.* unfortunately **4A**
leiten *v.* to manage **11B**
Lenkrad, -¨er *n.* steering wheel **8A**
lernen *v.* to study; to learn **2A**
lesen *v.* to read **2B**
letzter/letzte/letztes *adj.* last **2B**
Leute *pl.* people **3B**
Licht, -er *n.* light **12B**
Liebe *f.* love **5A**
  Lieber/Liebe *m./f.* Dear **3B**
lieben *v.* to love **2A**
  sich lieben *v.* to love each other **9A**
lieber *adj.* rather **8A**
liebevoll *adj.* loving **3B**
Liebling, -e *m.* darling
  Lieblings- favorite **3B**
liegen *v.* to lie; to be located **5B**
lila *adj.* purple **5B**
Linie, -n *f.* line
Lippe, -n *f.* lip **9A**
Lippenstift, -e *m.* lipstick **9A**
Literatur *f.* literature **2A**
LKW, -s *m.* truck **8A**
LKW-Fahrer, - / LKW-Fahrerin, -nen *m./f.* truck driver **11B**
lockig *adj.* curly **3A**
  lockige Haare *n. pl.* curly hair
Los! Start!; Go! **2B**
löschen *v.* to delete **8B**
Lösung, -en *f.* solution **12B**
  eine Lösung vorschlagen *v.* to propose a solution **12B**
Luft, -¨e *f.* air **12A**
lügen *v.* to lie, tell a lie
Lust, -¨e *f.* desire

Lust haben *v.* to feel like **7B**
lustig *adj.* funny **3B**

M

machen *v.* to do; make **2A**
  Mach's gut! *v.* All the best! **3B**
Mädchen, - *n.* girl **1A**
Mahlzeit, -en *f.* meal **4B**
Mai *m.* May **2A, 7A**
Mal, -e *n.* time
  das erste/letzte Mal the first/last time **7B**
  zum ersten/letzten Mal for the first/last time **7B**
mal times **1B**
Mama, -s *f.* mom **3A**
man *pron.* one **7B**
mancher/manche/manches *adj.* some. **8B**
manchmal *adv.* sometimes **7B**
Mann, -¨er *m.* man **1A**; *m.* husband **3A**
Mannschaft, -en *f.* team **2B**
Mantel, -¨ *m.* coat **5B**
Markt, ¨-e *m.* market **4A**
Marmelade, -n *f.* jam **4A**
Marmor *m.* marble **6B**
März *m.* March **2A, 7A**
Material, -ien *n.* material **5B**
Mathematik *f.* mathematics **2A**
Maus, -¨e *f.* mouse **12A**
Mechaniker, - / Mechanikerin, -nen *m./f.*
  mechanic **8A**
Medikament, -e *n.* medicine **9B**
Medizin *f.* medicine **2A**
Meer, -e *n.* sea; ocean **12A**
Meeresfrüchte *f. pl.* seafood **4A**
mehr *adj.* more **8A**
mein *poss. adj.* my **3A**
meinen *v.* to mean **2A**; to believe; to
  maintain **12B**
Meisterschaft, -en *f.* championship **2B**
Melone, -n *f.* melon **4A**
Mensa (*pl.* Mensen) *f.* cafeteria (college/
  university) **1B**
Mensch, -en *m.* person
Messer, - *n.* knife **4B**
Metzgerei, -en *f.* butcher shop **4A**
Mexikaner, - / Mexikanerin, -nen *m./f.* Mexican
  (person) **10B**
mexikanisch *adj.* Mexican **10B**
Mexiko *n.* Mexico **10B**
Miete, -n *f.* rent **6A**
mieten *v.* to rent **6A**
Mikrofon, -e *n.* microphone **8B**
Mikrowelle, -n *f.* microwave **6B**
Milch *f.* milk **4B**
Minderheit, -en *f.* minority **12B**
Mineralwasser *n.* sparkling water **4B**
minus minus **1B**
mir *pron.* myself, me **7A**
  Mir geht's (sehr) gut. *v.* I am (very) well. **1A**
  Mir geht's nicht (so) gut. *v.* I am not (so) well. **1A**
mit with **4B**
Mitbewohner, - / Mitbewohnerin, -nen *m./f.*
  roommate **2A**
mitbringen *v.* to bring along **4A**

mitkommen *v.* to come along **4A**
mitmachen *v.* to participate **8B**
mitnehmen *v.* to bring with **10B**
  jemanden mitnehmen *v.* to give someone a
  ride **10B**
Mittag, -e *m.* noon **2A**
Mittagessen *n.* lunch **4B**
Mitternacht *f.* midnight **2A**
Mittwoch, -e *m.* Wednesday **2A**
  mittwochs *adv.* on Wednesdays **2A**
Möbel, - *n.* furniture **6A**
Möbelstück, -e *n.* piece of furniture **6A**
möbliert *adj.* furnished **6A**
modern *adj.* modern **10A**
modisch *adj.* fashionable **5B**
mögen *v.* to like **4B**
  Ich möchte... I would like... **4B**
Monat, -e *m.* month **2A, 7A**
Mond, -e *m.* moon **12A**
Montag, -e *m.* Monday **2A**
  montags *adv.* on Mondays **2A**
Morgen, - *m.* morning **2B**
  morgens *adv.* in the morning **2A**
morgen *adv.* tomorrow **2B**
  morgen früh tomorrow morning **2B**
Motor, -en *m.* engine **8A**
Motorhaube, -n *f.* hood (of car) **8A**
MP3-Player, - *m.* mp3 player **8B**
müde *adj.* tired **3B**
Müll *m.* trash **6B**; *m.* waste **12B**
  den Müll rausbringen *v.* to take out the trash **6B**
Müllwagen, - *m.* garbage truck **12B**
Mund, -¨er *m.* mouth **9A**
Münze, -n *f.* coin **10A**
Musiker, - / Musikerin, -nen *m./f.* musician **3B**
müssen *v.* to have to; must **3B**
mutig *adj.* brave **3B**
Mutter, -¨ *f.* mother **1A**
Mütze, -n *f.* cap **5B**

N

nach *prep.* after; to; according to **4B**; *prep.* past
  (time) **2A**
  nach rechts/links to the right/left **6A**
nachdem *conj.* after **10A**
nachmachen *v.* to imitate **8B**
Nachmittag, -e *m.* afternoon **2B**
  nachmittags *adv.* in the afternoon **2A**
Nachname, -n *m.* last name **3A**
Nachricht, -en *f.* message **11A**
  eine Nachricht hinterlassen *v.* to leave a
  message **11A**
Nachspeise, -n *f.* dessert **4B**
nächster/nächste/nächstes *adj.* next **2B**
Nacht, -¨e *f.* night **2B**
Nachttisch, -e *m.* night table **6A**
nah(e) *adj.* near; nearby **10B**
Nähe *f.* vicinity **10B**
  in der Nähe von *f.* close to **10B**
naiv *adj.* naïve **3B**
Nase, -n *f.* nose **9A**
  verstopfte Nase *f.* stuffy nose **9A**
nass *adj.* wet **12A**

Natur, f. nature **12A**
Naturkatastrophe, -n *f.* natural disaster **12A**
Naturwissenschaft, -en *f.* science **2A**
Nebel, - *m.* fog; mist **7A**
neben *prep.* next to **5B**
Nebenkosten *pl.* additional charges **6A**
Neffe, -n *m.* nephew **8B**
nehmen *v.* to take **2B**
nein no **1B**
nennen *v.* to call **5A**
nervös *adj.* nervous **3B**
nett *adj.* nice **3B**
neugierig *adj.* curious **3B**
neun nine **2A**
nicht *adv.* not **2B**
  nicht schlecht not bad **1A**
nichts *pron.* nothing **7B**
nie *adv.* never **4A**
niedrig *adj.* low **11A**
niemals *adv.* never **7B**
niemand *pron.* no one **7B**
niesen *v.* to sneeze **9B**
normalerweise *adv.* usually **9B**
Notaufnahme, -n *f.* emergency room **9B**
Note, -n *f.* grade (on an assignment) **1B**
Notfall, -¨e *m.* emergency **11B**
Notiz, -en *f.* note **1B**
November *m.* November **2A, 7A**
Nummernschild, -er *n.* license plate **8A**
nur *adv.* only **4A**
nützlich *adj.* useful **2A**
nutzlos *adj.* useless **2A**

O

ob *conj.* whether; if **10A**
Obst *n.* fruit **4A**
obwohl *conj.* even though **6A**; *conj.* although **10A**
oder *conj.* or **6A**
Ofen, ¨- *m.* oven **6B**
öffentlich *adj.* public **8A**
  öffentliche Verkehrsmittel *n.* public
  transportation **8A**
öffnen *v.* to open **2A**
oft *adv.* often **4A**
ohne *prep.* without **3B**
Ohr, -en *n.* ear **9A**
Ökologie *f.* ecology **12B**
ökologisch *adj.* ecological **12B**
Oktober *m.* October **2A, 7A**
Öl, -e *n.* oil **4A**
Olivenöl, -e *n.* olive oil **4A**
Oma, -s *f.* grandma **3A**
online sein *v.* to be online **8B**
Opa, -s *m.* grandpa **3A**
orange *adj.* orange **5B**
Orange, -n *f.* orange **4A**
ordentlich *adj.* neat, tidy **6B**
Ort, -e *m.* place **1B**
Österreich *n.* Austria **10B**
Österreicher, - / Österreicherin, -nen *m./f.*
  Austrian (person) **10B**

P

Paar, -e *n.* couple **3A**
packen *v.* to pack **7B**
Paket, -e *n.* package **10A**
Papa, -s *m.* dad **3A**
Papier, -e *n.* paper
  Blatt Papier (*pl.* Blätter Papier) *n.* sheet of paper **1B**
Papierkorb, -¨e *m.* wastebasket **1B**
Paprika, - *f.* pepper **4A**
  grüne/rote Paprika *f.* green/red pepper **4A**
Park, -s *m.* park **1A**
parken *v.* to park **8A**
  Parkverbot. No parking. **3B**
Party, -s *f.* party **5A**
  eine Party geben *v.* to throw a party **5A**
Passagier, -e / Passagierin, -nen *m./f.* passenger **7B**
passen *v.* to fit; to match **5A**
passieren *v.* to happen **5B**
Passkontrolle, -n *f.* passport control **7B**
Passwort, -¨er *n.* password **8B**
Pasta *f.* pasta **4A**
Patient, -en / Patientin, -nen *m./f.* patient **9B**
Pause, -n *f.* break, recess **1B**
Pension, -en *f.* guesthouse **7B**
Person, -en *f.* person **1A**
Personalausweis, -e *m.* ID card **7B**
Personalchef, -s / die Personalchefin, -nen *m./f.* human resources manager **11A**
persönlich *adj.* personal **3B**
Pfanne, -n *f.* pan **6B**
Pfeffer, - *m.* pepper **4B**
Pferd, -e *n.* horse **12A**
Pfirsich, -e *m.* peach **4A**
Pflanze, -n *f.* plant **6A**
Pfund, -e *n.* pound **4A**
Physik *f.* physics **2A**
Picknick, -s, *n.* picnic **12A**
  ein Picknick machen *v.* to have a picnic **12A**
Pilz, -e *m.* mushroom **4A**
Pinnwand, -¨e *f.* bulletin board **11A**
Planet, -en *m.* planet **12B**
  den Planeten retten *v.* to save the planet **12B**
Platten, - *m.* flat tire **8A**
  einen Platten haben *v.* to have a flat tire **8A**
Platz, -¨e *m.* court **1A**
plus plus **1B**
Politiker, - / Politikerin, -nen *m./f.* politician **11B**
Polizeiwache, -n *f.* police station **10A**
Polizist, -en / Polizistin, -nen *m./f.* police officer **8A**
Post *f.* post office; mail **10A**
  zur Post gehen *v.* to go to the post office **10A**
Poster, - *n.* poster **6A**
Postkarte, -n *f.* postcard **10A**
Praktikum (*pl.* die Praktika) *n.* internship **11A**
prima *adj.* great **1A**
probieren *v.* to try **3B**
  Probieren Sie mal! Give it a try!
Problem, -e *n.* problem **1A**
Professor, -en / Professorin, -nen *m./f.* professor **1B**

Programm, -e *n.* program **8B**
Prost! Cheers! **4B**
Prozent, - *n.* percent **1B**
Prüfung, -en *f.* exam, test **1B**
Psychologe, -n / Psychologin, -nen *m./f.* psychologist **11B**
Psychologie *f.* psychology **2A**
Pullover, - *m.* sweater **5B**
Punkt, -e *m.* period **1B**
pünktlich *adj.* on time **7B**
putzen *v.* to clean **6B**
  sich die Zähne putzen *v.* to brush one's teeth **9A**

Q

Querverweis, -e *m.* cross-reference

R

Radiergummi, -s *m.* eraser **1B**
Rasen, - *m.* lawn, grass
  Betreten des Rasens verboten. Keep off the grass. **3B**
sich rasieren *v.* to shave **9A**
Rasierer, - *m.* razor **9A**
Rasierschaum, -¨e *m.* shaving cream **9A**
Rathaus, -¨er *n.* town hall **10A**
rauchen *v.* to smoke
  Rauchen verboten. No smoking. **3B**
rausbringen *v.* to bring out **6B**
  den Müll rausbringen *v.* to take out the trash **6B**
realistisch *adj.* realistic **10A**
Rechnung, -en *f.* check **4B**
Rechtsanwalt, -¨e / Rechtsanwältin, -nen *m./f.* lawyer **3B**
Rechtschreibung *f.* spelling
recyceln *v.* to recycle **12B**
reden *v.* to talk **5A**
  reden über *v.* to talk about **7A**
Referat, -e *n.* presentation **2A**
Referenz, -en *f.* reference **11A**
Regen *m.* rain **7A**
Regenmantel, -¨ *m.* raincoat **7A**
Regenschirm, -e *m.* umbrella **7A**
Regierung, -en *f.* government **12B**
regnen *v.* to rain **2A, 7A**
Reis *m.* rice **4A**
Reise, -n *f.* trip **7B**
Reisebüro, -s *n.* travel agency **7B**
reisen *v.* to travel **2A**
Reisende, -n *m./f.* traveler **7B**
Reiseziel, -e *n.* destination **7B**
reiten *v.* to ride **2B**
rennen *v.* to run **5A**
Rente, -n *f.* pension
  in Rente gehen *v.* to retire **5A**
Rentner, - / Rentnerin, -nen *m./f.* retiree **11B**
reparieren *v.* to repair **8A**
Restaurant, -s *n.* restaurant **4B**
retten *v.* to save **12B**
Rezept, -e *n.* prescription **9B**
Richter, - / Richterin, -nen *m./f.* judge **11B**
Richtung, -en *f.* direction **10B**

in Richtung *f.* toward **10B**
Rindfleisch *n.* beef **4A**
Rock, -¨e *m.* skirt **5B**
rosa *adj.* pink **5B**
rot *adj.* red **3A**
rothaarig *adj.* red-haired **3A**
Rücken, - *m.* back **9A**
Rückenschmerzen *m. pl.* backache **9B**
Rucksack, -¨e *m.* backpack **1B**
ruhig *adj.* calm **3B**
Russe, -n / Russin, -nen *m./f.* Russian (person) **10B**
Russisch *n.* Russian (language) **10B**
Russland *n.* Russia **10B**

S

Sache, -n *f.* thing **1B**
Saft, -¨e *m.* juice **4B**
sagen *v.* to say **2A**
Salat, -e *m.* lettuce; salad **4A**
Salz, -e *n.* salt **4B**
salzig *adj.* salty **4B**
Samstag, -e *m.* Saturday **2A**
  samstags *adv.* on Saturdays **2A**
sauber *adj.* clean **6B**
saure Regen *m.* acid rain **12B**
Saustall *n.* pigsty **6B**
  Es ist ein Saustall! It's a pigsty! **6B**
Schach *n.* chess **2B**
Schaf, -e *n.* sheep **12A**
Schaffner, - / Schaffnerin, -nen *m./f.* ticket collector **8A**
Schal, -s *m.* scarf **5B**
scharf *adj.* spicy **4B**
schauen *v.* to look **7A**
Scheibenwischer, - *m.* windshield wiper **8A**
Scheinwerfer, - *m.* headlight **8A**
scheitern *v.* to fail **11B**
schenken *v.* to give (a gift) **5A**
schicken *v.* to send **10A**
Schiff, -e *n.* ship **8A**
Schinken, - *m.* ham **4A**
Schlafanzug, -¨e *m.* pajamas **9A**
schlafen *v.* to sleep **2B**
Schlafzimmer, - *n.* bedroom **6A**
Schlange, -n *f.* line **7B**; *f.* snake **12A**
  Schlange stehen *v.* to stand in line **7B**
schlank *adj.* slim **3A**
schlecht *adj.* bad **3B**
  schlecht gekleidet *adj.* badly dressed **5B**
Schlüssel, - *m.* key **7B**
schmecken *v.* to taste **4B**
Schmerz, -en *m.* pain **9B**
sich schminken *v.* to put on makeup **9A**
schmutzig *adj.* dirty **6B**
Schnee *m.* snow **7A**
schneien *v.* to snow **7A**
schnell *adj.* fast **3B**
schon *adv.* already, yet **5B**
schön *adj.* pretty; beautiful **3A**
  Schön dich/Sie kennen zu lernen. Nice to meet you. **1A**

Schönen Tag noch! Have a nice day! **1A**
Es ist schön draußen. It's nice out. **7A**
Schrank, -¨e *m.* cabinet; closet **6A**
schreiben *v.* to write **2B**
  schreiben an *v.* to write to **7A**
  sich schreiben *v.* to write one another **9A**
Schreibtisch, -e *m.* desk **1B**
Schreibwarengeschäft, -e *n.* paper-goods
  store **10A**
Schublade, -n *f.* drawer **6A**
schüchtern *adj.* shy **3B**
Schuh, -e *m.* shoe **5B**
Schulbuch, -¨er *n.* textbook (K–12) **1B**
Schule, -n *f.* school **1B**
Schüler, - / Schülerin, -nen (K–12) *m./f.*
  student **1B**
Schulleiter, - / Schulleiterin, -nen *m./f.*
  principal **1B**
Schulter, -n *f.* shoulder **9A**
Schüssel, -n *f.* bowl **4B**
schützen *v.* to protect **12B**
schwach *adj.* weak **3B**
Schwager, -¨ *m.* brother-in-law **3A**
Schwägerin, -nen *f.* sister-in-law **3A**
schwanger *adj.* pregnant **9B**
schwänzen *v.* to cut class **1B**
schwarz *adj.* black **5B**
schwarzhaarig *adj.* black-haired **3A**
Schweinefleisch *n.* pork **4A**
Schweiz (die) *f.* Switzerland **7A**
Schweizer, - / Schweizerin, -nen *m./f.* Swiss
  (person) **10B**
schwer *adj.* rich, heavy **4B**; *adj.* serious,
  difficult **9B**
Schwester, -n *f.* sister **1A**
Schwiegermutter, -¨ *f.* mother-in-law **3A**
Schwiegervater, -¨ *m.* father-in-law **3A**
schwierig *adj.* difficult **2A**
Schwimmbad, -¨er *n.* swimming pool **2B**
schwimmen *v.* to swim **2B**
schwindlig *adj.* dizzy **9B**
sechs six **2A**
See, -n *m.* lake **12A**
sehen *v.* to see **2B**
sehr *adv.* very **4A**
Seide, -n *f.* silk **5B**
Seife, -n *f.* soap **9A**
sein *v.* to be **1A**
  (gleich) sein *v.* to equal **1B**
sein *poss. adj.* his, its **3A**
seit since; for **4B**
Sekt, -e *m.* champagne **5A**
Sektor, -en *m.* field; sector **11A**
selten *adv.* rarely **4A**
Seminar, -e *n.* seminar **2A**
Seminarraum, -räume *m.* seminar room **2A**
Sender, - *m.* channel **8B**
September *m.* September **2A, 7A**
Serviette, -n *f.* napkin **4B**
Sessel, - *m.* armchair **6A**
setzen *v.* to put, place **5B**; *v.* to put, set **9A**
Shampoo, -s *n.* shampoo **9A**
sicher *adv.* probably **10A**

Sicherheitsgurt, -e *m.* seatbelt **8A**
sie *pron.* she/they **1A**
Sie *pron.* (*form., sing./pl.*) you **1A**
sieben seven **2A**
Silvester *n.* New Year's Eve **5A**
singen *v.* to sing **2B**
sitzen *v.* to sit **5B**
Ski fahren *v.* to ski **2B**
SMS, - *f.* text message **8B**
Snack, -s *m.* snack **4B**
so *adv.* so **4A**
  so lala so-so **1A**
Socke, -n *f.* sock **5B**
Sofa, -s *n.* sofa; couch **6A**
  Sofa surfen *v.* to couch surf **7B**
Sohn, -¨e *m.* son **3A**
solcher/solche/solches *pron.* such **8B**
sollen *v.* to be supposed to **3B**
Sommer, - *m.* summer **2B, 7A**
sondern *conj.* but rather; instead **6A**
Sonne, -n *f.* sun **12A**
Sonnenaufgang, -¨e *m.* sunrise **12A**
Sonnenbrand, -¨e *m.* sunburn **9B**
Sonnenbrille, -n *f.* sunglasses **5B**
Sonnenenergie *f.* solar energy **12B**
Sonnenuntergang, -¨e *m.* sunset **12A**
sonnig *adj.* sunny **7A**
Sonntag, -e *m.* Sunday **2A**
  sonntags *adv.* on Sundays **2A**
Spanien *n.* Spain **10B**
Spanier, - / Spanierin, -nen *m./f.* Spanish
  (person) **10B**
Spanisch *n.* Spanish (language) **10B**
spannend *adj.* exciting **10A**
Spaß fun *m.* **7B**
  Spaß machen *v.* to be fun **7B**
  (keinen) Spaß haben *v.* to (not) have fun **5A**
spät *adj.* late
  Wie spät ist es? What time is it? **2A**
spazieren gehen *v.* to go for a walk **2B**
Spaziergang, -¨e *m.* walk
speichern *v.* to save **8B**
Speisekarte, -n *f.* menu **4B**
Spiegel, - *m.* mirror **6A**
Spiel, -e *n.* match, game **2B**
spielen *v.* to play **2A**
Spieler, - / Spielerin, -nen *m./f.* player **2B**
Spielfeld, -er *n.* field **2B**
Spielkonsole, -n *f.* game console **8B**
Spitze! *adj.* great! **1A**
Sport *m.* sports **2B**
  Sport treiben *v.* to exercise **9B**
Sportart, -en *f.* sport; type of sport **2B**
Sporthalle, - n *f.* gym **2A**
sportlich *adj.* athletic **3A**
sprechen *v.* to speak **2B**
  sprechen über *v.* to speak about **7A**
Spritze, -n *f.* shot **9B**
  eine Spritze geben *v.* to give a shot **9B**
Spüle, -n *f.* (kitchen) sink **6B**
spülen *v.* to rinse **6B**
  Geschirr spülen *v.* to do the dishes **6B**

Spülmaschine, -n *f.* dishwasher **6B**
Stadion (*pl.* Stadien) *n.* stadium **2B**
Stadt, -¨e *f.* city **5B**; *f.* town **10B**
Stadtplan, -¨e *m.* city map **7B**
Stahl *m.* steel **6B**
stark *adj.* strong **3B**
starten *v.* to start **8B**
statt *conj.* instead of
Statue, -n *f.* statue **10B**
staubsaugen *v.* to vacuum **6B**
Staubsauger, - *m.* vacuum cleaner **6B**
stehen *v.* to stand **5B**
  Schlange stehen *v.* to stand in line **7B**
stehlen *v.* to steal **2B**
steif *adj.* stiff **9B**
steigen *v.* to climb **5B**
Stein, -e *m.* rock **12A**
Stelle, -n *f.* place, position **10A**; job **11A**
  an deiner/Ihrer Stelle *f.* if I were you **10A**
  eine Stelle suchen *v.* to look for a job **11A**
stellen *v.* to put, place **5B**
Stellenangebot, -e *n.* job opening **11A**
sterben *v.* to die **5B**
Stereoanlage, -n *f.* stereo system **8B**
Stern -e *m.* star **12A**
Stiefel, - *m.* boot **5B**
Stiefmutter, -¨ *f.* stepmother **3A**
Stiefsohn, -¨e *m.* stepson **3A**
Stieftochter, -¨ *f.* stepdaughter **3A**
Stiefvater, -¨ *m.* stepfather **3A**
Stift, -e *m.* pen **1B**
Stil, -e *m.* style **5B**
still *adj.* still **4B**
  stilles Wasser *n.* still water **4B**
Stipendium, -en *n.* scholarship, grant **2A**
Stock, -¨e *m.* floor **6A**
  erster/zweiter Stock first/second floor **6A**
stolz *adj.* proud **3B**
Stoppschild, -er *n.* stop sign **8A**
Strand, -¨e *m.* beach **2B**
Straße, -n *f.* street **8A**
sich streiten *v.* to argue **9A**
Strom, -¨e *m.* stream **12A**
Student, -en / Studentin, -nen *m./f.* (college/
  university) student **1A**
Studentenwohnheim, -e *n.* dormitory **2A**
studieren *v.* to study; major in **2A**
Studium (*pl.* Studien) *n.* studies **2A**
Stuhl, -¨e *m.* chair **1A**
Stunde, -n *f.* lesson **1B**; hour **2A**
Stundenplan, -¨e *m.* schedule **2A**
Sturm, -¨e *m.* storm **7A**
suchen *v.* to look for **2A**
  eine Stelle suchen *v.* to look for a job **11A**
Supermarkt, ¨-e *m.* supermarket **4A**
Suppe, -n *f.* soup **4B**
surfen *v.* to surf **8B**
  im Internet surfen *v.* to surf the Web **8B**
süß *adj.* sweet, cute **3B, 4B**
Süßigkeit, - en *f.* candy **5A**
Sweatshirt, -s *n.* sweatshirt **5B**
Symptom, -e *n.* symptom **9B**

T

Tablette, -n *f.* pill **9B**
Tafel, -n *f.* board, black board **1B**
Tag, -e *m.* day **1A, 7A**
  Welcher Tag ist heute? What day is it today? **7A**
täglich *adv.* every day; daily **4A**
Tal, -ˉer *n.* valley **12A**
tanken *v.* to fill up **8A**
Tankstelle, -n *f.* gas station **8A**
Tante, -n *f.* aunt **3A**
tanzen *v.* to dance **2B**
Taschenrechner, - *m.* calculator **1B**
Taschentuch, -ˉer *n.* tissue **9B**
Tasse, -n *f.* cup **4B**
Tastatur, -en *f.* keyboard **8B**
Taxi, -s *n.* taxi **8A**
Taxifahrer, - / Taxifahrerin, -nen *m./f.* taxi driver **11B**
Technik *f.* technology **8B**
  Technik bedienen *v.* to use technology **8B**
Tee, -s *m.* tea **4B**
Teelöffel, - *m.* teaspoon **4B**
Telefon, -e *n.* telephone **8B**
  am Telefon on the telephone **11A**
Telefonnummer, -n *f.* telephone number **11A**
Telefonzelle, -n *f.* phone booth **10B**
Teller, - *m.* plate **4B**
Tennis *n.* tennis **2B**
Teppich, -e *m.* rug **6A**
Termin, -e *m.* appointment **11A**
  einen Termin vereinbaren *v.* to make an appointment **11A**
Terminkalender, - *m.* planner **1B**
teuer *adj.* expensive **3A**
Thermometer, - *n.* thermometer **9B**
Thunfisch *m.* tuna **4A**
Tier, -e *n.* animal **12A**
Tierarzt, -ˉe / Tierärztin, -nen *m./f.* veterinarian **11B**
Tisch, -e *m.* table, desk **1B**
  den Tisch decken *v.* to set the table **6B**
Tischdecke, -n *f.* tablecloth **4B**
Toaster, - *m.* toaster **6B**
Tochter, -ˉ *f.* daughter **3A**
Toilette, -n *f.* toilet **6A**
Tomate, -n *f.* tomato **4A**
Topf, -ˉe *m.* pot **6B**
Tor, -e *n.* goal (in soccer, etc.) **2B**
Tornado, -s *m.* tornado **12A**
Torte, -n *f.* cake **5A**
Touristenklasse *f.* economy class **7B**
tragen *v.* to carry; wear **2B**
Trägerhemd, -en *n.* tank top **5B**
trainieren *v.* to practice **2B**
Traube, -n *f.* grape **4A**
träumen *v.* to dream **2A**
traurig *adj.* sad **3B**
treffen *v.* to meet; to hit **2B**
  sich treffen *v.* to meet (each other) **9A**
treiben *v.* to float; to push
  Sport treiben *v.* to exercise **9B**
Treibsand *m.* quicksand **12A**

sich trennen *v.* to separate, split up **9A**
Treppe, -n *f.* stairway **6A**
trinken *v.* to drink **3B**
Trinkgeld, -er *n.* tip **4B**
trocken *adj.* dry **12A**
trotz *prep.* despite, in spite of **8B**
Tschüss. Bye. **1A**
T-Shirt, -s *n.* T-shirt **5B**
tun *v.* to do **9B**
  Es tut mir leid. I'm sorry. **1A**
  weh tun *v.* to hurt **9B**
Tür, -en *f.* door **1B**
  Türen schließen. Keep doors closed. **3B**
Türkei (die) *f.* Turkey **10B**
Türke, -n / die Türkin, -nen *m./f.* Turkish (person) **10B**
Türkisch *n.* Turkish (language) **10B**
Turnschuhe *m. pl.* sneakers **5B**

U

U-Bahn *f.* subway **8A**
übel *adj.* nauseous **9B**
üben *v.* to practice **2B**
über *prep.* over, above **5B**
übernachten *v.* to spend the night **7B**
überall *adv.* everywhere **4A**
Überbevölkerung *f.* overpopulation **12B**
überlegen *v.* to think over **4A**
übermorgen *adv.* the day after tomorrow **2B**
überqueren *v.* to cross **10B**
überraschen *v.* to surprise **5A**
Überraschung, -en *f.* surprise **5A**
überzeugend *adj.* persuasive **9B**
Übung, -en *f.* practice
Uhr, -en *f.* clock **1B**
  um... Uhr at... o'clock **2A**
  Wie viel Uhr ist es? *v.* What time is it? **2A**
um *prep.* around; at (time) **3B**
  um... zu in order to **7B**
Umleitung, -en *f.* detour **8A**
umtauschen *v.* to exchange **6B**
Umwelt, -en *f.* environment **12B**
umweltfreundlich *adj.* environmentally friendly **12B**
Umweltschutz *m.* environmentalism **12B**
umziehen *v.* to move **6A, 9A**
  sich umziehen *v.* to change clothes **9A**
unangenehm *adj.* unpleasant **3B**
und *conj.* and **6A**
Unfall, -ˉe *m.* accident **8A**
  einen Unfall haben *v.* to have an accident **8A**
Universität, -en *f.* university; college **1B**
unmöbliert *adj.* unfurnished **6A**
unser *poss. adj.* our **3A**
unter *prep.* under, below **5B**
untergehen *v.* to set (sun) **12A**
sich unterhalten *v.* to chat, have a conversation **9A**
Unterkunft, -ˉe *f.* accommodations **7B**
Unterricht, -e *m.* class **1B**
unterschreiben *v.* to sign **10A**
Unterwäsche *f.* underwear **5B**

Urgroßmutter, -ˉ *f.* great grandmother **3A**
Urgroßvater, -ˉ *m.* great grandfather **3A**
Urlaub, -e *m.* vacation **7B**
  Urlaub machen *v.* to go on vacation **7B**
  Urlaub nehmen *v.* to take time off **11B**
USA (die) *pl.* USA **10B**

V

Vase, -n *f.* vase **6A**
Vater, -ˉ *m.* father **3A**
Veranstaltung, -en *f.* class **2A**
Verb, -en *n.* verb **9A**
verbessern *v.* to improve **12B**
verbringen *v.* to spend **7A**
verdienen *v.* to earn **11B**
Vereinigten Staaten (die) *pl.* United States **10B**
Vergangenheit *f.* past **12A**
vergessen *v.* to forget **2B**
verheiratet *adj.* married **3A**
verkaufen *v.* to sell **4A**
Verkäufer, - / Verkäuferin, -nen *m./f.* salesperson **5B**
Verkehr *m.* traffic **8A**
Verkehrsmittel *n.* transportation **8A**
  öffentliche Verkehrsmittel *n. pl.* public transportation **8A**
verkünden *v.* to announce **12B**
sich verlaufen *v.* to get lost **10B**
sich verletzen *v.* to hurt oneself **9B**
Verletzung, -en *f.* injury **9B**
sich verlieben (in) *v.* to fall in love (with) **9A**
verlieren *v.* to lose **2B**
verlobt *adj.* engaged **3A**
Verlobte, -n *m./f.* fiancé(e) **3A**
verschmutzen *v.* to pollute **12B**
Verschmutzung *f.* pollution **12B**
sich verspäten *v.* to be late **9A**
Verspätung, -en *f.* delay **7B**
Verständnis, -se *n.* comprehension
sich (das Handgelenk / den Fuß) verstauchen *v.* to sprain (one's wrist/ankle) **9B**
verstehen *v.* to understand **2A**
verstopfte Nase *f.* stuffy nose **9B**
verwandt *adj.* related **10A**
Verwandte, -n *m.* relative **3A**
viel *adv.* much, a lot (of) **4A**
  Viel Glück! Good luck! **5A**
  Vielen Dank. Thank you very much. **1A**
vielleicht *adv.* maybe **4A**
vier four **2A**
Viertel, - *n.* quarter **2A**
  Viertel nach/vor quarter past/to **2A**
Visum(*pl.* Visa) *n.* visa **7B**
Vogel, -ˉ *m.* bird **3A**
voll *adj.* full **7B**
  voll besetzt *adj.* fully occupied **7B**
Volleyball *m.* volleyball **2B**
von *prep.* from **4B**
vor *prep.* in front of, before **5B**; *prep.* to **2A**
vorbei *adv.* over, past **7A**
vorbereiten *v.* to prepare **4A**
  sich vorbereiten (auf) *v.* to prepare oneself (for) **9A**

Vorbereitung, -en *f.* preparation
Vorhang, -ˉe *m.* curtain **6A**
Vorlesung, -en *f.* lecture **2A**
vormachen *v.* to fool **8B**
Vormittag, -e *m.* midmorning **2B**
vormittags *adv.* before noon **2A**
Vorspeise, -n *f.* appetizer **4B**
vorstellen *v.* to introduce **9A**
  sich vorstellen *v.* to introduce oneself **9A**
  sich (etwas) vorstellen *v.* to imagine
    (something) **9A**
Vorstellungsgespräch, -e *n.* job interview **11A**
Vortrag, -ˉe *m.* lecture **6B**
Vulkan, -e *m.* volcano **12A**

W

wachsen *v.* to grow **5B**
während *prep.* during **8B**
wahrscheinlich *adv.* probably **10A**
Wald, -ˉer *m.* forest **2B, 12A**
Wand, -ˉe *f.* wall **5B**
wandern *v.* to hike **2A**
wann *interr.* when **2A**
  Wann hast du Geburtstag? When is your
    birthday? **7A**
warm *adj.* warm **10A**
warten *v.* to wait (for) **2A**
  warten auf *v.* to wait for **7A**
  in der Warteschleife sein *v.* to be on hold **11B**
warum *interr.* why **2A**
was *interr.* what **2A**
  Was geht ab? What's up? **1A**
  Was ist das? What is that? **1B**
Wäsche *f.* laundry **6B**
waschen *v.* to wash **2B**
  sich waschen *v.* to wash (oneself) **9A**
  Wäsche waschen *v.* to do laundry **6B**
Wäschetrockner, - *m.* dryer **6B**
Waschmaschine, -n *f.* washing machine **6B**
Waschsalon, -s *m.* laundromat **10A**
Wasser *n.* water **4B**
Wasserfall, -ˉe *m.* waterfall **12A**
Wasserkrug, ˉe *m.* water pitcher **4B**
Website, -s *f.* web site **8B**
Weg, -e *m.* path **12A**
wegen *prep.* because of **8B**
wegräumen *v.* to put away **6B**
wegwerfen *v.* to throw away **12B**
weh tun *v.* to hurt **9B**
Weihnachten, - *n.* Christmas **5A**
weil *conj.* because **10A**
Wein, -e *m.* wine **4B**
weinen *v.* to cry **9B**
weise *adj.* wise **3B**
weiß *adj.* white **5B**
weit *adj.* loose; big **5B;** *adj.* far **10B**
  weit von *adj.* far from **10B**
  weiter geht's moving forward
welcher/welche/welches *interr.* which **2A**
  Welcher Tag ist heute? What day is it today? **7A**
Welt, -en *f.* world **12B**

wem *interr.* whom (*dat.*) **4B**
wen *interr.* whom (*acc.*) **2A**
Wende, -n *f.* turning point **12B**
wenig *adj.* little; not much **10A**
wenn *conj.* when; whenever; if **10A**
  wenn... dann if... then **10A**
  wenn... nur if... only **10A**
wer *interr.* who **2A**
  Wer ist das? Who is it? **1B**
  Wer spricht? Who's calling? **11A**
werden *v.* to become **2B**
werfen *v.* to throw **2B**
Werkzeug, -e *n.* tool kit
wessen *interr.* whose **8B**
Wetter *n.* weather **7A**
  Wie ist das Wetter? What's the weather like? **7A**
wichtig *adj.* important **7B**
wie *interr.* how **2A**
  wie viel? *interr.* how much? **2A**
  wie viele? *interr.* how many? **2A**
  Wie alt bist du? How old are you? **1B**
  Wie heißt du? *(inf.)* What's your name? **1A**
wiederholen *v.* to repeat **2A**
Wiederholung, -en *f.* repetition; revision
wiegen *v.* to weigh **8B**
willkommen welcome **1A**
  Herzlich willkommen! Welcome! **1A**
Windenergie *f.* wind energy **12B**
windig *adj.* windy **7A**
Windschutzscheibe, -n *f.* windshield **8A**
Winter, - *m.* winter **2B, 7A**
wir *pron.* we **1A**
wirklich *adv.* really **4A**
Wirtschaft, -en *f.* business; economy **2A**
wischen *v.* to wipe, mop **6B**
wissen *v.* to know (information) **5B**
Wissenschaftler, - / Wissenschaftlerin, -nen *m./f.*
  scientist **11B**
Witwe, -n *f.* widow **3A**
Witwer, - *m.* widower **3A**
wo *interr.* where **2A**
woanders *adv.* somewhere else **4A**
Woche, -n *f.* week **2A**
Wochenende, -n *n.* weekend **2A**
woher *interr.* from where **2A; 6A**
wohin *interr.* where to **2A**
wohl *adv.* probably **10A**
wohnen *v.* to live (somewhere) **2A**
Wohnung, -en *f.* apartment **6A**
Wohnzimmer, - *n.* living room **6A**
Wolke, -n *f.* cloud **7A**
wolkig *adj.* cloudy **7A**
Wolle *f.* wool **5B**
wollen *v.* to want **3B**
Wörterbuch, -ˉer *n.* dictionary **1B**
Wortschatz, -ˉe *m.* vocabulary
wünschen *v.* to wish **9A**
  sich (etwas) wünschen *v.* to wish (for
    something) **9A**
Würstchen, - *n.* sausage **4A**

Z

Zahn, -ˉe *m.* tooth **9A**
  sich die Zähne putzen *m.* to brush one's teeth **9A**
Zahnarzt, -ˉe / Zahnärztin, -nen *m./f.* dentist **9B**
Zahnbürste, -n *f.* toothbrush **9A**
Zahnpasta (*pl.* Zahnpasten) *f.* toothpaste **9A**
Zahnschmerzen *m. pl.* toothache **9B**
Zapping *n.* channel surfing
Zebrastreifen, - *m.* crosswalk **10B**
Zeh, -en *m.* toe **9A**
zehn ten **2A**
zeigen *v.* to show **5A**
Zeit, -en *f.* time **7B**
Zeitschrift, -en *f.* magazine **10A**
Zeitung, -en *f.* newspaper **7B, 10A**
Zelt, -e *n.* tent **7B**
Zeltplatz, -ˉe *m.* camping area **7B**
Zeugnis, -se *n.* report card, grade report **1B**
ziehen *v.* to pull **3B**
ziemlich *adv.* quite
  ziemlich gut pretty well **1A**
Zimmer, - *n.* room **1A**
  Zimmer frei vacancy **6A**
Zimmerservice *m.* room service **7B**
Zoll *m.* customs **7B**
zu *adv.* too **4A;** *prep.* to; for; at **4B**
  bis zu *prep.* until **10B**
  um... zu (in order) to **7B**
  Zum Wohl! Cheers! **4B**
zubereiten *v.* to prepare **7A**
zuerst *adv.* first **7B**
Zug, -ˉe *m.* train **8A**
zumachen *v.* to close **8B**
sich zurechtfinden *v.* to find one's way **10B**
zurückkommen *v.* to come back **4A**
zusammen *adv.* together **4A**
zuschauen *v.* to watch **4A**
zuverlässig *adj.* reliable **11B**
zwanzig twenty **2A**
zwei two **2A**
zweite *adj.* second **2A**
Zwiebel, -n *f.* onion **4A**
Zwilling, -e *m.* twin **3A**
zwischen *prep.* between **5B**
zwölf twelve **2A**

Englisch-Deutsch

A

a ein/eine **1A**
able: to be able to können *v.* **3B**
about über *prep.* **5B**
  to be about handeln von *v.* **7A**
above über *prep.* **5B**
abroad Ausland *n.* **7B**
accident Unfall, -¨e *m.* **8A**
  to have an accident einen Unfall haben *v.* **8A**
accommodation Unterkunft, -¨e *f.* **7B**
according to nach *prep.* **4B**
accountant Buchhalter, - / Buchhalterin, -nen *m./f.* **11B**
acid rain saurer Regen *m.* **12B**
across (from) gegenüber (von) *prep.* **10B**
address Adresse, -n *f.* **10A**
address book Adressbuch, -¨er *n.* **11A**
adopt adoptieren *v.* **3A**
afraid: to be afraid of Angst haben vor *v.* **7A**
after nach *prep.* **4B**; nachdem *conj.* **10A**
afternoon Nachmittag, -e *m.* **2B**
  in the afternoon nachmittags *adv.* **2A**
against gegen *prep.* **3B**
air Luft, -¨e *f.* **12A**
airplane Flugzeug, -e *n.* **7B**
airport Flughafen, -¨ *m.* **7B**
all ganz *adj.* **7B**; alle *pron.* **7B**
allergic (to) allergisch (gegen) *adj.* **9B**
allergy Allergie, -n *f.* **9B**
allow lassen *v.* **2B**
  to be allowed to dürfen *v.* **3B**
almost fast *adv.* **4A**
alone allein *adv.* **4A**
along entlang *prep.* **3B**
already schon **5B**
alright: Are you alright? Alles klar? **1A**;
also auch *adv.* **4A**
although obwohl *conj.* **10A**
always immer *adv.* **4A**
ambulance Krankenwagen, - *m.* **9B**
America Amerika *n.* **10B**
American amerikanisch *adj.* **10B**; **(person)**
  Amerikaner, - / Amerikanerin, -nen *m./f.* **10B**
  American football American Football *m.* **2B**
and und *conj.* **6A**
animal Tier, -e *n.* **12A**
angry böse *adj.*
  to get angry (about) sich ärgern (über) *v.* **9A**
anniversary Jahrestag, -e *m.* **5A**
announce verkünden *v.* **12B**
answer antworten *v.* **2A**; beantworten *v.* **4B**;
  Antwort, -en *f.*
  to answer the phone einen Anruf entgegennehmen *v.* **11A**
answering machine Anrufbeantworter, - *m.* **8B**
anything: Anything else? Noch einen Wunsch? **4B**;
  Sonst noch etwas? **4A**
apartment Wohnung, -en *f.* **6A**
appetizer Vorspeise, -n *f.* **4B**
apple Apfel, -¨ *m.* **1A**

applicant Bewerber, - / Bewerberin, -nen *m./f.* **11A**
apply sich bewerben *v.* **11A**
appointment Termin, -e *m.* **11A**
April April *m.* **2A**
architect Architekt, -en / Architektin, -nen *m./f.* **3B**
architecture Architektur, -en *f.* **2A**
argue sich streiten *v.* **9A**
arm Arm, -e *m.* **9A**
armchair Sessel, - *m.* **6A**
around um *prep.* **3B**
arrival Ankunft, -¨e *f.* **7B**
arrive ankommen *v.* **4A**
arrogant eingebildet *adj.* **3B**
art Kunst, -¨e *f.* **2A**
artichoke Artischocke, -n *f.* **4A**
as als *conj.* **8A**
  as if als ob **10A**
ask fragen *v.* **2A**
  to ask about fragen nach *v.* **7A**
assistant Assistent, -en / Assistentin, -nen *m./f.* **11A**
at um *prep.* **3B**; bei *prep.* **4A**; an *prep.* **5B**
  at...o'clock um...Uhr **2A**
athletic sportlich *adj.* **2B**
ATM Geldautomat, -en *m.* **10A**
Attention! Achtung!
attic Dachboden, -¨ *m.* **6A**
August August *m.* **2A**
aunt Tante, -n *f.* **3A**
Austria Österreich *n.* **10B**
Austrian österreichisch *adj.* **10B**; **(person)**
  Österreicher, - / Österreicherin, -nen *m./f.* **10B**
autumn Herbst, -e *m.* **2B**
avenue Allee, -n *f.*
awful furchtbar *adj.* **7A**

B

baby Baby, -s *n.* **3A**
back Rücken, - *m.* **9A**
backache Rückenschmerzen *m. pl.* **9B**
backpack Rucksack, -¨e *m.* **1B**
bad schlecht *adj.* **3B**
  badly dressed schlecht gekleidet *adj.* **5B**
bake backen *v.* **2B**
baked goods Gebäck *n.* **5A**
bakery Bäckerei, -en *f.* **4A**
balcony Balkon, - e *m.* **6A**
ball Ball, -¨e *m.* **2B**
balloon Ballon, -e *m.* **5A**
ball-point pen Kuli, -s *m.* **1B**
banana Banane, -n *f.* **4A**
bank Bank, -en *f.* **10A**
  at the bank auf der Bank *f.* **10B**
bank account Konto (*pl.* Konten) *n.* **10A**
bank employee Bankangestellte, -n *m./f.* **11B**
baseball Baseball *m.* **2B**
basketball Basketball *m.* **2B**
bath: to take a bath sich baden *v.* **9A**
bathing suit Badeanzug, -¨e *m.* **5B**
bathrobe Bademantel, ¨- *m.* **9A**
bathroom Badezimmer, - *n.* **9A**

bathtub Badewanne, -n *f.* **6A**
battery charger Ladegerät, -e *n.* **8B**
be sein *v.* **1A**
  Is/Are there... Ist/Sind hier...? *v.* **1B**; Gibt es...? **2B**
  There is/are... Da ist/sind... *v.* **1A**; Es gibt... **2B**
beach Strand, -¨e *m.* **2B**
bean Bohne, -n *f.*
beard Bart, -¨e *m.* **9A**
beautiful schön *adj.* **3A**
beauty salon Kosmetiksalon, -s *m.* **10A**
because denn *conj.* **6A**; weil *conj.* **10A**
  because of wegen *prep.* **8B**
become werden *v.* **2B**
bed Bett, -en *n.* **6A**
  to go to bed ins Bett gehen *v.* **9A**
  to make the bed das Bett machen *v.* **6B**
bedroom Schlafzimmer, - *n.* **6A**
beef Rindfleisch *n.* **4A**
beer Bier, -e *n.* **4B**
before vor *prep.* **5B**; bevor *conj.* **8A**
  before noon vormittags *adv.* **2A**
begin anfangen *v.* **4A**; beginnen *v.* **6A**
behind hinter *prep.* **5B**
believe glauben *v.* **5A**; meinen *v.* **12B**
belly Bauch, -¨e *m.* **9A**
belong gehören *v.* **5A**
below unter *prep.* **5B**
belt Gürtel, - *m.* **5B**
bench Bank, -¨e *f.* **10B**
best beste/bester/bestes *adj.* **8A**
  All the best! Mach's gut! *v.* **3B**; alles Gute **10A**
better besser *adj.* **8A**
  to get better gesund werden *v.* **9B**
between zwischen *prep.* **5B**
beverage Getränk, -e *n.* **4B**
bicycle Fahrrad, -¨er *n.* **2B**
big groß, weit *adj.* **3A**
bill (money) Geldschein, -e *m.* **10A**
biology Biologie *f.* **2A**
bird Vogel, -¨ *m.* **3A**
birth Geburt, -en *f.* **5A**
birthday Geburtstag, -e *m.* **5A**
  When is your birthday? Wann hast du Geburtstag? **7A**
black schwarz *adj.* **5B**
  black board Tafel, -n *f.* **1B**
  black-haired schwarzhaarig *adj.* **3A**
bland fade *adj.* **4B**
blanket Decke, -n *f.* **6B**
blond blond *adj.* **3A**
  blond hair blonde Haare *n. pl.* **3A**
blood pressure Blutdruck *m.* **9B**
blouse Bluse, -n *f.* **5B**
blue blau *adj.* **3A**
board Tafel, -n *f.* **1B**
boarding pass Bordkarte, -n *f.* **7B**
boat Boot, -e *n.* **8A**
body Körper, - *m.* **9A**
book Buch, -¨er *n.* **1A**
bookshelf Bücherregal, -e *n.* **6A**
boot Stiefel, - *m.* **5B**
boring langweilig *adj.* **3B**

boss Chef, -s / Chefin, -nen *m./f.* **11B**
bottle Flasche, -n *f.* **4B**
bowl Schüssel, -n *f.* **4B**
boy Junge, -n *m.* **1A**
brakes Bremse, -n *f.* **8A**
brave mutig *adj.* **3B**
bread Brot, -e *n.* **4A**
break brechen *v.* **2B**
  to break (an arm / a leg) sich (den Arm/Bein) brechen *v.* **9B**
  Break a leg! Hals- und Beinbruch! **5A**
breakfast Frühstück, -e *n.* **4B**
bridge Brücke, -n *f.* **10B**
bright hell *adj.* **5B**
bring bringen *v.* **2A**
  to bring along mitbringen *v.* **4A**
  to bring out rausbringen **6B**
  to bring with mitnehmen *v.* **10B**
broom Besen, - *m.* **6B**
brother Bruder, -¨ *m.* **1A**
brother-in-law Schwager, -¨ *m.* **3A**
brown braun *adj.* **5B**
  brown-haired braunhaarig *adj.*; brünett *adj.* **3A**
bruise blauer Fleck, -e *m.* **9B**
brunette brünett *adj.* **3A**
brush Bürste, -n *f.* **9A**
  to brush one's hair sich die Haare bürsten *v.* **9A**
  to brush one's teeth sich die Zähne putzen *v.* **9A**
build bauen *v.* **2A**
building Gebäude, - *n.* **10A**
bulletin board Pinnwand, -¨e *f.* **11A**
burn brennen *v.* **5A**
bus Bus, -se *m.* **8A**
bus stop Bushaltestelle, -n *f.* **8A**
bush Busch, -¨e *m.* **12A**
business Wirtschaft, -en *f.* **2A**; Geschäft, -e *n.* **11A**
  business class Businessklasse *f.* **7B**
businessman / businesswoman Geschäftsmann, -¨er / Geschäftsfrau, -en *m./f.* (*pl.* Geschäftsleute) **3B**
but aber *conj.* **6A**
  but rather sondern *conj.* **6A**
butcher shop Metzgerei, -en *f.* **4A**
butter Butter *f.* **4A**
buy kaufen *v.* **2A**
by an *prep.* **5B**; bei; von **4B**
Bye! Tschüss! **1A**

C

cabinet Schrank, -¨e *m.* **6A**
café Café, -s *n.* **2A**
cafeteria Cafeteria, (*pl.* Cafeterien) *f.*; (**college/university**) Mensa, Mensen *f.* **1B**
cake Kuchen, - *m.* **4A**
cake Torte, -n *f.* **5A**
calculator Taschenrechner, - *m.* **1B**
call anrufen *v.* **4A**; sich anrufen **9A**; nennen *v.* **5A**
  Who's calling? Wer spricht? **11A**
calm ruhig *adj.* **3B**
camping Camping *n.* **2B**
camping area Zeltplatz, -¨e *m.* **7B**
can können *v.* **3B**

Canada Kanada *n.* **10B**
Canadian kanadisch *adj.* **10B**; (**person**) Kanadier, - / Kanadierin, -nen *m./f.* **10B**
cancel abbrechen *v.* **7B**
candidate Kandidat, -en *m.* **11A**
candy Süßigkeit, -en *f.* **5A**
cap Mütze, -n *f.* **5B**
car Auto, -s *n.* **1A**
  to drive a car Auto fahren *v.* **8A**
card Karte, -n *f.* **2B**
career Karriere, -n *f.* **11B**
caretaker Hausmeister, - / Hausmeisterin, -nen *m./f.* **11B**
carpool Fahrgemeinschaft, -en *f.* **12B**
carrot Karotte, -n *f.* **4A**
carry tragen *v.* **2B**
carry-on luggage Handgepäck *n.* **7B**
cash bar *adj.* **10A**; Bargeld *n.* **10A**
  to pay in cash bar bezahlen *v.* **10A**
cat Katze, -n *f.* **3A**
catch fangen *v.* **2B**
  to catch a cold sich erkälten *v.* **9A**
CD player CD-Player, - *m.* **8B**
celebrate feiern *v.* **5A**
celebration Fest, -e *n.* **5A**
cell phone Handy, -s *n.* **8B**
cellar Keller, - *m.* **6A**
ceramic Keramik, -en *f.* **6B**
chair Stuhl, -¨e *m.* **1A**
champagne Sekt, -e *m.* **5A**
championship Meisterschaft, -en *f.* **2B**
change Kleingeld *n.* **10A**
  to change clothes sich umziehen *v.* **9A**
channel Sender, - *m.* **8B**
  channel surfing Zapping *n.*
charge laden *v.* **8B**
chat sich unterhalten *v.* **9A**
cheap billig *adj.* **5B**
check Rechnung, -en *f.* **4B**
Cheers! Prost! **4B**; Zum Wohl! **4B**
cheese Käse, - *m.* **4A**
chemistry Chemie *f.* **2A**
chess Schach *n.* **2B**
chicken Huhn,-¨er *n.* **12A**; (**food**) Hähnchen, - *n.* **4A**
child Kind, -er *n.* **1A**
China China *n.* **10B**
Chinese (person) Chinese, -n / Chinesin, -nen *m./f.* **10B**; (**language**) Chinesisch *n.* **10B**
Christmas Weihnachten, - *n.* **5A**
church Kirche, -n *f.* **10B**
city Stadt, -¨e *f.* **5B**
  city center Innenstadt, -¨e *f.*
claim behaupten *v.* **12B**
class Klasse, -n *f.* **1B**; Unterricht *m.* **1B**; Veranstaltung, -en *f.* **2A**
  first/second class erste/zweite Klasse **8A**
classical klassisch *adj.* **10A**
classmate Klassenkamerad, -en / Klassenkameradin, -nen *m./f.* **1B**
classroom Klassenzimmer, - *n.* **1B**
clean sauber *adj.* **6B**; putzen *v.* **6B**
  to clean up aufräumen *v.* **6B**
cliff Klippe, -n *f.* **12A**

climb steigen *v.* **5B**
  to climb (mountain) klettern *v.* **2B**
  to climb (stairs) (die Treppe) hochgehen *v.* **10B**
clock Uhr, -en *f.* **1B**
  at... o'clock um... Uhr **2A**
close zumachen *v.* **8B**; nah *adj.* **10B**
  close to in der Nähe von *prep.* **10B**
closed geschlossen *adj.* **10A**
closet Schrank, -¨e *m.* **6A**
clothes Kleidung *f.* **5B**
cloud Wolke, -n *f.* **7A**
cloudy wolkig *adj.* **7A**
coast Küste, -n *f.* **12A**
coat Mantel, -¨ *m.* **5B**
coffee Kaffee, -s *m.* **4B**
coffeemaker Kaffeemaschine, -n *f.* **6B**
coin Münze, -n *f.* **10A**
cold kalt *adj.* **7A**; Erkältung, -en *f.* **9B**
  to catch a cold sich erkälten *v.* **9A**
college Universität, -en *f.* **1B**
college instructor Dozent, -en / Dozentin, -nen *m./f.* **2A**
color Farbe, -n *f.* **5B**
  solid colored einfarbig *adj.* **5B**
colorful bunt *adj.* **10A**
comb Kamm, -¨e *m.* **9A**
  to comb (one's hair) sich (die Haare) kämmen *v.* **9A**
come kommen *v.* **2A**
  to come along mitkommen *v.* **4A**
  to come back zurückkommen *v.* **4A**
comma Komma, -s *f.* **1B**
compact disc CD, -s *f.* **8B**
company Firma (*pl.* die Firmen) *f.* **11A**
complicated kompliziert *adj.* **10A**
computer Computer, - *m.* **1B**
computer science Informatik *f.* **2A**
concert Konzert, -e *n.* **5B**
congratulate gratulieren *v.* **5A**
  Congratulations! Herzlichen Glückwunsch! **5A**
construction zone Baustelle, -n *f.* **8A**
conversation: to have a conversation sich unterhalten *v.* **9A**
cook kochen *v.* **2B**; Koch, -¨e / Köchin, -nen *m./f.* **4B**
cookie Keks, -e *m.* **5A**
cool kühl *adj.* **7A**
corner Ecke, -n *f.* **10B**
correct korrigieren *v.* **2A**
cost kosten *v.* **2A**
cotton Baumwolle *f.* **5B**
couch Sofa, -s *n.* **7B**
  to couch surf Sofa surfen *v.* **7B**
cough husten *v.* **9B**
country Land, -¨er *n.* **7B**
countryside Landschaft, -en *f.* **12A**
couple Paar, -e *n.* **3A**
courageous mutig *adj.*
course Gang, -¨e *m.* **4B**
  first/second course erster/zweiter Gang *m.* **4B**
  main course Hauptspeise, -en *f.* **4B**
court Platz, -¨e *m.* **1A**
cousin Cousin, -s / Cousine, -n *m./f.* **3A**

cover decken v. **6B**
cow Kuh, -¨e f. **12A**
cram (for a test) büffeln v. **2A**
cross überqueren v. **10B**
  to cross the street die Straße überqueren v. **10B**
cross-reference Querverweis, -e m.
crosswalk Zebrastreifen, - pl. **10B**
cruel grausam adj.; gemein adj. **3B**
cruise Kreuzfahrt, -en f. **7B**
cry weinen v. **9B**
cup Tasse, -n f. **4B**
curious neugierig adj. **3B**
curly lockig adj. **3A**
curtain Vorhang, -¨e m. **6A**
custodian Hausmeister, - / Hausmeisterin,
  -nen m./f. **11B**
customer Kunde, -n /Kundin, -nen m./f. **9B**
customs Zoll m. **7B**
cut Schnitt, -e m. **5B**
  to cut class schwänzen v. **1B**
cute süß adj. **3B**
CV Lebenslauf, -¨e m. **11A**

D

dad Papa, -s m. **3A**
daily täglich adv. **4A**
  daily routine Alltagsroutine f. **9A**
dance tanzen v. **2B**
danger Gefahr, -en f. **12B**
dark dunkel adj. **3A**
  dark-haired dunkelhaarig adj. **3A**
darling Liebling, -e m.
date Datum (pl. Daten) n. **7A**
  What is the date today? Der wievielte ist
  heute? **2A**
daughter Tochter, -¨ f. **3A**
day Tag, -e m. **1A**
  every day täglich adv. **4A**
Dear Lieber/Liebe m./f. **3B**
December Dezember m. **2A**
decide sich entschließen v. **4B**
definitely bestimmt adv. **4A**
degree Abschluss, -¨e m. **2A**; Grad n. **7A**
  It's 18 degrees out. Es sind 18 Grad
  draußen. **7A**
delay Verspätung, -en f. **7B**
delete löschen v. **8B**
delicatessen Feinkostgeschäft, -e n. **4A**
delicious lecker adj. **4B**
demanding anspruchsvoll adj. **11B**
dentist Zahnarzt, -¨e / Zahnärztin, -nen m./f. **9B**
department store Kaufhaus, -¨er n. **10B**
departure Abflug, -¨e m. **7B**
deposit (money) (Geld) einzahlen v. **10A**
describe beschreiben v. **2A**
description Beschreibung, -en f. **3B**
desk Schreibtisch, -e m. **1B**
despite trotz prep. **8B**
dessert Nachspeise, -n f. **4B**
destination Reiseziel, -e n. **7B**
detour Umleitung, -en f. **8A**
develop entwickeln v. **12B**

dictionary Wörterbuch, -¨er n. **1B**
die sterben v. **5B**
diet Diät, -en f. **4B**
  to be on a diet auf Diät sein v. **4B**
difficult schwierig adj. **2A**
digital camera Digitalkamera, -s f. **8B**
dining room Esszimmer, - n. **6A**
dinner Abendessen, - n. **4B**
diploma Abschlusszeugnis, -se n. **2A**; Diplom,
  -e n. **2A**
direction Richtung, -en f. **10B**
dirty schmutzig adj. **6B**
discover entdecken v. **6B**
discreet diskret adj. **3B**
discuss besprechen v. **7A**
dishes Geschirr n. **6B**
  to do the dishes Geschirr spülen **6B**
dishwasher Spülmaschine, -n f. **6B**
dislike nicht gern (+verb) **3A**
divided by geteilt durch **1B**
divorced geschieden adj. **3A**
dizzy schwindlig adj. **9B**
do machen v. **2A**; tun v. **9B**
  to do laundry Wäsche waschen v. **6B**
  to do the dishes Geschirr spülen v. **6B**
  to have to do with handeln von **7A**
doctor Arzt, -¨e / Ärztin, -nen m./f. **9B**
  to go to the doctor zum Arzt gehen v. **9B**
document Dokument, -e n. **8B**
dog Hund, -e m. **3A**
door Tür, -en f. **1B**
dormitory Studentenwohnheim, -e n. **2A**
down entlang prep. **3B**; herunter adv. **6A**
  to go down heruntergehen v. **10B**
download herunterladen v. **8B**
dozen Dutzend, -e n. **4A**
  a dozen eggs ein Dutzend Eier **4A**
drawer Schublade, -n f. **6A**
dream träumen v. **2A**
dress Kleid, -er n. **5B**
  to get dressed sich anziehen v. **9A**
  to get undressed sich ausziehen v. **9A**
dresser Kommode, -n f. **6A**
drink trinken v. **3B**
drive fahren v. **8A**
  to drive a car Auto fahren v. **8A**
driver Fahrer, - / Fahrerin, -nen m./f. **8A**
drugstore Drogerie, -n f. **10A**
dry trocken adj. **12A**
  to dry oneself off sich abtrocknen v. **9A**
dryer Wäschetrockner, - m. **6B**
dumb dumm adj. **8A**
during während prep. **8B**
dust abstauben v. **6B**
duvet Bettdecke, - n f. **6B**
DVD DVD, -s f. **8B**
DVD-player DVD-Player, - m. **8B**
dye (one's hair) sich (die Haare) färben v. **9A**
dynamic dynamisch adj. **3B**

E

ear Ohr, -en n. **9A**

early früh adj. **2B**
earn verdienen v. **11B**
earth Erde, -n f. **12B**
earthquake Erdbeben, - n. **12A**
easy einfach adj. **2A**
eat essen v. **2B**
  to eat out essen gehen v. **2B**
ecological ökologisch adj. **12B**
ecology Ökologie f. **12B**
economy Wirtschaft, -en f. **2A**
  economy class Touristenklasse f. **7B**
education Ausbildung, -en f. **11A**
egg Ei, -er n. **4A**
eggplant Aubergine, -n f. **4A**
eight acht **2A**
elbow Ellenbogen, - m. **9A**
electrician Elektriker, - / Elektrikerin,
  -nen m./f. **11B**
elegant elegant adj. **5B**
elevator Fahrstuhl, -¨e m. **7B**
eleven elf **2A**
e-mail E-Mail, -s f. **8B**
emergency Notfall, -¨e m. **11B**
emergency room Notaufnahme, -n f. **9B**
employee Angestellte, -n m./f. **11A**
endangered gefährdet adj. **12B**
energy Energie, -n f. **12B**
energy-efficient energiesparend adj. **6B**
engaged verlobt adj. **3A**
engine Motor, -en m. **8A**
engineer Ingenieur, -e / Ingenieurin, -nen m./f. **3B**
England England n. **10B**
English (person) Engländer, - / Engländerin,
  -nen m./f. **10B**; **(language)** Englisch n. **10B**
enjoy genießen v.
  Enjoy your meal! Guten Appetit! **4B**
envelope Briefumschlag, -¨e m. **10A**
environment Umwelt, -en f. **12B**
  environmentally friendly umweltfreundlich
  adj. **8B**
environmentalism Umweltschutz m. **12B**
equal (gleich) sein v. **1B**
eraser Radiergummi, -s m. **1B**
errand Besorgung, -en f. **10A**
  to run errands Besorgungen machen v. **10A**
even though obwohl conj. **6A**
evening Abend, -e m. **2B**
  in the evening abends adv. **2A**
every jeder/jede/jedes adv. **8B**
everything alles pron. **7B**
  Everything OK? Alles klar? **1A**
everywhere überall adv. **4A**
exam Prüfung, -en f. **1B**
except (for) außer prep. **4B**
exchange umtauschen v. **6B**
exciting spannend adj. **10A**; aufregend adj. **12A**
Excuse me. Entschuldigung. **1A**
exercise Sport treiben v. **9B**
exit Ausgang, -¨e m. **7B**; Ausfahrt, -en f. **8A**
expensive teuer adj. **3A**
experience durchmachen v. **8B**; Erfahrung,
  -en f. **11A**
explain erklären v. **4A**

explore erforschen *v.* 12A
expression Ausdruck, -ˮe *m.*
extinction Aussterben *n.* 12B
eye Auge, -n *n.* 3A
eyebrow Augenbraue, -n *f.* 9A

F

face Gesicht, -er *n.* 9A
factory Fabrik, -en *f.* 12B
factory worker Fabrikarbeiter, - / Fabrikarbeiterin,
-nen *m./f.* 11B
fail durchfallen *v.* 1B; scheitern *v.* 11B
fall fallen *v.* 2B; (season) Herbst, -e *m.* 2B
to fall in love (with) sich verlieben (in) *v.* 9A
familiar bekannt *adj.*
to be familiar with kennen *v.* 5B
family Familie, -n *f.* 3A
fan Fan, -s *m.* 2B
fantastic fantastisch *adj.* 10A
far weit *adj.* 10B
far from weit von *adj.* 10B
farm Bauernhof, -ˮe *m.* 12A
farmer Bauer, -n / Bäuerin, -nen *m./f.* 11B
fashionable modisch *adj.* 5B
fast schnell *adj.* 3B
fat dick *adj.* 3A
father Vater, -ˮ *m.* 3A
father-in-law Schwiegervater, -ˮ *m.* 3A
favorite Lieblings- 3B
fax machine Faxgerät, -e *n.* 8B
fear Angst, -ˮe *f.* 7A
February Februar *m.* 2A
feel fühlen *v.* 2A; sich fühlen *v.* 9A
to feel like Lust haben *v.* 7B
to feel well sich wohl fühlen *v.* 9A
fever Fieber, - *n.* 9B
to have a fever Fieber haben *v.* 9B
fiancé(e) Verlobte, -n *m./f.* 3A
field Spielfeld, -er *n.* 2B; Feld, -er *n.* 12A; Sektor,
-en *m.* 11A
file Datei, -en *f.* 8B
fill füllen *v.*
to fill out ausfüllen *v.* 10A
to fill up tanken *v.* 8A
filthy dreckig *adj.* 6B
find finden *v.* 2A
to find one's way sich zurechtfinden *v.* 10B
to find out (about) sich informieren (über) *v.* 9A
fine (monetary) Bußgeld, -er *n.* 8A
I'm fine. Mir geht's gut. 1A
finger Finger, - *m.* 9A
fire entlassen *v.* 11B; Feuer, - *n.*
firefighter Feuerwehrmann, -ˮer / Feuerwehrfrau,
-en (pl. Feuerwehrleute) *m./f.* 11B
firm Firma (pl. die Firmen) *f.* 11A
first erster/erste/erstes *adj.* 2A; zuerst *adv.* 7B
first course erster Gang *m.* 4B
first class erste Klasse *f.* 8A
fish Fisch, -e *m.* 4A
to go fishing angeln gehen *v.* 2B
fish store Fischgeschäft, -e *n.* 4A
fit passen *v.* 5A; fit *adj.* 2B

five fünf 2A
flat tire Platten, - *m.* 8A
to have a flat tire einen Platten haben *v.* 8A
flavor Geschmack, -ˮe *m.* 4B
flight Flug, -ˮe *m.* 7B
flood Hochwasser, - *n.* 12B
floor Stock, -ˮe *m.*; Boden, -ˮ *m.* 6A
first/second floor erster/zweiter Stock 6A
flower Blume, -n *f.* 1A
flower shop Blumengeschäft, -e *n.* 10A
flu Grippe, -n *f.* 9B
flunk durchfallen *v.* 1B
fly fliegen *v.* 7B
fog Nebel, - *m.* 7A
follow folgen *v.* 5A
food Essen, - *n.* 4A
foot Fuß, -ˮe *m.* 9A
football American Football *m.* 2B
for für *prep.* 3B; seit; zu *prep.* 4B
foreign fremd *adj.* 10A
foreign language Fremdsprache, -n *f.* 2A
forest Wald, -ˮer *m.* 2B
forget vergessen *v.* 2B
fork Gabel, -n *f.* 4B
form Formular, -e *n.* 10A
to fill out a form ein Formular ausfüllen *v.* 10A
fountain Brunnen, - *m.* 10B
four vier 2A
France Frankreich *n.* 10B
French (person) Franzose, -n / Französin,
-nen *m./f.* 10B; (language) Französisch *n.* 10B
free time Freizeit, -en *f.* 2B
freezer Gefrierschrank, -ˮe *m.* 6B
Friday Freitag, -e *m.* 2A
on Fridays freitags *adv.* 2A
friend Freund, -e / Freundin, -nen *m./f.* 1A
friendly freundlich *adj.* 3B
friendship Freundschaft, -en *f.* 5A
from aus *prep.* 4A; von *prep.* 4B
where from woher *interr.* 2A
front: in front of vor *prep.* 5B
fruit Obst *n.* 4A
fry braten *v.* 2B
full voll *adj.* 7B
full-time ganztags *adj.* 11B
fully occupied voll besetzt *adj.* 7B
fun Spaß *m.* 7B
to be fun Spaß machen *v.* 7B
to (not) have fun (keinen) Spaß haben *v.* 5A
function funktionieren *v.* 8B
funny lustig *adj.* 3B
furnished möbliert *adj.* 6A
furniture Möbel, - *n.* 6A
piece of furniture Möbelstück, ,-e *n.* 6A

G

game Spiel, -e *n.* 2B
game console Spielkonsole, -en *f.* 8B
garage Garage, -n *f.* 5B
garbage truck Müllwagen, - *m.* 12B
gardener Gärtner, - / Gärtnerin, -nen *m./f.* 11B
garlic Knoblauch *m.* 4A

gas Benzin, -e *n.* 8A
gas station Tankstelle, -n *f.* 8A
generous großzügig *adj.* 3B
German (person) Deutsche *m./f.* 10B;
(language) Deutsch *n.* 10B
Germany Deutschland *n.* 4A
get bekommen *v.* 5A
to get up aufstehen *v.* 4A
to get sick/better krank/gesund werden *v.* 9B
gift Geschenk, -e *n.* 5A
girl Mädchen, - *n.* 1A
give geben *v.* 2B
to give (a gift) schenken *v.* 5A
glass Glas, -ˮer *n.* 4B
glasses Brille, -n *f.* 5B
global warming Erderwärmung *f.* 12B
glove Handschuh, -e *m.* 5B
go gehen *v.* 2A; fahren *v.* 2B
to go out ausgehen *v.* 4A
Go! Los! 2B
goal (in soccer) Tor, -e *n.* 2B
golf Golf *n.* 2B
good gut *adj.* 3B; nett *adj.*
Good evening. Guten Abend. 1A
Good morning. Guten Morgen. 1A
Good night. Gute Nacht. 1A
Good-bye. Auf Wiedersehen. 1A
Good luck! Viel Glück! 5A
government Regierung, -en *f.* 12B
grade Note, -n *f.* 1B
grade report Zeugnis, -se *n.* 1B
graduate Abschluss machen, -ˮe *v.* 5A
graduation Abschluss, -ˮe *m.* 1B
gram Gramm, -e *n.* 4A
100 grams of cheese 100 Gramm Käse 4A
granddaughter Enkeltochter, -ˮ *f.* 3A
grandson Enkelsohn, -ˮe *m.* 3A
grandchild Enkel, - *m.* 3A; Enkelkind, -er *n.* 3A
grandfather Großvater, -ˮ *m.* 3A
grandma Oma, -s *f.* 3A
grandmother Großmutter, -ˮ *f.* 3A
grandpa Opa, -s *m.* 3A
grandparents Großeltern *pl.* 1A
grape Traube, -n *f.* 4A
grass Gras, -ˮer *n.* 12A
gray grau *adj.* 5B
great toll *adj.* 3B; prima *adj.*; spitze *adj.* 1A
great grandfather Urgroßvater, -ˮ *m.* 3A
great grandmother Urgroßmutter, -ˮ *f.* 3A
greedy gierig *adj.* 3B
green grün *adj.* 5B
green bean grüne Bohne (pl. die grünen
Bohnen) *f.* 4A
greet grüßen *v.* 2A
greeting Begrüßung, -en *f.* 1A; Gruß, -ˮe *m.* 1A
grocery store Lebensmittelgeschäft, -e *n.* 4A
ground floor Erdgeschoss, -e *n.* 6A
grow wachsen *v.* 5B
grown-up erwachsen *adj.* 10A
guest Gast, -ˮe *m.* 5A
hotel guest Hotelgast, -ˮe *m.* 7B
guesthouse Pension, -en *f.* 7B
gym Sporthalle, -n *f.* 2A

H

hail Hagel *m.* **7A**
hair Haar, -e *n.* **3A**
hair dryer Haartrockner, - *m.* **9A**
hairdresser Friseur, -e / Friseurin, -nen *m./f.* **3B**
half halb *adj.* **2A**
half brother Halbbruder, -¨ *m.* **3A**
half sister Halbschwester, -n *f.* **3A**
hall Flur, -e *m.* **6A**
ham Schinken, - *m.* **4A**
hand Hand, -¨e *f.* **9A**
handsome gut aussehend *adj.* **3A**
hang hängen *v.* **5B**
  to hang up auflegen *v.* **11A**
happen passieren *v.* **5B**
happiness Glück *n.* **5A**
happy glücklich *adj.* **3B** froh *adj.* **3B**
  Happy birthday! Alles Gute zum Geburtstag! **5A**
  Happy Easter! Frohe Ostern! **5A**
  Happy New Year! Ein gutes neues Jahr! **5A**
  to be happy (about) sich freuen (über) *v.* **9A**
hard schwer *adj.* **9B**
hard drive Festplatte, -en *f.* **8B**
hard-working fleißig *adj.* **3B**
hare Hase, -n *m.* **12A**
hat Hut, -¨e *m.* **5B**
have haben *v.* **1B**
  Have a nice day! Schönen Tag noch! **1A**
  to have to müssen *v.* **3B**
he er *pron.* **1A**
head Kopf, -¨e *m.* **9A**
headache Kopfschmerzen *m. pl.* **9B**
headlight Scheinwerfer, -e *m.* **8A**
headphones Kopfhörer, - *m.* **8B**
health Gesundheit *f.* **9B**
health-food store Bioladen, -¨ *m.* **9B**
healthy gesund *adj.* **8A**
hear hören *v.* **2A**
heat stroke Hitzschlag, -¨e *m.* **9B**
heavy schwer *adj.* **4B**
hello Guten Tag.; Hallo. **1A**
help helfen *v.* **2B**
  to help with helfen bei *v.* **7A**
her ihr *poss. adj.* **3A**
here hier *adv.* **1A**
  Here is/are... Hier ist/sind... **1B**
high hoch *adj.* **8A**
highway Autobahn, -en *f.* **8A**
hike wandern *v.* **2A**
his sein *poss. adj.* **3A**
history Geschichte, -en *f.* **2A**
hit treffen *v.* **2B**
hobby Hobby, -s *n.* **2B**
hockey Hockey *n.* **2B**
hold: to be on hold in der Warteschleife sein *v.* **11B**
  Please hold. Bleiben Sie bitte am Apparat. **11A**
holiday Feiertag, -e *m.* **5A**
home Haus, -¨er *adv.* **5B**
  at home zu Hause *adv.* **4A**
home office Arbeitszimmer, - *n.* **6A**
homemade hausgemacht *adj.* **4B**
homemaker Hausfrau, -en / Hausmann,
  -¨er *f./m.* **11B**

homework Hausaufgabe, -n *f.* **1B**
hood Motorhaube, -en *f.* **8A**
horse Pferd, -e *n.* **12A**
hospital Krankenhaus, -¨er *n.* **9B**
host / hostess Gastgeber, - / Gastgeberin,
  -nen *m./f.* **5A**
host family Gastfamilie, -n *f.* **4B**
hot heiß *adj.* **7A**
hotel Hotel, -s *n.* **7B**
  five-star hotel Fünf-Sterne-Hotel *n.* **7B**
hour Stunde,-n *f.* **2A**
house Haus, -¨er *n.* **6A**
housework Hausarbeit *f.* **6B**
  to do housework Hausarbeit machen *v.* **6B**
how wie *interr.* **2A**
  How are you? (form.) Wie geht es Ihnen? **1A**
  How are you? (inf.) Wie geht's (dir)? **1A**
  how many wie viele *interr.* **2A**
  how much wie viel *interr.* **2A**
human resources manager Personalchef, -s / die
  Personalchefin, -nen *m./f.* **11A**
humble bescheiden *adj.*
hurry sich beeilen *v.* **9A**
hurt weh tun *v.* **9B**
  to hurt oneself sich verletzen *v.* **9B**
husband Ehemann, -¨er *m.* **3A**
hybrid car Hybridauto, -s *n.* **12B**

I

I ich *pron.* **1A**
ice cream Eis *n.* **5A**
ice cream shop Eisdiele, -n *f.* **4A**
ice cube Eiswürfel, - *m.* **5A**
ice hockey Eishockey *n.* **2B**
ID card Personalausweis, -e *m.* **7B**
idea Idee, -n *f.* **1A**
if wenn *conj.*; ob *conj.* **10A**
  as if als ob **10A**
  if I were you an deiner/Ihrer Stelle *f.* **10A**
  if... only wenn... nur **10A**
  if... then wenn... dann **10A**
imagine sich (etwas) vorstellen *v.* **9A**
imitate nachmachen *v.* **8B**
important wichtig *adj.* **7B**; bedeutend *adj.* **12A**
improve verbessern *v.* **12B**
in in *prep.* **5B**
  in the afternoon nachmittags *adv.* **2A**
  in the evening abends *adv.* **2A**
  in the morning morgens *adv.* **2A**
  in spite of trotz *prep.* **8B**
India Indien *n.* **10B**
Indian indisch *adj.* **10B**; **(person)** Inder, - /
  Inderin, -nen *m./f.* **10B**
injury Verletzung, -en *f.* **9B**
inside (of) innerhalb *prep.* **8B**
instead sondern *conj.* **6A**
  instead of statt *prep.*; anstatt *prep.* **8B**
intellectual intellektuell *adj.* **3B**
intelligent intelligent *adj.* **3B**
interested: to be interested (in) sich interessieren
  (für) *v.* **9A**
interesting interessant *adj.* **3B**

internet café Internetcafé, -s *n.* **10A**
internship Praktikum (*pl.* die Praktika) *n.* **11A**
intersection Kreuzung, -en *f.* **10B**
introduce: to introduce (oneself) (sich)
  vorstellen *v.* **9A**
invent erfinden *v.* **7A**
invite einladen *v.* **5A**
iron Bügeleisen, - *n.* **6B**; bügeln *v.* **6B**
ironing board Bügelbrett, -er *n.* **6B**
island Insel, -n *f.* **12A**
it es *pron.* **1A**
Italian (person) Italiener, - / Italienerin,
  -nen *m./f.* **10B**; **(language)** Italienisch *n.* **10B**
Italy Italien *n.* **10B**
its sein *poss. adj.* **3A**

J

jacket Jacke, -n *f.* **5B**
jam Marmelade, -n *f.* **4A**
January Januar *m.* **2A**
jealous eifersüchtig *adj.* **3B**
jeans Jeans *f.* **5B**
jewelry store Juweliergeschäft, -e *n.* **10A**
job Beruf, -e *m.* **11B**; Stelle, -n *f.* **11A**
  to find a job Arbeit finden *v.* **11A**
job interview Vorstellungsgespräch, -e *n.* **11A**
job opening Stellenangebot, -e *n.* **11A**
jog joggen *v.* **2B**
journalist Journalist, -en / Journalistin,
  -nen *m./f.* **3B**
judge Richter, - / Richterin, -nen *m./f.* **11B**
juice Saft, -¨e *m.* **4B**
July Juli *m.* **2A**
June Juni *m.* **2A**
just as genauso wie **8A**

K

key Schlüssel, - *m.* **7B**
keyboard Tastatur, -en *f.* **8B**
kind nett *adj.*
kiosk Kiosk, -e *m.* **10A**
kiss Kuss, -¨e *m.* **5A**; küssen *v.* **5A**
  to kiss (each other) sich küssen *v.* **9A**
kitchen Küche, -n *f.* **6A**
knee Knie, - *n.* **9A**
knife Messer, - *n.* **4B**
know kennen *v.* **5B**; wissen *v.* **5B**
  to know each other sich kennen *v.* **9A**
know-it-all Besserwisser, - / Besserwisserin
  -nen *m./f.* **2A**
Korea Korea *n.* **10B**
Korean (person) Koreaner, - / Koreanerin,
  -nen *m./f.* **10B**; **(language)** Koreanisch *n.* **10B**

L

labor union Gewerkschaft, -en *f.* **11B**
lake See, -n *m.* **12A**
lamp Lampe, -n *f.* **6A**
land landen *v.* **7B**; Land, -¨er *n.* **7B**
landscape Landschaft, -en *f.* **12A**
laptop (computer) Laptop, -s *m./n.* **8B**

last letzter/letzte/letztes *adj.* **2B**
last name Nachname, -n *m.* **3A**
late spät *adj.* **2A**
 to be late sich verspäten *v.* **9A**
laugh lachen *v.* **2A**
laundromat Waschsalon, -s *m.* **10A**
laundry Wäsche *f.* **6B**
 to do laundry Wäsche waschen *v.* **6B**
law Gesetz, -e *n.* **12B**
lawyer Rechtsanwalt, -¨e / Rechtsanwältin,
 -nen *m./f.* **3B**
lay legen *v.* **5B**
lazy faul *adj.* **3B**
leaf Blatt, -¨er *n.* **12A**
learn lernen *v.* **2A**
leather Leder, - *n.* **5B**
leave abfahren *v.* **8A**
lecture Vorlesung, -en *f.* **2A**; Vortrag, -¨e *m.* **6B**
lecture hall Hörsaal (*pl.* Horsale) *m.* **2A**
leg Bein, -e *n.* **9A**
leisure Freizeit *f.* **2B**
lesson Stunde, -n *f.* **1B**
let lassen *v.* **2B**
letter Brief, -e *m.* **10A**
 to mail a letter einen Brief abschicken *v.* **10A**
 letter of recommendation
 Empfehlungsschreiben, - *n.* **11A**
lettuce Salat, -e *m.* **4A**
library Bibliothek, -en *f.* **1B**
license plate Nummernschild, -er *n.* **8A**
lie liegen *v.* **5B**
 to lie down sich (hin)legen *v.* **9A**
 to tell a lie lügen *v.*
light hell *adj.* **3A**; leicht *adj.* **4B**; Licht, -er *n.* **12B**
lightning Blitz, -e *m.* **7A**
like mögen *v.* **4B**; gern (+*verb*) *v.* **3A**;
 gefallen *v.* **5A**
 I would like... ich hätte gern... **4A**; Ich möchte...
 4B
line Schlange, -n *f.* **7B**; Linie, -n *f.*
 to stand in line Schlange stehen *v.* **7B**
lip Lippe, -n *f.* **9A**
lipstick Lippenstift, -e *m.* **9A**
listen (to) hören *v.* **2A**
literature Literatur *f.* **2A**
little klein *adj.* **3A**; wenig *adj.* **10A**
live wohnen *v.* **2A**; leben *v.*
living room Wohnzimmer, - *n.* **6A**
load laden *v.* **8B**
location Lage, -n *f.* **7B**
long lang *adj.* **3A**
 long-sleeved langärmlig *adj.* **5B**
look schauen *v.* **7A**
 to look at anschauen *v.* **7A**
 to look for suchen *v.* **2A**
 to look forward to sich freuen auf *v.* **9A**
loose weit *adj.* **5B**
lose verlieren *v.* **2B**
 to get lost sich verlaufen *v.* **10B**
love lieben *v.* **2A**; Liebe *f.* **5A**
 to fall in love (with) sich verlieben (in) *v.* **9A**
 to love each other sich lieben *v.* **9A**
loving liebevoll *adj.* **3B**
low niedrig *adj.* **11A**

luggage Gepäck *n.* **7B**
lunch Mittagessen, - *n.* **4B**

M

magazine Zeitschrift, -en *f.* **10A**
mail Post *f.* **10A**
 to mail a letter einen Brief abschicken *v.* **10A**
mail carrier Briefträger, - / Briefträgerin,
 -nen *m.* **10A**
mailbox Briefkasten, -¨ *m.* **10A**
main course Hauptspeise, -n *f.* **4B**
main road Hauptstraße, -n *f.* **10B**
major: to major in studieren *v.* **2A**
make machen *v.* **2A**
makeup: to put on makeup sich schminken *v.* **9A**
mall Einkaufszentrum (*pl.* Einkaufszentren) *n.* **10B**
man Mann, -¨er *m.* **1A**
manage leiten *v.* **11B**
manager Geschäftsführer, - / die
 Geschäftsführerin, -nen *m./f.* **11A**
map Karte, -n *f.* **1B**; Landkarte, -n *f.* **7B**
 city map Stadtplan, -¨e *m.* **7B**
 to read a map eine Karte lesen *v.* **7B**
marble Marmor *m.* **6B**
March März *m.* **2A**
marital status Familienstand, -¨e *m.* **3A**
market Markt, ¨-e *m.* **4A**
marriage Ehe, -n *f.* **5A**
married verheiratet *adj.* **3A**
marry heiraten *v.* **3A**
match Spiel, -e *n.* **2B**; passen *v.* **5A**
material Material, -ien *n.* **5B**
mathematics Mathematik *f.* **2A**
May Mai *m.* **2A**
may dürfen *v.* **3B**
maybe vielleicht *adv.* **4A**
mayor Bürgermeister, - / Bürgermeisterin,
 -nen *m./f.* **10B**
meal Mahlzeit, -en *f.* **4B**
mean bedeuten *v.* **2A**; meinen *v.* **2A**; gemein *adj.*
 3B
meat Fleisch *n.* **4A**
mechanic Mechaniker, - / Mechanikerin,
 -nen *m./f.* **8A**
medicine Medizin *f.* **2A**; Medikament, -e *n.* **9B**
meet (sich) treffen *v.* **2B**; **(for the first time)** (sich)
 kennen lernen *v.* **9A**
 Pleased to meet you. Schön dich/Sie kennen zu
 lernen. **1A**
meeting Besprechung, -en *f.* **11B**
melon Melone, -n *f.* **4A**
menu Speisekarte, -n *f.* **4B**
Merry Christmas! Frohe Weihnachten! **5A**
message Nachricht, -en *f.* **11A**
Mexico Mexiko *n.* **10B**
Mexican mexikanisch *adj.* **10B**; **(person)**
 Mexikaner, - / Mexikanerin, -nen *m./f.* **10B**
microphone Mikrofon, -e *n.* **8B**
microwave Mikrowelle, -n *f.* **6B**
midmorning Vormittag, -e *m.* **2B**
midnight Mitternacht *f.* **2A**
mild leicht *adj.* **9B**
milk Milch *f.* **4B**

minority Minderheit, -en *f.* **12B**
minus minus **1B**
mirror Spiegel, - *m.* **6A**
mist Nebel, - *m.* **7A**
modern modern *adj.* **10A**
modest bescheiden *adj.* **3B**
mom Mama, -s *f.* **3A**
Monday Montag, -e *m.* **2A**
 on Mondays montags *adv.* **2A**
money Geld *n.* **10A**
month Monat, -e *m.* **2A**
moon Mond, -e *m.* **12A**
mop wischen *v.* **6B**
more mehr *adj.* **8A**
morning Morgen, - *m.* **2B**
 in the morning vormittags **2A**
 tomorrow morning morgen früh **2B**
mother Mutter, -¨ *f.* **1A**
mother-in-law Schwiegermutter, -¨ *f.* **3A**
mountain Berg, -e *m.* **2B**; **12A**
mouse Maus, -¨e *f.* **12A**
mouth Mund, -¨er *m.* **9A**
move umziehen *v.* **6A**; sich bewegen *v.*
mp3 player MP3-Player, - *m.* **8B**
Mr. Herr **1A**
Mrs. Frau **1A**
Ms. Frau **1A**
much viel *adv.* **4A**
mushroom Pilz, -e *m.* **4A**
musician Musiker, - / Musikerin, -nen *m./f.* **3B**
must müssen *v.* **3B**
my mein *poss. adj.* **3A**
myself mir *pron.* **7A**

N

naïve naiv *adj.* **3B**
name Name, -n *m.* **1A**
 to be named heißen *v.* **2A**
 What's your name? Wie heißen Sie? (form.) /
 Wie heißt du? (inf.) *v.* **1A**
napkin Serviette, -n *f.* **4B**
natural disaster Naturkatastrophe, -n *f.* **12A**
nature Natur, -en *f.* **12A**
nauseous übel *adj.* **9B**
near bei *prep.* **4B**; nah *adj.* **10B**
neat ordentlich *adj.* **6B**
neck Hals, -¨e *m.* **9A**
necklace Halskette, -n *f.* **5B**
need brauchen *v.* **2A**
 to need to müssen *v.* **3B**
nephew Neffe, -n *m.* **8B**
nervous nervös *adj.* **3B**
never nie *adv.* **4A**; niemals *adv.* **7B**
New Year's Eve Silvester *n.* **5A**
newlywed Frischvermählte, -n *m./f.* **5A**
newspaper Zeitung, -en *f.* **7B**
next nächster/nächste/nächstes *adj.* **2B**
 next to neben *prep.* **5B**
nice nett *adj.* **3B**
 It's nice out. Es ist schön draußen. **7A**
 Nice to meet you. Schön dich/Sie kennen zu
 lernen. **1A**
 The weather is nice. Das Wetter ist gut. **7A**

night Nacht, -¨e *f.* **2B**
   to spend the night übernachten *f.* **7B**
night table Nachttisch, -e *m.* **6A**
nine neun **2A**
no nein **1B**; kein *adj.* **2B**
no one niemand *pron.* **7B**
nonviolent gewaltfrei *adj.* **12B**
noon Mittag, -e *m.* **2A**
nose Nase, -n *f.* **9A**
not nicht *adv.* **2B**
   Do not enter. Keine Zufahrt. **3B**
   not bad nicht schlecht **1A**
   not much wenig *adj.* **10A**
note Notiz, -en *f.* **1B**
notebook Heft, -e *n.* **1B**
nothing nichts *pron.* **7B**
November November *m.* **2A**
now jetzt *adv.* **4A**
nuclear energy Kernenergie *f.* **12B**
nuclear power plant Kernkraftwerk, -e *n.* **12B**
nurse Krankenpfleger, - / Krankenschwester, -n *m./f.* **9B**

O

ocean Meer, -e *n.* **12A**
October Oktober *m.* **2A**
offer Angebot, -e *n.* **5B**; bieten *v.* **9B**; anbieten *v.* **12B**
office Büro, -s *n.* **11B**
office supplies Büromaterial, -ien *n.* **11A**
often oft *adv.* **4A**
oil Öl, -e *n.* **4A**
old alt *adj.* **3A**
   How old are you? Wie alt bist du? **1B**
   I am... years old. Ich bin... Jahre alt. **1B**
olive oil Olivenöl, -e *n.* **4A**
on an *prep.*; auf *prep.* **5B**
once einmal *adv.* **7B**
one eins **2A**; man *pron.* **7B**
   by oneself allein *adv.* **4A**
one-way street Einbahnstraße, -n *f.* **8A**
onion Zwiebel, -n *f.* **4A**
online: to be online online sein *v.* **8B**
only nur *adv.* **4A**
   only child Einzelkind, -er *n.* **3A**
on-time pünktlich *adj.* **7B**
onto auf *prep.* **5B**
open öffnen *v.* **2A**; aufmachen *v.* **8B**; geöffnet *adj.* **10A**
or oder *conj.* **6A**
orange Orange, -n *f.* **4A**; orange *adj.* **5B**
order bestellen *v.* **4A**
organic biologisch *adj.* **12B**
our unser *poss. adj.* **3A**
out draußen *adv.* **7A**; heraus *adv.* **6A**
   It's nice out. Es ist schön draußen. **7A**
   to go out ausgehen *v.* **4A**
   to bring out rausbringen **6B**
outside draußen *prep.* **6A**
   outside of außerhalb *prep.* **8B**
oven Ofen, ¨- *m.* **6B**
over über *prep.* **5B**; vorbei *adv.* **7A**

over there drüben *adv.* **4A**
overpopulation Überbevölkerung *f.* **12B**
owner Besitzer, - / Besitzerin, -nen *m./f.* **3B**

P

pack packen *v.* **7B**
package Paket, -e *n.* **10A**
pain Schmerz, -en *m.* **9B**
pajamas Schlafanzug, -¨e *m.* **9A**
pan Pfanne, -n *f.* **6B**
pants Hose, -n *f.* **5B**
paper Papier, -e *n.* **1B**
   sheet of paper Blatt Papier (*pl.* Blätter) Papier *n.* **1B**
paperclip Büroklammer, -n *f.* **11A**
paper-goods store Schreibwarengeschäft, -e *n.* **10A**
paragraph Absatz, -¨e *m.* **5B**
parents Eltern *pl.* **3A**
park Park, -s *m.* **1A**; parken *v.* **8A**
   No parking. Parkverbot. **3B**
participate mitmachen *v.* **8B**
part-time halbtags *adj.* **11B**
party Party, -s *f.* **5A**
   to go to a party auf eine Party gehen *prep.* **10B**
   to throw a party eine Party geben *v.* **5A**
pass (a test) bestehen *v.* **1B**
passenger Passagier, -e *m.* **7B**
passport control Passkontrolle, -n *f.* **7B**
password Passwort, -¨er *n.* **8B**
past Vergangenheit *f.* **12A**; nach *prep.* **2A**
pasta Pasta *f.* **4A**
pastries Gebäck *n.* **5A**
pastry shop Konditorei, -en *f.* **4A**
path Weg, -e *m.* **12A**
patient geduldig *adj.* **3B**; Patient, -en / Patientin, -nen *m./f.* **9B**
pay (for) bezahlen *v.* **4A**
   to pay by (credit) card mit der Karte bezahlen *v.* **10A**
   to pay in cash bar bezahlen *v.* **10A**
peach Pfirsich, -e *m.* **4A**
pear Birne, -n *f.* **4A**
pedestrian Fußgänger, - / Fußgängerin, -nen *m./f.* **10B**
pen Kuli, -s *m.* **1B**
pencil Bleistift, -e *m.* **1B**
people Leute *pl.* **3B**; Menschen *pl.*
pepper Paprika, - *f.* **4A**; Pfeffer, - *m.* **4B**
percent Prozent *n.* **1B**
period Punkt, -e *m.* **1B**
person Person, -en *f.* **1A**; Mensch, -en *m.*
personal persönlich *adj.* **3B**
pet Haustier, -e *n.* **3A**
pharmacy Apotheke, -n *f.* **9B**
phone booth Telefonzelle, -n *f.* **10B**
photo Foto, -s *n.* **1B**
physics Physik *f.* **2A**
picnic Picknick, -s *n.* **12A**
   to have a picnic ein Picknick machen *v.* **12A**
picture Foto, -s *n.* **1B**; Bild, -er *n.* **6A**
pie Kuchen, - *m.* **4A**
pigsty Saustall, -¨e *n.* **6B**

   It's a pigsty! Es ist ein Saustall! **6B**
pill Tablette, -n *f.* **9B**
pillow Kissen, - *n.* **6B**
pineapple Ananas, - *f.* **4A**
pink rosa *adj.* **5B**
place Ort, -e *m.* **1B**; Lage, -n *f.* **7B**; setzen *v.* **5B**
   in your place an deiner/Ihrer Stelle *f.* **10A**
planner Terminkalender, - *m.* **1B**
plant Pflanze, -n *f.* **6A**
plastic Kunststoff, -e *m.* **6B**
plate Teller, - *m.* **4B**
platform Bahnsteig, -e **8A**
play spielen *v.* **2A**
player Spieler, - / Spielerin, -nen *m./f.* **2B**
pleasant angenehm *adj.* **3B**
please bitte **1A**; gefallen *v.* **5A**
   Pleased to meet you. Freut mich. **1A**
plumber Klempner, - / Klempnerin, -nen *m./f.* **11B**
plus plus **1B**
police officer Polizist, -en / Polizistin, -nen *m./f.* **8A**
police station Polizeiwache, -n *f.* **10A**
politician Politiker, - / Politikerin, -nen *m./f.* **11B**
pollute verschmutzen *v.* **12B**
pollution Verschmutzung *f.* **12B**
poor arm *adj.* **3B**
pork Schweinefleisch *n.* **4A**
position Stelle, -n *f.* **11A**
post office Post, - *f.* **10A**
   to go to the post office zur Post gehen *v.* **10A**
postcard Postkarte, -n *f.* **10A**
poster Poster, - *n.* **6A**
pot Topf, -¨e *m.* **6B**
potato Kartoffel, -n *f.* **4A**
pound Pfund, -e *n.* **4A**
   a pound of potatoes ein Pfund Kartoffeln **4A**
practice üben *v.* **2B**; Übung, -en *f.*
pregnant schwanger *adj.* **9B**
preparation Vorbereitung, -en *f.*
prepare vorbereiten *v.* **4A**; zubereiten *v.* **7A**
   to prepare oneself (for) sich vorbereiten (auf) *v.* **9A**
prescription Rezept, -e *n.* **9B**
presentation Referat, -e *n.* **2A**
preserve erhalten *v.* **12B**
president Präsident, - / Präsidentin, -nen *m./f.* **8B**
   federal president Bundespräsident, - / Bundespräsidentin, -nen *m./f.* **8B**
pretty hübsch *adj.* **3A**
   pretty well ziemlich gut *adv.* **1A**
principal Schulleiter, - *m.* / Schulleiterin, -nen *f.* **1B**
print drucken *v.* **8B**
printer Drucker, - *m.* **8B**
probably wohl ; wahrscheinlich *adv.* **10A**; sicher *adv.* **10A**
problem Problem, -e *n.* **1A**
profession Beruf, -e *m.* **3B**
professional training Berufsausbildung, -en *f.* **11A**
professor Professor, -en / Professorin, -nen *m./f.* **1B**
program Programm, -e *n.* **8B**
promotion Beförderung, -en *f.* **11B**
pronunciation Aussprache *f.*

propose vorschlagen *v.* **12B**
protect schützen *v.* **12B**
proud stolz *adj.* **3B**
psychologist Psychologe, -n / Psychologin,
  -nen *m./f.* **11B**
psychology Psychologie *f.* **2A**
public öffentlich *adj.* **8A**
  public transportation öffentliche
    Verkehrsmittel *n.* **8A**
pull ziehen *v.* **3B**
purple lila *adj.* **5B**
purse Handtasche, -n *f.* **5B**
push drücken *v.* **3B**
put stellen *v.* **5B**; legen *v.* **9A**; setzen *v.* **9A**
  to put away wegräumen *v.* **6B**
  to put on anziehen *v.* **5B**

Q

quarter Viertel, - *n.* **2A**
  quarter past/to Viertel nach/vor **2A**
question Frage, -n *f.* **1B**
quicksand Treibsand *m.* **12A**

R

rabbit Kaninchen, - *n.* **12A**
rain Regen *m.* **7A**; regnen *v.* **2A**
raincoat Regenmantel, -¨ *m.* **7A**
raise Gehaltserhöhung, -en *f.* **11B**
rarely selten *adv.* **4A**
rather lieber *adj.* **8A**
rating Bewertung, -en *f.* **7B**
razor Rasierer, - *m.* **9A**
read lesen *v.* **2B**
ready fertig *adj.* **11B**
real estate agent Immobilienmakler, - /
  Immobilienmaklerin, -nen *m./f.* **11B**
realistic realistisch *adj.* **10A**
really wirklich *adv.* **4A**
receive bekommen *v.* **5A**
receiver Hörer, - *m.* **11A**
recess Pause, -n *f.* **1B**
recognize erkennen *v.* **7A**
recommend empfehlen *v.* **2B**
record aufnehmen *v.* **8B**
recycle recyceln *v.* **12B**
red rot *adj.* **3A**
  red-haired rothaarig *adj.* **3A**
reference Referenz, -en *f.* **11A**
refrigerator Kühlschrank, -¨e *m.* **6B**
related verwandt *adj.* **10A**
relative Verwandte, -n *m.* **3A**
relax sich entspannen *v.* **9A**
reliable zuverlässig *adj.* **3B**
remember sich erinnern (an) *v.* **9A**
remote control Fernbedienung, -en *f.* **8B**
remove entfernen *v.* **6B**
renewable energy erneuerbare Energie *f.* **12B**
rent Miete, -n *f.* **6A**; mieten *v.* **6A**
repair reparieren *v.* **8A**
repeat wiederholen *v.* **2A**
repetition Wiederholung, -en *f.*

report berichten *v.* **12B**
report card Zeugnis, -se *n.* **1B**
reservation: to make a (hotel) reservation
  buchen *v.* **7B**
resign kündigen *v.* **11B**
rest sich ausruhen *v.* **9A**
restaurant Restaurant, -s *n.* **4B**
result Ergebnis, -se *n.* **1B**
résumé Lebenslauf, -¨e *m.* **11A**
retire in Rente gehen *v.* **5A**
retiree Rentner, - / Rentnerin, -nen *m./f.* **11B**
review Besprechung, -en *f.* **8B**
rice Reis *m.* **4A**
rich schwer *adj.* **4B**
ride fahren *v.* **2B**; reiten *v.* **2B**
  to give (someone) a ride (jemanden)
    mitnehmen *v.* **10B**
  to ride a bicycle Fahrrad fahren *v.* **2B**
ring klingeln *v.* **8B**
rinse spülen *v.* **6B**
rise (sun) aufgehen *v.* **12A**
river Fluss, -¨e *m.* **3B**
rock Stein, -e *m.* **12A**
roll Brötchen, - *n.* **4A**
room Zimmer, - *n.* **1A**
room service Zimmerservice *m.* **7B**
roommate Mitbewohner, - / Mitbewohnerin,
  -nen *m./f.* **2A**
rug Teppich, -e *m.* **6A**
run laufen *v.* **2B**; rennen *v.* **5A**
Russia Russland *n.* **10B**
Russian (person) Russe, -n / Russin,
  -nen *m./f.* **10B**; **(language)** Russisch *n.* **10B**

S

sad traurig *adj.* **3B**
salad Salat, -e *m.* **4A**
salary Gehalt, -¨er *n.* **11A**
  high/low salary hohes/niedriges Gehalt,
    -¨er *n.* **11A**
sale Verkauf, -¨e *m.*
  on sale im Angebot **5B**
salesperson Verkäufer, - / Verkäuferin,
  -nen *m./f.* **5B**
salt Salz, -e *n.* **4B**
salty salzig *adj.* **4B**
same gleich *adj.*
Saturday Samstag, -e *m.* **2A**
  on Saturdays samstags *adv.* **2A**
sausage Würstchen, - *n.* **4A**
save speichern *v.* **8B**; retten *v.* **12B**
  to save the planet den Planeten retten *v.* **12B**
say sagen *v.* **2A**
scarf Schal, -s *m.* **5B**
schedule Stundenplan, -¨e *m.* **2A**; Fahrplan,
  -¨e *m.* **8A**
scholarship Stipendium (*pl.* Stipendien) *n.* **2A**
school Schule, -n *f.* **1B**
science Naturwissenschaft, -en *f.* **2A**
scientist Wissenschaftler, - / Wissenschaftlerin,
  -nen *m./f.* **11B**
score Ergebnis, -se *n.* **1B**
screen Bildschirm, -e *m.* **8B**

screen name Benutzername, -n *m.* **8B**
sea Meer, -e *n.* **12A**
seafood Meeresfrüchte *f. pl.* **4A**
season Jahreszeit, -en *f.* **7A**
seatbelt Sicherheitsgurt, -e *m.* **8A**
second zweite *adj.* **2A**
  second-hand clothing Altkleider *pl.* **12B**
see sehen *v.* **2B**
  See you later. Bis später. **1A**
  See you soon. Bis gleich. / Bis bald. **1A**
  See you tomorrow. Bis morgen. **1A**
selfish egoistisch *adj.* **3B**
sell verkaufen *v.* **4A**
seminar Seminar, -e *n.* **2A**
seminar room Seminarraum (*pl.* Seminarräume)
  m. **2A**
send schicken *v.* **10A**; abschicken *v.* **11B**
separate (sich) trennen *v.* **9A**
separated getrennt *adj.* **3A**
September September *m.* **2A**
serious ernst *adj.* **3B**; schwer *adj.* **9B**
set setzen *v.* **9A**; **(sun)** untergehen *v.* **12A**
  to set the table den Tisch decken *v.* **6B**
seven sieben **2A**
shampoo Shampoo, -s *n.* **9A**
shape Form, -en *f.* **9B**
  in good shape fit *adj.* **2B**
  to be in/out of shape in guter/schlechter Form
    sein *v.* **9B**
shave sich rasieren *v.* **9A**
shaving cream Rasierschaum, -¨e *m.* **9A**
she sie *pron.* **1A**
sheep Schaf, -e *n.* **12A**
sheet Laken, - *n.* **6B**
  sheet of paper Blatt Papier (*pl.* Blätter)
    Papier *n.* **1B**
ship Schiff, -e *n.* **8A**
shirt Hemd, -en *n.* **5B**
shoe Schuh, -e *m.* **5B**
shop einkaufen *v.* **4A**
shopping Einkaufen *n.* **5B**
shopping center Einkaufszentrum,
  -(*pl.* Einkaufszentren) *n.* **10B**
short kurz *adj.* **3A**; **(stature)** klein *adj.* **3A**
  short film Kurzfilm, -e *m.* **10A**
  short-sleeved kurzärmlig *adj.* **5B**
shorts kurze Hose *f.* **5B**
shot Spritze, -n *f.*
  to give a shot eine Spritze geben *v.* **9B**
shoulder Schulter, -n *f.* **9A**
show zeigen *v.* **5A**
shower: to take a shower (sich) duschen *v.* **9A**
shrimp Garnele, -n *f.* **4A**
shy schüchtern *adj.* **3B**
sibling Geschwister, - *n.* **3A**
sick krank *adj.* **9B**
  to get sick krank werden *v.* **9B**
side dish Beilage, -n *f.* **4B**
sidewalk Bürgersteig, -e *m.* **10B**
sign unterschreiben *v.* **10A**; Schild, -er *n.*
silk Seide, -n *f.* **5B**
silverware Besteck *n.* **4B**
since seit **4B**

sincere aufrichtig *adj.* **3B**
  Yours sincerely Gruß, -¨e **3B**
sing singen *v.* **2B**
single ledig *adj.* **3A**
sink Spüle, -n *f.* **6B**
sister Schwester, -n *f.* **1A**
sister-in-law Schwägerin, -nen *f.* **3A**
sit sitzen *v.* **5B**
  to sit down sich (hin)setzen *v.* **9A**
six sechs **2A**
size Kleidergröße, -n *f.* **5B**
ski Ski fahren *v.* **2B**
skirt Rock, -¨e *m.* **5B**
sky Himmel *m.* **12A**
sleep schlafen *v.* **2B**
  to go to sleep einschlafen *v.* **4A**
slim schlank *adj.* **3A**
slipper Hausschuh, -e *m.* **9A**
slow langsam *adj.* **3B**
  Please speak more slowly. Sprechen Sie bitte langsamer. **3B**
  Slow down. Langsam fahren. **3B**
small klein *adj.* **3A**
smile lächeln *v.* **5A**
smoke rauchen *v.*
  No smoking. Rauchen verboten. **3B**
snack Snack, -s *m.* **4B**
snake Schlange, -n *f.* **12A**
sneakers Turnschuhe *m. pl.* **5B**
sneeze niesen *v.* **9B**
snow Schnee *m.* **7A**; schneien *v.* **7A**
so so *adv.* **4A**
  so far, so good so weit, so gut **1A**
  so that damit *conj.* **10A**
soap Seife, -n *f.* **9A**
soccer Fußball *m.* **2B**
sock Socke, -n *f.* **5B**
sofa Sofa, -s *n.* **6A**
soil verschmutzen *v.* **6B**
solar energy Sonnenenergie *f.* **12B**
solid colored einfarbig *adj.* **5B**
solution Lösung, -en *f.* **12B**
some mancher/manche/manches *pron.* **8B**
someone jemand *pron.* **7B**
something etwas *pron.* **7B**
  something else etwas anderes *n.* **10A**
sometimes manchmal *adv.* **7B**
somewhere else woanders *adv.* **4A**
son Sohn, -¨e *m.* **3A**
soon bald **1A**
  See you soon. Bis bald.; Bis gleich. **1A**
sorry: I'm sorry. Es tut mir leid. **1A**
so-so so lala **1A**
soup Suppe, -n *f.* **4B**
soup spoon Esslöffel, - *m.* **4B**
Spain Spanien *n.* **10B**
Spanish (person) Spanier, - / Spanierin, -nen *m./f.* **10B**; **(language)** Spanisch *n.* **10B**
sparkling water Mineralwasser *n.* **4B**
speak sprechen *v.* **2B**
  to speak about sprechen über; reden über *v.* **7A**
special besonderes *adj.* **10A**
  nothing special nichts Besonderes *adj.* **10A**

species Art, -en *f.* **12B**
spelling Rechtschreibung *f.*
spend verbringen *v.* **7A**
spicy scharf *adj.* **4B**
split up sich trennen *v.* **9A**
spoon Löffel, - *m.* **4B**
sport Sport *m.* **2B**; Sportart, -en *f.* **2B**
sprain (one's wrist/ankle) sich (das Handgelenk / den Fuß) verstauchen *v.* **9B**
spring Frühling, -e *m.* **2B**
squirrel Eichhörnchen, - *n.* **12A**
stadium Stadion (*pl.* Stadien) *n.* **2B**
stairs Treppe, -n *f.* **6A**
  to go up/down stairs die Treppe hochgehen/heruntergehen *v.* **10B**
stamp Briefmarke, -n *f.* **10A**
stand stehen *v.* **5B**
  to stand in line Schlange stehen *v.* **7B**
stapler Hefter, - *m.* **11A**
star Stern -e *m.* **12A**
start starten *v.* **8B**; anfangen *v.* **4A**; beginnen *v.* **6A**
station wagon Kombi, -s *m.* **8B**
statue Statue, -n *f.* **10B**
stay bleiben *v.* **5B**
steal stehlen *v.* **2B**
steering wheel Lenkrad, -¨er *n.* **8A**
stepbrother Halbbruder, -¨ *m.* **3A**
stepdaughter Stieftochter, -¨ *f.* **3A**
stepfather Stiefvater, -s¨ *m.* **3A**
stepmother Stiefmutter, -¨ *f.* **3A**
stepsister Halbschwester, -n *f.* **3A**
stepson Stiefsohn, -¨e *m.* **3A**
stereo system Stereoanlage, -n *f.* **8B**
still noch *adv.*; still *adj.*
  still water stilles Wasser *n.* **4B**
stomachache Bauchschmerzen *m. pl.* **9B**
stop sign Stoppschild, -er *n.* **8A**
store Geschäft, -e *n.* **4A**
storm Sturm, -¨e *m.* **7A**
stove Herd, -e *m.* **6B**
straight glatt *adj.* **3A**
  straight hair glatte Haare *n. pl.* **3A**
  straight ahead geradeaus *adv.* **8A**
strawberry Erdbeere, -n *f.* **4A**
stream Strom, -¨e *m.* **12A**
street Straße, -n *f.* **8A**
  to cross the street die Straße überqueren *v.* **10B**
striped gestreift *adj.* **5B**
strong stark *adj.* **3B**
student Schüler, - / Schülerin, -nen *m./f.* **1B**; **(college/university)** Student, -en / Studentin, -nen *m./f.* **1A**
studies Studium (*pl.* Studien) *n.* **2A**
study lernen *v.* **2A**
stuffy nose verstopfte Nase *f.* **9B**
style Stil, -e *m.* **5B**
subject Fach, -¨er *n.* **2A**
subway U-Bahn *f.* **8A**
success Erfolg, -e *m.* **11B**
such solcher/solche/solches *pron.* **8B**
suit Anzug, -¨e *m.* **5B**
suitcase Koffer, - *m.* **7B**
summer Sommer, - *m.* **2B**

sun Sonne, -n *f.* **12A**
sunburn Sonnenbrand, -¨e *m.* **9B**
Sunday Sonntag, -e *m.* **2A**
  on Sundays sonntags *adv.* **2A**
sunglasses Sonnenbrille, -n *f.* **5B**
sunny sonnig *adj.* **7A**
sunrise Sonnenaufgang, -¨e *m.* **12A**
sunset Sonnenuntergang, -¨e *m.* **12A**
supermarket Supermarkt, -¨e *m.* **4A**
supposed: to be supposed to sollen *v.* **3B**
surf surfen *v.* **8B**
  to surf the Web im Internet surfen *v.* **8B**
surprise überraschen *v.* **5A**; Überraschung, -en *f.* **5A**
sweater Pullover, - *m.* **5B**
sweatshirt Sweatshirt, -s *n.* **5B**
sweep fegen *v.* **6B**
sweet süß *adj.* **3B**
swim schwimmen *v.* **2B**
swimming pool Schwimmbad, -¨er *n.* **2B**
Switzerland die Schweiz *f.* **7A**
Swiss schweizerisch, Schweizer *adj.* **10B**; **(person)** Schweizer, - / Schweizerin, -nen *m./f.* **10B**
symptom Symptom, -e *n.* **9B**

table Tisch, -e *m.* **1B**
  to set the table den Tisch decken **6B**
tablecloth Tischdecke, -n *f.* **4B**
take nehmen *v.* **2B**
  to take (a class) belegen *v.* **2A**
  to take out the trash den Müll rausbringen **6B**
  to take a shower (sich) duschen *v.* **9A**
  to take off abfliegen *v.* **7B**
talk reden *v.* **5A**
  to talk about erzählen von; sprechen/reden über *v.* **7A**
tall groß *adj.* **3A**
tank top Trägerhemd, -en *n.* **5B**
taste schmecken *v.* **4B**; Geschmack, -¨e *m.* **4B**
taxi Taxi, -s *n.* **8A**
taxi driver Taxifahrer, - / Taxifahrerin, -nen *m./f.* **11B**
tea Tee, -s *m.* **4B**
teacher Lehrer, - / Lehrerin, -nen *m./f.* **1B**
team Mannschaft, -en *f.* **2B**
teaspoon Teelöffel, - *m.* **4B**
technology Technik *f.* **8B**
  to use technology Technik bedienen *v.* **8B**
telephone Telefon, -e *n.* **8B**
  on the telephone am Telefon **11A**
telephone number Telefonnummer, -n *f.* **11A**
television Fernseher, - *m.* **8B**
tell erzählen *v.* **7A**
  to tell a story about erzählen von *v.* **7A**
temperature Temperatur, -en *f.*
  What's the temperature? Wie warm/kalt ist es? **7A**
tennis Tennis *n.* **2B**
tent Zelt, -e *n.* **7B**
ten zehn **2A**
terrific großartig *adj.* **3A**

test Prüfung, -en *f.* **1B**
text message SMS, - *f.* **8B**
textbook Lehrbuch, -¨er *n.*; Schulbuch, -¨er *n.* **1B**
thank danken *v.* **2A**
  Thank you. Danke. **1A**
  Thank you very much. Vielen Dank. **1A**
that das **1A**; dass *conj.* **10A**
the das/der/die
their ihr *poss. adj.* **3A**
then dann *adv.* **7B**
there da **1A**
  Is/Are there...? Ist/Sind hier…? **1B**;
    Gibt es…? **2B**
  There is/are... Da ist/sind… **1A**; Es gibt… **2B**
  there and back hin und zurück **7B**
  over there drüben *adv.* **4A**
therefore also; deshalb *conj.* **9B**
thermometer Thermometer, - *n.* **9B**
these diese *pron.* **8B**
  These are... Das sind… **1A**
they sie *pron.* **1A**
thin dünn *adj.* **3A**
thing Sache, -n *f.* **1B**; Ding, -e *n.*
think denken *v.* **5A**
  to think about denken an *v.* **7A**
  to think over überlegen *v.* **4A**
third dritter/dritte/drittes *adj.* **2A**
this das **1A**; dieser/diese/dieses *pron.* **8B**
  This is... Das ist… **1A**
three drei **2A**
through durch *prep.* **3B**
throw werfen *v.* **2B**
  to throw away wegwerfen *v.* **12B**
thunder Donner, - *m.* **7A**
Thursday Donnerstag, -e *m.* **2A**
  on Thursdays donnerstags *adv.* **2A**
ticket Flugticket, -s *n.* **7B**; Fahrkarte, -n *f.* **8A**
ticket collector Schaffner, - / Schaffnerin,
  -nen *m./f.* **8A**
ticket office Fahrkartenschalter, - *m.* **8A**
tidy ordentlich *adj.* **6B**
tie Krawatte, -n *f.* **5B**
tight eng *adj.* **5B**
time Zeit, -en *f.*; Mal, -e *n.* **7B**
  for the first/last time zum ersten/letzten
    Mal **7B**
  the first/last time das erste/letzte Mal **7B**
  this time diesmal *adv.* **7B**
  What time is it? Wie spät ist es?; Wie viel Uhr
    ist es? **2A**
times mal **1B**
tip Trinkgeld, -er *n.* **4B**
tired müde *adj.* **3B**
tissue Taschentuch, -¨er *n.* **9B**
to vor *prep.* **2A**; nach; zu *prep.* **4B**; auf, an *prep.* **5B**
  (in order) to um…zu **7B**
  to the right/left nach rechts/links **6A**
toast anstoßen *v.* **5A**
toaster Toaster, - *m.* **6B**
today heute *adv.* **2B**
  Today is... Heute ist der… **2A**
  What day is it today? Welcher Tag ist heute? **7A**
toe Zeh, -en *m.* **9A**

together zusammen *adv.* **4A**
toilet Toilette, -n *f.* **6A**
tomato Tomate, -n *f.* **4A**
tomorrow morgen *adv.* **2B**
  the day after tomorrow übermorgen *adv.* **2B**
  tomorrow morning morgen früh **2B**
too zu *adv.* **4A**; auch *adv.* **1A**
tool kit Werkzeug, -e *n.*
tooth Zahn, -¨e *m.* **9A**
toothache Zahnschmerzen *m. pl.* **9B**
toothbrush Zahnbürste, -n *f.* **9A**
toothpaste Zahnpasta (*pl.* Zahnpasten) *f.* **9A**
tornado Tornado, -s *m.* **12A**
toward in Richtung *f.* **10B**
towel Handtuch, -¨er *n.* **9A**
town Stadt, -¨e *f.* **10B**
town hall Rathaus, -¨er *n.* **10A**
toxic waste Giftmüll *m.* **12B**
track Bahnsteig, -e *m.* **8A**
track and field Leichtathletik *f.* **2B**
traffic Verkehr *m.* **8A**
traffic light Ampel, -n *f.* **10B**
train Zug, -¨e *m.* **8A**
transportation Verkehrsmittel *n.* **8A**
  public transportation öffentliche
    Verkehrsmittel *n.* **8A**
trash Müll *m.* **6B**
  to take out the trash den Müll rausbringen **6B**
travel reisen *v.* **2A**
travel agency Reisebüro, -s *n.* **7B**
traveler Reisende, -n *m./f.* **7B**
tree Baum, -¨e *m.* **12A**
trendy angesagt *adj.* **5B**
trip Reise, -n *f.* **7B**
truck LKW, -s *m.* **8A**
truck driver LKW-Fahrer, - / LKW-Fahrerin,
  -nen *m./f.* **11B**
trunk Kofferraum, -¨e *m.* **8A**
try probieren *v.* **3B**
  Give it a try! Probieren Sie mal!
T-shirt T-Shirt, -s *n.* **5B**
Tuesday Dienstag, -e *m.* **2A**
  on Tuesdays dienstags *adv.* **2A**
tuition fee Studiengebühr, -en *f.* **2A**
tuna Thunfisch *m.* **4A**
Turkey die Türkei *f.* **10B**
Turkish (person) Türke, -n / Türkin, -nen *m./f.* **10B**;
  Turkish (language) Türkisch *n.* **10B**
turn abbiegen *v.* **10B**
  to turn right/left rechts/links abbiegen *v.* **8A**
  to turn off ausmachen *v.* **8B**; einschalten *v.* **12B**
  to turn on anmachen *v.* **8B**; auschalten *v.* **12B**
turning point Wende, -n *f.* **12B**
twelve zwölf **2A**
twenty zwanzig **2A**
twin Zwilling, -e *m.* **3A**
two zwei **2A**

ugly hässlich *adj.* **3A**
umbrella Regenschirm, -e *m.* **7A**
under unter *prep.* **5B**

understand verstehen *v.* **2A**
underwear Unterwäsche *f.* **5B**
undressed: to get undressed sich ausziehen *v.* **9A**
unemployed arbeitslos *adj.* **10A**
unfortunate arm *adj.* **3B**
unfortunately leider *adv.* **4A**
unfurnished unmöbliert *adj.* **6A**
university Universität, -en *f.* **1B**
unpleasant unangenehm *adj.* **3B**
until bis *prep.* **3B**; bis zu *prep.* **10B**
up herauf *adv.* **6A**
  to get up aufstehen *v.* **4A**
  to go up hochgehen *v.* **10B**
USA die USA *pl.*; die Vereinigten Staaten *pl.* **10B**
use benutzen *v.* **8A**; bedienen *v.* **8B**
  to get used to sich gewöhnen an *v.* **9A**
useful nützlich *adj.* **2A**
useless nutzlos *adj.* **2A**

vacancy Zimmer frei *f.* **6A**
vacation Ferien; Urlaub, -e *m.* **11B**
  to go on vacation Urlaub machen *v.* **7B**
vacuum staubsaugen *v.* **6B**
vacuum cleaner Staubsauger, - *m.* **6B**
validate entwerten *v.* **8A**
  to validate a ticket eine Fahrkarte
    entwerten *v.* **8A**
valley Tal, -¨er *n.* **12A**
vase Vase, -n *f.* **6A**
vegetables Gemüse *n.* **4A**
verb Verb, -en *n.* **9A**
very sehr *adv.* **4A**
  very well sehr gut **1A**
veterinarian Tierarzt, -¨e / Tierärztin,
  -nen *m./f.* **11B**
visa Visum (*pl.* Visa) *n.* **7B**
visit besuchen *v.* **4A**
vocabulary Wortschatz, -¨e *m.*
volcano Vulkan, -e *m.* **12A**
volleyball Volleyball *m.* **2B**

wait warten *v.* **2A**
  to wait for warten auf *v.* **7A**
waiter / waitress Kellner, - / Kellnerin,
  -nen *m./f.* **3B**
  Waiter! Herr Ober! **4B**
wake up aufwachen *v.* **9A**
walk Spaziergang, -¨e *m.*
  to go for a walk spazieren gehen *v.* **2B**
wall Wand, -¨e *f.* **5B**
want wollen *v.* **3B**
warm warm *adj.* **10A**
wash waschen *v.* **2B**
  to wash (oneself) sich waschen *v.* **9A**
washing machine Waschmaschine, -n *f.* **6B**
waste Müll *m.* **12B**; Abfall, -¨e *m.* **12B**
wastebasket Papierkorb, -¨e *m.* **1B**
watch zuschauen *v.* **4A**; anschauen *v.* **7A**
  to watch television fernsehen *v.* **8B**

water Wasser *n.*
  sparkling water Mineralwasser *n.* **4B**
  still water stilles Wasser *n.* **4B**
water pitcher Wasserkrug, -¨e *m.* **4B**
waterfall Wasserfall, -¨e *m.* **12A**
we wir *pron.* **1A**
weak schwach *adj.* **3B**
wear tragen *v.* **2B**
weather Wetter *n.* **7A**
  What's the weather like? Wie ist das Wetter? **7A**
Web Internet *n.* **8B**
  to surf the Web im Internet surfen *v.* **8B**
Web site Website, -s *f.* **8B**
wedding Hochzeit, -en *f.* **5A**
Wednesday Mittwoch, -e *m.* **2A**
  on Wednesdays mittwochs *adv.* **2A**
week Woche, -n *f.* **2A**
weekend Wochenende, -n *n.* **2A**
weigh wiegen *v.* **8B**
welcome (herzlich) willkommen **1A**
  You're welcome. Gern geschehen. **1A**
well gut *adv.*
  I am (very) well. Mir geht's (sehr) gut. **1A**
  I am not (so) well. Mir geht's nicht (so) gut. **1A**
  Get well! Gute Besserung! **5A**
well-dressed gut gekleidet *adj.* **5B**
well-known bekannt *adj.* **10A**
wet nass *adj.* **12A**
what was *interr.* **2A**
  What is that? Was ist das? **1B**
  What's up? Was geht ab? **1A**
when wann *interr.* **2A**
whenever wenn *conj.* **10A**
where wo *interr.* **2A**
  where from woher *interr.* **2A**
  where to wohin *interr.* **2A**
whether ob *conj.* **10A**
which welcher/welche/welches *interr.* **2A**
white weiß *adj.* **5B**
who wer *interr.* **2A**
  Who is it? Wer ist das? **1B**
whom wen *acc. interr.* **2A**; wem *dat. interr.* **4B**
whose wessen *interr.* **8B**
why warum *interr.* **2A**
widow Witwe, -n *f.* **3A**
widower Witwer, - *m.* **3A**
wife Ehefrau, -en *f.* **3A**
win gewinnen *v.* **2B**
wind energy Windenergie *f.* **12B**
window Fenster, - *n.* **1A**
windshield Windschutzscheibe, -n *f.* **8A**
windshield wiper Scheibenwischer, - *m.* **8A**
windy windig *adj.* **7A**
wine Wein, -e *m.* **4B**
winter Winter, - *m.* **2B**
wipe wischen *v.* **6B**
wise weise *adj.* **3B**
wish wünschen *v.* **9A**
  to wish (for something) sich (etwas)
    wünschen *v.* **9A**
with mit **4B**
withdraw (money) (Geld) abheben *v.* **10A**
within innerhalb *prep.* **8B**

without ohne *prep.* **3B**
woman Frau, -en *f.* **1A**
wonder sich fragen *v.* **9A**
wood Holz *n.* **6B**
wool Wolle *f.* **5B**
work Arbeit, -en *f.* **11B**; arbeiten *v.* **2A**;
  funktionieren *v.* **8B**
  at work auf der Arbeit **11B**
  to work on arbeiten an *v.* **7A**
world Welt, -en *f.* **12B**
worried besorgt *adj.* **3B**
write schreiben *v.* **2B**
  to write to schreiben an *v.* **7A**
  to write to one another sich schreiben *v.* **9A**

Y

year Jahr, -e *n.* **7A**
yellow gelb *adj.* **5B**
yes ja **1B**; **(contradicting)** doch *adv.* **2B**
yet schon **5B**
yogurt Joghurt, -s *m.* **4A**
you du/ihr/Sie *pron.* **1A**
young jung *adj.* **3A**; jugendlich *adj.* **10A**
your euer/Ihr *poss. adj.* **3A**
youth hostel Jugendherberge, -n *f.* **7B**

Index

die Welt

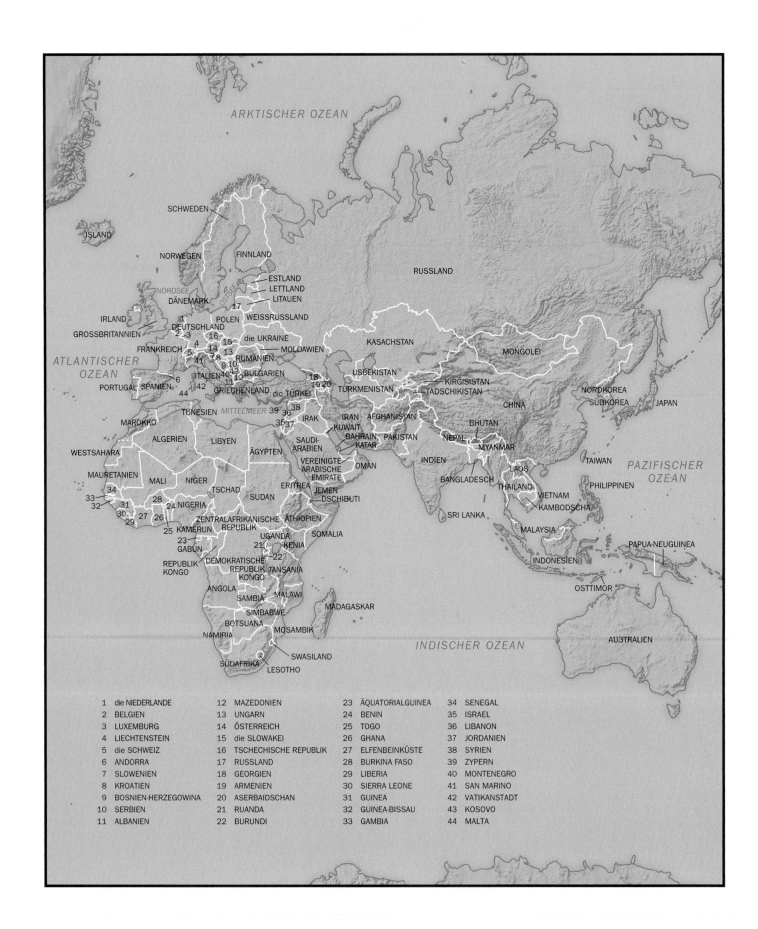

ARKTISCHER OZEAN

ISLAND

SCHWEDEN

NORWEGEN   FINNLAND

RUSSLAND

NORDSEE
DÄNEMARK
OSTSEE

ESTLAND
LETTLAND
LITAUEN
17

IRLAND
GROSSBRITANNIEN

1
DEUTSCHLAND
2 3

POLEN   WEISSRUSSLAND

die UKRAINE

KASACHSTAN

MONGOLEI

FRANKREICH
5
41

16
14
7 8
9 10

15
13
MOLDAWIEN
RUMÄNIEN

USBEKISTAN

KIRGISISTAN
TADSCHIKISTAN

NORDKOREA
SÜDKOREA   JAPAN

ATLANTISCHER
OZEAN

6
ITALIEN 40 43
11   12
42

18
19 20

BULGARIEN

TURKMENISTAN

CHINA

PORTUGAL SPANIEN
44

GRIECHENLAND   die TÜRKEI

TUNESIEN   MITTELMEER 39 38
36
35 37

IRAK
IRAN   AFGHANISTAN

BHUTAN

NEPAL
MYANMAR

PAZIFISCHER
OZEAN

MAROKKO

ALGERIEN   LIBYEN

ÄGYPTEN

KUWAIT
BAHRAIN
KATAR

PAKISTAN

TAIWAN

WESTSAHARA

SAUDI-
ARABIEN

VEREINIGTE
ARABISCHE
EMIRATE   OMAN

INDIEN

LAOS
THAILAND

PHILIPPINEN

MAURETANIEN   MALI   NIGER
34
33
32   31
30
29   27 26
25
23

28
24 NIGERIA

TSCHAD
SUDAN

ERITREA
JEMEN
DSCHIBUTI

BANGLADESCH

VIETNAM
KAMBODSCHA

SRI LANKA

KAMERUN
ZENTRALAFRIKANISCHE
REPUBLIK

ÄTHIOPIEN

UGANDA
21   KENIA
22

MALAYSIA

PAPUA-NEUGUINEA

GABUN

REPUBLIK
KONGO

DEMOKRATISCHE
REPUBLIK
KONGO

SOMALIA

TANSANIA

INDONESIEN

OSTTIMOR

ANGOLA

SAMBIA   MALAWI

SIMBABWE

MADAGASKAR

BOTSUANA

NAMIBIA

MOSAMBIK

INDISCHER OZEAN

AUSTRALIEN

SÜDAFRIKA

SWASILAND
LESOTHO

1 die NIEDERLANDE	12 MAZEDONIEN	23 ÄQUATORIALGUINEA	34 SENEGAL
2 BELGIEN	13 UNGARN	24 BENIN	35 ISRAEL
3 LUXEMBURG	14 ÖSTERREICH	25 TOGO	36 LIBANON
4 LIECHTENSTEIN	15 die SLOWAKEI	26 GHANA	37 JORDANIEN
5 die SCHWEIZ	16 TSCHECHISCHE REPUBLIK	27 ELFENBEINKÜSTE	38 SYRIEN
6 ANDORRA	17 RUSSLAND	28 BURKINA FASO	39 ZYPERN
7 SLOWENIEN	18 GEORGIEN	29 LIBERIA	40 MONTENEGRO
8 KROATIEN	19 ARMENIEN	30 SIERRA LEONE	41 SAN MARINO
9 BOSNIEN-HERZEGOWINA	20 ASERBAIDSCHAN	31 GUINEA	42 VATIKANSTADT
10 SERBIEN	21 RUANDA	32 GUINEA-BISSAU	43 KOSOVO
11 ALBANIEN	22 BURUNDI	33 GAMBIA	44 MALTA

Europa

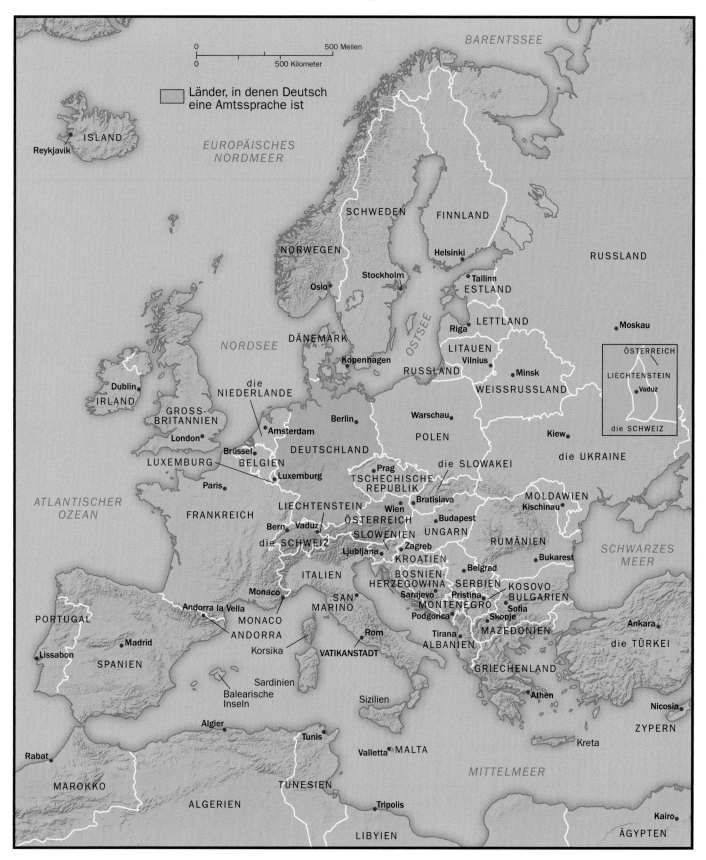

Länder, in denen Deutsch eine Amtssprache ist

BARENTSSEE

ISLAND
Reykjavik

EUROPÄISCHES NORDMEER

SCHWEDEN
FINNLAND
Helsinki

NORWEGEN
Oslo
Stockholm
Tallinn
ESTLAND

RUSSLAND

DÄNEMARK
NORDSEE
Riga
LETTLAND
Moskau

OSTSEE
LITAUEN
Vilnius

Kopenhagen
RUSSLAND
Minsk

Dublin
IRLAND
WEISSRUSSLAND

GROSS-
BRITANNIEN
die
NIEDERLANDE
Berlin
Warschau
Kiew

London
Amsterdam
POLEN
die UKRAINE

Brüssel
DEUTSCHLAND
LUXEMBURG
BELGIEN
Prag
die SLOWAKEI

Luxemburg
TSCHECHISCHE
REPUBLIK
Bratislava
MOLDAWIEN
Kischinau

Paris
LIECHTENSTEIN
Wien
ATLANTISCHER
OZEAN
FRANKREICH
Bern
Vaduz
ÖSTERREICH
Budapest
UNGARN

SLOWENIEN
RUMÄNIEN
SCHWARZES
MEER

die SCHWEIZ
Ljubljana
Zagreb
KROATIEN
Bukarest

ITALIEN
BOSNIEN-
HERZEGOWINA
SERBIEN
Belgrad
KOSOVO
BULGARIEN

Monaco
SAN
MARINO
Sarajevo
Pristina
MONTENEGRO
Sofia
Ankara

Andorra la Vella
MONACO
ANDORRA
Podgorica
Skopje

PORTUGAL
Rom
Tirana
MAZEDONIEN
die TÜRKEI

Madrid
Korsika
VATIKANSTADT
ALBANIEN

Lissabon
SPANIEN
GRIECHENLAND
Nicosia

Sardinien
Balearische
Inseln
Sizilien
Athen
ZYPERN

Kreta

Algier
Valletta
MALTA

Rabat
Tunis

MAROKKO
TUNESIEN
MITTELMEER

ALGERIEN
Tripolis
ÄGYPTEN
Kairo

LIBYIEN

Inset: ÖSTERREICH, LIECHTENSTEIN, Vaduz, die SCHWEIZ

Scale: 0 – 500 Meilen / 0 – 500 Kilometer

Deutschland

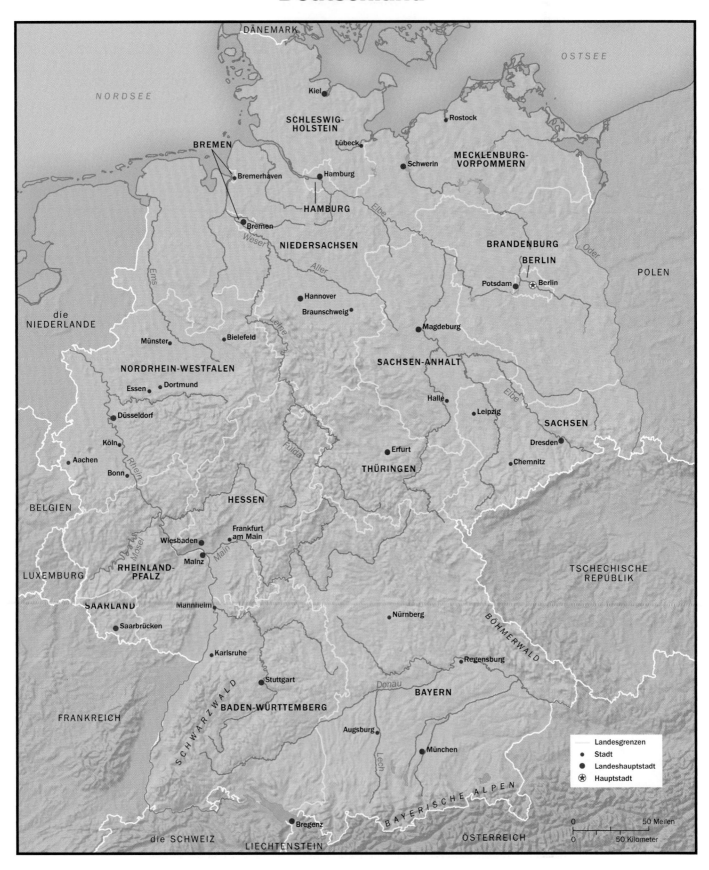

DÄNEMARK

OSTSEE

NORDSEE

Kiel

SCHLESWIG-HOLSTEIN

Rostock

Lübeck

BREMEN

Schwerin

MECKLENBURG-VORPOMMERN

Bremerhaven

Hamburg

HAMBURG

Elbe

Weser

Bremen

NIEDERSACHSEN

BRANDENBURG

Oder

BERLIN

POLEN

Aller

Potsdam

Berlin

die NIEDERLANDE

Hannover

Braunschweig

Magdeburg

Leine

Münster

Bielefeld

SACHSEN-ANHALT

Ems

NORDRHEIN-WESTFALEN

Essen

Dortmund

Halle

Elbe

Leipzig

SACHSEN

Düsseldorf

Dresden

Köln

Rhein

Fulda

Erfurt

Chemnitz

Aachen

Bonn

THÜRINGEN

BELGIEN

HESSEN

Frankfurt am Main

Mosel

Wiesbaden

Main

Mainz

TSCHECHISCHE REPUBLIK

LUXEMBURG

RHEINLAND-PFALZ

SAARLAND

Mannheim

BÖHMERWALD

Saarbrücken

Nürnberg

Karlsruhe

Regensburg

SCHWARZWALD

Stuttgart

Donau

BAYERN

FRANKREICH

BADEN-WÜRTTEMBERG

Augsburg

Lech

München

BAYERISCHE ALPEN

50 Meilen

Bregenz

die SCHWEIZ

LIECHTENSTEIN

ÖSTERREICH

50 Kilometer

	Landesgrenzen
•	Stadt
●	Landeshauptstadt
✪	Hauptstadt

Österreich

die SLOWAKEI

UNGARN

KROATIEN

SLOWENIEN

ITALIEN

die SCHWEIZ

LIECHTENSTEIN

DEUTSCHLAND

TSCHECHISCHE REPUBLIK

NIEDERÖSTERREICH

OBERÖSTERREICH

BURGENLAND

STEIERMARK

SALZBURG

KÄRNTEN

TIROL

VORARLBERG

WIEN

Donau

Neusiedler See

Eisenstadt

Wien

Wiener Neustadt

Krems an der Donau

St. Pölten

Melk

Graz

Mur

Leoben

Wolfsberg

Klagenfurt

Linz

Steyr

Enns

Traun

Traunsee

Attersee

Bad Ischl

Salzburg

St. Wolfgang

Schärding

Braunau

Inn

Donau

Zell am See

Salzach

Bad Gastein

Spittal

Villach

Drau

Lienz

Innsbruck

Kitzbühel

Bregenz

Dornbirn

Vaduz

Rhein

Leitha

50 Meilen

50 Kilometer

0

0

Landesgrenzen
Stadt
Landeshauptstadt
Hauptstadt

Liechtenstein

die Schweiz

About the Authors

Christine Anton, a native of Germany, is Associate Professor of German and Director of the Language Resource Center at Berry College. She received her B.A. in English and German from the Universität Erlangen and her graduate degrees in Germanic Languages and Literatures from the University of North Carolina at Chapel Hill. She has published two books on German realism and German cultural memory of National Socialism, and a number of articles on 19th and 20th century German and Austrian literature, as well as on second language acquisition. Dr. Anton has received several awards for excellence in teaching and was honored by the American Association of Teachers of German with the Duden Award for her "outstanding efforts and achievement in the teaching of German." Dr. Anton previously taught at the State University of New York and the University of North Carolina, Chapel Hill.

Tobias Barske, a native of Bavaria, is an Associate Professor of German and Applied Linguistics at the University of Wisconsin-Stevens Point. He has a Ph.D. in German Applied Linguistics from the University of Illinois at Urbana-Champaign with emphases on language and social interaction as well as language pedagogy. He has also studied at the Universität Regensburg in Germany. Tobias has over 10 years of experience teaching undergraduate and graduate courses at the university level and has earned numerous awards for excellence in teaching.

Jane Grabowski grew up in Germany and has an M.A. in German from Arizona State University. She is currently pursuing her Ph.D. and working on research relating to bilingualism, language contact, and the nature of linguistic evidence. Ms. Grabowski has spent a number of years teaching undergraduate German courses at the university level and enjoys volunteering her time to various translation projects.

Megan McKinstry has an M.A. in Germanics from the University of Washington. She is an Assistant Teaching Professor of German Studies and Co-Coordinator for Elementary German at the University of Missouri, where she received the University's "Purple Chalk" teaching award and an award for "Best Online Course." Ms. McKinstry has been teaching for over twelve years.

Text Credits

page 454 "Allein" Herman Hesse, Allein, from: Sämtliche Werke in 20 Bänden. Herausgegenen von Volker Michels. Band 10: Die Gedichte. © Suhrkamp Verlag Frankfurt am Main 2002. Alle Rechte bei und vorbehalten durch Suhrkamp Verlag Berlin.

page 454 "Todesfuge" Paul Celan, Mohn und Gedächtnis © 1952, Deutsche Verlags-Anstalt, München, in der Verlagsgruppe Random House GmbH.

page 494 "Der Erfinder" Peter Bichsel, Der Erfinder, from: Kindergeschichten. © Suhrkamp Verlag Frankfurt am Main 1997. Alle Rechte bei und vorbehalten durch Suhrkamp Verlag Berlin.

page 540 "Meine Nachtigall" Rose Ausländer, Meine Nachtigall. From: Rose Ausländer, Die Sichel mäht die Zeit zu Heu. Gedichte 1957–1965. © S. Fischer Verlag GmbH, Frankfurt am Main 1985.

Film Credits

page 435 "Fanny" By permission of KurzFilm Agentur Hamburg.

page 475 "Die Berliner Mauer" By permission of KurzFilm Agentur Hamburg.

page 518 "Kursdorf" By permission of Nachtschwärmerfilm Griesser & Schwarz GbR.

Television Credits

page 21 "Deutsche Bahn" By permission of Deutsche Bahn.

page 67 "TU Berlin" By permission of Technische Universität Berlin.

page 115 "Volkswagen" By permission of Volkswagen Group of America, Inc.

page 163 "Yello Strom" By permission of Yello Strom GmbH.

page 205 "Shopping in München" By permission of ppme.de.

page 253 "Frauen machen doppelt…" By permission of Telepool GmbH.

page 297 "Urlaub im Grünen…" By permission of Gebietsgemeinschaft Grünes Binnenland.

page 341 "Mercedes" By permission of Daimler AG.

page 389 "Du bist Deutschland" By permission of Kempertrautmann GmbH.

Photography and Art Credits

All images ©Vista Higher Learning unless otherwise noted. All Fotoroman photos provided by Xavier Roy.

Cover: (full pg) © Fabian von Poser Image Broker/Newscom.

Front Matter: xxix © Petr Z/Shutterstock.com.

Unit One: 1 Xavier Roy; **4** © 36clicks/iStockphoto; **8** © Laurence Mouton/Media Bakery; **9** (l) © Michaeljung/Dreamstime.com; (tr) © sashagala/Shutterstock.com; (br) © imac/Alamy; **13** (tl) Anne Loubet; (tm) © Igor Tarasov/Fotolia.com; (tr) © Jack Hollingsworth/Corbis; (ml) © gualtiero boffi/Shutterstock.com; (mml) © Tupungato/Shutterstock.com; (mmr) Nicole Winchell; (mr) © Tabitha Patrick/iStockphoto; (b) © Eugenio Marongiu/Shutterstock.com; **15** (tl) © Lazar Mihai-Bogdan/Shutterstock.com; (tm) Vanessa Bertozzi; (tr, bml, br) Nicole Winchell; (bl) Anne Loubet; (bmr) Gudrun Hommel; **16** © auremar/Fotolia.com; **20** © Richard Foreman/iStockphoto; **28** © Woodapple/Fotolia.com; **29** (l) © ChristArt #24461283/Fotolia.com; (tr) © ARND WIEGMANN/RTR/Newscom; (br) © Kyle Monk/Blend Images/Getty Images; **36** (all) Nicole Winchell; **38** © Sarah2/Shutterstock.com; **39** Martín Bernetti; **40** (t) © shishic/iStockphoto; (m) © PeterSVETphoto/Shutterstock.com; (b) © Hollandse Hoogte/Redux; **41** (tl) © Vaclav Volrab/Shutterstock.com; (tr) © Steve Raymer/Corbis; (m) © Knud Nielsen/Shutterstock.com; (b) © Horst Galuschka/dpa/Corbis; **44** © Chris Schmidt/iStockphoto; **45** © StockLite/Shutterstock.com.

Unit Ten: 415 Xavier Roy; **417** (tl) Katie Wade; (tm) Oscar Artavia Solano; (tr) Martín Bernetti; (bl, bm) Vanessa Bertozzi; (bl) © Torsten Lorenz/Fotolia.com; **422** © imago stock&people/Newscom; **423** (l) © Peter Bialobrzeski/laif/Redux; (tr) © George Clerk/iStockphoto; (br) Nicole Winchell; **426** © sborisov/123RF; **427** (tl, bmr) Martín Bernetti; (tr, bml) Nicole Winchell; (bl) Gudrun Hommel; (br) Anne Loubet; **431** (tl) Gudrun Hommel; (tr) © Katrina Brown/Shutterstock.com; (bl) José Blanco; (bm) Anne Loubet; (br) © Dmitriy Shironosov/Shutterstock.com; **432** Anne Loubet; **437** (tl) Xavier Roy; (tm, br) Gudrun Hommel; (tr, bm) Nicole Winchell; (bl) © Raimund Linke/Media Bakery; **442** © akg-images/Newscom; **443** (l) Detail of a portrait of the German reformer Dr. Martin Luther (1483–1546). Original chromolithography published in 1883. Photo credit: © ZU_09/iStockphoto; (tr) © Leo Mason/Corbis; (br) © Thorsten Harries/iStockphoto; **445** (l) © JAUBERT-CONCEPT/Alamy; (r) © eyewave/iStockphoto; **446** (tl) Ana Cabezas Martín; (tr) © Yadid Levy/Age Fotostock; (bl) © HappyAlex/Big Stock Photo; (bml) © Alexander Chaikin/Shutterstock.com; (bmr) Ruben Varela; (br) Nicole Winchell; **449** Nicole Winchell; **450** (left col: tl) © Image Source/Corbis; (left col: tr) © Fallsview/Dreamstime.com; (left col: ml) © Markus Gann/Shutterstock.com; (left col: mr) © swisshippo/Big Stock Photo; (left col: bl) © volrab vaclav/Big Stock Photo; (left col: br) Gudrun Hommel; (right col) © Roslen Mack/Shutterstock.com; **451** (l) Engraving of composer Wolfgang Amadeus Mozart 1870. Photo credit: © Grafissimo/iStockphoto; (r) Pascal Pernix; **452** (tl) © vario images GmbH & Co.KG/Alamy; (tr) © Jonathan Larsen/Age Fotostock; (m) © Heyker/Dreamstime.com; (b) © Ingo Wagner/dpa/picture-alliance/Newscom; **453** (tl) © Heinz-Dieter Falkenstein Image Broker/Newscom; (tr) © Joe.Gockel/Fotolia.com; (m) © Kuttig - Travel/Alamy; (b) CHARLEMAGNE, 742–814, with model of Aachen Cathedral, by J.P. Scheuren 1825. Location: Stadtmuseum Aachen. Photo credit: © Alfredo Dagli Orti/The Art Archive at Art Resource, NY; **454** (t) © STR/Keystone/Corbis; (b) © ullstein bild ullstein - ullstein bild/Glow Images; **454–455** (full pg) © Christophe Dessaigne/Trevillion Images; **456** © Media Bakery; **457** © Franz Marc Frei/Age Fotostock.

Unit Eleven: 459 Xavier Roy; **461** (tl) © Ragnarock/Shutterstock.com; (tm) © MarFot/Shutterstock.com; (tr) © Dmitry Lavrenyuk/Shutterstock.com; (bl) © Dusan Bartolovic/Shutterstock.com; (bm) © Sergey Fedenko/Shutterstock.com; (br) © Ewa Walicka/Shutterstock.com; **462** (t) Anne Loubet; (ml) © Andersen Ross/Blend Images; (mr) Martín Bernetti; (bl) © MAURIZIO GAMBARINI/EPA/Newscom; (br) Janet Dracksdorf; **466** © AP Photo/Thomas Lohnes/dapd; **467** (l) © Moritz Hoffmann/Age Fotostock; (tr) © DIZ Muenchen GmbH, Sueddeutsche Zeitung Photo/Alamy; (br) © StockLite/Shutterstock.com; **470** (tl) Martín Bernetti; (tr) Paula Díez; (bl) © nikkytok/Big Stock Photo; (bml) © Lynn Watson/Shutterstock.com; (bmr) Vasessa Bertozzi; (br) © Volkoffa/123RF; **471** © Javier Larrea/Age Fotostock; **474** (left col: t) © Monkey Business Images/Dreamstime.com; (left col: b) © Andresr/Shutterstock.com; (right col: tl) © pressmaster/Fotolia.com; (right col: bl) © Orange Line Media/Shutterstock.com; (right col: r) © amana images inc./Alamy; **475** © David Turnley/CORBIS; **479** (tl) Gudrun Hommel; (tm) Ana Cabezas Martín; (tr) Martín Bernetti; (bl, bm) Nicole Winchell; (br) Anne Loubet; **480** (t) © RazvanPhotography/Big Stock Photo; (b) Nicole Winchell; **484** Bundesarchiv, Bild 146-1980-091-21/Photo: o.Ang.; **485** (l) © Jochen Tack/Age Fotostock; (tr) © akg-images/Newscom; (br) © Bettmann/CORBIS; **490** (t) © vario images GmbH & Co.KG/Alamy; (b) Vanessa Bertozzi; **491** (t) Paula Díez; (b) Fabián Montoya; **492** (t) © Hansok/Dreamstime.com; (ml) © imagebroker.net/SuperStock; (mr) © blickwinkel/Alamy; (b) © Foto Stork, Keltenmuseum; **493** (tl) © tom_u/123RF; (tr) © Dennis Cox/Alamy; (m) © Popperfoto/Getty Images; (b) © Hirotaka Ihara/123RF; **494** © Isolde Ohlbaum/laif/Redux; **496** Paula Díez; **497** © Lucía Cóppola/iStockphoto.

Unit Twelve: 499 Xavier Roy; **501** (top row: tl) © Hannes Schleicher/iStockphoto; (top row: tr) Gudrun Hommel; (top row: ml, top row: bl) John DeCarli; (top row: mr) © photographie.und.mehr/Big Stock Photo; (top row: br) Janet Dracksdorf; (bottom row: t, bottom row: bl) Vanessa Bertozzi; (bottom row: bm) © Dr. Wilfried Bahnmüller/Media Bakery; (bottom row: br) © Giovanni Benintende/Shutterstock.com; **502** (top row: t) © Joshua Hodge Photography/iStockphoto; (top row: m) Lauren Krolick; (top row: b) Ali Burafi; (bottom row) © Potapov Alexander/Shutterstock.com; **506** © tbkmedia.de/Alamy; **507** (l) © imagebroker/Alamy; (tr) © Bettmann/CORBIS; (br) © Porojnicu Stelian/Shutterstock.com; **509** Martín Bernetti; **510** © Nyul/Big Stock Photo; **514** (t, mm, bm) Janet Dracksdorf; (ml) © Brand X Pictures/Alamy; (mr) Ali Burafi; (bl) Martín Bernetti; (br) © Corel/Corbis; **515** Nicole Winchell; **519** (tl, tm) Gudrun Hommel; (tr) © s-eyerkaufer/Shutterstock.com; (bl) Anne Loubet; (bm) Katie Wade; (br) © epsylon_lyrae /Shutterstock.com; **520** (t) Gudrun Hommel; (b) © Patrick Herrera/iStockphoto; **524** © Amin Akhtar/laif/Redux; **525** (l) © Worldwide Picture Library/Alamy; (tr) © Johannes Arlt/laif/Redux; (br) Gudrun Hommel; **528** © Jan Martin Will/Shutterstock.com; **529** © Sofia Andreevna/Shutterstock.com; **532** (t) Nancy Camley; (ml) © RUET STEPHANE/CORBIS SYGMA; (mm) Vanessa Bertozzi; (mr) © Stephanie Maze/Corbis; (bl) © Royalty-Free/Corbis; (bm) © newphotoservice/Shutterstock.com; (br) © Index Open/Photolibrary; **533** Gudrun Hommel; **534** (t) © Andreas Bauer/iStockphoto; (mt) © Rolf Weschke/iStockphoto; (mb) © Karl Johaentges/LOOK-foto/Glow Images; (b) © Arno Burgi/dpa/Corbis; **535** (tl) © AP Photo/Q-Cells; (tr) © picture-alliance/dpa/Newscom; (m) © Stuart Forster Europe/Alamy; (b) © Lebrecht Music and Arts Photo Library/Alamy; **536** (tl) © dpa Picture-Alliance GmbH; (bl) © Bettmann/CORBIS; (t) © Anna Tyukhmeneva/Shutterstock.com; **536–537** (full pg) © DVARG/Shutterstock.com; **537** © Yulia Avgust/Shutterstock.com; **538** © ZUMA Press/Newscom; **539** © EdStock/iStockphoto.